L'INVASION ALLEMANDE

GUERRE FRANCO-ALLEMANDE DE 1870-71

I

SCEAUX. — IMPRIMERIE CHARAIRE ET FILS

L'INVASION ALLEMANDE

PAR

LE GÉNÉRAL BOULANGER

GUERRE FRANCO-ALLEMANDE DE 1870-71

TOME PREMIER

PARIS
JULES ROUFF ET Cⁱᵉ, ÉDITEURS
14, CLOITRE SAINT-HONORÉ, 14

L'INVASION ALLEMANDE
Par le Général BOULANGER

JULES ROUFF et Cⁱᵉ, éditeurs, 14, cloître Saint-Honoré, Paris.
(Reproduction et traduction interdites.)

L'INVASION ALLEMANDE

Le peuple, dans un État démocratique institué sur le suffrage universel et sur le service militaire obligatoire, possède deux armes pour défendre ses droits civiques et pour protéger son indépendance nationale.

Par le bulletin de vote, il manifeste ses aspirations et ses volontés à ceux qui acceptent la mission de les faire triompher.

Par le fusil, il veille à la sécurité de la Patrie contre toute agression du dehors qui la mettrait en danger.

J'estime que tout homme qui détient, soit un mandat dans les conseils électifs, soit un commandement dans les troupes, a pour premier devoir de contribuer à l'éducation politique ou militaire de la nation.

Il ne suffit point, en effet, que le peuple ait entre les mains les moyens d'assurer sa souveraineté chez lui et son prestige au dehors.

Il faut encore qu'il en connaisse l'usage.

Contraint, par les exigences de son labeur quotidien, de déléguer ses pouvoirs, il ne peut faire que de mauvais choix s'il ne sait discerner ses véritables intérêts et apprécier les titres des hommes qui s'offrent à lui pour le représenter. Que ses mandataires ne soient ni prévoyants ni prudents, l'ignorance même des dangers le poussera, par quelque manifestation intempestive, à compromettre les meilleures causes, à les perdre et peut-être à courir droit vers une catastrophe.

Le législateur et l'officier se trouvent dans l'obligation de jouer ici le rôle d'éducateurs.

Au premier, appartient tout le domaine des affaires intérieures.

Au second, est ouvert le vaste champ des affaires extérieures.

Ainsi renseignés, instruits, éclairés, les citoyens d'un grand pays libre sont amenés pas à pas vers la lumière.

La vérité se fait jour dans les esprits.

Les solutions logiques et applicables s'imposent d'elles-mêmes à l'opinion publique.

Les réformes se succèdent sans secousse.

Le progrès suit sa marche assurée vers le but que lui assigne la civilisation.

Ce serait toutefois une erreur de supposer qu'il y a une ligne de démarcation absolue entre la politique intérieure et la politique extérieure.

Elles sont, au contraire, solidaires l'une de l'autre, car elles ont un objectif commun, et cet objectif, c'est la satisfaction des intérêts moraux et matériels du peuple, le respect du drapeau national.

Il est de toute évidence que le sort de l'agriculture, du commerce, de l'industrie, des sciences, des lettres et des arts, dépend des institutions qui doivent assurer leur développement en deçà des frontières, et favoriser leur expansion au delà.

C'est le peuple qui laboure, qui ensemence, qui aménage.

Il faut aussi qu'il récolte, qu'il emmagasine et qu'il profite.

Cette juste rémunération de ses efforts, de ses veillées, de ses peines, de ses souffrances, non seulement il a le droit de la revendiquer, mais encore de la garantir, en se donnant une législation politique conforme à ses véritables intérêts et en établissant des lois militaires proportionnées à l'étendue des dangers.

C'est dans le choix de ces institutions que le peuple peut trouver la double protection qui lui est nécessaire contre les usurpations du dedans et les convoitises du dehors.

Les institutions, dans un État démocratique, sont donc les seules bases, les seules ressources, les seuls éléments de sa vie sociale et politique, de son existence nationale.

Les hommes, si haut qu'ils s'élèvent, ne sont rien qu'autant qu'ils concourent à l'établissement, à la consolidation, à l'achèvement, à l'entretien de cet immense édifice.

Que l'on scrute les détails de cette coopération de tant d'ouvriers de métiers si divers à une même œuvre, ou que l'on en contemple l'ensemble de haut, il est impossible d'apercevoir une ligne de démarcation entre les cellules de cette ruche immense, car la séparation que l'on prétend y introduire est purement conventionnelle.

Le but seul se dresse bien visible à l'horizon, et, pour l'atteindre, il n'est qu'une voie, celle qui y conduit tout droit par la concentration d'efforts qu'inspire un sentiment unique, la grandeur de la nation.

Quelques hommes à courte vue pensent autrement.

Ils prétendent implanter dans notre pays cette doctrine que l'armée n'a d'autre mission que de se taire et de se battre.

Mais, si c'est l'armée qui porte l'épée, c'est la politique qui lui ordonne de la laisser dans sa gaine ou de la brandir au clair.

Or, à notre époque où les armées ne sont autres que les nations elles-mêmes prêtes à se ruer les unes contre les autres, peut-on imposer à des hommes la désespérante obligation d'assister en silence, les bras croisés, au spectacle lamentable d'erreurs et de fautes qu'ils jugent dangereuses au suprême degré pour la Patrie, et le jour du péril venu, leur dire ensuite :

« Nous ne comptons plus que sur vous maintenant pour nous tirer du précipice : si nous y sombrons, c'est votre nom, c'est votre dignité, c'est votre honneur qui seront les premières victimes du cataclysme. »

Je me refuse, quant à moi, à jouer ce rôle de bouc émissaire. Si je prends cette détermination, c'est que la guerre de 1870, par ses causes, par ses revers et par ses conséquences, renferme des enseignements que j'ai longuement médités et qui m'ont indiqué mon devoir.

J'aurais été toutefois incapable de m'y résoudre, je le sens, s'il avait fallu me décider à la veille ou au courant des grandes rencontres qu'un avenir, peut-être plus prochain qu'on ne le suppose généralement, paraît nous réserver, et je me félicite que la mesure imméritée qui m'a si cruellement frappé ait été prise en pleine paix.

Ce n'est point, d'ailleurs, que je me considère comme dégagé de mon devoir de soldat, de Français, de patriote.

Ce devoir, j'entends l'accomplir jusqu'à mon dernier souffle.

Il n'est heureusement pas indispensable d'avoir constamment une épée à la main, pendant la période de trêve armée qui pèse sur l'Europe, pour prendre un fusil, courir à la frontière et y mourir obscurément, il est vrai, mais glorieusement, dans les rangs des modestes combattants.

Les réflexions qui précèdent ont souvent hanté mon esprit, alors que, seul, absolument séparé des préoccupations quotidiennes que ma situation militaire m'a créées dans ces dernières années, je me retrouvais face à face avec la lourde responsabilité du rôle qui m'incomberait peut-être un jour devant l'ennemi.

C'est sous l'empire de ces sentiments que j'ai étudié pour moi les grandes leçons qui se dégagent de l'année terrible.

La situation qui m'est faite me donnant toute liberté de publier mes commentaires, j'en profite.

J'ai cru qu'il était nécessaire de placer, au frontispice de cet ouvrage, quelques considérations générales sur la solidarité des affaires intérieures et extérieures d'un grand État démocratique, sur la connexité absolue des intérêts moraux et matériels d'un grand peuple libre, à quelque point de

vue que l'on envisage les institutions sociales, politiques et militaires.
Je n'y reviendrai plus.

C'est en soldat maintenant que je veux parler, et, je le répète, c'est au peuple surtout que je m'adresse, c'est-à-dire à ces millions de poitrines humaines qui forment encore la plus sûre et la plus redoutable des murailles contre les agressions de l'ennemi.

J'estime qu'en écrivant ce récit populaire d'une guerre, que notre gouvernement n'a encore fait connaître par aucun document officiel, j'aurai rendu service à mon pays.

N'est-ce pas œuvre patriotique qu'éclairer les masses sur leurs droits et leur enseigner leurs devoirs ?

La pensée que je vais faire enfin pénétrer la vérité dans la mansarde et dans la chaumière, dans l'atelier et dans la ferme, au milieu des centres industriels, comme au fond des campagnes, me donne, dès à présent, la plus douce et la plus haute des satisfactions.

J'ai la conviction qu'après avoir suivi avec moi ces grands événements qui se déroulent, depuis le franchissement du Rhin par l'armée allemande, jusqu'aux derniers jours de cette sublime résistance dont Gambetta fut l'admirable inspirateur, le peuple français puisera dans l'étude des faits, dans leurs comparaisons avec le passé, dans leurs conséquences sur le présent, dans leurs exigences pour l'avenir, le sentiment de sa valeur, de sa force, de sa supériorité et de ses magnifiques destinées.

Cette conviction est inébranlable.

Mais, je ne m'adresse pas qu'à la population virile.

Je fais également appel à la femme, dont l'influence est si grande dans notre France.

Croyez bien, vous toutes, aïeules, mères, épouses, fiancées, filles et sœurs, croyez bien qu'à notre époque et dans la situation actuelle de l'Europe, il n'y a pas d'intérêt qui vous touche plus directement que celui de la défense nationale.

Donnez-nous une génération vigoureuse, solidement trempée au moral et au physique, et vous aurez accompli dignement votre tâche.

Je souhaite, de toute mon ardeur de patriote, que l'épouvantable fléau de la guerre nous soit longtemps encore évité.

Malheureusement les destinées d'un grand pays sont quelquefois indépendantes des vœux et des volontés de ses enfants.

La guerre peut éclater soudain.

Nous devons envisager froidement cette calamité humaine et nous y préparer tous indistinctement, si nous voulons que la tempête soit courte et que l'ouragan ne nous terrasse pas.

Le roi Guillaume aux Buttes-Chaumont en 1867. (Page 13.)

Pour arriver sûrement à cette grande éducation patriotique, je ne connais pas de méthode plus précieuse que l'enseignement par les faits.

C'est dans cette intention que je livre à la publicité les pages suivantes, où j'ai analysé et étudié, avec la plus complète impartialité, les événements et les hommes de 1870, ne cherchant d'autre résultat que d'en dégager des leçons qui fussent profitables à mes compatriotes.

LA DÉCLARATION DE GUERRE

C'est le 2 juillet 1870, par une dépêche télégraphique, presque inaperçue tout d'abord, que l'on apprit en France la candidature du prince Léopold de Hohenzollern-Sigmaringen au trône d'Espagne.

Un mois après, jour pour jour, nos troupes livraient aux armées allemandes le premier combat de la campagne.

Que s'était-il passé, du 2 juillet au 2 août ?

Comment, un incident qui, au premier aspect, paraissait n'intéresser que les deux pays de race latine séparés par les Pyrénées, s'était-il transformé, si rapidement, en un conflit sanglant qui mettait toute l'Allemagne armée en présence de la France désarmée ?

Voilà ce qu'il importe tout d'abord d'examiner.

Avec la tendance qui nous caractérise de nous considérer collectivement comme le premier peuple du monde, tout en nous dénigrant, en nous déconsidérant et en nous déchirant individuellement, nous sommes portés à faire peu de cas des aspirations qui se manifestent au delà de nos frontières.

En raison même de notre aversion systématique pour les langues étrangères, nous nous imaginons volontiers que, si nous ne connaissons pas les autres nations européennes, celles-ci sont dans la même ignorance vis-à-vis de nous.

Mais il en est autrement.

Ils sont innombrables, les étrangers qui possèdent notre langue, qui la parlent, qui lisent nos livres et nos journaux, qui vivent ainsi de notre vie, soit que nous en étendions l'écho jusque chez eux par nos publications, soit qu'ils viennent en épier les pulsations au milieu de nous.

C'est ainsi que les hommes d'État de toutes les grandes puissances européennes sont tenus au courant, jour par jour, heure par heure, de nos faits et de nos gestes, de nos espoirs et de nos craintes, de nos élans et de nos défaillances, de nos aspirations, de nos doutes, de nos appréhensions ou de nos excès de confiance, en un mot, de notre état d'esprit et de nos mouvements d'opinion.

Parmi ces hommes d'État, il en était un, en 1870, M. le comte de Bismarck, chancelier de la Confédération de l'Allemagne du Nord, qui, après avoir rêvé et réalisé en partie les plus hautes destinées pour le royaume de Prusse, ne pouvait atteindre l'achèvement de son œuvre qu'autant que nous nous laisserions prendre à l'un des pièges qu'il nous tendait depuis quelques années.

L'empereur Napoléon III avait eu la faiblesse de laisser écraser le Danemark par l'Autriche et par la Prusse, en 1864.

A cette première faute, unique heureusement, par son caractère, dans les annales de notre histoire, il en avait ajouté une deuxième, en observant une neutralité bienveillante pour la Prusse, en 1866, quand ce royaume, allié à celui de l'Italie, écrasait l'Autriche, la Saxe, la Bavière et le Wurtemberg.

Il en avait commis une nouvelle en s'opposant à l'accomplissement définitif de l'unité italienne, alors qu'il y avait antérieurement coopéré avec tant d'ardeur.

Enfin, il entendait obtenir à la fois que l'Espagne ne conservât pas les institutions républicaines qu'elle possédait alors, et qu'elle ne se donnât pas un roi dans la personne d'un prince français issu de la famille d'Orléans.

Nos relations n'étaient point meilleures, au surplus, avec l'Angleterre et la Russie.

Sans doute, à ne tenir compte que des apparences, le gouvernement et le peuple anglais ne nous étaient point défavorables, mais l'affection de la Grande-Bretagne est de celles qui ne se manifestent par des témoignages probants qu'autant que ses intérêts commerciaux n'ont point à en souffrir. De l'autre côté de la Manche, on se souvenait bien encore que des milliers de Français étaient allés mourir en Crimée, il y avait déjà quelque quinze à seize années, pour interdire à la Russie l'accès de la Méditerranée. Mais l'on se disait que, si la France était engagée dans une grande guerre avec l'Allemagne, le transit commercial de ces deux puissances reviendrait, pendant la lutte, aux navires et aux ports de l'Angleterre et de ses colonies, et que l'on serait bien malavisé de ne pas en profiter.

On n'ignorait pas, d'ailleurs, que, dans la lutte qui allait s'engager, la France courait au-devant d'un désastre, et l'on entrevoyait peut-être le jour où, après avoir fait appel à l'armée française pour arrêter l'expansion de la Russie vers la Méditerranée, on arriverait, avec moins de difficulté, à dominer exclusivement dans cette grande mer européenne, où notre pavillon devrait pourtant, par notre passé et par notre position en Europe et en Afrique, régner en souverain maître. Qui oserait affirmer qu'à Londres, où l'on sait prévoir et où les whigs et les tories, en se succédant, se transmettent les traditions de leur rôle à l'extérieur, qui oserait affirmer, dis-je, qu'à cette époque déjà, le cabinet britannique ne visait pas l'occupation de Chypre et la prise de possession de l'Égypte, quand, plus tard, la France, après de graves échecs probables, se trouverait dans l'obligation de panser ses plaies, de se recueillir et de veiller à la conservation de son propre territoire ?

Restait enfin la Russie, dont le souverain marquait volontiers son affection à l'officier général qui représentait près de lui la personne de Napoléon III. Mais, c'était une étrange illusion de supposer que le fils du czar Nicolas oublierait si facilement les défaites sanglantes infligées par nos soldats aux troupes de son père sous les murs de Sébastopol.

Une profonde ignorance des relations séculaires qui liaient d'amitié les deux cours de Pétersbourg et de Berlin, une méconnaissance complète des sentiments que professent les monarques de droit divin à l'égard des monarques de droit populaire, pouvaient seules nous faire admettre qu'Alexandre II se prononcerait contre Guillaume en notre faveur. Tous deux s'étaient rencontrés, d'ailleurs, à Ems, dans le courant du mois de juin, et il était permis de supposer que l'attitude de la Russie, au cas d'une guerre entre la France et la Prusse, y avait été arrêtée définitivement, non point à notre profit.

Bref, notre isolement était complet.

Les petites puissances qui, depuis plus de deux siècles, avaient toujours mis leur espoir en nous, s'étaient détournées de la France.

L'Angleterre et l'Italie, appliquant ce grand principe que l'ingratitude est l'indépendance du cœur, ne voulaient plus se rappeler les sacrifices que nous avions faits pour elle.

L'Autriche et la Russie ne pouvaient oublier que nous les avions attaquées et battues, sans que notre cause fût directement engagée dans les guerres que nous leur avions déclarées.

La France, abandonnée, n'avait plus un seul ami au dehors. Elle aurait pu, elle aurait même dû se donner des alliés en faisant ressortir les dangers qu'engendrerait une Allemagne impériale et militaire, unifiée au centre de l'Europe. Son gouvernement n'y avait même pas songé. L'éventualité pouvait-elle d'ailleurs être admise par un homme qui, déjà frappé par la maladie, s'endormait sur ses lauriers d'Algérie, de Chine, de Crimée et d'Italie ? Non, et aucun de ses conseillers intimes, aucun de ses familiers n'avait, ni assez de franchise pour lui signaler le danger, ni assez de prévoyance et de savoir pour lui en démontrer la réalité.

On ne comprenait pas, aux Tuileries, qu'un pays, même sans déchoir, peut se trouver singulièrement diminué par la subite élévation d'une puissance voisine et que telle était l'exacte situation de la France vis-à-vis de la Prusse.

Cette situation, on la connaissait à Londres, à Turin, à Vienne et à Pétersbourg, comme à Munich, à Dresde, à Stuttgart, à Carlsruhe et à Copenhague, et c'est ainsi que la France, sans préparation aucune, resta isolée devant la Prusse supérieurement outillée en vue de ce grand effort.

Quant à notre état intérieur, il n'était pas sans susciter, soit la jalousie et la cupidité, soit la défiance et les appréhensions.

Sans doute, nous avions montré par la grande Exposition de 1867 que la France aspirait surtout à développer, au milieu de la paix, sa merveilleuse prospérité commerciale, industrielle et artistique.

Sans doute aussi, le pouvoir était échu, le 2 janvier 1870, à un ministère libéral, qui, par son origine même et par le juste sentiment de sa position, devait tendre encore et surtout à accentuer une politique nettement pacifique.

Sans doute enfin, le plébiscite du 8 mai venait de donner au gouvernement impérial une majorité considérable qui approuvait ses actes, ses projets et sa marche.

Mais, que d'ombres derrière ce tableau rassurant!

Combien, parmi nos voisins, n'avaient vu dans notre grande manifestation de 1867, qu'une sorte de défi jeté à leur pauvreté!

Certains d'entre eux n'avaient-ils pas comploté de venir les armes à la main nous dépouiller, après avoir pu constater par eux-mêmes que nous ne prenions pas la précaution de garantir notre épargne contre leurs convoitises!

Ne savait-on pas que la première visite du roi de Prusse avait été pour les Buttes-Chaumont, du haut desquelles il avait assisté, jeune homme encore, à la prise de Paris en 1814 et à l'entrée des armées coalisées dans la Capitale, et, par une coïncidence bien significative, le chef-d'œuvre de l'industrie prussienne, dans le grand tournoi des nations civilisées où nous avions convié l'Europe entière, n'était-il pas ce canon géant qui semblait braqué sur le Trocadéro comme sur un fort à bombarder?

L'Exposition, au surplus, n'avait-elle pas été la source d'incidents dont le souvenir s'est heureusement effacé aujourd'hui dans l'esprit d'Alexandre III, mais dont l'impression devait être encore bien vivace sur Alexandre II, trois ans plus tard?

Que l'on joigne à tous ces symptômes l'opinion générale, en France et hors de France, que le plébiscite, en donnant toute tranquillité au régime impérial pour sa politique intérieure, lui laissait, en quelque sorte, carte blanche pour sa politique extérieure, et l'on comprendra comment il se faisait qu'au dehors, on feignît de redouter, encore plus qu'auparavant, nos prétendues velléités guerrières, bien qu'elles fussent, en réalité, moins redoutables que jamais.

Cette appréhension, il faut bien le reconnaître, était d'ailleurs partagée par un grand nombre de nos concitoyens, qui voyaient s'accumuler les fautes de notre politique extérieure, et qui redoutaient qu'elles amenassent un éclat dans des conditions inévitablement défavorables.

Il est vrai que les esprits, même les plus craintifs, comptaient sur la valeur de notre armée pour maintenir en tout cas le prestige de la France.

Cette confiance aveugle était si profondément ancrée dans l'opinion publique, qu'elle se retrouve en termes presque identiques dans les dépêches envoyées par les préfets au ministre de l'intérieur, du 8 au 10 juillet 1870, en réponse aux demandes de renseignements que ce dernier leur avait adressées.

On me reprochera, peut-être, d'aller, par mon langage, contre les assertions des hommes qui affirment que le pays ne voulait pas la guerre.

Je n'ai nul dessein de les contredire, car, ma conviction est qu'aucun pays civilisé ne consent de gaîté de cœur à délaisser ses travaux pacifiques, pour s'élancer au-devant des hasards et des risques qu'engendrent les batailles.

Mais, j'écris ici une page d'histoire et mon premier devoir est de dire la vérité. Je heurterai certainement la légende. Qu'importe! si je mets le pays face à face avec ses erreurs passées, et si, de cet examen de conscience, ressort quelque grand enseignement. N'est-ce pas là, du reste, le but que je poursuis?

Je maintiens donc que la déclaration d'une guerre contre la Prusse était bien accueillie par la majorité de la population en France, quand le gouvernement impérial consulta les préfets sur cette éventualité, car j'ai sous les yeux les rapports de ceux-ci; quelque dévoués qu'ils fussent au régime impérial, ils étaient Français avant tout, et je ne peux admettre qu'ils aient été assez courtisans pour sacrifier leur devoir de patriote à leur intérêt de fonctionnaire.

Ils se trompaient sur le véritable motif de la lutte entre les deux pays, ils s'illusionnaient sur notre supériorité; mais ils n'étaient pas seuls dans l'erreur: le peuple, presque tout entier, la partageait avec eux.

« L'opinion générale dans la ville de Marseille, mandait le préfet des Bouches-du-Rhône, est entièrement favorable aux déclarations du gouvernement et approuve très hautement son attitude. L'éventualité d'une guerre est acceptée sans répugnance. Le commerce, pensant qu'un conflit est inévitable, dans un avenir plus ou moins prochain, désire la liquidation prompte et définitive d'une situation qui, depuis longtemps déjà, pèse moralement sur les affaires. En dehors de la question commerciale, si une guerre avec la Prusse éclatait, elle serait éminemment populaire. Le sentiment national est en complète harmonie avec la politique du gouvernement impérial. Les discours des ministres à la Chambre sont, depuis deux jours, dans les cercles et les lieux publics, l'objet des appréciations les plus sympathiques. »

Ce n'était là, me dira-t-on, qu'un écho des villes.

A cette objection, je répondrai par l'extrait suivant de la dépêche du préfet du Loiret :

« J'ai vu, écrivait-il, plusieurs habitants de la campagne, hommes laborieux, aisés et intelligents, qui envisagent sans crainte la grande crise actuelle, et l'un d'eux formulait familièrement et avec vérité le sentiment général en me disant : *Il faut que cela vienne.* »

Dans les communes rurales de ce département, le sentiment était le même que dans notre grand port de la Méditerranée. Ce sentiment existait d'ailleurs de l'autre côté du Rhin.

M. le prince de Bismarck n'a-t-il pas raconté dernièrement, à la tribune du Reichstag, qu'à Berlin on lui donnait depuis longtemps le conseil de « cogner » sur nous, et qu'il était obligé de calmer cette effervescence jusqu'au jour où l'occasion propice s'offrirait à lui de nous amener à l'attaquer ?

Mais, me fera-t-on encore remarquer, les opinions que vous avez reproduites jusqu'ici sont celles de régions éloignées du théâtre probable des opérations : en était-il de même à proximité de la frontière?

Comme ce n'est pas un plaidoyer que je prononce, comme je n'ai point le désir d'atténuer les fautes ou de les effacer, je dois reconnaître que l'on se montrait plus calme et plus réservé dans les départements voisins de l'Allemagne.

Cependant, le préfet du Bas-Rhin disait :

« Le sentiment patriotique se maintient chaque jour davantage, il ne faiblira pas, et le désir de rabaisser l'ambition démesurée de la maison de Prusse fait oublier les conséquences toujours désastreuses d'une guerre. »

Le préfet des Vosges tenait un langage semblable.

De Lyon, venait la même note que de Marseille.

« On ne veut pas, déclarait le préfet du Rhône, que les choses restent ce qu'elles sont aujourd'hui; on est las et humilié d'être exposés aux conséquences des agissements de la Prusse; on espère que le gouvernement profitera d'un conflit, que d'ailleurs il n'a pas provoqué, pour dégager la situation, et, si la guerre doit seule apporter un terme à un état de choses qu'on considère comme compromettant pour notre dignité nationale et nos intérêts, j'affirme qu'on acceptera franchement, résolument, la guerre. »

Il y avait donc un grand courant vers la guerre.

A coup sûr, l'assentiment à une si grave détermination n'était pas unanime.

De vives résistances se produisaient dans certains milieux.

Ici, l'on préférait le maintien de la paix à tout prix.

Là, on faisait de l'opposition quand même.

Ailleurs, on envisageait froidement la position, on sondait l'avenir, on mesurait les chances de succès et les probabilités de revers, et l'illustre Thiers exposait avec autorité les craintes légitimes des patriotes éclairés, en luttant, au sein du Corps législatif, contre l'aveuglement qui semblait s'être emparé de la majorité de ses collègues, du gouvernement tout entier et de la plupart de ses concitoyens.

Mais, ces sages conseils ne trouvaient qu'un faible écho.

Comment aurait-il pu en être autrement, quand la foule, dans les rues de la capitale, étouffait tout germe de protestation par les cris répétés :

« A Berlin! à Berlin! »

Voilà où nous en étions, quatre jours seulement après que l'on eut appris à Paris la nouvelle de la candidature du prince Léopold de Hohenzollern-Sigmaringen au trône d'Espagne.

Malheureusement, cette tentative n'était pas la première.

Déjà, quelque dix-huit mois auparavant, elle avait surgi subitement, et l'on avait cherché à en effacer le caractère absolument allemand, en insinuant que ce prince ne pouvait être une personnalité déplaisante à Napoléon III, puisqu'il était allié, par le sang des Murat, à la famille impériale.

Je comprends parfaitement que les ministres français aient été fort désappointés de voir ainsi se reproduire soudain un projet malveillant, même inquiétant pour la France, et qu'ils étaient en droit de considérer comme abandonné depuis longtemps.

Mais s'il est permis à un homme de s'impatienter, de s'irriter contre les coups d'épingle, de faire même quelque faute, tant qu'il n'engage que sa propre personne, ces emportements sont interdits à des ministres qui ont entre leurs mains le sort du pays, la dignité de la nation.

Il y avait un piège dans cette nouvelle présentation d'un prince prussien pour la couronne d'Espagne.

Conférence du prince Frédéric-Charles sur les méthodes de guerre françaises. (Page 20.)

Ce piège était si grossier que l'on est tout surpris que des hommes d'État y soient tombés.

Je ne ferai pas par le menu le récit de leur erreur.

Ce qui est incontestable, c'est que notre gouvernement s'est laissé prendre à l'embûche que lui avait tendue le chancelier de la Confédération de l'Allemagne du Nord, et l'empereur tout le premier, lui qui, pourtant, avait été déjà si souvent la dupe de ce redoutable adversaire.

C'est ainsi, qu'ayant une cause excellente, nous l'avons immédiatement compromise par notre brutalité dans la juste revendication de nos droits; qu'ensuite, après avoir obtenu une satisfaction légitime, nous avons voulu imposer une humiliation au roi de Prusse; qu'enfin, nous en sommes venus fatalement à prendre une attitude diplomatique agressive, presque inconsciente, alors que nous devions nous maintenir sur la défensive.

La renonciation formelle du prince Léopold de Hohenzollern-Sigmaringen nous était acquise; nous avions, en outre, l'assentiment du roi de Prusse à cette renonciation.

La réparation était suffisante, car elle demeurait sur le domaine respectif des intérêts de la France, des droits de l'Espagne et des obligations du chef de la famille Hohenzollern.

Nous devions nous en tenir là.

Notre gouvernement poussa plus loin.

Il voulut un engagement catégorique du roi Guillaume pour l'avenir. En portant si haut ses prétentions, il déplaçait l'objet et le terrain du litige, il en faisait une provocation directe au souverain de la Prusse.

C'est tout ce que désirait M. le comte de Bismarck.

Celui-ci savait, qu'un jour ou l'autre, la guerre éclaterait entre son pays et le nôtre.

Mais, il n'ignorait pas que les États allemands de la Confédération du Nord, placée sous l'hégémonie de la Prusse, et, surtout les États indépendants du sud de l'Allemagne, ne concourraient jamais, de leur plein gré, à une attaque contre la France.

Il était, au contraire assuré de leur aide, et notre gouvernement était assez mal renseigné pour ne pas le soupçonner, si nous prenions l'initiative d'une agression dans une affaire quelconque ayant un caractère bien allemand.

Notre maladresse, notre fatuité, notre ignorance, avaient été ses plus précieux auxiliaires.

Aussi, ne perdit-il point de temps.

Il lui fallait un prétexte, à défaut de raison, et surtout, il importait d'égarer l'opinion publique en Allemagne, de l'exciter, de l'emballer, de la mettre au même diapason qu'en France, afin que tout arrangement pacifique devint impossible.

La presse allemande s'y employa avec autant d'ardeur que d'ensemble, et, comme elle semait dans une terre bien labourée, sous un ciel chauffé à blanc, sa récolte fut aussi prompte qu'abondante.

Voilà comment il se fit, qu'ayant le beau rôle, nous nous sommes trouvés, tout à coup, dans une fort mauvaise posture, et qu'après avoir eu pour nous la sympathie de l'Europe entière dans nos justes protestations, nous n'avons plus rencontré qu'un concert presque unanime de désapprobations, qui, à la suite de nos premières défaites, se changea rapidement en aversion et en dédain.

Pour compléter ce tableau, il ne me reste plus qu'à rappeler que, de notre côté, nous nous considérions comme offensés dans la personne de notre ambassadeur.

Celui-ci, déclarait-on, avait reçu un affront du roi de Prusse.

Quelle était cette insulte? Qui l'avait amenée? Comment s'était-elle produite? Personne ne le savait au juste. Mais on la tenait pour certaine et pour grave.

C'est en vain que quelques membres du Corps législatif, et notamment Gambetta, demandèrent, avant de voter les subsides, la communication des documents authentiques qui permettraient aux représentants du pays de connaître, de commenter, d'apprécier cette prétendue atteinte à notre dignité. Les exaltés déclaraient que cette communication était inutile, et entraînés par le courant, la plupart des députés, y compris Gambetta, octroyèrent au gouvernement les fonds qui lui étaient nécessaires pour mobiliser nos forces.

Mobiliser nos forces! cette expression me fait encore bondir de fureur, quand je songe au genre de mobilisation que nous allions appliquer et au chiffre de combattants que nous allions pouvoir mettre en ligne contre l'invasion des armées allemandes.

Ce n'était pas seulement les troupes de la Confédération de l'Allemagne du Nord qui marchaient sous le commandement suprême du roi de Prusse, mais encore celles du royaume de Bavière, du royaume de Wurtemberg et du grand-duché de Bade.

Le savait-on aux Tuileries?

Quant à nous, officiers de l'armée française, nous ne l'ignorions pas.

Nous avions lu, en 1868, une brochure faite par un de nos camarades, sur les effectifs de guerre dont disposait le généralissime des armées allemandes. Ils étaient évalués à 1,140,000 hommes, et l'auteur de cette étude donnait comme certain le traité d'alliance offensive et défensive conclu entre la Prusse et les États ci-dessus désignés.

Il est vrai qu'à cette même époque, un officier, qui a joué, depuis, un rôle important au ministère de la guerre, et qui enseignait, alors, l'art militaire aux sous-lieutenants de l'artillerie et du génie, élèves de l'École d'application de Metz, leur inculquait les principes suivants :

« L'armée prussienne, dans laquelle le temps de service est fort court, disait-il, est une organisation magnifique sur le papier; c'est un instrument douteux pour la défensive et qui serait fort imparfait pendant la première période d'une guerre offensive. »

Peu importe, n'est-ce pas, le nom de cet officier ! Mais, hélas ! c'est avec des doctrines aussi erronées que nous entrions en lutte contre un adversaire innombrable, supérieurement armé et organisé.

Les avertissements n'avaient pas manqué, cependant, aux hommes du métier, depuis quelques années.

Je ne rappelle que pour mémoire l'intervention de la Prusse à la fin de la guerre de 1859, intervention qui amena la brusque conclusion de la paix de Villafranca, que les Italiens nous ont reprochée, estimant, sans doute, qu'il ne suffisait pas que notre armée les eût délivrés des Autrichiens, mais que nous devions encore, pendant que toutes nos troupes étaient dans la vallée du Pô, laisser tranquillement celles de la Confédération germanique franchir le Rhin et envahir notre territoire.

Je ne ferai encore que signaler, en passant, la célèbre conférence du prince Frédéric-Charles, sur les méthodes de guerre françaises, conférence à laquelle on a d'ailleurs donné le titre inexact de : « L'art de combattre les Français ».

Je ne m'arrêterai pas non plus aux rapports si connus du colonel Stoffel, notre attaché militaire à Berlin, qui s'efforçait patriotiquement, mais en vain, d'appeler l'attention de l'empereur sur les progrès de l'organisation militaire prussienne et plus spécialement sur la supériorité de son artillerie.

Qui donc aurait osé admettre cette supériorité, en France? Est-ce que la manie du souverain ne le poussait pas à se considérer comme un artilleur émérite? Est-ce que nos batteries nouvelles n'avaient pas puissamment contribué à nous donner la victoire en Italie? Est-ce qu'il n'était pas de notoriété publique dans le monde militaire que, si l'infanterie de l'armée prussienne avait déterminé le gain des batailles livrées aux Autrichiens, en 1866, l'artillerie et la cavalerie de cette même armée avaient été moins que brillantes? L'artillerie prussienne avait maintenant des canons se chargeant par la culasse, mais ce matériel était-il si redoutable ? Et, d'ailleurs, n'avions-nous pas un engin, aussi formidable qu'inconnu, la mitrailleuse, qui devait faucher les rangs ennemis, et dont, moi qui habitais alors une petite maison voisine de la gare de Saint-Cyr, j'entendais, chaque jour, les essais sonores retentir sur le plateau de Satory ?

Revenant aux avertissements multiples qu'avait reçus le gouvernement impérial, sur les dangers qui nous menaçaient, j'invoquerai encore l'admirable livre du général Trochu, sur « L'armée française en 1867 »; livre que les uns lui ont reproché, en déclarant que la recherche de la vérité est une peine inutile dans un pays qui ne veut pas l'entendre, les autres, en l'accusant de manquer de patriotisme parce qu'il avait révélé les lacunes et les vices de notre organisation militaire; livre qui a valu à son auteur infortuné, l'accablante responsabilité de la défense nationale, alors que tout était perdu et qu'il n'y avait plus qu'à sauver l'honneur de la France.

N'avions-nous pas lu encore une autre brochure intitulée : « *Considérations sur les défenses naturelles et artificielles de la France, en cas d'une invasion allemande* », écrite par un officier du grand état-major de Berlin, traduite par un officier de notre armée, brochure où l'on étudiait les lignes d'opérations sur Paris, soit par Reims ou Châlons, soit par la Meuse et la Marne, soit par la vallée du Rhin et par les Vosges? Mais, on raillait ceux qui prenaient au sérieux ces conceptions stratégiques. Et, savez-vous pourquoi? Parce que l'auteur les avait poussées jusqu'à l'attaque du camp retranché de Paris, ce que l'on considérait alors comme un signe de démence. Parce qu'enfin, il terminait l'exposé de son plan de campagne, en déclarant que « le système de défense de la France serait considérablement affaibli par l'enlèvement de l'Alsace et de la Lorraine et par leur annexion à l'Allemagne ». On haussait les épaules en lisant cette phrase. Un an après, Paris, abattu par la famine, avait succombé, l'Alsace et la Lorraine ne nous appartenaient plus!

Les voyages d'exploration, faits par M. le général de Moltke, à proximité de notre frontière de l'Est, voyages si habilement éventés et si patiemment suivis par certains de nos officiers, n'auraient-ils pas dû nous tenir en éveil?

Les espions prussiens, dont on a ensuite exagéré si ridiculement le nombre, n'étaient-ils pas partout alors parmi nous, absolument comme aujourd'hui d'ailleurs, aussi bien en qualité d'agents officiels que comme agents d'affaires, boursiers, commerçants, employés de nos administrations publiques, nous exploitant, nous épiant, nous trompant, dissimulant soigneusement leur grade de sous-officier ou d'officier dans l'armée active ou dans la landwehr, pour mieux saisir nos secrets et nous trahir!

Cet espionnage maudit nous suçait le sang, nous rongeait jusqu'à la moelle, et, quand je songe qu'il a fallu seize années, pour obtenir une loi de garantie, quand je me rappelle les attaques que m'a values de l'autre côté des Vosges ma participation, comme ministre, au vote de cette loi, je me dis que le cabinet dont je faisais partie avait dû prendre là une excellente mesure, mesure dont le projet, je tiens à le déclarer par esprit de justice, était dû au précédent ministère.

Je prie mes lecteurs de ne pas me savoir trop mauvais gré de ces longues digressions du début. Mais, il me faut bien marquer, par des faits indéniables, les fautes que nous avons commises, et, quand j'évoque tous ces souvenirs d'un passé lugubre, où l'aveuglement tint la première place, je ne puis me défendre du besoin impérieux que j'éprouve d'y insister énergiquement, afin d'éviter à ma bien-aimée Patrie le retour d'aussi épouvantables catastrophes.

De tout ce qui précède, il ressort qu'en déclarant la guerre pour une question de forme, alors que nous avions eu gain de cause, quant au fond, nous savions que nous allions à la rencontre d'un ennemi redoutable.

Nous en avions été prévenus.

Qu'avions-nous fait pour parer à ce danger imminent?

Étions-nous restés dans l'inaction depuis Sadowa?

Non, mais il nous fallait des réformes urgentes, radicales, une rénovation morale et une réorganisation matérielle presque complète.

Malheureusement, au lieu de reprendre l'édifice en sous-œuvre, ou de le reconstruire, on se contenta de le réparer tant bien que mal, d'en masquer les crevasses, d'en rafraîchir la façade.

Là, où il fallait un architecte habile, on n'employa que des manœuvres.

Je veux bien reconnaître, toutefois, que l'Empire, malgré son apparente omnipotence, n'était ni assez puissant, ni assez libre, pour donner à la France des institutions militaires qui fussent à la hauteur de son renom et de son rôle.

Le principe si juste, si moralisateur, si fécond, si vrai, du service militaire obligatoire et personnel, ne pouvait être introduit dans notre pays qu'à la suite d'un désastre.

Jamais la population française ne l'aurait accepté avant l'année terrible, et la meilleure preuve de cette répugnance nous est donnée par la difficulté que présente encore aujourd'hui sa stricte application, alors que les enseignements et les conséquences de la guerre de 1870 semblaient cependant de nature à nous en imposer l'adoption sans débat, sans murmure, sans exception.

Non, l'Empire n'était pas assez fort pour prendre l'initiative de cette doctrine vivifiante et pour la faire accepter par la population, comme le bouclier de sa prospérité et de son indépendance.

Et pourquoi?

D'abord, parce que nos troupes n'avaient eu que des succès depuis quinze ans; parce que l'on ne doutait pas qu'elles dussent encore en remporter; parce que nul, dans notre pays, ne soupçonnait la force d'une nation armée; et parce que toute atteinte à notre organisation militaire en pleine gloire eût engendré des doutes qui auraient pu compromettre la confiance dont elle jouissait.

Ensuite, parce qu'il y avait dans notre pays une école de politiciens, qui, s'obstinant à ne regarder que les événements intérieurs, sans se préoccuper des événements extérieurs, luttaient à outrance contre le système des armées permanentes qu'ils traitaient, non comme une égide contre les agressions du dehors, mais comme un moyen d'oppression au dedans.

Enfin, parce que la population française était, à cette époque du moins, essentiellement routinière, attachée à ses coutumes, sourde et aveugle pour tout ce qui ne l'intéressait pas directement; parce qu'elle était familiarisée avec le système des exemptions, des dispenses, des substitutions, du remplacement et des exonérations; et parce qu'elle aurait renversé le gouvernement, s'il avait voulu lui imposer une loi de recrutement aussi draconienne, plutôt que de se soumettre à des exigences nouvelles dont elle ne pouvait comprendre la patriotique nécessité.

Il faut bien ajouter, d'ailleurs, que la transformation eût été trop tardive, car les institutions militaires ne s'établissent pas plus à la veille qu'au courant d'une guerre. Elles ne produisent tous leurs fruits, au moment du danger, qu'autant qu'elles ont été fondées en pleine paix.

Et puis, l'Empire avait à son passif une entreprise aventureuse qui lui liait bras et jambes, la guerre du Mexique. N'est-ce pas cette guerre qui nous avait rendus inertes, en 1864 et en 1866, tant elle nous coûtait de peines, de déboires, d'hommes et d'argent, et qui nous avait valu l'humiliation très réelle de notre échec dans l'affaire du Luxembourg en 1867?

Nous aussi, malgré cet exemple, pourtant si instructif, nous avons eu, sous la République, notre guerre du Mexique, dans cette regrettable affaire du Tonkin, qui a dégénéré en expédition contre l'Annam et contre la Chine.

Nous ne pouvions cependant pas rester « constamment hypnotisés devant la trouée de Belfort », déclarait l'un de mes prédécesseurs au ministère de la guerre, homme d'une haute intelligence et d'un patriotisme éprouvé, en réponse à une interpellation sur l'expédition indo-chinoise.

Mais si! Il fallait adopter cette attitude expectante, très digne dans son calme et dans son recueillement, et, sans se lasser de l'immobilité, sans se laisser séduire par l'aspect de riches possessions extérieures, attendre l'heure de la justice immanente, suivant la belle parole de Gambetta à Cherbourg.

En guerre comme en diplomatie, et nous trouverons dans les pages suivantes, la justification de ce principe, il ne faut s'attacher qu'aux questions capitales. Les grandes actions seules, ont de l'importance. Si elles réussissent, les succès secondaires, diplomatiques ou militaires, arrivent par surcroît. Est-ce que les immenses maisons de commerce, sagement gérées, n'appellent pas les grands et les petits bénéfices? Est-ce que la mer n'attire pas à elle les grands fleuves et les petites rivières?

Les conséquences de la guerre du Mexique, bien qu'elles eussent, si lourdement pesé sur une grande nation toujours victorieuse jusque-là dans les luttes qu'elle avait engagées, auraient dû nous interdire, à nous, les vaincus de la veille, de commettre la même faute.

Tant que l'Alsace et la Lorraine ne nous seront pas rendues, nous n'avons pas le droit de diviser nos forces, surtout lorsque les avantages que nous poursuivons ne ressortent pas avec évidence.

N'est-ce pas cette expédition indo-chinoise qui a profondément bouleversé notre pays depuis cinq ans et qui a mis en péril nos institutions républicaines?

Qui peut affirmer que l'histoire des dernières années ne se serait pas profondément modifiée à notre profit, si, à travers la trouée de Belfort, l'Allemagne avait aperçu la nation française, bien compacte, bien unie, tout entière armée, cette fois, alors que le vieil empereur Guillaume allait disparaître bientôt suivi de son fils, alors que les troupes russes se massaient dans les plaines de Pologne, alors que l'Alsace et la Lorraine nous adressaient un suprême appel par ces magnifiques élections protestataires qui nous ont si profondément émus!

Qu'on le sache bien, d'ailleurs, je n'instruis ici le procès de personne. Je livre tout haut les réflexions que je fais dans le silence du cabinet, mais sans acrimonie; car je sais que trop souvent la fatalité entraîne les hommes à ne point faire ce qu'ils voudraient.

Le véritable homme d'État est celui qui ne se laisse ni influencer par les circonstances, ni dominer par les événements, qui reste ferme au poste, la barre toujours en main, l'œil braqué sur l'horizon, envisageant froidement le danger, se préparant à recevoir le choc ou cherchant à éviter l'écueil, calme au milieu des plus grands cataclysmes, sachant porter le poids de sa responsabilité et n'hésitant pas à engager son initiative, relevant la confiance des faibles et secondant l'ardeur des forts, toujours maître de lui, prêt à la victoire comme à la défaite, mais ayant tout disposé pour recueillir les fruits de celle-là ou pour atténuer les

Jeunes gens d'Alsace franchissant la frontière pour venir s'enrôler dans l'armée française.

conséquences de celle-ci au profit et pour la plus grande gloire de la Patrie.

Un tel homme, nous ne le possédions pas en 1870. Nous n'avions qu'un souverain, entouré de conseillers et de ministres insuffisants, et, comme l'empereur n'avait d'autre origine que la volonté populaire, cette volonté devait infailliblement se retourner contre lui, le jour où elle estimerait qu'il n'était pas assez robuste pour défendre les droits et les intérêts de la nation.

Je veux bien que nous ayons été plus heureux au Tonkin qu'au Mexique.

Mais que d'hommes nous avons perdus dans cette contrée insalubre, où nous ne pouvons nous acclimater et où les maladies endémiques font bien plus de victimes que les balles ennemies!

Combien de jeunes gens, accourus de ces deux chères provinces qui nous ont été enlevées en 1870, sont allés mourir là-bas! C'est volontairement et le cœur haut qu'ils faisaient le sacrifice de leur vie. Ne valait-il pas mieux réserver ce sang généreux pour d'autres combats?

N'est-ce pas cette expédition qui nous a enlevé Courbet, l'illustre marin que l'unanimité de ses anciens, de ses pairs et de ses cadets, désignait comme le chef reconnu et incontesté de notre armée navale?

Me voici encore bien loin des préliminaires de la guerre franco-allemande. Mais, malgré moi, quand j'étudie, je compare, et je ne puis me défendre de reconnaître avec une poignante émotion que nous retombons trop souvent dans les mêmes erreurs, quelque désastreux qu'en aient été les résultats.

N'arriverons-nous pas, enfin, à profiter des cruelles expériences du passé?

Ce n'est pas que Napoléon III n'ait eu la vision des exigences qu'entraînait l'abaissement de l'Autriche par la Prusse, se séparant ainsi de son premier ministre qui avait cherché à pallier les effets de cet échec en inventant la fameuse théorie des trois tronçons:

A entendre celui-ci, au lieu d'une Confédération germanique bien homogène pouvant être, si ce n'est une menace ou un danger, du moins un obstacle pour la France, nous n'avions plus devant nous que les membres épars de la race allemande : ici, la Prusse, avec les États de l'Allemagne du Nord et le royaume de Saxe, sous l'hégémonie de l'héritier des électeurs de Brandebourg ; là, une agglomération de petits États allemands indépendants qui végéteraient entre le Mein et le Danube, agglomération mal cimentée, englobant les royaumes de Bavière et de Wurtemberg et le grand-duché de Bade ; plus loin, enfin, les provinces allemandes de la couronne d'Autriche.

Devant cette désunion nous n'avions, déclarait Rouher, rien à craindre.

Telle était la doctrine nouvelle, par où nous niions tout simplement le danger, au lieu de le constater, de le signaler, de l'éviter, d'y faire face.

Il semble que Napoléon III pensait autrement.

La preuve en est qu'il confia, presque aussitôt, le soin de réorganiser son armée à l'un de ses maréchaux qui jouissait d'une très haute réputation.

Il est malheureusement impossible d'apprécier à sa juste valeur l'œuvre entreprise avec tant de patriotisme par le maréchal Niel, puisqu'il mourut à la peine.

Mais, on peut lui rendre cette justice qu'il se mit à la tâche avec une ardeur fébrile.

Très érudit, très laborieux, ayant une haute opinion de sa propre valeur, opinion d'ailleurs très légitime, il fit preuve d'une énergie indomptable pour réaliser le programme de réorganisation qu'il avait arrêté dans son esprit.

Parmi les réformes importantes qu'il introduisit dans nos institutions militaires, je signalerai plus spécialement la loi du 1er février 1868 sur le recrutement. C'est par cette loi que fut créée la garde nationale mobile. A coup sûr, ce n'était qu'une demi-mesure. Mais, j'ai dit plus haut comment, à mon avis, il était impossible au gouvernement impérial d'introduire en France le principe du service militaire obligatoire. En fait, la garde nationale mobile serait devenue une fort bonne troupe de seconde ligne, très apte à la défensive, si elle avait eu la possibilité de se former, de s'encadrer et de s'exercer. Elle aurait pu alors doubler avantageusement notre armée de première ligne et défendre les places de notre frontière. Les Allemands ne lui laissèrent pas le temps de se développer, puisqu'elle était à peine née de la veille quand la déclaration de guerre l'amena à jouer un rôle auquel elle n'avait pas encore été préparée.

Sans insister sur les autres transformations et changements, améliorations et perfectionnements, dus au maréchal Niel, car nous en verrons les effets dans le récit même des événements, je tiens à signaler, toutefois, dès maintenant, une erreur grave qu'il a commise, alors qu'au contraire, il croyait agir conformément aux conditions de la tactique moderne. Je veux parler de la substitution de la défensive à l'offensive et de l'usage abusif de la fortification du champ de bataille.

Je crois qu'en stratégie, comme en tactique, il est bon de ne bannir aucun système, car celui qu'on a dédaigné un jour peut être fort utile le lendemain. Mais je pense également qu'il est mauvais d'ériger en principe absolu une méthode de combat. Le véritable chef moule les formations de sa troupe sur les formes du terrain. C'est une affaire de coup d'œil. Les uns possèdent naturellement cette aptitude. Les autres l'acquièrent par la pratique. Il en est qui n'y parviennent jamais, soit par indifférence, soit par manque d'intelligence. Malheur aux soldats qui servent sous les ordres de ces derniers!

Toujours est-il qu'en vue d'une guerre que, dans l'armée, on considérait comme inévitable et prochaine, on avait préconisé dans les exercices et dans les règlements de manœuvres de l'infanterie, la supériorité de la défense sur l'attaque et l'emploi des tranchées-abris.

On obligeait nos fantassins à remuer le sol pour se couvrir sur le champ de bataille, à se terrer en quelque sorte.

Le système d'instruction suivi dans ces travaux de pionnier mérite d'être signalé, car il donne une juste idée du peu de considération dont jouissaient alors les officiers d'infanterie, auxquels on attribuait un rôle des plus subalternes, bien qu'en réalité c'est dans leur action qu'a toujours résidé le sort des batailles, avant 1870 comme aujourd'hui, et cela depuis que le fantassin est pourvu d'une arme à feu.

Au camp de Châlons, par exemple, on désignait, à tour de rôle, un bataillon dans un régiment, pour aller creuser une tranchée-abri.

Il paraissait assez naturel que l'on chargeât de ce soin les officiers de ce bataillon, puisque tous étaient tenus de connaître les ouvrages de fortification.

Mais on procédait tout autrement.

A chaque bataillon d'infanterie on adjoignait une escouade de sapeurs du génie, commandée par un sous-officier.

Celui-ci prenait la direction du travail, secondé par les caporaux et les sapeurs qu'il avait amenés avec lui. Ces derniers se répartissaient par compagnie, par peloton, par atelier, jalonnaient la ligne, en traçaient le profil, et donnaient des ordres aux soldats d'infanterie, absolument comme si les officiers, qui étaient les chefs directs de ces derniers, ne se trouvaient pas là.

Quant aux officiers du bataillon, ils assistaient les bras croisés à cette instruction ainsi qu'à une corvée, profondément humiliés de leur effacement personnel, se demandant avec anxiété l'opinion que leurs soldats pouvaient prendre d'eux!

Ah! ce n'est certes pas en Allemagne, ni dans aucune autre armée, que l'on se fût permis de porter une aussi grave atteinte à la dignité des chefs.

Il est vrai que nos officiers, ceux de l'infanterie du moins, étaient habitués, pendant les deux ou trois dernières années qui précédèrent la guerre de 1870, à faire toutes sortes de métiers en dehors de ce qui constituait leur service proprement dit.

J'en connais qui, pendant de longs mois, avaient dû se résoudre à être les comptables de leur compagnie. C'est eux qui établissaient les situations journalières, qui tenaient les écritures sur les registres et les livrets, qui se trouvaient enfin dans l'obligation de régler les comptes du trimestre sur les feuilles de journées.

Et pourquoi?

Parce qu'il n'y avait plus dans l'infanterie une quantité assez considérable de sous-officiers pour faire cette besogne.

Cette pénurie datait de l'application du service de cinq ans, du renvoi de trois classes consécutives dans leurs foyers à peu de jours d'intervalle, enfin du ralentissement provoqué dans l'avancement par plusieurs suppressions et licenciements successifs.

On a jusqu'ici laissé dans l'ombre tous ces détails qui, joints les uns aux autres, ont eu pourtant une influence capitale sur les événements de 1870.

Il importe de les rappeler, car ceux qui les omettent ainsi plus ou moins consciemment se trouvent toujours, je l'ai remarqué maintes fois, au nombre des contempteurs de nos institutions militaires actuelles.

« Nous avions avant la guerre de 1870, déclarent-ils, un esprit de sacrifice et un sentiment du devoir bien supérieurs à ce qu'ils sont aujourd'hui. »

Eh bien, c'est une erreur qu'il me paraît nécessaire de faire disparaître.

La loi de 1855, sur la dotation de l'armée, c'est-à-dire sur l'exonération par voie administrative, sans que l'intéressé prît même la peine de se chercher un remplaçant, avait eu, au bout de peu de temps, les conséquences morales les plus désastreuses.

On prétend que c'est à cette loi que l'armée doit d'avoir possédé ses remarquables sous-officiers de Crimée et d'Italie.

C'est de la légende.

Avant la loi de 1855, notre armée comptait beaucoup moins de sous-officiers rengagés qu'on ne suppose. Mais, c'étaient des hommes d'élite, qui avaient la vocation militaire, soit qu'ils bornassent leur modeste ambition à l'un des emplois de nos cadres inférieurs, soit qu'ils aspirassent à obtenir l'épaulette de sous-lieutenant après un stage moyen de huit à douze ans sous les drapeaux.

C'est dans ces conditions que notre armée avait conquis l'Algérie, après une longue et pénible série d'expéditions, qui, par leurs périls, leurs fatigues et leurs privations, donnaient une haute idée de sa valeur morale et de sa force physique.

C'est cette même armée qui vainquit en Crimée, car la dotation, avec toutes ses conséquences démoralisatrices, ne fit sentir ses déplorables effets que deux ou trois ans après la guerre contre la Russie.

Saluons, en passant, la mémoire de ces vaillantes troupes, qui, après plus de quinze ans de recueillement, avaient relevé en Afrique le drapeau de la France abattu à Waterloo!

Quant à la dotation, empruntée à une institution romaine du IVe siècle de notre ère, qui portait le nom de prototypia, elle ne pouvait être qu'une mesure de décadence.

C'est ce qu'elle fut réellement.

La meilleure preuve qu'elle ne pouvait être que funeste, c'est que l'Empire lui-même se vit contraint de la faire disparaître après l'avoir instituée.

Malheureusement, cette décision fut prise trop tard. Le mal était déjà profond. L'armée en fut la première atteinte. Le découragement s'était emparé d'un grand nombre de jeunes gens qui n'eussent pas demandé mieux que d'embrasser la carrière des armes, mais qui y renonçaient, soit avant, soit après essai, et cela est si vrai que, le ministre de la guerre ayant ordonné le renvoi de trois classes dans la même année, pour procéder à la première application de la loi de 1868, la plupart des régiments d'infanterie perdirent d'un seul coup presque tous leurs sous-officiers comptables. On citait des régiments où il n'était pas resté un seul sergent-major, ni un seul sergent-fourrier. Et c'est ainsi que les officiers d'infanterie se trouvèrent dans l'obligation de faire le service de leurs subordonnés.

Cette dépréciation des hommes et des grades correspondait au système suivi d'autre part, dont j'ai donné un exemple plus haut, et qui enlevait aux mêmes officiers une partie de leurs attributions.

Il convient de signaler cependant quelques exceptions qui mettaient en relief le relâchement général.

Parmi les chefs qui se faisaient alors remarquer, je citerai, au premier rang, le général Ducrot, qui commandait la division militaire de Strasbourg.

Je ne sais ce qu'il a été comme homme politique et je ne veux pas le savoir, car c'est le soldat seul que je juge ici.

Mais, je ne puis oublier que, si l'on avait écouté ses conseils à Sedan, nous n'aurions peut-être pas été écrasés dans cet entonnoir où s'est engloutie notre vieille gloire militaire, et que, s'il avait commandé seul les troupes de Paris, pendant le siège, nous ne nous y serions pas morfondus dans l'inaction.

Ce que je tiens à rappeler encore, c'est que, là-bas, sur les bords du Rhin, il fut une sentinelle vigilante. Avec lui, la garnison de Strasbourg n'avait pas de repos. Exercices, promenades militaires, manœuvres, passages de rivières sur les ponts de bateaux, construction d'ouvrages de campagne sous la direction des officiers de troupe, reconnaissances, rapports, petites opérations de guerre, se succédaient sans répit.

N'est-ce pas lui qui, rompant avec une tradition dont le sentiment honorable et digne de respect nous a pourtant été fatal, montrait à nos officiers l'exemple des officiers prussiens et engageait son entourage à franchir le Rhin, à se rendre compte de ce que l'on faisait en Allemagne!

N'est-ce pas encore lui qui, le 6 décembre 1866, que l'on retienne bien la date, adressait au général Trochu cette lettre prophétique, dont la copie, prise par le cabinet noir, fut retrouvée dans les papiers de l'empereur, et dont voici quelques extraits :

« Puisque tu es en train, disait le général Ducrot à son ami, de faire entendre de bonnes vérités aux illustres personnes qui t'entourent, ajoute donc ceci : pendant que nous délibérons pompeusement et longuement sur ce qu'il conviendrait de faire pour avoir une armée, la Prusse se propose tout simplement, mais très activement, d'envahir notre territoire. Elle sera en mesure de mettre en ligne 600,000 hommes et 1,200 bouches à feu, avant que nous ayons songé à organiser les cadres indispensables pour mettre en face 300,000 hommes et 600 bouches à feu.

« ..... A moins d'être aveugles, il n'est pas permis de douter que la guerre éclatera au premier jour. Avec notre stupide vanité, notre folle présomption, nous pouvons croire qu'il nous sera permis de choisir notre jour et notre heure, c'est-à-dire la fin de l'Exposition universelle pour l'achèvement de notre organisation et de notre armement! En vérité, je suis de ton avis et je commence à croire que notre gouvernement est frappé de folie. Mais, si Jupiter a décidé de le perdre, n'oublions pas que les destinées de notre patrie et notre propre sort sont liés à ses destinées, et, puisque nous ne sommes pas encore atteints par cette funeste démence, faisons tous nos efforts pour nous arrêter sur la pente fatale qui conduit tout droit à des précipices... »

Ah! comme je comprends, comme je partage les angoisses de ce soldat placé aux avant-postes, le regard dirigé vers l'est, voyant l'horizon s'assombrir, poussant en vain le cri d'alarme et ne recevant d'autre réponse à ses appels réitérés que l'écho des fêtes, des réjouissances, où la nation semblait se complaire sans souci du lendemain.

Je me rappelle que, dans le public et même dans l'armée, lors des négociations relatives au grand-duché du Luxembourg, on riait beaucoup de ce que le général Ducrot fit fermer les portes de la citadelle de Strasbourg depuis la sonnerie du couvre-feu jusqu'au réveil.

On plaisantait sa pusillanimité.

Ce n'était que de la prudence.

Les événements ne lui ont donné que trop raison.

D'autres généraux, d'autres officiers veillaient et travaillaient, je tiens à le constater. Ils n'avaient peut-être pas une notion bien exacte des dangers qui nous menaçaient, mais ils les pressentaient et ce stimulant les engageait à surmonter les railleries dont leurs préoccupations et leurs études étaient trop souvent l'objet.

Le maréchal Niel, je dois lui rendre cette justice, avait puissamment contribué à mettre le travail en honneur dans notre armée.

Il avait même organisé, dans les bureaux du ministère de la guerre, plusieurs séries de conférences qui étaient assidûment suivies par un auditoire nombreux et attentif. On y traitait les questions les plus importantes de la tactique, de la stratégie, de l'organisation, de l'administration et de la législation. Les conférences étaient ensuite imprimées et livrées à l'armée sous forme de brochures. Je suis allé les entendre toutes les fois que me le permettait le service très chargé de capitaine instructeur à l'école de Saint-Cyr. J'ai entre les mains la collection complète des opuscules ainsi publiés, sous la haute direction du ministre de la guerre.

Nous avons beaucoup marché depuis ce temps.

N'importe! on retrouve encore dans ces doctrines, alors nouvelles, à côté de principes condamnés plus tard par l'expérience, des règles que nous aurions pu appliquer, non sans succès, en 1870, et qui nous auraient peut-être épargné les grands désastres de la guerre franco-allemande.

En tout cas, il y avait là un grand et salutaire effort qu'il est de mon devoir de signaler et qui aurait peut-être été fécond en résultats, s'il avait été soutenu.

Mais le maréchal Niel avait été à peine enlevé par la maladie, en plein exercice de ses fonctions, que toute son œuvre était déjà abandonnée.

Bien qu'il eût été ministre de la guerre pendant plus de deux ans et demi, janvier 1867-août 1869, son passage aux affaires avait été de trop courte durée pour remédier complètement aux vices de notre organisation militaire, pour reconstituer, en entier, notre matériel de guerre appauvri ou même épuisé, pour faire disparaître les innombrables défectuosités qui affaiblissaient ou annihilaient nos moyens de défense et d'action.

Les seules épaves de ce naufrage furent, dans l'ordre moral, la loi du 1er février 1868 sur le recrutement, et dans l'ordre matériel, l'adoption de l'arme portative à tir rapide et se chargeant par la culasse, connue sous le nom de fusil Chassepot.

J'ai déjà esquissé la première de ces deux innovations. J'aurai l'occasion d'y revenir en indiquant l'application qui en fut faite pendant la guerre.

Quant au progrès réalisé dans l'armement de notre infanterie, il était considérable. Les événements ont prouvé la supériorité que l'arme

L'INVASION ALLEMANDE

La population de Paris sur le pont de la Concorde et devant le Corps législatif dans les journées de la première quinzaine de juillet 1870.

LIV. 5. — GÉNÉRAL BOULANGER. — L'INVASION ALLEMANDE. — J. ROUFF ET Cⁱᵉ, ÉDIT. — LIV. 5.

nouvelle donnait à nos fantassins. Malheureusement, la fabrication n'en était pas achevée au début des hostilités, malgré les déclarations solennelles faites au pays par le gouvernement. Puis, les approvisionnements, répartis entre les arsenaux des places voisines de la frontière, devinrent presque aussitôt la proie de l'ennemi. Enfin, les réservistes, appelés lors de la mobilisation, ne connaissaient pas le chassepot, et les officiers, insuffisamment renseignés sur les propriétés de cette arme, trompés d'ailleurs par la substitution de la défensive à l'offensive, ne soupçonnaient pas le parti qu'ils pouvaient en tirer. On savait que la nouvelle arme avait « fait merveille » à Mentana, le 3 novembre 1867, suivant les termes du rapport envoyé par l'officier général français qui avait battu, dans cette rencontre, les volontaires de Garibaldi. Mais cette expression était à la fois si malheureuse et si emphatique qu'on ne put la prendre au sérieux.

Les autres entreprises du maréchal Niel furent délaissées presque toutes après sa mort, du moins celles qu'il n'avait pu mener à terme.

Parmi ces dernières, il en est une qui me paraît digne d'une mention spéciale.

Je veux parler du projet de règlement élaboré pour le transport stratégique des troupes, lors de la mobilisation et de la concentration.

Nous avions été les premiers à faire coopérer les voies ferrées aux opérations militaires.

En 1859, lors de la guerre d'Italie, une partie de notre armée fut ainsi dirigée vers le littoral de la Méditerranée pour y être embarquée et débarquée à Gênes.

Mais, depuis lors, on ne s'était nullement préoccupé de régler le concours de cet auxiliaire puissant, bien que les Prussiens nous eussent montré, en 1866, combien il était avantageux au début des hostilités.

Il fallut l'arrivée du maréchal Niel au ministère de la guerre pour que l'on s'y décidât enfin.

Celui-ci ayant disparu soudain, les travaux qu'il avait fait élaborer ne furent pas poursuivis, et c'est ainsi que nos transports s'effectuèrent, en 1870, dans le plus complet désordre, sans qu'aucun plan y présidât.

Pour bien caractériser notre situation générale à la veille de la guerre contre l'Allemagne, pour compléter ce tableau d'ensemble, il ne me reste plus qu'à décrire l'état réciproque des esprits dans la nation et dans l'armée.

J'ai fait remarquer, plus haut, que le remplacement dominait dans nos troupes, avant la guerre de 1870.

Sur un effectif nominal de 400,000 hommes, qui, en temps normal, ne dépassait réellement pas le chiffre de 300,000, on comptait 155,000 remplaçants, soit indirects par accord avec l'État, suivant le régime appliqué de 1855 à 1868, soit directs par accord contracté avec l'intéressé antérieurement à 1855 ou postérieurement à 1868.

Si l'on joint à ce nombre 25,000 officiers, ou fonctionnaires assimilés, 20,000 gendarmes, 55,000 engagés volontaires avec prime, on se trouve en présence d'un total de 255,000 militaires qui ne provenaient pas des appels.

Le recrutement ne donnait donc pas plus de 145,000 hommes sous les drapeaux, car il fallait encore déduire, de ce nombre, 2,000 gagistes, 10,000 disciplinaires, 8,000 indigènes, soit 20,000 hommes, servant à tout autre titre que celui des levées annuelles, et sans tenir compte des journées d'absence, par congé, permission ou maladie.

Les jeunes soldats incorporés dans l'armée par le sort appartenaient tous aux classes pauvres. Ils se considéraient comme des déshérités, puisque les classes aisées pouvaient échapper au service militaire par le remplacement ou l'exonération. Peu instruits, en général, aigris par l'inégalité légale dont ils étaient les victimes et qui les astreignait au séjour dans la caserne, tandis que les riches conservaient leur liberté et vaquaient à leurs affaires personnelles ; ne soupçonnant même pas le grand sentiment du patriotisme, auquel personne ne les avait initiés ; n'ayant aucun intérêt, par suite de leur pauvreté intellectuelle et de leur indigence matérielle, à ce que la France fût grande, prospère, indépendante et honorée ; endossant l'uniforme militaire, non comme l'insigne du devoir, mais comme la livrée de la servitude, ils formaient un milieu tout préparé, soit pour recevoir les impressions, pour subir les suggestions et pour adopter l'esprit général de la grande masse de l'armée ne se recrutant pas par les appels, soit pour accueillir les encouragements à l'insubordination que leur adressaient les adversaires des armées permanentes. Parias dans les deux cas, et traités comme tels, ils devenaient ainsi, ou des prétoriens ou des réfractaires à la discipline. Ces deux excès étaient inévitables.

L'armée était donc une caste dans la nation.

La seconde, on peut le dire, n'avait rien de commun avec la première.

Dans des troupes ainsi composées régnait le dédain pour quiconque n'était pas militaire, ou la haine contre une société assez mal équilibrée pour laisser aux mêmes toutes les charges, toutes les privations, toutes les misères.

Quant au pays, il pensait différemment suivant les positions sociales.

Dans les classes assez riches pour recourir au remplacement, on prônait volontiers l'armée ; d'abord, parce qu'elle avait donné, par les guerres heureuses, une grande gloire à la France et que, de cette gloire était née une ère de prospérité inconnue jusqu'alors ; ensuite, parce que l'on y voyait un instrument de conservation à l'intérieur contre les aspirations libérales qui tendaient à se faire jour dans les masses. Mais, on éloignait les fils du service militaire, on les dissuadait d'aspirer au grade d'officier, on tenait la garnison à l'écart comme une colonie d'étrangers.

Dans les classes pauvres, on protestait, soit en poussant le fils vers l'omission, l'insoumission, même la mutilation et la désertion, ou l'on se soumettait par habitude, mais alors, mécontent de l'état social qui enlevait quelquefois aux familles leurs membres les plus utiles, on se retournait vers les orateurs et les propagateurs des idées libérales.

Tous ces derniers étaient des adversaires déclarés des armées permanentes.

Par ce terme, les hommes qui combattaient l'institution n'entendaient point la suppression des forces nationales destinées à repousser les agressions du dehors. Ce qu'ils attaquaient surtout, c'était l'état d'esprit vrai ou supposé de l'armée impériale. Il y avait un malentendu dans l'expression qu'ils avaient donnée à leur doctrine, malentendu d'autant plus regrettable que, par son caractère même, il allait droit à l'encontre de la réforme revendiquée et entretenait chez quelques individus une haine profonde et aveugle contre l'uniforme militaire.

Pour ces derniers, l'armée était une ennemie et ils traduisaient ce sentiment par des actes matériels. C'est ainsi qu'avant la guerre de 1870, un soldat même ne passait jamais seul dans certaines rues : il n'en serait peut-être pas sorti vivant. Quant à l'officier en garnison à Paris, il lui était interdit de paraître en uniforme dans les faubourgs. J'ai le souvenir d'insultes d'une grossièreté révoltante, jetées à la face de deux officiers de l'École de Saint-Cyr, qui revenaient de l'hôtel des Invalides à la gare Saint-Lazare, après avoir assisté aux obsèques du maréchal Niel, et ces insultes étaient proférées, en plein jour, par deux ouvriers, dans la partie de la rue Royale, qui s'étend entre le faubourg Saint-Honoré et l'église de la Madeleine. Mes deux camarades eurent heureusement le bon esprit de poursuivre leur chemin sans se troubler de cette offense publique qui, au surplus, ne pouvait les atteindre. Je pourrais malheureusement invoquer encore bien d'autres faits du même genre ; cela me paraît inutile.

De tout ce qui précède, il ressort que l'armée française, qui, par la valeur incontestable de ses généraux, de ses officiers et de ses soldats, avait pu obtenir de brillants succès tant qu'elle n'avait eu à lutter que contre des troupes ayant la même organisation, pratiquant le même système de recrutement et possédant par conséquent le même esprit, les mêmes défauts, les mêmes vices qu'elle, sans être pourvues des mêmes qualités, se trouverait inférieure, toutes choses égales d'ailleurs, en présence d'une armée animée des mêmes sentiments que la nation qui l'avait produite, c'est-à-dire, en présence d'une armée vraiment nationale, ou ce qui revient au même, en présence d'une nation armée.

C'est ce qui prouve que le régime du recrutement des troupes n'est pas une institution purement militaire, mais encore sociale et politique.

Je ne pousserai pas plus loin mes considérations préliminaires sur l'état général de la France, le jour où elle entra en lutte avec l'Allemagne.

J'aurai en effet de nombreuses occasions d'en présenter de nouvelles ou de développer les précédentes au cours des événements.

Je crois qu'il est tout à fait inutile d'insister sur la part afférente à chaque ministre, à chaque homme d'État, à chaque corps constitué, dans les incidents qui précédèrent immédiatement notre déclaration de guerre.

Tout le monde y a, sauf de bien rares exceptions, sa part de responsabilité et de culpabilité.

Au lieu d'ergoter et de chicaner, il vaut mieux en faire ouvertement et carrément l'aveu, car c'est seulement ainsi que l'on peut éviter le retour des fautes qui ont engagé, compromis et perdu la France.

C'est le 2 juillet 1870, je l'ai déjà dit, que l'on eut la première nouvelle de la seconde tentative faite, à dix-huit mois d'intervalle, pour placer sur le trône d'Espagne le prince Léopold de Hohenzollern-Sigmaringen, qui appartenait à une famille dont le chef était le roi Guillaume de Prusse.

Le 4, un journal, qui passait pour recevoir les communications officieuses du ministère, publiait sur cette candidature une note comminatoire. A coup sûr, on pouvait la désavouer. Mais l'origine n'en était pas moins connue. Cette note, du premier coup, dépassait la mesure.

Le gouvernement prussien se garda bien de protester. L'ambassadeur du roi Guillaume avait d'ailleurs eu soin de s'éloigner de Paris.

Mais, si aucune réclamation ne vint de Berlin contre le caractère presque agressif de la note publiée par l'organe officieux du gouvernement, l'émotion fut grande en France.

Le Corps législatif était encore en session.

Le 5, une demande d'interpellation fut déposée sur la candidature éventuelle d'un prince de la famille royale de Prusse au trône d'Espagne.

Le gouvernement, qui avait été surpris par la nouvelle, s'était enquis. Il savait alors que l'affaire était très fortement avancée, que les Cortès devaient même se réunir le 20, pour procéder à l'élection d'un roi. Mais, s'il avait reçu cette information de Madrid, il avait appris, d'autre part, que le roi Guillaume se trouvait seul engagé dans la combinaison, qu'il l'avait suivie et acceptée à titre de chef de famille à laquelle appartenait le candidat proposé, et non comme souverain de la Prusse.

Notre gouvernement devait donc se montrer fort réservé dans ses appréciations et très conciliant dans la forme, tout en restant bien décidé et bien ferme quant au fond.

La prudence lui ordonnait de ne pas répondre à la demande d'interpellation qui lui avait été adressée.

C'est à cette ligne de conduite qu'il s'arrêta, mais il voulut la justifier, le 6, par une déclaration conçue dans des termes qui ne pouvaient qu'aggraver les difficultés.

Cependant notre ambassadeur en Prusse avait reçu l'ordre de se rendre près du roi, qui se trouvait alors à Ems, et de lui demander, avec tous les ménagements dus à ce vieux souverain, son intervention près du père du prince Léopold et près de ce prince même, pour que le premier autorisât son fils à abandonner ce projet.

L'entrevue eut lieu le 9 juillet.

Notre démarche fut favorablement accueillie.

Les deux ou trois jours suivants se passèrent en négociations complémentaires.

De son côté, l'ambassadeur de Prusse avait rejoint son poste à Paris : il venait confirmer la bonne nouvelle le 13, en même temps que l'ambassadeur d'Espagne donnait, d'autre part, l'assurance que toute difficulté était aplanie.

Mais notre ministère était divisé.

Les membres du cabinet qui voulaient le maintien de la paix estimaient que nous avions obtenu satisfaction.

Les autres, dont l'esprit était hanté par un grand succès diplomatique ou par de grandes victoires militaires, voulaient que la Prusse reculât dans la personne de son souverain, soit de libre consentement, soit par la force.

Un sentiment de résistance dominait à Berlin.

Tant par la publication hâtive faite, dans cette ville, d'une prétendue offense de notre ambassadeur envers le roi, que par la nouvelle lancée à Paris d'une humiliation infligée par le second au premier, c'est justement, le jour même où la paix paraissait assurée, que la guerre était déclarée!

Dans les deux capitales, l'agitation était extrême.

Sur les bords de la Sprée, comme sur les rives de la Seine, les excitations à la guerre se manifestaient dans les rues avec autant d'aveuglement que de violence.

Il paraissait bien difficile, dès le 7 au soir, que la paix pût être maintenue.

A Paris, aussi bien qu'à Berlin, le gouvernement était débordé.
La haine entre Prussiens et Français éclatait dans toute sa fureur.
Dans la séance du 12 juillet, un membre du Corps législatif avait déposé une nouvelle demande d'interpellation sur les garanties que notre gouvernement avait stipulées, ou qu'il comptait stipuler, pour éviter le retour de complications successives avec la Prusse.

Ces garanties, dans la pensée de l'auteur de l'interpellation, comportaient l'engagement pris par le roi Guillaume de ne plus jamais autoriser la candidature d'un prince quelconque de sa famille au trône d'Espagne.

En fait, l'interpellation correspondait absolument aux exigences que l'empereur précisait de son côté, le même jour, à son ministre des affaires étrangères.

Cette lettre, écrite le 12 juillet, est trop importante, en même temps que trop formelle, pour que je ne la reproduise pas, car elle détermine très nettement les responsabilités dans la déclaration de guerre.

La voici :

« En réfléchissant à nos conversations d'aujourd'hui et en relisant la dépêche du prince Antoine, mandait Napoléon III au duc de Gramont, je crois qu'il faut se borner à accentuer davantage la dépêche que vous avez dû envoyer à Benedetti, en faisant ressortir les points suivants :

« 1° Nous avons eu affaire à la Prusse et non à l'Espagne ;

« 2° La dépêche du prince Antoine, adressée à Prim, est un document non officiel pour nous, que personne n'a été chargé en droit de nous communiquer ;

« 3° Le prince Léopold a accepté la candidature au trône d'Espagne, et c'est le père qui renonce ;

« 4° Il faut donc que Benedetti insiste, comme il en a l'ordre, pour avoir une réponse catégorique par laquelle le roi s'engagerait pour l'avenir, à ne pas permettre au prince Léopold (qui n'est pas engagé) de suivre l'exemple de son frère et de partir un beau matin pour l'Espagne ;

« 5° Tant que nous n'aurons pas une communication officielle d'Ems, nous ne sommes pas censés avoir eu de réponse à nos justes demandes ;

« 6° Tant que nous n'aurons pas cette réponse, nous continuerons nos armements ;

« 7° Il est donc impossible de faire une communication aux Chambres, avant d'être mieux renseignés. »

On s'arrachait le supplément de la *Gazette* . . . . (Page 43.)

Cependant, à la même heure où l'empereur écrivait ce qui précède, un jeune député, qui passait pour posséder la confiance du souverain et le secret de ses pensées, Clément Duvernois, demandait précisément cette communication, comme je l'ai dit plus haut.

Voulait-on, par un éclat public, mettre le roi de Prusse dans l'alternative, ou de subir une humiliation personnelle qui rejaillirait sur son peuple, ou de se refuser formellement à nos injonctions ?

Était-ce une comédie?

Je ne le crois pas.

Mais, semblable à un bouchon de liège qui paraît dominer la vague, alors qu'il oscille avec le flux et le reflux, l'empereur suivait le mouvement du flot, sans autre alternative que d'être jeté à la côte ou submergé.

Il n'était plus le maître des événements.

A coup sûr, la tentative du prince Léopold de Hohenzollern, surtout rapprochée de la conduite de son frère Charles, aujourd'hui roi de Roumanie, était de nature à justifier toutes nos appréhensions pour l'avenir et par conséquent à légitimer toutes nos précautions contre la réussite d'un plan qui comportait la résurrection ultérieure d'un nouvel empire hispano-allemand de Charles-Quint.

Mais on pouvait, avec plus d'habileté diplomatique, obtenir de tout aussi sérieuses promesses pour l'avenir.

Il n'était pas nécessaire d'acculer ainsi l'adversaire au pied du mur et de l'obliger à s'agenouiller ou à dégainer.

En tout cas, il fallait instruire le pays de l'état des négociations, ne pas lui cacher la vérité et surtout ne pas prendre une attitude provocatrice.

Notre devoir était de nous maintenir sur la défensive diplomatique, de ne pas laisser prendre au conflit, qui était absolument espagnol, prussien et français, l'apparence d'une querelle allemande.

C'est ce que le gouvernement impérial ne vit point, et il arriva, par ses inconséquences, à mettre toute l'Allemagne unie et armée en face de nous.

Le roi de Prusse, à la veille de réaliser l'unité allemande sous son sceptre, ne pouvait compromettre le fruit de ses longs efforts par un acte impopulaire en Allemagne.

Il s'y refusa.

Le gouvernement français déclara, de son côté, à la séance du Corps législatif du 13 juillet, qu'il ne pouvait répondre à la demande d'interpellation qui lui avait été adressée la veille, l'état des négociations s'opposant à ce qu'il soumît, à la Chambre et au pays, un exposé général de l'affaire.

A ce moment, la guerre était inévitable.

A Paris, on s'était trop engagé pour reculer sans ébranler le trône impérial.

A Berlin, on voulait saisir l'occasion d'arriver, par la communauté des dangers d'une guerre contre la France, à l'unification politique de l'Allemagne du Nord et de l'Allemagne du Sud.

Il restait une chance, une seule, pour le maintien de la paix, dans la médiation d'une puissance neutre et autorisée.

La Prusse repoussa l'intervention amicale de l'Angleterre, et pour mieux engager l'Allemagne dans une résolution qui ne fût plus susceptible d'aucun arrangement, M. le comte de Bismarck fit publier le récit d'une prétendue offense de notre ambassadeur au roi Guillaume, le jour où ce souverain quittait Ems, pour rentrer à Berlin. Communication officieuse de cette note fut envoyée, d'ailleurs, aux représentants de la Prusse à l'étranger.

Dans la soirée du 13, les Berlinois, surexcités par ce qu'ils considéraient comme une provocation, accueillirent, par une violente manifestation belliqueuse, le supplément gratuit de la *Gazette de l'Allemagne du Nord*, que des colporteurs innombrables offraient à tous les passants, et où se trouvait relaté le prétendu incident d'Ems.

J'insiste sur ce fait, car on croit généralement que la guerre contre la France n'était pas populaire en Prusse et que l'on ne s'y résigna que sous le coup de nos attaques répétées.

Ce n'était pas la première fois, d'ailleurs, que la population de Berlin manifestait ainsi ses sentiments de haine contre nous.

Déjà, avant la campagne de 1806, on y criait : « A Paris! », les soldats prussiens s'amusaient à affiler la pointe de leurs sabres sur les marches du perron de l'hôtel habité par notre ambassadeur, et le gouverneur de la ville faisait imprimer et publier les nouvelles les plus invraisemblables contre nous.

Les mêmes scènes se reproduisaient.

En 1870, elles s'étendaient également à Paris.

Chez nous aussi, on annonçait, sans que jamais le fait eût été reconnu par notre ambassadeur, que le représentant de la France avait été insulté par le roi de Prusse, dans sa dernière entrevue avec celui-ci à Ems.

La réponse faite par notre gouvernement, dans la séance du 13, à la demande d'interpellation qui lui avait été adressée le 12, n'était pas de nature à calmer les appréhensions et les irritations, car elle laissait absolument indécise la question de paix ou de guerre.

Que se passa-t-il dans la nuit du 13 au 14, dans la journée du 14 et dans la nuit du 14 au 15? Nul ne pourrait le dire exactement.

Je ne me chargerai pas d'apporter la lumière sur ces derniers événements.

Toujours est-il que, le 15, le gouvernement français, qui, dès la soirée de la veille, avait donné l'ordre de mobilisation, demandait aux Chambres le vote des mesures nécessaires pour ouvrir les hostilités.

Ces mesures furent accordées sur le rapport d'une commission qui eut le grand tort de ne pas pousser son enquête assez loin, de s'en rapporter à l'assertion des ministres qu'elle consulta, de croire, sans document à l'appui, que notre ambassadeur avait été réellement offensé par le roi Guillaume, d'admettre enfin, sans en acquérir la preuve matérielle, que notre armée et notre flotte étaient prêtes à soutenir avantageusement la lutte contre les forces de la Prusse.

Le 16, les membres du Parlement se rendaient à Saint-Cloud où l'empereur avait sa résidence d'été.

Rouher, alors président du Sénat, adressait à Napoléon III une allocution dont je ne retiens que le passage suivant :

« Se refusant à des impatiences hâtives, animé de cette calme persévérance qui est la vraie force, l'Empereur a su attendre ; mais, depuis quatre années, il a porté à sa plus haute perfection l'armement de nos soldats, élevé à toute sa puissance l'organisation de nos forces militaires. Grâce à vos soins, la France est prête, Sire...... Que l'Empereur reprenne, avec un juste orgueil et une noble confiance, le commandement de ses légions agrandies de Magenta et de Solférino ; qu'il conduise sur le champ de bataille l'élite de cette grande nation. Si l'heure des périls est venue, l'heure de la victoire est proche...... »

Rien n'était plus trompeur que cette allocution qui fut officiellement publiée le lendemain.

J'ai déjà montré comment l'armée impériale n'était point du tout l'élite de la nation. Nous allons voir, hélas ! que l'organisation de nos forces militaires ne se trouvait nullement élevée à toute sa puissance, que les légions de la campagne d'Italie, loin d'être agrandies, avaient été réduites, qu'aucun préparatif sérieux, enfin, n'avait été fait pour cette grande lutte dont l'échéance, déclarait-on, était prévue depuis quatre ans.

L'empereur avait-il déjà le sentiment des difficultés qu'il allait rencontrer ? On serait tenté de le croire, en lisant la phrase suivante, extraite de la réponse qu'il fit à Rouher :

« Nous commençons une lutte sérieuse, disait-il. La France a besoin du concours de tous ses enfants. »

Oui, la lutte allait être sérieuse, terrible même, et tous les Français devaient être appelés à y concourir. Mais dans quelles conditions !

Le 19, la guerre était officiellement déclarée à la Prusse.

La France prenait ainsi l'initiative d'une agression contre le principal État de la nouvelle Confédération germanique.

Toute l'Allemagne allait se lever à l'appel du roi de Prusse.

Le mouvement de nos troupes vers la frontière se dessinait déjà.

L'empereur s'était réservé le commandement suprême de nos forces mobilisées, avec le maréchal Lebœuf comme major général.

En attendant l'arrivée de Napoléon III, la concentration de l'armée avait été confiée au maréchal Bazaine.

Le 23, en même temps que la session parlementaire prenait fin, l'empereur conférait la régence à l'impératrice pendant son absence et adressait aux Français la proclamation suivante :

« Il y a, dans la vie des peuples, des moments solennels où l'honneur national, violémment excité, s'impose comme une force irrésistible, domine tous les intérêts et prend seul en main les destinées de la Patrie. Une de ces heures décisives vient de sonner pour la France.

« La Prusse, à qui nous avons témoigné, pendant et depuis la guerre de 1866, les dispositions les plus conciliantes, n'a tenu aucun compte de notre bon vouloir et de notre longanimité. Lancée dans une voie d'envahissement, elle a éveillé toutes les défiances, nécessité partout des armements exagérés, et fait de l'Europe un camp où règnent l'incertitude et la crainte du lendemain.

« Un dernier incident est venu révéler l'instabilité des rapports internationaux et montrer toute la gravité de la situation. En présence des nouvelles prétentions de la Prusse, nos réclamations se sont fait entendre. Elles ont été éludées et suivies de procédés dédaigneux. Notre pays en a ressenti une profonde irritation, et aussitôt un cri de guerre a retenti d'un bout de la France à l'autre. Il ne nous reste plus qu'à confier nos destinées au sort des armes.

« Nous ne faisons pas la guerre à l'Allemagne, dont nous respectons l'indépendance. Nous faisons des vœux pour que les peuples qui composent la grande nationalité germanique disposent librement de leurs destinées.

« Quant à nous, nous réclamons l'établissement d'un état de choses qui garantisse notre sécurité et assure l'avenir. Nous voulons conquérir une paix durable, bâtie sur les vrais intérêts des peuples, et faire cesser cet état précaire où toutes les nations emploient leurs ressources à s'armer les unes contre les autres.

« Le glorieux drapeau, que nous déployons encore une fois devant ceux qui nous provoquent, est le même qui porta, à travers l'Europe, les idées civilisatrices de notre grande Révolution. Il représente les mêmes principes, il inspirera les mêmes dévouements.

« Français, je vais me mettre à la tête de cette vaillante armée qu'anime l'amour du devoir et de la Patrie. Elle sait ce qu'elle vaut, car elle a vu dans les quatre parties du monde la victoire s'attacher à ses pas.

« J'emmène mon fils avec moi. Malgré son jeune âge, il sait quels sont les devoirs que son nom lui impose, et il est fier de prendre sa part dans les dangers de ceux qui combattent pour la Patrie.

« Dieu bénisse nos efforts. Un grand peuple qui défend une cause juste est invincible. »

J'ai tenu à reproduire ce document en entier, parce que, dans certains passages, se trouve une grande analogie entre l'exposé de la situation de la Prusse en Europe à cette époque, et la prépondérance prise par cette puissance à l'heure présente.

Le vieux continent est aujourd'hui sous le joug de l'Allemagne, tandis qu'il y a dix-huit ans, il n'était encore que menacé de cette servitude.

Là est toute la différence.

A cette proclamation, le roi de Prusse répondit, le 25, par une déclaration adressée, non au peuple prussien, mais « au peuple allemand ».

Les rôles étaient intervertis.

C'est l'ambition du roi de Prusse que nous voulions abattre.

C'est la nation allemande entière qui se préparait à recevoir le choc.

« De toutes les branches de la race allemande, disait le roi Guillaume, de toutes les classes du peuple allemand, même d'au delà des mers, il m'a été adressé, à l'occasion de la lutte qui va s'ouvrir, pour l'honneur et pour l'indépendance du pays, de si nombreux témoignages de dévouement, d'esprit de sacrifice pour la patrie commune, de la part des municipalités, des associations et des simples particuliers, que j'éprouve un irrésistible besoin de reconnaître publiquement cet accord de l'esprit allemand, et d'ajouter, à l'expression de ma gratitude de Roi, l'assurance que je rendrai au peuple allemand la confiance pour la confiance et que je la maintiendrai immuable. L'amour de la patrie commune et l'élan de toutes les branches de la race allemande et de leurs princes ont effacé toutes les divergences et ont fait disparaître toutes les oppositions. Réconciliée et unie, comme elle ne l'a jamais été, l'Allemagne peut avoir la prétention de trouver dans son accord, comme dans son droit, la certitude que la guerre lui garantira une paix durable, et que, de cette semence de sang, Dieu fera éclore la moisson bénie de la liberté et de l'unité. »

Comme on le voit par ce témoignage, l'esprit général des Allemands avait été préparé à ce suprême effort. Quatre années s'étaient à peine écoulées depuis que la Prusse avait battu les autres États de la Confédération germanique et supprimé cette Confédération à son profit. Le souvenir de ces luttes était pourtant déjà effacé et l'Allemagne entière se disposait à marcher contre nous. Il y avait eu, de l'autre côté du Rhin, dans ce court laps de temps, un profond mouvement d'opinion publique que notre gouvernement paraissait ne pas même soupçonner. Je ne puis admettre, en effet, qu'à moins d'être entraîné par une folle jactance, Napoléon III eût commis si facilement la faute de déclarer la guerre à la

Prusse, s'il avait su que toute l'Allemagne épouserait sa cause. L'intérêt de la dynastie, surtout après le voté du plébiscite du 8 mai 1870, où elle avait reçu une nouvelle consécration, lui commandait impérieusement le maintien de la paix.

Ah ! nos hommes d'État avaient été bien coupables, les diplomates en n'éclairant pas le souverain sur l'état des esprits en Allemagne, les généraux en laissant ignorer que nos forces ne pouvaient soutenir la lutte contre les armées allemandes réunies sous le commandement du roi de Prusse, les ministres en négligeant les éléments fondamentaux de la défense nationale, les mandataires du peuple en n'exerçant pas leur contrôle sur les actes du gouvernement.

Le peuple et le souverain avaient, du reste, leur part de responsabilité dans cette confiance aveugle, celui-là en déléguant ses droits à des législateurs trop confiants, celui-ci en remettant le pouvoir à des hommes qui étaient incapables de l'exercer.

Le 24 juillet, le maréchal Lebœuf partait de Paris pour se rendre à l'armée et y prendre effectivement ses fonctions de major général.

Depuis le 20, il avait remis le portefeuille de la guerre à un intérimaire, le général Dejean.

Le 27, l'empereur quittait Saint-Cloud et se dirigeait vers Metz, en évitant de passer par Paris, où l'effervescence avait presque complètement disparu, pour faire place à une anxiété générale.

Napoléon III devait savoir à ce moment que nous marchions sans préparatifs aucuns, contre une armée admirablement outillée.

De nombreuses dépêches officielles lui avaient déjà appris la déplorable situation de nos troupes.

Quelques-unes mettaient malheureusement trop en évidence notre état de délabrement, pour qu'il en pût douter.

Je citerai les suivantes par exemple :

— Général de Failly à Ministre guerre — 18 juillet :

« Point d'argent dans les caisses du corps. »

— Intendant général à Ministre guerre — 20 juillet :

« A Metz, ni sucre, ni café, ni riz, ni eau-de-vie, peu de lard et de biscuit. »

— Général commandant 2ᵉ corps à Ministre guerre — 21 juillet :

« On nous envoie des cartes inutiles pour le moment ; n'avons pas une carte de la frontière française. »

— Général Michel à Ministre guerre — 21 juillet :

« Arrivé à Belfort : pas trouvé ma brigade : pas trouvé ma division. Que faire? sais pas où sont mes régiments. »

— Général commandant 4ᵉ corps à Major général — 24 juillet :

« Le 4ᵉ corps n'a encore ni cantines ni ambulances. Tout est complètement dégarni. »

— Intendant du 3ᵉ corps à Ministre guerre — 24 juillet :

« Le 3ᵉ corps quitte Metz demain. Je n'ai ni infirmiers, ni ouvriers d'administration, ni fours de campagne, ni train à la 4ᵉ division, et, à la division de cavalerie, je n'ai pas même un fonctionnaire. »

— Sous-Intendant à Ministre guerre — 25 juillet :

« A Mézières et à Sedan, ni biscuit, ni salaisons. »

— Intendant en chef à Ministre guerre — 26 juillet :

« Les troupes en dehors de Metz sont obligées, pour vivre, de consommer le biscuit qui devrait servir de réserve. Avec les 120,000 hommes de l'armée, il ne m'est venu que 38 nouveaux boulangers. »

— Colonel directeur du parc du 3ᵉ corps à Ministre guerre — 27 juillet :

« Les munitions des canons à balles n'arrivent pas. »

— Intendant du 1ᵉʳ corps à Ministre guerre — 27 juillet :

« Intendant du 1ᵉʳ corps n'a encore ni sous-intendant, ni soldats du train, ni ouvriers; faute de personnel, il ne peut atteler un caisson ni rien constituer. »

— Major général à Ministre guerre — 27 juillet :

« Les détachements continuent à arriver sans cartouches et sans campement. »

— Major général à commandant 7ᵉ corps — 27 juillet :

« Où en êtes-vous de votre formation? Où sont vos divisions? L'empereur vous recommande d'en hâter la formation pour être en mesure de rallier Mac-Mahon, le plus promptement possible, dans le département du Bas-Rhin. »

Nous trouverons encore bien d'autres preuves de l'incurie du commandement et de l'administration militaires, de la pénurie de nos magasins, du désordre qui présidait à notre mobilisation.

Les précédentes étaient déjà plus que suffisantes, pour que l'empereur fût triste et parût accablé sous l'impression d'un abattement fatidique, quand il partit de Saint-Cloud.

Il était, d'ailleurs, plus sage peut-être qu'il ne passât point par Paris.

La population de la capitale était elle-même en proie à des sentiments qui contrastaient étrangement avec la fièvre guerrière des jours précédents.

Encombrement à la gare de l'Est, lors du départ des troupes en 1870.

Elle ne comprenait pas la lenteur de nos mouvements. Il y avait plus d'une semaine que nos troupes étaient à la frontière, et elle ne s'expliquait pas leur inaction.

Peu à peu, elle avait appris, par des correspondances privées, que nos soldats étaient à peu près dépourvus de ce qui leur était nécessaire, pour prendre l'offensive. Elle avait d'abord ajouté peu de foi à ces sourdes rumeurs, car elle savait que le troupier français, tout en supportant les privations mieux que nul autre, aime à exhaler avec bruit son mécontentement ; mais les plaintes allaient en augmentant, en s'affirmant, en se précisant et le peuple sentait une vague inquiétude le gagner.

Peut-être ce sentiment aurait-il abouti à d'hostiles manifestations, si l'empereur avait traversé Paris, pour aller de Saint-Cloud à la gare de l'Est.

N'était-ce pas un triste symptôme que ce départ presque caché d'un souverain n'osant passer par les rues de la capitale, au moment où il se rendait au milieu de ses troupes?

Le 28, Napoléon III arrivait à Metz et prenait le commandement de l'armée par la proclamation suivante :

« Soldats !

« Je viens me mettre à votre tête pour défendre l'honneur et le sol de la Patrie.

« Vous allez combattre une des meilleures armées de l'Europe ; mais d'autres, qui valaient autant qu'elle, n'ont pu résister à votre bravoure ; il en sera de même aujourd'hui.

« La guerre qui commence sera longue et pénible, car elle aura pour théâtre des lieux hérissés d'obstacles et de forteresses ; mais rien n'est au-dessus des efforts persévérants des soldats d'Afrique, de Crimée, de Chine, d'Italie et du Mexique. Vous prouverez, une fois de plus, ce que peut une armée française animée du sentiment du devoir, maintenue par la discipline, enflammée par l'amour de la Patrie.

« Quel que soit le chemin que nous prenions, hors de nos frontières, nous y trouverons les traces glorieuses de nos pères. Nous nous montrerons dignes d'eux.

« La France entière vous suit de ses vœux ardents, et l'univers a les yeux sur vous. De vos succès dépend le sort de la liberté et de la civilisation.

« Soldats, que chacun de vous fasse son devoir et le Dieu des armées sera avec nous. »

L'empereur avait également envoyé aux marins de la flotte une autre proclamation dont je citerai seulement les passages suivants :

« Lorsque, loin du sol de la Patrie, disait-il, vous vous trouverez en face de l'ennemi, songez que la France est avec vous, que son cœur bat avec le vôtre et qu'elle appelle sur vos armes la protection du ciel.

« Pendant que vous combattrez sur mer, vos frères de l'armée de terre lutteront avec la même ardeur pour la même cause que vous. Secondez réciproquement vos efforts que couronnera le même succès. »

De son côté, le roi de Prusse adressait aussi ses adieux à ses sujets et ses salutations à son armée.

Le 31 juillet, il quittait Berlin en y laissant le manifeste suivant :

« A mon Peuple !

« Au moment de rejoindre l'armée, afin de combattre avec elle pour l'honneur de l'Allemagne et pour la conservation de nos biens les plus précieux, je veux, en considération de l'élan unanime de mon peuple, accorder l'amnistie pour les crimes et délits politiques. J'ai chargé mon ministre d'État de me soumettre un décret dans ce sens.

« Comme moi, mon peuple sait que la rupture de la paix et les hostilités ne peuvent nous être imputées.

« Mais nous avons été provoqués, et nous voici résolus, comme nos pères, avec une entière confiance en Dieu, à entreprendre la lutte pour sauver la patrie. »

Arrivé à Mayence, dans la matinée du 2 août, Guillaume en informait les troupes allemandes par l'ordre du jour qui suit :

« A l'armée !

« Mue par un sentiment unanime, l'Allemagne entière se lève en armes contre un État voisin qui nous a déclaré inopinément une guerre sans motifs. Il s'agit de défendre notre patrie menacée, notre honneur, nos foyers. Je prends, à dater d'aujourd'hui, le commandement en chef de toutes les armées et j'engage avec assurance cette lutte que jadis nos pères ont glorieusement soutenue.

« Comme moi, la patrie entière met en vous une pleine confiance. Dieu sera avec notre juste cause. »

De part et d'autre, on s'évertuait à entretenir le même élan dans la nation et la même ardeur dans l'armée.

La seule différence entre les langages des deux souverains, c'est que Napoléon III parlait au nom de la civilisation, tandis que Guillaume se préoccupait exclusivement de l'Allemagne.

Celui-ci, n'hésitait pas d'ailleurs, à invoquer le glorieux passé des armées allemandes.

A quelles victoires faisait-il allusion?

Était-ce une évocation du manifeste de Brunswick contre la Révolution française, de la défaite de Valmy, infligée par nos jeunes troupes républicaines aux vieilles bandes de Frédéric-Guillaume II, de la conclusion du traité de Bâle, imposé par nos succès, du désastre d'Iéna et d'Auerstœt, de la fuite de Frédéric-Guillaume III, des capitulations de Hohenlohe et de Blücher en rase campagne, de la reddition des places fortes prussiennes sans aucune résistance, de notre entrée à Berlin au milieu des acclamations de la foule et des illuminations de la ville, de la défection d'Yorck et de Bulow, alors que la grande armée chassée de Russie se repliait vers l'Europe centrale, de la trahison des Saxons à Leipzig, de celle des Bavarois à Hanau, des échecs de Brienne, de la Rothière, de Château-Thierry, de Vauchamps, de Craonne, de Laon, de Ligny, ou de la bataille de Waterloo, enfin de la surprise de Rocquencourt? Je l'ignore, tant est vaste le champ de ces prétendus souvenirs de gloire.

Cependant, je dois reconnaître que le roi de Prusse quitta Berlin au milieu des ovations enthousiastes de la population, alors que Napoléon III avait évité de passer par Paris, et que Guillaume fut salué par les mêmes chaleureuses acclamations sur tout son trajet jusqu'à Mayence, tandis que les Français manifestèrent à l'empereur une indifférence presque complète, se rapprochant même d'une attitude malveillante, pendant tout son voyage de Saint-Cloud à Metz et lors de son arrivée dans cette ville.

Moralement, nous allions à l'ennemi avec une incontestable infériorité.

Il aurait fallu que nous eussions une considérable supériorité matérielle pour rétablir l'équilibre, en admettant que cela fût possible, car je mets la force morale beaucoup au-dessus de tous les éléments de succès, quels qu'ils soient.

Mais, à l'infériorité morale s'ajoutait encore l'infériorité matérielle.

Dans ces conditions, nous devions être battus, dispersés, écrasés, anéantis.

Beaucoup d'officiers le pressentaient au moment de l'ouverture des hostilités. Hélas! ils devaient assister à une catastrophe qui dépasserait toutes leurs craintes!

Ils avaient bien vu le précipice; jamais ils n'auraient pu penser que l'abîme en fût si profond.

MOBILISATION ET CONCENTRATION
DE L'ARMÉE FRANÇAISE

« Un pays n'est pas près de la décadence, quand il a le courage d'envisager ses fautes et l'énergie de les réparer ! »

Telle était la superbe péroraison du discours prononcé par M. le duc d'Audiffret-Pasquier, devant l'Assemblée nationale, dans les séances des 13 et 17 juin 1873, au nom des deux commissions de la réorganisation de l'armée et des marchés militaires.

Avons-nous bien eu le courage d'envisager toutes nos fautes et avons-nous eu assez d'énergie pour les réparer ?

C'est ce que je me propose de rechercher avec la plus complète impartialité, en ne faisant intervenir les questions de personnes qu'autant qu'elles ont exercé une influence sur nos institutions de défense nationale et sur les événements.

Dans cette grande enquête, que j'ai faite pour moi seul, afin de bien établir mon jugement et de me guider d'après les enseignements de l'histoire, j'ai suivi l'ordre chronologique des faits, parce que c'est le moyen le plus sûr et le plus rapide d'en saisir l'enchaînement. Mais, si la guerre de 1870 a été l'élément principal de mes investigations, je ne pouvais m'interdire de remonter plus haut ou d'étendre, jusqu'à nos jours, le champ de mes études. C'est même par cette extension de mon travail que je pouvais seulement prétendre à une moisson vraiment féconde.

Il m'a semblé que je n'avais pas à modifier ma méthode, en livrant à la publicité ces pages, écrites, je le répète, avec l'unique espoir d'arriver, par la vérité, à l'établissement définitif d'institutions militaires qui donnent toutes garanties à la sécurité de la nation.

J'ai dit précédemment que l'ordre de mobilisation de notre armée permanente avait été donné dans la nuit du 14 au 15 juillet.

Le lendemain, le Corps législatif votait l'appel de la garde nationale mobile à l'activité.

D'autre part, l'armée navale recevait l'ordre de se mobiliser et de se préparer en vue d'une expédition maritime.

D'après notre système de recrutement et notre système d'organisation, la composition et le groupement de nos troupes sur le pied de paix ne concordaient par aucun point avec la constitution d'une armée sur le pied de guerre.

A la vérité, nos régiments avaient des réserves, mais les réservistes étaient tenus d'aller se faire habiller et équiper au dépôt du corps, même s'ils résidaient au même endroit que la portion principale du régiment, puis de venir rejoindre celle-ci. Pour donner une idée des inconvénients de cette dislocation, il me suffira de dire que des régiments avaient, par exemple, leur état-major à Lyon et leur dépôt à Saint-Malo, ou leur état-major à Dunkerque et leur dépôt à Lyon. Il en résultait un interminable chassé-croisé, d'autant plus que l'on envoyait des hommes de l'Est se faire habiller au Nord, à l'Ouest, au Centre, au Sud, même en Algérie, pour retourner avec leur uniforme vers leur point de départ, et que ce point de départ se trouvait à proximité du front des opérations. Comme si ce désarroi n'avait pas été suffisant, on l'augmenta encore en faisant partir les régiments pour la frontière sans attendre leurs réservistes. Ceux-ci se mirent plus tard en route à leur tour. Mais certains commandants de dépôt n'avaient pas d'ordre et les hommes rappelés attendaient leur destination en se morfondant; ou bien on les expédiait par détachements vers les localités désignées comme cantonnements des régiments auxquels ils étaient destinés; puis, quand ils arrivaient dans ces localités, non seulement le régiment qu'ils cherchaient n'y était plus, mais même on ne savait où il était allé.

On ne croirait pas à ce désordre, si les dépêches officielles n'étaient là pour en témoigner.

C'est ainsi que, le 29 juillet, le maréchal le Bœuf, alors à Metz, télégraphiait au ministre de la guerre :

« Des majors annoncent à leurs corps qu'ils ont des hommes de la réserve prêts, mais qu'ils ne reçoivent pas d'instruction pour les diriger sur les bataillons de guerre ; il est urgent de rappeler les ordres à ce sujet. »

Quelques jours après l'ordre de mobilisation, le général qui commandait à Marseille avait déjà envoyé au ministre de la guerre un télégramme ainsi conçu :

« J'ai ici 9,000 réservistes ; je ne sais qu'en faire. Pour me dégager, je vais les expédier sur l'Algérie, au moyen des navires qui sont dans le port. »

L'idée était originale, on en conviendra, et ces braves gens devaient se demander si l'on ne se moquait pas d'eux en les dirigeant sur l'Afrique, alors que le canon allait gronder sur la frontière de l'Est. Mais il devait en résulter de bien plus étranges conséquences, comme je le montrerai en étudiant l'organisation des services accessoires de l'armée.

Pourquoi l'état-major avait-il donné l'ordre de faire partir les troupes sans les porter préalablement au complet pied de guerre ?

C'est ce qu'il importe tout d'abord d'éclaircir.

L'entrée d'une armée en campagne commence par deux opérations consécutives mais distinctes et que l'on confond trop aisément.

La première de ces opérations est la mobilisation.

La seconde, la concentration.

La mobilisation se fait sur place.

Elle a pour but de faire passer les troupes du pied de paix au pied de guerre, par l'incorporation des disponibles et des réservistes rappelés, puis de donner aux troupes tout le matériel qui leur est nécessaire pour entrer en campagne.

La concentration est le mouvement de l'armée mobilisée se dirigeant vers la frontière.

Elle s'effectue, sauf pour les troupes qui ont un très court trajet à parcourir, par le transport en chemin de fer. Ces troupes s'avancent graduellement suivant un plan déterminé et viennent successivement prendre la place qui leur a été assignée sur la base d'opérations primitive.

Il est de règle que la concentration suive la mobilisation.

Cependant, il peut se faire que, dans les pays où ne se pratique pas le recrutement régional, on concentre tout d'abord l'armée. Dans ce cas, le mouvement est couvert par des troupes spéciales. L'Italie pratique ce système encore à l'heure présente, l'unité politique n'y étant pas assez complète pour que l'on ait renoncé au mode de recrutement sur tout le territoire. Ce n'est qu'après avoir été concentrée que son armée serait portée au pied de guerre. Mais, dans cette crise, elle aurait pour se protéger les obstacles formidables de sa frontière septentrionale, obstacles qui seraient défendus par les bataillons alpins avec leur artillerie de montagne et par d'autres dispositions particulières que je n'ai point à indiquer ici.

Comme nous n'avions pas le recrutement régional en 1870, on peut admettre que, pour éviter les lenteurs de la mobilisation, l'état-major n'avait pas tout à fait tort en lançant immédiatement l'armée dans la direction de l'Est.

A une condition cependant.

C'est que ce mouvement rapide serait le prélude d'une énergique offensive.

Il ne pouvait pas y avoir d'autre raison, en effet, à cette interversion.

Je suis persuadé, quant à moi, que tel était le plan au début. On espérait, par un vigoureux coup de main, soit décider l'Autriche, l'Italie et le Danemark en notre faveur, soit séparer de la Prusse les États de l'Allemagne du Sud.

C'était, au surplus, le seul moyen de réparer les fautes de notre diplomatie qui s'était hâtée de déclarer la guerre sans nous avoir procuré d'alliances certaines et sans attendre que notre armée fût prête à entrer en campagne.

Malheureusement, on dut renoncer à ce premier projet, parce qu'on s'aperçut aussitôt que nos troupes n'avaient absolument rien de ce qui leur était nécessaire pour aller de l'avant; peut-être encore, parce que l'on eut presque immédiatement la certitude que cette démonstration ne produirait aucun effet sur les diverses nations qu'elle avait pour objet d'attirer à nous.

Les plaintes qu'a provoquées dans tout le pays la mobilisation de nos troupes en 1870 n'ont du moins pas été perdues.

L'expérience a porté ses fruits.

Elle nous a conduits à l'adoption d'un système de recrutement mixte qui donne à notre armée de première ligne une composition mi-nationale et mi-cantonale, et à notre armée de seconde ligne une composition entièrement cantonale.

Je ne parle ici, bien entendu, que de l'infanterie.

Il est vrai que cette arme forme la masse principale et que, de son organisation, de sa valeur, dépend absolument et uniquement la force de l'armée.

Je crois que l'on a eu tort de ne pas étendre à l'armée active le mode de recrutement pratiqué dans l'armée territoriale.

Notre unité est faite depuis longtemps : elle est même plus puissante que dans n'importe quelle autre nation européenne.

A ce point de vue donc, le recrutement cantonal ou subdivisionnaire n'offre aucun inconvénient.

Ce serait d'ailleurs une erreur de supposer qu'il puisse être dangereux au point de vue politique, car, par suite même de la répartition de l'armée permanente sur le territoire et du groupement des troupes dans quelques villes, il serait extrêmement rare qu'un régiment d'infanterie résidât tout entier au centre de son cercle de recrutement. Dans ce cas, il suffirait, pour y remédier, de former, avec les grandes villes et leur banlieue, des circonscriptions de recrutement de réserve qui serviraient à équilibrer les autres subdivisions du corps d'armée, ces subdivisions étant presque forcément inégales entre elles, puisqu'elles correspondent à des circonscriptions administratives.

Ce qui m'amène à critiquer le système mixte de recrutement appliqué à nos troupes, c'est qu'il nous prive d'une partie des avantages du recrutement subdivisionnaire, sans nous donner ceux du recrutement national ou territorial.

Embarquement des troupes, actuellement dans l'ordre le plus parfait.

Avec ce dernier, en effet, on n'a pas à craindre que les pertes infligées à une troupe dans un combat sanglant pèsent uniquement sur un ou plusieurs cantons voisins.

Cette agglomération, dans une même contrée, des veuves et des orphelins que la guerre fait, hélas ! en si grand nombre, se reproduirait dans notre armée même, bien que nous ne possédions le recrutement ni subdivisionnaire, ni régional, puisque le rappel des réservistes et des territoriaux s'effectue par subdivision.

Mais si nous n'avons pas pu faire disparaître cet inconvénient, nous n'avons pas su acquérir, à notre profit, la supériorité du recrutement subdivisionnaire, supériorité incontestable au point de vue économique, sanitaire et professionnel.

Ce système de recrutement diminue les frais de route.

Il ne déplace que fort peu le conscrit, le laisse à peu près dans les mêmes conditions climatériques, l'expose moins aux maladies et aux épidémies des casernes, le maintient près de sa famille où il peut se retremper au besoin sans grande dépense.

Il donne à l'esprit de corps une force incomparable, en faisant, du drapeau du régiment, le drapeau de la ville, du canton, de l'arrondissement, qui donne à la fois les soldats, les réservistes et les territoriaux, tous gens qui se soutiennent, qui se réconfortent, qui s'entraînent, qui tiennent à l'estime publique et qui trouvent, dans ce noble stimulant, le plus sûr et le plus haut sentiment du devoir, aux heures des fatigues, des privations et des dangers.

Il permet enfin à tous les officiers de donner l'instruction militaire dans le moins de temps possible.

Cette dernière considération est capitale pour la réduction de la durée du service militaire. Elle a généralement échappé à l'attention des ministres de la guerre et des législateurs; mais, suivant moi, on ne doit réduire à trois ans le séjour des soldats sous les drapeaux, surtout quand cette période est un maximum, qu'autant qu'on adopte en même temps le recrutement subdivisionnaire ou cantonal.

Pour justifier mon opinion, je n'ai qu'à rappeler ce qui se passe avec le recrutement actuel. Chaque année, les jeunes gens des contingents affectés aux unités d'instruction sont pris dans des départements différents. Il en vient simultanément des quatre points cardinaux et du centre de la France. Cette année, le recrutement d'une compagnie sera fourni par le Nord, la Seine et la Gironde; l'année suivante, par l'Aude, la Loire et les Côtes-du-Nord, et ainsi de suite. Les officiers et les sous-officiers rengagés, qui sont les éducateurs et les instructeurs militaires, se voient obligés, s'ils veulent faire consciencieusement leur service, de se livrer à une étude préalable, de l'esprit, des mœurs et des croyances des jeunes gens placés sous leurs ordres, avant de procéder à leur éducation et à leur instruction. Et ce travail, ils sont obligés de le renouveler chaque année, sans aucun espoir que celui de l'année précédente pourra jamais leur servir, en raison même du changement de leurs contingents. C'est du temps perdu. Cela peut être encore l'origine de froissements mauvais pour la discipline. Tous ces inconvénients disparaissent avec le recrutement subdivisionnaire. Si l'on ne veut pas appliquer ce dernier dans le sens étroit du mot, c'est-à-dire en prenant les conscrits du régiment dans l'étendue de la circonscription où il a son centre de résidence ou de mobilisation, on doit, en tout cas, lui assigner d'une manière invariable, soit une subdivision, soit la moitié de deux subdivisions, ou au plus le tiers de trois subdivisions du même corps d'armée, et décider que ses recrues n'auront jamais d'autre provenance.

Je conclus donc en affirmant que le recrutement subdivisionnaire est le corollaire indispensable du service de trois ans.

J'ai dit plus haut que l'Italie se trouve dans l'impossibilité absolue, vu l'insuffisance de son unité nationale, de recourir à ce procédé de recrutement et que la composition particulière de son armée l'oblige à en effectuer la concentration, en cas de guerre, avant la mobilisation.

L'Allemagne est contrainte de faire de même en Alsace et en Lorraine. Elle possède, dans les deux provinces annexées, des régiments d'infanterie qui se recrutent sur tout le territoire de l'Empire en dehors de ces deux provinces. Ne pouvant les mobiliser avant de les concentrer, puisque leurs réservistes leur viendraient de toutes parts et souvent de fort loin, tandis que leur résidence est à proximité de la frontière et qu'ils s'établiraient sur cette frontière le jour même de la déclaration de guerre, l'état-major allemand a donné à ces régiments d'avant-garde un effectif renforcé qui tient numériquement le juste milieu entre l'effectif du pied de paix et l'effectif du pied de guerre : il compte ainsi pouvoir prendre immédiatement l'offensive, avec des bataillons suffisamment forts pour ne pas être trop éprouvés par les pertes qu'ils auraient à subir dans les premières rencontres, avant l'arrivée de leurs hommes de complément.

Lorsque la situation se fut aggravée sur notre frontière de l'Est, tant par la présentation de la loi sur le septennat militaire allemand que par la dissolution du Reichstag, par les magnifiques élections protestataires de l'Alsace et de la Lorraine, par les déclarations de M. le prince de Bismarck et de M. le maréchal de Moltke, par les excitations de la presse allemande et l'incident de Pagny, je dus me préoccuper, en ma qualité de ministre de la guerre, de faire face à un danger imminent.

La guerre pouvait éclater soudain et je n'ignorais pas que les troupes du 15ᵉ corps d'armée allemand se présenteraient sans doute à la frontière, au moment même où l'ambassadeur de l'empereur Guillaume recevrait l'ordre de quitter Paris.

Voulant absolument éviter le déplorable effet moral que produirait aussitôt dans tout le pays l'invasion d'une parcelle quelconque de notre territoire par l'ennemi, mon premier objectif fut de couvrir la frontière par un rideau de troupes qui seraient elles-mêmes assez solidement constituées pour prendre l'offensive.

Mes adversaires ont prétendu que les mesures que j'ordonnai alors avaient déjà été condamnées en 1870, et que, par ce dispositif, je compromettais la mobilisation de toute l'infanterie. Ils ressassent même encore tous les jours ce grief, pour bien prouver mon incapacité militaire.

S'ils n'avaient pas poursuivi leurs malveillantes insinuations, j'aurais laissé cette critique aller en rejoindre tant d'autres dans l'oubli, et je me serais bien abstenu d'y faire la moindre allusion.

Mais, je me vois, par la répétition de leurs attaques, dans l'obligation de sortir de ma réserve. On me permettra, toutefois, de laisser les détails de côté. Il me paraît suffisant de faire remarquer que la comparaison établie entre les dispositions prises par notre état-major général en 1870 et celles que j'avais prescrites pour parer à un danger immédiat, manque absolument de bon sens.

Il y a dix-huit ans, on envoyait à la frontière, non pas un bataillon sur quatre, non pas des bataillons de mille hommes à l'effectif et possédant tout ce qui leur était indispensable pour entrer immédiatement en campagne, mais des régiments entiers n'ayant qu'un effectif de paix incomplet et si mal outillés qu'ils étaient dans l'impossibilité matérielle de se porter en avant. En 1870, on voulait prendre l'offensive, mais on ne le put et nous allons voir bientôt pour quelles causes. En 1887, on pouvait la prendre tout de suite, et, en tous cas, on avait sur la frontière, dès le lendemain du jour où la guerre nous aurait été déclarée, une masse imposante d'infanterie qui appuyait notre cavalerie indépendante, notre artillerie d'avant-garde et nos forts d'arrêt, et l'on a pu voir, lors des essais de mobilisation du 17e corps d'armée, à l'automne dernier, avec quel ordre s'effectue maintenant le transport de nos troupes. Cette masse s'opposait à ce que le moindre coin du sol national fût violé par l'ennemi, résultat capital au point de vue moral. Elle couvrait, en outre, la mobilisation qui pouvait ainsi s'effectuer rapidement et sûrement.

Je ne sais ce qu'ont fait mes successeurs au ministère de la guerre en vue de semblable éventualité.

Quant à moi, je n'aurais jamais songé à répondre aux attaques dont j'ai été l'objet à cette occasion, attaques qui se renouvellent encore.

Mais, on m'a mis dans l'obligation de me justifier, et, puisque l'occasion m'en est offerte, je la saisis.

Oh! ce n'est pas que j'aie la sotte prétention d'être infaillible.

Je suis homme; et, par conséquent, exposé comme tout autre à me tromper, tout en revendiquant très hautement la responsabilité de mon initiative.

Dans le cas présent, j'ai la persuasion que j'ai agi conformément aux véritables intérêts de la défense nationale.

Voyons par suite de quelles défectuosités dans notre organisation militaire, au point de vue du personnel et du matériel, notre armée ne put prendre l'offensive en 1870, aussitôt après la déclaration de guerre.

Le lendemain de la mort du maréchal Niel, le gouvernement impérial résumait ainsi qu'il suit les résultats de son administration :

« Une armée de ligne de 750,000 hommes disponibles pour la guerre; près de 600,000 hommes de garde nationale mobile; l'instruction dans toutes les branches poussée à un degré inconnu jusqu'ici; nos règlements militaires remaniés et mis en rapport avec les exigences nouvelles; les conditions de l'existence du soldat et de l'officier largement améliorées; l'avenir des sous-officiers, qui ne veulent pas suivre les chances qui leur sont largement ouvertes dans la carrière militaire, assuré par leur admission aux emplois civils; 1,200,000 fusils fabriqués en moins de dix-huit mois; les places mises en état et armées; les arsenaux remplis; un matériel immense prêt à suffire à toutes les éventualités, quelles qu'elles soient; et, en face d'une telle situation, la France confiante dans sa force, garantie solide de la paix! »

Tel était, d'après ce document officiel, notre état militaire au mois d'août 1869.

Assurément, il s'y trouvait des assertions exactes.

Mais les exagérations et les erreurs y étaient non moins nombreuses.

Le public, qui ne peut vérifier les affirmations du gouvernement, les accepte ou les repousse en bloc, suivant le tempérament et les opinions de chacun.

La grande majorité de la population les considère comme absolument conformes à la vérité, car elle ne peut supposer qu'un gouvernement quelconque consente à la dissimuler.

Mais les gouvernements étrangers, qui ont tout intérêt à bien connaître la force ou la faiblesse des États voisins, poussent plus loin leurs investigations et finissent par discerner ce qui est vrai de ce qui est inexact.

La Prusse avait largement pratiqué ce système de recherche avant la guerre de 1870, et elle était facilement parvenue à constater que notre organisation militaire était d'autant plus faible, en comparaison de la sienne, que la masse des Français la considérait comme plus forte. Non seulement, elle était autorisée à spéculer sur notre infériorité pour espérer une victoire presque certaine, mais elle était fondée à croire que notre déception serait assez profonde pour faire naître parmi nous un affaissement moral qui lui permettrait de recueillir tranquillement le fruit de ses succès faciles.

Le grand état-major de Berlin avait évalué à 343,000 hommes l'effectif de l'armée que la France pouvait mettre en campagne.

C'est sur cette base qu'il avait établi son plan d'opérations.

Il admettait qu'au mois de juillet 1870, le chiffre des soldats présents sous les drapeaux pouvait s'élever à 400,000 ; en y ajoutant 173,000 hommes dans leurs foyers, mais qui devaient être rappelés en cas de guerre, il portait à 573,000 soldats l'effectif de l'armée de première ligne. Mais, il estimait que nous serions obligés d'en déduire 230,000, dont 24,000 pour la gendarmerie, 50,000 pour les non-valeurs organiques, 28,000 pour les dépôts, 78,000 pour les garnisons des grandes villes, notamment Paris, Lyon et Marseille, enfin 50,000 pour l'Algérie où pourrait éclater une insurrection.

Après cette diminution, il ne restait donc au maximum que 343,000 soldats prêts à entrer immédiatement en ligne.

Cette armée devait être répartie en :

368 bataillons d'infanterie ;

252 escadrons de cavalerie ;

164 batteries d'artillerie.

Recherchons si cette évaluation était exacte.

D'après l'état établi dans les bureaux du ministère de la guerre, le 5 juillet 1870, et communiqué le lendemain par M. le maréchal Le Bœuf au conseil des ministres, l'effectif général de l'armée de terre s'élevait à 984,000 hommes, dont :

567,000 dans l'armée active et la réserve ;

417,000 dans la garde nationale mobile.

Nous étions donc de 400,000 hommes au-dessous du chiffre officiel annoncé lors de la mort du maréchal Niel, chiffre qui s'élevait à 1,350,000 hommes, dont :

750,000 dans l'armée active et la réserve ;

600,000 dans la garde nationale mobile.

Une erreur aussi formidable ne peut passer inaperçue : elle provient évidemment, soit de ce que l'on avait trompé le pays en faisant publier la note du mois d'août 1869, dont j'ai donné plus haut quelques extraits, soit de ce que, depuis un an, on avait négligé l'entretien de nos forces au point de les réduire d'un tiers. Cette seconde hypothèse étant inadmissible, je suis bien obligé de penser que la majoration proclamée sur le papier n'avait d'autre objet que de faire savoir hors de France que nous disposions de forces imposantes, vantardise puérile puisqu'elle ne tendait qu'à nous illusionner sur l'insuffisance de nos préparatifs militaires sans en imposer à l'état-major prussien qui savait parfaitement la vérité, comme le prouvent les calculs faits à Berlin et ci-dessus relatés.

L'état officiel de l'effectif de l'armée et de la réserve, arrêté par le bureau de recrutement du ministère de la guerre, en donnait la répartition suivante :

4,000 hommes pour les états-majors ;
340,000 hommes dans l'infanterie ;
54,000 hommes dans la cavalerie ;
55,000 hommes dans l'artillerie ;
10,000 hommes dans le génie ;
15,000 hommes dans les équipages militaires ;
14,000 hommes dans les services administratifs ;
45,000 hommes au titre des non-valeurs organiques ;
30,000 hommes pour les déficits permanents dans les corps de troupe.

On comptait que les 75,000 places vacantes, provenant des non-valeurs organiques et des déficits permanents, seraient comblées par la classe à appeler le 1er août.

Mais, dans ce même état, on estimait qu'il faudrait laisser 142,000 hommes encore en dehors de la mobilisation, dont :

86,000 dans les garnisons et dépôts de l'intérieur ;
50,000 en Algérie ;
6,000 à Civita-Vecchia, pour l'occupation des États du pape.

En ajoutant ces éléments réservés aux 45,000 non-valeurs organiques et au déficit permanent de 30,000 hommes, on arrivait à un total de 217,000 qui ne figurait pas dans l'élément mobilisable.

L'armée, numériquement évaluée à 567,000 hommes, ne pouvait donc en mettre immédiatement en ligne que 350,000.

C'était, à quelques milliers près, le résultat des calculs du grand état-major de Berlin, qui était parvenu à découvrir la vérité presque sans erreur, tandis que les Français, non moins directement intéressés dans la question, ne la soupçonnaient même pas.

Je m'empresse de dire ici qu'aujourd'hui il n'en est plus et il ne peut plus en être de même.

Nous savons très exactement le nombre d'hommes complètement instruits que nous pourrions mettre en ligne et l'effectif que l'ennemi pourrait nous opposer.

Si nous avions eu tout de suite 350,000 hommes à diriger vers la frontière, nous nous serions à coup sûr trouvés dans une regrettable infériorité numérique, mais beaucoup moindre cependant que ne le fut la triste réalité.

Devant la commission d'enquête sur les actes du gouvernement de la défense nationale, M. le maréchal Le Bœuf a dit qu'en soumettant au conseil des ministres, le 6 juillet 1870, l'état officiel sur notre effectif où j'ai puisé les indications précédentes, il avait fait la déclaration suivante :

« La mobilisation de l'armée peut comprendre 350,000 hommes ; mais pour ne pas trop m'engager dans cette grave question, je ne réponds que de 300,000 hommes pour l'armée active. Quant à la garde mobile, la portion dont les cadres sont entièrement organisés dans le nord et le nord-est de la France peut s'élever à 175,000 hommes environ, dont 100,000 d'infanterie et 20,000 d'artillerie sont habillés. Je promets donc 300,000 hommes d'armée régulière, et 120,000 gardes nationaux disponibles pour la première mobilisation.

« Quant aux 300,000 hommes d'armée régulière, j'ai l'espoir que, dans quinze jours, nous en aurons 250,000 suffisamment organisés, avec des lacunes administratives, naturellement, comme il y en a dans toutes les armées qui entrent en campagne, mais des lacunes qu'on pourra remplir rapidement. Pour réunir les 300,000 hommes, je crois qu'il faudra au moins trois semaines. »

Ce qui me frappe surtout dans cette déclaration, c'est que l'estimation numérique de nos forces aille graduellement en diminuant, au fur et à mesure que l'on s'éloigne de l'évaluation sur le papier et que l'on se rapproche du rendement exact, c'est que, devant cet écart considérable, devant ce résultat affligeant, personne n'ait élevé la voix, dans le conseil des ministres, pour demander une indication précise sur l'effectif de l'armée allemande et pour exiger, en présence de notre infériorité, que le gouvernement renonçât sur-le-champ à ses projets belliqueux.

Ainsi donc, le gouvernement avait pompeusement proclamé, moins d'un an auparavant, que nous pouvions disposer de 1,350,000 hommes, dont 750,000 soldats et 600,000 gardes mobiles. Il avouait ensuite que, même sur le papier, cette force se réduisait à 984,000 hommes, dont 567,000 soldats et 417,000 gardes mobiles. Puis, il ramenait ses calculs à 420,000 hommes, dont 300,000 soldats et 120,000 gardes mobiles. Enfin, il reconnaissait que la mobilisation ne mettrait pas en ligne plus de 250,000 soldats immédiatement disponibles.

Quelle chute !

Mais, me dira-t-on, il y avait, à cette époque, parmi les membres du Sénat, des chefs militaires du plus haut rang qui ne devaient pas ignorer

L'INVASION ALLEMANDE

Les Mobiles de la Seine au camp de Châlons. (Page 70.)

cette situation. « Pourquoi n'ont-ils pas parlé? Vous avez avancé, au début de cette étude historique, qu'à votre avis il est nécessaire que les généraux soient autorisés à intervenir directement dans les conseils électifs et dans les conseils du gouvernement pour que l'organisation de nos forces nationales soit conforme à nos institutions politiques et sociales, ainsi qu'aux exigences de notre action extérieure. Comment pouvez-vous soutenir cette dernière thèse en faveur de l'utilité de la présence des chefs militaires dans un Parlement, utilité contestée par les événements? »

Ma réponse à cette question est extrêmement simple.

Le régime impérial n'admettait pas la liberté de la parole, dès l'instant que cette indépendance prenait un caractère de contradiction, tandis que le régime républicain ne peut vivre au contraire que par la vérité.

Ce n'est pas que je prétende le moins du monde que notre organisation militaire actuelle soit en mauvais état comme elle l'était à la veille de la guerre entre la France et l'Allemagne. Mais je crois que cette organisation aurait été mieux établie, mieux équilibrée, si les représentants du pays avaient été éclairés par des législateurs militaires. La preuve en est que la réfection de nos forces nationales, malgré les dissentiments absolus sur les origines de nos défaites et sur les moyens d'y remédier, marcha rapidement tant que cette œuvre fut conduite par des hommes du métier, tandis qu'elle est allée cahin-caha depuis le jour où ceux-ci ont été éloignés du Parlement. J'en citerai, comme exemple, la loi sur l'état-major, la loi sur l'administration, qui ont été votées toutes deux par lassitude, le projet de loi sur le recrutement qui va recevoir le jour après plus de six ans d'attente, le projet de loi sur l'avancement, cette question capitale, qui dort depuis neuf ans dans les cartons-oubliettes des commissions parlementaires, le projet de loi sur la revision des cadres qui avait été promis cinq ans avant d'être présenté. Sans doute, il y a, tant à la Chambre des députés qu'au Sénat, quelques anciens officiers. Mais ils ont quitté l'armée depuis plusieurs années déjà, soit par démission, soit par retraite, et ils ne sont presque jamais assez au courant des questions militaires pour les résoudre en parfaite connaissance de cause. Puis, ce ne sont que des exceptions tout à fait accidentelles, et, quelle que soit la compétence de ceux-ci, elle ne pourrait soutenir la comparaison avec celle de chefs éminents qui seraient d'autant plus écoutés qu'on les saurait investis de hauts commandements en cas de guerre.

On voudra bien considérer qu'ici je ne me fais pas l'avocat d'un intérêt personnel, puisque la position où je me trouve a fait de moi un éligible et un élu.

Mais je ne puis comprendre qu'alors que la nation armée, c'est-à-dire une masse de plus de quatre millions de citoyens, remet le soin de discuter et de régler les affaires de la défense nationale à des hommes souvent encore jeunes, et qui, quelque intelligence qu'ils aient d'ailleurs, ne connaissent que superficiellement ces affaires capitales, je ne puis comprendre, dis-je, que le même droit soit refusé à des hommes qui ont servi pendant de longues années déjà leur pays, et qui auraient la responsabilité de le défendre devant l'ennemi.

Non, quelque conception que l'on ait du régime démocratique, il y a, dans cet ostracisme, un procédé qui heurte le bon sens et qui ne peut engendrer que des dangers au point de vue de la grandeur nationale.

On m'objectera, je le sais bien, qu'il offre des garanties à l'intérieur, en interdisant à l'armée toute ingérence dans la politique et en rendant impossible toute tentative de coup de force. Je ne prétends pas que ces précautions soient inutiles, bien qu'elles me paraissent inefficaces; d'abord, parce qu'un coup de force, étant la négation de la légalité, s'opère et réussit envers et contre toutes les dispositions prises pour s'y opposer; ensuite, parce que cette éventualité me semble de moins en moins probable avec une armée nationale, dans un pays démocratique, sous un régime de liberté et d'opinion. Je ne vois pas, d'ailleurs, qu'au sens étroit du mot, ce résultat particulier de l'exclusion absolue de l'armée ait été atteint, car les officiers en activité de service ont le droit d'entrer, avec un programme déterminé, dans les conseils généraux qui ont à jouer, en maintes circonstances, un rôle absolument politique, et, d'autre part, les officiers, les sous-officiers et soldats, qui appartiennent à la réserve ou à l'armée territoriale, pratiquent fort bien et simultanément leurs devoirs civiques et leurs devoirs militaires, sans aucun inconvénient ni pour l'armée ni pour le pays.

Mais, laissant de côté ces considérations latérales, et pour bien préciser ma pensée, je conclus en émettant l'opinion que la guerre du Tonkin aurait été peut-être évitée s'il s'était trouvé, à la Chambre des députés, un ou plusieurs chefs de notre armée ou de notre marine, venant déclarer aux représentants du pays qu'ils ne devaient pas s'engager dans cette expédition, parce qu'elle nous entraînerait à de longues et onéreuses opérations; parce qu'elle nous coûterait la vie de plusieurs milliers d'hommes, perte toujours cruelle mais encore plus sensible pour un pays dont la population décroît; parce qu'enfin elle nous obligerait à maintenir dans ces lointaines régions un corps d'occupation dont l'effectif, si réduit qu'il fût, pourrait un jour, qui oserait affirmer le contraire? déterminer la victoire en notre faveur sur un champ de bataille européen, là où se déciderait peut-être pour la France la question de vie ou de mort.

Ces objections, et l'on ne m'accusera pas de partialité en parlant ainsi, puisque je plaide en faveur d'un parti de gouvernement dont les adeptes m'ont bien violemment attaqué plus tard, ces objections, dis-je, ne pouvaient être présentées que par des hommes autorisés à les soutenir et dont les avertissements auraient trouvé leur justification dans les services qu'à d'autres époques ils avaient rendus au pays. Quant au gouvernement, s'il s'était résolu de lui-même à l'inaction, il aurait été accusé de ne pas porter haut et ferme le drapeau de la France. C'est sous l'empire de ce sentiment qu'il a lancé le pays dans une aventure qui nous a fait tant de mal. Je ne songe même pas à l'en blâmer en tenant ce langage. Mon but est beaucoup plus élevé. Je cherche un enseignement qui serve de leçon pour l'avenir.

En réalité, ce que j'aurais voulu que des généraux et des amiraux fissent à la Chambre des députés en 1883, avant l'entreprise du Tonkin, Thiers l'a tenté avec une énergie, une science, un patriotisme, qui font mon admiration chaque fois que je relis son vaillant discours du 15 juillet 1870 au Corps législatif, avant le vote des premières lois qui entraînaient comme conséquence la déclaration de guerre à l'Allemagne.

Il n'y a pas réussi.

Mais qui oserait affirmer qu'il eût échoué, si sa courageuse intervention avait été appuyée par quelques chefs militaires à la parole libre et autorisée?

Le Parlement actuel, en conservant les lois électorales qui ont banni de son sein les généraux et les amiraux, a-t-il songé à l'effroyable responsabilité qui lui incomberait s'il se trouvait, du jour au lendemain, en présence d'une éventualité de guerre! Ne voit-il pas qu'il s'expose à courir au-devant d'un désastre national s'il accepte la lutte, sans autre renseignement que l'affirmation d'un ministre de la guerre et d'un ministre de la marine qui lui auront déclaré que nous sommes prêts à combattre avec certitude de succès, ou qu'il court encore le risque d'une humiliation pour la France s'il s'incline sans protester devant un affront qui lui aura été infligé par un gouvernement étranger, s'il n'en demande pas réparation, parce que le chef de l'armée et le chef de la flotte lui auront déclaré que nous ne pouvons en tirer vengeance les armes à la main!

Ah! certes, je suis loin de rejeter au second plan les questions de politique intérieure.

Mais je ne puis non plus oublier que nous sommes entourés de puissances dont l'animosité, si ce n'est l'hostilité, ne doit faire pour nous l'objet d'aucun doute.

Et, c'est sous l'inspiration de cette double exigence qu'il me semble que tout patriote doit s'efforcer de donner au pays toutes les garanties que réclament ses institutions civiques, sociales et militaires.

Me voici bien loin de l'étude de la mobilisation de l'armée française en 1870, en apparence du moins, car, en fait, toutes les institutions d'un pays se tiennent et il est impossible de séparer l'organisation militaire des autres grands principes sur lesquels repose l'existence d'un peuple.

J'ai dit plus haut que le maréchal Le Bœuf promettait de réunir 120,000 gardes mobiles habillés aussitôt après la déclaration de guerre.

La constitution de cette armée de seconde ligne n'avait pas l'approbation de Thiers qui en restait toujours à la loi du recrutement de 1832 et à l'armée permanente, telle qu'elle avait été organisée par cette loi.

A son avis, le maréchal Niel, guidé par un sentiment erroné des conditions nouvelles imposées par les exigences de la défense nationale, « avait abouti à l'institution bâtarde des mobiles, qui n'a pas peu contribué à nous perdre, en nous faisant croire que nous avions une armée, quand, au contraire, nous n'en avions point. »

Il est certain que l'on eût commis une grave faute en comptant, dès 1870, sur le concours de la garde nationale mobile, puisque cette troupe n'était pas organisée.

Le maréchal Canrobert a tracé, de cette jeune armée de seconde ligne, un tableau très caractéristique.

Le commandant du 6ᵉ corps de l'armée du Rhin procédait à la formation de ses troupes au camp de Châlons, dans la seconde quinzaine de juillet, quand les gardes mobiles de la Seine arrivent subitement au camp.

Écoutons-le parler :

« Mon corps d'armée, dit-il, n'était pas, à beaucoup près, organisé. Je m'en occupai, et, au moment où je commençais à obtenir quelques résultats, je vis déboucher des gardes nationaux mobiles de Paris qu'on m'envoyait sans m'en prévenir; le jour même, on m'écrivit : « Vous recevrez « ce soir les premiers bataillons. » Les 1ᵉʳ, 2ᵉ et 3ᵉ bataillons arrivèrent dans d'assez bonnes conditions. Je dis assez bonnes, par politesse, car ce n'étaient pas des troupes; mais enfin ils n'étaient pas trop mauvais. Je les reçus de mon mieux; je fis dresser des tentes, je leur envoyai des marmites pour faire la cuisine, et je voulus aller voir ces jeunes gens. J'y fus, je les trouvai dans d'assez bonnes dispositions; un bataillon était commandé par M. Saillard, homme très vigoureux, qui l'entretenait dans un bon esprit. »

Le maréchal rentre à son quartier général, assez satisfait de ce qu'il avait vu. Il poursuit ainsi son récit :

« Les mobiles continuèrent à arriver ; enfin, quand il y en eut 7 ou 8 bataillons, je les passai en revue pour leur donner un peu d'esprit militaire, un peu de goût de la profession, pour leur indiquer ce qu'ils avaient à faire, et faire appel à leur patriotisme.

« La veille, j'avais passé la revue de mon corps d'armée ; ils y avaient assisté en curieux et avaient pu voir un corps d'armée qui n'était pas encore organisé, mais dont l'attitude militaire était très bonne.

« J'allai donc les voir. Le premier bataillon me reçut très bien. Le second, également ; le troisième….. assez bien, le quatrième se mit à crier : « A Paris ! » J'étais si étonné d'entendre ces jeunes gens crier : « A Paris ! » que je leur dis : « Mes enfants, je suis sans doute un peu sourd, « c'est à Berlin ! sans doute, que vous voulez dire, n'est-ce pas ? » — « Non, « à Paris, à Paris ! » Ils avaient leurs képis sur la tête, je le leur fis mettre à la main. On a dit qu'ils m'avaient insulté, qu'ils m'avaient jeté des pierres ; ils ne m'ont pas plus insulté qu'ils ont insulté la Patrie en criant : « A Paris ! » au lieu de crier : « A Berlin ! » Mais ils ont montré un très mauvais esprit. »

Après avoir raconté ce pénible incident, le maréchal expose les circonstances qui pouvaient en atténuer la portée :

« Maintenant, ajoute-t-il, il faut bien dire qu'on n'avait pas assez préparé leur réception. Ces enfants-là arrivaient au camp de Châlons, et peu de chose, pour ne pas dire rien, n'était préparé pour les recevoir. Je faisais dresser leurs tentes, j'y faisais mettre de la paille et quelques couvertures que j'avais, — dans le mois d'août, il n'en faut pas beaucoup, — je leur faisais porter de grandes marmites pour faire la soupe ; mais, comme ils n'avaient pas d'objets de campement, pas de petites marmites, pas de petits bidons, pas de gamelles, — je vous demande pardon des détails sur ces objets qui sont indispensables à la guerre, — ils se trouvaient devant une immense marmite, et je ne sais pas trop comment ils pouvaient faire pour manger. Il y avait là, peut-être, un manque de prévoyance. Le malaise qu'ils en ont ressenti, joint à l'inefficacité de leurs cadres, cette vie des camps, si nouvelle pour des habitants de Paris, les avaient complètement dévoyés et, pour moi, c'était une troupe n'offrant pas de garanties. »

Le commandant du 6e corps de l'armée du Rhin explique alors comment il a dû faire intervenir quelques officiers pour empêcher des événements beaucoup plus graves, et il termine ainsi qu'il suit sa déposition :

« Du reste, les mobiles n'étaient pas armés. Les armes arrivaient à chaque instant ; il fallait les ôter de leurs caisses, les nettoyer : c'était une affaire qui demandait un peu de temps ; ils n'étaient pas armés, et j'en étais enchanté dans cette circonstance.

« Après cette espèce d'émeute, j'écrivis au gouvernement. Je lui dis qu'il ne me paraissait pas sage de réunir là tous les bataillons de mobiles, parce qu'ils n'étaient pas assez solidement organisés pour pouvoir rester en nombre dans le camp de Châlons ; que, moi partant avec mon corps d'armée, ils resteraient absolument seuls, et que ce n'était pas une force ; qu'il fallait, par conséquent, les disperser dans les places-frontières depuis Dunkerque jusqu'à Belfort. A cette époque, nous ne nous attendions pas à ce qui est arrivé plus tard. »

J'ai tenu à donner presque en entier le récit du maréchal Canrobert, parce qu'il s'y trouve une peinture exacte de la situation de la garde nationale mobile au début de la guerre de 1870.

Que voulait-on faire de jeunes conscrits qui n'avaient pas d'armes et qui ne pouvaient en conséquence connaître le fusil dont ils allaient avoir à faire usage ; qui n'avaient pas de vêtements de rechange, pas d'équipement, pas d'objets de campement, pas d'ustensiles de cuisine, et dont les cadres insuffisants, loin de remédier aux inconvénients de cette situation plus que précaire, ne pouvaient que les aggraver !

Cette infériorité de la garde nationale mobile de Paris n'était encore rien en comparaison de l'état lamentable où se trouvait celle de la province.

Je ne crois pas qu'à aucune époque et dans aucun pays on ait vu une troupe envoyée à l'ennemi dans d'aussi déplorables conditions.

Nous étions donc, en juillet 1870, aussi loin des 600,000 gardes nationaux mobiles annoncés en août 1869 dans le compte rendu publié, le lendemain de la mort du maréchal Niel, sur les réformes opérées par lui dans l'organisation de l'armée, que nous étions loin des 750,000 soldats de première ligne promis dans ce même document.

En fait, l'armée du Rhin comprenait 244,828 hommes, d'après le tableau qui se trouve dans la brochure de M. le général Frossard, intitulée : *Rapport sur les opérations du deuxième corps pendant la campagne de 1870* :

Cet effectif était réparti comme il suit :

1er corps d'armée, 41,156 hommes ;
2e corps d'armée, 26,084 hommes ;
3e corps d'armée, 39,153 hommes ;
4e corps d'armée, 28,942 hommes ;
5e corps d'armée, 25,073 hommes ;
6e corps d'armée, 35,414 hommes ;
7e corps d'armée, 20,341 hommes ;
Garde impériale, 21,949 hommes ;
Réserve générale de la cavalerie, 5,427 hommes ;

Cent-gardes.

Réserve générale de l'artillerie, 1,054 hommes;
Réserve générale du génie, 235 hommes.

Le maréchal Le Bœuf, dans sa déposition devant la commission d'enquête sur les actes du gouvernement de la Défense nationale, évalue à 243,711 hommes l'effectif de l'armée du Rhin, et il ajoute :

« D'après les chiffres portés au tableau de l'effectif général des forces de l'armée de terre, qui s'établit mensuellement au ministère de la guerre, il avait été dirigé, au 1er août 1870, 278,082 hommes sur l'armée du Rhin, et l'effectif moyen des régiments d'infanterie était de 1,900 baïonnettes. Du 1er au 14 août 1870, il a été dirigé d'assez nombreux détachements sur l'armée du Rhin. Mais, d'autre part, les corps ont éprouvé des pertes dans les engagements qui ont eu lieu. Je n'ai pu trouver au ministère de la guerre de renseignements plus précis que ceux que je viens de vous donner. Peut-être, les trouvera-t-on plus tard dans les archives du grand état-major général, qui, je le crois, étaient restées à Metz. »

Ainsi donc, nous ne pouvions réellement pas mettre même 300,000 hommes en ligne dès le début de la campagne, et cette armée n'avait derrière elle aucune réserve solidement constituée qui fût prête à la renforcer.

Et pourquoi notre situation numérique était-elle aussi mauvaise ?

Uniquement, parce que nous ne possédions pas une loi de recrutement qui imposât l'obligation du service militaire et qui nous permît d'utiliser toutes les forces vives de la nation.

Les hommes ne nous ont pas manqué pour continuer la lutte, ainsi que je le montrerai plus tard.

L'Empire, dans ses derniers jours, et le gouvernement de la Défense nationale, dès ses débuts, surent en trouver un grand nombre, autant et même plus qu'il n'en aurait fallu pour résister à l'invasion.

Malheureusement, l'instruction militaire et les cadres faisaient défaut à ces levées en masse, et elles furent impuissantes.

La pratique du remplacement a été, d'une manière bien évidente, la cause principale de notre infériorité.

Il semblait qu'après une aussi cruelle leçon cette institution fût à jamais condamnée.

On se tromperait étrangement en supposant qu'il en est ainsi.

Le remplacement compte encore, dans notre pays, de nombreux partisans.

Pendant l'été de 1887, lorsque la Chambre discutait le projet de loi sur le recrutement que j'avais présenté seize mois auparavant et qu'il ne m'était plus permis de soutenir moi-même, puisque je n'étais plus ministre de la guerre, les adversaires du service militaire obligatoire et personnel s'appuyaient souvent, pour défendre leurs idées à la tribune et dans la presse, sur un livre intitulé : l'*Armée et la Démocratie*, dont on a attribué la paternité à un ancien député, publiciste de très grand talent. Celui-ci, dit-on, aurait eu pour collaborateur dans cette étude l'un de nos plus brillants généraux de cavalerie. Je ne sais si ces renseignements sont conformes à la vérité. C'est, en tout cas, l'écho de l'opinion publique, et aucun avis contraire n'est venu en infirmer l'exactitude. Peu importe, d'ailleurs. Ce livre avait le rare mérite de défendre une thèse mauvaise par des arguments présentés sous une forme remarquable. Il fut beaucoup lu et beaucoup cité.

La thèse soutenue dans l'*Armée et la Démocratie* était un plaidoyer en faveur des classes aisées, au profit desquelles on réclamait le retour au remplacement.

« La supériorité intellectuelle, y disait-on, ne servira qu'à affaiblir la discipline, à diminuer chez les hommes de condition médiocre le sentiment du respect, à développer un sentiment qui, jusqu'ici, n'était pas français, mais le deviendra, si l'on n'y prend garde, la honte d'être soldat. »

Partant de cette observation, qu'il nous paraît inutile de qualifier, l'auteur, ou les auteurs de la brochure ne pouvaient que s'engager dans une argumentation de la plus haute fantaisie.

Que l'on en juge.

« Les crises industrielles ou agricoles, déclarent-ils, les congés et les grèves seront les agents du recrutement. »

Et, plus loin :

« Ouvrir les portes des casernes, c'est fermer les portes des prisons. »

Ces quelques extraits de la brochure précitée suffiraient assurément à en faire ressortir le but.

L'aphorisme suivant précise cependant encore plus nettement la doctrine :

« S'il est nécessaire que certains pâtissent pour l'avantage de tous, n'y a-t-il pas justice à condamner à la servitude militaire ceux qui souffrent moins dans l'armée et n'ont pas de place dans la société civile? »

Jamais je n'ai encore lu rien qui fût plus partial, plus odieux, plus mauvais.

Et cependant, la plupart des orateurs de la Chambre qui ont combattu, voici un an, l'extension du principe de l'obligation du service militaire à tous les jeunes gens valides, sans distinction ni exception, n'ont pas hésité à justifier leur résistance par des citations empruntées à ce livre où l'on proclamait que les prolétaires devaient se considérer comme des déshérités de la fortune, depuis le jour de leur naissance jusqu'au jour de leur mort, et s'estimer fort heureux d'être ce que l'on appelle vulgairement de la « chair à canon » !

Le système du remplacement n'est donc pas encore condamné par tous les Français.

Il en est parmi eux qui n'hésitent pas à en faire presqu'une institution d'État, et qui, par une aberration qu'explique seul un égoïsme abominable pensent, comme il est dit dans l'*Armée et la Démocratie*, que :

« Le jour où les citoyens ne craindront plus, dans toute complication politique, le danger d'un appel sous les drapeaux, mais verront toute prête à l'action une armée de soldats payés pour se battre, ils deviendront plus soucieux des intérêts du pays au dehors, moins rebelles aux entreprises avantageuses, bons gardiens d'un honneur qu'ils n'auront pas à défendre eux-mêmes. »

Comment a-t-on pu penser et écrire ainsi dans un pays qui, après l'aventure désastreuse du Mexique, venait précisément de voir disparaître, sous les coups d'une armée nationale, ses vaillantes troupes, et cela, parce que ses institutions militaires avaient, en éloignant la plupart de ses enfants de l'obligation de la caserne et du combat, désintéressé presque toute la population des affaires pourtant capitales de la défense nationale?

Y aura-t-il donc toujours en France, parmi les hautes classes de la société, des hommes qui consentiront à jeter ainsi le trouble et l'erreur dans les esprits, en prétendant y faire pénétrer la quiétude et la vérité ?

Je laisse à ceux qui propagent d'aussi décevantes doctrines, le soin de juger eux-mêmes à quelles catastrophes ils exposeraient la France de nouveau, si leurs conseils étaient écoutés et si nous nous hasardions à d' « avantageuses entreprises », quand il y a, à notre porte, un voisin qui n'attend que notre absence d'Europe pour venir piller notre maison.

Si, malgré notre infériorité numérique au début de la guerre de 1870, nous avions eu à notre profit une suffisante préparation préliminaire, une sérieuse organisation du haut commandement, un plan d'action, un programme bien conçu d'opérations immédiates, nous aurions peut-être pu soutenir la lutte, sans courir trop de risques.

Mais, au lieu d'une conception quelconque de la conduite de cette guerre, prévue pourtant depuis si longtemps, l'hésitation seule présidait à notre entrée en campagne.

On prétend que, pendant le ministère du maréchal Niel, un plan avait été élaboré, qu'en vertu de ce plan, trois armées devaient être formées, l'une en Alsace, la deuxième en Lorraine, la troisième en Champagne, que les maréchaux de Mac-Mahon, Bazaine et Canrobert étaient désignés pour en être les commandants respectifs, que la première armée serait chargée de prendre l'offensive, soutenue par les deux autres.

Mais il paraît que l'on avait, presque aussitôt après la mort du maréchal Niel, renoncé à cette répartition de nos forces actives, car l'organisation de notre armée de campagne se fit dans de tout autres conditions.

A coup sûr, ce n'est pas que je blâme l'abandon du plan primitif, car j'estime que l'on a toujours le droit de renoncer à ses idées ou à ses projets, dès l'instant que l'on se trouve en présence d'un progrès incontestable ; je sais qu'il y a des gens qui n'admettent pas cette doctrine et qui aiment mieux persévérer dans une voie mal choisie plutôt que d'en changer ; ils en font une question d'amour-propre. Tel n'est pas mon sentiment. Autant je suis tenace dans mes opinions, lorsqu'elles me paraissent répondre aux intérêts de l'armée et du pays, autant je suis disposé à les modifier lorsque je reconnais que je me suis trompé.

Mais, avant la guerre de 1870, si l'on avait délaissé le plan primitif des opérations, on avait commis la grosse faute de ne pas en adopter un nouveau.

C'est, du moins, ce qui ressort de la déposition de quelques-uns des chefs de notre armée devant la commission d'enquête parlementaire sur les actes du gouvernement de la Défense nationale.

J'ai donné plus haut le récit de l'arrivée des gardes mobiles de la Seine au camp de Châlons, d'après le maréchal Canrobert.

Voici ce qu'il a dit, d'autre part, sur l'organisation et le départ de son corps d'armée :

« J'étais commandant de l'armée de Paris depuis cinq ans. Le 14 juillet, j'étais allé au camp de Saint-Maur faire manœuvrer une des brigades qui s'y succédaient de quinze en quinze jours ; je rentrais place Vendôme, lorsque je reçus l'ordre de faire partir immédiatement une division pour Metz, la division Lebrun. Je savais que cette division n'avait pas tout ce qui lui était nécessaire pour entrer en campagne ; je fis quelques observations, mais il fallait partir, on partit. Le départ des troupes s'est précipité pendant plusieurs jours, d'après l'ordre du ministre. Les trains se succédaient ; enfin, mon tour arriva. Je me rendis au camp de Châlons, pour y prendre le commandement du 6ᵉ corps d'armée qui était destiné, — je l'ai su depuis, — à former à Châlons le noyau de l'armée de réserve. »

Ainsi donc, c'est seulement après son arrivée sur le terrain de concentration de son corps d'armée, que M. le maréchal Canrobert apprend la destination de la partie de nos troupes dont le commandement lui a été confié. Comment aurait-il pu se préparer, dans de semblables conditions, à jouer le rôle important qui lui était assigné en présence d'une armée dont tous les mouvements avaient été réglés d'avance avec la plus méticuleuse précaution et où chacun savait depuis longtemps la mission qu'il aurait à remplir en cas de guerre ?

Le maréchal Bazaine a dit, de son côté, à la même commission d'enquête :

« Étranger au conseil de l'empereur, je n'avais jamais eu connaissance de son plan de campagne, et, lorsque, par une simple dépêche télégraphique, en date du 5 août, je fus appelé à commander l'aile gauche de l'armée du Rhin (2e, 3e et 4e corps), je trouvai mes troupes établies dans des positions allongées, qu'un ordre de l'empereur avait fixées dès la veille. »

Les autres chefs de notre armée étaient tout aussi peu renseignés que les maréchaux Canrobert et Bazaine sur ce qu'ils devaient faire au début des hostilités.

Le gouvernement n'avait pas établi de plan de campagne.

Questionné sur ce point, lorsqu'il se présenta devant la commission d'enquête parlementaire, M. le vice-amiral Rigault de Genouilly, qui était ministre de la marine au moment où la guerre fut déclarée, a répondu catégoriquement que le conseil des ministres ne s'était jamais occupé de cette question.

Bref, l'empereur prit le commandement suprême de notre armée et confia les fonctions si importantes de major général au maréchal Le Bœuf qui dut, en conséquence, comme je l'ai dit précédemment, remettre le ministère de la guerre à un intérimaire, le général Dejean.

Les différents corps de l'armée du Rhin reçurent respectivement les chefs dont voici les noms :

1er corps d'armée, le maréchal de Mac-Mahon ;
2e corps d'armée, le général Frossard ;
3e corps d'armée, le maréchal Bazaine ;
4e corps d'armée, le général de Ladmirault ;
5e corps d'armée, le général de Failly ;
6e corps d'armée, le maréchal Canrobert ;
7e corps d'armée, le général Abel Douay ;
Garde impériale, le général Bourbaki.

Ces hommes de guerre jouissaient tous d'une réputation incontestable de savoir ou de vaillance dans notre armée.

Mais d'autres, qui avaient autant de titres que certains d'eux à un commandement important, avaient été laissés de côté ou pourvus de simples commandements de divisions.

L'ensemble de notre territoire, y compris l'Algérie, avait été partagé quelques années auparavant en sept grandes circonscriptions militaires, dites de corps d'armée ; celles-ci se composaient de vingt-deux divisions militaires territoriales comprenant ensemble quatre-vingt-onze subdivisions.

Les corps d'armée étaient commandés par des maréchaux de France ou par des généraux de division réunissant les conditions légales exigées pour être élevés à cette dignité ; les divisions militaires, par des généraux de division ; les subdivisions militaires par des généraux de brigade.

On sait qu'en ce moment, il n'y a plus à la tête de nos corps d'armée, ni maréchal de France, ni général de division pouvant le devenir.

La question du maréchalat a été formellement réservée dans tous les projets qui ont été présentés sur l'avancement, et Chanzy a eu raison de dire, au sein de la commission militaire de l'Assemblée nationale, que « celui qui veut obtenir le bâton de maréchal aille le chercher sur la rive droite du Rhin ».

Quant aux généraux de division, qui ont exercé avec distinction devant l'ennemi un commandement en chef, ils deviennent si rares à présent, qu'en fait il s'en trouve à peine deux ou trois qui, à ce titre, puissent être maintenus sans limite d'âge dans le cadre d'activité de l'état-major général et appelés à exercer un commandement actif de corps d'armée jusqu'à l'âge de soixante-dix ans.

Nous n'avons donc plus aujourd'hui de grade correspondant à celui de commandant de corps d'armée, ce commandement ne constitue plus qu'un emploi renouvelable tous les trois ans.

Je n'ai pas l'intention d'examiner à fond pour l'instant cette question capitale du commandement. J'aurai l'occasion d'y revenir.

Mais je suis bien obligé de constater ici que l'organisation du commandement paraissait plus logique en 1870 qu'aujourd'hui, puisque le corps d'armée avait à sa tête un chef hiérarchiquement supérieur aux commandants des divisions, tandis qu'actuellement le grade de général de division pourvoit au commandement des divisions d'infanterie et de cavalerie, puis des corps d'armée, ensuite des armées, et enfin de l'ensemble de nos forces nationales, sans compter qu'on le retrouve dans certains emplois particuliers mais très importants d'une armée en campagne, tels que ceux de major général, de directeur du service des chemins de fer et des étapes, de commandant de l'artillerie et du génie, etc...

On a cherché à remédier aux inconvénients de l'instabilité du commandement des corps d'armée en temps de paix, telle qu'elle a été établie par la loi de 1873, en prenant l'habitude de maintenir en fonction ceux de ces chefs dont les pouvoirs triennaux sont expirés, puis en instituant des inspecteurs généraux d'armée, mais je crains que ces mesures soient insuffisantes.

Ce qu'il faudrait, c'est l'institution d'un grade nouveau, celui de général de corps d'armée, qui pourrait être avantageusement confié aux membres du conseil supérieur de la guerre.

Quant au grade de général d'armée, il ne paraît pas indispensable, en temps de paix du moins.

Je n'irai pas plus loin dans cette comparaison entre le commandement tel qu'il fonctionnait en 1870 et tel qu'il est établi aujourd'hui, car j'arriverais forcément à examiner l'institution du généralissime, et je ne veux pas être accusé de faire uniquement le récit de l'invasion allemande pour prononcer un plaidoyer personnel.

Il me suffira de rappeler, dans cet ordre d'idées, que, même parmi mes pairs, alors que j'étais ministre de la guerre, les opinions étaient fort partagées sur cette institution, et que certains commandants de corps d'armée, dont l'autorité et l'impartialité n'étaient pas suspectes, déclaraient que le commandement en chef de nos armées devait revenir à celui d'entre eux qui serait ministre à l'ouverture des hostilités, parce qu'en sa double qualité de général et de membre du gouvernement il était, à intelligence et à aptitudes égales, mieux qu'aucun de ses collègues à même d'assurer la direction des opérations.

A coup sûr, cette doctrine n'est pas applicable à tous les cas; elle ne saurait s'étendre à un ministre civil de la guerre, car ce serait jeter sur tous les généraux sans exception un déplorable soupçon d'incapacité; elle ne peut non plus être pratiquée, s'il s'agit d'un ministre militaire de grade inférieur ou encore d'un général appelé depuis trop peu de temps au pouvoir pour l'exercer au mieux des intérêts de la Patrie.

Mais, si le régime impérial avait à son profit une organisation du commandement meilleure que la nôtre en ce moment, il ne sut pas en profiter.

Il y avait en 1870 huit maréchaux de France :

Le maréchal Vaillant, qui n'exerçait pas de commandement et faisait partie de la maison de l'empereur;

Le maréchal Baraguey d'Hilliers, commandant le 5ᵉ corps d'armée;

Le maréchal Canrobert, commandant le 1ᵉʳ corps d'armée;

Le maréchal de Mac-Mahon, commandant le 7ᵉ corps d'armée;

Le maréchal Randon, sans commandement;

Le maréchal Forey, sans commandement;

Le maréchal Bazaine, commandant la garde impériale;

Le maréchal Le Bœuf, ministre de la guerre.

On remarquera, que, sur les huit commandements de corps d'armée, quatre seulement étaient exercés par des maréchaux de France, savoir :

1ᵉʳ corps d'armée, maréchal Canrobert, à Paris;

Visite du comte de Kératry, accompagné de Jules Favre et de Picard, au général de Palikao, ministre de la guerre. (Page 84.)

5ᵉ corps d'armée, maréchal Baraguey d'Hilliers, à Tours;

7ᵉ corps d'armée, maréchal de Mac-Mahon, à Alger;

Garde impériale, maréchal Bazaine.

Trois autres corps d'armée avaient donc été confiés à des généraux de division, ainsi qu'il suit :

2ᵉ corps d'armée, général de Ladmirault, à Lille;

3ᵉ corps d'armée, général de Failly, à Nancy;

4ᵉ corps d'armée, général Cousin-Montauban, à Lyon.

Le 6ᵉ corps d'armée, dont le quartier général était à Toulouse, n'avait pas en ce moment de chef titulaire.

Ce n'est pas tout.

Non seulement on changea les numéros d'ordre des corps d'armée, mais aussi certains de leurs chefs, lorsque l'on organisa l'armée d'opérations.

Celle-ci fut, en effet, constituée comme il suit :

1ᵉʳ corps d'armée, maréchal de Mac-Mahon, qui commandait le 7ᵉ en temps de paix;

2ᵉ corps d'armée, général Frossard, aide de camp de l'empereur, qui n'avait pas de commandement en temps de paix;

3ᵉ corps d'armée, maréchal Bazaine, qui était à la tête de la garde impériale en temps de paix;

4ᵉ corps d'armée, général de Ladmirault, qui commandait le 2ᵉ corps d'armée en temps de paix;

5ᵉ corps d'armée, général de Failly, aide de camp de l'empereur, qui commandait le 3ᵉ corps d'armée en temps de paix;

6ᵉ corps d'armée, maréchal Canrobert, qui commandait le 1ᵉʳ corps d'armée en temps de paix;

7ᵉ corps d'armée, général Douay, aide de camp de l'empereur, qui commandait une division d'infanterie en temps de paix;

Garde impériale, général Bourbaki, aide de camp de l'empereur, qui n'exerçait momentanément pas de commandement en temps de paix.

Par ce chassé-croisé, qui venait encore compliquer le va-et-vient des hommes en congé rejoignant leurs régiments, on annihilait donc tout le bénéfice de l'organisation du commandement et du numérotage des corps d'armée.

Quelques-uns des chefs ci-dessus désignés jouissaient d'une réputation militaire hors ligne et que les revers n'ont pu atteindre. Je citerai notamment les illustres maréchaux Canrobert et de Mac-Mahon, et les vaillants généraux de Ladmirault et Bourbaki.

Mais, dans les cercles militaires, on se montrait moins confiant à l'égard de quelques autres commandants de corps d'armée. On remarquait que le nombre des aides de camp de l'empereur y était quelque peu exagéré. On observait que, dans la répartition des troupes sur la base d'opérations, ces aides de camp avaient été en quelque sorte placés tout à fait en première ligne, comme si l'on se proposait de leur favoriser quelque brillante affaire qui leur valût rapidement la dignité de maréchal. On se redisait le mot malheureux de l'un d'eux, à propos de Montana, mot que j'ai déjà rappelé. On constatait que, pour arriver à constituer ainsi le commandement des corps d'armée, il avait fallu laisser de côté les maréchaux Baraguey d'Hilliers et Forey, qui avaient fait preuve de talents réels, le premier en Italie, le second en Italie et au Mexique, puis le général Cousin-Montauban, qui s'était montré si remarquable en Chine, ensuite le vieux général Renault, dit « de l'arrière-garde », qui trouva une mort glorieuse en sous-ordre à Paris. On voyait avec regret enfin que, pour donner un chef au 7e corps d'armée, on avait dédaigné des généraux plus anciens que Douay et qui ne lui étaient nullement inférieurs, tels que Desvaux, commandant la cavalerie de la garde impériale, Trochu, momentanément en disgrâce, Soumain, commandant la place de Paris, de Wimpffen, commandant la province d'Oran, Decaen et Deligny, commandant tous deux une division d'infanterie.

Tout cela ne pouvait produire que fort mauvais effet.

J'en trouve encore la trace dans une lettre que le général de Castagny adressa au ministre de la guerre, le 25 novembre 1871, pour protester contre la brochure du général Frossard, brochure où le commandant du 2e corps d'armée accusait les commandants des divisions du 3e corps d'armée de ne l'avoir pas secouru dans la journée du 6 août :

« J'ai souvent entendu parler des causes qui ont amené le désastre de Forbach, écrit le général de Castagny, et je conclus en disant que, quels que soient la bravoure, le savoir et l'intelligence d'un homme, il est peu prudent de lui faire faire devant l'ennemi l'apprentissage du maniement des masses. »

Mais ce n'était pas seulement parmi les chefs que régnait le doute sur les aptitudes de certains de leurs supérieurs, il remontait plus haut et atteignait directement l'empereur.

La preuve nous en est donnée par la déposition de M. le comte de Kératry devant la commission d'enquête parlementaire sur les actes du gouvernement de la Défense nationale.

M. le comte de Kératry vient de raconter la visite qu'il a faite le 4 septembre au général Trochu :

« Cette visite, ajoute-t-il, me remet en mémoire une autre visite faite au ministère de la guerre, plusieurs jours auparavant, par M. Jules Favre, M. Picard et moi, délégués par la gauche ; nous étions allés dire au ministre que le maréchal Bazaine nous avait fait savoir qu'il entendait ne plus obéir à l'empereur. »

Sur la demande du président le priant de faire connaître la date de cette grave démarche, M. le comte de Kératry continue ainsi qu'il suit :

« 18 à 20 jours à peu près avant la révolution.

« Le maréchal m'avait fait déclarer par Mme la maréchale Bazaine, qui m'avait rendu visite le matin, que la présence de l'empereur compromettait les opérations militaires, qu'il n'en acceptait pas la responsabilité et qu'il désirait se retirer. Nous nous rendîmes auprès du ministre. Nous lui fîmes cette déclaration; il nous répondit que, conformément au désir de la Chambre, le maréchal allait être investi du commandement suprême. Restait une seconde question non moins grave à traiter. Je mis le général de Palikao en demeure de se prononcer sur une éventualité de conflit entre l'empereur et le maréchal.

« Je posai cette question au ministre de la guerre : « Dans le cas où un « conflit s'élèverait entre le maréchal Bazaine et l'empereur, pour qui pren- « driez-vous parti ? » Le général Palikao répondit : « Pour le maréchal « Bazaine. » Par conséquent, dès cette époque, le maréchal Bazaine, dont je n'entends nullement agiter la conduite postérieure, dès cette époque, le maréchal avait rompu avec le régime impérial. »

Un membre de la commission ayant prié M. le comte de Kératry de déclarer s'il supposait que cela impliquât à la fois la question de gouvernement et la question militaire, celui-ci répond en ces termes :

« Je suis certain que cela n'impliquait que la question militaire.

« Je tenais à faire cette déclaration, parce qu'elle éclaire un point d'histoire resté inconnu jusqu'ici pour l'opinion publique.

« Cette visite au ministre de la guerre, en son hôtel, a été faite par MM. Jules Favre, Picard et moi, vingt jours à peu près avant le 4 septembre. »

Il m'a paru nécessaire de reproduire en entier cette partie de la déposition de M. le comte de Kératry, parce qu'elle donne une idée très exacte de l'état d'esprit où se trouvaient quelques-uns de nos principaux chefs militaires lorsque les hostilités commencèrent.

C'est du 15 au 17 août qu'eut lieu l'entretien ci-dessus relaté entre le ministre de la guerre qui, depuis le 10 août, était le général Cousin-Montauban, et les délégués de la gauche du Corps législatif, mais la communication que le maréchal Bazaine avait prié la maréchale de faire à M. le comte de Kératry devait remonter au moins à quelques jours en arrière, c'est-à-dire au 12 du mois environ. A cette date, en effet, le maréchal n'avait le commandement en chef que d'une partie de l'armée, et, comme nous le verrons plus loin, il ne l'exerçait pas dans sa pleine indépendance.

Je dois ajouter que la partie de la déposition de M. le comte de Kératry relative à cet incident a été l'objet d'un doute de la part du maréchal Bazaine et d'une dénégation de la maréchale. Mais, M. le comte de Kératry a maintenu son assertion, et il ne faut pas oublier qu'il avait été l'officier d'ordonnance du maréchal pendant que celui-ci commandait au Mexique.

Je ne crois pas, d'ailleurs, que le maréchal Bazaine ait eu l'intention de critiquer seulement l'incapacité militaire de l'empereur. Il devait viser en même temps le maréchal Le Bœuf, et ce qui me le fait supposer, c'est qu'il avait quitté Metz le 25 juillet au matin, juste au moment où le major général y arrivait. Il montrait par là sa volonté de ne pas donner d'explication ou de ne pas recevoir d'ordre d'un collègue dont il était vraisemblablement jaloux.

J'ai dit plus haut que les sept corps d'armée permanents se répartissaient en vingt-cinq divisions militaires territoriales et en quatre-vingt-onze subdivisions.

Voici le tableau de cette répartition :

1er corps d'armée, quartier général à Paris : — 1re division, Paris; subdivisions de Paris, Versailles, Beauvais, Melun, Troyes, Auxerre, Orléans et Chartres; départements de la Seine, de Seine-et-Oise, de l'Oise, de Seine-et-Marne, de l'Aube, de l'Yonne, du Loiret, et d'Eure-et-Loir. — 2e division, Rouen; subdivisions de Rouen, Évreux, Caen et Alençon; départements de la Seine-Inférieure, de l'Eure, du Calvados et de l'Orne.

2e corps d'armée, quartier général à Lille : — 3e division, Lille; subdivisions de Lille, Arras, et Amiens; départements du Nord, du Pas-de-Calais et de la Somme. — 4e division, Châlons-sur-Marne; subdivisions de Châlons-sur-Marne, Laon et Mézières; départements de la Marne, de l'Aisne et des Ardennes.

3e corps d'armée, quartier général à Nancy : — 5e division, Metz; subdivisions de Metz, Nancy, Bar-le-Duc et Épinal; départements de la Moselle, de la Meurthe, de la Meuse et des Vosges. — 6e division, Strasbourg; subdivisions de Strasbourg et Colmar; départements du Bas-Rhin et du Haut-Rhin. — 7e division, de Besançon; subdivision Besançon, pour les départements du Doubs et du Jura; subdivision de Vesoul, pour les départements de la Haute-Marne et de la Haute-Saône.

4e corps d'armée, quartier général à Lyon : — 8e division, Lyon; subdivisions de Lyon, de Saint-Étienne et de Dijon, pour les départements du Rhône, de la Loire et de la Côte-d'Or; subdivision de Mâcon, pour les départements de Saône-et-Loire et de l'Ain; subdivision de Valence, pour les départements de la Drôme et de l'Ardèche. — 9e division, Marseille; subdivisions de Marseille, Avignon et Nice, pour les départements des Bouches-du-Rhône, de Vaucluse et des Alpes-Maritimes; subdivision de Toulon pour les départements du Var et des Basses-Alpes. — 10e division, Montpellier; subdivisions de Montpellier et de Nîmes, pour les départements de l'Hérault et du Gard ; subdivision de Rodez, pour les départements de l'Aveyron et de la Lozère. — 17ᵉ division, Bastia ; subdivisions de Bastia et d'Ajaccio, pour le département de la Corse. — 20ᵉ division, Clermont-Ferrand ; subdivision de Clermont-Ferrand, pour le département du Puy-de-Dôme ; subdivision de Le Puy pour les départements de la Haute-Loire et du Cantal. — 22ᵉ division, Grenoble ; subdivision de Grenoble, pour les départements de l'Isère et des Hautes-Alpes ; subdivision de Chambéry, pour les départements de la Savoie et de la Haute-Savoie.

5ᵉ corps d'armée, quartier général à Tours : — 15ᵉ division, Nantes ; subdivisions d'Angers et de Niort, pour les départements de Maine-et-Loire et des Deux-Sèvres ; subdivision de Nantes, pour les départements de la Loire-Inférieure et de la Vendée. — 16ᵉ division, Rennes ; subdivisions de Rennes, Vannes, Quimper, Saint-Brieuc, Saint-Lô et Laval ; départements d'Ille-et-Vilaine, du Morbihan, du Finistère, des Côtes-du-Nord, de la Manche et de la Mayenne. — 18ᵉ division, Tours ; subdivisions de Tours, le Mans, Blois et Poitiers ; départements d'Indre-et-Loire, de la Sarthe, de Loir-et-Cher, et de la Vienne. — 19ᵉ division, Bourges ; subdivisions de Bourges, Nevers, Moulins et Châteauroux ; départements du Cher, de la Nièvre, de l'Allier et de l'Indre. — 21ᵉ division, Limoges ; subdivisions d'Angoulême et de Guéret pour les départements de la Charente et de la Creuse ; subdivision de Limoges, pour les départements de la Corrèze et de la Haute-Vienne.

6ᵉ corps d'armée, quartier général à Toulouse : — 11ᵉ division, Perpignan ; subdivision de Perpignan, pour le département des Pyrénées-Orientales ; subdivision de Carcassonne, pour les départements de l'Ariège et de l'Aude. — 12ᵉ division, Toulouse ; subdivisions de Toulouse et d'Albi, pour les départements de la Haute-Garonne et du Tarn ; subdivision de Montauban, pour les départements du Lot et du Tarn-et-Garonne. — 13ᵉ division, Bayonne ; subdivisions d'Auch et de Tarbes, pour les départements du Gers et des Hautes-Pyrénées ; subdivision de Bayonne, pour les départements des Basses-Pyrénées et des Landes. — 14ᵉ division, Bordeaux ; subdivisions de Bordeaux, La Rochelle, Périgueux et Agen ; départements de la Gironde, de la Charente-Inférieure, de la Dordogne et du Lot-et-Garonne.

7ᵉ corps d'armée, quartier général à Alger : — Division d'Alger ; subdivisions d'Alger, Dellys, Aumale, Médéah, Milianah et Orléansville. — Division d'Oran ; subdivisions d'Oran, Mostaganem, Sidi-bel-Abbès, Mascara et Tlemcen. — Division de Constantine, subdivisions de Constantine, Bône, Batna et Sétif.

Cette organisation territoriale n'avait aucun rapport avec l'organisation militaire, en ce sens qu'elle répondait aux exigences du temps de paix, mais nullement à celles de la mobilisation de l'armée.

Les seules troupes qui fussent constituées de manière à entrer immédiatement en campagne étaient les suivantes :

La garde impériale, comprenant 2 divisions d'infanterie et 1 division de cavalerie ;

L'armée de Paris, forte de 3 divisions d'infanterie et 1 division de cavalerie ;

L'armée de Lyon, également formée de 3 divisions d'infanterie et 1 division de cavalerie ;

La division de cavalerie de Lunéville ;

La brigade d'infanterie du camp de Châlons.

A la belle saison, on réunissait un corps d'armée au camp de Châlons et une division au camp de Lannemezan, ce dernier dans le Midi, pour y faire de grandes manœuvres.

Ces deux dernières agglomérations et la garde impériale étaient les seules troupes qui possédassent, en propre, de l'artillerie, du génie, du train et des détachements d'ouvriers d'administration; les seules, par conséquent, qui fussent à même de se mettre en route avec une partie de ce qui leur était nécessaire pour marcher, bivaquer et combattre.

En dehors des mois de juin, juillet et août, pendant lesquels les deux camps ci-dessus désignés étaient occupés, la garde impériale se trouvait seule dans cet état de préparation à peu près complet.

Nous n'ignorions pas en France que ce manque de préparatifs nous serait d'autant plus nuisible que nous savions l'armée prussienne tout autrement organisée.

Il nous arrivait souvent d'en causer entre officiers et de regretter vivement que le ministère de la guerre ne fît pas disparaître cette cause extrêmement grave d'infériorité. Les différentes armes vivaient côte à côte dans les mêmes garnisons, sans se connaître, sans s'exercer en commun, sans rechercher comment elles pourraient se soutenir en présence de l'ennemi. Sans doute, sur le champ de bataille, on apporte de part et d'autre la plus grande somme de bon vouloir, car on sait que le salut commun y est directement intéressé ; mais, ces efforts ne sont pas suffisants ; il faut encore que, dès le temps de paix, on ait pratiqué les formations tactiques des trois armes combinées, infanterie, cavalerie et artillerie.

Après avoir pendant plusieurs années guerroyé en Algérie, en Italie et en Cochinchine, j'avais été choisi pour remplir, comme capitaine, les fonctions de chef de compagnie et d'instructeur, à l'École spéciale militaire de Saint-Cyr.

J'étais entré comme élève à cette école le 15 janvier 1855, trois mois juste avant d'avoir accompli ma dix-huitième année.

J'en étais sorti le 1er octobre 1856 avec environ 600 autres élèves : je me trouvais l'un des plus jeunes parmi eux ; j'ai eu la fortune militaire la plus brillante de tous ; je m'honore d'être resté leur ami pendant toute ma carrière et de posséder encore l'affection et l'estime de ceux qui ont survécu aux longues campagnes que les uns et les autres nous avons faites. Hélas! ces survivants ne sont plus guère nombreux, moins de 200, et chaque jour cette belle et noble phalange, qui portait à son entrée dans la vie le glorieux nom de promotion de Crimée-Sébastopol, voit ses rangs s'éclaircir.

Promu sous-lieutenant, alors que je n'avais pas encore dix-neuf ans et demi, je demandai à servir en Algérie. La guerre contre la Russie venait de prendre fin par notre victoire définitive. On ne pouvait plus espérer quelque expédition que dans le nord de l'Afrique. J'eus le bonheur d'obtenir, par mon numéro de classement, une place dans le 1er régiment de tirailleurs algériens.

Il y a déjà plus de trente ans que j'ai paru pour la première fois devant une troupe avec l'autorité du commandement.

Je me rappelle ce début comme s'il était d'hier.

Je revois encore ces bonnes figures noires de turcos, braves gens que la France a su prendre à son service, dont elle s'est fait des auxiliaires redoutables pour ses ennemis, si redoutables qu'il y a une école en Allemagne qui tendrait à interdire leur participation à une guerre européenne sous prétexte que ces soldats sont des barbares!

Mais passons.

Grièvement blessé le 3 juin 1859, à Turbigo, dans la campagne d'Italie, j'avais eu la chance de ne pas succomber et de recevoir, le 27 juin, à l'âge de vingt-deux ans, la croix de chevalier de la Légion d'honneur.

Promu lieutenant le 28 mars 1860, j'avais encore été assez heureux pour participer à l'expédition de Cochinchine, pour échapper aux suites d'une autre grave blessure reçue, le 10 février 1862, au combat de Traï-Dang, pour obtenir le grade de capitaine le 21 juillet suivant, et j'étais revenu en Algérie dans les premiers jours de janvier 1864.

Il me paraissait nécessaire, ayant eu le bonheur d'obtenir les deux épaulettes à moins de 24 ans, bonheur qui était alors une si rare exception que l'on en trouvait à peine deux ou trois exemples dans toute l'armée, il me paraissait nécessaire, dis-je, de venir compléter, par une sérieuse

— Officiers, en avant !... (Page 95.)

étude théorique, les connaissances pratiques que j'avais acquises pendant une période ininterrompue de dix années de marches, de privations, d'expéditions et de combats.

J'avais guerroyé en Europe, en Afrique et en Asie et navigué sur plusieurs mers à bord de bâtiments de commerce ou de navires de l'État, comme un grand nombre de mes camarades.

A ce vaste champ d'expérience je voulais joindre l'étude.

Une puissance militaire, dont l'attitude avait été fort effacée depuis un demi-siècle, venait tout à coup de se révéler par la victoire de Sadowa.

La guerre, telle qu'elle l'avait faite contre l'Autriche en 1866, n'était plus la guerre telle qu'on l'avait pratiquée jusqu'alors.

J'éprouvai le besoin de connaître de plus près l'organisation militaire de la Prusse.

C'est ainsi que je demandai et que j'obtins le grand honneur d'être nommé instructeur à l'École spéciale militaire de Saint-Cyr.

On ne manquera pas de dire que l'on pouvait tout aussi bien étudier l'armée prussienne en Algérie que dans la banlieue de Paris.

C'est une erreur.

Il y avait à cette époque une école, dite école algérienne, qui avait ses procédés, ses méthodes, son système.

Je suis loin d'en médire, puisque j'ai fait mes premières armes sous les ordres des chefs de cette école, et je saisis même cette occasion pour envoyer, à tous ces vieux héros illustres ou inconnus, le salut respectueux de celui qui s'honore d'avoir combattu près d'eux.

Mais, encore une fois, je ne veux et ne peux dire, sur cette période de l'histoire militaire de mon pays, que ce que je considère comme l'expression de la vérité.

Nous avons lutté en Algérie pendant de longues années à peu près comme des enfants perdus. Notre adversaire était redoutable par sa bravoure. Nos soldats ne lui cédaient en rien. Nous l'avons vaincu, malgré les conditions plus que défavorables de cette lutte, parce que, si trop souvent nous manquions de ce qui est nécessaire aux troupes pour faire campagne, ceux que nous combattions étaient encore moins bien partagés que nous.

On nous disait : « Débrouillez-vous, » et nous nous débrouillions.

Ce n'est pas sans anxiété, toutefois, que beaucoup se demandaient comment ils parviendraient à en faire autant en présence d'un adversaire qui se serait préparé depuis de longues années à faire la guerre et qui ne nous laisserait pas le temps d'y pourvoir.

Je partageais ce sentiment, et, bien persuadé que, dans le milieu où je me trouvais, je ne pourrais sérieusement me mettre à l'étude, je pris le parti de me rapprocher de Paris.

Comme je le faisais remarquer plus haut, il était extrêmement difficile, pour ne pas dire tout à fait impossible, d'apprécier, à grande distance de la capitale, les événements qui s'étaient passés depuis 1860 au centre de l'Europe et d'en apprécier les conséquences.

Les officiers, même les plus studieux, qui tenaient garnison en province ou en Algérie, ne possédaient aucune indication, aucune information, sur ce grand mouvement de la Prusse et sur ses suites.

Je me souviens fort bien que, pendant le siège de Paris, certain jour où je m'entretenais avec plusieurs de mes camarades, du dispositif des troupes allemandes formant la ligne d'investissement, il m'arriva de comparer cette opération à l'exposé qui en avait été publié un an auparavant dans un livre dont j'ai donné le titre précédemment, livre qui, je le rappelle, avait été écrit par un officier du grand état-major de Berlin et traduit par un de nos camarades.

Quelle ne fut pas ma surprise de constater que nul des officiers du groupe au milieu duquel je me trouvais ne connaissait l'ouvrage auquel j'avais fait allusion !

L'un d'eux, capitaine d'état-major de quelque ancienneté déjà, homme intelligent, studieux et fort consciencieux, répondit à mon exclamation d'étonnement par cette remarque bien caractéristique que je n'ai jamais oubliée:

« Comment voulez-vous, m'objecta-t-il, que nous ayons entendu parler de ce livre ? Voici plusieurs années que, moi, par exemple, je me trouvais dans un bureau au fond de la province, quand la guerre a été déclarée. J'y faisais mon service sans autre préoccupation que l'accomplissement de ma tâche quotidienne, et jamais aucun de mes chefs n'a appelé mon attention sur les travaux qui se publiaient à Paris ou à Berlin. »

Ce n'est donc pas seulement en Algérie, mais en province aussi, qu'il était impossible de se tenir au courant des progrès militaires accomplis par les Prussiens. Il fallait venir à Paris ou dans la banlieue de la capitale pour suivre le mouvement.

C'est ce que je fis.

Je me mis à l'étude avec acharnement.

Certes, je ne doutais pas de l'issue d'une guerre.

Jamais il ne me serait venu à l'esprit que les troupes qui avaient remporté tant de succès depuis quarante ans pourraient succomber dans des désastres épouvantables comme ceux dont nous allions être bientôt les victimes.

Il me serait bien facile de dire aujourd'hui que je les prévoyais alors.

J'aime mieux confesser que je n'en avais même pas le soupçon et que j'aurais sans doute considéré comme une offense personnelle toute prédiction de ce genre.

Mais, sans me rendre compte du sentiment qui me dominait, qui m'envahissait, je travaillais avec ardeur, et donnant ainsi l'exemple, je me montrais d'une exigence rigoureuse envers les jeunes gens dont l'instruction militaire m'avait été confiée. Ils ont dû garder le souvenir de ma sévérité, bien qu'ils n'aient jamais eu, je le crois du moins, à s'en plaindre, car les bons chefs sont aussi sévères dans le service que paternels hors du service, et je n'ai jamais manqué, dans toute ma carrière militaire, de conformer ma conduite à ce principe qui comporte à lui seul toute la science du commandement.

Que mes anciens élèves de Saint-Cyr, que ceux dont j'ai cherché à faire des officiers instruits, dévoués et énergiques, veuillent bien prendre ici l'explication de la rigueur inflexible avec laquelle je présidais à leur éducation militaire.

Je n'éprouve aucune hésitation à déclarer, du reste, qu'outre mon désir très vif de compléter mon bagage de connaissances générales et spéciales par des études plus étendues, j'étais encore fort heureux et extrêmement fier de posséder le commandement d'une compagnie de l'École de Saint-Cyr.

Je ne connais pas de plus noble tâche, en effet, que la responsabilité de former des officiers.

Tout en affirmant, avec l'énergie d'une conviction faite depuis longtemps, qu'il y aurait d'urgentes réformes à introduire dans l'organisation des établissements scolaires spéciaux à l'armée, je ne puis donner ici tout le développement de mes idées d'amélioration. Je n'y insiste pas, car ceux qui ont combattu mes actes et mes intentions avec tant de mauvaise foi n'hésiteraient pas à les travestir de nouveau et à prétendre que j'aspire à détruire les grandes écoles du gouvernement, comme ils l'ont déjà fait lorsque j'ai déposé mon projet de loi militaire organique.

Un mot cependant encore.

En Allemagne, sauf de rares exceptions, qui ne dépassent pas la proportion de un sur vingt, il n'est pas un officier qui n'ait passé par la caserne.

L'Allemagne est pourtant un pays aristocratique, même féodal, où le privilège de la naissance est l'objet d'un véritable culte.

En France, bien que l'on oblige tous les jeunes gens à être soldats pendant quelques mois au moins, on en dispense ceux qui se présentent aux écoles militaires, et qui annoncent par là leur intention de passer leur existence dans l'armée.

La France est cependant un pays démocratique.

Nos voisins n'ont pas hésité à exiger, de tout homme qui aspire à commander les autres, un stage préalable parmi les troupiers : ils ont reconnu que le bien du service profiterait de cette vie commune.

Nous, nous avons entendu maintenir une prérogative qui est absolument contraire à nos institutions politiques et aux intérêts de l'armée.

J'avais pensé, étant ministre de la guerre, qu'il fallait renoncer à ce régime d'exception aussi injustifié que dommageable.

Je ne me doutais pas, en prenant cette initiative, que je soulèverais contre moi tant de fureur.

Ah ! on ne me l'a pas pardonnée dans certains cercles politiques, dans certaines castes sociales.

Je m'en suis bien aperçu plus tard.

C'est sur ce terrain que l'on a fait contre moi une campagne des plus actives parmi les étudiants des facultés et jusque sur les bancs des lycées.

Je ne peux en savoir mauvais gré à tous ces jeunes égarés.

Mais ce qui me surprend, c'est que des ouvriers aient pu se rencontrer avec eux sur ce même terrain.

Que certains membres des classes dirigeantes, presque encore imberbes, ne pouvant se rendre compte de la grande évolution qui s'opère dans ce pays, aient revendiqué les prérogatives du passé, je ne saurais les en blâmer, mais je ne perds pas l'espoir qu'un jour, mieux éclairés sur leurs obligations, ils comprennent ce qu'il y avait d'égoïsme dans leurs protestations.

Quant aux ouvriers qui les ont appuyés de leur concours, ils ont soutenu, sans le savoir, sans le soupçonner même, une cause qui était la négation formelle du principe de l'égalité devant la loi et devant le devoir.

Ah ! je le reconnais, ce n'est pas sans peine que l'on parvient à faire pénétrer le moindre rayon de lumière jusqu'aux masses profondes du suffrage universel. Il y faut du temps, de la ténacité et surtout du dévouement. L'œuvre est cependant trop belle, trop élevée, pour que j'y renonce, maintenant que je m'y suis donné en entier.

Je suis de ceux qui veulent une France grande, forte, vénérée, marchant à la tête de l'humanité.

Simple ouvrier de cette grande tâche, je suis aussi de ceux qui ne reculent pas sur le chemin du devoir.

Dans cette marche du progrès vers l'avenir, bien des obstacles se dressent déjà et bien des difficultés surgiront plus tard sur notre route, mais je suis encore de ceux qui aiment mieux recourir à la persuasion qu'à la violence, à la concorde qu'à la division.

Cela dit, je reviens à la position que j'occupais quand la guerre fut déclarée.

Au moment où la guerre éclata entre la France et l'Allemagne, l'École de Saint-Cyr venait de commencer les travaux de l'inspection générale annuelle qui avait été confiée, pour l'année 1870, au général de Cissey, alors commandant la 16ᵉ division territoriale à Rennes.

Les examens de fin d'année allaient s'ouvrir presque aussitôt après les premières opérations.

Les élèves qui avaient suivi les cours pendant deux ans devaient ensuite être promus sous-lieutenants à la date du 1ᵉʳ octobre.

Les élèves qui n'avaient encore passé qu'un an à l'École devaient, après les examens, jouir d'un congé de deux mois, puis revenir, pendant une seconde année, achever leurs études, et enfin obtenir à leur tour le grade d'officier à la date du 1ᵉʳ octobre 1871.

Quant à moi, je figurais depuis deux ans sur le tableau d'avancement au choix pour le grade de chef de bataillon, et je savais, tant d'après mon numéro sur ce tableau que d'après le nombre des places vacantes, que je devais être promu officier supérieur dans le courant d'octobre 1870.

Le 14 juillet, l'inspection générale prit fin d'une manière aussi rapide qu'inattendue.

Vers neuf heures du matin, les élèves, anciens et recrues, reçurent l'ordre de descendre dans la cour Wagram et furent aussitôt formés en carré par les soins du commandant du Guiny. Le mouvement effectué, l'inspecteur général fit son entrée dans la cour, escorté du général de Gondrecourt et de la plupart des officiers du cadre. Ayant pénétré aussitôt dans le carré, le général de Cissey prit alors la parole et mit rapidement les élèves au courant de la situation extérieure : il termina en leur annonçant qu'un décret du même jour nommait sous-lieutenants ceux qui achevaient actuellement leur seconde année.

Le carré aussitôt rompu, ce fut, dans les deux promotions, une explosion de joie bruyante difficile à décrire; trépignements, chants patriotiques, rondes échevelées, toutes les manifestations d'une allégresse exubérante, d'autant plus intense qu'elle était soudaine, se donnèrent cours sans contrainte.

A l'heure du déjeuner, ce premier délire n'était point apaisé. Les officiers étaient à peine écoutés, et, quant aux adjudants, ils ne s'enhardissaient point jusqu'à donner des ordres à des jeunes gens devenus en un instant leurs supérieurs.

Ce fut dans ces circonstances que le général de Gondrecourt eut une excellente inspiration.

La seule façon de rendre le calme à cette jeunesse emballée, de détendre ses nerfs surexcités, était de lasser les corps, de s'en prendre à leur activité physique.

Vers midi, donc, le général eut la bonne pensée de prescrire, pour une heure, une marche militaire dans la direction de Trappes, et, à l'heure dite, je faisais former les deux promotions en bataille dans la cour Rivoli, sac au dos, l'arme au pied.

En ma qualité de capitaine de jour, j'avais effectivement à prendre le commandement du bataillon pour la marche.

Le spectacle de cette jeune troupe, qui s'intitule avec un juste orgueil le *Premier bataillon de France*, me produisit dans cette circonstance particulière, une profonde impression : il me sembla que le commandement réglementaire : *Bataillon par le flanc droit*, etc., était insuffisant, s'adressant à cette jeunesse d'élite qui portait désormais l'épaulette d'or. Soudain, je mis l'épée à la main et je commandai : « *Officiers* par le flanc droit, à droite ! *Officiers* en avant ! marche ! »

Officiers ! Cette désignation les avait électrisés ! Aujourd'hui encore, je vois se redressant, superbes, pleins de feu, tous ces jeunes gens dont un si grand nombre allaient, à l'aurore de la vie, périr bientôt sur le champ de bataille.

La marche s'effectua sans encombre, l'effet cherché par le général fut atteint et, quelques heures après, le bataillon rentrait exténué, désireux de se reposer.

Le lendemain, les deux promotions quittèrent l'École, les élèves de seconde année pour rejoindre leur régiment, ceux de première, pour passer quelques jours dans leur famille avant la réouverture des cours fixée au 1er août.

On sait que les jeunes gens de cette dernière promotion ne demeurèrent que quelques jours à Saint-Cyr; à la suite des débuts malheureux de la campagne, ils furent à leur tour promus sous-lieutenants à la date du 14 août.

Je laisse à penser avec quel enthousiasme ces nouvelles avaient été accueillies par les jeunes saint-cyriens.

La guerre à la sortie même de l'École, n'était-ce pas la réalisation de leurs rêves !

Hélas! ils ne se doutaient pas, ceux qui survivraient à cette grande lutte, qu'ils n'y remporteraient pas une victoire, et qu'à leur entrée dans la carrière militaire ils trouveraient la défaite au lieu de la gloire !

Quant à moi, je fus averti que j'étais nommé chef de bataillon au 28e régiment d'infanterie.

Ma nomination fut signée le 15 juillet.

Je partis aussitôt pour Nantes, où mon régiment tenait garnison.

Dans ce voyage, et dès les premiers instants de mon séjour dans ma nouvelle résidence, je me rendis compte, avec un réel effroi, de l'absence complète de préparation qui avait présidé à notre entrée en campagne.

L'armée française avait alors la composition suivante :

INFANTERIE

3 régiments de grenadiers de la garde à 3 bataillons de 7 compagnies : 9 bataillons, 63 compagnies.

4 régiments de voltigeurs de la garde impériale à 3 bataillons de 7 compagnies : 12 bataillons, 84 compagnies.

100 régiments d'infanterie à 3 bataillons de 8 compagnies, mais, en fait, à 4 bataillons de 6 compagnies, les 7° et 8° compagnies de chaque bataillon formant dépôt sous les ordres du major : 400 bataillons, 2,400 compagnies.

1 bataillon de chasseurs à pied de la garde impériale à 10 compagnies.

20 bataillons de chasseurs à pied à 8 compagnies : 160 compagnies.

1 régiment de zouaves de la garde impériale à 2 bataillons de 7 compagnies : 14 compagnies.

3 régiments de zouaves à 3 bataillons de 9 compagnies : 9 bataillons, 81 compagnies.

3 régiments de tirailleurs algériens à 4 bataillons de 7 compagnies : 12 bataillons, 84 compagnies.

1 régiment de la légion étrangère à 4 bataillons de 8 compagnies : 32 compagnies.

3 bataillons d'infanterie légère d'Afrique à 5 compagnies, 5 compagnies de fusiliers de discipline, 2 compagnies de pionniers de discipline, ensemble 22 compagnies de troupes disciplinaires.

1 régiment de sapeurs-pompiers de Paris, à 2 bataillons de 6 compagnies : 12 compagnies.

1 compagnie de fantassins vétérans, à Clairvaux.

Au total : 116 régiments, 474 bataillons, 2,963 compagnies.

10,771 officiers : 119 colonels, 119 lieutenants-colonels, 510 chefs de bataillons ou majors, 3,723 capitaines, 3,000 lieutenants, 3,300 sous-lieutenants.

Effectif moyen du régiment d'infanterie : 1,200 hommes.

Effectif moyen du bataillon de chasseurs : 500 hommes.

Établissements : Direction de l'infanterie au ministère de la guerre : 1er bureau, infanterie; 2e bureau, garde nationale mobile.

L'INVASION ALLEMANDE

Tête de colonne d'infanterie (sous l'Empire.)

Comité de l'infanterie;
École spéciale militaire de Saint-Cyr;
École normale de tir du camp de Châlons;
École normale de gymnastique de Joinville.

CAVALERIE

1 escadron de cent-gardes;
1 régiment de carabiniers de la garde impériale à 6 escadrons;
1 régiment de cuirassiers de la garde impériale à 6 escadrons;
10 régiments de cuirassiers à 5 escadrons : 50 escadrons;
1 régiment de dragons de la garde impériale à 6 escadrons;
12 régiments de dragons à 5 escadrons : 60 escadrons;
1 régiment de lanciers de la garde impériale à 6 escadrons;
8 régiments de lanciers à 5 escadrons : 40 escadrons;
1 régiment de chasseurs à cheval de la garde impériale à 6 escadrons;
12 régiments de chasseurs à cheval à 6 escadrons : 72 escadrons;
8 régiments de hussards à 6 escadrons : 48 escadrons;
1 régiment de guides de la garde impériale à 6 escadrons;
4 régiments de chasseurs d'Afrique à 6 escadrons : 24 escadrons;
3 régiments de spahis à 6 escadrons : 18 escadrons:
9 compagnies de cavaliers de remonte;
3 sections de cavaliers de manège.
Au total : 63 régiments; 349 escadrons;
3,205 officiers : 71 colonels, 68 lieutenants-colonels, 246 chefs d'escadrons et majors, 1,070 capitaines, 700 lieutenants, 1,050 sous-lieutenants.
Effectif moyen : de l'escadron, 120 hommes; du régiment à 5 escadrons, 600 hommes; du régiment à 6 escadrons, 720 hommes.
Établissements. — Direction de la cavalerie au ministère de la guerre :
1er bureau, cavalerie; 2e bureau, remontes;
Comité de la cavalerie;
Commission d'hygiène hippique;
École spéciale militaire de Saint-Cyr;
École d'application de cavalerie de Saumur;
Dépôts de remonte de Caen, Saint-Lô, Alençon, Bec-Hellouin, Paris, Fontenay-le-Comte, Saint-Jean-d'Angély, Angers, Guingamp, Tarbes, Auch, Agen, Mérignac, Guéret, Aurillac, Sampigny, Faverney, Villers, Mâcon, Blidah, Mostaganem, Constantine.

ARTILLERIE

1 régiment d'artillerie montée de la garde impériale à 6 batteries de 6 pièces : 36 pièces montées ;

1 régiment d'artillerie à cheval de la garde impériale à 6 batteries de 6 pièces : 36 pièces à cheval ;

15 régiments d'artillerie à 12 batteries, dont 8 batteries montées de 6 pièces et 4 batteries de forteresse : 180 batteries, dont 120 batteries montées et 60 batteries de forteresse ; 48 pièces montées par régiment et 720 pour l'ensemble des 15 régiments ;

1 régiment de pontonniers, portant le numéro 16, à 14 compagnies ;

4 régiments d'artillerie à cheval à 8 batteries de 6 pièces : 48 pièces à cheval par régiment : 32 batteries et 192 pièces à cheval pour l'ensemble ;

10 compagnies d'ouvriers d'artillerie ;

5 compagnies d'artificiers ;

1 compagnie d'armuriers ;

1 escadron du train des parcs d'artillerie de la garde impériale à 2 compagnies ;

2 régiments du train des parcs d'artillerie à 16 compagnies : 32 compagnies ;

32 batteries de mitrailleuses à 6 pièces, à organiser lors de l'entrée en campagne : 192 pièces.

Au total : 1,176 pièces :

126 batteries montées : 756 pièces ; 38 batteries à cheval : 228 pièces ; 32 batteries de mitrailleuses : 192 pièces ; 60 batteries de forteresse ; 30 compagnies de spécialités ; 34 compagnies du train des parcs d'artillerie.

1,708 officiers, y compris l'état-major particulier : 54 colonels, 60 lieutenants-colonels, 224 chefs d'escadrons et majors, 720 capitaines, 480 lieutenants, 170 sous-lieutenants.

1,077 gardes et agents : 540 gardes d'artillerie, 30 maîtres et chefs artificiers, 47 chefs et sous-chefs ouvriers, 160 contrôleurs d'armes, 300 gardiens de batteries.

Établissements : Direction de l'artillerie au ministère de la guerre : 1er bureau, personnel ; 2e bureau, matériel ;

Comité d'artillerie ;

École polytechnique ;

École d'application de l'artillerie et du génie, à Metz ;

École de pyrotechnie de Metz ;

Écoles régimentaires de Versailles, Vincennes, Metz, Strasbourg, Grenoble, Toulouse, Rennes, Besançon, Douai, la Fère, Valence et Bourges ;
École d'application de cavalerie de Saumur ;
Dépôt central de l'artillerie, à Saint-Thomas d'Aquin ;
Commandements de l'artillerie, dans les mêmes villes que les écoles régimentaires, plus à Alger ;
Directions de l'artillerie, à Alger, Besançon, Bourges, Brest, Cherbourg, Constantine, Douai, Grenoble, la Fère, la Rochelle, Lyon, Metz, Nantes, Oran, Paris, Perpignan, Rennes, Strasbourg, Toulon et Toulouse ;
Arsenaux de construction à Douai, Metz, Strasbourg, Besançon, Lyon, Toulouse, Rennes et la Fère ;
Manufactures d'armes de Châtellerault, Saint-Étienne, Mutzig et Tulle ;
Inspection des forges du Nord à Mézières, de l'Est à Metz, de l'Ouest à Rennes, du Centre à Nevers, du Midi à Toulouse, du Sud-Est à Besançon ;
Fonderie de canons de Bourges ;
Poudreries de Metz, le Ripault, Saint-Chamas et le Bouchet ;
Capsulerie de Montreuil.

GÉNIE

3 régiments de 17 compagnies, dont 2 de mineurs, 14 de sapeurs et 1 de conducteurs ;
1 compagnie d'ouvriers.
Au total : 52 compagnies : 42 de sapeurs, 6 de mineurs, 3 de conducteurs, 1 d'ouvriers.
761 officiers, y compris l'état-major particulier : 32 colonels, 32 lieutenants-colonels, 117 chefs de bataillons ou majors, 400 capitaines, 120 lieutenants, 60 sous-lieutenants ;
350 officiers de l'état-major des places (pour mémoire) ;
500 gardes et agents du service du génie.
Établissements : Direction du génie au ministère de la guerre : 1er bureau, personnel ; 2e bureau, matériel ;
Comité des fortifications ;
École polytechnique ;
École d'application de l'artillerie et du génie ;
Écoles régimentaires de Metz, Arras et Montpellier ;
Dépôt central des fortifications de la rue Saint-Dominique ;
Galerie des plans et reliefs de l'hôtel des Invalides ;
Brigades topographiques de Strasbourg, Langres, Toulon et Alger ;

Arsenal du génie de Metz ;

Directions du génie de Paris, le Havre, Arras, Saint-Omer, Lille, Mézières, Langres, Metz, Strasbourg, Besançon, Lyon, Grenoble, Toulon, Marseille, Montpellier, Perpignan, Toulouse, Bayonne, la Rochelle, Nantes, Brest, Cherbourg, Ajaccio, Alger, Oran et Constantine ;

Commandants de place à Paris, à Saint-Denis, dans les forts de l'Est, de la Briche, de Vincennes, du Mont-Valérien, de Charenton, Romainville Nogent, Noisy-le-Sec, Aubervilliers, Ivry, Vanves, Montrouge, Bicêtre et Issy ;

Au Havre, au château de Dieppe ;

A Lille, Gravelines, Dunkerque, Bergues, Douai, au fort de la Scarpe, à Valenciennes, Bouchain, Condé, Maubeuge, Cambrai, Landrecies, Calais, Saint-Omer, Aire, Arras, à la citadelle d'Amiens, à Péronne ;

A Vitry-le-François ;

A la Fère, Soissons, Givet, Rocroy, Mézières, Sedan ;

A Metz, Thionville, Longwy, Bitche, Montmédy, Verdun, Marsal, Toul, Phalsbourg ;

A Strasbourg, à la citadelle de Strasbourg, à Schlestadt, Neuf-Brisach, Belfort ;

A Besançon, à la citadelle de Besançon, au fort de Joux, des Rousses, à Salins, à Langres ;

A Lyon, aux forts de la rive gauche du Rhône, de Montessuy, de Caluire, de la rive droite de la Saône, de l'Écluse, de Pierre-Châtel, à Auxonne ;

Et dans d'autres forteresses qui, par leur situation géographique, se sont trouvées trop éloignées du rayon des opérations des armées allemandes en 1870 pour qu'il y ait quelque utilité à les énumérer ici.

SERVICES ADMINISTRATIFS

1 escadron du train des équipages de la garde impériale à 3 compagnies ;

3 régiments du train des équipages à 16 compagnies : 48 compagnies ;

4 compagnies d'ouvriers du train des équipages ;

1 section de commis des bureaux de l'intendance ;

9 sections d'infirmiers ;

12 sections d'ouvriers du service des subsistances ;

1 section d'ouvriers du service de l'habillement et du campement.

Au total : 51 compagnies de conducteurs du train des équipages ;

4 compagnies d'ouvriers du train des équipages; 9 sections d'infirmiers; 13 sections d'ouvriers d'administration.

3,527 officiers, fonctionnaires et agents, 287 officiers du train, 264 fonctionnaires de l'intendance, 1,447 médecins, 119 pharmaciens, 370 vétérinaires, 1,300 officiers d'administration.

Établissements : Direction des services administratifs au ministère de la guerre, composée de cinq bureaux spéciaux aux services suivants : intendance, transports, équipages; subsistances et chauffage; personnel de santé, hôpitaux, infirmiers, invalides; habillement, campement, lits militaires; solde, comptabilité;

Comité d'administration;

Conseil de santé des armées;

Commission d'hygiène hippique;

Hôtel des Invalides,

École du service de santé militaire de Strasbourg;

École vétérinaire d'Alfort;

École d'application de cavalerie de Saumur;

École d'application de médecine et de pharmacie militaires du Val-de-Grâce.

Parcs de construction du matériel des équipages à Vernon, Châteauroux, Alger;

Ateliers de réparations de ce matériel à Paris, Lyon, Oran, Constantine;

Hôpitaux militaires, au nombre de 72, dont 44 en France et 28 en Algérie;

Magasins de réserve du service hospitalier, à Paris et à Marseille;

Magasins de vivres et de fourrages, au nombre de 155, dont 120 en France et 35 en Algérie;

Magasins d'habillement et de campement à Paris, Lille, Metz, Strasbourg, Lyon, Marseille, Toulon, Montpellier, Toulouse et Rennes.

GENDARMERIE

1 escadron de gendarmerie d'élite, dit escadron de gendarmes des chasses, faisant partie de la garde impériale;

26 légions de gendarmerie départementale, comprenant ensemble 90 compagnies et 3,500 brigades, dont 1,100 à pied et 2,400 à cheval, chacune des 22 premières légions ayant son centre au chef-lieu de la division militaire territoriale de même numéro, la 23ᵉ à Orléans, la 24ᵉ à Dijon, la 25ᵉ à Nice, la 26ᵉ à Brest;

1 légion de gendarmerie d'Afrique, forte de 4 compagnies et de 120 brigades, composée de gendarmes français et d'auxiliaires indigènes;

6 compagnies de gendarmerie coloniale;

1 régiment de la garde de Paris fort de 2 bataillons à 8 compagnies de gardes à pied et de 4 escadrons de gardes à cheval;

1 compagnie de gendarmes vétérans, à Gaillon;

767 officiers : 20 colonels, 10 lieutenants-colonels, 102 chefs d'escadrons, 302 capitaines; 298 lieutenants; 35 sous-lieutenants.

Telle était, dans son ensemble, l'organisation de l'armée française au moment de la déclaration de guerre.

Passons à la composition de l'état-major général et du corps d'état-major.

J'ai déjà dit que nous avions à cette époque 8 maréchaux de France.

La loi en comportait 6 en temps de paix et 12 en temps de guerre.

Leur nombre était donc toujours majoré en temps de paix; cependant, même malgré ce dépassement, la loi autorisait une nomination sur trois vacances.

Les officiers généraux étaient au nombre de 240, dont 80 généraux de division et 160 généraux de brigade.

Pour les nominations à faire, on suivait, autant que possible, les proportions suivantes :

1° Dans le cadre des généraux de brigade : 8, du corps d'état-major; 92, de l'infanterie; 32, de la cavalerie; 16, de l'artillerie; 8, du génie; 4, de la gendarmerie.

2° Dans le cadre des généraux de division : 4, du corps d'état-major; 46, de l'infanterie; 16, de la cavalerie; 8, de l'artillerie; 4, du génie; 2, de la gendarmerie.

Il n'était point de coutume que les officiers généraux exerçassent un commandement actif dans une autre arme que leur arme d'origine.

Quand ils n'avaient pas du tout de commandement, ils recherchaient une place de membre d'un comité, et ils s'y cantonnaient pour de nombreuses années. Ces fonctions sédentaires constituaient de véritables sinécures. Je suis le premier à reconnaître que, parmi ces vieux et vaillants serviteurs du pays, la plupart avaient si longtemps fait campagne un peu partout qu'ils se trouvaient souvent dans l'impossibilité de servir activement plusieurs années déjà avant d'avoir atteint l'âge de la retraite. Se rappelant leurs glorieuses victoires contre les ennemis qu'ils avaient eu à combattre, ils se refusaient à admettre que la fortune des armes pût

Artillerie de la garde impériale, 1870.

jamais nous être contraire. Pour eux, la bravoure du Français était la plus sûre garantie du succès. Ils vivaient avec le souvenir du passé, sans même supposer que l'avenir fût gros de menaces et de dangers pour la Patrie, à laquelle aucun d'eux n'eût hésité à faire le sacrifice de sa vie, s'il fallait encore combattre. J'ai toujours pensé qu'il y avait, dans ces sortes de retraites anticipées, un vice de notre organisation militaire et qu'il aurait été bien préférable d'augmenter les pensions, afin de faire place aux jeunes et de ne laisser à la tête de nos troupes que des hommes en pleine possession de leurs facultés, sauf exception pour les généraux dont la vigueur se maintenait entière malgré leur âge avancé.

On peut dire que le quart environ de nos généraux n'avait pas de commandement avant la guerre de 1870, qu'en outre, parmi ceux qui se trouvaient à la tête des troupes, il ne s'en rencontrait pas un sur dix qui connût une autre arme ou un autre service que l'arme ou le service dans lequel il avait vécu avant d'obtenir ses étoiles, et qui fût habitué à manier un détachement quelque peu considérable d'infanterie, de cavalerie et d'artillerie.

Malheureusement, les auxiliaires immédiats du généralat n'avaient point une éducation militaire qui leur permît de remédier à ce grave inconvénient de particularisme.

Au nombre de ces aides, je place le corps d'état-major, l'intendance militaire, l'état-major particulier de l'artillerie et l'état-major particulier du génie.

J'ai dit que le corps de l'intendance comptait 264 fonctionnaires provenant tous des capitaines de l'armée.

J'ai fait entrer les deux états-majors particuliers de l'artillerie et du génie dans le total des officiers de ces deux armes : le premier comptait 300 officiers, dont 32 colonels, 38 lieutenants-colonels, 84 chefs d'escadrons et 136 capitaines ; le second, 446 officiers, dont 29 colonels, 29 lieutenants-colonels, 108 chefs de bataillons et 280 capitaines.

Il ne me reste plus en conséquence qu'à rappeler que le corps d'état-major se composait de 580 officiers, dont 35 colonels, 35 lieutenants-colonels, 100 chefs d'escadrons, 300 capitaines et 100 lieutenants. Ce corps se recrutait exclusivement par l'École d'application d'état-major.

Tout le poids des fautes commises pendant la guerre de 1870 a porté sur le corps d'état-major, sur le corps de l'intendance militaire, sur l'état-major particulier de l'artillerie et sur l'état-major particulier du génie, en un mot sur les corps militaires constitués qui possédaient une part directe à la préparation de la guerre et qui n'avaient rien préparé du tout, ni le plan de concentration, ni les approvisionnements, ni le matériel d'artillerie, ni la défense des places-frontières.

Ces divers corps ont été fautifs, cela est incontestable, puisque la nation et l'armée ne pouvaient ni connaître ni contrôler leurs actes et qu'ils n'ont point répondu à la confiance que le pays avait en eux.

C'est à eux qu'appartenait sans partage le soin d'organiser et d'assurer la défense nationale.

La masse des troupes, comme la masse du peuple, s'en remettait de ce soin à leur vigilance et à leur compétence.

Ils se sont montrés inférieurs à leur tâche.

Cela dit, j'ajoute qu'à tous les degrés de la hiérarchie, les officiers du corps d'état-major, comme les officiers de l'état-major particulier de l'artillerie ou du génie et les fonctionnaires de l'intendance, étaient personnellement des hommes presque tous fort distingués.

Malheureusement, ils avaient au-dessus d'eux une institution mauvaise, celle des comités qui s'étaient depuis longtemps enlizés dans la routine, et, trop souvent, leurs efforts individuels étaient paralysés par l'inertie du commandement.

Voilà l'exacte vérité sur la part de responsabilité qui incombe, à chacun de ces organes de la direction supérieure, dans les désastres que nous avons subis.

Je pose en fait qu'avant la guerre de 1870, nos officiers étaient infiniment supérieurs aux officiers allemands, comme ils le sont encore aujourd'hui.

Seulement, chez nos voisins, on avait su, en vue de la guerre contre la France, faire rendre à chacune des forces militaires son maximum d'effet utile, tandis que, chez nous, on ne s'en souciait nullement.

Il y avait à Berlin un centre d'action, le grand état-major prussien, qui faisait converger tous les efforts vers un même objectif, tandis qu'en France, malgré une concentration administrative poussée à l'excès, l'union faisait absolument défaut. Dans notre armée, chaque arme, chaque corps, chaque service, agissait sans se préoccuper de la solidarité qui, seule, cependant, pouvait donner de la solidité et de la stabilité à l'œuvre commune.

Au-dessous d'un commandement indifférent ou insuffisant, à côté d'une intendance qui s'affranchissait de toute autorité, d'un état-major particulier de l'artillerie qui entendait n'admettre aucune ingérence étrangère dans ses travaux spéciaux, d'un état-major particulier du génie qui paraissait dédaigner tout système nouveau de fortification, le corps d'état-major restait absolument impuissant, bien qu'il parût aux yeux de tous posséder une influence prépondérante.

Nous avons déjà vu quelques-unes des funestes conséquences de cette organisation vicieuse, où les considérations d'ordre général s'effaçaient toujours devant les intérêts particuliers.

Je vais en préciser quelques autres, afin que l'on ait une appréciation bien nette des déplorables conditions où se trouvait notre armée pour entrer en campagne et pour faire la guerre.

Le compte rendu officiel des réformes et des progrès réalisés par le maréchal Niel, dont j'ai donné précédemment quelques extraits, évaluait à 1,200,000 le nombre de fusils Chassepot fabriqués et en magasin au moment où il mourut, c'est-à-dire en août 1869.

D'après la déposition du maréchal Le Bœuf devant la commission d'enquête parlementaire sur les actes du gouvernement de la Défense nationale, il pouvait y en avoir environ 800,000 à la date précitée.

Le déficit était donc de 400,000.

Mais on en avait continué la fabrication depuis le mois d'août 1869, et, lorsque la guerre fut déclarée, nous en possédions 1,037,000; dont 30,000 avaient été donnés à la marine.

Le gouvernement impérial avait longtemps, trop longtemps hésité à adopter l'arme à tir rapide se chargeant par la culasse. On peut même affirmer qu'il ne s'y était décidé qu'à regret et sous la pression de l'opinion publique vivement émue par les succès foudroyants des Prussiens dans la campagne contre l'Autriche, en 1866. Jusque-là, l'introduction de l'arme nouvelle avait rencontré une résistance énergique, une opposition presque absolue parmi les officiers généraux et notamment parmi les membres du comité d'artillerie.

Je n'ai jamais compris, quant à moi, cette intervention, cette prépondérance que les comités étrangers à l'infanterie prétendaient exercer avant la guerre de 1870, et je parle, ici, tout aussi bien du comité de l'intendance et du comité du génie qui élevaient les mêmes prétentions. Je crois que cet asservissement de l'infanterie provenait de ce que cette arme, étant de beaucoup la plus importante et la plus nombreuse, devenait, par l'insouciance de ses chefs attitrés, une sorte de domaine banal où se complaisaient les généraux et les hauts fonctionnaires qui ne trouvaient pas leur propre champ d'action assez vaste pour y utiliser leur intelligence et leur activité.

Les généraux issus de l'infanterie ont, depuis lors, revendiqué leurs droits et ont prouvé, par l'usage qu'ils en ont fait, que la tutelle abusive qui pesait auparavant sur eux était tout aussi injustifiée que préjudiciable aux intérêts de leur arme et de l'armée.

Ils n'avaient, d'ailleurs, qu'à rappeler les noms de Gouvion-Saint-Cyr et de Soult pour montrer que des généraux qui ont fait leur carrière dans l'infanterie sont tout aussi aptes à être ministres de la guerre que les généraux d'une autre origine. Les deux ministres que je viens de nommer n'ont-ils pas procédé, le premier, à la réorganisation de nos forces nationales après les guerres de l'Empire, le second, à l'organisation de l'armée qui nous a donné l'Algérie et qui a lutté en Crimée ?

Cette situation d'infériorité a disparu dans ces dernières années.

Cependant il en est resté quelques vestiges.

Pendant mon séjour au ministère de la guerre, je me suis aperçu, et précisément dans une question d'armement, qu'il y avait encore à réagir contre la tendance de certains états-majors particuliers à trop accaparer.

Je le relate sans aucune intention déplaisante, d'autant plus que ces états-majors croient très sincèrement leur conduite conforme au bien général.

Mais j'ai eu à lutter également pour l'adoption définitive du fusil de petit calibre et à magasin. La question était à l'étude depuis plusieurs années. Différents modèles étaient en présence, et l'on continuait à les expérimenter sans aboutir. Quelques-uns de mes amis affirmaient que, malgré mon énergie, je ne parviendrais pas à obtenir une solution ferme, et que j'y échouerais comme mes prédécesseurs. Il me fallut, en effet, toute ma volonté pour mettre un terme à ces atermoiements. Enfin, j'obtins l'adoption définitive de l'arme que l'infanterie possède en ce moment. Quelques tentatives de réaction se manifestèrent pourtant encore, et, cette fois, elles trouvèrent un appui chez mon successeur immédiat qui, mal renseigné sans doute, parut un instant disposé à prendre sous son patronage un fusil que la commission chargée d'adopter le modèle définitif avait rejeté pour des raisons techniques sur lesquelles je n'ai pas à donner d'indications ici.

Revenons à l'armement en 1870.

Le gouvernement impérial avait trop tardé à doter l'infanterie du fusil Chassepot, en sorte que la fabrication des approvisionnements nécessaires à l'infanterie n'était pas terminée lorsque la guerre éclata. Cette fabrication avait d'ailleurs été ralentie vers la fin de 1869, afin de procéder progressivement au renvoi des ouvriers armuriers dont on avait dû accroître le nombre en 1867, et qui, du jour au lendemain, allaient se trouver sans travail, les entraves apportées à cette industrie par la législation en vigueur l'ayant restreinte au point de ruiner la main-d'œuvre et de nous rendre tributaires de l'étranger.

Je ne puis me dispenser de rappeler que la leçon n'a du moins pas été perdue. Nous avons rendu sa pleine liberté à la fabrication des armes par les particuliers, et, le cas échéant, nous n'aurions plus à recourir à des maisons étrangères et à faire leur fortune au détriment du pays.

D'après la demande primitive formulée par le ministre de la guerre, une quantité de 1,800,000 fusils Chassepot avait été déclarée nécessaire, mais le Corps législatif n'avait consenti à accorder de crédits que pour 1,200,000.

L'armée de terre n'en possédait que 1,000,000 au moment de l'ouverture des hostilités.

Mais, d'autre part, le maréchal Niel avait confié à l'industrie civile la transformation de fusils de l'ancien modèle se chargeant par la culasse, d'après un système dit « à tabatière ».

Ces fusils étaient au calibre de 18 millimètres, tandis que le Chassepot n'avait que 11 millimètres de calibre : l'arme transformée était donc lourde ; elle manquait d'élégance ; les munitions atteignaient un poids exagéré ; les ratés s'élevaient à une proportion moyenne de 10 pour cent.

Nos magasins en contenaient cependant 342,000, dont 304,000 pour l'infanterie, 38,000 pour la cavalerie.

On les réservait à la garde nationale mobile, qui accueillit fort mal cet armement.

Nos troupes n'avaient confiance que dans le Chassepot, et, en réalité, elles ne se trompaient pas ; je dois dire, toutefois, que le fusil à tabatière n'était pas plus mauvais que le fusil prussien à aiguille ; mais j'ajoute que notre ennemi connaissait parfaitement l'arme avec laquelle il allait nous combattre sur le champ de bataille, tandis que la moitié des hommes qui furent incorporés dans l'armée active au courant de la guerre n'avait jamais vu un fusil Chassepot et que la totalité des gardes nationaux mobiles se trouvaient dans la même ignorance à l'égard du fusil à tabatière.

Enfin, nos magasins contenaient encore 2,240,000 fusils se chargeant par la bouche, dont 1,864,000 à âme rayée et 377,000 à âme lisse.

Cet approvisionnement faisait nombre, c'est tout ce que l'on peut en dire, car il ne devait et ne pouvait être d'aucune utilité, et l'on eût beaucoup mieux fait de le vendre comme vieille ferraille au lieu de le conserver et de l'entretenir, ce qui occasionnait, au point de vue du personnel et du matériel, des dépenses onéreuses et superflues.

En dehors des fusils Chassepot que possédaient les corps de troupes et dont le nombre devait être de 380,000 environ, il y en avait 620,000 dans les arsenaux de l'artillerie, dont, en particulier 13,000 à la Fère, 168,000 à Metz, 39,000 à Strasbourg. Dès le début des hostilités, on en retira 150,000 de Metz et 30,000 de Strasbourg. Les 30,000 fusils provenant de l'arsenal de Strasbourg furent dirigés vers le camp de Châlons où ils servirent heureusement à armer les troupes du 1er et du 5e corps d'armée ralliées après la déroute de Reichshoffen. Sur les 150,000 fusils que l'on avait dirigés de Metz sur le Nord, 100,000 furent ensuite réexpédiés sur

Paris où ils furent distribués aux 100,000 gardes nationaux mobiles venus de province pour défendre la capitale.

Quant aux munitions, elles étaient en quantité suffisante, puisqu'elles s'élevaient au nombre de 113,000,000 de cartouches pour le fusil Chassepot et de 95,000,000 pour le fusil à tabatière.

De tout notre matériel, celui de l'armement de l'infanterie, sous les réserves que j'ai formulées, était le mieux doté.

Je dois dire toutefois que l'on a signalé d'assez importantes et nombreuses lacunes dans la répartition des approvisionnements spéciaux à cet armement.

C'est ainsi qu'à Strasbourg et à Belfort, bien que ces deux places fussent les plus rapprochées de l'Allemagne, les magasins ne contenaient pas assez de pièces de rechange pour les fusils de nos troupes actives.

Dans le même ordre d'idées, je signalerai les dépêches suivantes qui marquent bien la pénurie et le désordre de cette époque :

— Commandant 1er corps à Ministre guerre — 2 août :

« Pas encore reçu rondelles et aiguilles de rechange demandées par ma dépêche du 27 juillet. »

— Préfet des Vosges à Ministre intérieur — 7 août :

« A Épinal, depuis 4 jours, 4,000 mobiles sans armes. »

— Préfet du Rhône à Ministre intérieur — 7 août :

« La garde mobile n'a pas encore un fusil. »

— Préfet du Jura à Ministre intérieur — 8 août :

« Frontière découverte. On réclame des armes. »

— Commandant Langres à Ministre guerre — 13 août :

« A Langres 400 fusils et 6,000 mobiles. Envoyez des armes. »

— Conseiller État en mission à Ministre intérieur — 30 août :

« Garde mobile de l'Eure, excellent esprit, pas un seul fusil; il est inouï qu'elle n'en ait pas. »

Des armes, on en demandait partout. Mais, hélas ! comme le maréchal Canrobert le déclarait devant la commission d'enquête parlementaire sur les actes du gouvernement de la Défense nationale, les hommes qui rejoignaient les drapeaux ne savaient même pas s'en servir.

Le comité d'artillerie évaluait à 21,702 le nombre de bouches à feu que possédait l'armée française lors de la déclaration de guerre, dont :

9,366 pièces de campagne;

12,636 pièces de place.

A raison de 6 pièces par batterie attelée, il semble, à la première énonciation des 9,366 pièces de campagne, dont notre armée pouvait disposer; que nous étions à même d'organiser 1,561 batteries.

Mais il fallait d'abord déduire, du nombre des pièces à utiliser, 5,379 canons, obusiers et canons-obusiers à âme lisse, qui ne pouvaient figurer sur un champ de bataille.

Il ne restait donc réellement plus pour le service de l'armée active que 3,987 pièces rayées, savoir :

- 497 canons de 12 ; 112 canons de 8 ; 2,607 canons de 4 ;
- 581 canons de 4 de montagne ;
- 190 canons à balles, dits mitrailleuses.

Je rappelle que la désignation spéciale indiquée ci-dessus pour les pièces des batteries attelées se rapporte au nombre de kilogrammes que pesait l'obus ordinaire tiré par chacune des trois catégories de canons.

Toutes ces pièces, sauf les mitrailleuses, se chargeaient par la bouche, bien entendu, puisque le comité d'artillerie s'était absolument opposé à l'adoption du système de canons se chargeant par la culasse que possédait l'artillerie prussienne.

A la date du 23 janvier 1868, Henri Haas, chef de la maison Krupp, avait adressé la lettre suivante à Napoléon III :

« Sire,

« Reconnaissant de la marque de distinction signalée que Votre Majesté a bien voulu m'accorder à l'Exposition universelle de 1867, j'ose prier Votre Majesté de vouloir bien agréer le rapport ci-joint d'une série d'essais qui viennent d'avoir lieu à nos usines d'Essen, sous la direction du général-major de Majewsky, par ordre de l'empereur de Russie, et qui ont été faits, également à Essen, par ordre du ministre de la guerre prussien, sous la direction d'une commission spéciale prussienne, avant l'Exposition.

« J'ose croire qu'ils auront quelque intérêt pour Votre Majesté. Elle a donné trop de preuves de sa haute connaissance en matière d'artillerie, pour que je ne sois pas encouragé à lui soumettre une expérience qui n'avait pas encore été faite avec un pareil résultat, et qui peut apporter des changements pour l'artillerie, science qui doit une grande part de ses progrès à l'initiative et aux travaux de Votre Majesté.

« C'est donc avec confiance que je la prie d'accueillir une relation qui s'adresse au savant.

« Je suis, etc... »

Embarquement de réservistes à Toulon. (Page 120.)

Cette lettre, où il était fait allusion aux essais des usines Krupp avec les nouvelles pièces se chargeant par la culasse que l'artillerie prussienne venait d'adopter, fut remise, ainsi que les documents qui y étaient joints, au général Le Bœuf, alors président du comité d'artillerie, qui répondit qu'à son avis il n'y avait, pour l'instant, rien à faire.

J'ai été moi-même trop souvent sollicité par les inventeurs et les industriels pour ignorer combien sont pénibles et embarrassantes, surtout quand elles se renouvellent fréquemment, les propositions analogues à la précédente.

Mais j'ai toujours eu pour principe de n'en rejeter aucune sans m'être assuré, soit par moi-même, soit par mes aides immédiats, qu'il n'y avait aucun parti à en tirer, car je sais par expérience que, des idées de l'un et de l'autre, on peut quelquefois arriver à un progrès ou à une réforme parfaitement praticable.

Dans le cas présent, et bien qu'il fût peut-être déplaisant de faire connaître au souverain l'infériorité incontestable du matériel d'artillerie dont il avait eu l'initiative, il semble que le comité ne devait pas craindre d'accueillir favorablement les indications offertes par le chef de la maison Krupp. Rien ne coûtait d'essayer. En tout cas, si aucune détermination ne pouvait encore être prise au commencement de l'année 1868, en raison de l'incertitude sur la valeur réelle du chargement par la culasse et des dépenses considérables qu'aurait entraînées une réforme complète du matériel pour l'adoption d'un système douteux, il n'était malheureusement plus permis d'hésiter peu de temps après, car le colonel Stoffel, attaché militaire à l'ambassade française à Berlin, exposait ainsi qu'il suit la supériorité de l'artillerie prussienne, à la date du 23 avril 1868 :

« Il faudrait en prendre notre parti, mandait-il à notre ministre de la guerre, si la guerre venait à éclater ; le matériel d'artillerie prussien est très supérieur au nôtre. A la vérité, nos affûts de campagne sont plus légers que les affûts prussiens ; nos pièces attelées sont plus mobiles ; mais les deux pièces de campagne prussiennes tirent beaucoup plus juste que les nôtres, et elles ont une portée plus grande. Le mémoire allemand, que j'ai joint à mon rapport du 20 février dernier, ne laisse subsister aucun doute à ce sujet. En outre, les pièces prussiennes peuvent tirer plus vite que les nôtres... Quant à la plus grande justesse du tir des canons prussiens, c'est là un point tellement essentiel que j'en ferai un rapport spécial. »

Si nous avions du moins compensé l'infériorité de notre artillerie en justesse, en rapidité et en portée du tir, par une supériorité du nombre, nous aurions peut-être pu rétablir l'équilibre, sauf à sacrifier une partie des pièces mises en ligne.

Mais, de ce côté encore, nous eûmes l'infériorité.

Les canons de 8 ayant été abandonnés, le matériel de l'artillerie de campagne comportait uniquement pour les opérations actives, déduction faite des pièces de 4 de montagne :

2,607 canons de 4, avec 2,315 affûts et 4,427 caissons ;
497 canons de 12, avec 644 affûts et 1,244 caissons ;

192 canons à balles, avec 192 affûts et 192 caissons.

Les approvisionnements en munitions s'élevaient à 383,000 coups de canon, 3,800,000 cartouches de mitrailleuses, 10,000,000 de kilogrammes de poudre en baril.

Les caissons des batteries et des parcs emportaient avec eux 238,000 coups à tirer et il en restait encore 145,000 dans les arsenaux, proportion suffisante, si l'on observe qu'à la bataille de Solférino il n'avait été tiré que 16,000 coups de canon.

Mais il fallait atteler les batteries, ce qui exigeait des chevaux et des harnais.

Pour se procurer des attelages, on dut établir des dépôts de remonte dans toutes les garnisons d'artillerie.

Quant aux harnais, il me suffira de signaler les deux dépêches suivantes pour que l'on ait immédiatement une idée des difficultés qui surgissaient faute de préparation :

— Général artillerie à Ministre guerre — 28 juillet :

« Sur 800 colliers restant à Saint-Omer, 500 se trouvent trop étroits. Que faire? A Douai, 1,700 colliers dont un tiers dans le même cas. »

— Général artillerie à Ministre guerre — 11 août :

« On a bien envoyé à l'arsenal de Saint-Omer 1,200 harnais, mais on a oublié les selles et les accessoires. »

Quelle incurie!

En réalité, le nombre des batteries attelées au début des hostilités se réduisit à 154, chacune d'elles étant forte de 6 pièces, ce qui donnait un total de 924 canons.

Voici la répartition primitive de ces canons :

1er corps d'armée : 12 de 12, 84 de 4, 24 à balles . . .	120
2e corps d'armée : 12 de 12, 60 de 4, 18 à balles . . .	90
3e corps d'armée : 12 de 12, 84 de 4, 18 à balles . . .	114
4e corps d'armée : 12 de 12, 60 de 4, 24 à balles . . .	96
5e corps d'armée : 12 de 12, 60 de 4, 18 à balles . . .	60
6e corps d'armée : 12 de 12, 102 de 4, 6 à balles . . .	120
7e corps d'armée : 12 de 12, 60 de 4, 18 à balles . . .	90
Garde impériale : 60 de 4, 12 à balles.	72
Réserve de cavalerie : 30 de 4, 6 à balles.	36
Réserve d'artillerie : 48 de 12, 48 de 4	96
Au total : 132 de 12; 648 de 4 et 144 à balles.	924

Voilà tout ce que l'on avait pu obtenir pour l'artillerie de campagne au moment où s'ouvrirent les premières hostilités, en y ajoutant les parcs de corps d'armée ; cet effort maximum correspondait à 32,000 chevaux et 47,000 harnais, alors qu'il aurait fallu 51,000 chevaux avec leurs harnais pour utiliser les 2,000 canons de campagne qui auraient été réellement en état de servir, si l'on avait eu d'autre part assez de caissons pour porter leurs munitions de première ligne.

Il est à remarquer que ce résultat se rapproche beaucoup de l'évaluation établie par l'état-major de l'armée prussienne.

En admettant que l'effectif de l'armée se soit élevé à 250,000 hommes, la proportion était donc environ de 3 canons par 1,000 combattants, ce qui était une proportion insuffisante, même dans les conditions d'égalité entre l'armée allemande et l'armée française au point de vue des propriétés balistiques du matériel.

La situation n'était pas plus brillante en ce qui concerne les canons d'armement des places fortes et des batteries de côte.

J'ai dit plus haut que ces canons étaient au nombre de 12,336.

Voici, en particulier, comment ils étaient répartis, entre les places qui furent comprises dans la zone d'opérations des armées allemandes : Lichtenberg, 7; Marsal, 61; Vitry-le-François, 44; Sedan, 168; Laon, 35; Toul, 71; Strasbourg (avec 83 des équipages de siège), 1,054; Soissons, 165; Schlestadt, 121; Metz (avec 224 des équipages de siège), 1,111; Verdun, 142; Neuf-Brisach (avec Fort-Mortier), 125; Thionville, 200; la Fère, 24; Amiens, 28; Phalsbourg, 65; Montmédy, 65; Mézières, 132; Rocroy, 70; Péronne, 47; Longwy, 131; la Petite-Pierre, 8; Belfort, 380; Bitche, 53; Paris (avec les forts extérieurs), 2,143.

Qu'était ce matériel ?

Écoutons le général Ducrot; voici la description qu'il en a faite devant la commission d'enquête :

« J'ai commandé, dit-il, la division de Strasbourg pendant cinq ans.

« Quand j'y suis arrivé, j'ai voulu me rendre compte de ce qu'il y avait de réserves de toute espèce. Il y avait une direction d'artillerie et un arsenal considérable. Dans l'arsenal, j'ai trouvé, je crois, 2,000 canons, dont 400 ou 500 à peu près pouvaient servir. Tout le reste était du vieux bronze. Il y avait des boulets en pierre du temps de Louis XVI, et une quantité énorme de fusils à silex. J'écrivis au ministre de la guerre pour lui faire observer que tout cela était bien mal placé dans une ville de première ligne. »

Nos arsenaux étaient donc devenus de véritables musées d'antiquités, et l'on alignait pompeusement tout ce vieux matériel sur le papier, comme s'il eût jamais pu être de la moindre utilité.

Quelques nouvelles pièces de siège de gros calibre se trouvaient pourtant dans certains forts. Mais on ne songea que plus tard à les utiliser. Encore y éprouva-t-on de la résistance. J'en donnerai comme témoignage la déposition de M. Eugène Farcy devant la commission d'enquête parlementaire, sur un incident du siège de Paris. Il s'agit, dans cette déposition, d'une pièce de 24, qui avait été remisée dans une cour du fort de Vincennes, que l'on ne voulait pas employer et que l'on a fini par transporter au fort du Mont-Valérien, où elle fut baptisée du nom de Valérie.

Il me faut enfin, avant d'entrer dans l'étude des opérations actives, faire connaître l'état lamentable de nos approvisionnements en matériel accessoire.

Le maréchal Le Bœuf a déclaré, devant la commission d'enquête parlementaire, que la situation était la suivante au moment où la guerre fut déclarée : 536,000 capotes ; 713,000 pantalons ; 749,000 vestes ; 703,000 képis ; 287,000 sacs de fantassin ; 2,246,000 paires de souliers ; 500,000 jeux d'ustensiles de campement ; 750,000 tentes-abris ; 900,000 couvertures ; 3,640,000 rations de biscuit.

La commission ayant manifesté sa surprise qu'il y eût un si grand nombre de souliers en magasin, alors que les plaintes avaient été unanimes sur le manque de chaussures, le maréchal Le Bœuf se renseigna au ministère de la guerre et, dans une seconde audition, présenta les explications complémentaires qui suivent :

« Les approvisionnements généraux ont pour centre principal Paris. C'est aussi le centre des fabrications ; c'est là surtout, je dirai malheureusement, que de tout temps, on a mis les plus grands approvisionnements, mais bien plus encore depuis que Paris est fortifié. Une partie importante des 2,246,000 paires de chaussures était en réserve à Paris, les corps étant déjà approvisionnés. Sur l'approvisionnement réuni à Paris, l'administration de la guerre a pu faire sortir 600,000 paires de souliers avant l'investissement. Le reste n'a pu sortir et a servi aux troupes enfermées dans Paris. »

Ainsi s'explique la pauvreté des magasins de la province en chaussures.

Ainsi s'explique encore la mauvaise qualité des souliers fabriqués pendant la guerre, par des industriels malhonnêtes, avec des matières premières de rebut, qui obligèrent si souvent nos soldats à marcher presque pieds nus, sur la terre détrempée par les pluies, ou couverte de neige, ou encore durcie par la gelée.

Mais s'il existait des souliers en quantité suffisante, bien que mal répartis entre les magasins, peut-on en dire autant des autres approvisionnements ?

M. l'intendant général Blondeau, qui était alors directeur des services administratifs au ministère de la guerre, a avoué lui-même qu'il y avait, pour l'habillement, un déficit de 32 millions de francs, et il a ajouté, dans sa déposition devant la commission de réorganisation de l'armée et devant la commission des marchés :

« Là-dessus, il n'a pas été accordé un centime depuis 1867, et le déficit de 32 millions constaté à cette époque existait en 1870. »

Il donne ensuite quelques détails sur les conséquences de ce déficit et il fait notamment remarquer que, par exemple, nous ne possédions que 160,000 poches à cartouches, alors qu'il en fallait 180,000 au moins pour les premiers besoins.

« Nous n'avons pas ignoré notre situation, ajoute-t-il. Le ministre de la guerre ne pouvait pas l'ignorer. Les situations lui arrivaient avec un ordre parfait. »

Mais tout manquait à la fois, et, le peu que l'on possédait, on ne savait pas s'en servir.

« M. l'intendant général Blondeau, disait le duc d'Audiffret-Pasquier dans son discours du 13 juin 1873, nous a révélé qu'avec nos établissements de Vernon et de Châteauroux, dans lesquels sont concentrées nos voitures du train des équipages, dans lesquels sont engerbés les roues et les caissons, il nous faudrait six mois au moins pour évacuer les magasins et faire parvenir à nos troupes mobilisées les ressources nécessaires pour leur entrée en campagne. »

Ce haut fonctionnaire avait cependant signalé en temps opportun l'insuffisance de nos approvisionnements et le mauvais état de notre organisation militaire.

Voici le tableau qu'il avait fait du personnel du train des équipages :

« Il manque en totalité, aurait-il fait remarquer avant la guerre, pour satisfaire à tous les besoins en France, aux armées et en Algérie, 8,500 hommes de troupe. Les réserves de l'armée possèdent, en hommes du train, 4,800 hommes. L'incomplet est donc de 3,700 hommes.

« En ce qui concerne les chevaux, il manque en totalité, pour satisfaire à tous les besoins du train des équipages, 1,040 chevaux de selle et 10,000 chevaux de trait. »

Mais, comme si les fautes n'étaient pas assez graves, voici qu'on en augmente encore l'importance et le nombre par une modification complète du plan de mobilisation et de concentration, changement qui s'effectue en même temps que les opérations de guerre commencent.

« Les cadres que devait nous fournir la cavalerie, dit M. l'intendant général Blondeau, nous n'avons pu les avoir par suite du changement dans les bases de la mobilisation, sans cela nous aurions eu nos cadres. Nous avions plus de 10,000 chevaux à trouver. Il fallait surtout des chevaux de trait; mais le cheval qui n'a pas les allures vives nécessaires au service de l'artillerie peut être utilisé par le train des équipages. De la reconnaissance de ce principe, il est résulté que les premiers chevaux versés par l'agriculture ont été envoyés dans les régiments d'artillerie, où l'on a fait un triage; que ceux qui n'ont pas été jugés bons pour le service des batteries ont été envoyés dans les régiments du train d'artillerie, qui, à leur tour, ont envoyé ceux qui ne leur convenaient pas au train des équipages. »

Ainsi donc le train administratif n'avait ni les chevaux pour atteler ses voitures, ni les hommes qui devaient en être les conducteurs. D'autre part, les voitures étaient emmagasinées dans des conditions telles que l'on aurait mis un temps invraisemblable à les faire rouler, même si les conducteurs et les attelages avaient été prêts et au complet.

La même pénurie régnait dans le service sanitaire.

J'ai mentionné antérieurement une dépêche du commandant de la division militaire de Marseille, qui annonçait son intention d'envoyer en Algérie les 9,000 réservistes réunis dans cette ville et dont la présence était pour lui une source de graves embarras. J'ai dit que je reviendrais sur cette dépêche à propos du personnel des hôpitaux et des ambulances, ainsi que du personnel des subsistances.

Voici, d'après M. l'intendant général Blondeau, les conséquences qu'eut cet incident :

« Nous avions, dit-il, en infirmiers, en ouvriers d'administration, ce qui était nécessaire pour passer sur le pied de guerre; mais la moitié de nos ouvriers d'administration et de nos infirmiers, nous le voyons par les chiffres, se trouvait employée en Algérie. Je demandai au bureau du recrutement qu'au lieu de diriger les infirmiers et les ouvriers d'administration sur les dépôts de leurs sections respectives, on les dirigeât sur des dépôts que je créai immédiatement au camp de Châlons, où j'envoyai, au nom du ministre, M. l'intendant général Mongin. Il résultait de cette disposition que nous allions avoir immédiatement sous la main la plus grande partie des réserves, les hommes n'ayant pas à retourner en Algérie, et les sections de l'Algérie nous donnant de beaucoup les chiffres les plus élevés, plus de la moitié de notre effectif.

« Le bureau du recrutement me répondit que l'appel était une opération trop complexe pour la compliquer encore par une exception, et qu'il fallait que l'ordre fût donné d'une manière uniforme de renvoyer les hommes à leurs dépôts. Ce refus justifié ne m'inquiéta point parce que j'avais un palliatif à ma disposition. Je donnai alors, au nom du ministre, l'ordre, au général commandant la 9ᵉ division militaire, de retenir à Marseille tous les fonctionnaires de l'intendance, tous les officiers de santé ou d'administration, tous les ouvriers d'administration, tous les infirmiers militaires qui seraient dirigés sur l'Algérie sans être pourvus d'un ordre de service spécial et personnel.

« Malheureusement, le général commmandant la 9ᵉ division militaire n'exécuta cet ordre que pour les officiers. Les pièces de l'enquête qui a été faite sur cet incident extrêmement sérieux doivent se trouver au ministère de la guerre. Le général, ennuyé de l'immense quantité d'hommes qui affluaient à Marseille, les a envoyés à Toulon pour être embarqués sur des navires de guerre, et n'a pas donné à Toulon l'avis de les recevoir, comme il avait été donné à Marseille. Il en est résulté que tous nos infirmiers et nos ouvriers d'administration ont été, à la date du 20 ou du 25 juillet, embarqués pour l'Algérie, de telle sorte que, quand on voit l'armée se plaindre de n'avoir ni infirmiers ni ouvriers d'administration, on conçoit que cela n'avait rien d'extraordinaire. »

Ce n'est pas tout à fait mon avis, et je trouve, au contraire, cela fort extraordinaire.

Pour qu'un si grave malentendu se produisît, il fallait absolument qu'il n'existât aucune entente entre le commandement, l'administration et le service du recrutement, et que rien n'eût été préparé, pas plus ici que là, en vue des éventualités.

Je veux bien qu'au moment d'entrer en campagne, la direction supérieure ait eu le tort impardonnable de modifier son plan primitif de mobilisation et de ne pas en prévoir toutes les conséquences, jusqu'aux plus minutieuses.

Mais, ce qui a encore aggravé le mal, c'est que les généraux et les hauts fonctionnaires, qui participaient à la mise en œuvre d'un nouveau plan, n'aient pas fait preuve de l'initiative que justifiait la responsabilité de collaborateurs immédiats.

« Ce changement d'organisation de l'armée, ajoute M. l'intendant général Blondeau, n'a pas eu lieu, d'une façon précise, au moment de la mobilisation. En réalité, il a été permanent. La cavalerie a été formée de cinq ou six manières différentes, depuis le 15 juillet jusqu'au 15 août. Vous verrez, dans le tableau de l'armée du Rhin, tantôt un corps de cavalerie qui n'a jamais existé, tantôt des divisions, tantôt des régiments de cavalerie adjoints à des divisions d'infanterie. J'ai désigné un intendant militaire pour un corps de cavalerie, c'est le baron Schmitz; il n'a jamais pu trouver son corps de cavalerie, attendu qu'il n'a jamais existé. »

Assurément, l'excuse est admissible : elle nous explique bien la dépêche, que j'ai déjà donnée, du général Michel arrivant à Belfort, ne trouvant pas

Le 3ᵉ dragons sur les glacis de Metz (8 heures du soir).

la brigade dont le commandement lui a été assigné, ne sachant même où sont ses régiments et demandant au ministre de la guerre de le renseigner.

Mais cette excuse n'est point une raison.

A la guerre, en effet, il faut toujours s'attendre aux événements les plus imprévus et se tenir constamment prêt à y faire face.

Cette maxime s'applique aussi bien à la mobilisation et à la concentration qu'aux opérations actives, car on a devant soi un adversaire dont les projets et les actes ont uniquement pour but de changer à son profit les situations respectives des deux armées en présence.

Le mérite du véritable chef, comme du véritable administrateur, est d'assurer l'exécution des ordres, souvent contradictoires, qu'ils se trouvent ainsi dans l'obligation de modifier d'un instant à l'autre.

Je dois reconnaître, toutefois, qu'il faut à l'un et à l'autre une entente préalable pour qu'ils aboutissent au même but, et que malheureusement, cette entente n'existait pas en 1870, comme je l'ai déjà fait remarquer.

Ce manque absolu de solidarité n'a pas été l'une des moindres causes de nos désastres, d'autant qu'il se manifesta, non seulement entre les diverses armes et les divers services, mais encore entre les chefs, comme nous le verrons au cours des événements.

J'ai donné précédemment la preuve que les principaux commandants de nos troupes ne savaient rien du plan de campagne au moment où ils se dirigeaient vers la frontière.

Il en fut de même pour les services administratifs.

Voici ce qu'a dit, à ce sujet, devant la commission des marchés, M. l'intendant général Wolff qui avait été nommé intendant en chef de l'armée du Rhin.

« J'ai été pris complètement à l'improviste, a-t-il déclaré. Le 15 ou le 16 juillet, étant aux bains de mer, je reçus avis de me rendre à Paris pour recevoir les ordres du ministre. J'arrivai le 17. Le ministre me dit qu'il m'avait fait désigner par Sa Majesté pour être intendant en chef de l'armée du Rhin ; que je devais me rendre à Metz pour me mettre à la disposition du maréchal Bazaine, qui commandait jusqu'à ce que l'empereur se rendit à l'armée. Je suis parti le lendemain, et, aussitôt arrivé à Metz, ayant eu à peine le temps de prendre connaissance de la composition du personnel, je demandai au maréchal Bazaine quels ordres il avait à me donner. Il me dit de faire pour le mieux. Par conséquent, à ce moment-là, je n'avais été mis à même d'étudier ni le terrain, ni les ressources, ni le personnel du service que j'étais appelé à diriger. »

Après avoir rappelé que l'exemple de la guerre d'Italie nous a été fatal, parce que nos armées y avaient remporté de grandes victoires malgré l'absence complète de toute préparation, M. l'intendant général Wolff continue comme il suit :

« Ce qui m'a surtout empêché de prendre des mesures, c'est l'absence d'ordres, de projets. Pas plus à Metz qu'à Paris, je n'ai jamais su ce qu'on voulait faire. J'ai ignoré les faits, la direction imprimée par le commandement ; j'étais livré complètement à moi-même.

« Il régnait une incertitude perpétuelle qui nous paralysait.

« Dans les premiers jours, on parlait de passer la frontière et d'envahir les provinces rhénanes ; plus tard, on devait marcher sur Nancy, puis sur Châlons ; mais tous ces projets étaient plus vite abandonnés que conçus ; on s'agitait sur place, on s'usait en combinaisons stériles. »

Mais, si la direction centrale des services administratifs au ministère de la guerre était, tant par suite du manque de préparatifs que par le fait des circonstances, dans l'impossibilité d'assurer les premiers besoins de l'armée dans la période de concentration, si l'intendance en chef de l'armée se trouvait impuissante à organiser sérieusement son service, avait-on pris à Metz, à Strasbourg, nos deux grandes places de la frontière, les dispositions propres à une entrée en campagne ?

Pas du tout.

Voici ce que déclare, de son côté, M. l'intendant Denecey de Cévilly, qui était à la tête de l'intendance divisionnaire de Metz :

« Le 16 juillet 1870, dit-il, étant en tournée d'inspection, je reçus, par télégraphe, ordre de revenir à Metz, où seize divisions d'infanterie et de cavalerie devaient arriver. J'ai été pris absolument à l'improviste, et, par conséquent, il m'était impossible de pourvoir aux besoins d'une armée aussi considérable. La garnison de Metz était de 12,000 hommes. Au moment de l'arrivée de l'armée dans cette ville et ses environs, j'avais 9,000 quintaux de blé, 6,000 quintaux de farine, 449 quintaux de lard, mais pas de sel, de riz, de café, de vin. Cette armée étant de 150,000 à 160,000 hommes, j'ai télégraphié au ministre pour lui dire : « Envoyez-moi ce qui est nécessaire et autorisez-moi à acheter. » Je dois dire que, si cette autorisation d'acheter m'avait été donnée, elle n'aurait guère eu d'utilité. Je ne comprends pas comment, aussitôt après que la déclaration de guerre a eu lieu, on n'a pas autorisé le commandant en chef de l'armée et l'intendance à faire des réquisitions, car les paysans ne voulaient pas vendre ; ils n'avaient pas récolté. On ne pouvait agir que par voie de réquisition. »

Le recours à la réquisition était évidemment le seul système qui convînt, mais à la condition que ce système eût été bien préparé, bien ordonnancé, bien régularisé, de façon que les habitants s'accoutumassent à le considérer comme un procédé d'utilité publique mais sans dommage pour eux et que les autorités militaires n'en usassent pas arbitrairement.

Un de mes amis, qui était attaché à l'intendance divisionnaire de Metz avant l'ouverture des hostilités, m'a communiqué, sur une partie du service de cette intendance, les notes suivantes dont je respecte le laconisme, car leur brièveté et leur précision corroborent bien les précédentes déclarations de M. l'intendant Denecey de Cévilly.

Ce fonctionnaire avait été envoyé à Metz vers la fin de 1869, et y avait pris plusieurs services, entre autres ceux des passages et du campement. Il commençait à s'y reconnaître, m'a-t-il dit, quand la guerre a éclaté.

Les premiers jours de chaque mois, il envoyait au ministère de la guerre, par la voie de l'intendance, la situation détaillée du magasin d'habillement et de campement.

Cette situation, à la date du 4 juillet 1870, était la suivante :

« 258,380 mètres de draps, dont 80,565 mètres de drap bleu et 66,701 mètres de drap garance (quantités relativement assez élevées).

« 10,654 capotes et 8,934 pantalons d'infanterie, 30,367 ceintures de flanelle, 86,536 tentes-abris, 33,571 couvertures, 147 grands bidons, 1,134 grandes gamelles, 544 marmites, 3,400 petits bidons, 8 moulins à café (quantités ou insuffisantes ou nulles).

« 102,808 paires de chaussures (dont 10,514 de la pointure 26 n'ont jamais été reçues par les troupes, malgré la pénurie, mais on était alors dans la boue et l'on voulait de larges souliers : cette quantité, refusée par les soldats, a été remise intacte à l'ennemi après la capitulation).

« 2,000 chemises.

« 47 voitures régimentaires, pour le bataillon de chasseurs et les 4 régiments d'infanterie de Metz, Thionville et Nancy. »

Voilà tout ce que renfermait le magasin de Metz pour subvenir aux besoins subits d'une armée de 150,000 à 160,000 hommes qui se concentrait sous les murs de cette place et allait entrer en campagne !

Continuons l'analyse de ce cahier si instructif.

« Jusqu'au 7 juillet, aucun avis, aucun indice.

« Ce jour-là, je suis à Bitche pour y voir un bataillon du 84e, et je regarde des ouvriers occupés à retirer des fortifications du château, pour les mettre en magasin, les palissades plantées là, il y a trois ans, lors de l'affaire du Luxembourg, et demeurées en place depuis cette époque. Le génie n'avait, lui non plus, aucun avis. »

Ainsi donc, c'est au moment même où la guerre allait éclater que l'on faisait disparaître, des ouvrages de la petite place de Bitche, par économie sans doute, des palissades que l'on y avait dressées en 1867 et qui auraient dû y rester à demeure !

« Cependant, poursuit mon ami, les journaux publient des articles inquiétants.

« Rentré à mon poste, j'écris à l'intendance, pour la faire transmettre au ministre, une lettre énumérant le peu de ressources dont je dispose.

« Le 12, enfin, je reçois un premier ordre : il est confidentiel : il a pour but de me faire mettre en bon état les 47 voitures régimentaires, si elles n'y sont déjà.

« Silence le 13, le 14 et le 15.

« Le 16, second ordre. On me prescrit d'expédier en grande vitesse, à tous les corps de troupe de la 5ᵉ division militaire (division territoriale de Metz), les tentes-abris qui leur sont nécessaires.

« Ce jour-là, on commence à recevoir des vivres de Paris, mais pas encore de campement.

« Il n'y a, dans la place, que 58 chevaux de trait et 22 chevaux de selle du train des équipages pour faire nos transports, et le directeur de l'artillerie écrit que cette arme ne suffit pas aux siens avec ses ressources.

« A huit heures du soir, le 3ᵉ régiment de dragons arrive de Pont-à-Mousson et stationne sur les glacis de la citadelle pendant près de deux heures jusqu'à ce qu'enfin on me prévienne de son arrivée et de ses besoins, et que j'aie pu faire charger et voiturer jusqu'à son bivac les moyens d'attache et les objets de campement qui lui manquent complètement.

« Tel est le début.

« A dater de ce jour, les convois du chemin de fer amènent les troupes, mais nous ne recevons aucun avis de leur effectif, de leur numéro, de l'emplacement qu'elles vont occuper.

« Des officiers me demandent pour leurs troupes les voitures régimentaires que le ministre, en assistant la veille au soir à leur départ de Paris par la gare de l'Est, leur avait annoncé qu'ils trouveraient à Metz. Mais les 47 véhicules indiqués sur ma situation mensuelle étaient déjà délivrés aux régiments de Metz. A quoi donc servait cette situation?

« Le 17, on me charge de l'administration provisoire d'une division d'infanterie, en m'écrivant que l'on ne connaît ni les noms des généraux qui commandent cette division et ses brigades, ni les numéros des régiments qui la composent, mais qu'elle a tel numéro de bataille sur le camp du Polygone. L'état-major de la 5ᵉ division militaire, l'état-major de la subdivision militaire de Metz et l'état-major de la place me demandent des renseignements que je suis encore moins à même de leur donner.

« La confusion se fait à la gare où les colis de tout genre s'empilent.

« Le chef de gare m'écrit qu'il a reçu 5 chevaux pour le 71ᵉ et que personne ne vient les prendre. Je demande au général commandant la subdivision où est ce régiment et il me répond que le 71ᵉ, qui appartenait à l'armée de Paris, « doit arriver à Metz, s'il n'y est déjà et qu'il doit être « campé à Chambières, s'il n'est pas au Ban Saint-Martin. »

« Je donne dans son texte cet échantillon de correspondance parce qu'il dépeint bien le désordre au milieu duquel s'est effectuée la concentration de l'armée à ce moment.

« Aussi n'est-il pas étonnant que le général Saurin, qui rentrait d'Afrique, je crois, soit venu à mon cabinet pour savoir où étaient ses régiments dont il ne pouvait d'ailleurs me donner les numéros. »

On avait cru, lors de la publication des dépêches officielles relatives à l'entrée de nos troupes en campagne, que le général Michel avait été le seul à chercher les régiments dont on lui avait donné le commandement. Mais voici le général Saurin qui se trouve dans le même embarras. M. l'intendant général Blondeau n'a-t-il pas dit encore qu'il avait nommé un intendant à une division de cavalerie qui, par le fait, n'a jamais existé ! Il est assez probable que d'autres généraux ou fonctionnaires de l'intendance ont eu aussi à chercher les divisions et les brigades auxquelles ils étaient attachés, comme sans doute de nombreux officiers du corps d'état-major, ou de l'état-major particulier de l'artillerie et du génie. En tout cas, le fait n'était pas isolé, et par conséquent on ne peut l'imputer à une omission : sa répétition seule suffit à prouver qu'il n'avait d'autre origine que le désordre.

Mais revenons aux notes si intéressantes de mon ami, le sous-intendant de Metz.

« Le 19 juillet, dit-il, on commence seulement à nous expédier du matériel de Paris : 30 cantines médicales avec leurs bâts.

« Le 21, 30,000 couvertures.

« Le 23, 10,000 gamelles, 1,600 marmites, 2,000 grands bidons, 2,000 moulins à café, 12,000 petits bidons.

« Le... (la date m'échappe), on m'annonce l'arrivée de 200 voitures régimentaires et l'on m'en indique la répartition pour que je les fasse remettre à divers états-majors et corps de troupe : mais, à peine ces voitures sont-elles arrivées en gare, qu'elles sont toutes prises par le 3ᵉ corps d'armée.

« Cette méthode de distribution expéditive et sans contrôle pénètre même dans nos magasins.

« Un lieutenant du nᵉ régiment d'infanterie vient chercher des couvertures, mais il ne veut pas remettre de reçu au chef ouvrier qui les lui refuse. L'officier sort, va chercher quelques hommes d'un poste voisin, revient avec eux, fait enlever les couvertures qu'il réclamait et s'éloigne bien tranquillement, sans même paraître se douter qu'en agissant ainsi il s'est mis dans le cas d'être traduit devant un conseil de guerre !

« Mais ce n'est pas tout.

« Pendant que les troupes arrivent à Metz sans avoir attendu leurs réservistes, les hommes en congé quittent la ville pour aller rejoindre leurs dépôts.

« A deux reprises, je mets ainsi 4,000 hommes en route pour tous les points du territoire. Il aurait été plus simple de les verser dans l'armée qui se formait autour de Metz.

« Le 11 août, j'en fais une dernière fois la proposition au gouverneur de la place qui s'y refuse. »

Je ne pousserai pas plus loin les extraits de ce cahier.

Mais je ne connais rien de plus attachant et de plus démonstratif que ces récits simples de choses qui ont été vues, surtout quand ils sont écrits par des hommes intelligents qui négligent les faits sans portée pour bien mettre en relief les incidents instructifs.

Que d'enseignements dans les quelques lignes qui précèdent !

Ne semble-t-il pas que l'on ait bien, en les lisant, l'impression des scènes douloureuses qui préludaient à l'ouverture des hostilités ?

Pour compléter ce tableau, voici quelle était, à la même époque à peu près, l'installation de l'état-major général de l'armée du Rhin, à Metz, d'après la description que m'en a donnée un officier qui y était attaché.

« A la date du 27 juillet, l'état-major général occupe les grands appartements de l'hôtel de l'Europe. Le salon principal, séparant l'appartement du maréchal Le Bœuf, major général, de l'appartement du général Lebrun, premier aide-major général, sert de bureau aux quatre sections entre lesquelles sont répartis les officiers destinés à les seconder. Chaque section occupe un angle du salon et reste groupée dans son coin, communiquant peu avec ses voisines. Point de planton pour le service, ni même pour garder la porte du salon. Entre qui veut. Les journées sont tristes, la chaleur accablante. On souffre à la fois des longues heures inactives et du retard trop prolongé de l'ouverture des opérations.

« Le 29, l'empereur se rend à Saint-Avold par le chemin de fer. Il a de la peine à gravir les marches du wagon, même avec l'aide de l'officier d'ordonnance sur lequel il s'appuie. »

Je crois que jamais une armée française n'avait commencé une grande guerre dans d'aussi lugubres conditions.

Mais, si rien n'était prêt ni à Paris, ni à Metz, peut-être la situation était-elle meilleure à Strasbourg.

Écoutons à ce sujet la déposition de M. l'intendant Curnier de Lavalette devant la commission des marchés.

« J'ai été envoyé, en 1867, à Strasbourg, dit-il, comme intendant de la division, par le maréchal Niel qui ne me dissimula pas qu'il me choisissait pour ce poste, parce qu'il voulait envoyer à Strasbourg un officier personnellement connu de lui. Et, comme j'avais servi sous ses ordres dans un régiment du génie qu'il commandait, il me fit des recommandations ayant un caractère particulier.

« En 1867, à Strasbourg, on se préoccupait déjà de l'éventualité de la guerre. On peut dire que cette idée était dans l'air, et il était naturel qu'on s'en inquiétât plus particulièrement dans ce pays-frontière, parce que, déjà alors, on entrevoyait que, de l'issue de la guerre, dépendrait peut-être la nationalité de tout le pays.

« Le général Ducrot commandait alors la division. Il était la plus haute expression de ces appréhensions. Nous nous entretenions fréquemment des mesures qu'il y avait à prendre pour que Strasbourg fût approvisionné du nécessaire, soit en cas de guerre défensive, soit en cas de guerre offensive.

« En 1868, je fis un premier travail dans lequel j'indiquai ce qu'il serait indispensable d'avoir à Strasbourg pour un corps d'armée de 30,000 hommes. J'y mettais, en regard, ce qui existait dans nos magasins; je faisais ressortir ce qui était inutile, ce qu'on pourrait enlever pour faire de la place, ce qu'on devrait y mettre pour avoir un assortiment complet de tous les objets dont pouvait avoir besoin un pareil effectif. Je remis ce travail à l'inspecteur général en 1868; je le remis encore à l'intendant général en 1869.

« Cependant les appréhensions devenaient de plus en plus grandes; les examens que nous faisions de l'autre côté du Rhin nous montraient que les habitants redoutaient aussi la guerre et qu'on s'y préparait.

« Je repris donc le même travail, mais en le proportionnant à un effectif de 50,000 hommes, et je le communiquai au général Ducrot en lui demandant s'il n'avait pas quelques indications à me donner. Le général me fit ses observations et je lui dis : « Deux fois déjà, j'ai soumis ce « travail aux bureaux de la guerre, je n'ai rien obtenu; si vous voulez, je « vais vous en laisser une expédition avec prière de la faire parvenir au « ministre par le canal de M. le général de Failly, — ce général commandait « alors à Nancy, — le ministre sera saisi de cette façon par la voie du « commandement et de l'administration, et il verra que, si nous voyons les « choses de la même façon, c'est qu'il doit y avoir quelque chose. »

On était alors au commencement de l'année 1870.

L'intendant de Strasbourg vient à Paris au mois de mai et va voir le directeur des services administratifs au ministère de la guerre, qui était

L'INVASION ALLEMANDE

Mac-Mahon et Lebœuf, à Strasbourg, avec Ducrot et l'intendant de Lavalette.

si peu au courant de la situation des approvisionnements à Strasbourg, qu'il en reçut la réponse suivante :

« Si vos appréciations, si celles du général Ducrot étaient fondées, il faudrait admettre que le ministre soit le seul à ignorer l'état des choses, car, certainement, si elles étaient ce que vous supposez, il serait le premier à m'en parler. »

La guerre éclate.

Une partie de nos troupes se concentre à Strasbourg et dans les environs.

On écrit au général Ducrot et à son intendant :

« Les troupes qui vous viendront de Lyon et de Marseille arriveront approvisionnées en objets de campement. »

Or, que se produit-il au contraire?

« Elles nous arrivèrent, affirme l'intendant de la 15e division militaire, absolument dépourvues, parce qu'on les fit partir la veille du jour où leur départ avait été primitivement arrêté, et sans bagages pour gagner du temps. Nos magasins se trouvèrent donc épuisés rapidement.

« Quant aux équipages, c'est la même chose. Nous avons eu en tout et pour tout 46 voitures qui étaient destinées à la division d'infanterie que commandait le général Ducrot. Quant aux autres divisions, leurs voitures sont arrivées tardivement et même ne sont pas arrivées en temps utile, si bien qu'il y a eu des corps de troupe qui n'avaient pas d'équipages. Le malheur, hélas! n'a pas été grand, parce que ces corps n'ont pas été loin; mais, s'ils avaient avancé davantage, je ne sais ce qui serait advenu.

« En ce qui concerne les effectifs, ni le général Ducrot, ni moi, nous n'avons été prévenus de leur arrivée, et il nous arrivait 10,000, 15,000 hommes, sans qu'avis nous en ait été donné. »

Les autorités militaires et administratives de Strasbourg étaient donc tout aussi peu prévenues que celles de Metz.

Quel était le coupable?

Je crois qu'il faut imputer ces fautes à l'ensemble défectueux de nos institutions.

« Voilà donc les troupes arrivées, dit encore M. l'intendant Curnier de Lavalette. Le maréchal de Mac-Mahon arrive à Strasbourg, le maréchal Le Bœuf vient l'y rejoindre, et ils étudient ensemble la manière d'engager les premières opérations de la guerre. Un conseil de guerre eut lieu. Le maréchal Le Bœuf demanda à chaque chef de service où il en était. Quand j'arrivai aux articles de campement, aux ceintures de flanelle, je lui exposai la pénurie où nous étions. Il me dit : « Comment! c'est à présent

« que vous venez me dire que vous n'avez pas ce qu'il nous faut! » Je lui répondis : « Monsieur le maréchal, depuis 1867 et 1868, je ne fais pas « autre chose que de vous avertir et j'ai pour témoin le général Ducrot, qui « s'est associé à mes instances, et qui même a pris l'initiative des mesures à « adopter. Au mois de mai encore, j'ai été à Paris dans ce but. »

Le maréchal Le Bœuf s'emporta à cette déclaration et riposta vivement en reprochant au fonctionnaire, qui lui rappelait les vains avertissements antérieurs, de n'avoir pas fait acte d'initiative en présence d'éventualités si graves et de besoins si urgents.

— Cet intendant avait-il le droit d'acheter de sa propre autorité ce qui manquait aux troupes ?

Non, d'après les règlements administratifs.

Mais, en fait, il n'aurait encouru aucun blâme s'il avait violé les formes usuelles de la comptabilité par cas de force majeure.

La preuve nous en est donnée par l'initiative que sut prendre M. l'intendant général Friant :

« J'étais à Marseille, dit-il, occupé à faire l'inspection des corps de troupe. Le 17 juillet, j'ai reçu ma nomination qui m'attachait au 3e corps.

« Je dois avouer que je fus inquiet de la situation qui m'était faite, parce que je savais parfaitement, par l'inspection que je venais de passer, que nous n'avions que 50 à 65 hommes par compagnie, ce qui représentait un effectif de 1,200 à 1,300 hommes par régiment. En ma qualité d'inspecteur, mon esprit s'était porté vers les approvisionnements. J'en ai conclu que nous devions en avoir de très faibles, et, aussitôt, je demandai à mon collègue de Metz, par un télégramme, si on distribuait du sucre, du café, du riz, du vin ou de l'eau-de-vie ; enfin, si ce qu'on appelle les vivres de campagne était donné à l'armée, et s'il y en avait en magasin. Mon collègue me répondit qu'on n'en distribuait pas et qu'il n'y en avait pas. Immédiatement, je me suis adressé au commerce de Marseille. J'ai acheté 5,000,000 de rations de café, 1,500 quintaux de riz, 200 quintaux de sucre, et j'ai écrit à un de mes parents, à Nancy, pour qu'il voulût bien constituer les équipages à la suite de l'armée et me trouver 700 voitures pour le 3e corps.

« Le 18, je suis parti, emportant avec moi une partie des denrées que j'avais achetées dans d'assez bonnes conditions.

« A mon arrivée à Metz, j'y trouvai quelques fonctionnaires de l'intendance ; mais tout le personnel comptable était loin d'être complet : le personnel exécutant n'existait pas du tout. Les moyens de transport, le train, les infirmiers, les ouvriers d'administration faisaient absolument défaut.

« A Metz seulement, j'appris que le maréchal Bazaine commandait le 3ᵉ corps d'armée et que j'étais son intendant.

« Je n'avais pas, je le répète, de moyens de transport. J'envoyai mon sous-intendant, M. Labaussois, à Verdun, faire des réquisitions, et il m'est revenu avec mes 700 voitures. »

On a pu voir, par la relation du sous-intendant militaire de Metz, dont j'ai donné précédemment quelques extraits, qu'une partie de ces voitures avait été prise à la gare de Metz même pour le 3ᵉ corps d'armée, bien qu'une autre destination leur fût affectée.

Enfin, le 3ᵉ corps d'armée a ses équipages presque au complet, quand surgit une autre difficulté.

« Mais, dit M. l'intendant général Friant, je n'avais personne pour conduire les voitures ; je ne pouvais m'adresser qu'aux paysans, qui, nécessairement n'étaient pas organisés, et je dus me servir des ressources que pouvaient me procurer les moyens civils en attendant l'organisation des moyens militaires. Le 3ᵉ corps était très fort. Il comptait 53,000 hommes. Il se composait de quatre divisions d'infanterie, de deux de cavalerie, d'une brigade légère, d'une réserve d'artillerie très considérable. Enfin, c'était un effectif de 53,000 hommes. On s'est mis en route, division par division, immédiatement, vers le 25 juillet. J'avais appris également qu'en Lorraine nous n'avions que de petits fours pour faire le pain, et il était par conséquent nécessaire de partir avec quelques jours de biscuit et de farine. Je me suis adressé à l'intendant de Metz pour avoir des farines et de l'avoine. Sa réponse a été négative ; malgré les plus vives instances, je n'ai rien obtenu. »

M. l'intendant général Friant indique ensuite comment il a dû procéder pour assurer la subsistance du 3ᵉ corps d'armée.

« Ainsi, selon moi, déclare-t-il, à la fin de sa déposition devant la commission des marchés, l'administration, qui n'a jamais reçu d'ordres, — je n'en ai jamais reçu pour ma part de qui que ce soit, — a fait ce qu'elle a pu. Je ne veux pas du tout en prendre la défense, je ne fais qu'exposer les faits. En somme, elle n'est pas responsable. »

Il est certain que M. l'intendant général Friant, dont j'ai reproduit précédemment une dépêche au ministre de la guerre, où il dépeignait sa pénurie, a fait de sa propre initiative tout ce qu'il pouvait pour remédier à la déplorable situation où se trouvaient nos troupes au début de la campagne.

Il est non moins évident qu'ayant agi avec autant d'énergie que d'habileté, il était autorisé, plus que tout autre, à dégager la responsabilité du corps dont il faisait partie.

Mais il me semble que le commandement ne peut cependant être attaqué sur l'insuffisance des approvisionnements, car, avant la guerre de 1870, il était sous la tutelle absolue de l'administration, qui entendait dominer sans partage et qui interdisait aux généraux toute intervention dans les affaires administratives.

Les chefs militaires se trouvaient ainsi placés dans l'impossibilité de pourvoir par eux-mêmes aux besoins des troupes dont ils avaient le commandement, l'éducation spéciale qu'ils avaient reçue depuis leur entrée au service les ayant amenés peu à peu à se désintéresser de questions pour lesquelles on ne leur demandait jamais leur avis.

Les ministres de la guerre, eux-mêmes, se voyaient dans l'obligation de subir les exigences du corps de l'intendance.

C'est M. l'intendant général Blondeau qui l'a, d'ailleurs, reconnu par l'observation suivante :

« Il est bien rare, déclare-t-il, que les ministres de la guerre, en entrant en fonctions, aient été préparés au rôle d'administrateurs qu'ils vont avoir à remplir. Ils y arrivent, d'ordinaire, avec des préjugés tout à fait hostiles à l'administration. Le ministre a été autrefois, par exemple, le colonel d'un régiment, il se souvient que l'intendant l'a fort ennuyé par son contrôle, par ses exigences en diverses circonstances, qu'il a été pour lui un être fort ennuyeux. Il conserve ces sentiments-là pour l'institution elle-même. S'il a été officier d'état-major, c'est la même chose pour d'autres motifs.

« Le premier devoir du directeur de l'administration est de le ramener. Il n'y a pas de ministre qui, étant resté six mois au ministère, ne soit convaincu que les fonctionnaires de l'intendance sont ses auxiliaires les plus nécessaires ; mais, au début, ils jugent tout autrement. »

En un mot, avant la guerre de 1870, l'organisation militaire était conçue et fonctionnait dans des conditions telles que le commandement se trouvait l'esclave de l'administration, depuis le ministre jusqu'au dernier sous-lieutenant, et cet esclavage était d'autant plus ancré dans les mœurs de notre armée, que, d'une part, le corps de l'intendance se recrutait parmi l'élite des jeunes capitaines, et que d'autre part, ayant lui-même le contrôle de ses propres actes, il était en réalité tout à fait indépendant.

Voilà la vérité.

L'institution était mauvaise.

L'omnipotence incontestée des administrateurs et l'ignorance soigneusement entretenue des généraux en ont fait un danger public.

Les premiers se plaignent de n'avoir jamais reçu d'ordres des seconds.

A coup sûr, les commandants des corps d'armée et des divisions ont eu tort de ne pas exercer pleinement les droits que leur conféraient leur autorité et leur responsabilité.

Mais, s'ils avaient donné des ordres, auraient-ils été capables d'en assurer l'exécution?

Il est permis d'en douter.

J'ajoute que les subordonnés n'ont pas pour devoir unique d'attendre les ordres de leurs supérieurs.

Ils doivent encore les provoquer, quand ils n'en reçoivent pas.

Voilà, suivant moi, le principe fondamental de la véritable éducation militaire.

S'en remettre constamment à l'intervention directe du chef, sans la solliciter, sans la seconder, c'est admettre que celui-ci a la science universelle, que seul il peut tout voir, tout entendre, tout prévoir, tout ordonner, que son autorité doit se manifester toujours et partout.

L'une des grandes fautes commises dans notre armée en 1870, faute qui, je le reconnais, prenait sa source dans les innombrables défectuosités de notre organisation militaire, c'est, à mon avis, cette abstention systématique, cette inertie des inférieurs attendant toujours des ordres, se plaignant de n'en pas recevoir, mais évitant scrupuleusement de les appeler comme s'ils avaient craint de se compromettre.

Un véritable chef militaire ne fait jamais mauvais accueil à ceux de ses lieutenants qui n'hésitent pas à éveiller son attention, dans les circonstances graves, à lui signaler des omissions, des oublis, ou des erreurs, dès l'instant que le sentiment du devoir seul inspire leurs avis ou leur indication. Au contraire, s'il n'est ni présomptueux, ni affligé d'un amour-propre excessif, il leur sait gré de lui faciliter sa tâche et de l'aider, dans la mesure de leurs forces et de leur compétence, à l'accomplissement de la mission si lourde qui lui incombe.

Le commandement n'est-il pas la convergence des efforts vers un même but?

Comment cette convergence pourrait-elle être obtenue, si ce n'est par une sorte de répercussion du centre vers la périphérie pour revenir vers l'objectif commun?

Quant à moi, c'est toujours ainsi que j'ai envisagé l'action du chef et l'exercice du commandement.

Le souvenir des événements de 1870 ne fait que corroborer mon opinion.

Je voudrais que tous ceux qui sont appelés à faire preuve d'initiative et à assumer une part de responsabilité devant l'ennemi s'en inspirassent désormais et ne se départissent plus de cette ligne de conduite tracée par les enseignements qui se dégagent de ce souvenir.

On pense bien que je n'ai pas relevé toutes les citations que je viens de donner pour mettre en cause des hommes qui ont assurément commis de regrettables erreurs, mais qui étaient de vieux et loyaux serviteurs du pays.

Loin de ma pensée cette vaine chicane, cette récrimination stérile.

Je cherche la vérité, parce que je crois qu'il est indispensable de la découvrir et de la produire.

Voici plus de quinze ans déjà, le général Ducrot, encore sous le coup de ses souffrances, s'écriait devant la commission des marchés :

« Oh! il faut avoir passé par toutes les épreuves que nous avons subies pour savoir ce que nous avons souffert, pour comprendre le désir ardent que nous éprouvons de voir porter un prompt remède à l'organisation défectueuse, détestable, qui a été la cause de nos désastres.

« On se sent pris d'un véritable désespoir, lorsqu'on songe que nos affreuses humiliations sont la conséquence d'une imprévoyance sans nom, d'une incapacité absolue, d'un fol entêtement...

« Nous n'y pouvons rien, à coup sûr, puisque nous n'avons jamais été libres de nos mouvements, puisque l'on n'a tenu aucun compte de nos avis. Vainement, pendant cinq ans, nous avons sonné la cloche d'alarme; on n'a pas voulu l'entendre, et par cet aveuglement fatal, on est arrivé à nous infliger toutes les hontes de la défaite, toutes les humiliations, toutes les douleurs de la captivité.

« Vous ne savez pas ce que nous avons souffert; non! vous ne le saurez jamais!

« Et l'on discute, et l'on demande s'il est bien nécessaire de modifier l'ancien état de choses! »

C'est le même sentiment qui m'a guidé dans l'examen détaillé que je viens de faire de notre situation militaire au moment où la France entrait en lutte avec l'Allemagne.

J'ai tenu à montrer méthodiquement, par la comparaison raisonnée, les diverses causes de notre infériorité morale et matérielle, ainsi que les fautes commises par ceux qui avaient le pouvoir en main, afin que nous nous demandions si nous avons réellement fait tout ce que réclame l'intérêt suprême de la défense nationale.

Hélas! nous discutons encore sur certaines questions capitales qui, pourtant, auraient dû être résolues dès que la France fut délivrée de

Napoléon III et le général Ducrot visitant les fortifications de Strasbourg. (Page 138.)

l'invasion, notamment sur notre système de recrutement, sur notre régime d'avancement, sur l'organisation de nos cadres et de nos effectifs.

Je sais bien que les dissensions des partis politiques et que certains événements extérieurs ont détourné l'attention du peuple de ces grands problèmes qui mettent en jeu sa prospérité, son existence et son honneur.

Mais le moment n'est-il pas venu de sortir enfin de cette trop longue période d'incubation et de donner à la France, en dehors des autres institutions sociales et politiques conformes à ses aspirations, une organisation militaire qui lui permette de reprendre et de tenir son rang en Europe !

Je laisserai de côté ce qui concerne nos places fortes, puisque toutes celles qui se trouvaient dans le rayon des opérations ont été investies et que j'aurai à examiner comment elles ont été attaquées et défendues.

Tout ce que l'on peut en dire, au surplus, c'est qu'aucune d'elles n'était en état de résister.

A Strasbourg, on avait cherché à remédier à l'insuffisance des profils à l'aide de dispositifs spéciaux qui, de l'aveu même des hommes du métier étaient absolument inefficaces.

Le général Ducrot avait, paraît-il, proposé un projet complet pour la transformation de cette place en un vaste camp retranché qui fût devenu notre boulevard sur la rive gauche du Rhin. Ce projet ne fut pas admis, parce qu'il fut trouvé trop dispendieux, bien que Napoléon III l'eût complètement approuvé quand il passa par cette ville en 1867. Je signale ce fait en passant, parce que le plan qui fut alors rejeté a été recueilli par les Allemands et appliqué, avec les modifications naturelles résultant du changement des situations respectives des deux pays par suite de la perte de nos départements d'Alsace et de Lorraine. Quelque onéreuse qu'eût été la réalisation du projet du général Ducrot, elle ne nous aurait jamais coûté les pertes et les dépenses que nous avons subies par suite de l'impossibilité où Strasbourg se trouva de résister à une attaque même de courte durée.

A Metz, les ouvrages n'étaient ni revêtus ni armés, et les forts extérieurs, dont on avait récemment commencé la construction, n'étaient même pas encore fermés à la gorge lorsque s'ouvrirent les hostilités entre les deux armées.

A Paris, rien n'était prêt. L'enceinte et les forts extérieurs étaient d'ailleurs considérés, en général, comme des précautions de luxe, du moins contre un ennemi venant du dehors, car personne ne supposait qu'aucune armée d'invasion fût capable à la fois de bloquer la capitale et de tenir la campagne contre des armées levées en province. J'ai déjà signalé cette opinion en rappelant une brochure allemande parue dans le courant de l'année 1869 et qui poussait une invasion en France jusqu'à l'investissement de Paris.

Des autres petites places, on se préoccupait fort peu : il suffit, pour s'en convaincre, de se reporter aux extraits du cahier du sous-intendant de

Metz que j'ai reproduits précédemment. On y verra qu'à la date du 7 juillet 1870 on rentrait dans les magasins de Bitche les palissades que l'on avait élevées autour de ce fort en 1867, quand l'affaire du Luxembourg a failli nous amener la guerre.

Pour rendre aussi complet que possible ce rapide exposé de notre situation militaire à la veille de la guerre, il me faut encore mentionner le manque absolu de cartes et de tous renseignements topographiques.

A la date du 29 juillet, le major général télégraphiait au ministre de la guerre :

« Donnez l'ordre au dépôt de la guerre d'activer le plus possible l'envoi des volumes de notices et d'itinéraires qui viennent d'être imprimés. L'empereur désire les avoir très promptement. Qu'on ne perde pas une minute. »

Quels étaient ces documents qui faisaient défaut au moment où ils étaient le plus nécessaires ? Il importe de le dire.

Au commencement de l'année 1868, un service spécial d'études extérieures avait été confié par le maréchal Niel au lieutenant-colonel Lewal, du corps d'état-major.

Cet officier supérieur s'était acquis un grand renom au Mexique, bien que ses conceptions eussent été fortement critiquées. Qui, d'ailleurs, n'est exposé aux attaques les moins justifiées et les plus malveillantes ? De retour en France, il s'était fait remarquer par ses travaux. On sait que, depuis la guerre, il a publié un nombre considérable de livres qui en ont fait le premier écrivain militaire de notre époque. Son influence a été considérable sur notre réorganisation militaire, bien que l'on ait laissé de côté certaines de ses propositions qui eussent activé et consolidé la réfection de nos forces nationales. La jeune armée, imbue de ses idées, attendait beaucoup de lui quand il a été nommé ministre de la guerre. Malheureusement, il n'est resté que trop peu de temps au pouvoir. Obligé d'ailleurs de se consacrer presque exclusivement aux affaires du Tonkin, il a été renversé par la bourrasque politique qui a suivi l'échec de Lang-Son, et malheureusement encore, bien qu'il soit en pleine possession de ses facultés physiques et intellectuelles, l'heure de la retraite va bientô sonner pour lui sans qu'il ait pu réaliser les légitimes espérances que nous avions tous placées en lui.

N'est-il pas déplorable que cette inflexible limite d'âge vienne ainsi priver le pays et l'armée des services d'hommes éminents, qui jouissent de la confiance entière des troupes et qui sauraient prouver sur un champ de bataille qu'ils sont dignes de cette confiance? Quant à moi, j'ai toujours regretté qu'il en soit ainsi et je saisis cette occasion d'exprimer mon opinion avec d'autant plus d'empressement qu'il s'agit ici d'un chef de haute valeur que la plupart des officiers, pour ne pas dire tous, considèrent comme leur maître en sciences militaires.

Le colonel Lewal avait sous ses ordres une vingtaine d'officiers supérieurs ou capitaines du corps d'état-major dont il dirigeait le travail.

Cette section, à l'aide des renseignements qu'elle recueillait, avait été chargée de dresser les itinéraires, de décrire les voies de communications, d'étudier les positions militaires, de désigner les centres d'approvisionnement dans l'étendue des territoires qui formeraient probablement le théâtre d'opérations en cas d'une guerre entre la Prusse et la France. Ces territoires comprenaient la frontière du Nord-Est, de Luxembourg à Strasbourg, et la ligne du Mein ainsi que le Neker et la Forêt-Noire.

On était arrivé ainsi à établir un guide militaire des plus complets et des plus pratiques qu'il n'y avait plus qu'à mettre, lors de l'ouverture des hostilités, entre les mains du plus grand nombre possible d'officiers au moment de l'entrée en campagne.

Les commandants de tout grade, depuis le commandant d'armée jusqu'au commandant de la plus petite reconnaissance, auraient été immédiatement renseignés sur les ressources de la route ou du chemin à suivre, sur les obstacles naturels ou artificiels qu'ils devaient rencontrer, sur les positions défensives ou offensives, sur les ponts, les gués, les défilés, les localités, sur les ressources en cantonnements, en vivres et en fourrages.

Malheureusement cet ouvrage, monument militaire de la plus haute valeur, n'a jamais été achevé.

De la dépêche adressée par le major général au ministre de la guerre, dans les derniers jours de juillet, il semble résulter que l'on en a fait imprimer une partie.

Que sont devenus ces volumes?

On n'a pas dû les recevoir à l'état-major général de l'armée du Rhin.

En tout cas, on n'a pu les utiliser.

Cet incident mérite d'être signalé, car il prouve que les officiers d'état-major accomplissaient avec zèle leur devoir avant la guerre de 1870, comme aujourd'hui, d'ailleurs.

Si l'on avait eu, du moins, le bon esprit de répartir les officiers de la section du colonel Lewal, comme le prescrivaient leurs travaux antérieurs, on aurait peut-être remédié partiellement à l'absence de documents authentiques.

Si l'on avait attaché à l'état-major du maréchal de Mac-Mahon, par exemple, quelques-uns des officiers qui avaient fait l'itinéraire des deux rives du Rhin, de Landau à Mayence, le commandant du 1er corps d'armée aurait été certainement informé par eux qu'il devait se mettre en garde contre l'arrivée immédiate des corps prussiens et bavarois.

Mais on les dispersa en les envoyant n'importe où.

On en plaça, toutefois, un petit groupe sous les ordres du colonel Lewal à l'état-major général de l'armée du Rhin.

Au lieu de leur faire exécuter des reconnaissances incessantes à la tête de petits groupes de cavaliers, afin de recueillir des renseignements précis sur les mouvements et les positions de l'ennemi, on les gardait dans les bureaux où ils ne trouvaient d'autre occupation que la rédaction des copies d'ordres! Ils ne sortaient guère que pour former escorte, et, comme le disait l'un deux : « Nous baissions alors tristement la tête, car nous sentions combien notre rôle était au-dessous de ce que nous pouvions et devions faire. »

Voilà comment il advint que les généraux en chef n'avaient ni itinéraire pour s'éclairer, ni carte pour se diriger, ni officier d'état-major pour les guider.

Était-ce la faute des hommes? Non.

Cette situation déplorable était uniquement due aux institutions.

Il faut y insister, car les institutions militaires n'ont d'autre but que la guerre, et, c'est quand on a en main la preuve irréfutable qu'elles ne répondent pas aux véritables exigences de la guerre, qu'il faut saisir cette preuve et la mettre bien en relief, afin que la leçon ne soit pas perdue.

Pour terminer cette esquisse générale de la mobilisation et de la concentration de l'armée française au mois de juillet 1870, il ne me reste plus qu'à dire quelques mots au sujet des transports stratégiques.

C'est grâce aux chemins de fer que nous avions pu, en 1859, venir immédiatement au secours des troupes de Victor-Emmanuel et tomber à l'improviste sur l'armée autrichienne toute surprise de notre présence en Italie, car nous l'avions attaquée alors qu'elle supposait la masse principale de nos forces encore sur notre propre territoire.

Le grand état-major de Berlin avait immédiatement vu le parti que l'on pouvait tirer de l'usage des voies ferrées pour la mobilisation et surtout pour la concentration.

La guerre de 1866, entre la Prusse et l'Autriche, nous avait indiqué, par la brusque apparition des troupes prussiennes en Saxe et en Bohême, que les chemins de fer étaient appelés à jouer désormais un rôle considérable dans les premières opérations de toute guerre.

La prévoyance ordonnait de préparer à l'avance les transports stratégiques vers le front primitif d'opérations, si l'on voulait y procéder avec ordre et rapidité.

Dans cette intention, le maréchal Niel avait institué une commission d'étude qui devait réglementer l'emploi des voies ferrées et arrêter un plan d'exécution en vue d'une guerre jugée dès lors à peu près inévitable et même très prochaine contre la Prusse.

Mais, après la mort du maréchal, tous ces travaux préparatoires avaient été laissés de côté et la commission spéciale qui était chargée d'élaborer ce programme n'avait plus été réunie, paraît-il, depuis un an, quand nous déclarâmes la guerre à la Prusse.

D'autre part, au lieu de mobiliser les troupes sur place, puis de les transporter par chemin de fer sur la zone de concentration, on les mit immédiatement en mouvement sans qu'elles eussent, comme je l'ai montré dans les pages précédentes, ni leurs hommes de complément, ni leur outillage de campagne.

Les réservistes circulaient de leur côté dans toutes les directions, quittant leur domicile pour se rendre à leur dépôt, puis repartant de leur dépôt et cherchant leur régiment partout sans parvenir à le trouver, si ce n'est après plusieurs jours de promenade, tout comme les généraux, les intendants, les officiers d'état-major, les médecins, les vétérinaires et les autres fonctionnaires ou agents militaires couraient après leurs divisions et leurs brigades.

C'était un désordre, une confusion, un chaos, dont on ne peut se faire une idée quand on n'a pas soi-même assisté à cette course folle des diverses parties organiques de l'armée s'efforçant de se rejoindre.

Dans cette crise, la plus lourde responsabilité incombait aux administrations des diverses Compagnies de chemins de fer et surtout à la Compagnie de l'Est.

Bien que n'ayant aucun plan, aucun guide, elles firent, toutes, preuve d'un dévouement au-dessus de tout éloge.

Nous n'avons pas été victorieux.

Nous avons même été lamentablement vaincus.

Il n'en est pas moins vrai que la Compagnie des chemins de fer de l'Est a dignement mérité de la Patrie.

Au point de vue militaire, et c'est à ce point de vue seul que je veux faire ici une courte allusion au principe du rachat et de l'exploitation de nos voies ferrées par l'État, il n'est pas douteux que l'intérêt de la défense nationale donne la préférence à un personnel relevant du gouvernement plutôt que de sociétés particulières.

De même, il est certain que si l'État possédait la haute main sur le personnel, il pourrait le constituer en majeure partie avec les anciens militaires quittant l'armée après avoir passé par rengagement deux ou trois fois plus d'années sous les drapeaux que la loi en impose, tandis qu'aujourd'hui encore, et malgré l'exemple, pourtant si instructif, qui nous est donné par l'Allemagne, le gouvernement n'a pas le droit d'exiger des Compagnies de chemin de fer la libre disposition de certains emplois pour les anciens serviteurs de l'armée. Je crois que, si l'État était maître de tous les chemins de fer, il y ferait entrer tout d'abord les anciens soldats, caporaux ou brigadiers et sous-officiers, en leur réservant les premières places disponibles. Mais j'ai peut-être tort d'être aussi affirmatif, car l'État possède d'autres administrations publiques où les vacances sont remplies par des jeunes gens qui, pour une cause quelconque, n'ont pas eu à servir dans les rangs de l'armée, bien plutôt que par des hommes qui ont déjà donné des preuves de leur dévouement, de leur discipline et de leur zèle pendant un séjour de plusieurs années à la caserne, et il se pourrait que cet ostracisme, contre lequel les représentants de l'armée au sein de la commission des emplois civils réservés aux militaires protestent en vain depuis de si nombreuses années, s'étendît des administrations publiques qui le pratiquent actuellement à l'administration des chemins de fer de l'État.

Mais, sous ces réserves que je signale incidemment, il n'est pas moins incontestable que la Compagnie des chemins de fer de l'Est a fait preuve, en 1870, d'une énergie, d'un dévouement, qui méritent l'admiration de tout patriote.

Les transports sur le réseau de cette compagnie ont commencé le 16 juillet.

Dans l'espace de 22 jours, avec ses seules ressources et sans qu'elle y eût été aidée par les divers états-majors auxquels incombait cette tâche, elle a organisé 1,223 trains supplémentaires, ce qui correspond à un nombre moyen de 55 trains militaires par jour.

A la date du 6 août, elle avait véhiculé : 300,000 hommes de toutes armes; 64,700 chevaux de selle et de trait; 6,600 voitures, y compris les canons; 4,400 wagons de munitions et de subsistances.

Parmi les hommes ainsi transportés il convient de remarquer que beaucoup s'éloignaient de la frontière et se dirigeaient vers leurs dépôts, je tiens à le rappeler, car le nombre de 300,000 militaires voyageant dans l'un et l'autre sens ne représente nullement l'effectif de notre armée après la concentration, effectif qui, je l'ai déjà dit, n'a pas atteint 250,000 hommes d'après les évaluations officielles de notre état-major et de l'état-major allemand.

L'effort prodigieux, réalisé par la Compagnie de l'Est sans aucune préparation, nous autorise à penser que nos administrations de chemin de fer seraient à hauteur de leur importante mission, maintenant que leur précieux concours a été réglementé et expérimenté.

Aujourd'hui, d'ailleurs, elles savent que l'état-major les seconderait puissamment.

En 1870, il n'en était pas de même.

« Vous expédiez toujours, disait le directeur de la Compagnie de l'Est à l'officier qui était chargé de l'organisation du mouvement. Vous arriverez à un encombrement dont la conséquence sera de rendre impossible, à un moment donné, le départ et la marche d'un train. »

Et cet officier lui répondait :

« J'expédie parce que j'ai l'ordre d'expédier. Je n'ai pas ici à m'occuper de ce qui se passe à l'arrivée. »

Et les trains succédaient aux trains, se suivant de fort près au départ, se ralentissant dans le trajet, se touchant presque quand ils atteignaient la fin de leur parcours.

Les hommes passaient ainsi de longues heures dans l'inactivité la plus complète, buvant, criant, chantant, attendant avec impatience le moment où ils pourraient sortir du wagon.

Enfin, ils débarquaient où ils pouvaient, et, naturellement, rien n'était préparé pour les recevoir.

Quel triste spectacle!

Pendant que les troupes transportées quittaient la voie ferrée n'importe où, le matériel s'accumulait dans les gares, sans que les destinataires vinssent le chercher. Comment auraient-ils pu le prendre, d'ailleurs, puisqu'ils n'étaient pas prévenus? C'est ainsi, pour n'en citer qu'un nouvel exemple, que, le 21 août, on découvrit, à la gare de Metz, des caisses contenant 4,000,000 de cartouches, alors que nos fantassins avaient manqué de munitions dans les combats des jours précédents.

De quelque côté qu'aient porté mes investigations, je ne puis donc constater qu'un manque absolu de préparation et d'organisation.

L'armée française entrait en campagne sans qu'aucune disposition ait été prise pour lui assurer le succès.

Je terminerai ce coup d'œil général sur notre situation au début des hostilités par les extraits suivants de deux lettres qu'a écrites Napoléon III et qui précisent bien cette situation.

La première lettre est du 29 mai 1859, c'est-à-dire du commencement de la campagne d'Italie.

Campement de voltigeurs dans l'île Chambière à Metz. (Page 152.)

L'empereur, frappé de l'insuffisance de notre administration militaire, écrivait au ministre de la guerre :

« Ce qui me désole dans l'organisation de l'armée, c'est que nous avons toujours l'air, en présence d'autres armées, d'enfants qui n'ont jamais fait la guerre... Vous concevez que ce n'est pas un reproche que je vous fais ;

je ne l'adresse qu'au système général qui fait qu'en France nous ne sommes jamais prêts pour la guerre. »

La seconde lettre est du 29 octobre 1870 : elle a été adressée par l'empereur, alors prisonnier au château de Wilhelmshœhe, à l'un de ses amis personnels :

« Mon cher sir Burgoyne, écrivait Napoléon III, je viens de recevoir votre lettre, qui m'a fait le plus grand plaisir, parce qu'elle est une preuve touchante de votre sympathie pour moi, et ensuite parce que votre nom me rappelle le temps heureux et glorieux où nos deux armées combattaient ensemble pour la même cause.

« Vous êtes le Moltke de l'Angleterre; vous aurez compris que nos désastres viennent de cette circonstance que les Prussiens ont été plus tôt prêts que nous, et que, pour ainsi dire, ils nous ont surpris en flagrant délit de formation. L'offensive m'étant devenue impossible, je me suis résolu à la défensive. Mais, empêchée par des complications politiques, la marche en arrière a été arrêtée, puis est devenue impossible.

« Revenu à Châlons, j'ai voulu conduire à Paris la dernière armée qui nous restait. Mais, là encore, des complications politiques nous ont forcés à faire la marche la plus imprudente et la moins stratégique qui a fini par le désastre de Sedan.

« Voilà, en peu de mots, ce qu'a été cette malheureuse campagne. Je tenais à vous donner ces explications, parce que je tiens à votre estime. »

Nous verrons ce qu'ont été ces complications politiques, ou plus exactement ces considérations dynastiques qui ont si déplorablement agi sur la conduite des opérations militaires.

Il ressort, en tout cas, de cette lettre de Napoléon III à sir Burgoyne, que nous ne pouvions marcher en avant parce que nous étions incapables de prendre l'offensive, et que nous ne pouvions reculer parce qu'une révolution était inévitable.

Ainsi s'explique l'indécision de Napoléon III.

N'osant attaquer l'ennemi ni revenir à Paris, il se tint d'abord sur la défensive, puis, pris de vertige, il se jeta dans l'abîme et nous y entraîna avec lui.

Cependant, ce n'est pas depuis 1859 seulement qu'il avait été prévenu que rien n'était prêt dans notre armée pour faire la guerre, et puisque, dans sa lettre à sir Burgoyne, il rappelle les luttes soutenues côte à côte par les troupes françaises et anglaises en Crimée, je rappellerai à mon tour que, dès 1854, il était averti de l'insuffisance de notre organisation militaire.

Le maréchal de Saint-Arnaud, qui commandait en chef notre armée, lui écrivait, en effet, de Gallipoli, à la date du 26 mai :

« Sire, je suis arrivé à Gallipoli dans la nuit, et, depuis la pointe du jour, j'ai travaillé à me rendre un compte exact de la situation de l'armée, de ce qui lui manque, de ses besoins, de nos ressources.

« Je le dis avec douleur à Votre Majesté, nous ne sommes pas constitués, ni en état de faire la guerre tels que nous sommes aujourd'hui. Nous n'avons que vingt-quatre pièces attelées prêtes à faire feu, et cinq cents chevaux...

« Notre situation est encore plus triste sous le rapport des approvisionnements. J'ai pour dix jours de biscuit; il m'en faudrait pour trois mois au moins...

« On ne fait pas la guerre sans pain, sans souliers, sans marmites et sans bidons... »

Un homme d'État français a bien voulu, dans un langage imagé, me comparer au maréchal de Saint-Arnaud.

Bien qu'il ne m'appartienne plus de qualifier ce langage, j'ai le droit cependant de ne retenir que ce qui me convient du parallèle qui s'y trouvait entre un simple général et le vainqueur de l'Alma, entre un homme qui se préparait, modestement, dans un poste effacé de la province, à faire son devoir, et celui qui avait eu l'honneur de conduire les troupes françaises et anglaises à la victoire.

Et puisque je suis amené, par un incident de la politique courante, à ce retour vers le passé, qu'il me soit permis d'ajouter que le maréchal de Saint-Arnaud, pressé par le gouvernement impérial de commencer rapidement les hostilités contre les Russes, avait eu le rare courage de répondre:

« Je n'ai pas le droit de hasarder et de compromettre l'honneur du drapeau, en mettant en ligne une armée non constituée, non organisée, n'ayant ni son artillerie, ni sa cavalerie, ni ses ambulances, ni son train, ni ses transports, ni ses approvisionnements. »

Voilà ce qu'écrivait, le 30 mai 1854, le général en chef de l'armée de Crimée, et le 14 septembre suivant, il battait les troupes du czar à l'Alma.

En 1870, la désorganisation était aussi profonde, peut-être même plus que seize ans auparavant.

N'ayant rien préparé, ce n'est pas à une victoire que l'Empire nous conduisait, mais à d'épouvantables défaites !

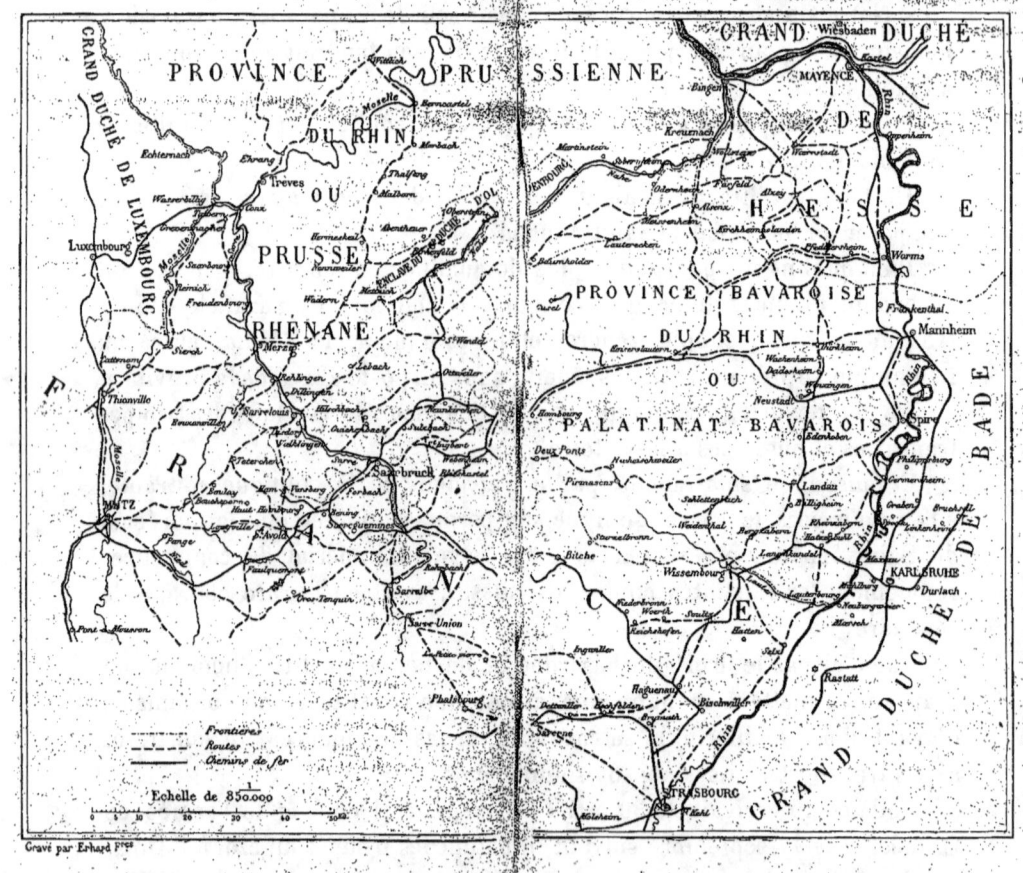

CONCENTRATION DES ARMÉES FRANÇAISES ET ALLEMANDES (Pl. I.)

COMBAT DE SARREBRUCK

J'ai dit précédemment que l'armée d'opérations comprenait les corps de la garde impériale, sept corps d'armée de la ligne, une réserve générale de cavalerie, une réserve générale d'artillerie et une réserve générale du génie.

Il est assez difficile de donner exactement la composition et les mouvements de ces diverses grandes subdivisions stratégiques, car les mutations dans le commandement paraissent avoir été nombreuses pendant les premiers jours de la campagne, ainsi que les changements dans la répartition des troupes, tandis que les opérations commencèrent par une série de marches et de contremarches dont le détail est absolument dépourvu d'intérêt.

De cet ensemble d'ordres et de contre-ordres pour le personnel com[...] pour le matériel, se dégage cependant une nouvelle preuve à l'appui [...] manque absolu de préparation et de combinaison.

L'armée avait pour général en chef l'empereur Napoléon III.
Le maréchal Le Bœuf était son major général.
Il avait près de lui, au grand quartier général :
Le général Lebrun, 1er aide-major général ;
Le général Jarras, 2e aide-major général ;
Le général Soleille, commandant l'artillerie de l'armée ;
Le général Coffinières de Nordeck, commandant le génie de l'armée ;
Le général Mitrécé, directeur général des parcs ;
Le général Letellier-Blanchard, commandant du grand quartier général ;
L'intendant général Wolff, intendant de l'armée.

Depuis l'envoi de l'ordre de mobilisation, c'est-à-dire depuis le 16 juillet jusqu'au 24, le maréchal Bazaine avait exercé le commandement nominal sur les troupes qui se concentraient.

Le 25, le maréchal Le Bœuf était arrivé à Metz et y avait installé l'état-major général dans les conditions que j'ai précédemment indiquées d'après la note d'un officier qui en faisait partie.

Le 29, l'empereur venait à son tour prendre, à Metz également, le commandement en chef de l'armée.

Il amenait avec lui son fils et était suivi d'une escorte extrêmement nombreuse ainsi que d'une quantité considérable de voitures : on n'y comptait pas moins de 311 chevaux.

Nous verrons que cette suite fut plus tard la cause de nombreux embarras.

J'admets fort bien qu'un souverain et même qu'un général en chef s'entourent d'un certain apparat.

Mais, à la guerre tout ce qui n'est que luxe doit être impitoyablement écarté.

Ici, nos troupes n'avaient pas ce qui leur était nécessaire, et, contraste choquant, la suite impériale paraissait être par son développement une sorte de provocation, involontaire assurément, trop réelle cependant, à des plaintes et à des critiques qui, d'après des témoins oculaires, se manifestèrent bruyamment à maintes reprises, au grand détriment de la discipline des troupes et du prestige du commandement.

La Garde impériale avait, pour commandant en chef, le général Bourbaki.

Le général d'Auvergne en était le chef d'état-major général.

Le général Pé de Arros en commandait l'artillerie.

Sa composition était la suivante :

1re DIVISION. — GÉNÉRAL PICARD.

1re brigade, général Jeanningros : 1er régiment des grenadiers de la garde : 3 bataillons; régiment de zouaves de la garde : 2 bataillons;

2e brigade, général le Poitevin de la Croix : 2e régiment de grenadiers de la garde : 3 bataillons; 3e régiment de grenadiers de la garde : 3 bataillons.

Artillerie. 1re et 2e batteries du régiment d'artillerie montée de la garde : 12 pièces de 4 ; 5e batterie du même régiment : 6 mitrailleuses.

2e DIVISION. — GÉNÉRAL DELIGNY.

1re brigade, général Brincourt : bataillon de chasseurs de la garde ; 1er régiment de voltigeurs de la garde : 3 bataillons.

2e brigade, général Garnier : 3e régiment de voltigeurs de la garde : 3 bataillons; 4e régiment de voltigeurs de la garde : 3 bataillons.

Artillerie. 3e et 4e batteries du régiment d'artillerie montée de la garde : 12 pièces de 4 ; 6e batterie du même régiment : 6 mitrailleuses.

DIVISION DE CAVALERIE. — GÉNÉRAL DESVAUX.

1re brigade, général du Breuil : régiment de carabiniers : 4 escadrons ; régiment de cuirassiers de la garde : 4 escadrons.

2e brigade, général de France : régiment de dragons de la garde : 4 escadrons ; régiment de lanciers de la garde : 4 escadrons.

3e brigade, général Halna du Frétay : Régiment de chasseurs à cheval de la garde : 4 escadrons ; régiment de guides : 4 escadrons.

Artillerie. 1re et 2e batteries du régiment d'artillerie à cheval de la garde : 12 pièces de 4.

RÉSERVE D'ARTILLERIE.

3e 4e 5e et 6e batteries du régiment d'artillerie à cheval de la garde : 24 pièces de 4.

Total : 24 bataillons d'infanterie ; 24 escadrons de cavalerie ; 12 batteries d'artillerie ; 21,949 hommes ; 6,635 chevaux.

Cet effectif pouvait donner sur le champ de bataille : 16,000 fusils, 2,500 sabres, 60 canons.

Le corps de la garde impériale avait été dirigé de Paris et des environs vers Nancy, du 20 au 22 juillet, puis vers Metz, du 25 au 27. Il occupa alors le campement de Chambière, sous les murs de cette dernière ville, sans participer aux nombreux mouvements effectués par les autres corps d'armée jusque dans les premiers jours d'août.

On comptait beaucoup sur le concours de la garde dans les moments difficiles.

Cette troupe d'élite se composait, en effet, d'anciens soldats, en majeure partie du moins, car depuis quelques années on y avait admis de tout jeunes gens.

Elle jouissait d'une réputation de bravoure incontestable et incontestée.

Depuis la suppression des compagnies de grenadiers et de voltigeurs dans les bataillons d'infanterie de ligne, suppression très critiquable à l'époque où elle fut opérée, la garde représentait, par son esprit de corps, le seul élément de sélection que possédât l'infanterie.

Parmi les vieux serviteurs dont elle se composait, beaucoup étaient très fatigués, il est vrai, par les nombreuses années qu'ils avaient déjà passées sous les drapeaux, par les campagnes qu'ils avaient faites et par les blessures qu'ils y avaient reçues. On s'en était aperçu, à la difficulté que certains d'entre eux avaient éprouvée en se rendant au camp de Châlons

Les Allemands allument de grands feux sur les crêtes de la Forêt-Noire. (Page 156.)

quand leur tour les y appelait. Elle renfermait des soldats certainement plus épuisés que l'étaient ceux de la garde sous Napoléon Ier, dans ses campagnes de 1805, de 1806 et même de 1809. Mais si la vigueur n'était plus la même, le courage était tout aussi grand, et chacun était persuadé que l'intervention de la garde impériale sur un champ de bataille devait inévitablement décider la victoire en notre faveur.

Le 1ᵉʳ corps d'armée avait, pour commandant en chef, le maréchal de Mac-Mahon, duc de Magenta.

Le général Colson en était le chef d'état-major général.

Le général Forgeot en commandait l'artillerie.

La composition était la suivante :

1ʳᵉ DIVISION. — GÉNÉRAL DUCROT.

1ʳᵉ brigade, général Wolff : 13ᵉ bataillon de chasseurs ; 18ᵉ régiment d'infanterie : 3 bataillons ; 96ᵉ régiment d'infanterie : 3 bataillons.

2ᵉ brigade, général de Postis du Houlbec : 45ᵉ régiment d'infanterie : 3 bataillons ; 1ᵉʳ régiment de zouaves : 3 bataillons.

Artillerie : 6ᵉ et 7ᵉ batteries montées du 9ᵉ régiment : 12 pièces de 4 ; 8ᵉ batterie du même régiment : 6 mitrailleuses.

2ᵉ DIVISION. — GÉNÉRAL ABEL DOUAY.

1ʳᵉ brigade, général Pelletier de Montmarie : 16ᵉ bataillon de chasseurs ; 50ᵉ régiment d'infanterie : 3 bataillons ; 74ᵉ régiment d'infanterie : 3 bataillons.

2ᵉ brigade, général Pellé : 78ᵉ régiment d'infanterie : 3 bataillons ; 1ᵉʳ régiment de tirailleurs algériens : 3 bataillons.

Artillerie : 9ᵉ et 12ᵉ batteries montées du 9ᵉ régiment : 12 pièces de 4 ; 10ᵉ batterie du même régiment : **6 mitrailleuses.**

3ᵉ DIVISION. — GÉNÉRAL RAOULT.

1ʳᵉ brigade, général l'Héritier : 8ᵉ bataillon de chasseurs ; 36ᵉ régiment d'infanterie : 3 bataillons ; 2ᵉ régiment de zouaves : 3 bataillons.

2ᵉ brigade, général Lefebvre : 48ᵉ régiment d'infanterie : 3 bataillons ; 2ᵉ régiment de tirailleurs algériens : 3 bataillons.

Artillerie : 5ᵉ et 6ᵉ batteries montées du 12ᵉ régiment : 12 pièces de 4 ; 9ᵉ batterie du même régiment : 6 mitrailleuses.

4ᵉ DIVISION. — GÉNÉRAL DE LARTIGUE.

1ʳᵉ brigade : général Fraboulet de Kerlèadec : 1ᵉʳ bataillon de chasseurs ; 56ᵉ régiment d'infanterie : 3 bataillons ; 3ᵉ régiment de zouaves : 3 bataillons.

2ᵉ brigade, général de Lacretelle : 87ᵉ régiment d'infanterie : 3 bataillons ; 3ᵉ régiment de tirailleurs algériens : 3 bataillons.

Artillerie : 7ᵉ et 11ᵉ batteries montées du 12ᵉ régiment : 12 pièces de 4 ; 10ᵉ batterie du même régiment : 6 mitrailleuses.

DIVISION DE CAVALERIE. — GÉNÉRAL DUHESME.

1re brigade, général de Septeuil : 3e régiment de hussards : 4 escadrons ; 11e régiment de chasseurs : 4 escadrons.

2e brigade, général de Nansouty : 10e régiment de dragons : 4 escadrons ; 2e régiment de lanciers : 4 escadrons ; 6e régiment de lanciers : 4 escadrons.

3e brigade, général Michel : 8e régiment de cuirassiers : 4 escadrons ; 9e régiment de cuirassiers : 4 escadrons.

RÉSERVE D'ARTILLERIE.

11e et 12e batteries montées du 6e régiment : 12 pièces de 12 ; 5e et 11e batteries montées du 9e régiment : 12 pièces de 12 ; 1re, 2e, 3e et 4e batteries à cheval du 20e régiment : 24 pièces de 4.

Total : 52 bataillons d'infanterie ; 28 escadrons de cavalerie ; 20 batteries d'artillerie ; 41,150 hommes, 8,043 chevaux.

Le 1er corps d'armée s'était formé en Alsace avec des troupes prises dans les garnisons de l'Est ou venant d'Afrique.

Son quartier général avait été établi à Strasbourg, où se trouvait, d'ailleurs, la résidence du général Ducrot qui commandait avant la guerre la 6e division militaire.

Les premiers mouvements s'opérèrent sans qu'aucun général y présidât. Le 20, le commandant de la 1re division du 1er corps d'armée, accouru en hâte du camp de Châlons où il était à la tête d'une division de manœuvre, avait été chargé de la direction des mouvements jusqu'à l'arrivée du maréchal de Mac-Mahon qui se trouvait en Algérie et qui ne put venir occuper son poste que plusieurs jours après le commencement de la concentration.

Le 1er corps d'armée était chargé de faire face au Rhin et de couvrir la Basse-Alsace jusqu'à la frontière du Palatinat.

A peine sa formation était-elle achevée sur le papier que sa division de cavalerie fut disloquée.

On attacha :

Le 3e régiment de hussards à la 1re division d'infanterie ;
Le 11e régiment de chasseurs à la 2e division d'infanterie ;
Le 10e régiment de dragons à la 3e division d'infanterie ;
Le 2e régiment de lanciers à la 4e division d'infanterie.

Il ne restait donc plus à la division de cavalerie que le 6e régiment de lanciers, les 8e et 9e de cuirassiers.

Vers le 24 juillet, la 3e division fut détachée sur Haguenau, couverte par le 3e hussards à Soultz, par les 2e et 6e lanciers à Hatten, appuyée par le 11e chasseurs à cheval, à Haguenau même.

La petite ville de Wissembourg, sur la frontière, à l'extrémité nord de la Basse-Alsace, formait un poste avancé.

Mais la formation de l'armée de campagne avait vidé presque tous nos forts et fortins.

A la date du 20 juillet, le général Ducrot télégraphiait au ministre de la guerre :

« Il y aura demain à peine 50 hommes pour garder Neuf-Brisach et Fort-Mortier.

« Schlestadt, la Petite-Pierre et Lichtenberg sont également dégarnis. »

Il est vrai que nous pouvions avoir quelque quiétude de ce côté, car les Badois avaient replié, dès le 19, la partie du pont de bateaux de Strasbourg qui touchait à la rive droite du Rhin, et fait également sauter, le 22, une culée du viaduc de la voie ferrée qui unissait la France à l'Allemagne.

Mais, si les troupes badoises quittaient leur territoire, par contre les troupes prussiennes s'avançaient vers le nôtre, et le préfet du Bas-Rhin demandait au ministre de l'intérieur s'il n'était pas opportun d'organiser et d'armer, à Strasbourg et dans les principaux centres du département, une garde nationale solide.

Le gouvernement répondait par un refus :

« Il n'y a pas lieu en ce moment, déclarait le ministre de l'intérieur, d'organiser et d'armer une garde nationale à Strasbourg. Les corps francs la remplaceraient avantageusement, là où vous croiriez qu'ils peuvent utilement s'organiser. »

Et pourtant, quelques jours après, le 1er corps d'armée s'étant porté tout entier vers le nord, il ne restait plus que 2,000 combattants environ dans Strasbourg, c'est-à-dire dans une place qui pouvait être immédiatement investie en cas d'échec et de retraite des troupes actives.

Au surplus, l'évacuation du grand-duché de Bade, à laquelle on croyait complètement d'abord, avait paru ensuite n'être pas aussi certaine. Le chemin de fer de Rastadt transportait encore des troupes chaque jour, et la nuit de grands feux de bivouac, allumés sur divers points, laissaient supposer que de forts partis ennemis se tenaient prêts à descendre de la Forêt-Noire pour nous prendre en flanc, si nous nous dirigions vers le nord.

La situation était d'autant plus critique que nos troupes n'étaient pas encore en état de se porter en avant.

Aussi le maréchal de Mac-Mahon faisait-il hâter les derniers préparatifs afin d'être à même, non plus de prendre l'offensive, mais de résister au choc que l'on pressentait formidable.

On savait maintenant, à n'en plus douter, que toutes les troupes de l'Allemagne du Sud avaient été mobilisées et se concentraient sous le commandement suprême du roi de Prusse.

Le 30 juillet, le maréchal Le Bœuf vint trouver le maréchal de Mac-Mahon et lui transmettre les ordres de l'empereur.

On raconte que la résistance du vieux duc de Magenta fut des plus énergiques, qu'il voulut s'opposer à diriger une marche en avant dans les conditions défectueuses où il se trouvait, mais qu'il dut enfin se soumettre.

A la sortie de cette entrevue, on crut même s'apercevoir que le héros de Sébastopol avait pleuré.

Enfin, il se conforma aux instructions qui lui avaient été données et qu'il fit exécuter, du 31 juillet au 3 août, comme il suit :

La 2ᵉ division, prenant la tête du mouvement, vint s'établir à portée de Wissembourg, sous les ordres du général Abel Douay.

La 1ʳᵉ division, commandée par le général Ducrot, se plaça en seconde ligne entre Reichshoffen et Wœrth.

La 4ᵉ division, général de Lartigue, vint prendre position à Haguenau, près de la 3ᵉ division, général Raoult, et le quartier général du 1ᵉʳ corps d'armée s'installa dans cette ville avec le maréchal de Mac-Mahon.

Les régiments de cavalerie des deux brigades de Septeuil et de Nansouty s'avancèrent vers le nord-est, particulièrement vers Seltz en face de Rastadt, où se trouvait un assez fort rassemblement de troupes badoises.

La brigade de cuirassiers Michel se tenait en arrière à Brumath, où elle fut bientôt rejointe par la 2ᵉ division de cavalerie de réserve dont voici la composition :

2ᵉ DIVISION DE CAVALERIE DE RÉSERVE. — GÉNÉRAL VICOMTE DE BONNEMAINS.

1ʳᵉ brigade, général Girard : 1ᵉʳ régiment de cuirassiers : 4 escadrons ; 4ᵉ régiment de cuirassiers : 4 escadrons.

2ᵉ brigade, général de Brauer : 2ᵉ régiment de cuirassiers : 4 escadrons ; 3ᵉ régiment de cuirassiers : 4 escadrons.

Artillerie : 7ᵉ batterie à cheval du 19ᵉ régiment : 6 pièces de 4 ; 8ᵉ batterie à cheval du même régiment : 6 mitrailleuses.

Au 1ᵉʳ août, le maréchal de Mac-Mahon avait donc sous ses ordres directs :

52 bataillons d'infanterie, 42 escadrons de cavalerie, 22 batteries d'artillerie ; 42,965 hommes et 9,714 chevaux.

Comme force de combat, cet effectif pouvait se traduire par les chiffres suivants : 33,000 fusils, 4,500 sabres, 102 canons.

Il convient d'ajouter que l'on avait préparé une flottille de chaloupes canonnières qui devait s'équiper et s'armer à Strasbourg pour descendre le cours du Rhin et couler les ponts qui unissaient les deux rives du fleuve en territoire allemand, en même temps que concourir au siège des places fortes s'il y avait lieu. Mais les Allemands avaient aussitôt construit à Maxau, Germersheim, Mannheim et Mayence, des estacades pour nous empêcher de passer. Je ne mentionne cet incident que pour mémoire, me proposant d'y revenir quand j'étudierai la défense de Strasbourg.

Le 2ᵉ corps d'armée avait pour chef le général Frossard, président du comité des fortifications, aide de camp de l'empereur, précepteur du prince impérial.

Le général Saget en était le chef d'état-major général.

Le général Gagneur en commandait l'artillerie.

Le corps d'armée était réparti comme il suit :

1ʳᵉ DIVISION. — GÉNÉRAL VERGÉ.

1ʳᵉ brigade, général Letellier-Valazé : 3ᵉ bataillon de chasseurs ; 32ᵉ régiment d'infanterie : 3 bataillons ; 55ᵉ régiment d'infanterie : 3 bataillons.

2ᵉ brigade, général Jolivet : 76ᵉ régiment d'infanterie : 3 bataillons ; 77ᵉ régiment d'infanterie : 3 bataillons.

Artillerie : 5ᵉ et 12ᵉ batteries montées du 5ᵉ régiment : 12 pièces de 4 ; 6ᵉ batterie du même régiment : 6 mitrailleuses.

2ᵉ DIVISION. — GÉNÉRAL BATAILLE.

1ʳᵉ brigade, général Pouget : 12ᵉ bataillon de chasseurs ; 8ᵉ régiment d'infanterie : 3 bataillons ; 23ᵉ régiment d'infanterie : 3 bataillons.

2ᵉ brigade, général Fauvart-Bastoul : 66ᵉ régiment d'infanterie : 3 bataillons ; 67ᵉ régiment d'infanterie : 3 bataillons.

Artillerie : 7ᵉ et 8ᵉ batteries montées du 5ᵉ régiment : 12 pièces de 4 ; 9ᵉ batterie du même régiment : 6 mitrailleuses.

3ᵉ DIVISION. — GÉNÉRAL DE LAVEAUCOUPET.

1ʳᵉ brigade, général Doëns : 10ᵉ bataillon de chasseurs ; 2ᵉ régiment d'infanterie : 3 bataillons ; 63ᵉ régiment d'infanterie : 3 bataillons.

2ᵉ brigade, général Micheler : 24ᵉ régiment d'infanterie : 3 bataillons ; 40ᵉ régiment d'infanterie : 3 bataillons.

Artillerie : 7ᵉ et 8ᵉ batteries montées du 15ᵉ régiment : 12 pièces de 4 ; 11ᵉ batterie du même régiment : 6 mitrailleuses.

DIVISION DE CAVALERIE. — GÉNÉRAL MARMIER.

1ʳᵉ brigade, général de Valabrègue : 4ᵉ régiment de chasseurs : 4 escadrons ; 5ᵉ régiment de chasseurs : 4 escadrons.

2ᵉ brigade, général Bachelier : 7ᵉ régiment de dragons : 4 escadrons ; 12ᵉ régiment de dragons : 4 escadrons.

RÉSERVE D'ARTILLERIE.

10ᵉ et 11ᵉ batteries montées du 5ᵉ régiment : 12 pièces de 12 ; 6ᵉ et 10ᵉ batteries montées du 15ᵉ régiment : 12 pièces de 12 ; 7ᵉ et 8ᵉ batteries à cheval du 17ᵉ régiment : 12 pièces de 4.

TOTAL : 39 bataillons d'infanterie, 16 escadrons de cavalerie, 15 batteries d'artillerie ; 26,084 hommes, 4,789 chevaux.

Au point de vue de la force combattante, cet effectif donnait les éléments suivants : 20,000 fusils, 2,200 sabres, 72 canons.

Le 2ᵉ corps d'armée reçut, le premier, l'ordre de se mobiliser et de se diriger vers la frontière.

Il se trouvait déjà formé au camp de Châlons, où il exécutait les manœuvres annuelles.

La dépêche suivante avait été expédiée de Paris, le 15 juillet, à 11 heures 30 minutes du soir, au général Frossard, qui exerçait, cette année, le commandement des troupes réunies au camp :

« Tenez vos divisions prêtes à partir demain soir pour Saint-Avold, lui mandait-on. Elles formeront le 2ᵉ corps de l'armée du Rhin. Vous en conserverez le commandement. »

Le 2ᵉ corps d'armée commença effectivement ses mouvements dans la soirée du 16.

Les troupes furent transportées à Saint-Avold par les voies ferrées, telles qu'elles étaient constituées au camp de Châlons, ou du moins à quelques petites différences près. C'est ainsi que le général Ducrot, qui commandait la 3e division au camp, était parti, dès le 15, pour Strasbourg où il devait prendre le commandement de la 1re division du 1er corps d'armée. La division de cavalerie du camp perdit sa brigade de cuirassiers qui fut attachée à une division de la réserve de cavalerie. Quant au général Marmier, qui était en Algérie, il ne put rejoindre assez tôt la division de cavalerie du 2e corps d'armée qui eut pour chef réel le général de Valabrègue pendant toute la durée de la campagne.

Le 16, le 2e corps d'armée recevait pour mission d'être « l'œil de l'armée ». Il lui était prescrit de se masser en deçà de Saint-Avold, mais en s'éclairant jusqu'à la frontière.

Le 18, le 2e corps d'armée était concentré autour de Saint-Avold; la division Bataille et la brigade de cavalerie de Valabrègue se portaient à Forbach.

Le 21, la division Bataille place une de ses brigades à Spickeren dont la position domine la route de Sarrebruck.

Le même jour, un régiment de la division de Laveaucoupet est envoyé à Sarreguemines pour relier le 2e corps d'armée au 5e corps qui s'établit à Bitche.

Le 26, le maréchal Bazaine vient reconnaître les positions occupées par le général Frossard et ne les modifie point, bien que le commandant en chef du 2e corps d'armée eût appelé son attention sur les avantages que présenterait l'occupation du plateau de Calenbronn, entre Sarreguemines à l'est et Forbach à l'ouest.

Le 29, c'est l'empereur qui, à son tour, se rend à Saint-Avold.

De retour à Metz, Napoléon III prescrit de nouvelles dispositions qui ont pour résultat de concentrer le 2e corps d'armée en arrière de Spickeren et tout près de la frontière. La division Bataille est maintenue à ce poste avancé; la division de Laveaucoupet se place en 2e ligne à Oettingen; la division Vergé s'avance à Bening, où elle forme réserve.

Ces mouvements sont achevés le 31 et le général Frossard porte à Forbach le quartier général du 2e corps d'armée.

On se rapprochait de l'ennemi et l'on pouvait prévoir une rencontre imminente.

Le commandement devait donc redoubler d'ordre et de précautions.

Or, voici comment s'effectua, d'après une note d'un témoin oculaire, cette marche de concentration à proximité des troupes allemandes :

L'INVASON ALLEMANDE

Encombrement à la sortie de Saint-Avold. (Page 163.)

« Dans la soirée du 30, le commandant du 2ᵉ corps d'armée fit transmettre aux chefs de service un ordre extrêmement court prescrivant le départ pour le lendemain à dix heures du matin.

« Le 31, dès cinq heures et demie, le chef d'état-major fut appelé chez le général Frossard : ce dernier voulait avancer l'heure du départ. Il prescrivit que l'on se mettrait en route à huit heures.

« Les officiers d'état-major durent courir de tous côtés pour modifier les ordres en ce sens. Mais les équipages ne pouvaient être prêts, et les troupes elles-mêmes, dont le repas avait été disposé pour un départ à dix heures, furent considérablement dérangées.

« Vers huit heures, le général Frossard vit qu'il aurait mieux valu ne pas changer ses premières instructions.

« Il ordonna de remettre de nouveau le départ à dix heures.

« Cependant, sur tous les chemins, et avant qu'il eût été possible d'arrêter le mouvement, des têtes de colonne, ainsi que des masses de voitures, débouchèrent sur la place de Saint-Avold, et bientôt la circulation y devint impossible. Des convois voulaient remonter le courant. D'autres, le traverser.

« C'est avec beaucoup de peine que l'état-major, bien qu'à pied, put arriver à la sortie de la ville où se dressaient de véritables barricades. Les voitures et les chevaux, entremêlés sur une longueur de plusieurs centaines de mètres, rendaient difficile le passage d'un homme même isolé et à pied. Il n'y avait pas de vaguemestres. Quant à la gendarmerie, elle escortait sa propre voiture !

« Les officiers durent, pour dégager la voie, prendre les chevaux par la bride et mettre les voitures dans la bonne direction.

« La marche étant commencée dans d'aussi mauvaises conditions, il devenait impossible que les corps se missent en mouvement dans un ordre quelconque.

« Tout ce que l'on put obtenir, ce fut de mouvoir la colonne, sans chercher à faire disparaître le pêle-mêle qui y régnait.

« Des équipages d'un régiment d'infanterie roulaient entre deux batteries, un convoi de vivres entre deux bataillons, et même il se trouvait des bataillons coupés par des voitures de bagages.

« En présence de cette confusion extrême, le général en chef dut se convaincre que les contre-ordres sont toujours des plus fâcheux. »

C'est incontestable.

Il y a, en effet, des ordres qui ne doivent jamais être rapportés à la guerre, surtout quand ils ont trait à des mouvements en cours d'exé-

C'est au chef qu'il appartient de bien réfléchir avant d'arrêter son plan de marche et d'opération, puis de donner ses instructions en conséquence et de toujours les laisser suivre leur plein effet, surtout quand l'ennemi ne manifeste point sa présence, comme dans le cas présent.

Ah! si l'ennemi est en vue, les contre-ordres s'expliquent et se justifient d'eux-mêmes.

L'auteur de la note précitée ajoute à cette description de la marche du 2e corps d'armée entre Saint-Avold et Forbach, dans la journée du 31 juillet, les renseignements suivants :

« Il manquait encore au 2e corps d'armée une grande partie du train régulier et les transports d'ambulance; l'artillerie n'avait, en fait de munitions, que des approvisionnements très restreints. Les artilleurs n'avaient jamais manœuvré les mitrailleuses; l'instruction nécessaire pour leur emploi n'était arrivée que depuis deux jours. »

C'était un peu tard.

En raison de la position de confiance que lui avait donnée l'empereur, le général Frossard ne pouvait, après la chute de Napoléon III, se montrer sévère envers le souverain qui l'avait comblé de ses bienfaits.

Cependant il faut lui rendre cette justice qu'il n'a pas hésité à reconnaître les fautes commises.

Voici, en effet, ce qu'il dit dans son *Rapport sur les opérations du 2e corps de l'armée du Rhin*, l'un des rares documents officiels qui aient été publiés sur les événements antérieurs au 4 septembre :

« Les huit corps d'armée restèrent d'abord indépendants l'un de l'autre, devant recevoir individuellement leurs ordres et leur direction du commandant en chef de nos forces qui était l'empereur. Il eût peut-être été mieux d'en former, dès le premier moment, comme on le fit un peu plus tard, plusieurs armées commandées par des maréchaux, conformément aux bases d'un tableau de composition éventuelle des armées, arrêté en 1868 sous le ministère du maréchal Niel. »

Il résulte donc de cette observation que le plan général de concentration et d'organisation avait été modifié depuis la mort du maréchal Niel, soit avant la déclaration de guerre, soit à l'ouverture des hostilités.

Poursuivant sa critique modérée, mais très ferme, le général Frossard dit en outre :

« L'effectif total atteignait à peine, au commencement, 200,000 hommes. Plus tard, après l'arrivée des contingents divers, il put s'élever à 250,000, mais ne dépassa jamais ce chiffre.

« L'organisation matérielle était incomplète.

« Les commandants de corps d'armée n'avaient aucune connaissance d'aucun plan de campagne. »

Cette dernière déclaration est particulièrement grave sous la plume d'un homme qui vivait à la cour impériale, presque dans l'intimité de Napoléon III.

« Nous savions seulement, ajoute-t-il, que nous allions nous trouver en présence de forces allemandes d'environ 550,000 hommes, pouvant en très peu de temps être portées au double de ce nombre.

« Nous supposions, il est vrai, d'après certaines données, que des alliances actives se manifesteraient dès le début, que la coopération des armées de l'Autriche et de l'Italie nous était assurée. Leur concours atténuerait les inconvénients d'une si grande disproportion de forces et d'une insuffisance incontestable de préparation. Cette hypothèse expliquait et justifiait dans l'armée l'entrée immédiate en campagne.

« Mais ce n'était qu'une illusion. Elle se prolongea toutefois jusqu'aux premiers jours d'août ; et peut-être entraîna-t-elle quelque irrésolution pour la détermination d'un plan d'opérations à suivre. »

En parlant ainsi, le général Frossard doit exprimer la vérité, car on ne se résout à d'aussi cruels aveux que si l'on a l'intention bien arrêtée de faire la lumière sur les événements, surtout quand on sait que l'on peut être soi-même accusé d'y avoir sa part de responsabilité.

Ce n'est pas sans joie, je l'avoue, que je fais ces constatations de droiture, de loyauté, d'impartialité, et ce n'est pas sans motif que j'y insiste, car elles prouvent que ceux-là mêmes, que l'on a le plus violemment attaqués, n'ont point hésité à reconnaître leurs erreurs et à les proclamer afin d'éviter à la Patrie le retour des échecs qu'ils ont éprouvés.

Le **3ᵉ corps d'armée** avait pour chef le maréchal Bazaine, qui avait laissé au général Bourbaki le commandement de la garde impériale.

Le général Manèque était son chef d'état-major général.

Le général de Rochebouët en commandait l'artillerie.

Le corps d'armée avait la composition suivante :

1ʳᵉ DIVISION. — GÉNÉRAL MONTAUDON.

1ʳᵉ brigade, général baron Aymard : 18ᵉ bataillon de chasseurs ; 51ᵉ régiment d'infanterie : 3 bataillons ; 62ᵉ régiment d'infanterie : 3 bataillons.

2ᵉ brigade, général Clinchant : 81ᵉ régiment d'infanterie : 3 bataillons ; 95ᵉ régiment d'infanterie : 3 bataillons.

Artillerie : 5ᵉ et 6ᵉ batteries montées du 4ᵉ régiment : 12 pièces de 4 ; 8ᵉ batterie du même régiment : 6 mitrailleuses.

2ᵉ DIVISION. — GÉNÉRAL DE CASTAGNY.

1ʳᵉ brigade, général Nayral : 15ᵉ bataillon de chasseurs ; 19ᵉ régiment d'infanterie : 3 bataillons ; 41ᵉ régiment d'infanterie : 3 bataillons.

2ᵉ brigade, général Duplessis : 69ᵉ régiment d'infanterie : 3 bataillons ; 90ᵉ régiment d'infanterie : 3 bataillons.

Artillerie : 11ᵉ et 12ᵉ batteries montées du 4ᵉ régiment : 12 pièces de 4 ; 9ᵉ batterie du même régiment : 6 mitrailleuses.

3ᵉ DIVISION. — GÉNÉRAL METMAN.

1ʳᵉ brigade, général de Potier : 7ᵉ bataillon de chasseurs ; 7ᵉ régiment d'infanterie : 3 bataillons ; 29ᵉ régiment d'infanterie : 3 bataillons.

2ᵉ brigade, général Arnaudeau : 59ᵉ régiment d'infanterie : 3 bataillons ; 71ᵉ régiment d'infanterie : 3 bataillons.

Artillerie : 6ᵉ et 7ᵉ batteries montées du 11ᵉ régiment : 12 pièces de 4 ; 5ᵉ batterie montée du même régiment : 6 mitrailleuses.

4ᵉ DIVISION. — GÉNÉRAL DECAEN.

1ʳᵉ brigade, général de Brauer : 11ᵉ bataillon de chasseurs ; 14ᵉ régiment d'infanterie : 3 bataillons ; 60ᵉ régiment d'infanterie : 3 bataillons.

2ᵉ brigade, général Sanglé-Ferrière : 80ᵉ régiment d'infanterie : 3 bataillons ; 85ᵉ régiment d'infanterie : 3 bataillons.

Artillerie : 9ᵉ et 10ᵉ batteries montées du 11ᵉ régiment : 12 pièces de 4 ; 8ᵉ batterie du même régiment : 6 mitrailleuses.

DIVISION DE CAVALERIE. — GÉNÉRAL DE CLÉRAMBAULT.

1ʳᵉ brigade, général de Bruchard : 2ᵉ régiment de chasseurs : 4 escadrons ; 3ᵉ régiment de chasseurs : 4 escadrons ; 10ᵉ régiment de chasseurs : 4 escadrons.

2ᵉ brigade, général de Maubranches : 2ᵉ régiment de dragons : 4 escadrons ; 4ᵉ régiment de dragons : 4 escadrons.

3ᵉ brigade, général baron de Juniac : 5ᵉ régiment de dragons : 4 escadrons ; 8ᵉ régiment de dragons : 4 escadrons.

RÉSERVE D'ARTILLERIE.

7ᵉ et 10ᵉ batteries montées du 4ᵉ régiment : 12 pièces de 12 ; 11ᵉ et 12ᵉ batteries montées du 11ᵉ régiment : 12 pièces de 12 ; 1ʳᵉ, 2ᵉ, 3ᵉ, 4ᵉ batteries à cheval du 17ᵉ régiment : 24 pièces de 4.

TOTAL : 52 bataillons d'infanterie, 28 escadrons de cavalerie, 20 batteries d'artillerie; 39,153 hommes, 7,913 chevaux.

Comme force combattante, cet effectif donnait : 30,000 fusils, 4,000 sabres, 96 canons.

Le maréchal Bazaine était arrivé à Metz, le 17 juillet, et avait été chargé de diriger, sans lettre de commission l'investissant du commandement effectif, les opérations préliminaires de la concentration au nord-est de cette ville.

Les régiments du 3ᵉ corps d'armée provenaient en majeure partie de la garnison de Paris et des garnisons de la Lorraine.

Le 23, le maréchal Bazaine reçut l'ordre de porter son corps d'armée sur Boulay, ayant le 2ᵉ corps à sa droite et le 4ᵉ corps à sa gauche.

Le 24, il établissait le 3ᵉ corps d'armée dans les positions qui lui avaient été assignées entre Boucheporn, Boulay et Teterchen.

Le 25, il quittait Metz sans attendre l'arrivée du maréchal Le Bœuf, évitant de se rencontrer avec le major général qu'il jalousait, dit-on. L'entrevue des deux maréchaux n'aurait point été superflue pourtant.

Le 26, il se rendait auprès du commandant du 2ᵉ corps d'armée pour examiner les positions occupées par le général Frossard.

Le 31, conformément aux instructions données la veille par l'empereur après sa visite à Saint-Avold, il portait son quartier général à cet endroit, ainsi que sa 1ʳᵉ division et sa division de cavalerie, tandis que la 2ᵉ division se rendait à Haut-Hombourg ; la 3ᵉ, à Ham-sous-Varsberg ; la 4ᵉ, à Boucheporn.

Le maréchal Bazaine a déclaré, je l'ai déjà dit, qu'il ne connaissait rien du plan d'opérations quand il fut placé à la tête du 3ᵉ corps d'armée.

Il ne semble pas que ce plan lui ait été communiqué pendant la période de quelques jours où il avait été appelé à diriger l'ensemble des mouvements entre la Moselle et la Sarre.

D'autre part, il ne paraît pas non plus qu'il se soit rendu compte des mouvements de l'ennemi, ou que, s'il en a été informé, il ait eu assez de liberté d'action pour disposer en conséquence les troupes dont il avait le commandement provisoire.

Pour bien caractériser les conditions spéciales à la mobilisation, à la concentration et aux premières marches de quelques-unes de nos troupes, je ne saurais mieux faire que de reproduire ici le tableau que m'en a tracé un de mes amis, puisqu'il s'agit précisément d'une division du 3ᵉ corps.

« Le 16 juillet, la 3ᵉ division de l'armée de Paris, jusqu'alors commandée par le général Félix Douay, passait sous les ordres du général Montaudon, nommé depuis trois mois commandant militaire de la place de Paris.

« L'un des vices de notre organisation militaire se manifestait dès le premier jour de la guerre, puisqu'une division, constituée en temps de paix, ayant confiance dans son chef, recevait un nouveau général qui ne la connaissait pas et qu'elle ne connaissait pas non plus.

« Le général Montaudon avait sa lettre de service à onze heures du matin, et, à huit heures du soir, il se rendait à la gare de la Villette pour monter en chemin de fer, ne sachant ni l'ordre suivant lequel les différents corps de la division devaient s'embarquer, ni même sur quel point de la frontière il allait être dirigé ainsi que les troupes dont il venait d'être appelé à prendre le commandement.

« Encore, la 3ᵉ division de l'armée de Paris, qui devint par la suite la 1ʳᵉ division du 3ᵉ corps de l'armée du Rhin, était-elle des plus favorisées puisqu'elle avait le bonheur très rare d'être constituée avant de partir, tandis que la plupart des autres divisions furent formées à Metz ou aux environs, c'est-à-dire presque en vue de l'ennemi, avec des régiments ne se connaissant pas et n'ayant rien de ce qu'il leur fallait comme matériel et approvisionnement.

« Les réserves ne rejoignirent que plus tard.

« La division n'avait ni son artillerie, ni ses équipages, ni son ambulance, comme toutes les autres divisions d'ailleurs.

« Elle ne possédait donc aucun moyen de transport ni pour ses munitions, ni pour ses vivres.

« C'est dans d'aussi déplorables conditions qu'elle débarqua à Metz et qu'elle campa pendant quatre jours au Ban-Saint-Martin.

« Le 22 juillet, elle reçut l'ordre d'aller prendre position à Boulay, petite ville à 28 kilomètres de Metz, sur la route de Sarrelouis.

« Le commandant en chef du 3ᵉ corps d'armée, désireux de ménager les intérêts des paysans au moment du passage des troupes, avait donné les ordres les plus sévères pour que, dans le choix des campements, on évitât autant que possible de fouler les récoltes sur pied.

« L'ordre était humain, mais dangereux ou impraticable, car il aurait pu compromettre la troupe s'il avait eu pour résultat de faire négliger

Ceux-ci se mirent aussitôt en colonne par un. (Page 170.)

l'occupation d'une position convenable par crainte de détériorer les blés et les avoines.

« Le 26, la 2ᵉ brigade de la division et le convoi reçurent l'ordre d'aller de Boulay à Boucheporn.

« La route étant parallèle à la frontière, cette troupe exécutait une marche de flanc à proximité des avant-gardes et des avant-postes ennemis.

« L'occasion était excellente pour utiliser le 3ᵉ régiment de chasseurs à cheval qui avait été provisoirement attaché à la division et que l'on n'avait pas su employer jusqu'alors.

« Ce régiment reçut donc l'ordre de couvrir la colonne.

« Le colonel prescrivit à un escadron de fournir les flanqueurs...

« Ceux-ci se mirent aussitôt en colonne par un et on les vit caracoler pendant quelque temps à travers les champs à une centaine de mètres sur le flanc de l'infanterie.

« Et la colonne pouvait rencontrer l'ennemi!

« Qui donc avait enseigné de si faux principes!

« Heureusement, le général Montaudon s'en aperçut à temps et fit donner l'ordre au commandant de l'escadron d'aller éclairer à une distance de 1,200 à 1,500 mètres au moins.

« Cet ordre ne fut pas d'ailleurs sans surprendre l'officier qui eut à l'exécuter, car il demandait comment il ferait pour ne pas s'égarer, puisqu'il n'avait pas de carte. »

Ce court aperçu d'une entrée en campagne ne donne-t-il pas une idée assez juste de l'insuffisance de nos **préparatifs** et de notre **instruction militaire?**

Le **4ᵉ corps d'armée** avait pour chef le général de Ladmirault, qui commandait, à Lille, la circonscription territoriale du 1ᵉʳ corps d'armée permanent.

Le général Osmond était son chef d'état-major.

Le général Lafaille en commandait l'artillerie.

La composition de ce corps d'armée était la suivante :

1ʳᵉ DIVISION. — GÉNÉRAL DE CISSEY.

1ʳᵉ brigade, général comte Brayer : 20ᵉ bataillon de chasseurs ; 1ᵉʳ régiment d'infanterie : 3 bataillons ; 6ᵉ régiment d'infanterie : 3 bataillons.

2ᵉ brigade, général de Golberg : 57ᵉ régiment d'infanterie : 3 bataillons ; 73ᵉ régiment d'infanterie : 3 bataillons.

Artillerie : 5ᵉ et 9ᵉ batteries montées du 15ᵉ régiment : 12 pièces de 4 ; 12ᵉ batterie du même régiment : 6 mitrailleuses.

2ᵉ DIVISION. — GÉNÉRAL GRENIER.

1ʳᵉ brigade, général de Bellecourt : 5ᵉ bataillon de chasseurs ; 13ᵉ régiment d'infanterie : 3 bataillons ; 43ᵉ régiment d'infanterie : 3 bataillons.

2ᵉ brigade, général Pradier : 64ᵉ régiment d'infanterie : 3 bataillons; 98ᵉ régiment d'infanterie : 3 bataillons.

Artillerie : 6ᵉ et 7ᵉ batteries montées du 1ᵉʳ régiment : 12 pièces de 4; 5ᵉ batterie du même régiment : 6 mitrailleuses.

3ᵉ DIVISION. — GÉNÉRAL COMTE DE LORENCEZ.

1ʳᵉ brigade, général comte Pajol : 2ᵉ bataillon de chasseurs ; 15ᵉ régiment d'infanterie : 3 bataillons; 33ᵉ régiment d'infanterie : 3 bataillons.

2ᵉ brigade, général Berger : 54ᵉ régiment d'infanterie : 3 bataillons; 65ᵉ régiment d'infanterie : 3 bataillons.

Artillerie : 9ᵉ et 10ᵉ batteries montées du 1ᵉʳ régiment : 12 pièces de 4; 8ᵉ batterie du même régiment : 6 mitrailleuses.

DIVISION DE CAVALERIE. — GÉNÉRAL LEGRAND.

1ʳᵉ brigade, général de Montaigu : 2ᵉ régiment de hussards : 4 escadrons; 7ᵉ régiment de hussards : 4 escadrons.

2ᵉ brigade, général de Gondrecourt : 3ᵉ régiment de dragons : 4 escadrons; 11ᵉ régiment de dragons : 4 escadrons.

RÉSERVE D'ARTILLERIE.

11ᵉ et 12ᵉ batteries montées du 1ᵉʳ régiment : 12 pièces de 12; 6ᵉ et 7ᵉ batteries montées du 8ᵉ régiment : 12 pièces de 12; 5ᵉ et 6ᵉ batteries à cheval du 17ᵉ régiment : 12 pièces de 4.

Total : 39 bataillons d'infanterie, 16 escadrons de cavalerie, 15 batteries d'artillerie, 28,942 hommes, 5,631 chevaux.

Comme force combattante, cet effectif correspondait au rendement suivant : 22,000 fusils, 2,200 sabres, 72 canons.

Le 4ᵉ corps de l'armée du Rhin était composé de troupes prises presque toutes dans les garnisons du Nord.

Ces troupes furent en majeure partie transportées par le chemin de fer.

C'est autour de Thionville qu'elles se concentrèrent.

Cette place fut, bien entendu, presque entièrement dégarnie de troupes comme l'étaient les places de l'Alsace.

A la date du 8 août, le ministre de la guerre, alors général Dejean, télégraphiait au major général :

« Thionville en état de siège, demande des renforts. La garnison devrait être de 4,000 à 5,000 hommes; elle n'en a que 1,000, dont 600 mobiles, 90 douaniers et 200 cavaliers ou artilleurs non instruits. »

Le 24, le 4ᵉ corps, qui était à l'extrême aile gauche de l'ordre de bataille, fit un mouvement qui le rapprochait à la fois de la frontière et du 3ᵉ corps d'armée. Il eut ainsi sa 1ʳᵉ division vers Sierck, sur la rive droite de la Moselle; sa 3ᵉ division à Bouzonville, face à Sarrelouis; sa 2ᵉ division au sud de la précédente, entre Bouzonville et Boulay.

Ce corps d'armée était donc dispersé, au lieu d'être concentré.

Le 31, sur l'ordre qui en avait été donné par l'empereur après sa visite du 29, le 4ᵉ corps maintint sa 2 division à Boulay, fit avancer sa 3ᵉ à Teterchen et placer enfin sa 1ʳᵉ à Bouzonville.

Il couvrait ainsi le flanc gauche du front d'opérations, mais sans avoir, toutefois, opéré réellement sa concentration.

Quant à sa mobilisation, c'est-à-dire à son organisation de campagne, elle continuait sur place, bien entendu, comme pour tous les autres corps d'armée.

Le **5ᵉ corps d'armée** avait pour chef le général de Failly qui exerçait, à Nancy, le commandement de la 2ᵉ région territoriale de corps d'armée.

Le général Besson était son chef d'état-major général.

Le général Liédot en commandait l'artillerie.

Sa répartition était la suivante :

1ʳᵉ DIVISION. — GÉNÉRAL GOZE.

1ʳᵉ brigade, général Saurin : 4ᵉ bataillon de chasseurs ; 11ᵉ régiment d'infanterie : 3 bataillons; 46ᵉ régiment d'infanterie : 3 bataillons.

2ᵉ brigade, général baron Nicolas-Nicolas : 61ᵉ régiment d'infanterie : 3 bataillons; 86ᵉ régiment d'infanterie : 3 bataillons.

Artillerie : 5ᵉ et 6ᵉ batteries montées du 6ᵉ régiment : 12 pièces de 4; 7ᵉ batterie du même régiment : 6 mitrailleuses.

2ᵉ DIVISION. — GÉNÉRAL DE L'ABADIE D'AYDREIN.

1ʳᵉ brigade, général Lapasset : 14ᵉ bataillon de chasseurs; 84ᵉ régiment d'infanterie : 3 bataillons; 97ᵉ régiment d'infanterie : 3 bataillons ;

2ᵉ brigade, général de Maussion : 49ᵉ régiment d'infanterie : 3 bataillons; 88ᵉ régiment d'infanterie : 3 bataillons.

Artillerie : 7ᵉ et 8ᵉ batteries montées du 2ᵉ régiment : 12 pièces de 4; 5ᵉ batterie du même régiment : 6 mitrailleuses.

3ᵉ DIVISION. — GÉNÉRAL GUYOT DE LESPART.

1ʳᵉ brigade, général Abbatucci : 19ᵉ bataillon de chasseurs ; 17ᵉ régiment d'infanterie : 3 bataillons ; 27ᵉ régiment d'infanterie : 3 bataillons.

2ᵉ brigade : général de Fontanges de Couzan : 30ᵉ régiment d'infanterie : 3 bataillons ; 68ᵉ régiment d'infanterie : 3 bataillons.

Artillerie : 11ᵉ et 12ᵉ batteries montées du 2ᵉ régiment : 12 pièces de 4 ; 9ᵉ batterie du même régiment : 6 mitrailleuses.

DIVISION DE CAVALERIE. — GÉNÉRAL BRAHAUT.

1ʳᵉ brigade, général de Bernis : 5ᵉ régiment de hussards : 8 escadrons ; 12ᵉ régiment de chasseurs : 8 escadrons.

2ᵉ brigade, général de la Mortière : 3ᵉ régiment de lanciers : 8 escadrons ; 5ᵉ régiment de lanciers : 8 escadrons.

RÉSERVE D'ARTILLERIE.

6ᵉ et 10ᵉ batteries montées du 2ᵉ régiment : 12 pièces de 12 ; 11ᵉ batterie montée du 10ᵉ régiment : 6 pièces de 12 ; 11ᵉ batterie montée du 14ᵉ régiment : 6 pièces de 12 ; 5ᵉ et 6ᵉ batteries à cheval du 20ᵉ régiment : 12 pièces de 4.

Total : 39 bataillons d'infanterie, 16 escadrons de cavalerie, 15 batteries d'artillerie, 25,073 hommes, 5,188 chevaux.

Le rendement de cet effectif comme force combattante était le suivant : 20,000 fusils, 2,200 sabres, 72 canons.

Le 5ᵉ corps d'armée avait été formé avec des troupes de la garnison de Lyon ainsi que de quelques garnisons de l'Alsace, de la Lorraine et du Sud-Est.

Son point de concentration lui avait été assigné à Bitche, au milieu des Vosges, de manière à relier le 1ᵉʳ corps d'armée, qui était isolé en Alsace, avec les 2ᵉ, 3ᵉ et 4ᵉ corps d'armée, qui se réunissaient entre la Moselle et la Sarre.

J'ai déjà dit comment les palissades, qui avaient été élevées depuis trois ans à Bitche à la suite de l'incident du Luxembourg, étaient rentrées en magasin juste au moment où la guerre allait éclater avec l'Allemagne.

J'ai également cité cette dépêche du général de Failly faisant savoir au gouvernement qu'il n'y avait d'argent ni dans les caisses publiques ni dans les caisses des corps de troupes.

A la date du 20 juillet, en effet, le commandant se trouvait à Bitche avec 17 bataillons de son corps d'armée. Il n'avait à sa disposition que des billets de banque dont personne ne voulait, et il se demandait comment il pourrait faire vivre ses troupes en plein pays de montagnes, le système des réquisitions n'étant pas encore pratiqué et ne pouvant d'ailleurs qu'amener le gaspillage, que favoriser l'arbitraire quand il serait appliqué, puisqu'il n'avait pas été régularisé.

Le 5e corps d'armée paraissait, au début de la concentration, avoir pour mission d'appuyer l'aile gauche du 1er corps d'armée en Alsace plutôt que l'aile droite des trois corps d'armée de Lorraine.

C'est ainsi que, primitivement, il avait une de ses divisions à Haguenau et les deux autres à Bitche.

Mais, le 23, il avait reçu l'ordre de faire venir à Bitche la division Guyot de Lespart et de diriger sur Sarreguemines sa 1re et sa 2e division.

Cet ordre fut exécuté le 24.

Puis le 5e corps demeura dans les positions qui lui avaient été assignées sans recevoir aucune instruction de les modifier jusqu'au 4 août.

Pour compléter cet ordre de bataille, il me faudrait encore mentionner : le 6e corps d'armée, le 7e corps d'armée, la réserve générale de cavalerie, la réserve générale d'artillerie.

Mais le 6e corps d'armée se formait au camp de Châlons et ne prit aucune part aux premières opérations de la campagne, pas même comme réserve.

Le 7e corps d'armée s'organisait également à Belfort, et ne pouvait intervenir dans les premiers combats : on lui avait même prescrit de bien tenir la voie ferrée de Mulhouse à Lyon. Craignait-on quelque attaque de ce côté ?

La réserve générale de cavalerie devait se composer de trois divisions : l'une de ces divisions, celle que commandait le général de Bonnemains, avait été attribuée au 1er corps d'armée; une autre, dont le général du Barail devait être le chef, se composait des régiments de chasseurs d'Afrique qui ne débarquèrent sur le théâtre des opérations que du 7 au 10 août; la troisième enfin, sous les ordres du général de Forton, était si peu prête, qu'ayant reçu l'ordre, le 31 juillet, de se porter de Pont-à-Mousson à Faulquemont, elle ne put l'exécuter et dut rester dans la première de ces deux villes pour achever son organisation.

Quant à la réserve générale d'artillerie, elle se réunissait à Toul, au moment où les hostilités s'ouvrirent.

Nous verrons la composition de ces deux corps d'armée et de ces deux réserves quand se manifestera leur intervention.

Pour le moment, nous n'avons pas à les faire entrer en ligne de compte.

J'estime que, seules, les troupes qui prirent part aux premiers combats doivent être évaluées dans l'énumération des forces que nous opposions effectivement à l'ennemi, puisque nos échecs du début ont entraîné nos défaites ultérieures et notre déroute finale.

A la date du 1er août, nous avions, en fait :

1º En Alsace, le 1er corps d'armée tout seul : 33,000 fusils, 4,500 sabres, 102 canons.

2º Dans les Vosges, le 5e corps d'armée tout seul : 20,000 fusils, 2,200 sabres, 72 canons.

3º En Lorraine, les 2e, 3e et 4e corps d'armée : 72,000 fusils, 8,400 sabres, 240 canons.

4º En réserve, à Metz, la garde impériale : 16,000 fusils, 2,500 sabres, 60 canons.

Ainsi donc, toute notre force combattante se résumait, au commencement de la guerre, dans les résultats suivants : 141,000 fusils, 17,600 sabres, 474 canons.

N'était-ce pas pitoyable !

Et qu'avions-nous mis en mouvement pour obtenir ce rendement presque ridicule ?

Le bataillon de chasseurs de la garde impériale, les 1er, 2e, 3e, 4e, 5e, 7e, 8e, 10e, 11e, 12e, 13e, 14e, 15e, 16e, 18e, 19e et 20e bataillons de chasseurs, soit 18 bataillons sur 21 ;

Les 3 régiments de grenadiers de la garde, les 4 régiments de voltigeurs de la garde, les 1er, 2e, 6e, 7e, 8e, 11e, 13e, 14e, 15e, 17e, 18e, 19e, 23e, 24e, 27e, 29e, 30e, 32e, 33e, 36e, 40e, 41e, 43e, 45e, 46e, 48e, 49e, 50e, 51e, 54e, 55e, 56e, 57e, 59e, 60e, 61e, 62e, 63e, 64e, 65e, 66e, 67e, 68e, 69e, 71e, 73e, 74e, 76e, 77e, 78e, 80e, 81e, 84e, 85e, 86e, 88e, 90e, 95e, 96e, 97e et 98e régiments d'infanterie ; le régiment de zouaves de la garde ; les 1er, 2e et 3e régiments de zouaves ; les 1er, 2e et 3e régiments de tirailleurs algériens ; soit 75 régiments d'infanterie sur 116 ;

Le régiment de carabiniers, le régiment de cuirassiers de la garde, les 1er, 2e, 3e, 4e, 8e et 9e régiments de cuirassiers, le régiment de dragons de la garde, les 2e, 3e, 4e, 5e, 7e, 8e, 10e, 11e et 12e régiments de dragons, le régiment de lanciers de la garde, les 2e, 3e, 5e et 6e régiments de lanciers, le régiment des chasseurs de la garde, les 2e, 3e, 4e, 5e, 10e, 11e et 12e régiments de chasseurs, les 2e, 3e, 5e et 7e régiments de hussards, le régiment de guides, soit 36 régiments de cavalerie sur 63 ;

99 batteries sur 196, dont 58 montées sur 126, 21 à cheval sur 38, 20 de mitrailleuses sur 32.

Il restait encore par conséquent un assez grand nombre de troupes disponibles à grande distance de la frontière, au moment où les armées allemandes, complètement mobilisées et organisées, se disposaient à la franchir.

Notre force, à la date du 28 notamment, c'est-à-dire la veille même du jour où l'empereur vint à Metz, était assez respectable pour nous permettre de prendre hardiment l'offensive.

Nous pouvions à ce moment tenter une pointe vigoureuse dans la direction de Kayserslautern avec les 2°, 3°, 4° et 5° corps d'armée, soutenus par la garde impériale, tandis que le 1er corps d'armée se jetterait sur la rive droite du Rhin, suivi par ce qui était disponible du 6° et du 7° corps d'armée.

Dès l'instant que l'on avait renoncé à mettre les troupes sur le pied de guerre avant de les lancer à la rencontre de l'ennemi, il fallait pousser ce premier effort jusqu'au bout et porter la lutte sur le terrain de l'adversaire, d'autant plus qu'à la date du 28 juillet, comme nous le verrons plus loin, l'armée allemande commençait seulement à se concentrer par l'arrivée successive des divers éléments qui devaient la constituer.

L'occasion était unique.

Peut-être aurait-elle, par ses suites, réparé les fautes commises dans l'organisation de l'armée.

On m'objectera probablement que l'entreprise aurait été une folie ajoutée à tant d'autres.

Je ne le crois pas.

D'abord, ce n'est jamais une folie, quand on a sous la main une force respectable, d'attaquer un ennemi que l'on peut surprendre en flagrant délit de formation.

Au surplus, folie pour folie, je ne vois pas ce que nous avions à perdre au change, car, si nous ne savons pas ce qu'aurait produit une brusque irruption de nos troupes à travers la frontière, nous savons ce que nous a coûté notre inaction.

Les conséquences n'en auraient pas été plus désastreuses.

En tout cas, nous n'aurions pas vu envahir aussi rapidement notre territoire, car il est probable que les Allemands, qui ont fait preuve d'une si grande circonspection pendant toute la campagne, se seraient montrés fort prudents dès l'ouverture des hostilités, s'ils avaient eu à repousser une grande attaque contre leur centre, combinée avec une puissante démonstration contre leur flanc gauche.

A la gare, il trouva un officier de gendarmerie qui l'arrêta. (Page 181.)

Ce qui m'autorise à penser que je ne formule pas ici une conception stratégique irréalisable, c'est que Thiers a émis la même idée, bien que différente dans l'application.

Après avoir exposé, devant la commission d'enquête parlementaire sur les actes du gouvernement de la Défense nationale, l'insuffisance de nos préparatifs, il dit ce qui suit :

« Et cependant, malgré toutes ces conditions d'infériorité, bien que nous n'eussions pas, à l'ouverture du feu, plus de 240 à 250,000 hommes présents au drapeau, si, au début on avait agi avec vigueur et présence d'esprit, si, au lieu de demeurer vingt jours immobiles, sans plan, sans vues arrêtées, dispersés sur une ligne de cinquante lieues, de Thionville au bord du Rhin, en cinq corps qui ne pouvaient pas se secourir les uns les autres, si, au lieu d'accumuler ces fautes, on avait laissé 30,000 hommes sur la crête des Vosges, pour observer la vallée du Rhin, et qu'avec 220,000 on eût marché vigoureusement sur Trèves, on aurait rabattu les Prussiens, peut-être percé leur ligne, rejeté leur énorme masse sur Mayence, et changé la face des événements. »

De l'autre côté du Rhin, cette attaque était presque considérée comme certaine.

« On le croyait tout à fait en Prusse, ajoute Thiers, et j'ai acquis à Saint-Pétersbourg la preuve que le roi de Prusse lui-même et l'empereur de Russie, convaincus que les choses se passeraient ainsi, s'étaient entendus dans cette hypothèse. Le prince Gortschakoff, qui se trouvait en ce moment en Allemagne, avait reçu avis de se hâter, car autrement, disait-on, il serait pris par les Français qui arrivaient au pas de course. »

Sous la réserve du choix de la direction de l'attaque, Thiers avait raison.

Nous devions attaquer avant que les Allemands fussent réunis en nombre.

Nous nous y trouvions encouragés encore par la certitude que, d'après le général Frossard, notre infanterie était mieux armée que l'infanterie allemande.

« Il y avait seulement échange de coups de fusil entre les patrouilles, dit le commandant du 2ᵉ corps d'armée, et dans ces rencontres la supériorité de portée de notre arme était évidente à tous les yeux. »

Mais, malheureusement, cette supériorité n'était connue que d'un petit nombre d'officiers et ignorée de tous les soldats; en outre, les réservistes rappelés ne savaient même pas le maniement du nouveau fusil.

Puis, nous nous trouvions encore dominés par cette funeste doctrine de la défensive tactique, qui nous enlevait toute initiative, sous prétexte que le tir rapide bien exécuté par une troupe en bonne position devait avoir raison de toute attaque.

La cavalerie, il faut bien le dire, n'était pas à la hauteur de sa mission.

L'armée était assurément fort mal répartie, puisqu'elle s'étendait sur un front de 240 kilomètres environ, depuis Sierck jusqu'à Strasbourg, en passant par Bouzonville, Forbach, Sarreguemines, Bitche et Haguenau.

Cette disposition en cordon qui ressemblait à une ligne de douaniers, bien plus qu'à un ordre de bataille, était extrêmement dangereuse.

Mais elle le devenait encore bien plus par les mauvaises dispositions des généraux de cavalerie qui semblaient plus préoccupés de ne pas compromettre leurs escadrons que de les lancer au loin.

Alors que la cavalerie allemande se montrait si entreprenante, même la cavalerie des États de l'Allemagne du Sud, qui pourtant ne jouissait pas d'une aussi brillante réputation que la cavalerie prussienne, la nôtre ne faisait preuve d'aucune hardiesse, d'aucune initiative, encore qu'elle n'opérât que sur notre propre territoire, tandis que celle de l'ennemi n'hésitait pas à passer la frontière et à nous rendre visite.

Et pourtant, par aucun point, notre cavalerie n'était au-dessous de la cavalerie qu'elle avait en face d'elle.

Je veux bien qu'elle n'avait figuré qu'à titre d'arme tout à fait accessoire sur le champ de bataille dans les guerres européennes qui avaient eu lieu dans les dernières années, mais elle s'était vaillamment et intelligemment comportée en Algérie, et elle avait enfin de superbes traditions qu'il lui appartenait de faire revivre.

Bien que nous ne soyons pas cavaliers, prétend-on, y avait-il une seule cavalerie en Europe, avant la guerre de 1870, qui pût invoquer les glorieux souvenirs de la cavalerie de la grande armée de Napoléon Ier !

Devant l'effacement presque complet de notre cavalerie, je suis bien obligé de croire que l'accablement fatidique qui pesait sur l'empereur s'était étendu à tous nos généraux sans qu'ils en eussent même conscience.

L'anecdocte racontée par M. de Mazade dans son livre sur la *Guerre de France* en est un témoignage bien caractéristique, et elle vient d'autant mieux à point ici, qu'elle a trait aux préparatifs de l'affaire de Sarrebruck, à laquelle je vais arriver :

« Un des plus brillants généraux français, dit l'honorable académicien, était allé au quartier impérial. L'empereur lui montrait sur une carte Sarrebruck où il se proposait d'aller. Le général crut que c'était enfin le commencement de la marche en avant, qu'on allait prendre l'offensive. L'empereur le dissuada aussitôt, en réduisant à rien ce petit projet de démonstration, et en laissant trop voir le vide de sa pensée. Le général se retira consterné à son bivouac. Il venait de rentrer, il était assis sur une valise, ayant mis bas son uniforme, la tête dans ses mains, lorsque tout à coup il fut surpris par une personne qui lui était chère et qu'il n'attendait pas. Il releva la tête, il avait les yeux pleins de larmes, lui, l'intrépide. « Qu'y a-t-il donc, qu'avez-vous ? » lui dit-on. « Nous sommes

« perdus ! » s'écria-t-il avec désespoir. C'était aux derniers jours de juillet. »

Cette crainte, nous ne l'avions certes pas dans nos garnisons, ceux de mes camarades et moi qui n'avions pas eu le bonheur d'entrer immédiatement en campagne. Non, nous ne pouvions nous faire à cette idée que notre armée si souvent victorieuse serait battue partout et toujours. Nous nous disions que la vieille ardeur française saurait bien bouleverser tous les calculs de la science militaire allemande. Nous éprouvions le besoin d'exprimer bien haut notre espoir et notre conviction, ne fût-ce que pour nous rassurer réciproquement.

Mais, quand nous étions seuls, nous nous demandions avec anxiété pourquoi nos troupes restaient ainsi immobiles dans leurs positions, comme hypnotisées devant la frontière.

Puis, quand nous nous réunissions de nouveau, nous cherchions instinctivement à chasser les sombres pensées que la solitude et la réflexion nous avaient inspirées.

Bref, nous ne voulions même pas envisager l'hypothèse d'une défaite.

Cependant, il n'en était pas un de nous qui ne critiquât la dispersion de nos troupes en arrière de la frontière.

Nous la jugions tous comme une grave faute stratégique.

A cet égard, l'opinion était unanime.

D'ailleurs, l'état-major général s'en rendait également compte, car il prescrivait de redoubler de vigilance par des instructions spéciales comme la suivante :

« Exercez vos troupes à se garder avec le plus grand soin, à faire des patrouilles, des reconnaissances, etc... Elles auront bientôt devant elles un ennemi qui, de longue main, s'est appliqué tout particulièrement à pratiquer, en temps de paix, le service de sûreté des camps, bivacs et cantonnements. Que l'on fasse des théories dans tous les corps à ce sujet, et des exercices autant que possible. »

C'était aux premiers jours de la concentration que l'on adressait ces recommandations aux troupes ! En vérité, n'était-ce pas proclamer combien étaient peu conformes à la guerre les méthodes suivies en temps de paix pour la préparation au service en campagne ?

Quelques jours après, le major général devenait plus pressant :

« Montrez votre cavalerie, mandait-il aux commandants de corps d'armée ; il faut qu'elle s'éclaire au loin sur toute la ligne de la Sarre ; qu'elle ne craigne pas de s'avancer partout, au delà de la frontière, en prenant les précautions de prudence nécessaires. Que ses commandants vous adressent des rapports sur ce qu'ils auront reconnu. Rendez-m'en compte. »

Hélas! il était trop tard.

Déjà la cavalerie ennemie avait l'avantage de l'initiative prise dès le début.

Mais ce n'était pas seulement les éclaireurs allemands qui cherchaient à reconnaître nos forces, nos positions, nos mouvements.

Nous étions encore environnés d'espions.

Écoutons ce que M. le maréchal Le Bœuf dit à ce sujet :

« L'espionnage se fait avec une grande habileté dans l'armée prussienne; les Allemands le pratiquent par patriotisme. Pour nous, nous n'avons pas trouvé, je crois, beaucoup d'hommes sûrs et suffisamment intelligents pour faire le métier d'espions. Aussi, nous avons été souvent trompés.

« Un espion qui passait pour avoir une grande habileté et qui a fait beaucoup de bruit, un nommé S..., était très bien vu à Strasbourg. Il passait pour un homme considérable, dévoué à la France, et nous fournissait des renseignements. Je reçus un jour, de lui, en qualité de major général, un télégramme qui me parut tellement entaché d'inexactitude que je fus convaincu que S... était au moins un espion double. Il donnait sur les forces ennemies des renseignements qui étaient trop favorables, en ce sens qu'il les présentait comme étant beaucoup moins nombreuses qu'elles ne l'ont été en réalité, et m'annonçait son arrivée à Metz. A la gare, il trouva un officier de gendarmerie qui l'arrêta; on saisit en effet sur lui la preuve positive qu'il était un espion des plus habiles qui nous trahissait. Traduit devant un conseil de guerre, il fut fusillé à Metz. Il s'est présenté plusieurs faits de ce genre. »

Au surplus, la presse française, sans en avoir même le soupçon, renseignait elle-même l'ennemi et permettait au grand état-major prussien de compléter les renseignements qu'il obtenait, d'une part, à l'aide des reconnaissances de la cavalerie allemande, d'autre part, avec le concours des espions, renseignements qui avaient, d'ailleurs, une base des plus solides dans l'ensemble des indications déjà recueillies en temps de paix et soigneusement classées.

Ce système d'investigation avait atteint chez nos adversaires un si haut degré de perfectionnement que l'un des officiers du grand état-major prussien put établir, dès le 24 juillet, l'ordre de bataille de notre armée de campagne, et l'on constata plus tard que, sauf quelques petites erreurs secondaires, ce document était absolument conforme à la réalité.

J'ai dit plus haut que certains journaux français avaient été les auxiliaires inconscients de l'ennemi.

J'estime qu'en temps de paix la presse peut, sans danger pour la défense nationale, profiter du régime de liberté qu'elle possède dans notre pays, dès l'instant qu'elle ne traite que les questions qui sont dans le domaine public. Je n'y vois, pour ma part, que de sérieux avantages dans un pays d'opinion comme le nôtre et qui pratique le devoir obligatoire du service militaire en même temps que le droit du suffrage universel. On m'objectera qu'il est des affaires qui exigent le secret, qu'il en est d'autres qui ne supportent pas volontiers une discussion publique par des écrivains plus ou moins compétents s'adressant à d'innombrables lecteurs incapables de discerner la vérité, et tout disposés, par conséquent, à considérer comme fondées des assertions ou des critiques souvent fort erronées.

C'est un inconvénient à coup sûr. Mais j'en trouve les conséquences beaucoup moins graves que celles des légendes trompeuses qui naissent on ne sait où, qui se développent on ne sait comment, qui se répandent partout et qui poussent leurs racines si profondément dans l'esprit public qu'il est impossible de les arracher.

En fait, c'est la lutte entre la lumière, quelquefois tremblotante ou au contraire aveuglante, souvent mal dirigée ou mal réglée, mais cherchant en tout cas à éclairer, et l'obscurité systématique, complète, faisant la nuit, le silence, le mystère, engendrant le mensonge, la calomnie, l'infamie.

Or, un grand État démocratique ne peut vivre qu'à condition de vivre en plein jour.

La liberté de la presse, qui est une des conditions de son existence, ne peut devenir périlleuse, en ce qui touche à ses préparatifs de défense, que si elle se livre à des révélations sur des faits rentrant dans la catégorie des actes confidentiels.

La loi sur l'espionnage a eu précisément pour objet de réprimer tout écart de ce genre en temps de paix.

En temps de guerre, d'autres précautions sont indispensables.

La première de toutes est l'interdiction absolue, pour tous les journaux, de publier, en dehors des communications officielles, quelque indication que ce soit sur des opérations qui sont en cours d'exécution.

Les personnes qui sont peu au courant du travail d'un véritable étatmajor s'imaginent qu'il n'y a aucun inconvénient à publier, par exemple, une lettre constatant que, tel jour, tel régiment se trouvait à tel endroit; que tel autre jour, tel général est arrivé dans telle localité. Eh bien, elles se trompent. Si les officiers chargés de recueillir ces renseignements épars font bien leur métier, ils les rapprochent, les coordonnent, les réunissent avec ceux qu'ils possèdent par d'autres moyens, et ils parviennent ainsi, petit à petit, à connaître les forces, les positions de l'armée ennemie.

La presse doit donc être muette dès que la guerre est déclarée.

Une loi rendue le jour même de la mobilisation lui impose le silence; cette loi, je l'avais préparée quand j'étais ministre de la guerre.

Si des infractions sont commises à ce devoir patriotique, le salut général ordonne de les réprimer avec la plus grande rigueur.

Nous verrons qu'en dehors du fait que j'ai signalé plus haut, c'est-à-dire de l'établissement exact de notre ordre de bataille à la date du 24 juillet, alors que nous ne soupçonnions pas même celui de l'armée ennemie, les indiscrétions de certains journaux nous ont encore été bien nuisibles dans la guerre de 1870.

En résumé, notre situation était fort précaire au 1er août.

J'ai montré que la défensive avait été en quelque sorte ordonnée à l'infanterie.

J'ai indiqué que la cavalerie ne paraissait pas apte au service qui lui incombait.

Nous verrons bientôt ce qu'était l'artillerie.

Dès le début de la campagne, en tout cas, on allait perdre toute confiance dans les mitrailleuses, ce nouvel engin qui devait être terrible, d'après les quelques rares officiers auxquels on en avait appris le maniement.

S'il y a un principe absolu en ce qui concerne le matériel de guerre, c'est évidemment de ne pas y introduire d'innovation au moment où l'on est appelé à s'en servir.

Mieux vaut un matériel, même défectueux, mais que l'on connaît bien, qu'un matériel, même excellent, mais dont on ignore le mécanisme et les propriétés.

Dans le cas présent, les mitrailleuses étaient aussi inconnues qu'insuffisantes.

Afin de ne pas en révéler le secret, on n'avait exercé à les manier qu'un fort petit nombre d'artilleurs, et ces hommes ne furent pas toujours envoyés aux batteries de mitrailleuses, ainsi qu'il ressort d'un télégramme adressé de Metz, le 18 juillet, par le maréchal Bazaine au ministre de la guerre.

« Les huit hommes de la 8e batterie, dit-il, qui ont été exercés à Meudon au tir des canons à balles, ne sont point arrivés avec la batterie attachée à la division Montaudon. »

Je me rappelle fort bien qu'un capitaine d'artillerie, qui a quitté en même temps que moi l'école de Saint-Cyr où il remplissait les fonctions de professeur adjoint, était désigné pour prendre le commandement d'une batterie de mitrailleuses et qu'il en éprouvait un vif chagrin, parce qu'il n'en avait jamais vu! Il fallait donc qu'il s'instruisît d'abord, et qu'il instruisît ensuite les sous-officiers et soldats placés sous ses ordres, et au moment même où l'on allait aborder l'ennemi peut-être.

Ce cas n'était pas isolé, d'ailleurs.

Comment voulait-on que des troupes eussent une foi aveugle dans la valeur d'un nouvel engin qu'elles ne connaissaient pas!

Aussi bien l'auraient-elles connu d'ailleurs que la confiance ne serait pas venue, au contraire. Chaque division d'infanterie aurait été beaucoup plus heureuse, je crois, d'avoir 6 canons de 12 au lieu de 6 mitrailleuses.

La nation ignorait que nos troupes manquaient du nécessaire; que quelques jours d'attente devaient s'écouler avant qu'elles l'obtinssent; que l'on s'était trouvé dans l'obligation de faire des théories sur le service en campagne, d'enseigner à la cavalerie le système d'exploration, d'apprendre aux réservistes de l'infanterie le tir du chassepot et à une partie de l'artillerie le mécanisme de la mitrailleuse.

Elle s'étonnait qu'après avoir si rapidement concentré par les chemins de fer notre armée de campagne vers l'Est, nous ne prissions pas immédiatement l'offensive.

Elle s'impatientait de ces lenteurs inattendues et incompréhensibles. Elle demandait que l'on marchât en avant.

L'empereur se trouvait dans la nécessité de faire semblant d'avancer.

C'est ainsi que l'affaire de Sarrebruck fut décidée.

Le maréchal Bazaine avait son quartier général à Boulay, dans les singulières conditions que voici :

« J'ai eu l'honneur de vous informer, télégraphiait-il, le 26 juillet, au major général à Metz, que je ne suis pas en relation télégraphique avec Metz; la station télégraphique la plus rapprochée de mon quartier général est Saint-Avold, qui est distant de 18 kilomètres. Le service de la correspondance entre Metz et Boulay est aussi fort mal assuré. Je ne reçois rien et n'ai encore rien reçu de Metz, ni des 2e, 4e et 5e corps. »

N'est-ce pas une situation tout à fait étrange que ce commandant d'armée qui ne peut télégraphier ni à son général en chef ni à ses commandants de corps d'armée, parce qu'on lui a assigné comme résidence une ville où il n'y a pas de bureau télégraphique et où même les lettres n'arrivent pas!

Cependant, le 31 juillet, il recevait un ordre de mouvement, que le

Combat de Sarrebruck. (Page 190.)

général Lebrun, premier aide-major général, lui avait adressé la veille.

Celui-ci l'informait que, par ordre de l'empereur, le général Frossard devait, dans la matinée du mardi 2 août, franchir la Sarre et s'emparer de Sarrebruck, que ce mouvement devait être soutenu par les deux divisions du 3ᵉ corps d'armée arrivées à Saint-Avold et à Haut-Hombourg le 31, ainsi que par les deux divisions du général de Failly qui s'étaient établies récemment à Sarreguemines.

En conséquence, les deux divisions du 3ᵉ corps d'armée, arrivées le 31 juillet à Saint-Avold et à Haut-Hombourg, devaient continuer, le 1ᵉʳ août, leur mouvement vers Forbach.

C'est au général Frossard que l'empereur réservait la mission d'exécuter le passage de la Sarre, en lui indiquant le point que le commandant du 2ᵉ corps avait reconnu un peu en amont de Sarrebruck.

Quant au maréchal Bazaine, il devait, avec les deux divisions de son corps d'armée venues de Saint-Avold et de Haut-Hombourg, partir de Forbach, traverser la forêt vers Guerswiller pour passer la Sarre en aval de Sarrebruck, à un point choisi entre le chemin de fer et le ruisseau qui tombe dans cette rivière, à hauteur du village de Burbach.

Le général de Failly avait ordre de se diriger de Sarreguemines vers Sarrebruck, par la rive droite de la Sarre, pour appuyer le mouvement du général Frossard.

Les passages de la Sarre en amont et en aval de Sarrebruck devaient être exécutés au point du jour, et les mouvements préparatoires combinés en conséquence.

Le maréchal Bazaine était averti qu'il aurait sous ses ordres les trois corps d'armée appelés à prendre part à l'attaque.

« Vous vous rendrez de votre personne, dans la matinée de demain dimanche 31, au quartier général du général Frossard, à Morsbach, lui mandait le premier aide-major général ; s'y trouveront également le général de Failly et les généraux commandant l'artillerie et le génie de l'armée ; vous vous concerterez avec eux pour arrêter les dispositions de détail relatives à l'opération ; le rendez-vous aura lieu à onze heures.

« L'équipage de pont de corps d'armée qui se trouve à Metz sera transporté demain jusqu'à Forbach, et servira à l'établissement de deux ponts pour le passage des troupes du général Frossard. Le général Coffinières compte qu'il pourra fournir les moyens de jeter deux autres ponts pour le passage des deux divisions de votre corps d'armée : l'empereur tient essentiellement à ce que la Sarre ne soit pas franchie à gué. »

L'empereur faisait encore dire au maréchal Bazaine qu'il s'en rapportait à son expérience « pour régler les détails d'exécution de la manière la plus convenable pour assurer le succès de l'opération ».

Ce dernier se rendit à Morsbach le lendemain et y conféra avec les officiers généraux qui devaient coopérer au mouvement offensif prescrit.

Le soir même, à cinq heures, il télégraphiait de Saint-Avold à l'empereur :

« Je rentre à l'instant de Forbach; la conférence a eu lieu au quartier général du général Frossard. Elle a eu pour résultat, d'un accord unanime, que l'opération devrait se borner à la rive gauche. »

D'où venait cette renonciation subite au projet préparé par l'état-major général?

On a prétendu qu'à cette date on venait enfin de se décider à l'offensive.

La combinaison devait être la suivante :

Le 2e corps d'armée ferait une démonstration sur Sarrebruck pour laisser croire à l'ennemi que le gros de nos troupes se trouvait devant cette ville.

Le 4e corps se tiendrait en face de Sarrelouis, sur la gauche du 2e.

Pendant que les Allemands masseraient leurs forces entre ces deux places pour résister à une attaque générale, le 3e corps d'armée, suivi de la garde impériale, ferait une marche de flanc vers l'est, rallierait le 5e et le 1er corps, qui se seraient préalablement concentrés à Wissembourg, pour passer ensuite le Rhin à Maxau et pénétrer en Allemagne, après avoir masqué et tourné les forteresses de Germersheim et Rastadt sur la rive droite.

Le plan était hardi.

Peut-être aurait-on pu le réaliser, mais trois ou quatre jours plus tôt. Le 31 juillet, il était trop tard.

Le 1er août, le maréchal Bazaine était informé, en effet, par un télégramme du major général, que la concentration des troupes allemandes augmentait entre Conz et Sarrelouis.

« Vous avez à veiller beaucoup du côté de Sarrelouis, » lui mandait le maréchal Le Bœuf.

Il n'y avait donc plus à songer à la marche de flanc le long de la frontière vers l'est, si tant est que cette entreprise audacieuse, et contraire à tous les principes stratégiques et tactiques, eût jamais été sérieusement envisagée, ce que j'ai quelque peine à admettre.

En tout cas, il fallait y renoncer, car la 3e armée allemande, réunie au sud de Trèves, n'aurait eu qu'à se jeter sur notre faible rideau défensif et à nous harceler en queue, tandis que la 2e armée nous aurait attaqués sur notre flanc gauche et que notre tête de colonne se serait heurtée de front à la 1re armée.

Nos troupes auraient alors tourbillonné entre Bitche et Wissembourg, en plein pays de montagnes boisées, sans vivres, sans munitions, et, succombant sous la masse, elles eussent été enlevées dès le début de la campagne.

Comment pouvait-on d'ailleurs penser sérieusement à aller de l'avant, alors que, dans cette même dépêche où il prévenait le maréchal Bazaine des rassemblements de troupes allemandes entre Conz et Sarrelouis, le maréchal Le Bœuf ajoutait :

« Il n'y a pas de voitures à Metz. On télégraphie à Paris pour en avoir et vous les envoyer. »

Nous étions donc fatalement réduits à l'inaction et à l'impuissance.

On ne pouvait prendre une vigoureuse offensive.

Il aurait donc fallu se résoudre à la défensive.

Mais on ne sut prendre une décision ferme et attendre

On résolut, au contraire, de tenter une opération d'un caractère indéterminé qui donnerait simultanément satisfaction aux plus impatients et aux plus timorés.

A la date du 1er août 1870, les positions occupées par l'aile gauche de l'armée du Rhin, entre la Sarre et la Moselle, étaient les suivantes :

A droite, le 5e corps d'armée, surveillant la frontière, depuis Bitche jusqu'à Sarreguemines, avec son aile gauche à Grosbliedersdorf;

Au centre : aile droite, le 2e corps d'armée, à Forbach; aile gauche, le 3e corps d'armée, à Saint-Avold;

A gauche, le 4e corps d'armée, entre Bouzonville et Teterchen.

En fait, le centre de cette ligne avait, par la disposition même de la frontière, le 2e corps d'armée en avant-garde, et le 3e corps d'armée en réserve.

On peut remarquer sur la carte que le cours de la Sarre forme un coude très prononcé, dans la direction de l'est à l'ouest, entre Sarreguemines et Sarrelouis. La petite ville de Sarrebrück se trouve au point culminant de ce coude. C'est également en ce point que se rencontrent les deux voies ferrées venant : l'une, de Trèves, l'autre, de Mayence.

Par suite des traités de 1815, les deux villes de Sarrebruck et de Sarrelouis, la première, non fortifiée, la seconde fortifiée par Vauban, nous ont été enlevées, et la frontière, dans le voisinage de ces deux villes, a été tracée suivant une courbe qui présente sa convexité de notre côté depuis Forbach jusqu'à Bouzonville.

La frontière franco-prussienne forme ainsi un coin qui donne à la petite place de Sarrelouis, la patrie de l'héroïque Ney, une importance stratégique considérable, puisqu'une armée ennemie appuyée sur cette place peut s'avancer sur notre territoire entre les Vosges et la Moselle et gagner Nancy en évitant Metz, c'est-à-dire, en ne rencontrant devant soi que les petites places de Marsal, Toul et Vitry-le-François.

C'est par cette région seule d'ailleurs, on le remarquera encore, que la Prusse, dont la province du Rhin s'étend entre le Palatinat bavarois à

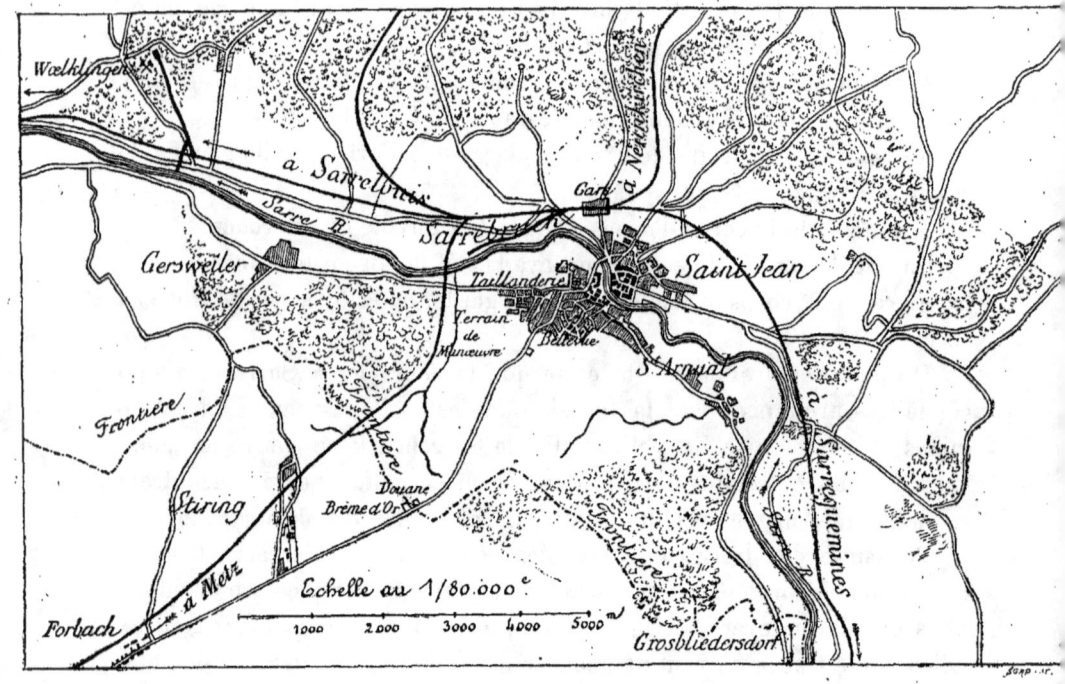

Combat de Sarrebruck

l'est et le grand-duché de Luxembourg à l'ouest, était limitrophe de la France au moment où la guerre fut déclarée.

Est-ce cette considération qui avait amené notre état-major général à masser le gros de ses forces à proximité de la partie de la frontière comprise entre Sarrebruck et Sarrelouis?

Cela ne paraît pas invraisemblable, quand on observe que l'empereur ne voulait menacer aucun des États de l'Allemagne du Sud qui fût notre voisin, c'est-à-dire, ni le royaume de Bavière, ni le grand-duché de Bade.

En fait, une attaque dirigée contre Sarrebruck n'était pas une conception défectueuse.

Ce qui l'a couverte de ridicule, c'est qu'elle fut conduite de manière à prendre le caractère d'une véritable parade.

La ville de Sarrebruck est bâtie sur les deux rives de la Sarre, à un endroit où la vallée de la rivière s'élargit. Au nord et au sud, elle est entourée de collines boisées qui s'étagent en amphithéâtre ; au nord, à l'est et à l'ouest de la ville, courent les voies ferrées qui viennent respectivement de Trèves par Sarrelouis; de Mayence, par Bingen, Kreuznach, Saint-Vendel et Neunkirchen, où aboutit la ligne de Manheim par Kaiserslautern et Hombourg; de Strasbourg, par Haguenau, Reichshoffen, Bitche et Sarreguemines; de Metz, par Faulquemont, Saint-Avold et Forbach.

La gare a été naturellement construite sur la rive droite, au nord du faubourg Saint-Jean.

Au sud de la ville, une grande terrasse semblable à l'esplanade des Invalides, comme dimension, et bordée de grands arbres, sert de champ de manœuvres à la garnison.

Conformément aux ordres qu'il avait reçus, le général Frossard mit le 2e corps d'armée en mouvement contre Sarrebruck, le 2 août, à dix heures du matin.

La 2e division, commandée par le général Bataille, formait la 1re ligne.

Cette division avait à sa droite sa 2e brigade, et, à sa gauche, sa 1re brigade.

La 2e brigade, commandée par le général Fauvart-Bastoul, et composée des 66e et 67e régiments d'infanterie, était campée à Spickeren. Elle reçut l'ordre de descendre vers le village de Saint-Arnual, situé au sud-est de Sarrebruck, de l'enlever aux avant-postes ennemis qui l'occupaient, puis de gravir les pentes qui se dressent entre ce village et la ville de Sarrebruck, sur la rive gauche de la rivière bien entendu, de se rabattre sur le champ de manœuvres, sur l'auberge de Bellevue, de s'en emparer et de s'y établir. Elle était appuyée par une batterie de 12 de la réserve d'artillerie du corps d'armée et par la 1er brigade de la 3e division.

La 1re brigade de la division Bataille, général Pouget, devait prononcer l'attaque de front, tandis que la brigade Fauvart-Bastoul exécuterait son attaque de flanc. Elle avait, en conséquence, l'ordre de s'avancer par la ligne du chemin de fer, par la route et par les bois, en prenant pour objectif le champ de manœuvres. Toutefois, il lui avait été prescrit de régler son mouvement sur celui de la 2e brigade.

La brigade Pouget se composait du 12e bataillon de chasseurs à pied des 8e et 23e régiments d'infanterie.

Son mouvement était éclairé par le 5e régiment de chasseurs à cheval, flanqué sur la gauche par le 4e régiment de même arme en liaison avec le 3e corps d'armée, soutenu enfin par la 1re brigade de la 1re division.

Les deux divisions Vergé et de Laveaucoupet gardaient chacune une brigade en réserve générale du 2e corps d'armée.

Au besoin, le général Frossard pouvait encore utiliser comme réserve la 1re division du 3e corps d'armée, général Montaudon, que le maréchal Bazaine avait laissée à sa disposition en arrière et près de Forbach, tandis que le maréchal exécutait avec une autre de ses divisions une reconnaissance dans la direction de Vœlklingen, reconnaissance qui se composa de quelques coups de canon à la suite desquels les avant-postes ennemis établis sur la rive gauche de la Sarre se retirèrent sur la rive droite.

Enfin, pendant que s'effectuerait cette opération centrale, le général de Failly avait l'ordre de faire une démonstration en avant de Sarreguemines avec le 5e corps d'armée, et le général de Ladmirault, dans la direction de Sarrelouis, avec le 4e corps d'armée.

Le déplacement de forces était donc considérable.

Quant à l'ennemi, il n'avait que fort peu de monde sur la rive gauche de la Sarre, et sa résistance ne pouvait être ni longue ni sérieuse, d'autant plus que, même en force, il eût difficilement accepté un engagement, alors qu'il avait une rivière à dos.

L'affaire fut donc insignifiante.

Ce n'est pas qu'elle n'ait cependant été conduite avec entrain par nos troupes qui allaient au feu sans savoir exactement ce qu'elles avaient devant elles ni ce qu'elles allaient rencontrer.

A ce point de vue, le combat fut bien mené.

Les positions furent brillamment enlevées.

Nos batteries imposèrent même silence aux pièces ennemies qui étaient établies sur la rive droite de la Sarre et qui participèrent à l'engagement.

Mais les quelques rares compagnies prussiennes qui avaient été mises en ligne comprirent bientôt que la retraite était la seule solution qui leur convint en présence de notre grande supériorité numérique, et elles disparurent rapidement.

Vers midi, au moment où le combat était à peu près terminé, l'empereur arrivait sur le champ de bataille tenant son fils par la main.

L'effort avait été considérable.

Le résultat matériel fut presque nul.

Nous étions maîtres de Sarrebruck, il est vrai; et par conséquent, nous pouvions intercepter toute communication directe par le chemin de fer entre Mayence ou Manheim et Trèves.

Mais la concentration des troupes allemandes ne pouvait plus en éprouver de retard à la date du 2 août.

Si les conséquences du combat de Sarrebruck furent nulles au point de vue des opérations proprement dites, les effets en furent déplorables sous tous les rapports.

Les troupes prussiennes que nous avions repoussées dans la journée du 2 étaient les suivantes :

Infanterie. — 31⁰ brigade d'infanterie, général de Gneisenau, appartenant à la 16⁰ division d'infanterie, 8⁰ corps d'armée ;

40⁰ régiment d'infanterie, régiment de fusiliers de Hohenzollern, appartenant à la 32⁰ brigade ;

69⁰ régiment d'infanterie, 7⁰ de la province prussienne du Rhin, appartenant à la 31⁰ brigade ;

Cavalerie. — 9⁰ régiment de hussards, 2⁰ de la province du Rhin, attaché à la 16⁰ division d'infanterie ;

7⁰ régiment de uhlans, de la province du Rhin, appartenant à la 3⁰ division de cavalerie, 6⁰ brigade.

Artillerie. — 6⁰ batterie légère du 8⁰ régiment d'artillerie de campagne, de la province du Rhin.

Depuis la déclaration de guerre, ce faible détachement faisait face, sur la partie du cours de la Sarre comprise entre Sarreguemines et Sarrelouis, aux rassemblements de nos troupes voisins de la frontière de la province de la Prusse rhénane.

A Sarrebruck, il avait tenu tête très énergiquement. Nous avions dans ce premier engagement une si grande supériorité numérique que les Prussiens ne pouvaient évidemment se maintenir en position ; mais ils avaient vaillamment résisté, ne s'étaient repliés qu'au dernier moment et avaient effectué leur retraite en fort bon ordre.

Ceux de nos bataillons qui avaient été engagés sentaient parfaitement, après ce combat, qu'ils avaient devant eux un adversaire très sérieux et très déterminé.

L'INVASION ALLEMANDE

Le général Frossard et le bourgmestre de Sarrebruck. (Page 200.)

D'autre part, les mitrailleuses avaient été utilisées pour la première fois.

Un témoin oculaire raconte que, la première mitrailleuse ayant été montée sur le champ de manœuvres, il s'agissait de la pointer, et il ajoute : « C'est l'empereur lui-même qui l'a fait au milieu d'un silence solennel. »

Un autre correspondant de journal dit de son côté :

« Ce qui rassure et fait sourire agréablement nos grenadiers, ce sont les mitrailleuses. Elles ont écrasé l'ennemi. On a vu tourbillonner ses bataillons sous le feu et laisser dans leur retraite des tas noirs de cadavres après eux. »

De ces deux appréciations, il semblait résulter que la mitrailleuse avait un pouvoir destructeur à nul autre comparable et que son action sur le champ de bataille devait être prépondérante.

Or, dans cet engagement, la perte des Prussiens ne fut que de 4 officiers et 72 hommes hors de combat.

Cette perte totale sur un front aussi étendu ne correspond guère, on en conviendra, à la légende des « tas noirs de cadavres », légende qui allait malheureusement prendre racine dans l'opinion publique et engendrer de bien cruelles déceptions.

J'ai déjà dit ce que je pense du rôle de la presse pendant une campagne.

Je saisis l'occasion qui m'est offerte, par les deux précédents extraits de correspondances, pour corroborer, par d'irréfutables preuves, mon sentiment sur les dangers des récits faits et publiés au jour le jour, même avec bonne foi.

Alors qu'il est si difficile à un général de voir ce qui l'intéresse et le concerne sur un champ de bataille, où il est pourtant libre de se mouvoir, où il peut exiger des indications précises, comment cela serait-il possible à un homme qui n'a ni la liberté de ses mouvements ni le droit de recueillir des renseignements pour se former une appréciation ?

Les correspondants de journaux ne peuvent donc qu'être inutiles ou dangereux.

Au début de la guerre de 1870, quelques-uns se sont plaints des mesures vexatoires qui étaient prises à leur égard par l'état-major général et par la gendarmerie.

Il faut espérer, qu'en cas de guerre, il n'y aura plus lieu de recourir à ces mesures et qu'une interdiction absolue en tiendra lieu.

Dans cet ordre d'idées, voici la note que m'a donnée un de mes amis qui a assisté au combat de Sarrebruck :

« On est allé là comme à une fête. On aurait cru assister à la halte d'un train de plaisir qui se proposait de faire pendant six semaines un voyage d'agrément à travers l'Allemagne.

« Personne ne semblait considérer cette guerre comme une entreprise grave.

« Une grande quantité de voitures de maîtres suivaient nos colonnes; et ce fut, pendant toute la soirée du 2 août, une allée et venue ininterrompue d'habitants de Forbach, de journalistes de toutes les nations, de dessinateurs de toutes les feuilles illustrées, de visiteurs si nombreux que cela jetait le désordre dans nos colonnes.

« Cette curiosité est bien naturelle, mais elle est très préjudiciable à l'armée, car, en quelques heures, aujourd'hui, l'ennemi est renseigné sur la position des troupes et sur leurs effectifs, par les indiscrétions involontaires des journalistes qu'un simple circuit télégraphique transmet simultanément à plusieurs destinations. »

En réalité, nous n'avions exécuté, de Forbach vers Sarrebruck, qu'une grande reconnaissance offensive, qu'une démonstration, sans valeur stratégique et sans importance tactique, uniquement pour sortir de l'inaction qui commençait à peser si lourdement sur le pays et sur l'armée.

L'opération n'avait pas un objectif bien déterminé.

Elle avait été entreprise avec éclat.

L'état-major général estima qu'il y avait lieu de présenter cette affaire pompeusement. Un télégramme fut donc envoyé au gouvernement.

« Aujourd'hui, y est-il dit, 2 août, à onze heures du matin, les troupes françaises ont eu un engagement sérieux avec les troupes prussiennes.

« Notre armée a pris l'offensive, franchi la frontière et envahi le territoire de la Prusse.

« Malgré la force de la position ennemie, quelques-uns de nos bataillons ont suffi pour enlever les hauteurs qui dominent Sarrebruck, et notre artillerie n'a pas tardé à chasser l'ennemi de la ville.

« L'élan de nos troupes a été si grand que nos pertes ont été légères.

« L'engagement, commencé à onze heures, était terminé à une heure.

« L'empereur assistait aux opérations, et le prince impérial, qui l'accompagnait partout, a reçu, sur le premier champ de bataille de la campagne, le baptême du feu.

« Sa présence d'esprit, son sang-froid dans le danger ont été dignes du nom qu'il porte. L'empereur est rentré à Metz à quatre heures. »

Cette dernière phrase passa presque inaperçue, et pourtant elle contenait la déclaration la plus importante.

N'en ressortait-il pas cette hypothèse bien naturelle que l'empereur ne se souciait pas de poursuivre plus loin l'offensive?

Dès lors, quel avait été vraiment le but de l'attaque?

On a prétendu que le combat de Sarrebruck avait été organisé par le général Frossard, de concert avec l'empereur, pour permettre à Napoléon III de montrer son fils aux troupes françaises sur le champ de bataille.

Le général Frossard a démenti cette allégation.

« Quelques malveillants, déclare-t-il, ont écrit que le commandant du 2ᵉ corps d'armée avait organisé le combat du 2 août dans le seul but de donner au jeune prince une occasion de « recevoir le baptême du feu ». Si un pareil propos méritait quelque réponse, nous nous bornerions à dire que le général Frossard ne savait même pas, le matin, que l'empereur et son fils dussent assister à cette affaire. »

L'affirmation du général Frossard n'est point à mettre en doute. Elle est conforme à l'ordre donné, le 30 juillet, au maréchal Bazaine, de préparer une opération pour le 2 août, ordre dont j'ai indiqué précédemment le dispositif général.

Mais il est certain que la présence du jeune prince impérial sur le champ de bataille avait été voulue et préparée, comme en témoigne le télégramme suivant adressé par l'empereur à l'impératrice :

« Louis, mandait Napoléon III, vient de recevoir le baptême du feu; il a été admirable de sang-froid et n'a nullement été impressionné.

« Une division du général Frossard a pris les hauteurs qui dominent la rive gauche de Sarrebruck.

« Les Prussiens ont fait une courte résistance.

« Nous étions en première ligne, mais les balles et les boulets tombaient à nos pieds.

« Louis a conservé une balle qui est tombée tout auprès de lui.

« Il y a des soldats qui pleuraient en le voyant si calme.

« Nous n'avons eu qu'un officier tué et 10 hommes blessés. »

La publicité donnée à cette dépêche produisit la plus fâcheuse impression. Elle avait un caractère intime et aurait dû rester confidentielle, car elle laissait planer un regrettable soupçon de dureté sur un enfant qui a montré quelques années plus tard qu'il savait mourir bravement, mais qui, à l'âge de quinze ans, ne pouvait assister impassible au spectacle d'un combat sous peine d'être affligé d'une insensibilité inquiétante.

Il est vrai que l'empereur avait, dans son télégramme, réduit d'une façon considérable nos pertes dans le combat.

Il n'y mentionnait qu'un officier tué et 10 hommes blessés.

En réalité, d'après le relevé du général Frossard lui-même, il y avait eu 6 officiers et 80 hommes hors de combat, savoir :

2 officiers tués, 4 officiers blessés, 8 hommes tués, 72 hommes blessés.

D'après la note que m'a donnée un officier qui a assisté à l'engagement, nos pertes se seraient même élevées à :

13 officiers, dont 4 tués et 9 blessés; 90 hommes, dont 15 tués et 75 blessés.

En tous cas, l'affaire de Sarrebruck nous avait coûté autant, si ce n'est plus qu'aux Allemands.

Je ne saurais protester avec trop d'énergie contre l'habitude où l'on est dans notre pays de toujours diminuer l'évaluation de nos pertes dans les batailles et combats.

C'est un mauvais système auquel il faut que nous renoncions définitivement.

D'abord, le public ne s'y laisse pas tromper ; comment pourrait-il ajouter foi à des bulletins où on lui dit, d'un côté, que l'on a combattu pendant plusieurs heures, et, de l'autre côté, que les pertes ont été insignifiantes ?

Ensuite, la nation a le droit absolu de connaître les sacrifices que lui coûtent les entreprises de son gouvernement.

Il n'est pas admissible qu'alors que ces sacrifices sont décomptés centime par centime, tant qu'il ne s'agit que de la dépense, on lui dissimule la vérité sur la mortalité par blessures ou par maladies.

Enfin, allant plus loin dans cette voie de la franchise dont on s'est trop souvent écarté jusqu'à présent, j'estime que, non seulement les familles intéressées doivent être directement informées, mais qu'encore les noms des hommes qui ont succombé sur le champ de bataille ou dans les ambulances doivent être publiés sans retard, dès que l'administration militaire a la certitude d'opérer cette publication sans commettre d'erreur.

Je refuse au gouvernement le droit qu'il s'arroge de cacher la vérité sur les pertes en hommes qu'entraînent les guerres et les expéditions.

Il est comptable envers le pays, en même temps que responsable, et sa responsabilité ne peut être effective qu'autant que la nation connaît l'étendue des conséquences qu'a eues son initiative.

On ne s'est presque jamais occupé de ces hécatombes humaines depuis que la France guerroie à tort et à travers.

M. le général Trochu s'est vainement efforcé de signaler ce côté particulier de notre histoire dans son beau livre sur l'*Armée française en 1879*.

Après avoir exprimé son étonnement de ce que les statisticiens de notre époque, en nous montrant le stationnement presque absolu de l'indigénat français, alors que la population de presque tous les États d'Europe s'accroît dans des proportions de plus en plus considérables, attribuent uniquement cette cause d'infériorité à des considérations de morale sociale, dont la valeur est d'ailleurs incontestable, il ajoute ce qui suit :

« Mais nos guerres incessantes, anciennes ou récentes, toujours destructives, de 1792 à 1870, n'y figurent-elles pas pour une part importante ? Sait-on qu'en ajoutant aux statistiques officielles, supposées sincères, des morts par le fer ou par le feu et des morts par la maladie sous les drapeaux (champs de bataille, ambulances, hôpitaux), la statistique des morts par suite d'épuisement, dans leurs familles, postérieurement à la guerre, des infirmes et des inutiles. on constaterait la suppression ou l'invalidation, par la guerre, de plusieurs millions de reproducteurs, à peu près tous dans la force de l'âge et prélevés par le recrutement sur l'élite virile du pays, qui auraient été pour la plupart, chacun dans une famille, la souche de plusieurs générations supprimées avec eux ! S'imagine-t-on ce qu'ont coûté à la race française, quantité et qualité, les tueries sans intermittences du premier Empire, les tueries périodiques du second, et, pendant vingt ans, cette guerre permanente de la conquête algérienne, poursuivie dix ans avec un effectif de cent mille hommes assujettis, sous un climat dévorant, à d'accablants travaux ! Aucune nation au monde, de bien loin, n'a été soumise dans la même période de temps à de tels services. La statistique n'y pense pas, la France n'y pense plus, mais les mères françaises y penseront toujours. »

Enfin, pour terminer le récit de cette première escarmouche de la campagne de 1870, il importe de mentionner que les Allemands, désireux de justifier plus tard les actes de violence qu'ils ont commis au cours de leur invasion en France, ont prétendu que nous avions bombardé Sarrebruck.

La dépêche suivante avait été envoyée à Berlin, le 3 :

« Hier, à dix heures du matin, le petit détachement qui se trouvait à Sarrebruck a été attaqué par trois divisions ennemies. La ville a été bombardée à midi par vingt-quatre pièces d'artillerie. A deux heures, la ville a été évacuée et le détachement s'est retiré. Nos pertes sont relativement peu considérables. Suivant le dire d'un prisonnier, l'empereur était arrivé devant Sarrebruck à onze heures. »

Le commandant du 2ᵉ corps d'armée a formellement démenti l'accusation lancée contre lui par les Allemands.

« En ce qui concerne Sarrebruck, a-t-il écrit, toutes ces allégations sont absolument contraires à la vérité. Cette ville n'a été ni bombardée, ni brûlée, ni même menacée du feu. Le général Frossard a été pendant quatre jours (du 2 au 5 août), maître de Sarrebruck. Il a fait tirer sur la gare du chemin de fer, sur des colonnes ou des voitures en retraite; il a fait canonner, en dehors de la ville, aux abords de la gare, des convois de troupes ou de matériel qui, la nuit, essayaient de se servir encore de la voie ferrée; mais pas un obus n'a été tiré sur la ville elle-même, quoiqu'il eût été dit au général que des habitants et en particulier des membres de la Société de tir avaient pris une part active au combat du 2, en faisant feu sur nos troupes. Il ne voulut même pas frapper cette ville d'impôts ni de réquisitions quelconques. Ayant fait appeler sur la place publique, au milieu de la foule, le bourgmestre un peu ému, le général le rassura, lui dit que tout serait respecté dans la ville, que la discipline la plus rigoureuse serait observée, et c'est ce qui fut fait. »

Cette déclaration est catégorique.

Il était indispensable de la rappeler, car elle répond d'avance à tout ce que les Allemands ont affirmé au cours de la campagne pour trouver un semblant d'excuse à leur système de bombardement.

Il me paraît inutile de donner plus de détails sur ce premier combat de la campagne qui ne fut, en réalité, qu'une affaire d'avant-postes, du côté des Allemands, du moins, car, en France, on s'efforça malheureusement de donner trop d'importance à cet engagement et de le représenter comme un succès. Nous avions eu également quelques petites escarmouches de reconnaissances qui s'étaient terminées à notre avantage. Dans l'une d'elles, deux officiers ennemis avaient été pris du côté de Niederbronn, comme nous le verrons plus loin. Il n'en fallut pas plus pour retourner immédiatement l'opinion publique qui, après s'être montrée pleine de confiance, s'était laissée aller ensuite à l'inquiétude, et qui, maintenant, commençait à ne plus douter de la victoire.

Si je signale cependant ces alternatives d'anxiété et d'assurance, c'est qu'avec une nation impressionnable comme la nôtre, un gouvernement, ne saurait prendre trop de précautions, surtout au début d'une guerre, pour éviter ces brusques revirements de l'opinion publique. Il ne peut évidemment y parvenir qu'avec le concours de la presse, en la conseillant, en la guidant, en l'éclairant, de manière qu'à son tour elle ne donne à la population que des renseignements exacts sur les faits, que des appréciations judicieuses sur les événements. La publicité des journaux, que l'on

Il fallut que la police le protégeât et l'escortât le soir, quand il quitta son domicile pour se rendre à la gare. (Page 204.)

en soit partisan ou non, est à notre époque, un puissant élément d'action sur la masse. Bien que cette publicité doive être restreinte par une loi spéciale, dès la mobilisation des troupes, comme je l'ai dit précédemment, elle peut cependant encore servir puissamment en vue de l'intérêt général, soit pour faire connaître en toutes circonstances la vérité, soit pour réfuter les fausses nouvelles lancées par les journaux ennemis.

MOBILISATION ET CONCENTRATION
DES ARMÉES ALLEMANDES

Nous avons vu que l'ordre de mobiliser notre armée avait été donné dans la nuit du 14 au 15 juillet 1870.

L'ouvrage du grand état-major prussien sur la *Guerre Franco-Allemande de 1870-1871*, dit à ce sujet :

« En présence de la surexcitation qui régnait en France, le gouvernement prussien ne se dissimulait pas que tout préparatif éventuel de guerre aboutirait fatalement à une rupture s'il venait à être connu.

« On savait depuis longtemps déjà que le ministère de la guerre français déployait une grande activité ; que toutes les dispositions étaient prises pour les transports par chemin de fer ; que des approvisionnements considérables de fourrages avaient été réalisés. Les chevaux mis en dépôt chez les cultivateurs avaient été rappelés dans les régiments d'artillerie, les navires de transport s'armaient dans les ports, les troupes d'Algérie avaient ordre de se tenir prêtes à marcher ; mais, au 15 juillet encore, la mobilisation proprement dite n'avait point commencé.

« Du côté des Allemands, on s'était abstenu jusqu'alors de toute mesure partielle ; les places-frontières elles-mêmes n'avaient pas été armées. On voulait ou ne rien entreprendre, ou se préparer complètement, et, grâce à l'ordre qui régnait dans toutes les branches de l'armée, on avait la certitude de ne pas se trouver en retard.

« Ce fut seulement quand, dans la journée du 15, on eut acquis l'assurance que la France avait réellement appelé les réserves et la garde mobile et que, dans les ports, la flotte de guerre était armée, qu'on lança, dans la nuit du 15 au 16, l'ordre de mobilisation de toute l'armée de l'Allemagne du Nord. »

Il semble donc résulter de cette citation que la France aurait précédé la Prusse d'un jour dans la mise de ses forces sur pied de guerre.

Or, l'affirmation n'est pas exacte.

Dans sa déclaration devant la commission d'enquête parlementaire sur les actes du gouvernement de la Défense nationale, M. Benedetti dit que les préparatifs de la Prusse étaient antérieurs à la date du 16.

« Dès le 11, a-t-il déclaré, dès qu'on a été informé à Berlin de notre désir d'obtenir de la Prusse le désistement du prince de Hohenzollern au trône d'Espagne, dès ce moment, on a donné les ordres. Je l'ai fait remarquer dans toutes mes dépêches du 11 et du 12. Le roi me dit qu'il savait qu'on faisait des préparatifs à Paris et qu'on ne le surprendrait pas. Donc, à dater de ce moment-là, il prenait ses précautions. »

M. le colonel Stoffel n'est pas moins affirmatif, dans l'avant-propos de ses *Rapports militaires écrits de Berlin*.

Il fixe à la date du 15, et non du 16, le premier jour de la mobilisation des armées allemandes :

Il évaluait à une durée de 8 ou 9 jours la période de mobilisation.

« Je faisais savoir, ajoute-t-il, qu'après 20 jours, comptés à partir du 15 juillet, la Prusse aurait plusieurs armées de 100,000 hommes concentrées chacune sur des points déterminés de nos frontières. »

La prédiction s'est trouvée rigoureusement exacte, puisque les Allemands ont attaqué nos premières troupes le 4 août, c'est-à-dire le vingt et unième jour après le 15 juillet.

Notre attaché militaire à Berlin avait vu juste.

Sa perspicacité déplaisait sans doute à M. de Bismarck ou à M. de Moltke.

Ils prirent le parti de l'éloigner sans retard.

Le 19 juillet, quand notre chargé d'affaires alla, en l'absence de l'ambassadeur, M. Benedetti, déjà rentré à Paris, remettre officiellement la déclaration de guerre à M. de Bismarck, celui-ci s'oublia jusqu'à permettre de supposer, c'est M. le colonel Stoffel qui l'a dit, que le gouvernement prussien violait le secret des dépêches chiffrées écrites par le personnel de l'ambassade de France, et avait ainsi connaissance de celles que cet officier adressait au ministre de la guerre, à Paris. Le chancelier ayant demandé à notre chargé d'affaires quand il voulait quitter Berlin, la conversation se poursuivit dans les termes suivants :

« — Demain soir, si vous n'y voyez pas d'inconvénient.

« — Et le colonel Stoffel ?

« — Il a l'ordre de partir en même temps que nous.

« — Cela n'est pas possible ; j'en ai parlé avec le général de Moltke ; veuillez faire savoir au colonel que, s'il est encore à Berlin demain matin, il sera considéré comme prisonnier de guerre. »

Notre attaché militaire ne se le fit pas répéter deux fois.

Depuis plusieurs jours, d'ailleurs, il avait été insulté et même lapidé quand il passait dans les rues.

Dans cette même journée du 19, il avait été littéralement bloqué dans sa maison par quatre individus qui n'attendaient que sa sortie pour tenter sur lui quelque mauvais coup.

Il fallut que la police le protégeât et l'escortât le soir quand il quitta son domicile pour se rendre à la gare.

Et, pendant qu'on l'injuriait, pendant qu'on le maltraitait, pendant qu'on l'expulsait, sous menace de l'arrêter, l'attaché militaire à l'ambassade prussienne était bien tranquillement à Paris, d'où il s'éloignait quand il lui plut et sans être nullement molesté.

L'épisode méritait d'être signalé, car il donne une juste idée de la brutalité des Allemands et de la courtoisie des Français.

Je pourrais saisir l'occasion que m'offre cet incident pour exprimer mon sentiment sur l'institution des attachés militaires aux ambassades, institution qui, prenant son origine dans un simple échange de relations amicales entre souverains, a revêtu depuis lors un caractère contre lequel de justes et nombreuses protestations se sont élevées. Mais il me faudrait sortir de la réserve que m'impose la discrétion professionnelle et sans aucune utilité d'ailleurs. Je m'abstiendrai donc de toute réflexion à ce sujet. N'y a-t-il pas des maux avec lesquels on se trouve dans l'obligation de vivre, sans avoir jamais l'espoir d'en guérir? Le mieux, dans ce cas, est de chercher à en atténuer les effets.

Mais revenons à la mobilisation des armées allemandes.

J'ai dit plus haut que le grand état-major prussien en indique la date au 16 juillet.

M. Benedetti constate des mouvements de troupes en Allemagne dès le 11.

M. le colonel Stoffel place au 15 l'ouverture des opérations officielles ayant pour but le passage des armées allemandes du pied de paix au pied de guerre.

Je crois plutôt les assertions de cet ambassadeur et de cet officier supérieur que celles du grand état-major prussien.

Ce dernier s'est, du reste, formellement contredit.

Dans le même livre d'où j'ai extrait le passage cité plus haut, passage d'où il résulterait que les Allemands ont attendu notre signal pour donner le leur, je lis, en effet, ce qui suit au milieu d'une étude consacrée à notre mobilisation :

« Les préparatifs de la Prusse avaient commencé dans la nuit du 13 au 14, c'est-à-dire à un moment où la nation ne soupçonnait même pas l'imminence d'une guerre. »

Il ne me déplaît pas de mettre ainsi en opposition le récit même du grand état-major prussien, car j'y trouve la preuve que les Allemands ne disent pas la vérité quand ils n'ont pas intérêt à la cacher et j'y découvre un témoignage incontestable de l'avance qu'ils avaient su prendre sur nous, quand nous croyions au contraire les avoir devancés.

L'ordre de mobilisation donné par le roi de Prusse n'était applicable qu'à l'armée de la Confédération de l'Allemagne du Nord.

Les Etats de l'Allemagne du Sud se l'approprièrent rapidement.

Dans la nuit du 15 au 16, le grand-duc de Bade suivit l'exemple que son beau-père lui avait donné.

Le 16, il faisait replier le pont de bateaux de Kehl.

Le 22, il ordonnait de faire sauter la pile d'appui de la travée mobile du pont du chemin de fer sur la rive droite du Rhin, en face de la citadelle de Strasbourg, et il faisait connaître officiellement qu'il déclarait la guerre à la France.

L'appréciation que je formule ici de l'attitude prise par le grand-duché de Bade, attitude qu'ont adoptée également les royaume de Bavière et de Wurtemberg, ne sera peut-être pas admise par ces trois Etats.

Mais elle est absolument conforme à la vérité.

Nous n'avons déclaré la guerre qu'à la Prusse.

Je conviens qu'il était difficile au royaume de Saxe, aux grands-duchés de Hesse et de Mecklembourg, ainsi qu'aux autres petits États englobés dans la Confédération de l'Allemagne du Nord, de se soustraire aux obligations qui leur étaient imposées par la constitution de cette confédération.

Mais il en est autrement des États indépendants de l'Allemagne du Sud.

Nous ne les avons pas provoqués.

S'ils ont marché contre nous, c'est qu'ils l'ont bien voulu.

Il importe de le rappeler et de le proclamer bien haut, car si nous avons eu le tort d'attaquer la Prusse sur une question qui pouvait recevoir une solution pacifique, mais qui n'avait pas, en tous cas, même l'apparence d'un intérêt allemand, il s'est trouvé de l'autre côté du Rhin des principautés qui n'ont pas hésité à nous déclarer la guerre sans motif.

Le 16, le roi Louis II de Bavière faisait au parlement de son royaume la déclaration suivante :

« Fidèle au traité d'alliance dans lequel j'ai engagé ma parole royale, je suis prêt, si le devoir l'exige, à marcher avec mon puissant allié, le roi de Prusse, pour l'honneur de l'Allemagne et par suite pour l'honneur de la Bavière. »

Le 19, l'armée bavaroise passait sous les ordres du roi Guillaume, comme l'armée badoise et l'armée wurtembergeoise.

Cette dernière recevait le même jour son ordre de mobilisation.

Badois, Bavarois et Würtembergeois ont donc été nos agresseurs, ne l'oublions pas.

Mais il ne suffisait pas à M. de Bismarck que toute l'Allemagne se levât contre nous.

Il fallait encore qu'il aliénât à la France les quelques rares sympathies que nous pouvions compter en Europe, et pour y parvenir, il recourut à un procédé discourtois qui méritait tout simplement de provoquer la réprobation de tous les gouvernements civilisés.

Le chancelier n'hésita pas à faire publier un document confidentiel que notre ambassadeur à Berlin avait eu l'imprudence de laisser entre ses mains.

Ce document était un projet de traité à conclure entre la France et la Prusse, et dont voici les articles :

« Art. 1er. — S. M. l'Empereur des Français admet et reconnaît les acquisitions que la Prusse a faites à la suite de la dernière guerre qu'elle a soutenue contre l'Autriche et contre ses alliés.

« Art. 2. — S. M. le Roi de Prusse promet de faciliter à la France l'acquisition du Luxembourg ; à cet effet, ladite Majesté entrera en négociations avec S. M. le Roi des Pays-Bas pour le déterminer à faire à l'Empereur des Français la cession de ses droits souverains sur ce duché, moyennant telle compensation qui sera jugée suffisante, ou autrement. De son côté, l'Empereur des Français s'engage à assumer les charges pécuniaires que cette transaction peut comporter.

« Art. 3. — S. M. l'Empereur des Français ne s'opposera pas à une union fédérale de la Confédération du Nord avec les États du Midi de l'Allemagne, à l'exception de l'Autriche, laquelle union pourra être basée sur un parlement commun, tout en respectant, dans une juste mesure, la souveraineté desdits États.

« Art. 4. — De son côté, S. M. le roi de Prusse, au cas où S. M. l'Empereur des Français serait amené, par les circonstances, à faire entrer ses troupes en Belgique ou à la conquérir, accordera le secours de ses armes à la France, et la soutiendra avec toutes ses forces de terre et de mer envers et contre toute puissance qui, dans cette éventualité, lui déclarerait la guerre.

« Art. 5. — Pour assurer l'entière exécution des dispositions qui précèdent, S. M. le Roi de Prusse et S. M. l'Empereur des Français contractent, par le présent traité, une alliance offensive et défensive qu'ils s'engagent solennellement à maintenir. Leurs Majestés s'obligent, en outre et notamment, à l'observer dans tous les cas où leurs États respectifs, dont elles se garantissent mutuellement l'intégrité, seraient menacés d'une agression, se tenant pour liées, en pareilles conjonctures, de prendre sans retard et de ne décliner sous aucun prétexte les arrangements militaires qui seraient commandés par leur intérêt commun, conformément aux clauses et prévisions ci-dessus énoncées. »

Un démenti ayant été donné au journal anglais qui avait reçu les confidences de M. de Bismarck, celui-ci répondit qu'il avait entre les mains le projet qui venait d'être divulgué, que les ambassadeurs et ministres d'Autriche, d'Angleterre, de Russie, de Bade, de Bavière, de Hesse, d'Italie, de Saxe, de Turquie et de Wurtemberg en avaient vu l'original et y avaient parfaitement reconnu l'écriture de M. Benedetti.

M. de Bismarck ajoutait que cette communication lui avait été faite en 1867, au lendemain du règlement de l'affaire du Luxembourg, après la visite de son souverain à Paris.

Nous avons ajouté foi à tout ce récit, nous Français, bien qu'il émanât d'un Allemand, parce que nous avons été accablés par des revers aussi épouvantables qu'imprévus et que nous avons voulu voir des coupables dans tous les hommes qui pouvaient être accusés d'avoir pris une part plus ou moins grande aux événements antérieurs.

N'avons-nous pas été assez injustes même pour prétendre que M. le colonel Stoffel, pendant sa mission à Berlin, avait trompé le gouvernement en ne le renseignant pas sur les préparatifs militaires de la Prusse.

Ici encore, il importe de rétablir la vérité indignement travestie par un Allemand.

Ce qui est vrai, c'est qu'en 1865, à Biarritz, M. de Bismarck avait proposé à Napoléon III de profiter de la lutte qu'il préparait contre l'Autriche pour agrandir le territoire de la France.

Un des familiers de l'empereur a même raconté à ce sujet l'anecdote suivante qui est bien caractéristique :

« Pendant notre séjour à Biarritz, je me souviens, a-t-il dit, d'avoir entendu M. de Bismarck déclarer à Napoléon III que, si la Prusse battait l'Autriche, la France serait naturellement en droit de réclamer une compensation sur la rive gauche du Rhin. Mais après avoir ainsi parlé, le chancelier de la Confédération de l'Allemagne du Nord, faisant sortir à moitié son mouchoir de l'une des poches de sa redingote, avait ajouté aussitôt : « Vous voyez ce mouchoir qui passe derrière moi, Sire... Il faudra prendre ce que vous voudrez comme on me le prendrait pendant que je serai occupé à autre chose et que je tournerai le dos; sans quoi, il sera trop tard et l'opinion publique en Allemagne ne me permettra plus de vous laisser faire. »

Quant au projet ci-dessus reproduit, il avait été présenté au chancelier, non en 1867, mais en 1866, au moment où le roi Guillaume et M. de Bismarck voulaient absolument obtenir la neutralité de la France pendant la guerre de la Prusse alliée à l'Italie contre l'Autriche et la Confédération germanique. A cette époque, ils avaient fait l'un et l'autre les offres les plus alléchantes et les plus obséquieuses à Napoléon III, qui avait commis la faute de croire aux promesses du roi allemand et de son conseiller. Le moment venu de tenir leur engagement, ceux-ci avaient objecté qu'il leur était impossible, sous peine de s'attirer l'inimitié de toute l'Allemagne, de distraire une parcelle quelconque du territoire allemand au profit de la France, fût-ce même sur la rive gauche du Rhin, mais que nous pouvions chercher une compensation du côté de la Belgique et qu'ils nous y aideraient.

Telle était l'origine du projet. Quant à nous aider à le réaliser, ils s'en sont bien gardés. Un an plus tard, au contraire, ils s'opposaient à ce que le grand-duché de Luxembourg fût réuni à la France.

En 1870 enfin, M. le comte de Bismarck, abusant de la confiance qu'avait eue en lui notre ambassadeur, livrait à la publicité le document que M. Benedetti lui avait laissé, et s'en servait pour jeter partout le soupçon sur nos projets et nos intentions.

Voilà ce que les Allemands décorent de l'épithète pompeuse et mensongère de « bonne foi allemande ».

Certains de nos hommes d'État ont été assez coupables dans cette période de 1863 à 1870 pour qu'il soit inutile d'augmenter le bagage de leurs fautes.

Le chancelier de la Confédération de l'Allemagne du Nord avait, en cette circonstance comme en tant d'autres, dupé notre gouvernement, de même qu'il avait essayé de tromper l'Autriche en lui proposant de s'allier avec la Prusse contre nous, en 1866, quinze jours avant de l'attaquer.

Après avoir joué notre représentant dans les négociations relatives à la cession de la Belgique, il lui semblait encore habile de rendre la France odieuse ou ridicule, même en faisant connaître de toute l'Europe un projet secret et que les conventions tacites établies entre les nations civilisées lui interdisaient de rendre public.

Certains journaux anglais se montraient particulièrement hostiles à la France, et c'est dans la presse d'outre-Manche que M. de Bismarck trouvait ses principaux appuis.

Et pourtant, c'est peut-être parce qu'il a voulu respecter l'alliance anglaise que Napoléon III est resté seul en présence de l'Allemagne.

L'empereur Alexandre II m'écouta avec une grande attention. (Page 210.)

Voici, en effet, ce que racontait le général Fleury :

« Avant de tirer l'épée, l'empereur m'ordonna de voir sans aucun délai le czar et de lui demander sa puissante et décisive intervention auprès du roi de Prusse pour arrêter la guerre.

« La nuit était déjà avancée quand je reçus cet ordre.

« Je courus au palais impérial, et m'étant fait annoncer et excuser en raison du motif de mon indiscrétion, je me fis de mon mieux l'interprète ému de mon souverain.

« L'empereur Alexandre II m'écouta avec une grande attention et me répondit qu'il lui était sans doute possible encore d'arrêter la guerre, mais que la Russie ne pourrait élever la voix dans d'aussi graves circonstances sans avoir la certitude de retirer de cette intervention un avantage national important. Sa Majesté me chargea en conséquence de demander à l'empereur Napoléon s'il consentirait, en échange, à l'annulation du traité de Paris de 1856.

« Cette réponse fut immédiatement télégraphiée à Paris.

« Dans la même nuit, je reçus une dépêche de Napoléon III qui me mandait en substance : « L'Angleterre a été pour moi une alliée trop fidèle. « Je ne puis manquer aux engagements que j'ai contractés envers elle. »

« Quand le czar eut connaissance de ce télégramme, il me dit : « Allons, « malgré toute mon amitié pour votre empereur et la France, je suis obligé « de laisser les événements suivre leur cours. »

C'est au moment où nous agissions si chevaleresquement avec le gouvernement britannique que les journaux anglais n'hésitaient pas à soutenir l'Allemagne contre la France !

Pendant que l'Allemagne entière se déclarait contre nous et que nous perdions toute chance de trouver un allié quelconque en Europe, la mobilisation des forces allemandes et leur concentration se poursuivaient méthodiquement.

Le 18 juillet, un ordre du roi, agissant en qualité de généralissime des forces allemandes, faisait connaître la formation et la répartition des armées dont il allait prendre le commandement.

Le 23, certains corps de troupes étaient déjà mobilisés et les transports de concentration commençaient aussitôt vers les deux provinces de la Prusse rhénane et de la Bavière rhénane, dans la région comprise entre le Rhin et la Moselle.

Le 24, tandis que nous ne possédions aucune indication précise sur les dispositions de l'ennemi, les états-majors des troupes allemandes avaient communication de notre ordre de bataille.

Les généraux allemands recevaient, en outre, du grand état-major, le renseignement suivant :

« Les bataillons français ont une force moyenne de 500 hommes au plus; après l'arrivée des réserves, c'est-à-dire probablement à partir du 26 juillet, on pourra compter sur un effectif moyen de 700 fusils par bataillon. Les régiments de cavalerie ne dépasseront pas 500 sabres.

« Une division d'infanterie française ne comprend donc encore aujourd'hui que 6,500 hommes, et, à dater du 29 juillet, elle sera forte de 9,000 fantassins.

« Les 19 divisions des 1er, 2e, 3e, 4e et 5e corps et de la garde ne représentent en conséquence que 123,000 fusils pour le moment, et, plus tard, elles s'élèveront à 162,000. »

C'était un avantage considérable pour les troupes allemandes d'être ainsi renseignées et de savoir que, numériquement, leurs bataillons et leurs escadrons étaient supérieurs aux nôtres.

On remarquera que l'évaluation donnée par le grand état-major prussien sur la quantité de fusils et de sabres que nous pouvions mettre en ligne se rapproche sensiblement de celle que j'ai donnée précédemment.

Le 25, les divisions de cavalerie étaient constituées et réparties entre les diverses armées allemandes.

Le 26, le prince royal de Prusse, Frédéric-Guillaume, quittait Berlin pour aller saluer à Munich, à Stuttgart et à Carlsruhe, les souverains de Bavière, de Würtemberg et de Bade, dont les contingents avaient été placés sous son commandement, et arrivait à Spire le 30.

A cette dernière date, il recevait l'ordre de prendre l'offensive vers le sud avec la 3e armée dont il était le chef, mais il répondait que ce mouvement ne pourrait être exécuté avant trois ou quatre jours.

Le 31, le grand quartier général faisait demander aux commandants en chef à quelle date ils seraient à même d'entrer en campagne avec toutes leurs troupes et tous leurs services accessoires.

Le même jour, les commandants en chef déclaraient que, le 3 août, ils pourraient ouvrir les hostilités.

En conséquence, le 31, le roi de Prusse quittait Berlin pour se rendre à Mayence avec son quartier général.

Dans la matinée du 2 août, il arrivait à Mayence après avoir passé par Magdebourg, Hanovre et Cologne.

Le jour même, il apprenait l'escarmouche de Sarrebruck, et prescrivait de tout disposer pour que les armées allemandes prissent l'offensive dès le 4 au matin.

A la suite de sa guerre heureuse contre l'Autriche, la Prusse avait imposé à cette puissance et aux autres principautés allemandes le traité de Prague, conclu le 4 août 1866.

Ce traité introduisait les profondes modifications suivantes au centre de l'Europe :

1° La dissolution de la Confédération germanique, telle qu'elle avait été établie en 1815;

2° L'annexion du royaume de Hanovre, des duchés de Nassau et du Schleswig-Holstein, de la Hesse électorale et de la ville libre de Francfort au royaume de Prusse.

3° La création de la Confédération des États du Nord de l'Allemagne sous l'hégémonie de la Prusse.

Les États confédérés étaient au nombre de vingt-deux, savoir :

Le royaume de Prusse ;
Le royaume de Saxe ;
Les grands-duchés de Hesse-Darmstadt, de Mecklembourg-Schwerin, de Mecklembourg-Strélitz, d'Oldenbourg et de Saxe-Weimar ;
Les duchés d'Anhalt-Dessau, de Brunswick, de Saxe-Altenbourg, de Saxe-Cobourg-Gotha, de Saxe-Meiningen ;
Les principautés de Lippe-Detmold, de Reuss, branche aînée, de Reuss, branche cadette, de Schaumbourg-Lippe, de Schwarzbourg-Rudolstadt, de Schwarzbourg-Sondershausen et de Waldeck ;
Les villes libres de Brême, Hambourg et Lubeck.

Avant la guerre de 1866, l'armée prussienne ne comprenait que neuf corps d'armée, dont celui de la garde royale et huit corps d'armée de la ligne.

Après cette guerre, l'armée de la Confédération de l'Allemagne du Nord était forte de treize corps d'armée et demi, quatre corps d'armée et une division ayant été ajoutés à l'armée prussienne et formant avec celle-ci l'armée de la Confédération de l'Allemagne du Nord.

Cette organisation militaire territoriale, basée sur le recrutement obligatoire et subdivisionnaire ou régional, sur la constitution locale des réserves, permettait aux troupes de passer immédiatement du pied de paix au pied de guerre et de se présenter à l'ennemi avec une homogénéité morale et matérielle qui donnait à l'armée placée sous les ordres du roi de Prusse une supériorité considérable sur l'ennemi.

De toutes les puissances européennes, celle-ci seule avait une constitution militaire du temps de paix conforme aux exigences d'une mobilisation rapide.

Cette constitution, elle l'avait conservée depuis le commencement du siècle, sous prétexte qu'en raison de sa situation géographique particulière elle pouvait avoir à lutter contre plusieurs adversaires à l'est, au sud et à l'ouest.

En fait, quand la Prusse invoquait ainsi les périls d'une prétendue coalition, son but unique était de justifier la permanence de préparatifs qui, sous apparence de moyens de défense, étaient de véritables moyens d'agression.

Avec son organisation permanente, elle n'avait plus qu'à rappeler ses réserves pour mettre immédiatement son armée en campagne.

Les forces de l'Allemagne étaient réparties ainsi qu'il suit au moment où elles pénétrèrent en France :

Le roi Guillaume de Prusse avait le commandement suprême.

Parmi les personnages faisant partie de son grand quartier général nous citons :

Le général de Moltke, chef d'état-major général ;
Le général-lieutenant de Podbielski, quartier-maître général ;
Le général de Hindersin, inspecteur général de l'artillerie ;
Le général-lieutenant de Kleist, inspecteur général du génie ;
Le général-lieutenant de Stosch, intendant général de l'armée ;
Le prince Charles de Prusse, grand-maître de l'artillerie ;
Le grand-duc de Saxe ;
Le prince Luitpold de Bavière ;
Le grand-duc héritier de Mecklembourg-Schwerin ;
Le général de Roon, ministre de la guerre ;
Le général-major comte de Bismarck-Schœnhausen, chancelier fédéral, président du conseil des ministres.

Le quartier général comprenait : le cabinet militaire du roi de Prusse et sa maison militaire ; les bureaux de l'état-major général répartis en trois sections ; la commission exécutive des transports par chemins de fer ; les bureaux de l'inspection générale de l'artillerie, du génie et de l'intendance ; le commandement du quartier général ; l'escorte du roi ; la direction de la télégraphie militaire, du service des vivres de campagne, des postes de campagne ; une délégation du ministère de la guerre ; une délégation de la chancellerie.

Je rappelle que le généralat, dans l'armée allemande, comporte trois grades hiérarchiques : celui de général d'infanterie ou de cavalerie, vulgairement de général, échelon intermédiaire entre le maréchal et le général de division ; celui de général-lieutenant ou général de division ; celui de général-major ou général de brigade. Quant au grade de feldzeugmeister, que portait le prince Charles de Prusse, il n'est autre que celui de grand-maître de l'artillerie en usage dans notre armée au siècle dernier.

Les forces placées sous le commandement suprême du roi de Prusse étaient réparties en trois armées désignées par un numéro d'ordre; elles formaient en outre plusieurs détachements.

Pour se faire une idée générale de la mobilisation et de la concentration des armées allemandes, il me paraît nécessaire de donner tout d'abord un aperçu d'ensemble sur leur organisation en temps de paix, sur leurs effectifs, sur les places fortes, enfin sur les voies et les moyens de transport.

Infanterie.

L'infanterie de la Confédération de l'Allemagne du Nord comprenait 118 régiments et 18 bataillons de chasseurs.

Le contingent de la Prusse était de 97 régiments, dont : 4 à pied de la garde; 4 de grenadiers de la garde; 1 de fusiliers de la garde; 12 de grenadiers de la ligne, n°s 1 à 12; 8 de fusiliers de la ligne, n°s 33 à 40; 68 régiments d'infanterie, n°s 13 à 32 et 41 à 88.

Les autres contingents fournissaient 21 régiments, dont : pour le Mecklembourg, le 89e de grenadiers, le 90e d'infanterie; pour l'Oldenbourg, le 91e d'infanterie; pour le Brunswick, le 92e d'infanterie; pour l'Anhalt-Dessau, le 93e d'infanterie; pour les duchés de Saxe ou États de Thuringe, les 94e, 95e et 96e d'infanterie; pour le royaume de Saxe, le 100e et le 101e de grenadiers, les 102e, 103e, 104e, 105e, 106e et 107e d'infanterie, le 108e de fusiliers; pour la Hesse, les 1er, 2e, 3e et 4e régiments hessois.

Les régiments n°s 97, 98 et 99, étaient en voie de formation.

Les 18 bataillons de chasseurs se répartissaient ainsi qu'il suit : le bataillon de chasseurs de la garde; le bataillon de tirailleurs de la garde; 11 bataillons du contingent de la Prusse, n°s 1 à 11; les 12e et 13e, de l'armée royale saxonne; le 14e, du Mecklembourg; les 1er et 2e bataillons hessois.

Chaque bataillon d'infanterie était fort de 4 compagnies.

On comptait 3 bataillons dans chacun des régiments d'infanterie, sauf les régiments hessois qui n'avaient chacun que 2 bataillons.

Dans le régiment, les compagnies étaient numérotées entre elles, savoir : 1re, 2e, 3e et 4e compagnies au 1er bataillon; 5e, 6e, 7e et 8e compagnies au 2e bataillon; 9e, 10e, 11e et 12e au 3e bataillon.

Les troupes d'infanterie comprenaient au total 368 bataillons sur le pied de paix.

L'effectif moyen était de :

4 officiers, 128 hommes et 5 non-combattants par compagnie;
18 officiers, 514 hommes et 24 non-combattants par bataillon;
57 officiers, 1,553 hommes et 72 non-combattants par régiment;

7,385 officiers, 187,576 hommes et 9,108 non-combattants au total.

La brigade d'infanterie se composait en général de 2 régiments; on comptait 54 brigades d'infanterie pour 118 régiments, ce qui indique que 10 brigades étaient à 3 régiments.

La division d'infanterie comprenait 2 brigades d'infanterie, et, comme nous le verrons plus loin, 1 brigade de cavalerie.

Le noyau de chaque corps d'armée était formé de 2 divisions d'infanterie.

Parmi les 54 brigades d'infanterie, 4 appartenaient à la garde et étaient numérotées entre elles; les 50 autres brigades étaient numérotées de 1 à 50.

Parmi les 27 divisions d'infanterie, 2 appartenaient à la garde et étaient numérotées entre elles; les 25 autres divisions étaient numérotées de 1 à 25.

Les numéros des 2 divisions d'infanterie d'un corps d'armée correspondaient au numéro de ce corps d'armée, de même que les numéros des 2 brigades d'une division d'infanterie correspondaient au numéro de cette division. Ainsi le 1er corps d'armée comprenait la 1re division d'infanterie, 1re et 2e brigades d'infanterie, et la 2e division d'infanterie, 3e et 4e brigades d'infanterie, etc..., jusqu'au 12e corps d'armée qui comprenait la 23e division d'infanterie, 45e et 46e brigades d'infanterie, et la 24e division d'infanterie, les 47e et 48e brigades d'infanterie. Il n'y avait d'exception que pour la 25e division d'infanterie, 49e et 50e brigades d'infanterie, qui était rattachée pour ordre au 11e corps d'armée.

Cette organisation du pied de paix fut rigoureusement maintenue lors de la mobilisation, à l'exception de quelques régiments qui restèrent sur le territoire allemand, soit pour constituer la garnison des places fortes, soit pour former un corps d'observation du littoral de la mer du Nord et de la Baltique.

A chaque corps d'armée fut attaché un bataillon de chasseurs à pied. Le 9e corps en eut 3; la garde, 2; le 11e et le 12e corps, 2 également.

Lors du passage sur le pied de guerre, les effectifs moyens devinrent les suivants :

Par compagnie : 5 officiers, 250 hommes, 5 non-combattants.

Par bataillon : 22 officiers, 1,002 hommes, 27 non-combattants, 37 chevaux, 4 voitures.

Par régiment : 69 officiers, 3,016 hommes, 90 non-combattants, 123 chevaux, 16 voitures.

Au total : 9,000 officiers, 377,000 hommes, 11,000 non-combattants, 16,000 chevaux, 2,000 voitures.

En dehors de ces troupes actives, l'infanterie prussienne forma encore 118 bataillons de dépôt, à raison de 1 bataillon par régiment; et les bataillons de chasseurs, 18 compagnies de dépôt, à raison de 1 compagnie par bataillon, soit 4 bataillons 1/2.

L'effectif total de ces troupes de dépôt s'éleva à 2,000 officiers, 125,000 hommes, 21,000 non-combattants, 1,000 chevaux.

C'est dans les dépôts que se rendirent les réservistes non instruits, tandis que les réservistes instruits servaient, par leur incorporation dans les troupes actives, à porter celles-ci au pied de guerre en doublant l'effectif du pied de paix.

La landwehr, analogue à cet élément de nos forces nationales que nous avons constitué depuis sous le nom d'armée territoriale, devait comprendre 216 bataillons. Mais, par suite de l'insuffisance de landwehriens instruits dans les districts des 4 corps d'armée nouvellement créés, les 9e, 10e, 11e et 12e, elle ne put donner que 166 bataillons dont l'effectif total s'éleva à 5,000 officiers, 155,000 hommes, 2,000 non-combattants, 1,000 chevaux.

Au total, l'infanterie de l'Allemagne du Nord atteignit tout de suite sur le pied de guerre un effectif de 16,000 officiers, 657,000 hommes, 34,000 non-combattants, 18,000 chevaux et 2,000 voitures.

Par suite de son système de recrutement, elle avait, par la mobilisation de ses réserves, plus que doublé le nombre de ses officiers et plus que triplé celui de ses soldats.

Elle pouvait notamment mettre tout de suite en ligne deux fois plus de fusils que n'en comportait son effectif de paix.

Sur les 368 bataillons de l'armée active que l'infanterie prussienne pouvait lancer contre nous, 24, c'est-à-dire 8 régiments, furent laissés sur le territoire comme troupes de garnison, et remplacés par 52 bataillons de landwehr, en sorte que l'armée d'opérations de la Confédération de l'Allemagne du Nord fut constituée à 396 bataillons, et les troupes de garnison à 138 bataillons seulement.

Les trois États de l'Allemagne du Sud apportèrent à leur tour les contingents suivants:

Royaume de Bavière: 92 bataillons 1/2 ainsi répartis : 50 bataillons actifs; 16 bataillons et 10 compagnies de dépôt; 24 bataillons de garnison, dont 16 de la landwehr, et 8 de l'armée, ces derniers pour la défense des places fortes.

Royaume de Würtemberg : 23 bataillons, dont : 15 bataillons actifs, 4 bataillons du dépôt, 4 bataillons de l'armée laissés comme garnison des places fortes.

Rupture des ponts de Kehl au début de la guerre. (Page 221.)

Grand-duché de Bade : 30 bataillons répartis comme il suit : 13 bataillons actifs ; 6 de dépôt ; 11 bataillons de garnison, dont 6 de landwehr et 5 de l'armée, ces derniers pour la défense des places fortes.

Au résumé, la mobilisation des armées allemandes donnait 802 bataillons, dont 474 pour les opérations offensives immédiates, 151 pour les remplacements et 177 pour la défense des places fortes et des côtes.

En évaluant chaque bataillon à 1,000 hommes, l'effectif total de l'infanterie s'élevait donc à 802,000 fusils, dont 474,000 pour l'armée d'opération, déduction faite de 20,000 officiers et de 50,000 non-combattants.

Cavalerie.

La cavalerie de la Confédération de l'Allemagne du Nord comprenait 76 régiments à 5 escadrons.

Le contingent de la Prusse était de 64 régiments dont : 10 de cuirassiers, 18 de dragons, 17 de hussards, 19 de uhlans.

Parmi les régiments prussiens, la garde possédait le régiment cuirassé des gardes du corps, 1 régiment de cuirassiers, 2 régiments de dragons, 1 régiment de hussards et 3 régiments de uhlans, soit 8 régiments de cavalerie.

Les autres régiments prussiens étaient numérotés entre eux par subdivision d'arme.

Les 12 autres régiments de cavalerie provenant des contingents de l'Allemagne du Nord étaient : le 17e et le 18e de dragons, du Mecklembourg ; le 19e de dragons, de l'Oldenbourg ; le 17e de hussards, du Brunswick ; le 17e et le 18e de lanciers, du royaume de Saxe, ainsi que les 1er, 2e, 3e et 4e régiments de cavalerie, enfin les 1er et 2e régiments de chevau-légers hessois.

Le total des escadrons s'élevait donc à 380.

L'effectif moyen était de :

5 officiers, 136 hommes, 7 non-combattants et 148 chevaux par escadron ;

28 officiers, 682 hommes, 42 non-combattants et 750 chevaux par régiment ;

2,000 officiers, 52,000 hommes, 3,000 non-combattants et 55,000 chevaux au total.

La brigade de cavalerie se composait de 2 ou 3 régiments ; on comptait 28 brigades pour 76 régiments, ce qui indique que 20 brigades étaient à 3 régiments.

Il n'y avait que 2 divisions de cavalerie sur le pied de paix, l'une dans la garde, forte de 3 brigades numérotées entre elles, l'autre dans le 12e corps d'armée, comprenant les 23e et 24e brigades de cavalerie.

En dehors de ces deux organisations spéciales, les 23 autres brigades de cavalerie, y compris celle qui portait le numéro 25, étaient respectivement attachées aux divisions d'infanterie du même numéro.

Lors de la mobilisation, la cavalerie eut à subir d'importantes modifications, tant dans sa constitution régimentaire que dans sa répartition.

Le régiment ne partit qu'avec 4 escadrons, le 5e escadron restant pour former dépôt.

Le nombre des escadrons mobilisés fut donc de 304.

Les dépôts furent formés avec les 76 cinquièmes escadrons.

La landwehr donna d'autre part 16 régiments à 4 escadrons, soit un total de 64 escadrons.

L'ensemble de la cavalerie mobilisée s'éleva à 444 escadrons.

L'effectif moyen sur le pied de guerre était de :

5 officiers, 150 hommes, 8 non-combattants, 166 chevaux par escadron ;

23 officiers, 602 hommes, 52 non-combattants, 706 chevaux, 7 voitures par régiment ;

1,700 officiers, 46,000 hommes, 4,000 non-combattants, 54,000 chevaux, 500 voitures, pour les troupes de campagne ;

400 officiers, 15,000 hommes, 3,000 non-combattants, 16,000 chevaux pour les troupes de dépôt ;

300 officiers, 14,000 hommes, 1,000 non-combattants, 13,000 chevaux, 200 voitures pour les troupes de garnison ;

2,400 officiers, 75,000 hommes, 8,000 non-combattants, 83,000 chevaux, 700 voitures au total.

Les brigades de cavalerie du temps de paix furent disloquées, sauf celles qui étaient endivisionnées entre elles, c'est-à-dire à l'exception des brigades de cavalerie du corps de la garde et du 12e corps.

On attacha un régiment de cavalerie à chaque division d'infanterie.

Après le prélèvement de ces 27 régiments de cavalerie, il en restait encore 49, et l'on organisa avec ceux-ci 8 divisions de cavalerie indépendantes dont la force varia de 4 à 6 régiments chacune.

Parmi ces 8 divisions, il y avait d'abord celle de la garde et celle du 12e corps d'armée ; les 6 autres prirent respectivement les numéros 1 à 6, et les brigades dont elles se composaient reçurent des numéros correspondants à celui des divisions.

Je répète que je ne donne ici qu'un aperçu d'ensemble de la mobilisation ; les détails en seront développés au fur et à mesure que les armées allemandes se présenteront sur le théâtre des opérations.

Quant aux contingents de l'Allemagne du Sud, ils furent les suivants :

Royaume de Bavière : 40 escadrons de campagne et 10 escadrons de dépôt.

Royaume de Würtemberg : 10 escadrons de campagne, 3 escadrons de dépôt et 2 escadrons de garnison, ces derniers provenant de l'armée active.

Grand-duché de Bade : 12 escadrons de campagne et 3 escadrons de dépôt.

Au résumé, la mobilisation des armées allemandes donna 524 escadrons, dont 366 pour les opérations immédiates, 92 pour les remplacements et 66 pour les garnisons.

En estimant chaque escadron à 150 cavaliers, le total de la cavalerie s'élevait donc à 79,000 sabres, non compris 3,000 officiers, 14,000 hommes en excédent et 10,000 non-combattants.

Artillerie de campagne.

L'artillerie de campagne de l'Allemagne du Nord se composait de 13 régiments et 1 demi-régiment.

Parmi les 13 régiments, il y en avait 1 pour la garde ; les 12 autres étaient respectivement attachés au corps d'armée dont ils portaient le numéro ; le demi-régiment faisait partie de la 25° division, la division hessoise.

Le régiment de la garde et les 11 premiers régiments comprenaient chacun 15 batteries, dont 12 batteries montées et 3 batteries à cheval.

Le 12° régiment était fort de 16 batteries, dont 14 batteries montées et 2 batteries à cheval.

Le demi-régiment hessois ne se composait que de 6 batteries, dont 5 batteries montées et 1 batterie à cheval.

Le total des batteries attelées s'élevait donc à 202 batteries, dont 163 batteries montées et 39 batteries à cheval.

Le nombre des pièces étant de 6 par batterie sur le pied de guerre, l'artillerie de campagne de la Confédération de l'Allemagne du Nord mobilisa 1,212 pièces, dont 978 montées et 234 à cheval.

Sauf les quelques légères modifications résultant de la composition spéciale du 12° régiment d'artillerie et du demi-régiment d'artillerie hessois, chaque régiment d'artillerie se fractionna ainsi qu'il suit :

4 batteries montées à la 1re division d'infanterie du corps d'armée ;

4 batteries montées à la 2e division d'infanterie du corps d'armée ;

4 batteries montées, et 1, 2 ou 3 batteries à cheval à la réserve d'artillerie du corps d'armée ;

1 ou 2 batteries à cheval à l'une des divisions de cavalerie indépendante.

Les contingents de l'Allemagne du Sud furent de 50 batteries d'artillerie de campagne, dont 45 batteries montées et 5 batteries à cheval, savoir :

Royaume de Bavière : 32 batteries avec 192 pièces, dont 28 batteries montées avec 168 pièces et 4 batteries à cheval avec 24 pièces.

Royaume de Würtemberg : 9 batteries montées avec 54 pièces.

Grand-duché de Bade : 9 batteries avec 54 pièces, dont 8 batteries montées avec 48 pièces et 1 batterie à cheval avec 6 pièces.

Au résumé, la mobilisation des armées allemandes donna pour les troupes d'opérations : 252 batteries, dont 208 batteries montées et 44 batteries à cheval.

Ces 252 batteries pouvaient mettre immédiatement en action 1,512 pièces sur les champs de bataille.

Je signalerai pour mémoire simplement les 82 batteries ou demi-batteries de dépôt ou de garnison qui restaient sur le territoire et qui auraient pu, le cas échéant, être encore d'un précieux concours.

Places fortes.

Les places fortes de Sarrelouis, Mayence, Coblentz et Cologne, pour la Prusse; Landau, Germersheim, Ulm rive droite et Ingolstadt, pour la Bavière; Ulm rive gauche, pour le Würtemberg; Rastadt, pour le grand-duché de Bade, pouvaient seules jouer un rôle important au cas où nous aurions porté la guerre sur le territoire allemand.

Ces places, dont aucune n'eut à se défendre contre nous, étaient en excellent état.

Chemins de fer.

Bien que le réseau stratégique fût encore fort incomplet, les armées allemandes disposaient cependant de moyens de transport qui leur permettaient de se concentrer méthodiquement et rapidement à proximité de notre frontière.

Venant du nord, de l'est ou du sud de l'Allemagne, ces lignes pouvaient aboutir sur le Rhin, soit à Bingen, soit à Mayence, soit à Manheim, soit à Maxau, soit à Kehl.

Au delà du Rhin, elles se prolongeaient par Sarrebruck dans la direction de Metz et par Landau dans la direction de Strasbourg.

Il était donc de toute certitude que les efforts des Allemands se porteraient simultanément dans ces deux directions, la rupture des ponts de Kehl ayant indiqué que l'adversaire renonçait à forcer le passage du Rhin dans la partie du cours de ce fleuve qui séparait la France de l'Allemagne.

Effectifs.

C'est en effet dans cette contrée qui s'étend entre la Moselle et le Rhin que se concentrèrent les forces ennemies.

Elles étaient réparties en trois armées :

A droite, la 1re armée, forte de 75 bataillons, 64 escadrons et 45 batteries, massait ses 75,000 fusils, ses 10,000 sabres et ses 270 pièces autour de Trèves, son flanc droit protégé par la neutralité de la Belgique et du grand-duché de Luxembourg.

Au centre, la 2e armée, qui comprenait 181 bataillons, 156 escadrons et 105 batteries, rassemblait ses 181,000 fusils, ses 23,000 sabres et ses 630 pièces entre Bingen et Manheim, le centre à Mayence, pour marcher ensuite vers la Sarre.

A gauche, la 3e armée, qui se composait de 153 bataillons, 134 escadrons et 96 batteries, réunissait ses 153,000 fusils, ses 20,000 sabres et ses 576 pièces autour de Spire, entre Karlsruhe et Landau, prête à nous prendre en flanc si nous envahissions l'Allemagne du Sud ou à pénétrer en Alsace si nous demeurions immobiles.

Nos troupes, numériquement si faibles et malheureusement si dispersées, allaient donc avoir à subir le choc de 409 bataillons, 354 escadrons et 246 batteries, représentant 409,000 fusils, 54,000 sabres et 1,476 canons. Cette masse combattante était le noyau principal d'une force mobilisée et active de 780,000 hommes avec 213,000 chevaux, ayant derrière elle une force disponible de 403,000 hommes avec 37,000 chevaux.

La mobilisation avait donc fait passer l'effectif de toutes les armées allemandes de 382,000 à 1,143,000 hommes, dont les deux tiers en première ligne et le reste en réserve !

C'est par l'aile gauche que l'ennemi devait prononcer son attaque.

Nous commencerons en conséquence l'étude de l'ordre de bataille des armées allemandes par celui de la 3e armée.

WISSEMBOURG

La 3ᵉ armée allemande avait pour chef le prince royal de Prusse, Frédéric, dont le grade était celui de général.

Le général-lieutenant de Blumenthal était son chef d'état-major général.
Le général-lieutenant Herkt en commandait l'artillerie.
Le général-major Schulz en commandait le génie.

Cette armée comprenait :

Le 5ᵉ corps d'armée ;
Le 6ᵉ corps d'armée ;
Le 1ᵉʳ corps d'armée bavarois ;
Le 2ᵉ corps d'armée bavarois ;
La division wurtembergeoise ;
La division badoise ;
La 2ᵉ division de cavalerie ;
La 4ᵉ division de cavalerie.

5ᵉ corps d'armée. — GÉNÉRAL-LIEUTENANT DE KIRCHBACH.

9ᵉ DIVISION D'INFANTERIE. — GÉNÉRAL-MAJOR DE SANDRART.

17ᵉ brigade d'infanterie, colonel de Bothmer : 58ᵉ régiment d'infanterie, n° 3 de la Posnanie : 3 bataillons ; 59ᵉ régiment d'infanterie, n° 4 de la Posnanie : 3 bataillons.

18ᵉ brigade d'infanterie, général-major de Voigts-Rhetz : 7ᵉ régiment d'infanterie, n° 2 de grenadiers de la Prusse Orientale : 3 bataillons ; 47ᵉ régiment d'infanterie, n° 2 de la Basse-Silésie : 3 bataillons.

Troupes non embrigadées : 5ᵉ bataillon de chasseurs, n° 1 de la Silésie ; 4ᵉ régiment de dragons, n° 1 de la Silésie : 4 escadrons ; 1ʳᵉ et 2ᵉ batteries montées lourdes, 1ʳᵉ et 2ᵉ batteries montées légères du 5ᵉ régiment d'artillerie de campagne, régiment de la Basse-Silésie : 24 pièces.

10ᵉ DIVISION D'INFANTERIE. — GÉNÉRAL-LIEUTENANT DE SCHMIDT.

19ᵉ brigade d'infanterie, général-major de Henning : 6ᵉ régiment d'infanterie, n° 1 de grenadiers de la Prusse Occidentale : 3 bataillons ; 46ᵉ régiment d'infanterie, n° 1 de la Basse-Silésie : 3 bataillons.

20ᵉ brigade d'infanterie, général-major de Montbary : 37ᵉ régiment d'infanterie, fusiliers de la Westphalie : 3 bataillons ; 50ᵉ régiment d'infanterie, n° 3 de la Basse-Silésie : 3 bataillons.

Troupes non embrigadées : 14ᵉ régiment de dragons, régiment de la Marche électorale : 4 escadrons ; 5ᵉ et 6ᵉ batteries montées lourdes, 5ᵉ et 6ᵉ batteries montées légères du 5ᵉ régiment d'artillerie de campagne : 24 pièces.

Artillerie de réserve : 2ᵉ et 3ᵉ batteries à cheval, 3ᵉ et 4ᵉ batteries montées lourdes, 3ᵉ et 4ᵉ batteries montées légères du 5ᵉ régiment d'artillerie de campagne : 36 pièces.

Au total : 25 bataillons d'infanterie, 8 escadrons de cavalerie, 14 batteries d'artillerie.

Comme force combattante, le 5ᵉ corps d'armée pouvait mettre en ligne 25,000 fusils, 1,200 sabres et 84 canons.

Le 5ᵉ corps d'armée avait son quartier général à Posen ; il comprenait la plus grande partie de la province de Posnanie et la partie basse de la Silésie.

Par sa position géographique, il semblait que le 5ᵉ corps d'armée, qui occupait une partie de la frontière commune à la Prusse, à l'Autriche et à la Russie, dût être maintenu provisoirement sur place comme les 1ᵉʳ, 2ᵉ et 6ᵉ corps d'armée.

Mais la composition même du 5ᵉ corps d'armée était, au contraire, de nature à le faire éloigner immédiatement de la région où il se recrutait.

Le 18 juillet, il était affecté à la 3ᵉ armée allemande.

Le 23, il recevait l'ordre de s'embarquer en chemin de fer, dès que sa mobilisation serait terminée.

Le 26, il commençait son transport par la ligne Posen-Gœrlitz-Leipzig-Wurtzbourg-Mayence, en vue de débarquer à Landau.

Le 31, il se portait au sud de cette place vers Billigheim.

6ᵉ Corps d'armée. — Général de Tumpling.

11ᵉ Division d'infanterie. — Général-lieutenant de Gordon.

21ᵉ brigade d'infanterie, général-major de Malachowsky : 10ᵉ régiment d'infanterie, n° 1 de grenadiers de la Haute-Silésie : 3 bataillons ; 18ᵉ régiment d'infanterie, n° 1 de la Posnanie : 3 bataillons.

Mayence. — Le Rhin.

22ᵉ brigade d'infanterie, général-major de Eckartsberg : 38ᵉ régiment d'infanterie, fusiliers de la Silésie : 3 bataillons; 51ᵉ régiment d'infanterie, n° 4 de la Basse-Silésie : 3 bataillons.

Troupes non embrigadées : 6ᵉ bataillon de chasseurs; n° 2 de la Silésie; 8ᵉ régiment de dragons, n° 2 de la Silésie : 4 escadrons; 1ʳᵉ et 2ᵉ batteries montées lourdes, 1ʳᵉ et 2ᵉ batteries montées légères, du 6ᵉ régiment d'artillerie de campagne, régiment de la Silésie : 24 pièces.

12ᵉ DIVISION D'INFANTERIE. — GÉNÉRAL-LIEUTENANT DE HOFFMANN.

23ᵉ brigade d'infanterie, général-major Gundel : 22ᵉ régiment d'infanterie, n° 1 de la Haute-Silésie : 3 bataillons; 62ᵉ régiment d'infanterie, n° 3 de la Haute-Silésie : 3 bataillons.

24ᵉ brigade d'infanterie, général-major de Fabeck : 23ᵉ régiment d'infanterie, n° 2 de la Haute-Silésie : 3 bataillons; 63ᵉ régiment d'infanterie, n° 4 de la Haute-Silésie : 3 bataillons.

Troupes non embrigadées : 15ᵉ régiment de dragons, n° 3 de la Silésie : 4 escadrons ; 5ᵉ et 6ᵉ batteries montées lourdes, 5ᵉ et 6ᵉ batteries montées légères du 6ᵉ régiment d'artillerie de campagne : 24 pièces.

Artillerie de réserve : 1ʳᵉ et 2ᵉ batteries à cheval, 3ᵉ et 4ᵉ batteries montées lourdes, 3ᵉ et 4ᵉ batteries montées légères, du 6ᵉ régiment d'artillerie de campagne : 36 pièces.

Au total : 25 bataillons d'infanterie, 8 escadrons de cavalerie, 14 batteries.

Comme force combattante, le 6ᵉ corps d'armée pouvait mettre en ligne 25,000 fusils, 1,200 sabres, 84 canons.

Le 6ᵉ corps d'armée, dont le quartier général était à Breslau, occupait toute la province de la Silésie, moins la partie basse de cette province.

En raison de sa situation géographique qui le faisait limitrophe de la Russie et de l'Autriche, il avait été provisoirement maintenu sur son territoire, comme le 1ᵉʳ et le 2ᵉ corps d'armée. Cette mesure n'avait d'ailleurs aucun inconvénient puisque, à l'exception du 5ᵉ corps d'armée, les quatre corps de l'est de la Prusse ne pouvaient exécuter leurs transports stratégiques qu'après les corps d'armée du centre et de l'ouest.

Le 23 juillet, le 6ᵉ corps d'armée recevait l'ordre de se réunir autour de Gœrlitz et de Breslau.

Il exécute ce mouvement à partir du 25 en marchant par étapes, et, à la fin du mois, la 11e division se trouve à Gœrlitz, la 12e à Breslau.

Le 2 août, il s'embarquait sur la ligne Gœrlitz-Leipzig-Wurtzbourg-Mayence-Landau.

Le 4, il débarquait à Landau et était définitivement affecté à la 3e armée.

11e corps d'armée. — GÉNÉRAL-LIEUTENANT DE BOSE.

21e DIVISION D'INFANTERIE. — GÉNÉRAL-LIEUTENANT DE SCHACHTMEYER.

41e brigade d'infanterie, colonel de Koblinski : 80e régiment d'infanterie, fusiliers de la Hesse : 3 bataillons ; 87e régiment d'infanterie, n° 1 du Nassau : 3 bataillons.

42e brigade d'infanterie, général-major de Thile : 82e régiment d'infanterie, n° 2 de la Hesse : 3 bataillons ; 88e régiment d'infanterie, n° 2 du Nassau : 3 bataillons.

Troupes non embrigadées : 11e bataillon de chasseurs, bataillon de la Hesse ; 14e régiment de hussards, n° 2 du Nassau : 4 escadrons ; 1er et 2e batteries montées lourdes, 1re et 2e batteries montées légères du 11e régiment d'artillerie de campagne, régiment de la Hesse : 24 pièces.

22e DIVISION D'INFANTERIE. — GÉNÉRAL-LIEUTENANT DE GERSDORFF.

43e brigade d'infanterie, colonel de Koutzki : 32e régiment d'infanterie, n° 2 de la Thuringe : 3 bataillons ; 95e régiment d'infanterie, n° 6 de la Thuringe : 3 bataillons.

44e brigade d'infanterie, général-major de Schkopp : 83e régiment d'infanterie, n° 3 de la Hesse : 3 bataillons ; 94e régiment d'infanterie, n° 5 de la Thuringe : 3 bataillons.

Troupes non embrigadées : 13e régiment de hussards, n° 1 de la Hesse : 4 escadrons ; 3e et 4e batteries montées lourdes, 3e et 4e batteries montées légères du 11e régiment d'artillerie de campagne : 24 pièces.

Artillerie de réserve : 1re et 3e batteries à cheval, 5e et 6e batteries montées lourdes, 5e et 6e batteries montées légères du 11e régiment d'artillerie de campagne : 36 pièces.

Au TOTAL : 25 bataillons d'infanterie, 8 escadrons de cavalerie, 14 batteries d'artillerie.

Comme force combattante, le 11⁰ corps d'armée pouvait mettre en ligne 25,000 fusils, 1,200 sabres, 84 canons.

Il ressort de la comparaison des 5ᵉ, 6ᵉ et 11ᵉ corps d'armée, que le total des unités organiques et l'ensemble des éléments de combat se trouvent identiques dans chacun de ces corps d'armée. Nous verrons qu'il en est de même dans tous les autres corps d'armée mobilisés par la Prusse pour la guerre de 1870, à quelques rares exceptions près.

J'ai laissé de côté les éléments secondaires.

Ces éléments étaient presque invariablement constitués comme il suit, dans chaque corps d'armée :

5 sections de munitions d'artillerie et 4 sections de munitions d'infanterie;

3 compagnies de pionniers et 1 équipage de ponts;

3 détachements sanitaires;

12 ambulances et 1 dépôt de réserve d'ambulance;

1 boulangerie et 5 sections de subsistances;

1 dépôt de remonte et 1 escadron d'escorte.

Les sections de munitions d'artillerie et d'infanterie relevaient du commandant de l'artillerie du corps d'armée, étaient composées de soldats d'artillerie et attelées par les soins de cette arme.

L'équipage de pont était sous les ordres du commandant du génie du corps d'armée.

Le bataillon du train du corps d'armée fournissait le personnel, les attelages et le matériel pour la boulangerie et les sections de subsistances, les ambulances et leur dépôt de réserve, le dépôt de remonte et l'escadron d'escorte.

Je ne reviendrai plus sur ces détails qu'il me paraît suffisant d'indiquer une fois pour toutes.

L'énumération, que je viens d'en donner, prouve que les troupes allemandes étaient largement pourvues, dès leur entrée en campagne, de tout ce dont elles avaient besoin comme munitions, vivres et mesures sanitaires, alors que les nôtres, comme je l'ai déjà dit, se trouvaient dans un dénûment presque complet.

Un mot encore. J'ai désigné par l'expression d'artillerie de réserve, ce que les Allemands appellent artillerie de corps d'armée. En fait, les groupes de batteries qui ne sont pas endivisionnés, constituent, entre les mains des commandants de corps d'armée, une véritable réserve qu'ils peuvent employer au début du combat aussi bien qu'à la fin, quand ils jugent opportun de la faire entrer en action. Dès l'instant que je ne donnais, dans l'énonciation des troupes allemandes d'opérations, aucune des expressions techniques usitées de l'autre côté du Rhin, il m'a paru préférable de prendre l'expression française d'artillerie de réserve alors usitée, au lieu de celle d'artillerie de corps dont se servaient les Allemands et que nous avons adoptée depuis.

Le 11ᵉ corps d'armée avait été organisé après la guerre de 1866 avec les contingents du duché de Hesse-Cassel, du duché de Nassau et de la ville libre de Francfort, dont les territoires furent à cette époque annexés à la Prusse.

Ce corps d'armée avait son quartier général à Cassel et tenait garnison dans cette ville ainsi qu'à Mayence, Francfort-sur-le-Mein, Wiesbaden, Hanau, Hambourg, Gotha, Cobourg, Meiningen, Hildburghausen, Weimar, Eisenach, Langensalza, Wilhemshœhe, etc.

La 25ᵉ division, formée des contingents du grand-duché de Hesse-Darmstadt, était rattachée pour ordre au 11ᵉ corps d'armée, mais elle prit la place de la 17ᵉ division dans le 9ᵉ corps d'armée, comme nous le verrons en étudiant la composition de la 2ᵉ armée allemande.

Par sa position, le 11ᵉ corps d'armée se trouvait à proximité du théâtre des opérations, soit que nos troupes pénétrassent en Allemagne, soit que les troupes allemandes entrassent en France.

Le 11ᵉ corps d'armée avait d'abord assuré la défense de la place de Mayence, qui paraissait appelée à être le pivot des opérations des armées allemandes, et dont la garnison fut formée avec les 19ᵉ, 30ᵉ et 81ᵉ régiments d'infanterie.

Dès le 13ᵉ jour de la mobilisation, c'est-à-dire le 27 juillet, il devait se trouver à même de soutenir la brigade bavaroise établie à Landau. Il effectua en partie ce mouvement de concentration en avant par les voies de terre et, à la date précitée, il se trouvait sur la rive gauche du Rhin à hauteur de Germersheim.

Dans cette position, il devait soutenir les troupes de l'Allemagne du Sud sur l'une ou l'autre rive du fleuve, suivant la direction de l'offensive que nous prendrions.

Notre armée paraissant se résoudre à l'inaction, l'avant-garde du 11ᵉ corps d'armée s'engagea vers le sud par la rive gauche du Rhin.

Le 31, cette avant-garde se cantonnait à Rheinzabern et poussait les avant-postes jusqu'à Langenkandel.

1ᵉʳ corps d'armée bavarois. — GÉNÉRAL BARON DE TANN.

1ʳᵉ DIVISION D'INFANTERIE BAVAROISE. — GÉNÉRAL-LIEUTENANT DE STEPHAN.

1ʳᵉ brigade d'infanterie bavaroise, général-major Dietl : régiment d'infanterie du corps : 3 bataillons; 1ᵉʳ régiment d'infanterie bavarois : 2 bataillons ; 2ᵉ bataillon de chasseurs bavarois.

2ᵉ brigade d'infanterie bavaroise, général-major d'Orff : 2ᵉ régiment d'infanterie bavarois : 3 bataillons; 11ᵉ régiment d'infanterie bavarois : 2 bataillons ; 4ᵉ bataillon de chasseurs bavarois.

Troupes non embrigadées : 9ᵉ bataillon de chasseurs bavarois; 3ᵉ régiment de chevau-légers : 4 escadrons; 1ʳᵉ, 3ᵉ, 5ᵉ et 7ᵉ batteries montées du 1ᵉʳ régiment d'artillerie de campagne bavarois : 24 pièces.

2ᵉ DIVISION D'INFANTERIE BAVAROISE. — GÉNÉRAL-MAJOR SCHUMACHER.

3ᵉ brigade d'infanterie bavaroise, colonel Heyl : 3ᵉ régiment d'infanterie bavarois : 3 bataillons; 12ᵉ régiment d'infanterie bavarois : 2 bataillons; 1ᵉʳ bataillon de chasseurs bavarois.

4ᵉ brigade d'infanterie bavaroise, général-major baron de Tann : 10ᵉ régiment d'infanterie bavarois : 3 bataillons; 13ᵉ régiment d'infanterie bavarois : 2 bataillons ; 7ᵉ bataillon de chasseurs bavarois.

Troupes non embrigadées : 4ᵉ régiment de chevau-légers : 4 escadrons; 2ᵉ, 4ᵉ, 6ᵉ et 8ᵉ batteries montées du 1ᵉʳ régiment d'artillerie de campagne bavarois : 24 pièces.

BRIGADE DE CUIRASSIERS BAVAROISE. — GÉNÉRAL-MAJOR DE TAUSCH.

1ᵉʳ régiment de cuirassiers bavarois : 4 escadrons; 2ᵉ régiment de cuirassiers bavarois : 4 escadrons; 6ᵉ régiment de chevau-légers : 4 escadrons; 1ʳᵉ batterie à cheval du 3ᵉ régiment d'artillerie de campagne bavarois : 6 pièces.

Réserve d'artillerie : 2ᵉ batterie à cheval, 3ᵉ, 4ᵉ, 5ᵉ, 6ᵉ, 7ᵉ et 8ᵉ batteries montées du 3ᵉ régiment d'artillerie de campagne : 42 pièces.

Au total : 25 bataillons d'infanterie, 20 escadrons de cavalerie, 16 batteries d'artillerie.

Comme force combattante, le 1er corps d'armée bavarois pouvait mettre en ligne 25,000 fusils, 3,000 sabres et 96 canons.

2e corps d'armée bavarois. — GÉNÉRAL DE HARTMANN.

3e DIVISION D'INFANTERIE BAVAROISE. — GÉNÉRAL-LIEUTENANT DE WALTHER.

5e brigade d'infanterie bavaroise, général-major de Schleich : 6e régiment d'infanterie bavarois : 3 bataillons ; 7e régiment d'infanterie bavarois : 2 bataillons ; 8e bataillon de chasseurs bavarois.

6e brigade d'infanterie bavaroise, colonel Bœrriès de Wissell : 14e régiment d'infanterie bavarois : 3 bataillons ; 15e régiment d'infanterie bavarois : 2 bataillons ; 3e bataillon de chasseurs bavarois.

Troupes non embrigadées : 1er régiment de chevau-légers : 4 escadrons ; 3e, 4e, 7e et 8e batteries du 4e régiment d'artillerie de campagne bavarois : 24 pièces.

4e DIVISION D'INFANTERIE BAVAROISE. — GÉNÉRAL-LIEUTENANT COMTE DE BOTHMER.

7e brigade d'infanterie bavaroise, général-major de Thiereck : 5e régiment d'infanterie bavarois : 2 bataillons ; 9e régiment d'infanterie bavarois : 3 bataillons ; 6e bataillon de chasseurs bavarois.

8e brigade d'infanterie bavaroise, général-major Maillinger : 5 bataillons détachés des 1er, 5e, 7e, 11e et 14e régiments d'infanterie bavarois ; 5e bataillon de chasseurs bavarois.

Troupes non embrigadées : 10e bataillon de chasseurs bavarois ; 2e régiment de chevau-légers : 4 escadrons ; 1re, 2e, 5e et 6e batteries montées du 4e régiment d'artillerie de campagne bavarois : 24 pièces.

BRIGADE DE UHLANS BAVAROISE. — GÉNÉRAL-MAJOR BARON DE MULZER.

1 régiment de uhlans bavarois : 4 escadrons ; 2e régiment de uhlans bavarois : 4 escadrons ; 5e régiment de chevau-légers : 4 escadrons ; 2e batterie à cheval du 2e régiment d'artillerie de campagne bavarois : 6 pièces.

Réserve d'artillerie : 1re batterie à cheval, 3e, 4e, 5e, 6e, 7e et 8e batteries montées du 2e régiment d'artillerie de campagne bavarois : 42 pièces.

Une reconnaissance ennemie surprise à Schirlenhof. (Page 238.)

Au total : 25 bataillons d'infanterie, 20 escadrons de cavalerie, 16 batteries d'artillerie.

Comme force combattante, le 2ᵉ corps d'armée bavarois pouvait mettre en ligne 25,000 fusils, 3,000 sabres et 96 canons.

Les troupes bavaroises avaient leur quartier général à Munich, pour le

1er corps d'armée et à Wurtzbourg pour le 2e. Elles tenaient garnison dans ces deux villes ainsi qu'à Passau, Ratisbonne, Landshut, Augsbourg, Lindau, Kempten, Ingolstadt, Ulm, Nuremberg, Bayreuth, Amberg, Sulzbach, Neubourg, Eichstaett, Bamberg, Spire, Deux-Ponts, Landau, Germersheim, etc.

Les institutions militaires de la Bavière avaient été copiées, postérieurement à la guerre de 1866, sur celles de la Prusse, sauf en quelques points secondaires. La seule différence importante à noter c'est que, par suite de considérations financières, le séjour des fantassins bavarois sous les drapeaux ne dépassait pas 18 mois.

L'armée bavaroise, dont l'effectif sur pied de paix était de 50,000 hommes, put ainsi mettre sur pied de guerre 128,000 hommes avec 24,000 chevaux et 316 pièces attelées qui se répartissaient comme il suit :

Troupes de campagne : 50 bataillons d'infanterie, 40 escadrons de cavalerie, 32 batteries d'artillerie; soit : 50,000 fusils, 6,000 sabres et 192 canons.

Troupes de dépôt : 16 bataillons d'infanterie, 10 compagnies de chasseurs, 10 escadrons de cavalerie, 8 demi-batteries d'artillerie; soit : 20,000 fusils, 1,800 sabres et 24 canons.

Troupes de garnison : 8 bataillons d'infanterie dont 4 à Germersheim, 2 à Landau, 1 à Ulm et 1 à Ingolstadt : 16 bataillons de landwehr; soit : 18,000 fusils.

Je laisse de côté les compagnies du génie et les batteries de place.

A la suite de conférences tenues à Berlin entre le grand état-major prussien et les délégués militaires des princes de l'Allemagne du Sud, il avait été convenu que les contingents de ces derniers devaient, en cas de guerre avec la France, se replier sur le Rhin moyen, au lieu de rester isolément exposés à nos coups, les distances étant trop considérables pour que l'armée de l'Allemagne du Nord leur apportât un secours immédiat et réel.

Les contingents alliés reçurent en conséquence l'ordre de dégarnir leurs territoires pour venir prendre, entre Spire, Rastadt et Landau, une position d'attente, qui menacerait soit notre flanc droit ou notre flanc gauche, soit même notre front d'opérations, suivant le plan d'attaque que nous adopterions.

Le 18 juillet, les deux corps d'armée bavarois étaient prévenus qu'ils feraient partie de la 3e armée et qu'ils devaient se rassembler, dans les derniers jours du mois, le 1er corps à Spire, le 2e corps à Germersheim.

Le mouvement était couvert par quelques détachements et par les garnisons de Landau et Germersheim, sous les ordres du général-major

Maillinger, commandant la 8ᵉ brigade bavaroise, qui occupait une ligne parallèle à notre frontière, et passant par Deux-Ponts, Pirmasens, Weidenthal, Bergzabern, Langenkandel et Maxau.

Le 24, la 4ᵉ division bavaroise, bien que sa mobilisation ne fût pas achevée, était hâtivement concentrée dans le Palatinat, car on craignait une marche de notre 1ᵉʳ corps d'armée dans cette direction ; les troupes avancées de cette division s'échelonnaient : à droite, de Bergzabern vers Wissembourg ; à gauche, de Langenkandel vers Lauterbourg, à travers la grande forêt de Bièn-Wald.

Le 26, une concentration plus resserrée avait même été ordonnée par le commandant du 11ᵉ corps d'armée prussien, les nouvelles reçues à Landau ayant donné comme imminente une attaque de nos troupes.

Des barricades furent même préparées alors le long de la frontière du Palatinat, dans le Bien-Wald et sur la voie ferrée, afin d'arrêter notre mouvement.

Puis l'inquiétude disparut presque aussitôt dans toute cette région et la concentration des troupes bavaroises s'y acheva jusque dans les premiers jours du mois d'août sans que nous eussions fait le plus petit effort pour l'entraver.

DIVISION WURTEMBERGEOISE. — GÉNÉRAL-LIEUTENANT D'OBERNITZ.

1ʳᵉ brigade d'infanterie wurtembergeoise, général-major de Reitzenstein : 1ᵉʳ régiment d'infanterie wurtembergeois : 2 bataillons ; 7ᵉ régiment d'infanterie wurtembergeois : 2 bataillons ; 2ᵉ bataillon de chasseurs wurtembergeois.

2 brigade d'infanterie wurtembergeoise, général-major de Starkloff : 2ᵉ régiment d'infanterie wurtembergeois : 2 bataillons ; 5ᵉ régiment d'infanterie wurtembergeois : 2 bataillons ; 3ᵉ bataillon de chasseurs wurtembergeois.

3ᵉ brigade d'infanterie wurtembergeoise, général-major baron de Hugel : 3ᵉ régiment d'infanterie wurtembergeois : 2 bataillons ; 8ᵉ régiment d'infanterie wurtembergeois : 2 bataillons ; 1ᵉʳ bataillon de chasseurs wurtembergeois.

Brigade de cavalerie wurtembergeoise, général-major comte de Scheler : 1ᵉʳ régiment de cavalerie wurtembergeois : 4 escadrons ; 3ᵉ régiment de cavalerie wurtembergeois : 2 escadrons ; 4ᵉ régiment de cavalerie wurtembergeois : 4 escadrons.

Brigade d'artillerie, 1ʳᵉ, 2ᵉ, 3ᵉ, 4ᵉ, 5ᵉ, 6ᵉ, 7ᵉ, 8ᵉ et 9ᵉ batteries montées : 54 pièces.

Au TOTAL : 15 bataillons d'infanterie, 10 escadrons de cavalerie, 9 batteries d'artillerie.

Comme force combattante, la division wurtembergeoise pouvait mettre en ligne 15,000 fusils, 1,500 sabres et 54 canons.

DIVISION BADOISE. — GÉNÉRAL-LIEUTENANT DE BEYER.

1re brigade d'infanterie badoise, général-lieutenant du Jarrys de la Roche : 1er régiment d'infanterie badois, n° 1 de grenadiers de Bade : 3 bataillons; 2e régiment d'infanterie badois, n° 2 de grenadiers de Bade : 3 bataillons; bataillon de fusiliers badois.

2e brigade d'infanterie badoise, général-major Keller : 3e régiment d'infanterie badois : 3 bataillons; 5e régiment d'infanterie badois : 3 bataillons.

Troupes non embrigadées : 3e régiment de dragons badois : 4 escadrons; 1re et 2e batteries montées lourdes, 1re et 2e batteries montées légères du régiment d'artillerie de campagne badois : 24 pièces.

Brigade de cavalerie badoise, général-major baron de la Roche : 1er régiment de dragons badois : 4 escadrons; 2e régiment de dragons badois : 4 escadrons; la batterie à cheval du régiment d'artillerie de campagne badois : 6 pièces.

Réserve d'artillerie : 3e et 4e batteries montées lourdes, 3e et 4e batteries montées légères du régiment d'artillerie de campagne badois : 24 pièces.

Au TOTAL : 13 bataillons d'infanterie, 12 escadrons de cavalerie, 9 batteries d'artillerie.

Comme force combattante, la division badoise pouvait mettre en ligne 13,000 fusils, 1,800 sabres et 54 canons.

Les institutions militaires de la Prusse avaient été appliquées aux troupes wurtembergeoises et badoises presque immédiatement après la guerre de 1866. Ces troupes avaient donc une organisation identique à celle de l'armée prussienne.

Le commandant de la division wurtembergeoise était même un général prussien secondé par un chef d'état-major également prussien.

Sur le pied de paix, l'effectif était environ de 14,000 hommes dans le royaume de Würtemberg et dans le grand-duché de Bade.

Cet effectif fut porté à 37,000 hommes et 9,000 chevaux pour l'armée wurtembergeoise, à 35,000 hommes et 8,000 chevaux pour l'armée badoise.

En dehors des dépôts des troupes mobilisées, les Wurtembergeois et les Badois conservèrent quelques garnisons dans les places d'Ulm et de Rastadt. La défense de la première de ces deux places devait être assurée par les Wurtembergeois de concert avec les Bavarois, la ville d'Ulm appartenant au Würtemberg sur la rive gauche du Danube, et à la Bavière sur la rive droite; de même, un régiment prussien fut préposé à la défense de Rastadt, concurremment avec un régiment badois.

J'ai déjà fait connaître les mesures de précautions prises par les Badois le 16 et le 22 juillet en repliant le pont de bateaux de Strasbourg-Kehl et en faisant sauter une partie du pont du chemin de fer construit à petite distance en aval du premier.

Ces mesures furent complétées, les jours suivants, par la suppression de tous les autres moyens de passage, tels que bacs et ponts volants, depuis Huningue jusqu'à Lauterbourg.

Le 17, la ville de Rastadt était déjà mise en état de défense et pourvue de sa garnison.

Le 18, la division wurtembergeoise et la division badoise étaient affectées à la 3e armée allemande : la première devait se réunir à Carlsruhe, la seconde au nord de Rastadt.

Dans cette position, le corps wurtembergeois-badois pouvait, soit exécuter une marche de flanc par la rive droite du Rhin si nous franchissions le fleuve pour pénétrer en Allemagne, soit être porté sur la rive gauche pour marcher avec les armées allemandes vers l'Alsace et la Lorraine.

Dès le 20, les Badois tenaient les deux rives du Rhin autour de Lauterbourg.

Le 24, avec l'aide des Bavarois, ils construisaient une tête de pont avec estacade et batterie pour couvrir le pont de Maxau, et deux remorqueurs, amarrés dans le port, à proximité de ce pont, étaient prêts à le descendre jusqu'à Germersheim qu'une voie de rails établie sur la route devait mettre bientôt en communication avec Bruchsal.

En même temps, on obstruait l'embouchure de la Murg, près de Rastadt, en y coulant des bateaux chargés de pierres, et l'on disposait tout ce qui était nécessaire pour fermer le Rhin à Germersheim.

Enfin, les communes voisines du fleuve formaient des garde-frontières volontaires chargés de veiller à nos mouvements.

Telles étaient les dispositions prises à proximité sur le territoire allemand.

J'ai déjà constaté que, de notre côté, on demeurait dans la plus profonde inaction, et que le bon vouloir même des populations n'était qu'exceptionnellement utilisé.

Tandis que nous demeurions presque complètement immobiles, nos adversaires faisaient, au contraire, preuve d'audace.

C'est ainsi que, profitant de l'entrée des troupes badoises à Lauterbourg, où nous n'avions même pas un avant-poste, le capitaine de Zeppelin, officier d'état-major de la brigade de cavalerie wurtembergeoise, partit de cette ville, le 24 juillet, avec trois officiers et une douzaine de cavaliers appartenant à un régiment de dragons badois, en vue de reconnaître nos positions dans le nord de l'Alsace. Il put parcourir une assez grande distance et passer la nuit sur notre territoire sans que sa présence fût signalée.

Le 25, il traverse Wœrth, et le maire de cette ville en informe enfin le 12e régiment de chasseurs à cheval qui est établi à Niederbronn.

Aussitôt, un escadron de ce régiment saute en selle et fouille la campagne environnante.

Le lieutenant de Chabot, commandant l'un des pelotons de cet escadron, a le bonheur de surprendre les cavaliers ennemis à Schirlenhof, petit village dans la montagne, au moment où ceux-ci viennent de s'installer pour prendre leur repas.

Tous les officiers et dragons ennemis furent tués ou faits prisonniers, sauf le capitaine de Zeppelin qui parvint à s'échapper, et fut assez heureux pour accomplir entièrement sa mission, puisqu'il put affirmer à l'état-major allemand qu'il n'y avait aucune concentration de troupes françaises au nord de Wœrth. Ce renseignement avait une importance considérable ; il permettait à l'ennemi de poursuivre ses opérations préliminaires en pleine sécurité.

A un autre point de vue, l'affaire de Schirlenhof mérite d'être signalée, car sur les quatre officiers qui avaient pris part à la reconnaissance, aucun n'était Prussien. L'un de ces officiers était Wurtembergeois ; le deuxième, Badois ; le troisième, issu d'une famille française émigrée ; le quatrième, Anglais entré depuis quelques années au service du grand-duc de Bade. Ce dernier fut tué dans la rencontre. Quant au deuxième et au troisième ils furent pris et envoyés à Metz, où on les traita avec beaucoup d'égards. On s'y montra même très fier de cet incident, sans se rendre compte que ces deux officiers avaient été faits prisonniers en France et que le chef de la reconnaissance à laquelle ils avaient participé avait eu la bonne fortune de rapporter avec lui des informations précieuses.

Cependant les Badois venaient tranquillement opérer des réquisitions à Lauterbourg et même y détruire le télégraphe, tandis que les Bavarois s'avançaient jusqu'à Sturzelbronn, à proximité de Bitche. Les premiers ne rencontraient aucune résistance, tandis que les seconds se trouvaient, au contraire, en présence de nos troupes et dans l'impossibilité de pousser plus loin.

Notre immobilité étant bien constatée, et la concentration des troupes prussiennes sur la rive gauche du Rhin étant achevée, il semblait que la 3e armée allemande se trouvait à même d'y réunir tous ses éléments et de prendre tout de suite l'offensive vers la basse Alsace.

Mais, à la fin du mois de juillet, le corps wurtembergeois-badois se tenait encore presque tout entier sur la rive droite du fleuve, ainsi que trois des quatre divisions bavaroises.

2e DIVISION DE CAVALERIE. — GÉNÉRAL-LIEUTENANT COMTE DE STOLBERG-WERNIGERODE.

3e brigade de cavalerie, général-major de Colomb : 1er régiment de cuirassiers, régiment de la Silésie : 4 escadrons ; 2e régiment de uhlans, régiment de la Silésie : 4 escadrons.

4e brigade de cavalerie, général-major de Barnekow : 1er régiment de hussards, régiment de la Prusse orientale : 4 escadrons ; 5e régiment de hussards, régiment de la Poméranie : 4 escadrons.

5e brigade de cavalerie, général-major de Baumbach : 4e régiment de hussards, 1er régiment de la Silésie : 4 escadrons ; 6e régiment de hussards, 2e régiment de la Silésie : 4 escadrons.

Artillerie : 1re batterie à cheval du 2e régiment d'artillerie de campagne, régiment de la Poméranie : 6 pièces ; 3e batterie à cheval du 6e régiment d'artillerie de campagne, régiment de la Silésie : 6 pièces.

Au total : 24 escadrons de cavalerie et 2 batteries d'artillerie, donnant, comme force combattante, 3,600 sabres et 12 canons.

4e DIVISION DE CAVALERIE. — GÉNÉRAL PRINCE ALBRECHT DE PRUSSE (PÈRE).

6e brigade de cavalerie, général-major de Houtheim : 5e régiment de cuirassiers, régiment de la Prusse occidentale : 4 escadrons ; 10e régiment de uhlans, régiment de la Posnanie : 4 escadrons.

9ᵉ brigade de cavalerie, général-major de Bernhardi : 1ᵉʳ régiment de uhlans, régiment de la Prusse occidentale : 4 escadrons ; 6ᵉ régiment de uhlans, régiment de la Thuringe : 4 escadrons.

10ᵉ brigade de cavalerie, général-major de Krosigk : 2ᵉ régiment de hussards, régiment de la Silésie : 4 escadrons ; 5ᵉ régiment de dragons, régiment de la province du Rhin : 4 escadrons.

Artillerie : 1ʳᵉ batterie à cheval du 5ᵉ régiment d'artillerie de campagne, régiment de la Basse-Silésie : 6 pièces ; 2ᵉ batterie à cheval du 11ᵉ régiment d'artillerie de campagne, régiment de la Hesse : 6 pièces.

Au total : 24 escadrons de cavalerie et 2 batteries d'artillerie, représentant, comme force combattante, 3,600 sabres et 12 canons.

Ces deux divisions de cavalerie étaient presque entièrement formées, comme on le voit, avec des régiments pris dans les provinces de la monarchie prussienne les plus éloignées du théâtre des opérations.

Le 18 juillet, la 4ᵉ division de cavalerie fut avertie qu'elle serait attachée à la 3ᵉ armée allemande.

La 2ᵉ division de cavalerie reçut à la même date l'ordre de se mobiliser et de se constituer, mais de rester provisoirement disponible.

Dans les derniers jours de juillet, la 4ᵉ division de cavalerie se trouvait sur place avec tous ses éléments, à hauteur des corps d'armée formant la 3ᵉ armée allemande.

Quant à la 2ᵉ division de cavalerie, elle arrivait à Mayence dans les premiers jours d'août et était attribuée, le 4, à la 3ᵉ armée allemande.

Au moment où il allait pénétrer en France, le prince royal de Prusse avait donc sous ses ordres 153 bataillons d'infanterie, 134 escadrons de cavalerie et 96 batteries d'artillerie, ce qui représentait comme force combattante 153,000 fusils, 20,000 sabres et 576 canons.

Il était escorté d'un nombreux état-major, dans lequel on remarquait le duc Ernest de Saxe-Cobourg-Gotha, le duc Eugène de Wurtemberg, le prince Guillaume de Wurtemberg, le grand-duc héritier de Saxe, le grand-duc héritier de Mecklembourg-Strelitz, le prince héréditaire de Hohenzollern-Sigmaringen, ainsi que les deux attachés militaires plénipotentiaires du roi de Bavière et du roi de Würtemberg, enfin, le général-lieutenant de Werder qui avait été spécialement adjoint au commandant en chef de la 3ᵉ armée allemande. Celui-ci avait même été désigné pour prendre le commandement des fractions de cette armée qui se trouvaient sur la rive droite du Rhin lors de la période préparatoire des opérations, dans le cas

Le col du Pigeonnier. (Page 248.)

où nos troupes franchiraient le fleuve pour envahir les provinces de l'Allemagne du Sud.

Hélas! nous étions bien loin alors de songer à prendre l'offensive.

Nous en avions laissé échapper l'occasion, tandis que notre rapide concentration en Alsace et en Lorraine nous permettait de marcher de l'avant et de nous jeter avec une incontestable supériorité numérique au milieu des troupes ennemies, pendant leur mobilisation, avant qu'elles fussent concentrées.

Il ne nous restait plus maintenant qu'à nous défendre.

La défense nous était-elle possible ?

J'ai dit, en exposant l'ordre de bataille du 1er corps français, que la ville de Wissembourg était le poste avancé de ce corps d'armée dans son mouvement de concentration en Alsace.

L'occupation de cette ville devait, en effet, protéger les relations par les Vosges entre le 1er corps à Haguenau et le 5e corps à Bitche.

Mais il en fut jugé autrement par l'état-major français, non sans hésitation ni contestation, comme on va le voir.

La frontière commune à la France et au Palatinat bavarois commençait au confluent de la Lauter dans le Rhin : elle remontait le cours de la Lauter par Lauterbourg et Wissembourg jusqu'à l'ouest de cette seconde ville ; quittait la rivière pour s'infléchir vers l'ouest ; passait au nord du col du Pigeonnier, puis entre Bitche et Pirmasens et à peu près à mi-distance de cette ville ; remontait ensuite un peu au nord ; se recourbait alors vers l'ouest au sud de Deux-Ponts ; atteignait enfin le cours de la Blies qu'elle suivait jusqu'à la frontière de la province rhénane de Prusse, c'est-à-dire jusqu'à courte distance de Sarreguemines où la Blies se jette dans la Sarre.

Dans la partie de son tracé qui suivait le cours de la Lauter jusqu'à Wissembourg, la frontière se confondait presque partout avec le thalweg de la rivière, sauf en quelques endroits où elle nous attribuait une bande plus ou moins large de terrain sur la rive gauche.

A Wissembourg, notamment, la frontière quittait la Lauter en aval de la ville, près Altenstadt, et ne venait la rejoindre qu'à la ferme Saint-Germain, près Weïler, au nord-est du col du Pigeonnier, après avoir décrit au nord de Wissembourg un grand demi-cercle passant par Windhof, le château Saint-Paul et la ferme Saint-Germain, et en laissant le village de Schweigen à la Bavière.

Wissembourg, ville de 6,000 habitants, se trouve environ à peu près à 25 kilomètres au sud de Landau, à 40 kilomètres à l'est de Bitche, à 30 kilomètres au nord de Haguenau et à 20 kilomètres à l'ouest du Rhin.

Par sa position même, elle a eu de tout temps une importance stratégique considérable, comme en témoignent les souvenirs des guerres du passé et les vestiges de vieux ouvrages défensifs.

Ce qui augmentait encore le rôle de Wissembourg avant la guerre de 1870, c'est que cette ville commandait à la frontière la grande ligne du chemin de fer de Mayence par Oppenheim, Worms, Mannheim, Neustadt et Landau sur le territoire ennemi, Soultz, Haguenau et Bischwiller à Strasbourg sur le territoire français.

Il est certain qu'au point de vue tactique la position de Wissembourg, loin d'être forte, était au contraire très dangereuse pour les troupes qui auraient à s'y défendre, car cette ville est bâtie sur les deux rives de la Lauter, à l'endroit où ce cours d'eau sort des Vosges pour se diriger à travers la plaine vers le Rhin.

Par cette disposition même, la ville est dominée au nord, à l'ouest et au sud : au nord, se dressent les hauteurs de Schweigen dont les pentes, situées en territoire français, sont couvertes de vignobles ; au sud, le Geissberg commande toute la plaine.

Sur ces élévations, les premiers possesseurs de l'abbaye qui a servi de centre à la ville, avaient fait construire les châteaux forts de Saint-Paul, au nord, de Saint-Germain à l'ouest, de Saint-Pantaléon au sud, qui surveillaient toute la campagne, remédiaient aux inconvénients de la position de Wissembourg et formaient avec la tour de Saint-Remy, bâtie à l'est sur la rive droite de la rivière, une sorte de vaste camp retranché avec bonnes positions avancées.

Plus tard, ce système défensif avait été remplacé par les lignes de Wissembourg, lignes continues avec redoutes de distance en distance, s'étendant depuis le col du Pigeonnier jusque vers Lauterbourg par la rive droite de la Lauter.

Des quatre châteaux forts qui s'élevaient jadis autour de la ville, il ne restait plus d'autres traces, en 1870, que la tour féodale de Saint-Paul et l'ouvrage de Saint-Remy, ce dernier rattaché aux lignes de Wissembourg.

Quant à ces lignes, où s'étaient illustrés Villars et Hoche, elles avaient été abandonnées mais non rasées, en sorte que l'on en voyait encore de fort nombreux épaulements.

Il avait semblé, après les traités de 1815, que la place de Wissembourg, construite par Cormontaigne au siècle dernier, suffirait, avec celles de Lauterbourg et de Haguenau, pour protéger l'Alsace contre une attaque venant du Palatinat et appuyée sur Landau.

Mais, en 1867, on les avait toutes trois déclassées.

Bien que la place de Wissembourg eût été désarmée depuis trois ans, la ville n'avait pas été démantelée jusqu'alors et était encore entourée d'une ceinture continue percée de trois portes, dont les dénominations indiquaient à elles seules l'importance de ce nœud de communications. Tandis que la porte de Bitche, située à l'ouest, n'était qu'une simple coupure dans le corps de place, la porte de Landau à l'est et celle de Haguenau

CHAMP DE BATAILLE DE WISSEMBOURG

Pl. 3.

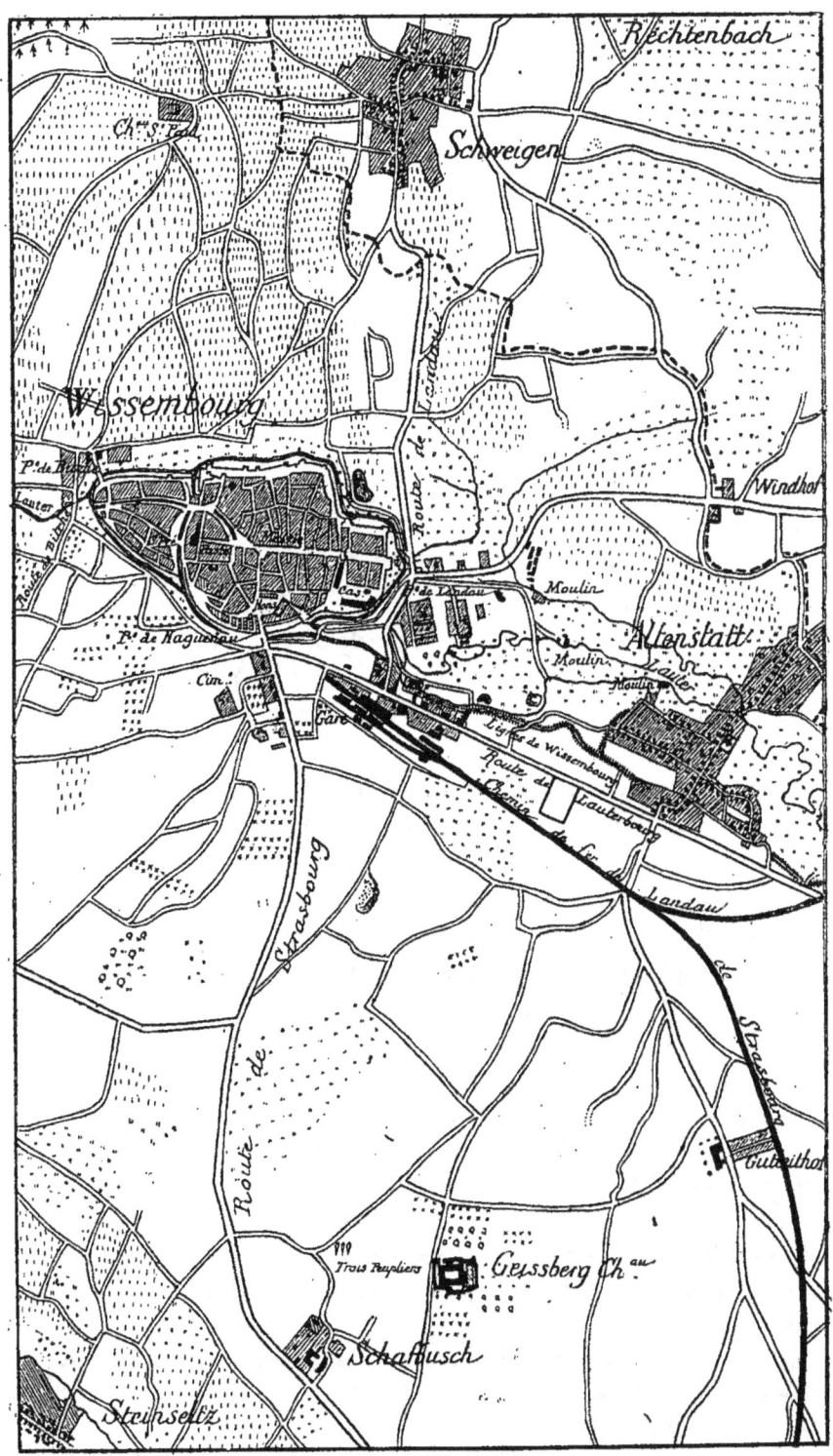

Echelle au 1:25000 (4 centimètres pour 1000 mètres)

au sud, étaient voûtées. Les deux premières se trouvaient protégées en outre par de petites lunettes avec murs crénelés. Autour de l'enceinte régnait un fossé d'une largeur variant de 6 à 10 mètres, et que le parapet, dans la partie nord des remparts, dominait d'une hauteur de 10 mètres.

La route de Bitche se dirige vers le sud-ouest et remonte la vallée de la Lauter pour atteindre le col du Pigeonnier.

La route de Landau court droit au nord.

La route de Lauterbourg, vers l'est, et celle de Strasbourg, vers le sud, sortent de la porte de Haguenau. La première suit la rive droite de la Lauter. La seconde contourne le Geissberg à l'ouest, pour prendre ensuite la direction du midi vers Soultz, Haguenau et Strasbourg.

Le chemin de fer, qui court au pied du versant est du Geissberg avant d'arriver à Wissembourg, a sa gare située au sud-est de la ville, en dehors des fortifications, à mi-distance de la porte de Haguenau et de la porte de Landau, sur la rive droite de la Lauter.

Au sud d'Altenstadt, se détache, de la voie ferrée de Strasbourg, celle de Landau qui franchit presqu'aussitôt les lignes de Wissembourg, la Lauter et la frontière, et suit, en passant au nord de Saint-Remy, le pied des derniers épanouissements des hauteurs de la rive gauche.

Le chemin de fer allemand est tout entier en remblai dans cette partie de son parcours.

Il en est de même pour le chemin de fer français, sauf entre la station de Riedseltz et Gutleithof où se présentent deux fortes tranchées.

Quant au cours de la Lauter, il ne constitue point un obstacle capable d'arrêter une armée.

Cette rivière peut être franchie à gué en maints endroits.

Elle offre plusieurs points favorables à l'établissement d'un pont de bateaux.

Quelques ponts permanents, construits en aval de Wissembourg, à Altenstadt, Saint-Remy, Bien-Wald-Muhl et Bien-Wald-Hutte notamment, et qui n'avaient point été détruits, allaient permettre, à une partie de la 3e armée allemande, de pénétrer sur notre territoire, non seulement sans coup férir, mais même encore sans éprouver de difficultés.

Ce que je viens de dire au sujet du cours de la Lauter, pouvait également s'appliquer aux lignes de Wissembourg, qui, même si elles avaient été moins délabrées, n'auraient pu être considérées comme un obstacle sérieux.

On a vu plus haut que la hauteur du Geissberg commande toute la plaine au sud de Wissembourg.

Sur cette hauteur, et à une distance de 2,300 mètres de la ville, se dresse un château.

Le château du Geissberg n'est en réalité qu'une réunion de bâtiments massifs séparés par des cours intérieures et qu'entoure une haute muraille de 5 mètres ayant la forme d'un quadrilatère dont la face nord et la face sud sont percées d'une porte. Devant la face est s'étage un grand potager dont les terrasses successives dominent les pentes dans la direction de Gutleithof. Quelques rares fenêtres du château et quelques étroites ouvertures pratiquées dans le mur, les unes et les autres à une hauteur relativement considérable, ont vue sur les accès du château dans toutes les directions. Le chemin qui vient d'Altenstadt vers la porte nord, passe, à 200 pas environ de la position, à travers une houblonnière assez épaisse et étendue, puis va rejoindre, à la ferme de Schafbusch, la route de Wissembourg à Strasbourg. Au nord de la ferme, et à l'ouest du château, on aperçoit trois peupliers sur une éminence qui est plus élevée que les cours intérieures de ces deux habitations et permet aux regards d'y plonger.

Telle est, dans son ensemble, la description du terrain sur lequel les Allemands allaient livrer à nos troupes le premier combat offensif, dans des conditions d'infériorité numérique si disproportionnées de notre côté que la bravoure de nos soldats fut impuissante à nous épargner un échec.

L'ouverture de la campagne avait donc commencé de ce côté par une première et grave faute, l'abandon de la ligne de la Lauter.

Cette ligne, certainement, n'avait plus autant d'importance que dans le passé, vu le délaissement des fortifications de Wissembourg et de Lauterbourg, d'une part, et, d'autre part, l'accroissement des fortifications allemandes de la ligne du Rhin moyen.

Mais il est permis de se demander si ce délaissement était logique et prudent.

Je ne le pense pas.

J'estime que l'on pouvait remplacer toutes ces vieilles défenses du passé par un ouvrage sur les Vosges qui aurait été le pivot de nos opérations dans cette région.

En l'absence de ce point d'appui, l'état-major général crut sage de ne pas tenir la ligne de la Lauter.

L'évacuation de Wissembourg et de Lauterbourg, effectuée le 16 juillet, avait pour but de ne pas exposer les 300 hommes qui occupaient la première de ces villes et les 200 hommes qui formaient la garnison de la seconde, à être enlevés par un coup de main.

Au point de vue stratégique, l'opération était contestable ; au lieu de retirer ces troupes, on pouvait fort bien au contraire les faire soutenir, comme les Bavarois pour Landau et les Prussiens pour Sarrebrück.

Au point de vue moral, cette opération avait l'apparence d'une reculade qui ne pouvait produire qu'une mauvaise impression sur l'esprit des populations de la Basse-Alsace et donner au contraire, aux populations et aux armées ennemies, le sentiment de leur supériorité.

C'était enfin du terrain perdu inutilement.

La population de Wissembourg était si émue de son complet isolement, en présence des rassemblements bavarois qui se formaient déjà au sud de Landau, que, le 18, les cris : « Ils viennent ! ils viennent ! » se faisaient soudain entendre dans les murs de la ville. La panique fut aussi vive que courte, car bientôt on s'aperçut que la troupe, dont on signalait ainsi l'arrivée, n'était composée que d'écuyers de cirque déguisés en hussards qui faisaient leur réclame en paradant. L'incident eut pourtant comme résultat la création immédiate d'une compagnie de gardes volontaires pour le service aux portes et pour les rondes et les patrouilles de nuit à travers les rues de la ville.

Cette panique devait d'ailleurs se reproduire à Wissembourg même, mais dans d'autres conditions.

C'était le 23 août.

Un bataillon de landwehr bavaroise occupait la ville dans le plus grand calme et dans la plus grande quiétude, quand, vers dix heures du matin, plusieurs femmes accourent vers la porte de Haguenau en criant : « Ils viennent ! ils viennent ! Les noirs arrivent par les chemins de Lembach ! »

Aussitôt le bruit se répand que c'est l'avant-garde de l'armée de Metz, qui est sortie et marche vers Bitche et Wissembourg pour couper la retraite à l'armée allemande. Le rappel est sonné. La troupe se réunit en toute hâte sur la place. Un conseil de guerre est tenu. Il est décidé qu'on ne se défendra pas et que l'on va sans retard évacuer la ville, quand quelqu'un s'avise enfin de rechercher l'origine de ce bruit.

On s'informe et l'on apprend que les femmes qui l'ont occasionné ont simplement vu deux tirailleurs algériens réfugiés évidemment dans la forêt après la bataille de Frœschwiller, et qui, sans doute, cherchaient à se sauver. La gendarmerie fut alors lancée à leurs trousses. Bien entendu, elle ne les découvrit point.

La meilleure preuve que l'on avait commis une grave faute en abandonnant la ligne de la frontière, c'est qu'on se trouva bientôt dans l'obligation de la réoccuper. Seulement, quand on retourna vers la Lauter, il ne fut possible de placer un détachement qu'à Wissembourg, l'ennemi se trouvant déjà maître de Lauterbourg et de toute la contrée voisine.

Cette nécessité de réoccuper Wissembourg devint évidente pour le général Ducrot, qui en avait primitivement ordonné l'évacuation cependant, quand il se fut porté de Strasbourg à Reichshoffen avec avant-postes à Pfaffenschlick, Climbach et le Pigeonnier.

Le 30 juillet, il demandait lui-même au maréchal de Mac-Mahon l'autorisation de mettre 3 compagnies du 96e régiment d'infanterie et 2 escadrons du 2e régiment de lanciers à Wissembourg.

« Cela nous permettra, disait-il, de mieux surveiller les mouvements de l'ennemi et tiendra ses patrouilles à distance. L'établissement du Pigeonnier, où nous nous installerons solidement, donnera toute sécurité à ce détachement. »

Il y avait, en effet, près du col du Pigeonnier, une vieille redoute, se rattachant au système des anciennes lignes de Wissembourg, et que le génie réparait à la hâte et en partie. Le 96e régiment d'infanterie française venait de s'y établir le 1er août.

Mais le commandant du 1er corps d'armée ne fut pas de cet avis.

« Je ne vois pas de nécessité, répondit-il, à mettre de l'infanterie à Wissembourg. J'y vois même un danger, car il résulte, des renseignements recueillis par le major-général, que l'ennemi avait formé le projet d'enlever cette ville si elle avait été occupée. Bornez-vous à y envoyer de fréquentes patrouilles de cavalerie. »

Ainsi donc, le 16 juillet, le général Ducrot ordonnait l'évacuation, et j'ajoute malgré l'avis du ministre de la guerre qui lui demandait de remettre le plus tôt possible des troupes à Wissembourg et à Lauterbourg.

Le 30, le général Ducrot, qui n'avait d'abord tenu aucun compte de cet avis, propose à son tour la réoccupation de Wissembourg. Il éprouve un refus.

Et le 2 août, le maréchal de Mac-Mahon, qui s'était opposé précédemment à cette réoccupation, la prescrit de lui-même.

Voilà comment se faisaient et se défaisaient les plans d'opérations!

Mais ce qu'il y a peut-être de plus surprenant dans le retour à Wissembourg ordonné par le maréchal de Mac-Mahon pour le 4 août, et qui eut lieu le 3, c'est qu'il ne fut provoqué par aucune considération d'ordre stratégique ou moral.

L'agglomération des troupes du 1er corps d'armée autour de Haguenau y avait rendu très pénible le service des subsistances.

L'intendance déclarait qu'elle se trouverait bientôt dans l'impossibilité d'y pourvoir, si elle n'avait à sa disposition les magasins et la manutention de Wissembourg.

C'est donc par suite des exigences administratives que l'on se résolut

Reconnaissance de la Lauter. (Page 251).

à donner une nouvelle garnison à cette localité dont on avait déclaré auparavant la position si dangereuse.

Le moins était que l'on fît retourner dans cette ville-frontière le détachement qui y tenait garnison auparavant et qui en connaissait bien les environs, d'autant plus que ce détachement était à portée.

Au contraire, on y envoya un bataillon nouveau qui s'égara dans les rues au courant du combat, comme nous le verrons plus loin.

C'est en vain que, dès le 18 juillet, le jeune et intelligent sous-préfet de Wissembourg, M. Edgar Hepp, avait appelé l'attention des autorités françaises de tout ordre sur les mouvements des Bavarois entre Maxau, Landau et la frontière. C'est en vain qu'il avait signalé les entreprises de la cavalerie ennemie par Lauterbourg vers Seltz, et les dangers qui résultaient du manque absolu d'éclaireurs français dans la forêt de Bien-Wald. C'est en vain qu'il avait réclamé au moins l'envoi d'un officier d'état-major qui résiderait près de lui et apprécierait, au point de vue militaire, les renseignements qui lui étaient adressés de toutes parts.

Le 21, au moment où des voyageurs, qui se dirigeaient vers Bischwiller pour leurs affaires, rentraient à Wissembourg après avoir été obligés par la cavalerie bavaroise de rebrousser chemin, il reçut enfin la visite d'un officier. Celui-ci l'informa que l'on trouvait de mauvais goût ses informations, ses plaintes et ses avis, l'invita à ne pas les pousser plus loin, et lui dit, en manière de conclusion, que, si les habitants étaient ennuyés des incursions de la cavalerie allemande, ils n'avaient qu'à « prendre leurs faux et à couper les pieds des chevaux » !

Cependant le 25, ce fonctionnaire faisait savoir à Strasbourg que les Bavarois venaient d'occuper le village de Schweigen, situé sur la frontière, à 1,200 mètres au nord de Wissembourg, et y avaient immédiatement élevé des épaulements ; qu'ils avaient envoyé une reconnaissance jusqu'à Altenstadt ; que toutes les routes étaient coupées par des barricades près desquelles les avant-postes ennemis faisaient bonne garde ; que la population allemande de la ville devenait arrogante et même menaçante. Il demandait l'autorisation de procéder à quelques expulsions. On ne lui répondit pas. Or, certains témoins oculaires affirment que l'entrée de Wissembourg, par les portes de Haguenau et de Landau, fut livrée aux Bavarois et aux Prussiens dans l'après-midi du 4 août. Rien ne prouve que cet acte n'ait pas eu pour auteurs ces Allemands, que nous avions gardés à Wissembourg malgré les règles de la prudence.

Le 28 enfin, on comprit que le concours d'un sous-préfet aussi zélé et aussi perspicace n'était décidément pas à dédaigner, et on lui ordonna de reprendre l'expédition de ses dépêches et de les adresser en même temps au cabinet de l'empereur, au major général, au maréchal de Mac-Mahon, au général Ducrot, au préfet du Bas-Rhin, ainsi qu'aux ministres de la guerre, de l'intérieur et des affaires étrangères.

Mais il était un peu tard, puisque, le 25 déjà, l'ennemi n'avait pas hésité à venir jusqu'à Altenstadt, comme je l'ai relaté plus haut. Les Bavarois, en l'absence de toute troupe française, se montraient si entreprenants, que, le lendemain, 26, à cinq heures du soir, une de leurs reconnaissances faillit entrer dans Wissembourg par la porte de Landau, dont le pont était baissé comme d'ordinaire, pendant le jour, afin de ne pas entraver la circulation des habitants. Un moment même, on crut que cette troupe avait pénétré dans la ville et le fait fut immédiatement télégraphié à Strasbourg. Mais il n'en était rien. Cependant, comme l'ennemi avait essuyé le coup de feu d'un douanier à Altenstadt le 25, et un coup de feu tiré à blanc, près de la porte de Landau, le 26, le sous-préfet recevait, le 27, du commandant des avant-postes bavarois, une notification qu'il n'est pas inutile de reproduire, car elle avait un caractère impératif très accentué :

« Les habitants de Wissembourg et d'Altenstadt, y était-il dit, ont montré qu'ils n'observent pas les règles du droit de la guerre des nations civilisées, lesquelles n'autorisent pas l'agression armée de la population civile.

« C'est pourquoi le sous-préfet de Wissembourg est informé, par la présente, qu'en cas de récidive des mesures rigoureuses seront immédiatement prises contre la ville, et que la population aura à s'imputer la responsabilité des représailles qui en seront la conséquence. »

La population ne devait pas plus récidiver au village d'Altenstadt qu'à Wissembourg, et quelques jours plus tard cette ville était néanmoins bombardée par les mêmes Bavarois!

Cependant nos troupes se décidaient enfin à se montrer à proximité de la frontière de la Basse-Alsace.

Le 1er août, comme je l'ai dit plus haut, le 96e régiment d'infanterie, de la division Ducrot, 1re du 1er corps, avait occupé le col du Pigeonnier qui commande la route de Wissembourg à Bitche.

Ce même jour, les jeunes gens de l'arrondissement qui faisaient partie de la garde mobile quittaient Wissembourg par chemin de fer pour se rendre à Strasbourg. Avec eux repartait par le même train un officier qui était venu à Wissembourg en bourgeois pour organiser le service des renseignements et qui était lui-même si mal informé qu'il n'avait pas connaissance des travaux exécutés par les Bavarois près de Schweigen.

Le 2, une reconnaissance de la brigade de Septeuil, appartenant à la division de cavalerie du 1er corps d'armée, arrivait de son côté aux portes de Wissembourg, mais s'abstenait de franchir la Lauter, en sorte qu'elle se retira avec la conviction qu'il n'y avait aucun ennemi dans le voisinage, alors que les avant-postes bavarois étaient établis près de la frontière.

Il en fut de même, dans la matinée du 3, pour une autre reconnaissance qui s'avança jusqu'à Altenstadt, mais qui n'eut pas le bon esprit de pousser plus loin.

Enfin, le soir de ce même jour, le général Abel Douay, commandant la 2e division du 1er corps d'armée, arrivait à Wissembourg avec un bataillon du 74e régiment qu'il y laissa.

Il quitta cette ville assez tard dans la soirée pour se rendre à son quartier général qu'il avait établi à Oberhoffen, en empruntant une carte

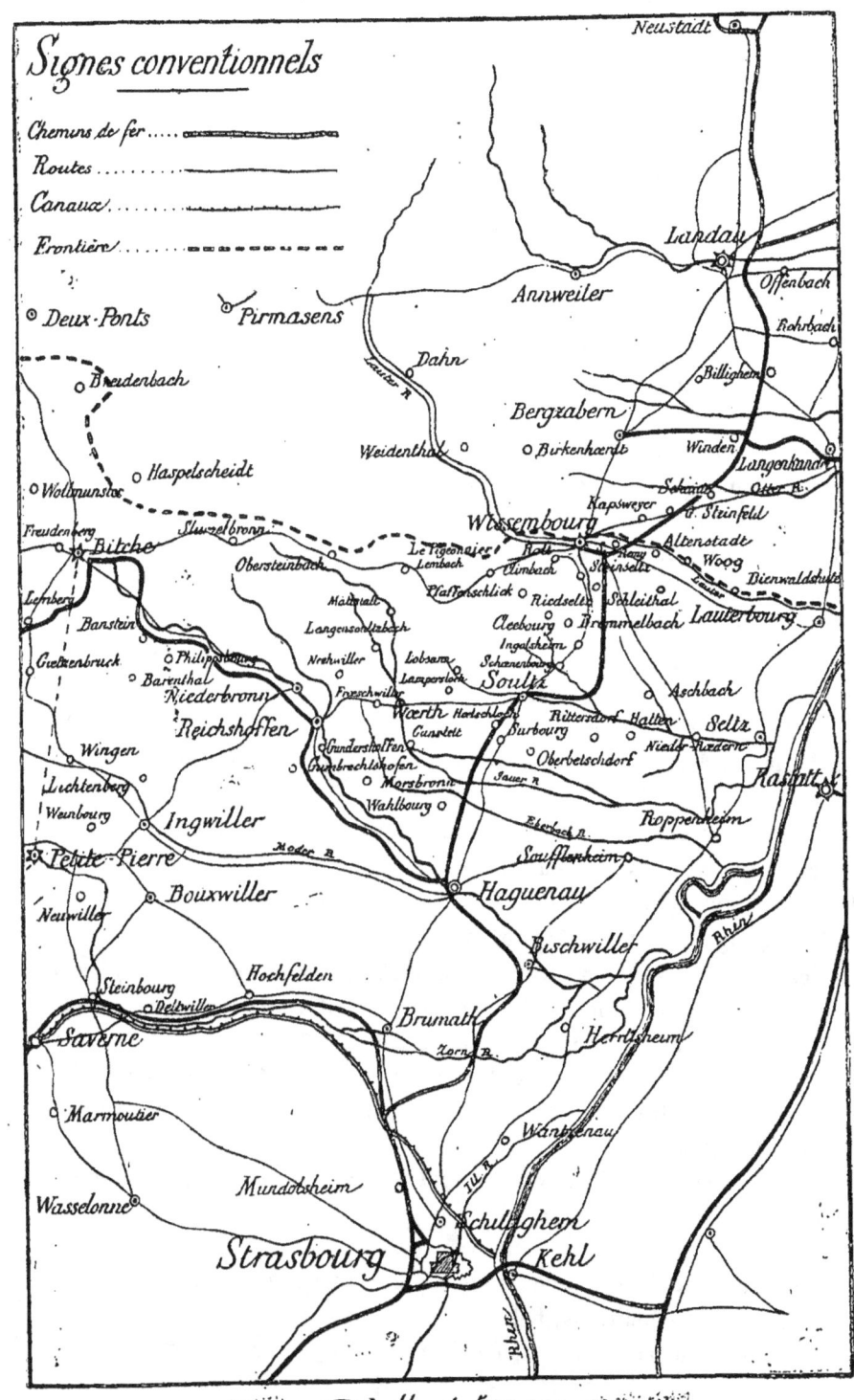

DÉPLOIEMENT STRATÉGIQUE DU 1er CORPS D'ARMÉE FRANÇAIS ET DE LA 3e ARMÉE ALLEMANDE

Pl. 4.

au sous-préfet, car il n'en avait pas! et en l'invitant ainsi que sa famille à une reconnaissance qu'il se proposait de faire exécuter le lendemain par le 1er régiment de tirailleurs algériens avec du canon vers Altenstadt et la forêt de Bien-Wald!

Les Allemands devenaient alors très hardis de tous côtés.

Ainsi, au moment où le 1er corps d'armée s'apprêtait à se porter enfin vers le nord de la Basse-Alsace, l'attention du 7e corps était appelée sur les prétendus mouvements qu'effectuait l'ennemi dans le grand-duché de Bade, particulièrement sur la rive droite du Rhin comprise entre Vieux-Brisach, en face de Colmar, et Lœrrach, en face de Huningue. Il semblait que la ville de Mulhouse fût menacée.

J'ai déjà dit qu'il se faisait un grand transport apparent et bruyant de troupes dans toute cette région vers Rastatt et que d'immenses feux de bivouac étaient allumés un peu partout afin de nous laisser croire que l'armée allemande avait une partie de ses forces dans la forêt Noire, prête à descendre dans la plaine du Rhin, à franchir le fleuve à proximité de Neuf-Brisach ou de Bâle et à nous attaquer sur notre flanc droit ou sur nos derrières.

La vérité était tout autre.

Comme les Badois et les Wurtembergeois redoutaient une invasion de leur territoire, une petite colonne mobile, forte de 3 bataillons, 1 escadron et 1 batterie, avait été organisée dans le Wurtemberg avec mission de parcourir les deux versants de la forêt Noire jusque sur les bords du Rhin.

Dans la journée du 2, le commandant de cette petite colonne avait eu l'idée originale de montrer en même temps ses troupes vers Kehl, Vieux-Brisach et Lœrrach.

Ce stratagème obtint un plein succès.

Les populations du Haut-Rhin voisines du fleuve en furent effrayées et le 7e corps d'armée, dont une division se trouvait à Colmar, se vit dans la nécessité de transporter son quartier général à Mulhouse et d'envoyer quelques escadrons de cavalerie dans la direction de Huningue pour faire face à la démonstration ennemie dirigée par Lœrrach qui paraissait être la plus menaçante.

Voilà où nous en étions réduits, tant par notre inaction que par notre insuffisance de renseignements!

Enfin nous nous décidons à nous rapprocher de l'ennemi!
Dans quelles conditions, hélas!
L'ordre donné par le maréchal de Mac-Mahon, le 2 août, pour le déploie-

ment stratégique du 1er corps d'armée vers la frontière nord du département du Bas-Rhin, devait être exécuté le 3 et le 4.

Le commandant du 1er corps d'armée ayant reçu, dans la soirée du 2, un télégramme du sous-préfet de Wissembourg où il était dit que l'ennemi se montrait en force dans le voisinage immédiat de cette ville, il fut prescrit au général Abel Douay, chef de la 2e division, qui ne devait quitter Haguenau que le 4, de partir le 3 et d'arriver le même jour à Wissembourg.

Voici ce qui lui était ordonné le 2 :

« Mettez-vous en route demain matin, le plus tôt possible avec toute votre division, à l'exception de deux bataillons détachés à Seltz, pour vous porter sur Wissembourg.

« Vous prendrez à Soultz le 3e de hussards. Emmenez également les escadrons du 11e de chasseurs de Haguenau. Le détachement de Seltz vous rejoindra le 4, après qu'il aura été relevé.

« Le général Ducrot, qui porte également une partie de sa division à Lembach, vous rejoindra en route et vous indiquera la manière de vous relier avec la 1re division. Accusez réception. »

Je relève en passant cette dernière recommandation qui montre combien le service de la correspondance entre nos généraux était insuffisamment établi.

Tandis que les diverses parties de notre armée n'avaient que des relations de circonstances les unes avec les autres, les communications entre les armées allemandes étaient soigneusement réglées.

Le roi adressait de Mayence, à ce sujet, les instructions suivantes, en date du 3 août :

« Afin d'assurer la régularité des rapports entre les commandants d'armée et le grand quartier général, il est nécessaire :

« 1° Non seulement, que chaque commandant en chef d'armée rende compte immédiatement, par le télégraphe, au grand quartier général, de toutes les circonstances qui pourraient avoir de la gravité, mais encore que, dans le cas où rien de nouveau ne serait à signaler, il le fasse connaître télégraphiquement, au moins deux fois par jour ; les rapports qui, en règle générale, seront envoyés le matin et dans l'après-midi, mentionneront également les déplacements des quartiers généraux d'armée et de corps d'armée, ainsi que des divisions de cavalerie ;

« 2° Que chaque dépêche de service porte, à côté de la date, l'heure à laquelle elle a été écrite ;

« 3° Que, dans les réponses, soit par lettres, soit par télégrammes, à des dépêches ou à des lettres émanées du grand quartier général, on ait toujours le soin de relater le numéro d'enregistrement de ces dernières. »

Comme on le voit, rien n'était laissé au hasard des événements ou au caprice des chefs dans l'armée allemande.

Tout y était méthodiquement ordonné !

Cette préparation et cette régularité n'ont pas peu contribué au succès de nos ennemis.

Nous nous les sommes heureusement appropriées, et, si nous savons nous y conformer avec la plus scrupuleuse exactitude, nous en tirerons les mêmes avantages.

Le général Abel Douay, en se portant vers le nord, joignait au commandement de la 2ᵉ division du 1ᵉʳ corps d'armée, celui de la 1ʳᵉ brigade de la division de cavalerie de ce corps, brigade de Septeuil, et passait lui-même sous le commandement du général Ducrot, chef de la 1ʳᵉ division.

Le 3, il opéra le mouvement qui lui était ordonné.

La marche était de 31 kilomètres de Haguenau à Wissembourg.

Elle fut exécutée par une chaleur accablante, ce qui la rendit fort lente.

Dans sa déposition devant la commission d'enquête sur les actes du gouvernement de la Défense nationale, le maréchal de Mac-Mahon donne une autre cause à la lenteur de la marche exécutée par la 2ᵉ division.

« Faute de moyen de transport, dit-il, cette division qui n'avait reçu son artillerie, son ambulance et ses voitures de campagne que le 2 au soir, arriva assez tard dans la soirée du 3 à Wissembourg. »

Vers une heure de l'après-midi, la 2ᵉ division atteignit Soultz, où elle fit une halte trop longue, car on approchait de l'ennemi, et la prudence prescrivait d'atteindre les cantonnements assignés avant la tombée de la nuit, afin de ne pas procéder, en pleine obscurité, à l'installation sur un terrain que l'on ne connaissait pas et où l'on courait le risque de combattre dès le lendemain matin.

La 2ᵉ division ne quitta Soultz qu'à 4 heures du soir, et c'est par une pluie battante que les troupes, très fatiguées, arrivèrent sur les emplacements qui leur avaient été assignés et où elles s'établirent au milieu des ténèbres.

Les dispositions prises furent toutefois celles qu'avait indiquées le général Ducrot, savoir :

En avant, 1 bataillon à Wissembourg ;

A droite, la 1ʳᵉ brigade sur le plateau de Geissberg, autour du château ;

A gauche, la 2ᵉ brigade sur les hauteurs au sud de Wissembourg ;

En arrière, la brigade de cavalerie, l'artillerie et le quartier général, autour d'Oberhoffen.

Le général Abel Douay se rendit lui-même à Wissembourg, avec le bataillon qui devait former la garnison de cette ville, et y laissa l'intendant de la divison qui s'occupa immédiatement d'y organiser le service des vivres, des transports et des ambulances.

C'est surtout pour l'organisation de ce service, je l'ai dit, que l'on avait pris le parti de réoccuper Wissembourg.

Le commandant de la 2ᵉ division avait ensuite informé le maréchal de Mac-Mahon des dispositions qu'il venait de prendre. Il lui avait en outre demandé l'autorisation de laisser une partie de sa division à Wissembourg ou autour de cette ville afin de faire vivre plus facilement ses troupes, ce qui serait beaucoup plus difficile s'il portait toute sa division sur les Vosges, à l'ouest de Wissembourg, vu la rareté et la pauvreté des villages dans la montagne.

Le commandant du 1ᵉʳ corps d'armée avait répondu que le lendemain 4 août, dans la matinée, il se rendrait lui-même à Wissembourg, et déciderait alors si cette ville devait ou non rester occupée.

Le 4 au matin, voici quelle était la situation de la division Abel Douay :

1ʳᵉ brigade, général Pelletier de Montmarie, sur le Geissberg :

16ᵉ bataillon de chasseurs, à Seltz, à une distance de 20 kilomètres à l'est ;

50ᵉ régiment d'infanterie : 1 bataillon également à Seltz, 2 bataillons sur le Geissberg ;

74ᵉ régiment d'infanterie : 1 bataillon à Wissembourg, 2 bataillons sur le Geissberg.

2ᵉ brigade, général Pellé, sur la hauteur au sud de la gare :

78ᵉ régiment d'infanterie, en route depuis le lever du jour pour aller relever au Pigeonnier, à Climbach et à Pfaffenschlick, le 96ᵉ régiment, de la division Ducrot, qui devait se porter à Nothweiler ;

1ᵉʳ régiment de tirailleurs algériens, sur la hauteur au sud de la gare.

1ʳᵉ brigade de cavalerie : général de Septeuil, à Steinseltz :

3ᵉ régiment de hussards : 1ᵉʳ escadron à Climbach, 3 escadrons à Steinseltz ;

11ᵉ régiment de chasseurs : 2 escadrons à Seltz, 2 escadrons à Steinseltz.

L'INVASION ALLEMANDE

Bombardement de Wissembourg, par l'artillerie bavaroise. (Page 264.)

Artillerie : 9ᵉ, 10ᵉ et 12ᵉ batteries du 9ᵉ régiment, à Steinseltz.

Ainsi donc, le général Abel Douay ne disposait plus, le 4 au matin, que de :

8 bataillons d'infanterie, en y comprenant celui qui occupait Wissembourg, 5 escadrons de cavalerie, 3 batteries d'artillerie, dont 1 de mitrailleuses.

En même temps que le général Abel Douay marchait de Haguenau sur Wissembourg, les autres divisions du 1ᵉʳ corps d'armée se portaient vers le nord.

Le général Ducrot, qui était avec la 1ʳᵉ division à Reichshoffen, un régiment, le 96ᵉ d'infanterie, étant détaché au Pigeonnier, à Climbach et à Pfaffenschlick, reçut l'ordre de porter, le 3, sa 1ʳᵉ brigade à Lembach, c'est-à-dire le 13ᵉ bataillon de chasseurs et le 18ᵉ régiment d'infanterie. Quant au 96ᵉ, qui faisait partie de cette brigade, il devait être relevé, le 4, par un régiment de la division Abel Douay, et aller prendre position sur la frontière près de Nothweiler.

Le 4, la 2ᵉ brigade de la 1ʳᵉ division devait suivre ce mouvement.

La 3ᵉ division, commandée par le général Raoult, se portait, le 3, de Strasbourg à Haguenau, et le 4, de Haguenau à Reichshoffen.

La 4ᵉ division, sous les ordres du général de Lartigue, se rendait, le 4, de Strasbourg à Haguenau où le maréchal de Mac-Mahon transportait son quartier général.

Le général de Nansouty prenait le commandement à Seltz, où il s'installait avec le 16ᵉ bataillon de chasseurs, 1 bataillon du 50ᵉ d'infanterie, les 2ᵉ et 6ᵉ régiments de lanciers formant la 2ᵉ brigade de la division de cavalerie du 1ᵉʳ corps d'armée, brigade dont il était le chef et à laquelle manquait encore le 10ᵉ régiment de dragons. Ce régiment, qui venait de Limoges par étapes, ne put même arriver à temps pour prendre part à la bataille du 6 août.

La 3ᵉ brigade de la division de cavalerie du 1ᵉʳ corps d'armée et la 2ᵉ division de cavalerie de réserve suivaient le mouvement, de Brumath vers Haguenau.

Cette dispersion du 1ᵉʳ corps d'armée était une faute nouvelle, car elle laissait en pointe la 2ᵉ division, sans qu'il fût possible de la secourir au cas où elle aurait été attaquée par des forces supérieures.

Dès l'instant qu'à la suite des nouvelles venues de Wissembourg on avait avancé d'un jour le mouvement de la 2ᵉ division, il fallait en faire autant au moins pour la 1ʳᵉ division, afin qu'elles fussent à même de se prêter un mutuel appui.

ENVIRONS DE WISSEMBOURG

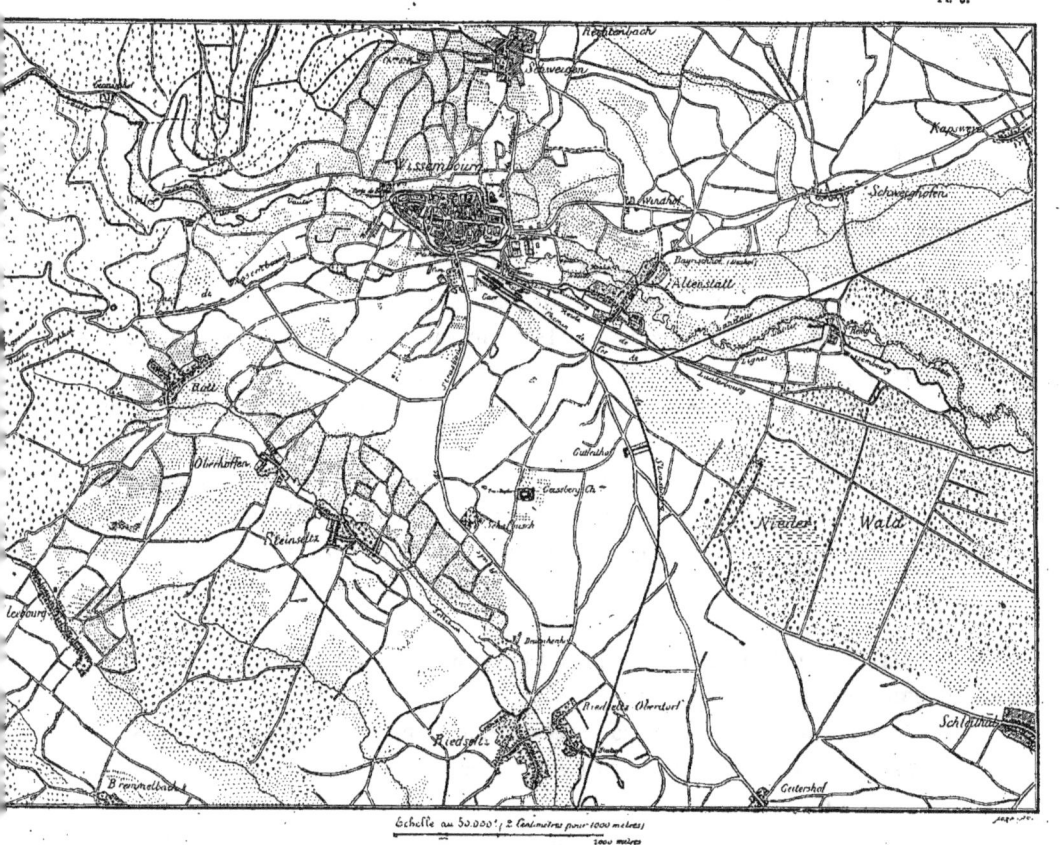

Or, la 2ᵉ brigade de la 1ʳᵉ division ne se mit en marche que le 4 vers Lembach, absolument comme si la 2ᵉ division n'allait pas se trouver entièrement en l'air dans cette journée.

Dans la nuit du 3 au 4, le maréchal de Mac-Mahon avait été prévenu par l'empereur qu'il devait s'attendre à une attaque pour le jour même ou le lendemain.

Le 4, à 6 heures du matin, le commandant du 1ᵉʳ corps d'armée transmettait cette information au général Abel Douay dans les termes suivants :

« Avez-vous ce matin quelques renseignements vous faisant croire à un rassemblement nombreux devant vous ? Répondez immédiatement. Tenez-vous sur vos gardes, prêt à vous rallier, si vous étiez attaqué par des forces très supérieures, au général Ducrot par le Pigeonnier. Faites prévenir le général Ducrot, en route par Lembach, d'être également sur ses gardes. »

Cette dépêche fut remise au général Abel Douay, au moment où rentrait la reconnaissance qu'il avait ordonnée.

Composée de 2 escadrons du 11ᵉ régiment de chasseurs, de 1 bataillon du 1ᵉʳ régiment de tirailleurs algériens, de 2 pièces de la 9ᵉ batterie du 9ᵉ régiment, cette reconnaissance s'était portée vers Wissembourg, puis vers Altenstadt, et était rentrée sans voir l'ennemi. Elle ne s'était donc pas conformée aux ordres du général Ducrot; si elle avait poussé en avant de Wissembourg, ainsi que vers Lauterbourg, elle serait revenue avec de tout autres renseignements que ceux qu'elle avait recueillis de la bouche des habitants sur la présence des Bavarois à Schweigen et aux environs.

Mais elle n'était pas allée plus loin et avait rejoint le camp après une promenade militaire inutile.

Nos troupes ayant alors la certitude de ne pas être inquiétées, les soldats se mirent à nettoyer leurs effets, à astiquer leurs armes, à préparer leur repas du matin.

Une heure plus tard, le canon ennemi venait soudain troubler cette tranquillité parfaite.

La division Abel Douay a-t-elle été surprise ?

Non, au sens étroit du mot, puisque l'attaque n'a provoqué dans cette division aucun désordre, et qu'elle a pu prendre ses formations de combat sans confusion.

Oui, dans l'acception militaire du terme, car une troupe de la force d'une division se trouve réellement surprise, quand les projectiles de l'artillerie ennemie viennent tomber sur ses positions sans que les avant-postes aient donné l'alarme.

C'est la 3ᵉ armée allemande qui surprenait ainsi notre division d'avant-garde.

L'état-major allemand paraît avoir été assez mal renseigné sur nos positions et nos projets, à partir du jour où commença la concentration des armées.

C'est ainsi que, le 26 juillet, alors que nos troupes étaient encore bien loin de la Lauter, le général-lieutenant de Bothmer, commandant la 4ᵉ division bavaroise, et le général-lieutenant de Gersdorff, commandant la 22ᵉ division prussienne, avaient concentré en toute hâte à Landau les forces dont ils disposaient, dans la crainte d'une attaque.

Le 31, le prince royal de Prusse, en réponse à un télégramme du roi, où celui-ci considérait comme opportun que la 3ᵉ armée allemande s'avançât vers le sud par la rive gauche du Rhin pour chercher l'ennemi et l'attaquer, déclarait qu'il ne pourrait prononcer ce mouvement avant le 4. Il ignorait donc que nous avions bien peu de monde en Alsace.

Enfin, s'il se décida à prendre l'offensive à cette dernière date, c'est que l'on supposait, à Mayence, où était le grand quartier général, que le maréchal de Mac-Mahon avait quitté les environs de Strasbourg et de Haguenau pour se diriger, par Saverne, vers le gros de nos forces en Lorraine, ne laissant qu'un faible rideau d'avant-postes, sur les bords du cours moyen de la Lauter, pour masquer cette marche de flanc. Le roi voulait être renseigné, ayant l'intention, si l'hypothèse se réalisait, de ne mettre qu'un corps d'armée devant Strasbourg et de porter la 3ᵉ armée vers Sarreguemines. C'est l'expression de cet ordre péremptoire que le colonel de Verdy apportait de la part du père au fils dans la soirée du 2 août, à Spire, où se trouvait ce dernier.

Je le répète, pour que de pareilles suppositions aient dicté la première opération des Allemands, il fallait que ceux-ci fussent alors sans indications suffisantes.

Il est assez vraisemblable que leur système d'espionnage ne fonctionnait plus avec autant de facilité depuis que les deux partis se trouvaient à proximité, car leur cavalerie était loin de montrer à cette date l'audace dont elle a fait preuve plus tard. La leçon de Schirlenhof paraissait avoir calmé son esprit d'entreprise.

Nous avions des informations plus précises, puisque le maréchal de Mac-Mahon recevait de Strasbourg, dans la nuit du 3 au 4, une dépêche où on l'avertissait d'avoir à se tenir sur ses gardes.

Pour prononcer son attaque, le prince royal mettait en mouvement 128 bataillons, 102 escadrons et 80 batteries, soit 128,000 fusils, 15,000 sabres et 480 canons.

Ces forces comprenaient :

La 4e division bavaroise, à Bergzabern, sur la route de Landau à Wissembourg ;

Le 5e corps prussien, à Billigheim ;

Le 11e corps prussien, à Rohrbach, avec avant-postes à Winden ;

La 4e division de cavalerie, à Offenbach.

Le corps wurtembergeois-badois venait d'être placé sous les ordres du général-lieutenant de Werder, à Hagenbach, Pfortz et Knilingen, sur les deux rives du Rhin ; les relations entre les Badois de la rive gauche et les Wurtembergeois de la rive droite étaient assurées par le pont de Maxau.

La 3e division bavaroise était à Germersheim.

Le 1er corps bavarois, à Spire.

Quant au 6e corps prussien et à la 2e division de cavalerie, ils se dirigeaient de Mayence et de Bingen sur Landau dans la journée du 4, à une marche en arrière de la 3e armée dont ils faisaient partie.

L'ordre de marche de la 3e armée allemande pour la journée du 4 était le suivant :

4e division bavaroise, départ à 6 heures du matin : direction sur Wissembourg avec mission de s'emparer de cette ville.

3e division bavaroise, départ à 4 heures du matin : direction sur Ober Otterbach.

4e division de cavalerie, départ à 4 heures du matin : direction sur Kapsweyer.

5e corps d'armée, départ à 4 heures du matin : direction sur Saint-Remy.

11e corps d'armée, départ à 4 heures du matin : direction sur Bien-Wald-Hutte.

Corps wurtembergeois-badois, départ à 4 heures du matin : direction sur Lauterbourg.

1er corps bavarois, départ à 4 heures du matin : direction sur Langenkandel.

En indiquant ce dispositif général, le prince royal de Prusse faisait connaître que son intention était d'atteindre la rive gauche de la Lauter avec postes avancés sur la rive droite ; que, dans la matinée, il se tiendrait sur les hauteurs entre Kapsweyer et Schweigen ; et qu'il établirait probablement son quartier général à Nieder-Otterbach dans la soirée du 4.

L'invasion allemande franchissait la frontière française.

C'est à 8 heures 1/2 du matin, d'après le récit du grand état-major prussien, que le combat commença par l'entrée en action d'une batterie bavaroise qui, ayant gravi la hauteur au sud de Schweigen, ouvrit son feu sur Wissembourg.

Il est de règle, entre nations civilisées, que l'on prévienne le commandant d'une ville avant de la bombarder, quand cette ville est une place forte, vu que l'on ne tire le canon contre une ville ouverte que si celle-ci a ouvert le feu.

Or, Wissembourg, ayant été déclassée et désarmée en tant que place forte, comme je l'ai dit précédemment, était devenue une ville ouverte. Les Allemands l'ont d'ailleurs considérée comme telle, car, lorsque les officiers qui l'avaient si vaillamment défendue durent mettre bas les armes, faute de munitions, c'est en vain que leur chef demanda à traiter pour sa troupe comme pour la garnison d'une place de guerre. Le général de Maillinger, commandant la 8ᵉ brigade bavaroise, déclara à son parlementaire, au nom du général de Hartmann, commandant le 2ᵉ corps bavarois, que « Wissembourg n'étant ni une place forte, ni un poste retranché muni d'artillerie, et, ayant été prise par les troupes bavaroises, la garnison cernée de toutes parts et coupée de son corps principal alors en pleine retraite, devait se constituer prisonnière de guerre ».

Une seconde batterie bavaroise rejoint la première et ouvre son feu contre Wissembourg.

Ces deux batteries sont soutenues par 2 bataillons bavarois, le 10ᵉ de chasseurs et le 3ᵉ du 5ᵉ régiment.

Au bout de peu de temps, elles sont renforcées par une troisième batterie bavaroise qui s'établit au Windhof, protégée par le 6ᵉ bataillon de chasseurs ; elle y est bientôt appuyée par une quatrième batterie.

A ce moment, toute la 4ᵉ division bavaroise est entrée en ligne, et lutte en attendant l'arrivée des renforts qu'elle sait être à proximité. Bien que numériquement supérieure à la division Abel Douay, elle ne fait aucun progrès.

Un officier du 10ᵉ bataillon de chasseurs bavarois essaye de pénétrer dans la ville par la porte de Bitche, mais il s'enfonce ainsi que quelques-uns de ses hommes dans la vase du fossé, le reste de sa compagnie s'éloigne.

Les hommes de la division Abel Douay restés au camp commençaient à allumer le feu de cuisine et à préparer la soupe, car on n'avait presque rien mangé depuis la veille à midi, et les détachements de corvée venaient d'entrer à Wissembourg quand la canonnade éclata soudain.

En un clin d'œil tout le monde fut sur pied.

Toujours est-il que le 1er régiment de tirailleurs algériens, parvint à tenir l'ennemi à distance. (Page 270.)

Des tirailleurs bavarois descendaient de Schweigen vers Wissembourg.

Les deux compagnies du 74ᵉ régiment d'infanterie, qui avaient été placées la veille derrière le rempart du front nord de la ville, leur envoyèrent aussitôt une pluie de balles qui les arrêta.

Pendant ce temps, les hommes qui étaient en corvée dans la ville rejoignaient au pas de course le camp de leur régiment.

Un officier se met à la recherche du général Abel Douay qui, n'ayant pu trouver un lit à Oberhoffen, où était son quartier général, avait dû passer la nuit à Steinseltz, un peu plus loin.

En même temps, le maire de Schleithal accourt pour informer le commandant de la division que l'ennemi franchit en grand nombre la Lauter, et que son avant-garde a pénétré dans la forêt de Nieder-Wald.

En effet, à 7 heures du matin, le 11e corps allemand a atteint la Lauter et commence à la franchir sur les deux ponts de Bien-Wald-Muhle et de Bien-Wald-Hutte, qui n'ont pas été détruits, ainsi que sur trois autres ponts jetés par l'avant-garde. Celle-ci se dirige sur Schleithal, s'y établit et envoie 1 bataillon sur les hauteurs au sud du village.

A ce moment, le canon se fait entendre du côté de Wissembourg.

Aussitôt le général de Bose lance la 21e division vers la pointe sud-est de la hauteur du Geissberg.

Qu'allait faire le général Abel Douay?

C'était un homme énergique, un chef valeureux et un officier instruit.

En 1869, il avait été désigné pour passer l'inspection générale de l'École spéciale militaire de Saint-Cyr où je me trouvais alors comme capitaine instructeur; j'avais pu constater, ainsi que mes camarades et les élèves de l'École, combien grande était son érudition. Malgré une modestie poussée jusqu'à la timidité, il avait tenu à interroger lui-même les jeunes saint-cyriens sur toutes les parties de l'enseignement, bien que le sort désignât les questions qui leur étaient posées, et il avait fait preuve d'un savoir universel.

Certainement, ce n'est pas de lui que l'on pouvait dire qu'il ignorait la géographie et la topographie.

Mais je rappelle que, la veille au soir, il avait emprunté une carte au sous-préfet de Wissembourg, et j'ajoute que, dans la dernière dépêche qu'il avait adressée au général Ducrot, pour lui faire connaître son arrivée et son installation à Wissembourg et au Geissberg, il disait : « Je n'ai pas une seule carte du pays où je me trouve. »

Il est certain que, s'il ne possédait aucune indication topographique sur la contrée où il allait combattre, il n'avait de même aucun renseignement sur les forces qui l'attaquaient.

Était-ce une reconnaissance qu'il avait devant lui?

Les Allemands opéraient-ils une démonstration?

Dans l'incertitude où il se trouvait, il n'écouta que la voix de l'honneur et du devoir.

Le hasard faisait qu'il avait le premier à subir le choc de l'ennemi.

Il prit vaillamment la décision d'accepter le combat, se réservant de modifier cette détermination suivant les circonstances.

Le 1er régiment de tirailleurs algériens se trouvait le plus rapproché de Wissembourg.

Ordre fut donné à cette troupe de porter, à l'est de la ville, 2 bataillons avec 1 batterie, et, au sud, 1 bataillon.

Il était prescrit en même temps aux 4 bataillons de la brigade de Montmarie de prendre de bonnes dispositions défensives autour du château de Geissberg, où ils étaient appuyés par la batterie de mitrailleuses.

Enfin la 2e batterie de la division se portait vers la route du Pigeonnier d'où elle devait combattre l'artillerie bavaroise qui tirait de Schweigen sur la ville de Wissembourg et sur le 1er régiment de tirailleurs algériens.

Depuis qu'une seconde batterie bavaroise s'était jointe à la première, de nombreux incendies éclataient dans Wissembourg.

Un escadron du 3e hussards, envoyé en reconnaissance vers le Nieder-Wald et qui avait été reçu à coups de fusil, se repliait à ce moment sur la brigade du général de Septeuil. Celui-ci était chargé de relier les défenseurs de Wissembourg à ceux du Geissberg en raison de la distance qui séparait ces deux positions.

Mais, au moment où s'exécutaient ces divers mouvements, 2 batteries prussiennes, soutenues par une troupe nombreuse d'infanterie, venaient s'établir à l'angle des chemins de fer, au nord du Gutleithoff, et ouvraient immédiatement un feu très vif contre notre batterie de mitrailleuses, ainsi que d'autres batteries ennemies placées au Windhoff, et nos mitrailleuses se voyaient obligées d'amener les avant-trains sans avoir même ouvert le feu, puis de venir prendre position près de l'éminence des Trois-Peupliers.

A 9 heures 1/4, le prince royal était arrivé sur la hauteur à l'est de Schweigen et, devant l'insuccès des Bavarois, il prescrivait aux 5e et 11e corps prussiens de hâter le pas.

Les Bavarois n'ayant pu réussir dans leur tentative contre la porte de Bitche, reprennent courage quand ils entendent tonner le canon prussien, et concentrent leur attaque contre les tirailleurs algériens qui se sont répandus, à l'est de la porte de Landau, jusqu'au moulin.

Le 11e corps, qui avait déjà atteint Schleithal, se porte vers Wissembourg, dès que lui parvient l'ordre du prince royal, tandis que le 5e corps, qui, à 9 heures, commençait à franchir la Lauter, à Saint-Remy, se dirige vers Altenstadt pour soutenir les Bavarois dans leur combat contre le 1er régiment de tirailleurs algériens.

Vers 10 heures, les têtes de colonne de l'infanterie ennemie se montrent sur toutes les routes et sur tous les chemins qui convergent vers Wissembourg ou le Geissberg, tandis que 13 batteries croisent leurs feux sur nos positions, dont 2 à Schweigen, 2 à l'ouest de Schweigen et au nord de Windhof, 5 au Windhof, 2 près de l'embranchement des voies ferrées et 2 à l'ouest de la lisière du Nieder-Wald.

Le doute n'était plus permis.

Il ne s'agissait plus d'une reconnaissance, ni d'une démonstration, mais d'une action générale entreprise avec des forces si supérieures qu'elles menaçaient d'engloutir la division française.

Le général Abel Douay donne en conséquence l'ordre de la retraite.

Il en fait informer le général Pellé qui dirigeait le combat à l'est de Wissembourg, en lui recommandant de se retirer lentement afin de laisser le temps au bataillon qui occupait cette ville de l'évacuer.

Mais, si cet ordre parvint à la garnison de Wissembourg, ce qui est certain, car l'intendant le reçut à 10 heures 1/2 et l'exécuta, il ne fut du moins pas communiqué au commandant du bataillon du 74e qui occupait et défendait la ville.

Celui-ci apprit seulement, vers 1 heure 1/2, quand toute la division était déjà en pleine retraite, qu'un officier d'état-major, venu du dehors, avait chargé un des soldats du détachement qui défendait la porte de Haguenau, de transmettre à son chef de bataillon l'ordre d'évacuer Wissembourg.

Le général Abel Douay, après avoir ainsi pris ses dispositions pour son aile gauche, s'était porté vers son aile droite en vue d'ordonner au général de Montmarie d'abandonner les hauteurs du Geissberg. Il se dirigeait en conséquence vers le château, et comme il devait passer à côté de la batterie de 4 et de la batterie de mitrailleuses qui étaient en position près de l'éminence des Trois-Peupliers, il avait laissé plus loin son état-major et son escorte, afin de ne pas attirer l'attention de l'ennemi qui venait d'ouvrir un feu d'artillerie des plus violents contre ces deux batteries.

La précaution était superflue, du moins pour lui.

A peine avait-il quitté le général de Montmarie, à qui il avait fait part du mouvement général de retraite de la division, qu'il fut atteint par un éclat d'obus qui lui ouvrit le ventre et lui déchira les entrailles.

Il tomba de son cheval et perdit immédiatement connaissance. Deux heures après, il expirait à la ferme de Schafbusch où il avait été transporté sur une voiture de cantinier.

C'était la première victime de cette guerre qui devait faucher tant d'existences précieuses à la France.

Abel Douay avait eu le rare bonheur de succomber en plein champ de bataille, face à l'ennemi, mort glorieuse qui a évité à ce brave et intelligent soldat de connaître les désastres et les affronts infligés à la patrie.

Faute de moyens de transport, la 2e division dut laisser entre les mains des Allemands le corps de son général.

Dans la soirée même, ce corps fut transporté sur une voiture de paysan à l'hôpital militaire de Wissembourg, puis à la sous-préfecture.

Le 6, il fut enterré dans le cimetière de cette ville, et la garnison bavaroise lui rendit les honneurs funèbres, par un sentiment de courtoisie qu'il convient de louer sans réticence.

La mort du général Douay faisait passer le commandement entre les mains du général Pellé, qui, vaillamment secondé par les officiers supérieurs du 1er régiment de tirailleurs algériens, dirigeait avec autant de ténacité que de sang-froid le combat à l'est de Wissembourg.

Ce combat fut l'un des plus terribles de toute la campagne.

Presque sans artillerie, car nos pièces avaient été obligées de se porter en arrière, 2 bataillons de 700 tirailleurs algériens, soutenus par un autre de même force, luttaient avec une ardeur telle que les Bavarois et les Prussiens se virent dans la nécessité de réunir contre eux les feux de plus de 8,000 fusils et de plus de 30 pièces d'artillerie.

Plus l'adversaire augmentait ses forces en face de cette poignée de braves, plus les turcos apportaient d'énergie dans leur résistance et de fougue dans leurs retours offensifs.

Arbres, haies, vergers, enclos, levées de terre, tas de cailloux, murs, maisons, clôtures de toutes sortes étaient autant de points où le combat redoublait de violence.

Mais les munitions commençaient à manquer, tandis que les lignes ennemies, se repliant du nord, de l'est et du sud, étaient sur le point de se refermer autour de la gare. D'ailleurs, il était midi.

Il fallait céder, et le général Pellé, conformément à l'ordre qu'il avait reçu, un peu avant 11 heures, prescrit lui-même au 1er régiment de tirailleurs algériens d'opérer sa retraite par échelons. Le régiment recule, tenant toujours tête à l'ennemi, mettant à profit tous les obstacles qui s'offrent à lui depuis le cours de la Lauter jusqu'aux bâtiments de la gare et enfin jusqu'au pied des hauteurs.

Artilleurs et fantassins prussiens et bavarois réunissent à l'envi leurs coups sur cette petite troupe qui recule pas à pas, ne cédant pas un pouce de terrain sans l'avoir chèrement disputé.

La lutte fut acharnée.

Est-il vrai qu'elle ait été à ce point sanguinaire que les Allemands achevaient les blessés qu'ils heurtaient dans leur marche en avant ?

Toujours est-il que le 1er régiment de tirailleurs algériens, qui était sur le point d'être enveloppé, parvint à tenir l'ennemi à distance par son indomptable énergie.

Dès qu'il fut dégagé, il se porta vers son camp où les hommes prirent leurs sacs qu'ils avaient laissés lorsqu'ils s'étaient précipités au-devant de l'ennemi.

Le régiment poursuivit ensuite sa retraite : il laissait en arrière 16 officiers et 600 hommes tués ou blessés appartenant pour la plupart à deux bataillons qui avaient été le plus sérieusement engagés et qui n'avaient pas plus de 1,500 hommes au feu.

Les tirailleurs algériens se retirèrent par le col de Pfaffenschlick, s'arrêtèrent à Climbach et y passèrent la nuit.

Ils y furent rejoints par les batteries d'artillerie, qui n'avaient pas fait preuve de moins d'énergie, et par les escadrons de cavalerie de la brigade de Septeuil. Cette brigade, après avoir commis la faute si grave de ne pas pousser sa reconnaissance du matin au delà de la Lauter et vers le Bien-Wald, comme il le lui avait été prescrit, s'était vue dans l'impossibilité de participer au combat par suite de la forme du terrain sur lequel notre infanterie avait pris position.

Le 78e régiment d'infanterie, qui s'était mis en marche, le 4 au matin, dès le point du jour, vers le col du Pigeonnier où il devait relever le 96e, appartenant à la 1re division, avait atteint vers 10 heures 1/2 la position qui lui avait été assignée et s'y était installé. Peu de temps après, il recevait du général Ducrot l'ordre de se rapprocher des débris de la brigade Pellé qui venait de se retirer du champ de bataille.

Dans la soirée, la 2e brigade de la 2e division était donc réunie à Climbach, avec l'artillerie et la cavalerie de la division.

Elle put enfin se reposer sous la protection des avant-postes du 78e régiment qui s'établirent à Kleebourg, couvrant la route de Wissembourg à Wœrth.

L'issue de l'attaque en masse dirigée par l'ennemi contre le 1er régiment de tirailleurs algériens ne pouvait être douteuse, puisque les Allemands y entassaient les bataillons sur bataillons, tandis qu'ils ne nous restait même plus une seule compagnie de réserve dès le début du combat, mais elle aurait encore pu se prolonger, si, d'une part, les munitions n'avaient fait défaut à une partie de notre ligne de combat et si, d'autre part, le général Abel Douay n'avait, suivant les ordres reçus le matin, prescrit la retraite peu d'instants avant d'être frappé mortellement.

Le général Pellé, en suivant cette prescription de son chef et en le remplaçant, avait, paraît-il, pris la précaution d'envoyer un nouvel avis à la garnison de Wissembourg de se retirer, en même temps que les turcos. Cet avis ne parvint pas plus à destination que le précédent.

La lutte se concentra dès lors autour de deux points complètement isolés l'un de l'autre : à gauche, la ville de Wissembourg, défendue par 1 bataillon du 74e régiment ; à droite, le château de Geissberg, l'éminence des Trois-Peupliers et la ferme de Schafbusch, où se réfugièrent les 2 autres bataillons du même régiment et les 2 bataillons du 50e régiment, formant la brigade du général de Montmarie qui n'avait plus que 4 bataillons au lieu de 7, le 16e bataillon de chasseurs et 1 bataillon du 50e étant restés à Seltz.

Ces deux épisodes isolés ont terminé dignement la journée de Wissembourg.

La garnison de la ville n'avait pas de canon.
Elle ne put donc se défendre que par le feu de sa mousqueterie.
Au début de l'action, 2 compagnies seules faisaient face à l'attaque des Bavarois.

Bientôt le bataillon tout entier prend position sur le front nord, depuis la porte de Bitche à l'ouest jusqu'à la porte de Landau à l'est, ne laissant qu'un peloton en arrière pour garder au sud la porte de Haguenau qui ne paraissait pas être menacée.

Les Bavarois essayent quelques mouvements offensifs, mais leurs tirailleurs furent arrêtés par la garnison de Wissembourg agissant de concert avec les turcos qui étaient venus s'établir à l'est de la ville.

La canonnade redouble alors d'intensité. Les batteries bavaroises prennent pour points de mire les monuments les plus élevés, tels que la caserne d'abord, l'hôpital militaire, le clocher de l'église, le beffroi de l'hôtel de ville. Occupant une position dominante, elles n'avaient aucun coup à perdre. Cependant, à part plusieurs incendies, elles ne font que peu de victimes dans la garnison et dans la population.

Les mouvements offensifs des Bavarois venaient d'être repoussés, quand il se produit soudain un temps d'arrêt dans le bombardement de la ville : il était environ 10 heures.

Comme le combat se continuait avec acharnement dans la direction d'Altenstadt, la garnison peut croire un moment que l'ennemi n'a fait qu'une grande reconnaissance et qu'il se retire.

Mais la canonnade et la fusillade reprennent avec une extrême violence vers 1 heure contre la ville, tandis que le bruit du combat diminue à l'est.

C'est alors que le commandant du bataillon du 74e régiment apprend qu'on avait dû lui envoyer l'ordre d'évacuer Wissembourg.

Il comprend qu'en ce moment son isolement doit être complet, mais il espère que la porte de Haguenau lui permettra de se retirer encore librement de ce côté et il fait donner ses instructions en conséquence.

Or, la ville était complètement cernée déjà !

A ce moment même, la porte de Haguenau étant ouverte sans que l'on sût comment, quelques éclaireurs prussiens s'étaient glissés dans Wissembourg, précédant de fortes colonnes qui se massaient à proximité du rempart : il fallut faire une sortie pour éloigner celles-ci et relever le pont-levis.

Dans ces conditions, il n'y avait plus qu'à continuer la lutte, sans espoir, il est vrai, mais afin d'obtenir du vainqueur un traitement honorable.

Malheureusement, les munitions commençaient à manquer, tandis que l'ennemi amenait au contraire du canon pour abattre les deux portes de Haguenau et de Landau.

Le commandant du bataillon s'était porté vers la porte de Bitche pour s'assurer qu'elle était bien gardée et que l'on y résistait énergiquement quand une grêle de balles et de mitraille s'abat sur cette porte.

Atteint lui-même d'une blessure à la jambe, il passe le commandement à son plus ancien capitaine.

Celui-ci venait d'être averti que l'ennemi avait pénétré par la porte de Landau et il se dirigeait de ce côté, quand il se trouve tout à coup en présence d'une colonne d'infanterie bavaroise qui débouchait sur la grande place, précédée par des tirailleurs.

Cette colonne était entrée par la porte de Landau, que l'artillerie ennemie avait abattue et qui n'était pas défendue d'ailleurs, les deux compagnies désignées pour s'y établir s'étant égarées à travers les rues de la ville et ayant dû se replier vers la porte de Bitche.

Qu'auraient fait ces deux compagnies du reste, puisque deux autres, qui avaient mission de tenir la porte de Haguenau, prises entre les Prussiens qui la canonnaient du dehors et les Bavarois qui se répandaient à travers la ville, étaient de leur côté dans l'obligation de se rendre, faute de cartouches pour continuer le combat?

Les munitions étaient de même presque épuisées partout, et il devenait impossible que les quatre compagnies acculées à la porte de Bitche, cernées de toutes parts, soutinssent encore la lutte.

La défense du château de Geissberg. (Page 276.)

Le commandant du bataillon consentit donc à poser les armes vers 1 heure avec 18 officiers et 480 hommes.

Cette troupe avait relativement peu souffert, bien que l'action n'eût pas duré moins de cinq heures. Abritée par les remparts, elle n'avait eu que 3 officiers et 49 hommes hors de combat, mais elle avait vaillamment tenu tête aux masses ennemies, et elle n'avait cédé qu'à une écrasante supériorité numérique, n'ayant jamais eu une seule pièce d'artillerie pour combattre celles des Bavarois et des Prussiens, luttant jusqu'à ce qu'enfin le manque de cartouches l'eût mise dans l'impossibilité de faire feu.

La défense de Wissembourg, bien que moins meurtrière que la lutte sur les autres parties du champ de bataille, fait le plus grand honneur au 74e régiment d'infanterie, surtout quand on observe qu'elle se produisit au milieu d'une population naturellement effrayée, et dont un représentant s'interposa, dit-on, entre les deux partis ennemis, pour amener la cessation de la lutte.

Au moment où la garnison capitula, il n'y avait pas, du reste, moins de 10,000 fusils bavarois et prussiens, soit dans la ville, soit aux portes : 12 pièces étaient en batteries à moins de 200 mètres de l'enceinte et l'ennemi pouvait aisément en accroître le nombre tant qu'il le voudrait, puisqu'il disposait d'une réserve d'artillerie presque inépuisable contre une ville et une troupe qui ne possédaient pas un canon.

Le 1er régiment de tirailleurs algériens s'étant retiré, la ville de Wissembourg étant prise, il ne restait plus sur le champ de bataille que les 4 bataillons d'infanterie de la brigade de Montmarie, les 5 escadrons de la brigade de Septeuil, les 11 pièces de nos 2 batteries de 4 et la batterie de mitrailleuses ; 1 de nos pièces de 4 avait dû être abandonnée à l'ennemi malgré l'héroïque défense des pelotons de soutien, les chevaux d'attelage faisant défaut et la pièce étant démontée.

Notre artillerie était dans un tel état d'infériorité qu'il n'y avait plus à compter sur son concours, bien qu'elle fît vaillamment son devoir.

Notre cavalerie se trouvait, de son côté, dans l'impossibilité absolue de participer au combat.

Les 2 bataillons du 50e et les 2 bataillons du 74e régiment allaient donc être seuls à subir le dernier choc des troupes allemandes.

De ces 4 bataillons, 2 étaient disposés à l'est du château sur les pentes de la hauteur; ils appartenaient au 50e et au 74e. Les 2 autres bataillons formaient seconde ligne à la ferme de Schafbusch, où ils surveillaient la route de Wissembourg à Strasbourg.

Depuis 9 heures du matin, on voyait, du haut de Geissberg, les bataillons, les escadrons et les batteries de l'ennemi se succéder par toutes les routes et tous les chemins qui débouchaient de la Lauter et du Nieder-Wald et se répandre dans la plaine.

Malgré sa supériorité numérique, l'ennemi n'osait aborder cette hauteur où il nous supposait en force.

Quelques bataillons et quelques batteries s'étaient pourtant portés vers le Gutleithof et même vers le point de bifurcation du chemin de fer de Landau et du chemin de fer de Haguenau.

Mais c'est surtout un mouvement enveloppant par le sud-est du Geissberg que le 11e corps d'armée semblait prêt à exécuter. Déjà, quelques escadrons de cavalerie et quelques compagnies d'infanterie se montraient même du côté de Riedseltz.

Le moment était venu pour la 2e brigade de battre en retraite.

Ordre fut donné, en conséquence, aux 2 bataillons du 50e et du 74e de se replier vers la ferme de Schafbusch.

Il était environ 1 heure.

Ce mouvement était des plus dangereux et des plus difficiles à exécuter.

Dès que nos tirailleurs eurent fait le premier mouvement de recul, toute l'immense ligne ennemie qui enveloppait le Geissberg se mit à leur poursuite et se lança en avant.

Les 9e et 21e divisions prussiennes, ayant en réserve la 10e et la 22e, forment un cercle de feu qui s'étend depuis la station de Riedseltz, où est l'aile gauche, jusqu'à la gare de Wissembourg, en avant de laquelle l'aile droite a pris position.

Nos 2 bataillons remontent par échelons vers le sommet de la hauteur.

Mais l'ennemi les serre de près.

Le bataillon du 50e, le commandant Boutroy ayant été tué, est heureusement dégagé par un retour offensif du bataillon du 74e.

Mais les tirailleurs allemands qui ne sont pas sous le feu des nôtres se rapprochent.

Encore quelques pas et cette petite troupe va être cernée.

Le château de Geissberg est sur son chemin. Le bataillon du 50e et une partie du bataillon du 74e s'y précipitent, s'y enferment et s'y barricadent.

La ligne ennemie s'arrête alors.

Bientôt, elle se lance à l'assaut.

C'est la 18e brigade d'infanterie prussienne qui dirige l'attaque du château du côté du nord par le chemin d'Altenstadt; elle est conduite par son chef, le général-major Voigts-Rhetz, qui a sous ses ordres le 7e régiment d'infanterie, dit aussi 2e régiment de grenadiers de la Prusse occidentale, et plus connu sous le nom de régiment des grenadiers du Roi ; ce régiment est soutenu par le 47e composé de Bas-Silésiens, et par le 5e bataillon de chasseurs, bataillon de Silésie.

Les grenadiers du Roi se précipitent en avant.

Leur porte-drapeau est abattu. L'étendard passe de main en main, et successivement tous ceux qui le prennent sont mis hors de combat. Enfin, quelques hommes arrivent jusqu'au pied du mur. Mais ils s'y trouvent isolés, ne pouvant plus ni reculer ni avancer. Ils cherchent un abri dans un angle mort et les uns tiraillent de là contre les fenêtres, tandis que les autres apportent de la paille qu'ils allument au-dessus des créneaux, tant pour en chasser les défenseurs que pour incendier le château.

La résistance est opiniâtre, désespérée.

Pendant que l'infanterie allemande renouvelle ses attaques sans se laisser intimider par notre mâle attitude, les défenseurs du château essayent de sortir. Nos officiers, conduits par le commandant Cécile, se mettent en tête des colonnes et se précipitent à la baïonnette pour faire une trouée, tandis que le feu se continue par toutes les ouvertures. Mais cette noble tentative échoue deux fois de suite.

De part et d'autre on fait preuve d'autant de vaillance et d'acharnement.

Enfin, le commandant du 5e corps allemand se rend compte qu'il ne lui sera possible de se rendre maître de ce dernier réduit de l'armée française qu'en faisant amener du canon qui tirera à pleine volée et à courte portée.

Mais les pentes du Geissberg sont très inclinées et le sol a été fortement détrempé par la pluie de la veille, ce qui retarde le mouvement de l'artilleur.

Les défenseurs du château tiennent toujours bon.

Il faut prendre la position à revers.

Le général-lieutenant de Kirchbach, qui dirige l'attaque, envoie une compagnie d'infanterie sur l'éminence des Trois-Peupliers qui domine l'intérieur des cours du château, pendant que 3 batteries montent, pour venir canonner presque à bout portant les derniers bâtiments.

Bientôt 18 pièces, établies à une distance moyenne de 500 à 600 mètres, font feu sur le château.

A cet instant, le général-lieutenant de Kirchbach, qui se tenait près de la houblonnière, est atteint d'une balle au cou, et le commandement du 5e corps d'armée passe au général-lieutenant de Schmidt, commandant de la 10e division d'infanterie.

La 17e brigade d'infanterie, appuyée par les 4 batteries de la 10e division, s'établit sur la colline des Trois-Peupliers.

Le château est donc complètement enveloppé : 42 pièces vont l'écraser.

Les défenseurs, au nombre de 12 officiers dont 9 blessés, parmi lesquels le commandant Cécile, et 450 hommes environ, qui n'avaient plus de munitions, acceptent alors de mettre bas les armes.

Il était 2 heures de l'après-midi.

Pendant que nos troupes défendaient encore le château de Geissberg, la moitié du bataillon du 74ᵉ régiment d'infanterie qui s'y était réfugié, se dirigeait vers la ferme de Schafbusch où elle venait renforcer le dernier bataillon de ce régiment et le bataillon du 50ᵉ.

L'ennemi ne fit que tirailler contre cette dernière position tant qu'il ne fut pas maître du château. Mais dès qu'il s'en fut emparé, il prononça une attaque en masse contre la ferme.

Le général de Montmarie ordonne alors à ce qui lui restait de sa brigade, environ 1,200 hommes, de battre en retraite vers la forêt de Babeneich, dans la direction de Kleebourg.

Ce mouvement s'exécute comme à la manœuvre.

Les Prussiens s'élancent vers la ferme de Schafbusch, qui n'est plus défendue que par des hommes isolés, tiraillant pour leur compte dans les jardins et les bâtiments.

Enfin, l'ennemi y pénètre et il n'y trouve que des blessés et des morts, parmi lesquels le général Douay.

Il est 2 heures 1/2.

Le prince royal vient d'atteindre lui-même ce point où a eu lieu notre dernière résistance. Il félicite ses troupes et ordonne de suspendre la poursuite.

Les Prussiens s'avancent sur les crêtes qui dominent la rive droite du Seltzbach, mais simplement pour y prendre position. L'artillerie à cheval du 11ᵉ corps se met en batterie et lance quelques obus sur les débris de la brigade Montmarie qui disparaissent sous la forêt.

En passant à Riedseltz, l'ennemi s'empare d'une vingtaine de réservistes de notre 16ᵉ bataillon de chasseurs à pied, que l'on avait dirigés le matin de Haguenau sur Wissembourg, et qui avaient dû débarquer à la station de Riedseltz, les trains n'allant pas plus loin. Ces hommes ne savaient ni où ils étaient ni de quel côté ils devaient se diriger. Leur bataillon était, d'ailleurs, à Seltz et non à Wissembourg. Je cite ce fait, parce qu'il caractérise bien la confusion qui régnait partout dans notre armée.

Nos dernières troupes ayant disparu, le prince royal donne l'ordre, à 3 heures 1/2, de bivaquer.

Les corps d'armée allemands s'établissent sur les positions qu'ils ont conquises pour y prendre le repas du soir et y passer la nuit.

Nulle troupe ennemie ne poursuit ce qui reste de la division Abel Douay. Il est vrai que la 4ᵉ division de cavalerie indépendante arrive avec un retard de plusieurs heures à l'endroit qui lui avait été assigné comme gîte d'étape. Mais, sur le champ de bataille même, les Allemands pouvaient disposer de 6 régiments de cavalerie divisionnaire qui leur sont complètement inutiles.

Aussi la division Abel Douay se retire-t-elle, sans que les Allemands, qui ont perdu subitement tout contact avec elle, sachent de quel côté elle s'est dirigée.

Pendant que la 1re brigade de cette division, avec ses 3 bataillons de tirailleurs algériens, ses 5 escadrons de cavalerie, ses 11 pièces de 4 et ses 6 mitrailleuses, rejoignait à Climbach le 78e régiment d'infanterie, la seule troupe qui fût intacte, la 2e brigade, qui ne se composait plus que de 1 bataillon du 50e et de 1 bataillon 1/2 du 74e, arrivait le soir même à Soultz, mais ayant perdu tous ses effets.

Les Prussiens auraient pu obtenir un succès plus complet.

Ils nous avaient écrasés sous le poids de leur masse; mais cette masse était restée presque inerte. Elle n'avait fait preuve ni d'initiative ni d'élan.

Sans doute, ils n'avaient pas le sentiment exact de notre infériorité numérique. Puis, ils se mesuraient avec nous pour la première fois depuis plus de cinquante ans et n'osaient pas encore trop s'aventurer. Leur audace ne devait se manifester qu'après que notre faiblesse et notre timidité seraient devenues bien évidentes.

Pour le moment, ils avaient pénétré sur notre sol, ils avaient repoussé nos premières troupes, et ils se contentaient de ce résultat.

La défaite de la division Abel Douay provenait surtout de son isolement.

Il est permis de croire qu'elle se fût maintenue sur ses positions, si elle avait été secourue rapidement et efficacement.

Mais, de tout le 1er corps d'armée, la division Ducrot seule eût été en mesure de la renforcer.

Malheureusement, une partie de cette division se portait le jour même de Wœrth à Lembach. Dans ce moment, elle suivait les pentes d'un haut contrefort boisé qui empêcha la colonne d'entendre le canon. A Lembach même, le général Wolff, commandant la 1re brigade de cette division, qui y était établie depuis la veille, n'avait pas plus perçu le moindre bruit du combat que la 2e brigade pendant sa marche.

Seul, le 96e régiment d'infanterie appartenant à la 1re brigade de la 1re division, et qui occupait Climbach et le Pigeonnier, avait eu connaissance du combat. Le colonel de ce régiment en avait informé le général Ducrot, au moment où le 78e régiment, de la division Douay, venait le relever dans ses positions.

Le général Ducrot avait fait prendre aussitôt les dispositions nécessaires pour mettre sa division en marche vers le col du Pigeonnier et avait gagné lui-même au galop ce point d'où l'on voyait tout le champ de bataille. La division Douay se repliait sur toute la ligne.

Le général Ducrot donnait les ordres pour recueillir les survivants de cette division et indiquait à ses troupes les positions à occuper pour arrêter l'ennemi au cas où il continuerait sa poursuite, quand il fut rejoint par le maréchal de Mac-Mahon.

Le commandant du 1er corps d'armée avait annoncé le matin même au général Douay, qu'il se rendrait à Wissembourg dans la journée. Il était sur le point de quitter Strasbourg quand il reçut, du commandant de la 2e division, l'avis du combat que celui-ci avait à soutenir. Il se hâta de s'embarquer en chemin de fer, descendit à la gare de Soultz, monta aussitôt à cheval et se dirigea vers le col du Pigeonnier où il rencontra le général Ducrot.

A ce moment les Allemands s'installaient sur le champ de bataille.

Nulle poursuite n'était plus à redouter dans la journée.

Il n'y avait plus qu'à établir le réseau des grand'gardes de nuit. Ce qui fut fait.

La France apprit ce premier échec par un court télégramme rédigé dans les termes suivants :

« Trois régiments de la division du général Abel Douay et une brigade de cavalerie légère ont été attaqués par des forces considérables massées dans les bois qui bordent la Lauter. Les troupes ont résisté pendant plusieurs heures aux attaques de l'ennemi, puis se sont repliées sur le col du Pigeonnier, qui commande la ligne de Bitche. Le général Douay a été tué. Une de nos pièces, dont les chevaux avaient été tués et l'affût brisé, est tombée au pouvoir de l'ennemi. Le maréchal de Mac-Mahon concentre sur les lieux les forces placées sous son comandement. »

L'émotion fut grande à la publication de cette nouvelle.

On eut le pressentiment d'un grave échec, honorable à coup sûr pour tous les combattants de Wissembourg, mais échec capital pour le plan de campagne qui avait été élaboré par notre état-major général.

Ce que l'on ne comprenait pas surtout, c'est que le télégramme annonçât la prochaine concentration des forces placées sous le commandement du maréchal de Mac-Mahon.

Le combat, disait-on, avait donc été livré par une division isolée. Mais, dans ce cas, cette division, ajoutait-on naturellement, aurait donc été surprise, et l'on en concluait que le commandement avait été coupable d'imprévoyance.

Et la ville de Wissembourg, qu'est-elle devenue, et nos pertes, à quel chiffre se sont-elles élevées ? demandait-on encore.

Les commentaires allaient leur train sous l'empire de la crainte vague que l'on commençait à éprouver.

Enfin, on était si accoutumé de voir nos troupes victorieuses que l'on ne pouvait se faire à l'idée d'une défaite.

Cette défaite, il est vrai, les documents officiels auraient pu la caractériser tout de suite en faisant ressortir par des chiffres la disproportion des deux partis qui avaient combattu, mais c'était encore bien plus avouer que l'on avait commis la grave faute de laisser écraser une faible division d'avant-garde par trois forts corps d'armée ennemis, et l'on préféra se taire.

Officiellement, le silence n'a été rompu que plus tard par le maréchal de Mac-Mahon, dans sa déposition devant la commission d'enquête sur les actes du gouvernement de la Défense nationale.

« Je ne pense pas, a-t-il dit à cette commission, le 9 septembre 1871, qu'à aucune époque une troupe d'infanterie ait combattu avec plus de vaillance. Une compagnie de tirailleurs algériens resta sans cartouches et n'en continua pas moins sa retraite en bon ordre. Plusieurs fois pendant la lutte, les Allemands repliant leurs tirailleurs, firent avancer des masses nombreuses contre nos soldats dans la pensée qu'ils allaient se rendre, tant ils étaient peu nombreux. Loin de répondre à leur attente, nos soldats firent contre eux un feu violent qui explique les pertes que ce combat leur fit éprouver. »

En rappelant ce souvenir de l'héroïque défense de nos soldats à Wissembourg, le vieux duc de Magenta était sous le coup d'une émotion si poignante et si communicative que le président de la commission ne put s'empêcher de l'interrompre pour lui dire :

« Vous devez être bien fier de raconter un tel fait d'armes, et nous éprouvons à l'entendre une joie patriotique. »

Oui, tout Français pouvait en être fier car, à Wissembourg, le général Douay ne disposait que de 4,785 fusils, 688 sabres, 12 canons et 6 mitrailleuses avec 448 artilleurs et 110 sapeurs.

Laissant de côté la cavalerie qui n'a pas donné du tout, nous pouvons constater, d'après les états de pertes de la 3ᵉ armée allemande, que celle-ci a envoyé 31 bataillons, 20 escadrons et 3 batteries, soit 31,000 fusils, 3,000 sabres et 78 pièces, ayant en seconde ligne sur le champ de bataille 44,000 fusils, 600 sabres et 174 canons qui auraient participé au combat si la division Douay, après avoir lutté pendant six heures, dans la proportion de 1 fusil contre 6, de 1 sabre contre 6 et de 1 canon contre 5, ne s'était trouvée dans la nécessité de se retirer.

L'adversaire ne pouvait croire qu'il ait eu à lutter contre aussi peu de monde comme en témoigne la conversation suivante :

« Monsieur le sous-préfet, demandait le soir même à M. Edgar Hepp le

Le quartier général de Mac-Mahon à Frœschwiller.

général-lieutenant de Bothmer, commandant la 3ᵉ division bavaroise, pourriez-vous me dire l'importance de l'armée contre laquelle nous nous sommes battus?

« — Il y avait, répondit le sous-préfet, dans Wissembourg, un bataillon comprenant 500 hommes et moins de 6,000 hommes sur le Geissberg.

« — Il est impossible qu'il n'y ait pas eu plus de troupes.

« — Je vous affirme positivement la chose.

« — Ce serait bien étonnant ! Nous estimons à plus de deux divisions les forces qui nous étaient opposées. »

Il était difficile de faire, bien qu'involontairement, un plus bel éloge de nos soldats.

Les Allemands n'ont jamais voulu convenir qu'ils avaient triomphé à Wissembourg d'une division réduite à 8 bataillons de 600 hommes. Aussi ont-ils prétendu que, parmi les prisonniers restés entre leurs mains après le combat, se trouvaient des hommes des 78e et 96e régiments d'infanterie qui sont restés au col du Pigeonnier, et du 16e bataillon de chasseurs qui n'avait pas quitté Seltz ; mais nos voisins n'hésitent pas à falsifier la vérité, on le sait, quand il s'agit de ménager leur amour-propre et de flatter leur orgueil.

Cependant, le commandant en chef de la 3e armée allemande annonçait sa victoire au roi, qui était encore à Mayence, dans des termes qui laissaient supposer que le succès avait été chèrement acheté.

« Brillante, mais sanglante victoire remportée sous mes yeux, mandait-il dans le télégramme qu'il adressait à son père ; enlèvement de Wissembourg et du Geissberg, situé en arrière, par des régiments du 5e et du 11e corps prussien et du 2e corps bavarois.

« Division française Douay mise en déroute, abandonnant ses tentes. Général Douay tué. Plus de 500 prisonniers non blessés et un canon entre nos mains. De notre côté, général Kirchbach légèrement blessé, fortes pertes au régiment des grenadiers du roi et au 58e. »

Dans cette journée, les pertes des Allemands avaient été de :

18 officiers tués et 37 blessés ; 162 hommes tués, 634 blessés et 20 disparus ; soit 55 officiers et 813 hommes hors de combat au 5e corps d'armée prussien ;

2 officiers tués et 18 blessés ; 46 hommes tués, 229 blessés et 25 disparus ; soit 20 officiers et 300 hommes hors de combat au 11e corps d'armée prussien ;

4 officiers tués et 12 blessés ; 12 hommes tués, 259 blessés et 46 disparus ; soit 16 officiers et 317 hommes hors de combat au 2e corps bavarois.

Au TOTAL : 24 officiers tués et 67 blessés ; 220 hommes tués, 1,119 blessés et 91 disparus ; soit 91 officiers et 1,430 hommes hors de combat.

Le régiment des grenadiers du roi, appartenant au 5e corps d'armée prussien, comptait à lui seul 10 officiers tués et 13 blessés, 80 hommes tués et 249 blessés, soit 23 officiers et 329 hommes hors de combat. La cause principale de cette perte se trouvait dans son attaque du château de

Geissberg qui lui avait coûté 11 officiers et 157 hommes, et où ses trois chefs de bataillon avaient été frappés.

Nos pertes aussi avaient été fort élevées.

On n'en a jamais connu officiellement le chiffre, mais on les évalue à 2,100 hommes tués, blessés, disparus ou pris.

Elles portaient presque exclusivement sur l'infanterie dont l'effectif, qui était de 4,785 fusils avant le combat, se trouva réduit à 2,600 environ.

Cette diminution atteignait particulièrement le 74e régiment d'infanterie et le 1er régiment de tirailleurs algériens. Le 50e régiment d'infanterie avait relativement moins souffert. Quant au 16e bataillon de chasseurs et au 78e régiment d'infanterie, ils n'assistaient pas à l'engagement.

C'était une cruelle leçon, et qui mettait en pleine lumière la faute impardonnable commise par le commandement suprême en exposant isolément nos faibles divisions aux coups de massue d'un ennemi toujours supérieur en nombre et toujours concentré.

Enfin, quand on lit le récit de cette première affaire dans les ouvrages d'origine allemande, on éprouve un véritable serrement de cœur à trouver tant de noms français parmi les officiers qui conduisaient contre nous les Allemands de la Bavière, de la Silésie, de la Posnanie, du Nassau, de la Hesse et de la Thuringe. C'est sous leurs ordres que les hordes germaines entrèrent victorieuses dans une ville que les descendants de nos compatriotes contribuèrent ainsi à ravir à la France pour en faire cadeau à l'Allemagne !

Triste retour des choses d'ici-bas !

Que les hommes qui ont le pouvoir en main n'oublient jamais combien il est criminel envers la patrie d'obliger par la violence ses propres concitoyens à se réfugier dans les pays étrangers ! Qu'ils se rappellent qu'en prononçant le bannissement, ou en provoquant l'émigration, ils privent le pays de forces vives qui peuvent le lendemain, ou cent ans, deux cents ans après, devenir les auxiliaires les plus redoutables de nos ennemis !

FRŒSCHWILLER

Le combat de Wissembourg avait honoré nos officiers et nos soldats.

Mais, si belle qu'ait été la résistance de nos troupes, le premier engagement sérieux de la campagne avait été un échec pour nos armes.

Assurément nos troupes s'y étaient admirablement comportées, assurément encore elles n'avaient cédé que devant une supériorité du nombre et de l'artillerie, officiellement reconnue par l'ennemi lui-même.

Toutefois, ce premier revers, un secret pressentiment poussait le peuple français à le considérer comme la conséquence des hésitations, des erreurs, des fautes, en un mot de l'incapacité collective du haut commandement.

Au point de vue moral, l'effet fut déplorable dans notre pays.

Il ne l'était malheureusement pas moins dans le monde entier.

Le 5 août, à 10 heures 50 du matin, le maréchal de Mac-Mahon adressait à l'empereur le télégramme suivant :

« Je suis concentré avec mon corps d'armée à Frœschwiller, étendant ma droite jusqu'à la forêt de Haguenau.

« Si l'ennemi, se voyant menacé sur la droite, ne dépasse pas Haguenau, je suis en bonne position ; s'il dépasse Haguenau, je suis obligé de prendre position plus au sud, pour garder les défilés de la Petite-Pierre et de Saverne.

« S'il vous est possible de disposer d'un des corps d'armée de la Moselle, venant me rejoindre par le chemin de Bitche ou par la route de la Petite-Pierre, je serai en état de reprendre l'offensive avec avantage. »

Quelles illusions se faisait donc encore le commandant du 1er corps d'armée sur ses forces comparées à celle de la 3e armée allemande, même quand il disposerait de deux corps, dans la singulière position stratégique qu'il avait choisie !

Après cette réunion de deux corps d'armée, aurait-il cherché à profiter de la situation centrale qu'il occupait pour se lancer alternativement, par des lignes d'opérations intérieures, entre la 2e armée allemande et la 3e armée qui s'étaient si imprudemment avancées en suivant des lignes d'opérations divergentes séparées par un obstacle comme les Vosges dont nous étions maîtres ?

PLAN DE LA BATAILLE DE FRŒSCHWILLER

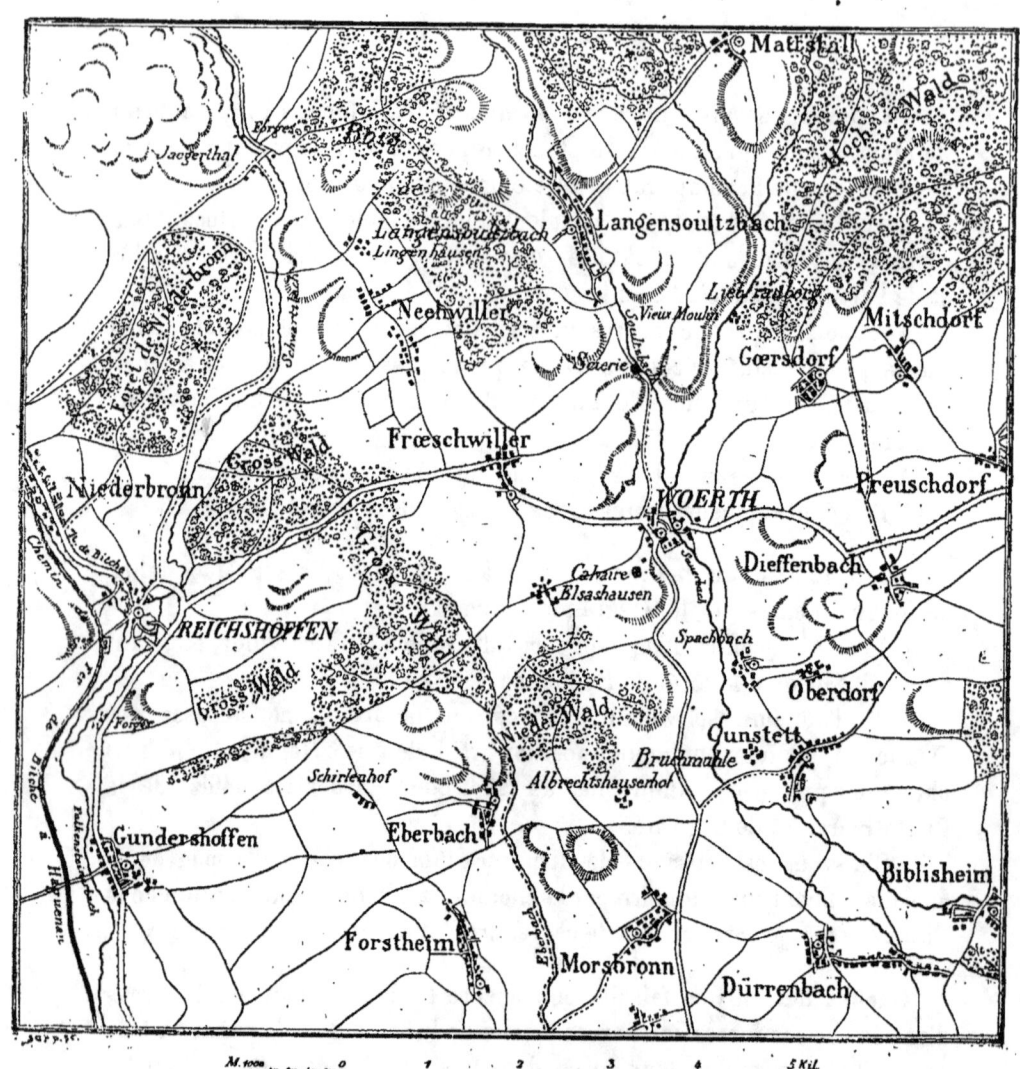

Mais bien des considérations s'opposaient à ce genre d'opérations, qui a pu être préconisé à une époque où il n'y avait ni chemin de fer ni télégraphe, et contre un ennemi qui n'a pas à son profit une incontestable supériorité morale et matérielle. Dans les conditions, que nous nous étions ou que l'on nous avait imposées dès l'ouverture des hostilités, il ne fallait pas songer à cette offensive, car nous n'avions aucun point d'appui et nous ne possédions pas d'approvisionnements, ni en vivres ni en munitions, pour résister sur la montagne.

Les Vosges n'avaient plus, du reste, ce caractère de boulevard militaire qu'on leur a jadis attribué.

Elles étaient, déjà à cette époque, traversées par des voies de communication beaucoup trop nombreuses et beaucoup trop praticables pour que les deux masses ennemies, entre lesquelles on aurait entrepris le système des opérations intérieures intermittentes, ne fussent à même de se rabattre l'une vers l'autre et d'écraser sur la crête des montagnes l'adversaire qui aurait été assez inhabile pour s'y laisser enfermer.

En tout cas, en admettant que le maréchal de Mac-Mahon essayât d'opérer comme semble l'indiquer sa dépêche à l'empereur, son premier soin devait être de se rapprocher du corps de la Moselle dont il sollicitait l'arrivée.

Par ce mouvement, il aurait eu le double avantage de gagner une journée pour réaliser l'adjonction du renfort demandé et il serait venu s'établir sur des positions qui couvraient réellement les passages des Vosges depuis le col du Pigeonnier jusqu'aux souterrains de Saverne.

Dans ces positions, déjà beaucoup plus fortes par elles-mêmes que celle de Frœschwiller, il doublait son effectif de combattants et il accomplissait une mission stratégique de premier ordre. La 3º armée allemande n'aurait pu, en effet, poursuivre sa marche vers Strasbourg et s'exposer à être attaquée simultanément, à l'est, par la garnison de cette place; au sud, par le 7º corps d'armée qui se concentrait alors à Mulhouse; à l'ouest, par les 1er et 5º corps d'armée opérant de concert. Elle se serait vue dans l'obligation, ou de s'arrêter pour attendre les progrès de la 2º armée en Lorraine, ou de gravir les pentes des Vosges et de nous offrir le combat sur un terrain où elle perdait en partie le bénéfice de sa supériorité de nombre et d'artillerie.

Il ne semble pas que ces considérations aient été examinées, ni à l'état-major général de notre armée, ni à l'état-major de notre 1er corps.

Le 5 août, à 1 heure de l'après-midi, le télégramme suivant était adressé à tous les commandants de corps d'armée :

« Par ordre de l'empereur, à dater de ce jour, les 2º, 3º et 4º corps d'armée sont placés, en ce qui concerne les opérations militaires, sous les ordres du maréchal Bazaine, et les 1er, 5e et 7e corps sous ceux du maréchal de Mac-Mahon. »

Le commandement en chef de notre armée se trouvait donc fractionné, comme l'imposaient d'ailleurs les circonstances.

Deux armées étaient constituées : l'une, en Lorraine ; l'autre, en Alsace.

Il aurait été fort préférable que cette répartition fût pratiquée dès l'ouverture de la campagne.

Peut-être bien des fautes n'auraient-elles pas été commises, si le maréchal de Mac-Mahon avait eu la direction des opérations militaires en Alsace avec la libre disposition des 1er, 5e et 7e corps d'armée.

Il faut observer, toutefois, que la nouvelle organisation du commandement n'était point satisfaisante.

En fait, le maréchal de Mac-Mahon n'était pas commandant en chef des troupes qui venaient d'être placées sous ses ordres. Il était simplement appelé à en diriger les opérations militaires. Par conséquent, on ne lui attribuait aucun accroissement de ses moyens d'action, comme état-major notamment. Je dois reconnaître, à la vérité, que les événements ne lui auraient même pas laissé le temps de procéder à la réorganisation de son grand quartier général.

Mais, le 5 août, à 1 heure de l'après-midi, nul ne songeait, nul n'admettait même que le 1er corps d'armée pût être complètement en déroute le lendemain, et c'était vraiment excessif d'augmenter ainsi la responsabilité du maréchal de Mac-Mahon sans lui donner les pouvoirs correspondants.

Le commandant de l'armée d'Alsace ne s'en trouva pas moins dans l'obligation de se considérer comme soumis aux recommandations de l'empereur venues de Metz, ce qui était à peu près la même exigence que s'il avait été contraint de demander conseil au ministre de la guerre à Paris.

Il est assez probable, d'ailleurs, qu'à Metz on ne se doutait pas du tout de la situation de l'armée d'Alsace, puisque l'on mettait à la fois le 5e et le 7e corps d'armée sous les ordres du maréchal de Mac-Mahon.

Comme nous allons le voir, en effet, le 7e corps d'armée était encore bien moins à même que le 5e de donner un appui efficace et complet au 1er corps.

Cette adjonction du 7e corps aurait dû, toutefois, déterminer immédiatement le maréchal de Mac-Mahon à se porter en arrière sur les crêtes des Vosges et à ne pas accepter la bataille de Frœschwiller.

De tout le 7ᵉ corps, une seule division put arriver assez à temps pour soutenir le 1ᵉʳ corps; encore son artillerie n'y parvint-elle pas.

Quand on étudie la disposition du 1ᵉʳ corps d'armée sur la carte et celle de la 3ᵉ armée allemande, on se demande, d'une part, comment il se peut que l'état-major du maréchal de Mac-Mahon ait osé faire venir de Colmar, par Strasbourg, Haguenau et Reichshoffen, la division Conseil-Dumesnil du 7ᵉ corps, et comment il se fait, d'autre part, que la cavalerie de la 3ᵉ armée n'ait pas, dès le 5, rendu impraticables certaines parties de la voie ferrée, soit à Bischwiller, soit à Haguenau, la forêt permettant à quelques hardis cavaliers de procéder à cette destruction presque sans le moindre danger.

Si, dans cette opération, nous n'avons pas été prudents, il faut avouer que l'ennemi ne s'est pas montré fort entreprenant.

Mais le succès de Wissembourg avait été si chèrement acheté que les Allemands n'avançaient qu'avec la plus grande circonspection.

La dépêche du 5 août, que j'ai reproduite plus haut, mettait 3 corps d'armée à la disposition du maréchal de Mac-Mahon.

Cette dépêche est une preuve évidente de l'ignorance presque complète où l'on était, à Metz, de la situation militaire sur les Vosges, car elle contenait des prescriptions qui, par le fait, étaient à peu près irréalisables dans les délais voulus.

On n'y avait tenu compte ni des distances, ni du temps. On n'avait pas remarqué notamment que le maréchal de Mac-Mahon subordonnait ses projets aux mouvements de l'ennemi, et que, par conséquent, il fallait à la fois faire vite et bien. On ne le dissuadait même pas de prendre l'offensive, bien qu'à Metz, tout au moins, on dût savoir qu'en agissant ainsi il irait se heurter à des forces hors de proportion avec celles qu'il avait sous la main.

Le maréchal de Mac-Mahon, appelant à lui, dans sa position avancée, les éléments disponibles du 5ᵉ et du 7ᵉ corps d'armée, il est indispensable de décrire tout d'abord cette position.

Trois noms ont été donnés à la bataille qui s'y est livrée, le 6 août : ceux de Wœrth, de Frœschwiller et de Reichshoffen.

Nous ne possédons aucune appellation officielle.

L'omission est regrettable.

Si nous avons été battus, beaucoup de braves gens sont restés sur le champ de bataille après avoir magnifiquement fait leur devoir. Ils sont tombés dans la défaite. Mais, outre que certaines batailles perdues sont plus belles que certaines batailles gagnées, il ne faut pas oublier que le souvenir des

Entrée de Fræschwiller en venant de Wœrth.

échecs comporte souvent pour un peuple de plus grands enseignements que la glorification exagérée des victoires.

Les noms de Wœrth et de Reichshoffen ne me paraissent pas convenir pour désigner la journée du 6 août.

A Wœrth, il n'y a eu que des combats d'avant-postes.

A Reichshoffen, l'engagement n'a été qu'une affaire d'arrière-garde.

C'est à Frœschwiller que s'est produit l'effort principal. Non pas que ce bourg fût, comme on l'a dit, la clef de la position, car il n'y en a pas sur un terrain que l'ennemi peut, par sa supériorité numérique, envelopper de toutes parts en profitant des accidents du sol, et tel était bien le cas. Mais la lutte a pris son maximum d'intensité à Frœschwiller, et je crois que la bataille livrée sur les bords de la Sauer doit, en conséquence, s'appeler bataille de Frœschwiller.

Le plateau où le maréchal de Mac-Mahon avait réuni son corps d'armée, le 5 août, est l'épanouissement d'un contrefort des Vosges qui descend des environs de Sturzelbronn, et dont l'origine se trouve aux sources du Schwartzbach et du Soultzbach.

Le Schwartzbach, à l'ouest, et le Soultzbach, à l'est, coulent presque parallèlement vers le sud et à courte distance l'un de l'autre. A hauteur du bois de Langensoultzbach, le Schwartzbach s'infléchit à l'ouest, depuis le village de Jœgerthal jusqu'à Reichshoffen où il se jette dans le Falkensteinerbach, tandis que le Soultzbach incline à l'est, depuis le village de Langensoultzbach jusqu'à Wœrth où il afflue dans le Sauerbach.

Le contrefort prend alors plus de largeur, en même temps que ses pentes, encore assez raides au-dessus de Reichshoffen et de Wœrth, s'abaissent doucement vers le sud et viennent se perdre dans la forêt de Haguenau.

Le cours d'eau du Falkenstein, qui reçoit celui du Schwartzbach à Reichshoffen, descend lui-même des environs de Bitche et se jette vers Haguenau dans la Moder. Sa vallée est suivie par la voie ferrée qui vient de Strasbourg et se continue par Sarreguemines vers Metz.

Le cours d'eau de la Sauer descend du Palatinat Bavarois et passe à Lembach où aboutit la route départementale venant de Haguenau par Wœrth, route qui, de Lembach, se dirige, soit vers Wissembourg par le col du Pigeonnier, soit vers Bitche.

Un chemin va de Wœrth à Reichshoffen.

En suivant ce chemin, on traverse le village de Frœschwiller dont la position domine le plateau dans cette partie.

C'est autour de Frœschwiller que le maréchal de Mac-Mahon avait réuni son corps d'armée.

Étudions maintenant la position qu'il y occupait, abstraction faite de toute considération stratégique et de toute force numérique.

Nous verrons ensuite comment les troupes y avaient été réparties par le maréchal de Mac-Mahon.

Les distances sur notre front de bataille étaient les suivantes, de la gauche à la droite :

2,000 mètres, de Neehwiller à Frœschwiller ;
1,500 mètres, de Frœschwiller à Elsasshausen ;
2,000 mètres, d'Elsasshausen à Albrechtshauserhof ;
1,500 mètres, d'Albrechtshauserhof à Morsbronn.

Ces cinq localités sont disposées sur une ligne presque complètement orientée du nord au sud.

Parallèlement à cette ligne, et à une distance moyenne de 2,000 mètres à l'est, coule la Sauer.

Cette rivière passe au Vieux-Moulin et traverse Wœrth, coule au pied de Spachbach, passe au moulin de Bruchmuhle et au pied de Gunstett.

La vallée de la Sauer, très étroite jusqu'au Vieux-Moulin de Goersdorf, s'étale, au débouché du vallon latéral du Soultzbach, sur une largeur moyenne de 500 à 600 mètres, depuis l'éperon qui se dresse entre la Scierie du Soultzbach et le Vieux-Moulin, jusqu'au coude que la rivière fait vers le sud-est en aval de l'écluse de Gunstett. A partir de ce coude, la Sauer se dirige vers l'est et va se jeter dans le Rhin près de Seltz, limitant au nord la forêt de Haguenau que la Moder limite au sud.

On compte :
2,000 mètres, de Wœrth à la Scierie du Soultzbach ;
2,000 mètres, de Wœrth au Vieux-Moulin de Goersdorf ;
1,500 mètres, des dernières maisons ouest de Wœrth aux premières maisons est de Frœschwiller ;
1,500 mètres, des dernières maisons ouest de Wœrth aux premières maisons est d'Elsasshausen ;
1,500 mètres, de Wœrth à Spachbach ;
1,200 mètres, de Spachbach au moulin de Bruchmuhle ;
2,200 mètres, de Spachbach à Elsasshausen ;
1,200 mètres, du moulin de Bruchmuhle à la ferme d'Albrechtshauserhof ;
1,300 mètres, du moulin de Bruchmuhle au moulin de Gunstett ;
3,000 mètres, du moulin de Gunstett à Morsbronn.

Le village de Neehwiller, où était notre extrême aile gauche, touche à la lisière sud-ouest du bois de Langensoultzbach.

Le village de Morsbronn, où aboutissait notre extrême aile droite, se trouve à 2 kilomètres de la lisière nord-ouest de la forêt de Haguenau.

D'immenses couverts encadraient donc notre champ de bataille sur ses deux flancs, au nord et au sud.

Le terrain que nous occupions domine la vallée de la Sauer de 60 à 80 mètres environ : ses pentes, à l'est de Frœschwiller, d'Elsasshausen et d'Albrechtshauserhof, sont raides, couvertes de vignes, de houblonnières, de vergers et de cultures de toutes sortes. Coupées par des ravins, elles dessinent au fond de la vallée des lacets qui présentent alternativement des saillants et des rentrants.

Le terrain est mamelonné et très couvert sur certains points.

Au nord de Frœschwiller, un bois s'étend jusqu'à la Scierie du Soultzbach.

Un autre bois, le Nieder-Wald, sépare Elsasshausen d'Albrechtshauserhof que l'on appelle aussi la ferme du Lansberg.

Enfin, un autre bois, le Gross-Wald, s'étend entre Frœschwiller et Reichshoffen, Eberbach et Gundershoffen.

Entre la lisière nord du Nieder-Wald et le chemin de Wœrth à Elsasshausen, deux points paraissaient appelés à jouer un rôle tactique important : au sud-ouest de Wœrth, la butte du Calvaire ou Galgenhugel; au sud d'Elsasshausen, un petit bois formant îlot sur une éminence.

Au nord-ouest et près du village d'Elsasshausen, signalons encore une petite élévation sur laquelle le maréchal de Mac-Mahon se tint pendant une partie de la journée, à côté d'un marronnier qui est devenu légendaire dans toute la contrée.

Un ruisseau, l'Eberbach, prend sa source à 700 mètres environ à l'ouest d'Elsasshausen et se dirige vers le sud, en passant près d'un village qui porte son nom et est situé à 1,500 mètres à l'ouest d'Albrechtshauserhof.

Limité à l'est par la vallée de la Sauer, notre champ de bataille l'était également à l'ouest par la vallée du Falkenstein sur laquelle est bâti le bourg de Reichshoffen, à 4,500 mètres ouest d'Elsasshausen.

Dans la même vallée se trouvent encore :

Niederbronn, à 2,000 mètres au nord-ouest de Reichshoffen et à 5,000 mètres à l'ouest de Frœchswiller.

Gundershoffen, à 2,000 mètres au sud de Reichshoffen et à 4,000 mètres à l'ouest d'Eberbach.

Le Falkenstein, dont la vallée est, comme je l'ai dit, suivie par le chemin de fer de Haguenau à Bitche, se dirige du nord au sud, presque parallèlement à la Sauer dans la partie où elle limitait le terrain du combat.

Notre champ de bataille avait donc un front de 7,000 mètres, de Neehwiller à Morsbronn, sur une profondeur de 6,000 mètres de Wœrth à Reichshoffen par le chemin de Frœschwiller.

L'espace compris entre Eberbach, Frœschwiller et Reichshoffen était presque tout entier couvert par un bois appelé le Gross-Wald ; on y remarquait aussi quelques hameaux, notamment celui de Schirlenhof où, sur le chemin d'Eberbach à Gundershoffen, le 24 juillet, une reconnaissance de cavalerie allemande avait été surprise et détruite par un peloton du 12ᵉ régiment de chasseurs à cheval.

Dans les deux vallées qui enserraient notre position à l'est et à l'ouest, on voyait de nombreux bâtiments isolés, tels que moulins, scieries, fabriques, usines, etc.,..

La position qu'occupaient les Allemands domine la vallée de la Sauer ; d'abord, depuis le bois de Langensoultzbach jusqu'à la Scierie du Soultzbach sur la rive droite de la Sauer ; puis, sur la rive gauche de ce cours d'eau, depuis le Vieux-Moulin de Goersdorf, par Dieffenbach, jusqu'à Biblisheim, pour revenir sur la rive droite par Durrenbach.

La vallée de la Sauer, entre le Vieux-Moulin de Goersdorf et l'Écluse de Gunstett, séparait les deux armées.

On a reproché au maréchal de Mac-Mahon de n'avoir pas occupé en force Wœrth et Gunstett.

Nous allons voir que les troupes dont disposait le maréchal ne lui permettaient pas même d'occuper solidement le terrain beaucoup moins étendu sur lequel il a accepté la bataille.

Je ne puis donc, au point de vue tactique, considérer le reproche comme fondé.

Le bourg de Wœrth étant au fond de la vallée de la Sauer, il est évident que nous ne pouvions songer à nous y établir et à nous y défendre. Relativement à la position de Frœschwiller, c'était simplement un poste avancé. Il a joué ce rôle, et nous ne voyons pas qu'il pût remplir une autre mission.

Quant au village de Gunstett, quelque forte que fût sa position, il ne devait être envisagé, par rapport à notre front, que comme un poste détaché, en raison de son éloignement. Mais il pouvait être dominé par le nord, tourné par le sud, et, par conséquent, on eût exposé les troupes que l'on y aurait mises à être écrasées et enveloppées.

L'occupation de Wœrth et de Gunstett s'expliquait parfaitement le 3, le 4 et le 5, alors qu'il était nécessaire de tenir la route départementale qui vient de Lembach, et par où les 3ᵉ et 4ᵉ divisions assuraient leurs communications avec les 1ʳᵉ et 2ᵉ divisions, pendant que celles-ci se retiraient et que celles-là s'avançaient.

Mais, le 6, ces considérations stratégiques avaient disparu, puisqu'au lieu de faire face au nord, nous avions opéré un changement de front vers l'est, tandis que l'ennemi avait continué sa marche vers le sud en l'inclinant vers l'ouest. Du moment que ces considérations n'existaient plus, il n'y avait aucune raison à se maintenir dans Wœrth et dans Gunstett, et, comme je viens de le démontrer, les exigences tactiques ordonnaient l'abandon de ces deux localités.

Maintenant que j'ai décrit le champ de bataille, voyons la disposition de nos troupes sur le terrain.

Dans la journée du 5, la 1re division et la 2e s'étaient retirées sur Frœschwiller.

La 1re division s'arrêta au nord de Frœschwiller pour établir son camp entre ce village et celui de Neehwiller, en laissant à Jœgerthal le 1er bataillon du 45e d'infanterie.

La 2e brigade de la 2e division s'installa au sud du chemin de Wœrth à Reichshoffen, entre Frœschwiller et le Gross-Wald. Elle y était appuyée par la 1re brigade de la division de cavalerie du 1er corps d'armée. Elle y fut rejointe par la 1re brigade qui, je l'ai dit, s'était retirée de Wissembourg par Soultz sur Haguenau, et que l'on transporta en chemin de fer de Haguenau à Reichshoffen. Dans ce mouvement, la 1re brigade de la 1re division avait rallié les divers détachements de l'est, qui n'avaient pas participé au combat de Wissembourg et qu'accompagnait la 2e brigade de la division de cavalerie, moins le 10e régiment de dragons, qui, je le répète, n'était pas encore arrivé. Ces divers détachements ne rejoignirent toutefois que dans la nuit du 5 au 6.

La 3e division, moins le 36e régiment d'infanterie qui occupait Soultz et Seltz, conjointement avec le 2e de lanciers, se trouvait à Reichshoffen dès le 4 au matin. Dans l'après-midi, elle avait été avisée du combat de Wissembourg et avait pris position entre Wœrth et Frœschwiller, prête à soutenir la 2e division dans sa retraite. Elle avait conservé cette position, le 5, et avait été rejointe, dans la matinée du 6, par le 36e d'infanterie que le général de Nansouty, commandant la 2e brigade de la division de cavalerie, ramenait avec le 16e bataillon de chasseurs, 1 bataillon du 50e et le 2e régiment de lanciers.

La 4e division, après avoir laissé le 87e régiment d'infanterie à Strasbourg comme garnison, s'était portée, le 4, à Haguenau où elle avait rallié l'artillerie de réserve du 1er corps d'armée et la 2e division de cavalerie de réserve. Aussitôt après son arrivée à Haguenau, la 4e division avait reçu l'ordre de continuer son mouvement vers Reichshoffen avec les autres troupes ci-dessus indiquées. Le 5, dans la matinée, elle atteignait Gunstett d'où elle se dirigeait vers le Nieder-Wald. C'est dans ce bois et au sud qu'elle s'établissait, ayant derrière son aile gauche l'artillerie du 1er corps et la 2e division de cavalerie de réserve.

La plupart de ces troupes, après une inaction presque absolue qui durait depuis une semaine environ, venaient donc d'exécuter, tant de jour que de nuit, tout à coup, une série de marches forcées et de contremarches rapides qui les avaient beaucoup fatiguées et dont elles ne saisissaient pas bien l'opportunité.

Dans leur mouvement de flanc, les détachements de Seltz et de Soultz avaient été très exposés. Ils pouvaient être enlevés si l'ennemi avait été plus entreprenant. Mais les Allemands, malgré leur supériorité numérique, n'osaient s'aventurer.

Pendant que les troupes de son corps d'armée se réunissaient entre Wœrth et Reichshoffen, le maréchal de Mac-Mahon recevait l'avis qu'il pouvait disposer des 5e et 7e corps d'armée et les appelait à lui.

Occupons-nous d'abord du 7e corps d'armée.

Le commandant de ce corps d'armée, le général Félix Douay, estimant que son quartier général, établi à Belfort, se trouvait dans une situation trop excentrique par rapport au Rhin qu'il pouvait être appelé à franchir, avait décidé, le 3, de se rendre à Mulhouse et d'y faire venir sa 1re division qui se trouvait à Colmar.

Le 4, la 1re brigade de la 1re division du 7e corps était arrivée à Mulhouse, où elle devait être rejointe le lendemain par la 2e brigade, quand le général Félix Douay reçut le télégramme suivant :

« Nous sommes attaqués pas des forces supérieures, lui mandait le maréchal de Mac-Mahon ; envoyez à Haguenau une division. »

Nous venions de subir notre premier échec à Wissembourg, où le frère du commandant du 7e corps d'armée avait trouvé la mort des braves.

Ordre est aussitôt envoyé au général Conseil-Dumesnil d'arrêter le mouvement que la 2e brigade de sa division devait exécuter le lendemain et de faire rebrousser chemin à la 1re. On prescrit en même temps à l'administration des chemins de fer de transporter ces troupes jusqu'à Haguenau où elles arrivèrent, la 1re brigade, dans l'après-midi du 5 ; la 2e brigade, dans la nuit du 5 au 6, à deux heures du matin, pour être dirigées à pied vers Reichshoffen.

Le transport en chemin de fer devait s'effectuer jusqu'à Reichshoffen. Mais il paraît qu'une locomotive de la gare de Haguenau, envoyée en reconnaissance, était rentrée presque aussitôt, ceux qui la montaient ayant cru s'apercevoir que la voie n'était pas libre.

Or, dans la journée du 6 encore, pendant la bataille, des trains

Uhlans coupant le télégraphe à la station de Bliesbrucken. (Page 300.)

emportant des blessés arrivaient librement de Reichshoffen à Haguenau, et nulle destruction n'avait été opérée sur cette partie de la ligne de Strasbourg à Bitche, pas plus par l'ennemi que par nos troupes.

Par suite de ce faux renseignement, l'artillerie de la 1re division du 7e corps d'armée, escortée par le 3e bataillon du 21e régiment d'infanterie, dut à son tour débarquer à Haguenau : l'opération se fit lentement, la gare étant encombrée; ce détachement de 3 batteries et de 1 bataillon ne put arriver assez à temps pour prendre part à la bataille de Frœschwiller.

Un autre bataillon du 21e régiment, le 2e, fut, en outre, laissé à Haguenau pour défendre la ville contre les coureurs ennemis.

La 1re brigade de la 1re division du 7e corps, réduite à 5 bataillons, après avoir débarqué à Reichshoffen dans l'après-midi du 5, alla camper à l'ouest d'Elsasshausen.

Quant à la 2e brigade, elle n'arriva à Reichshoffen que dans la matinée du 6 et campa à proximité du bourg.

Ces troupes étaient moins fatiguées que les précédentes.

Le général Félix Douay avait été informé, dans la journée du 5, que le 7e corps d'armée, dont il avait le commandement, relèverait dorénavant du maréchal de Mac-Mahon.

Celui-ci lui avait fait connaître les ordres qu'il avait donnés directement au chef de la 1re division du 7e corps.

Mais aucun autre appel ne fut adressé au général Félix Douay, qui, d'ailleurs, se serait trouvé fort embarrassé d'y satisfaire.

Le commandant du 7e corps d'armée n'avait plus qu'une seule division près de lui, la 3e se formant encore à Lyon, et il lui aurait été bien difficile, même impossible, d'envoyer au maréchal de Mac-Mahon, encore sur le versant oriental des Vosges, la seule division disponible.

On peut même considérer comme heureux que le maréchal n'ait fait venir près de lui que la division Conseil-Dumesnil, car s'il avait également demandé la division Liébert, celle-ci n'aurait pu s'embarquer à Mulhouse que dans la nuit du 5 au 6, et elle serait venue débarquer, aux environs de Haguenau, par détachements isolés qui auraient aussitôt été enlevés par l'ennemi.

Enfin, le 7e corps d'armée avait pu expédier au maréchal de Mac-Mahon une de ses divisions.

Si faible que fût son effectif, c'était du moins un renfort.

Il n'en fut, malheureusement, pas de même du 5e corps d'armée commandé par le général de Failly.

Mais il ne paraît point que ce dernier ait été réellement coupable de la faute qu'on lui a imputée.

Il me semble, au contraire, souverainement injuste qu'on l'ait rendu responsable de notre défaite à Frœschwiller.

Le 4 au matin, le 5e corps d'armée, commandé par le général de Failly, était réparti sur un front de plus de 60 kilomètres, à travers un terrain extrêmement accidenté. Il avait pour mission de couvrir la trouée de

Rohrbach entre Bitche et Sarreguemines, et la voie ferrée qui joint ces deux villes, venant de Strasbourg par Haguenau, Reichshoffen, Niederbronn à Bitche, pour se continuer vers Metz par Lemberg, Sarreguemines, Bening, Saint-Avold, Faulquemont et Remilly.

Ses troupes étaient ainsi réparties de la droite à la gauche :

Le général de Bernis avec le 12ᵉ régiment de chasseurs à cheval, à Niederbronn, où il établissait la liaison avec la 1ᵉʳ division du 1ᵉʳ corps d'armée ;

La division de Lespart, surveillant, à Bitche, les routes de Pirmasens et de Deux-Ponts ;

Le général de la Mortière, avec le 5ᵉ régiment de lanciers et 1 bataillon d'infanterie, à Rohrbach;

Le reste du 5ᵉ corps d'armée, c'est-à-dire les divisions Goze et de l'Abadie, à Sarreguemines, se reliant par la gauche avec la 1ʳᵉ division du 3ᵉ corps d'armée.

Le 12ᵉ régiment de chasseurs étant détaché à Niederbronn et le 5ᵉ régiment de lanciers occupant Rohrbach en avant du front, la division de cavalerie Brahaut se trouvait disloquée, car, sur les deux régiments qu'elle comportait encore, un avait été fractionné pour fournir un escadron à chaque division d'infanterie.

Le 5ᵉ corps d'armée était donc dans une situation critique et même tout à fait périlleuse, puisqu'il ne disposait que de 20,000 fusils, 2,200 sabres et 72 canons, pour une région montueuse et boisée sur les deux flancs de laquelle s'avançaient et se massaient des forces ennemies dont l'état-major général français ne connaissait au juste ni les effectifs, ni les mouvements.

Le 4, à 5 heures du soir, le général de Failly avait reçu à Sarreguemines une dépêche du major général de l'armée qui lui commandait de Metz :

« Soutenez avec vos deux divisions celle que vous avez à Bitche. »

Il s'était porté, en conséquence, vers cette place et donnait ses ordres de marche.

Le 5, la 1ʳᵉ division, général Goze, se mettait en mouvement et arrivait de Sarreguemines jusqu'à mi-chemin entre Rohrbach et Bitche.

Le même jour, le général de l'Abadie, qui commandait la 2ᵉ division, arrivait avec le général de Maussion, chef de la 2ᵉ brigade, à Rohrbach.

Quant à la 1ʳᵉ brigade de cette division, qui était sous les ordres du général Lapasset, elle avait été obligée de rester à Sarreguemines, en attendant l'arrivée de la 1ʳᵉ division du 3ᵉ corps d'armée commandée par le général Montaudon qui devait l'y relever.

Le 5, le général de Failly, alors à Bitche depuis quelques heures, recevait la dépêche télégraphique suivante du sous-préfet de Sarreguemines :

« Les fils télégraphiques et la voie ferrée viennent d'être rompus à Bliesbrucken par les Prussiens. »

Cette nouvelle lui était confirmée quelques instants après par un autre télégramme que le général de Maussion envoyait de Rohrbach.

« La gare de Bliesbruscken, mandait celui-ci, est occupée par un détachement de cavalerie prussienne, qui a coupé les fils télégraphiques des deux côtés de la station. »

Presque au même moment, le général de Failly recevait communication de la dépêche expédiée le même jour par le major général à tous les commandants de corps d'armée, dépêche dont j'ai donné le texte précédemment, et où il était dit que le 5ᵉ corps passait, ainsi que le 7ᵉ, sous les ordres du maréchal de Mac-Mahon.

De son côté, le maréchal de Mac-Mahon était une seconde fois avisé, dans cette journée du 5, par une dépêche du major général qui lui arrivait à Reichshoffen à 5 heures du soir, de cette nouvelle destination du 5ᵉ corps.

« Le général de Failly, avec trois divisions, était-il dit dans ce télégramme, est aujourd'hui à Bitche. L'empereur l'a placé sous vos ordres. Disposez de lui. Ma dépêche de ce matin vous l'annonçait, l'avez-vous reçue ? »

Or, le général de Failly n'était pas à Bitche avec trois divisions, comme le major général le mandait au maréchal de Mac-Mahon. Les indications que j'ai données plus haut sur les mouvements du 5ᵉ corps d'armée le prouvent, et il est étrange qu'après avoir ordonné au général de Failly, le 4 au soir, de diriger vers Bitche les deux divisions qu'il avait à Sarreguemines, on eût annoncé au maréchal de Mac-Mahon, dans l'après-midi du 5, que les trois divisions de ce corps d'armée étaient déjà réunies à Bitche.

N'avait-on donc aucune idée, à l'état-major général, de la dispersion du 5ᵉ corps d'armée précédemment ordonnée au général de Failly ?

Ne comprenait-on pas, au grand quartier général, que, pour réunir ses forces, celui-ci devait faire exécuter à deux de ses divisions une marche de flanc de plus de 30 kilomètres à proximité de l'ennemi, dans un pays très couvert où il fallait redoubler de précautions ?

L'occupation de la gare de Bliesbrucken par les cavaliers prussiens montre à elle seule combien cette opération était périlleuse.

Elle ne put d'ailleurs être exécutée en entier, puisque la brigade Lapasset fut, comme nous le verrons plus loin, coupée du 5ᵉ corps d'armée et ne le rejoignit jamais.

Mais suivons de près l'expédition des dépêches, la transmission des renseignements recueillis simultanément de Sarreguemines et de Reichshoffen par le général de Failly, et la marche des événements.

Toujours dans la journée du 5, le maréchal de Mac-Mahon demandait au général de Failly, vers 5 heures, ce qu'il comptait faire :

« Faites-moi connaître, lui disait-il, quel jour et par où vous me rallierez. Il est indispensable que nous réglions nos opérations. »

Cette première dépêche était suivie, à quelques minutes d'intervalle, d'une autre expédiée de Reichshoffen, et qui était ainsi conçue :

« Si cela vous est possible, occupez immédiatement la position de Lemberg. C'est de la dernière urgence. »

A la demande de renseignements que le maréchal de Mac-Mahon lui adressait, le général de Failly répondait :

« La division Lespart est seule à Bitche et partira le 6 au matin pour vous rejoindre. Les autres divisions suivront aussitôt leur arrivée successive à Bitche. »

A la seconde dépêche du commandant en chef en Alsace, le commandant du 5ᵉ corps d'armée fit la réponse suivante à 9 heures du soir :

« Renseignements pris, j'ai lieu de penser que ce n'est pas le poste de Lemberg, gare du chemin de fer au sud de Bitche, qu'il s'agit d'occuper ; il n'y a rien d'anormal dans cette direction.

« Il s'agit peut-être de Lembach, à 32 kilomètres à l'est de Bitche.

« Faites-moi connaître l'effectif des troupes à y envoyer.

« Demain, à 10 heures seulement, je pourrai, par suite du mouvement de concentration qui s'opère sur Bitche, disposer de la division Lespart.

« En cas de départ, la réserve divisionnaire d'artillerie devra-t-elle marcher, ainsi que le convoi auxiliaire ?

« Il est impossible à cette division de faire 32 kilomètres dans la journée, si elle doit marcher militairement, avec chance de rencontrer l'ennemi ; je viens d'en faire deux fois l'expérience. »

Le maréchal de Mac-Mahon envoyait de son côté une troisième dépêche qui se croisait avec la précédente, et où il disait au général de Failly :

« Venez à Reichshoffen avec tout votre corps d'armée le plus tôt possible. Nous manquons de vivres, et si vous avez à Bitche des approvisionnements, formez un train spécial de vivres de toute nature que vous mettrez au chemin de fer et qui arrivera cette nuit. Vos troupes viendront par la grande route, et j'espère que vous me rallierez dans la journée de demain. »

Le général de Failly répondit à cette dépêche dans les termes suivants, le 6, vers 3 heures du matin :

« Je ne puis disposer que d'une division, je la réunis et je la dirige sur Reichshoffen. Il est possible qu'elle soit obligée de s'arrêter à Niederbronn. Je vous envoie, faute d'approvisionnements, la réserve de vivres de la 3ᵉ division par le chemin de fer. Elle partira seulement demain matin. Je donne des ordres pour former un convoi. Bliesbrucken est occupé par l'ennemi ; le télégraphe de Sarreguemines est coupé. »

Ce télégramme était presque aussitôt suivi d'un autre ainsi conçu :

« La division Lespart doit arriver à Reichshoffen aujourd'hui ; la division Goze partira demain de très grand matin pour se porter à Philippsbourg.

« La brigade Maussion, de la division l'Abadie, doit se porter demain sur Lemberg et escorter par la vallée de Monterhausen, Bœrenthal, Zinzviller et Reichshoffen, 6 batteries de réserve et le parc d'artillerie qui ne peut rester à Lemberg.

« La 1ʳᵉ brigade de cette division est à Sarreguemines et a ordre de ne pas me rejoindre, la route étant interceptée.

« Je ne peux donc occuper Lemberg malgré mon désir, à cause des neuf batteries que je ne peux engager dans le défilé de Niederbronn et à cause de la réduction de la 2ᵉ division à une brigade. »

Après avoir renseigné par le télégraphe le maréchal de Mac-Mahon sur les mouvements et les positions du 5ᵉ corps d'armée dans la matinée du 6, le général de Failly adressait, à 6 heures du matin, la dépêche suivante au général Montaudon, commandant la 1ʳᵉ division du 3ᵉ corps d'armée :

« Suivant les événements qui se sont passés à Bliesbrucken et les renseignements que vous pouvez avoir, veuillez transmettre l'ordre au général Lapasset de laisser son convoi à Sarreguemines. Envoyez les denrées sans les voitures, par un convoi de chemin de fer, dès qu'il sera préparé, sur Reichshoffen. Vous apprécierez si le général Lapasset, avec sa brigade débarrassée du convoi, peut rejoindre sûrement Bitche ; si vous avez des doutes, maintenez-le à Sarreguemines, et donnez-moi avis à Bitche de votre décision. Même ordre pour le régiment de lanciers qui doit suivre la destinée du général Lapasset. »

Le général Montaudon, alors à Sarreguemines, adressait aussitôt la réponse que voici :

« Le convoi de vivres va être mené en gare pour être expédié en temps opportun ; le général Lapasset, avec sa brigade et le régiment de cavalerie (3ᵉ lanciers), partira à midi pour aller coucher à Rohrbach. »

A 10 heures, le sous-préfet de Sarreguemines portait, par le télégraphe, les renseignements et faits suivants à la connaissance du général de Failly :

« Les Prussiens qui ont rompu cette nuit le poste télégraphique de Bliesbrucken ont laissé entendre qu'ils allaient passer en grand nombre par Rohrbach pour se diriger sur Bitche.

« Tout le convoi vient de rentrer à Sarreguemines, moins 4 voitures et 2 gendarmes. »

Une heure plus tard, le général de Failly recevait du grand prévôt du 5e corps d'armée, alors à Sarreguemines avec le convoi, le télégramme suivant qui confirmait le précédent :

« Parti ce matin de Neunkirchen avec le convoi général, et ayant aperçu des vedettes ennemies, j'ai dû le faire rétrograder et il est rentré à Sarreguemines. Des gendarmes accompagnant des voitures ont été surpris et ont dû se défendre dans une briqueterie.

« Des dispositions ont été prises par le général.

« Beaucoup de troupes en avant. »

A midi et demi, le général Montaudon mandait à son tour au général de Failly ce qui suit :

« Le colonel de 3e lanciers rentre de reconnaissance. Il a vu vers huit heures et demie du matin, à 500 mètres en arrière de Vising, 3 régiments de cavalerie, 2 bataillons d'infanterie et 1 batterie d'artillerie. Rohrbach paraît également menacé. Dans ces conditions, je crois devoir retenir la brigade Lapasset pour ne pas la compromettre. »

A 2 heures de l'après-midi, le major général prévenait le général de redoubler de vigilance :

« Le chemin de fer est coupé entre Sarreguemines et Bitche, lui mandait-il de Metz par le télégraphe. C'est à Strasbourg que les troupes d'Alsace doivent se réapprovisionner ; le général Frossard et le maréchal Bazaine sont attaqués. Tenez-vous sur vos gardes. »

A 4 heures 40, il lui télégraphiait encore ce qui suit :

« L'empereur demande de vos nouvelles et de celles du général de Lespart. La brigade Lapasset est restée à Sarreguemines, la route étant interceptée. Le 2e corps, soutenu par le 3e, est fortement engagé en avant de Forbach. »

Que pouvait, que devait faire le général de Failly dans cette situation ?

Marcher au canon, a-t-on dit.

J'admets que ce soit, en effet, le devoir de tout général qui se trouve isolé, sans mission bien définie, sans relation avec les corps voisins.

Il constate que sa présence n'est pas tout à fait indispensable dans la position qu'il occupe. Le vent lui apporte les échos d'une bataille qui se livre à proximité. Il y court.

Mais le général de Failly était-il dans cette situation ?

Non.

En ce qui concerne la bataille de Spickeren qui se livrait sur le bord de la Sarre, en même temps que la bataille de Frœschwiller, on ne peut l'accuser de n'avoir pas prêté son concours aux troupes engagées à l'ouest de Sarreguemines, car il ressort des dépêches qui lui sont arrivées de l'ouest, dans la journée du 6, que ce concours ne lui a pas été demandé, que ni le major général, ni le général Montaudon, commandant la 1re division du 3e corps d'armée, n'y font la moindre allusion dans leurs télégrammes. Au surplus, nous verrons que d'autres divisions beaucoup plus rapprochées de Spickeren n'ont même pas été engagées. On ne peut donc lui attribuer la moindre part de responsabilité dans l'échec que nous avons subi de ce côté.

Il en est de même pour notre défaite à Frœschwiller.

Une seule division de son corps d'armée, la 1re, pouvait rejoindre le 1er corps d'armée dans la journée du 6.

Mais elle avait à franchir une distance de 34 kilomètres dans un pays montueux et couvert où il lui fallait redoubler de vigilance, car elle marchait de flanc en suivant un long défilé à proximité de l'ennemi. Et la preuve qu'elle ne devait s'avancer qu'avec prudence, c'est qu'elle fut vivement attaquée à Niederbronn avant d'avoir atteint Reichshoffen qui avait été désigné comme gîte d'étape.

La vérité est que le maréchal de Mac-Mahon ne croyait pas à une bataille si rapprochée.

J'en donne comme témoignage la lettre que le maréchal écrivait, le matin même du 6, à 5 heures 1/2, de son camp de Frœschwiller, au général de Failly, et qu'il fit porter à Bitche par un officier qui la remit à 2 heures de l'après-midi au commandant du 5e corps d'armée.

Qu'on le remarque bien, cette lettre avait été rédigée au moment où l'avant-garde ennemie attaquait Wœrth.

« D'après des renseignements dans lesquels on doit avoir confiance, disait le maréchal, l'ennemi ferait un mouvement pour se porter sur les crêtes des Vosges et nous séparer. Si ce mouvement se confirme, nous devons attaquer les Allemands dans les défilés. Si, au contraire, ils occupent seulement les positions de Wissembourg à Lembach, ayant le gros de leurs forces dans la plaine, nous combattrons ensemble pour leur enlever leurs positions. »

Le maréchal prescrivait donc au général de Failly de mettre en route immédiatement une de ses divisions, en ajoutant qu'il serait désirable qu'elle pût coucher le soir à Philippsbourg.

Or cette division, que le général de Failly recevait, à 2 heures de

Le quartier général du prince royal de Prusse, notre Fritz, à Soultz. (Page 311.)

l'après-midi, l'ordre de mettre en marche, était partie de Bitche le matin. Elle arrivait déjà presque en vue du champ de bataille de Frœschwiller. Heureusement, d'ailleurs, car si le commandant du 5ᵉ corps d'armée avait reçu plus tôt la lettre du maréchal, il aurait enjoint à la division de Lespart de s'arrêter à Philippsbourg, et les débris de nos troupes n'auraient eu aucune réserve pour les protéger contre la poursuite des Allemands

Quels renseignements parvenaient donc au maréchal pour qu'il pût admettre que la 3e armée allemande aurait attendu d'avoir pénétré en France afin de l'attaquer par les crêtes des Vosges, et de le rejeter vers le sud? N'était-il pas beaucoup plus vraisemblable, au contraire, qu'elle allait mettre à profit la supériorité de ses forces pour tenter de tourner la position du 1er corps par le sud, et de le rejeter vers le nord?

Je ne pousserai pas plus loin les extraits de cette lettre, car elle ne portait que sur les deux hypothèses précédentes, dont aucune ne s'est réalisée, et auxquelles le maréchal semblait définitivement n'attacher qu'une valeur toute spéculative, car il ajoutait, au-dessous de sa signature, le *post-scriptum* suivant :

« En résumé, envoyez le plus tôt possible votre 1re division à Philippsbourg et tenez les deux autres prêtes à marcher. — Maintenez, s'il est possible, vos communications avec Philippsbourg. »

Je le rappelle, il était 2 heures de l'après-midi quand le général de Failly reçut cette lettre à Bitche, et, non seulement la 1re division du 5e corps d'armée était en route depuis le matin pour Reichshoffen, mais elle avait déjà dépassé Philippsbourg, lorsque l'ordre de la faire partir parvint à celui qui avait le droit de le faire exécuter.

Je ne sais vraiment pas comment on peut commettre une aussi déplorable injustice envers le général de Failly et prétendre que, dans cette occurrence, il ait commis des fautes presque criminelles.

J'ai déjà dit que le général de Failly n'avait point à intervenir du côté de Spickeren.

Le pouvait-il du côté de Frœschviller?

Oui, comme le prouve l'envoi de la division de Lespart.

Malgré qu'il fût en relation télégraphique directe de Bitche par Reichshoffen avec le maréchal de Mac-Mahon, il ne reçut de l'état-major de celui-ci aucune nouvelle instruction dans la journée du 6.

De sa propre initiative, il ordonna au général de Lespart de dépasser Philippsbourg avec la 1re division, contrairement à l'avis contenu dans la lettre qu'il venait de recevoir du maréchal, et il lui enjoignit d'atteindre Reichshoffen s'il était possible, ce que fit effectivement le général de Lespart.

Quant à dégarnir complètement la frontière au nord de Bitche, le général de Failly ne devait pas même y penser.

D'abord, il ne savait rien de ce qui se passait à l'est, puisqu'on ne l'en informait pas, et il était, par conséquent, en droit de supposer que notre situation de ce côté n'offrait aucun danger.

Ensuite, il n'ignorait pas que les avant-gardes ennemies avaient atteint la frontière au sud de Pirmasens et de Deux-Ponts.

Son devoir était de leur faire face.

Que se serait-il passé si, par hasard, il avait quitté sa position, et si les Allemands en avaient profité pour s'avancer vers Bitche et Reichshoffen et pour prendre à revers le 1er corps d'armée vainqueur ou vaincu ?

C'est dans ce cas qu'on aurait été en droit de blâmer énergiquement son impéritie.

Pour moi, le général de Failly n'a nullement été coupable. Il a eu la cruelle infortune d'être obligé de battre en retraite sans combat, sans résistance, avec des troupes fraîches. Les circonstances seules et non ses propres fautes lui ont imposé cette dure nécessité.

Il m'a paru bon de rétablir ici la vérité et de détruire une légende.

Je ne me suis pas déterminé, en effet, à écrire cette histoire de la guerre de 1870, pour rééditer les accusations plus ou moins justifiées qui sont écloses, sans enquêtes, au lendemain de nos désastres. Je suis bien décidé à être impartial et à dire en toute occasion ce que je pense, car, ce que je désire surtout, c'est l'enseignement du passé pour garantir l'avenir.

Le maréchal de Mac-Mahon avait donc à Wœrth 5 divisions d'infanterie et 2 divisions de cavalerie avec 1 réserve générale d'artillerie.

Les troupes étaient campées dans l'ordre suivant sur le plateau, le 6 au matin :

A gauche, la division Ducrot, au nord de Frœschwiller, surveillant les vallées du Schwartzbach, du Soultzbach et du Sauerbach, ainsi que le bois de Langensoultzbach, par où l'on pouvait craindre un mouvement de l'aile droite ennemie ;

Au centre, la division Raoult, à l'est de Frœschwiller, face à la vallée du Sauerbach et à Wœrth, une attaque de front étant à supposer de ce côté ;

A droite, la division de Lartigue, au sud de Frœschwiller, tournée vers les débouchés de la lisière nord de la forêt de Haguenau, dans l'hypothèse d'une pointe des Allemands suivant cette direction ;

En réserve, derrière la 3e division, les débris de la division Douay, sous les ordres du général Pellé ; derrière la 4e division, la 1re division du 7e corps d'armée, que le général Conseil-Dumesnil disposait au fur et à mesure de l'arrivée de ses régiments, de manière à appuyer la division de Lartigue ; enfin la division de cavalerie du 1er corps d'armée, la 2e division de cavalerie de réserve, la réserve générale d'artillerie.

Telle était à peu près la disposition quand le jour parut.

Les troupes étaient très fatiguées des mouvements en tous sens qu'elles avaient exécutés dans ces derniers jours.

Le combat de Wissembourg, si glorieux qu'il eût été, avait montré, même aux plus confiants, que nous avions en présence de nous une armée qui n'hésitait point à attaquer, dont l'artillerie et les effectifs étaient de beaucoup supérieurs; tout en n'élevant, d'ailleurs, aucun doute sur la fidélité de la victoire à nos drapeaux, chacun sentait qu'en présence de si réels avantages moraux et matériels, la lutte serait longue, acharnée et meurtrière.

Malheureusement, ce n'est pas le nombre seulement qui nous manquait.

A l'insuffisance de notre artillerie allaient s'ajouter encore d'autres causes d'infériorité : les commandants de batteries ne possédaient pas de cartes, de sorte qu'il leur était impossible de repérer les distances, la fusée en usage avec nos pièces ne permettant pas de les apprécier d'après le point d'éclatement du projectile; le grand parc n'avait pas encore rejoint le corps, d'où la nécessité de se montrer très économe de munitions, au risque de ne pas pouvoir soutenir un combat sérieux pendant quelques heures.

La pénurie était générale.

Nous avons vu que, dans sa correspondance avec le général de Failly, le maréchal de Mac-Mahon se préoccupait au moins autant de recevoir un convoi de vivres que le renfort du 5e corps d'armée.

Le 5 août, à 3 heures 20 minutes du soir, il adressait encore, de Reichshoffen, le télégramme suivant au commandant de la 6e division militaire à Strasbourg :

« J'ai été obligé de me replier cette nuit sur les positions de Frœschwiller que je compte défendre; mais, comme l'ennemi veut couper le chemin de fer entre Haguenau et Reichshoffen, je vous prie de donner l'ordre à l'intendant du 1er corps, ou à tout autre, de nous envoyer par un convoi le plus de vivres possible, la 1re division n'ayant déjà plus de pain. »

Le personnel et le matériel des ambulances n'étaient pas plus riches que le service des vivres.

C'est ainsi qu'un grand nombre de blessés, que nous dûmes abandonner sur le champ de bataille, périrent, sans doute faute de soins.

Enfin, la direction faisait également défaut.

On ne savait, au moment où la bataille fut engagée, quelles seraient exactement les forces dont on disposerait, de même que l'on ne possédait aucun renseignement sur celles que l'ennemi pouvait mettre en ligne.

On n'avait indiqué ni les points où devraient être adressés, pendant le combat, les rapports, les communications, les avis, les appels, les demandes de renfort.

On avait omis d'assigner, à chaque fraction principale de l'ordre de bataille, sa mission spéciale.

On n'avait pas fait connaître les emplacements choisis pour les réserves de toutes sortes, ainsi que pour les ambulances, les munitions et les convois.

On avait oublié même d'indiquer la ligne de retraite, dans l'hypothèse que l'on n'accepterait pas le combat ou que l'on serait obligé de reculer devant des forces supérieures.

Enfin, on n'avait pas étudié la position, ni sur ses abords, ni sur son front, ni sur ses flancs, ni à l'intérieur, ni sur les derrières.

Aucun travail défensif n'avait été fait sur le terrain où nous allions combattre, sauf en un point.

Les abatis avaient été multipliés, il est vrai, sur les diverses voies de communication qui pénétraient dans la forêt de Haguenau, et l'on avait fait sauter quelques ponts sur la Sauer. Mais d'autres ponts n'avaient pu être détruits, la poudre ayant manqué aux sapeurs-mineurs qui avaient été chargés de cette opération.

C'est dans ces conditions déplorables que nous fûmes attaqués à l'improviste.

Nous n'avons point été surpris à Frœschwiller, c'est vrai, mais nous y avons livré une bataille à laquelle nous ne nous attendions pas, puisque le maréchal de Mac-Mahon ne croyait à un engagement général que pour le lendemain, et nous nous sommes trouvés dans l'obligation d'y accepter un combat que toutes les considérations tactiques et stratégiques devaient rendre désastreux pour nos armes, surtout si l'on observe que nous avions encore augmenté les probabilités de succès en faveur de l'ennemi par notre manque de prévoyance, comme quelques Allemands, un fort petit nombre toutefois, l'ont eux-mêmes constaté.

« Qui pourrait nier, a dit l'un d'eux, qu'avec toute notre science, notre bravoure, notre discipline, nous avons eu aussi un bonheur insolent ? Les généraux français semblaient pour la plupart frappés d'un aveuglement sans pareil dans cette guerre, et la masse des fautes commises par les Français surpasse de beaucoup le nombre de nos combinaisons heureuses. »

Cet aveu, qui trouve sa justification dans toute l'histoire de la guerre, s'applique parfaitement à la bataille de Frœschwiller, comme nous allons le voir.

Wissembourg n'avait été qu'une affaire de détachement, malheureuse au point de vue moral, mais secondaire au point de vue matériel.

La journée du 6 août devait être désastreuse à tous les points de vue.

Le prince Frédéric, rentré, dans la soirée du 4, à son quartier général de Schweighoffen, avait donné l'ordre à la 3ᵉ armée de continuer le lendemain sa marche vers Strasbourg.

Le départ était fixé à 4 ou 6 heures du matin, suivant les positions occupées par les corps d'armée.

La 4ᵉ division de cavalerie devait éclairer la marche vers Wœrth, Haguenau, Suffelnheim et Roppenheim.

Cette division avait ordre de rechercher l'ennemi et de détruire les trois voies ferrées qui aboutissent à Haguenau.

Le récit du grand état-major prussien reconnaît que, « dans la soirée du 4, on avait perdu tout contact avec les troupes battues à Wissembourg »; tout ce que l'on savait, ajoute ce récit, d'après les renseignements du 4ᵉ régiment allemand de dragons, c'est que « ces troupes n'avaient pas pris la grande route de Haguenau ».

Ce régiment avait mal vu ou mal accompli sa tâche, car la 1ʳᵉ brigade de la division Douay s'était repliée sur Haguenau, le 74ᵉ régiment d'infanterie en suivant même la grande route depuis Soultz, et ce régiment fut ensuite transporté par chemin de fer, le 5 au matin, de Haguenau à Reichshoffen, ainsi que le 50ᵉ régiment de cette même brigade, comme je l'ai dit.

Derrière la 4ᵉ division de cavalerie, la 3ᵉ armée allemande exécuta les mouvements suivants dans la journée du 5 :

A droite, le 2ᵉ corps bavarois, vers Climbach, où fut établi son quartier général, avec avant-postes au delà de Lembach ;

Au centre, le 5ᵉ corps prussien, avec son quartier général à Preuschdorf, face à Wœrth, et ses avant-postes vers la Sauer ; le 11ᵉ corps prussien avec son quartier général à Soultz et ses avant-postes vers la forêt de Haguenau ;

A gauche, le corps badois-wurtembergeois, commandé par le général de Werder, avec son quartier général à Aschbach et ses avant-postes vers Rittershofen, Hatten et Nieder-Rœdern ;

En réserve, le 1ᵉʳ corps bavarois, avec son quartier général à Ingolsheim.

La 3ᵉ armée allemande avait ainsi un front d'avant-postes de 25 kilomètres de longueur et occupait une position concentrée qui devait lui permettre de faire face au sud ou à l'ouest suivant les circonstances.

La reconnaissance effectuée par la 4ᵉ division de cavalerie allemande et les rencontres, qui avaient eu lieu entre les deux partis dans la marche de l'ennemi en avant, faisaient savoir au prince Frédéric, dont le quartier général venait de s'établir à Soultz, que nous avions des troupes massées, sur la rive droite de la Sauer, entre Wœrth à l'est et Langensoultzbach au nord; que nous nous étendions, à l'ouest, vers Reichshoffen, et au sud, vers Haguenau; que l'on entendait, de la lisière de la forêt, de nombreux sifflements de locomotives et le roulement continu des wagons dans cette direction; que nous avions abandonné, en un mot, toute la partie septentrionale du département du Bas-Rhin.

Après avoir recueilli et rapporté ces renseignements, la 4e division de cavalerie vint bivouaquer à Schœnenbourg, entre Ingolsheim et Aschbach, où étaient les quartiers généraux respectifs du 2e corps bavarois et du corps badois-wurtembergois.

Les grand'gardes de nuit s'établirent alors d'Hirschtal, par Mattstall, vers Liebfrauberg pour le 2e corps bavarois;

De Gœrsdorf, par Dieffenbach, vers Gunstett, pour le 5e corps prussien;

De Surbourg, par Ober-Betschdorf, à Nieder Betschdorf, pour le 11e corps;

De Rittershofen, par Hatten, Buehl, Nieder-Roedern, à Seltz, pour le corps Werder.

Par sa droite, cette ligne tendait vers la 2e armée allemande, et par sa gauche, vers la place de Rastatt. Mais elle ne pouvait tirer aucun parti, aucun secours ni de celle-ci ni de celle-là. Elle avait sur son front la forêt de Haguenau, sur son flanc gauche le Rhin, sans aucun moyen de passage.

Jamais position n'avait été plus mal choisie.

Et cependant le prince royal la trouvait assez bonne pour n'y prescrire que de petites modifications à effectuer dans la journée du lendemain qui, dans son esprit, devait être consacrée au repos. L'enchevêtrement des colonnes, dans la marche du 5, avait beaucoup fatigué ses troupes. Le mouvement avait été si lent que le 1er corps bavarois, arrivait seulement à minuit à Ingolsheim. Enfin on voulait, avant de rien tenter, attendre l'entrée en ligne du 6e corps prussien dont une partie atteignait Landau le même jour, et avoir des indications plus précises sur notre situation, car on ne savait encore si nos forces étaient autour de Reichshoffen ou autour de Haguenau.

Ah! si, le 5 au soir, le maréchal de Mac-Mahon avait eu sous la main le 5e et le 7e corps qui venaient d'être adjoints au 1er, ou bien, si un chef habile avait eu son commandement, quelle admirable occasion s'offrait à nous de profiter de la position dominante des Vosges pour tomber sur l'aile droite de la 3ᵉ armée allemande et infliger à cette armée, en l'acculant au Rhin, la leçon que méritait son imprudence.

Mais il était écrit que, dans cette guerre, nous ne devions profiter d'aucune des chances favorables que nous offraient les énormes fautes tactiques et stratégiques de l'ennemi.

Toute réflexion faite, celui-ci avait peut-être raison de se montrer aussi rassuré. N'avait-il pas, en effet, la certitude d'une supériorité numérique écrasante ?

Si les troupes françaises étaient fatiguées, les troupes allemandes ne l'étaient pas moins. Aussi, comme je viens de le dire, le prince royal, qui ne s'attendait à un engagement que pour le 7, comme le maréchal de Mac-Mahon, avait-il décidé que ses troupes se reposeraient dans la journée du 6.

Cependant, dans l'après-midi du 5, il avait prescrit à son centre et à son aile gauche, d'exécuter, le 6, un changement de front autour de son quartier général qui était établi à Soultz. Ce mouvement du sud vers l'ouest, qui devait prendre peu de temps, avait pour objet d'amener l'armée allemande, face à nos troupes, que l'état-major du prince supposait alors en position dans les Vosges ou en retraite vers Bitche.

Le quartier général du 2ᵉ corps bavarois fut maintenu à Climbach et celui du 5ᵉ corps prussien à Preuschdorf. Ces deux corps devaient servir de pivot au changement de front.

Le 11ᵉ corps prussien eut l'ordre de suivre le chemin de fer dans la direction de Haguenau en partant de Soultz, de s'arrêter à Hœlschloch, d'occuper Surbourg sur la route de Soultz à Haguenau, et d'établir le centre de ses avant-postes vers Gunstett.

Le corps Werder, à l'aile gauche, devait s'avancer d'Aschbach à Reimerswiller, mais faire face au sud, et placer ses avant-postes vers la lisière nord de la forêt de Haguenau.

Au 1ᵉʳ corps bavarois, il était enjoint de se rendre d'Ingolsheim à Lobsann et à Lampertsloch avec avant-postes vers la Sauer, à travers le Hoch-Wald, de manière à relier l'aile gauche du 2ᵉ corps bavarois à l'aile droite du 5ᵉ corps prussien.

Quant à la 4ᵉ division de cavalerie, elle était maintenue dans ses positions autour de Schœnenbourg; on ne jugeait pas à propos de l'envoyer en pointe vers la forêt de Haguenau : tout ce qu'on lui demandait, c'était de faire face à l'ouest et un peu au sud. L'inaction de cette division pendant la journée du 6 est inexplicable. Elle permit à nos troupes battues de pouvoir se retirer, alors que pas un homme du 1ᵉʳ corps d'armée n'aurait

Ils ne pouvaient arriver que successivement. (Page 314.)

pu échapper, si les escadrons commandés par le prince Albrecht avaient battu l'estrade sur nos flancs, notamment sur notre flanc gauche.

Enfin, le 6ᵉ corps prussien avait reçu l'ordre, s'il le pouvait, d'envoyer de Landau une de ses divisions vers Dahn, Weidenthal et Wissembourg. Cette division servirait de trait d'union entre l'aile gauche de la 2ᵉ armée allemande, à Pirmasens, et l'aile droite de la 3ᵉ armée allemande, à Lembach.

La 12ᵉ division, ayant fait connaître qu'elle occupait, le 6, les positions qui lui étaient assignées, on en prévint le 2ᵉ corps bavarois en lui recommandant de partir avec une partie de ses forces dans la direction de Langensoultzbach, par Mattstal, afin de flanquer, vers la vallée de la Sauer, l'aile droite du 5ᵉ corps prussien, que l'on trouvait un peu en l'air.

Ce corps d'armée qui formait avant-garde, devint ainsi le véritable pivot du changement de front de la 3ᵉ armée allemande.

Par sa position même, il avait ses avant-postes tout contre les nôtres.

Il commença l'attaque, sous l'empire de ce sentiment que le maréchal de Mac-Mahon, peut-être informé du grand mouvement enveloppant qui se dessinait autour de la position de Frœschwiller, allait prendre, dans la journée du 6, une position plus à l'ouest, ou même disparaître complètement.

En même temps que le 5ᵉ corps prussien engageait le combat dans ces conditions, le 2ᵉ corps bavarois exécutait le mouvement qui lui avait été prescrit et venait ainsi prendre part à l'action dès le début.

Quant aux autres corps de la 3ᵉ armée allemande, ils ne pouvaient arriver que successivement à hauteur de l'avant-garde et y renforcer ou y prolonger la ligne de bataille.

Nous savons que le prince royal de Prusse avait sous ses ordres 153 bataillons, 134 escadrons et 96 batteries, représentant, au début des hostilités, 153,000 fusils, 20,000 sabres et 576 canons.

Si les généraux d'avant-garde n'avaient pas fait preuve de tant d'audace et d'indiscipline, il aurait eu toute cette masse à portée pour la bataille qu'il voulait nous livrer le 7, et il aurait anéanti le corps d'armée du maréchal de Mac-Mahon.

En réalité, il ne pouvait mettre en ligne, dans la journée du 6, que :

Le 5ᵉ corps prussien, 25 bataillons de 1,000 hommes, 8 escadrons de 150 sabres, 14 batteries de 6 pièces ;

Le 11ᵉ corps prussien, également 25 bataillons, 8 escadrons et 14 batteries ;

Le 1ᵉʳ corps bavarois, 25 bataillons, 20 escadrons et 16 batteries ;

Le 2ᵉ corps bavarois, 25 bataillons, 20 escadrons et 16 batteries ;

Le corps wurtembergeois-badois, 28 bataillons, 22 escadrons et 18 batteries.

Le total des forces allemandes à proximité du champ de bataille s'élevait donc à 128 bataillons, 78 escadrons et 78 batteries.

L'ennemi ayant eu environ 1,500 hommes hors de combat à Wissembourg dans la journée du 4, on peut admettre, défalcation faite des indisponibles depuis le commencement des opérations, que le prince royal de Prusse était à même de jeter, le 6, contre le 1er corps français, 125,000 fusils, 12,000 sabres et 468 canons.

Après ce prélèvement, il lui restait encore, le 6 au soir, comme troupes fraîches et non engagées dans la journée, 25 bataillons, 56 escadrons et 18 batteries.

Mais sa supériorité numérique était si considérable, qu'il n'eut même pas à faire combattre toutes les troupes des 5e et 11e corps prussiens, des 1er et 2e corps bavarois et du corps wurtembergeois-badois.

Ces cinq corps d'armée n'eurent réellement au feu que 85 bataillons, 43 escadrons et 53 batteries, ce qui représentait une force combattante de 83,000 fusils, 6,500 sabres et 348 canons.

En arrière de cette première ligne, se trouvait donc en réserve une force de 42,000 fusils, 5,500 sabres et 150 canons, qui marchait vers le champ de bataille, mais ne l'atteignit qu'après notre départ.

Plus loin enfin, se tenait une réserve disponible qui s'élevait à 25,000 fusils, 8,000 sabres et 108 canons.

Que pouvions-nous opposer à ces trois lignes successives, assez rapprochées les unes des autres pour se réunir en une seule journée de marche?

C'est ce que je vais indiquer, en suivant, de la gauche à la droite, le front du 1er corps d'armée, tel qu'il se trouva constitué, du moins à peu près, lorsque nos troupes quittèrent leur camp pour se porter au-devant de l'attaque ennemie.

La 1re division, commandée par le général Ducrot, formait la gauche de la ligne de bataille du 1er corps d'armée.

De la gauche à la droite, elle était ainsi répartie :

45e régiment d'infanterie, 1er régiment de zouaves, 96e régiment d'infanterie.

Le 45e régiment d'infanterie et le 1er de zouaves étaient sous les ordres du général de Postis du Houlbec, commandant la 2e brigade.

Le 45e d'infanterie, fort de 64 officiers et de 1,800 fusils, se tenait à l'extrême gauche de la ligne, face au plateau de Neehwiller, sur le chemin qui conduit de ce village à Frœschwiller, un de ses bataillons formant avant-poste à Jœgerthal.

A la droite du 45e d'infanterie, le 1er de zouaves, fort de 68 officiers et de 2,000 hommes, continuait la ligne de bataille, face au bois de Langensoultzbach.

A la droite du 1er de zouaves, le 96e d'infanterie, fort de 66 officiers, et de 2,300 fusils se tenait près de Frœschwiller, où il appuyait sa droite, sa gauche étant à hauteur du grand ravin qui descend vers la scierie du Soultzbach.

Le 96e d'infanterie appartenait à la 1re brigade, commandée par le général Wolf, et qui comprenait, en outre, le 13e bataillon de chasseurs et le 18e régiment d'infanterie.

Le 13e bataillon de chasseurs, dont l'effectif était de 22 officiers et 900 fusils, et le 18e régiment d'infanterie, fort de 65 officiers et 2,200 fusils, constituaient, avec le 96e, une forte réserve divisionnaire placée au centre du plateau, entre les deux chemins qui conduisent de Frœschwiller à Neehwiller et à Reichshoffen.

Des tirailleurs, postés dans les vignes et dans les bois jusqu'au bord du ravin, couvraient la ligne de bataille, jusqu'au poste avancé de Jœgerthal.

Le front du secteur occupé par la 1re division avait une étendue de 2,000 mètres environ en ligne droite.

Mais, par suite des rentrants et des saillants, la longueur de la ligne de feu de l'infanterie était de 3,000 mètres sans comprendre le détachement de Jœgerthal.

Sur cette ligne, le général Ducrot disposait environ de 9,300 fusils, soit une proportion de 3 fusils par mètre courant.

Son artillerie se composait de 3 batteries du 9e régiment : la 6e, forte de 6 pièces de 4 ; la 7e, de même composition ; la 8e, forte de 6 mitrailleuses.

La batterie de mitrailleuses se tenait en réserve.

La 6e et la 7e batterie étaient placées entre les bataillons de première ligne, sur des positions qui leur permettaient de battre avec le plus d'avantage le fond de la vallée du Soultzbach et les pentes qui y descendent. Cette artillerie, forte de 12 pièces, donnait la proportion de 6 canons ou 1 batterie par 1,000 mètres, soit à peu près 1 canon par 200 mètres.

La 3e division, commandée par le général Raoult, occupait, sur la droite de la 1re division, le centre de l'ordre de bataille du 1er corps d'armée.

La 2e brigade, commandée par le général Lefebvre, composée du 48e régiment d'infanterie et du 2e de tirailleurs algériens, se tenait sur le flanc gauche de la 1re, la droite appuyée au village de Frœschwiller, la gauche dans le bois de Frœschwiller.

La 1re brigade, sous les ordres du général L'Hériller, composée du 8e bataillon de chasseurs, du 2e régiment de zouaves et du 36e régiment d'infanterie, occupait les chemins de Wœrth à Frœschwiller et à Elsasshausen.

Le front de la 3ᵉ division, dirigé obliquement par rapport à celui de la 1ʳᵉ division, faisait face à Wœrth.

Les effectifs de cette division étaient les suivants :

8ᵉ bataillon de chasseurs, 19 officiers et 500 fusils ;
2ᵉ régiment de zouaves, 66 officiers et 2,100 fusils ;
36ᵉ régiment d'infanterie, 64 officiers et 1,500 fusils ;
48ᵉ régiment d'infanterie, 58 officiers et 1,500 fusils ;
2ᵉ régiment de tirailleurs algériens, 62 officiers et 1,400 fusils ;
9ᵉ batterie du 9ᵉ régiment, 6 pièces de 4 ;
12ᵉ batterie du 9ᵉ régiment, 6 pièces de 4 ;
10ᵉ batterie du 9ᵉ régiment, 6 mitrailleuses.

La force combattante de la division Raoult était donc de 7,000 fusils et de 12 pièces.

Le front de la 3ᵉ division était long de 1,500 mètres environ, mais les ravins, les bois et les habitations brisaient la ligne de feu et portaient son étendue à 2,000 mètres au moins.

La proportion était donc environ de 3 fusils 1/2 par mètre courant et de 1 pièce par 160 mètres.

La 4ᵉ division, commandée par le général de Lartigue, formait la droite de la ligne de bataille du 1ᵉʳ corps d'armée.

Disposée en ordre inverse, comme les deux précédentes, elle occupait le bois du Niederwald : la 1ʳᵉ brigade, à gauche, sur les hauteurs, face à Gunstett; la 2ᵉ brigade à droite, perpendiculairement à la précédente et face à Morsbronn.

La 1ʳᵉ brigade, sous les ordres de général de Kerléadec, avait la composition et les effectifs suivants :

1ᵉʳ bataillon de chasseurs, 23 officiers et 650 fusils ;
3ᵉ régiment de zouaves, 65 officiers et 2,100 fusils ;
56ᵉ régiment d'infanterie, 61 officiers et 1,700 fusils ;

La 2ᵉ brigade, que commandait le général Lacretelle, ne comprenait plus que le 3ᵉ régiment de tirailleurs algériens, fort de 72 officiers et 1,550 fusils.

Le 87ᵉ régiment d'infanterie, à l'effectif de 65 officiers et de 2,000 fusils, qui faisait partie de cette brigade, avait été laissé à Strasbourg, on se le rappelle, pour former la garnison de cette place forte.

L'artillerie de la 4ᵉ division se composait de 3 batteries du 12ᵉ régiment, la 7ᵉ et la 11ᵉ, ayant chacune 6 pièces de 4, et la 10ᵉ qui avait 6 mitrailleuses.

Au total, la 4ᵉ division disposait de 6,000 fusils et de 12 pièces de 4 sur un front qui avait près de 2,500 mètres de développement, et qui allait s'étendre encore beaucoup plus, au fur et à mesure que le combat prendrait plus d'intensité.

Cette division était si faible, avec la proportion de moins de 3 fusils par mètre et de moins de 1 canon par 200 mètres sur la partie centrale de la ligne de feu, que le 3e de tirailleurs algériens dut faire un crochet défensif au nord de Morsbronn pour se rapprocher des réserves qui étaient au centre de la position.

La ligne de feu totale était longue de plus de 3,000 mètres, sans y comprendre, bien entendu, le détachement des 2 compagnies du 3e de tirailleurs algériens qui occupait Morsbronn.

La proportion était donc réellement à peine de 2 fusils par mètre courant de feu, et de 1 canon par 250 mètres.

Les réserves de cette ligne de bataille comprenaient :
La 2e division du 1er corps d'armée ;
La 1re division du 7e corps d'armée ;
La division de cavalerie du 1er corps d'armée ;
La 2e division de cavalerie de réserve ;
La réserve d'artillerie du 1er corps d'armée.

Ces réserves étaient presque toutes massées autour de Frœschwiller quand la bataille commença.

La 2e division du 1er corps d'armée comprenait :
1re brigade, général Pelletier de Montmarie : 16e bataillon de chasseurs : 550 fusils ; 50e régiment d'infanterie : 1,200 fusils ; 74e régiment d'infanterie : 800 fusils ;
2e brigade, général Pellé : 78e régiment d'infanterie : 1,500 fusils ; 1er régiment de tirailleurs algériens : 1,400 fusils.

Artillerie : 9e, 12e et 10e batteries du 9e régiment d'artillerie ; la 9e batterie à 5 pièces de 4, la 6e pièce ayant été perdue à Wissembourg ; la 12e batterie à 6 pièces ; la 10e batterie à 6 mitrailleuses.

Cette division, dont le commandement était exercé par le général Pellé depuis la mort du général Abel Douay, avait donc une force combattante de 5,450 fusils et de 11 canons, force qui fut réduite à 4,900 fusils, le 16e bataillon de chasseurs à pied ayant été détaché en arrière du flanc gauche de la ligne de bataille et n'ayant pris part qu'un instant au combat, lors de la retraite de l'armée.

La 1re division du 7e corps d'armée, sous les ordres du général Conseil-Dumesnil, avait la composition suivante :

1re brigade, général Nicolaï : 17e bataillon de chasseurs; 3e et 21e régiments d'infanterie;

2e brigade, général Maire : 47e et 99e régiments d'infanterie.

J'ai déjà dit que, par suite d'un faux avis et de l'encombrement de la gare de Haguenau, l'artillerie de cette division ne participa pas à la bataille; que le 21e régiment avait, en outre, laissé en arrière 2 de ses bataillons, l'un pour occuper Haguenau, l'autre pour escorter l'artillerie.

Le renfort apporté par cette division ne dépassait pas 7,000 fusils.

Le commandant de la 1re brigade se trouvait, en outre, si gravement malade, dans la matinée du 6, qu'il dut rester à Reichshoffen.

La cavalerie comprenait 40 escadrons, savoir :
Division de cavalerie du 1er corps d'armée, général Duhesme : 1re brigade, général de Septeuil, 3e régiment de hussards et 11e de chasseurs; 2e brigade, général de Nansouty, 2e et 6e régiment de lanciers; 3e brigade, général Michel, 8e et 9e régiment de cuirassiers.

2e division de cavalerie de réserve, général de Bonnemains : 1re brigade, général Girard, 1er et 4e régiments de cuirassiers ; 2e brigade, général de Brauer, 2e et 3e régiments de cuirassiers. — 7e batterie à cheval, 6 pièces de 4, et 8e batterie à cheval, 6 mitrailleuses, du 19e régiment d'artillerie.

La force des régiments était, à la date du 6 août, de 600 sabres dans la cavalerie légère, et de 500 dans les régiments de lanciers et de cuirassiers; la cavalerie pouvait donc mettre en ligne 4,200 sabres, dont 1,200 de chasseurs et de hussards, 2,000 de cuirassiers et 1,000 de lanciers. La moitié de ces derniers avait été répartie entre les divisions d'infanterie du 1er corps, à raison de 1 escadron par division.

La cavalerie disposait, en outre, de 6 pièces de 4 et de 6 mitrailleuses.

Enfin, la réserve d'artillerie du 1er corps d'armée comprenait 8 batteries :

11e et 12e batteries montées, à 6 pièces de 4 chacune, du 6e régiment d'artillerie;

5e et 11e batteries montées, à 6 pièces de 12 chacune, du 9e régiment; 1re, 2e, 3e et 4e batteries à cheval, à 6 pièces de 4, du 20e régiment.

Au total, 48 pièces.

Ainsi donc, le maréchal de Mac-Mahon allait livrer bataille avec 34,000 fusils, 4,200 sabres, 101 canons et 30 mitrailleuses, contre une armée qui avait en première ligne 83,000 fusils, 6,500 sabres et 318 canons !

Sur le terrain qui avait été choisi, et dont la ligne de feu avait un développement total de 8,000 mètres au minimum, nous ne pouvions disposer que de 4 fusils par mètre courant et de 1 canon par 80 mètres.

Si le maréchal parvenait à faire entrer en action la 1re division du 5e corps, que le général de Lespart amenait de Bitche, par Philippsbourg, à Niederbronn, ainsi que l'artillerie de la 1re division du 7e corps et les 2 bataillons détachés du 21e régiment d'infanterie, enfin le 16e bataillon de chasseurs, il augmentait ses forces de 9,000 fusils et de 24 canons, et les portait à 43,000 fusils, 4,200 sabres et 125 canons; mais le même temps était également mis à profit par l'ennemi pour amener sa première réserve de 42,000 fusils, 5,500 sabres et 150 canons, ce qui lui donnait un total de 125,000 fusils, 12,000 sabres et 468 canons.

Si, enfin, le maréchal, après n'avoir pas eu à combattre le 6, se décidait à appeler près de lui le reste du 5e corps d'armée pour livrer bataille sur le même terrain le lendemain, il augmentait ses forces de 13,000 fusils, 1,200 sabres et 60 canons, ce qui les élevait à 55,000 fusils, 5,400 sabres et 185 canons, mais ce délai était encore employé par l'ennemi pour faire avancer sa seconde réserve de 25,000 fusils, 8,000 sabres et 108 canons, ce qui lui permettait de nous opposer 150,000 fusils, 20,000 sabres et 576 canons.

Dans tous les cas, les Allemands avaient sur nous la supériorité de 3 fusils contre 1 et de 3 canons contre 1.

Mais, dans la deuxième hypothèse, ils disposaient de 3 sabres contre 1, et, dans le troisième, de 5 sabres contre 1, tandis que, le 6, ils ne pouvaient nous opposer que 3 sabres contre 2.

Il est donc encore heureux que les Allemands aient commis la maladresse de nous attaquer le 6, car, au lieu d'une défaite qu'a subie le 1er corps d'armée, nous aurions certainement eu à déplorer sa disparition tout entière et celle du 5e corps d'armée.

J'ai tenu à bien appuyer toutes ces suppositions stratégiques par la comparaison des chiffres, parce que les situations respectives s'en détachent aussitôt.

On a dit et répété que le maréchal de Mac-Mahon aurait certainement été victorieux à Frœschwiller, s'il y avait été rejoint par le général de Failly. Je viens de démontrer que cette opinion n'est pas justifiée, car il fallait du temps au second pour amener le 5e corps d'armée à côté du 1er, et l'ennemi avait de son côté tout le loisir de maintenir sa supériorité numérique.

Une seule opération pouvait momentanément atténuer cette supériorité, c'était la marche rétrograde du 1er corps vers le 5e pour les réunir le plus tôt possible, mais à la condition que l'adversaire, croyant à une retraite, se fût lancé à notre poursuite sans que ses divers corps fussent reliés et

L'INVASION ALLEMANDE

Notre artillerie met le feu au moulin de Bruchmuhle. (Page 324.)

LIV. 41. — GÉNÉRAL BOULANGER. — L'INVASION ALLEMANDE. — J. ROUFF ET Cⁱᵉ, ÉDIT. — 41.

appuyés. Alors, le maréchal de Mac-Mahon avait la ressource de se jeter sur l'un, puis sur l'autre, de les culbuter successivement et de rester maître de la position. Mais il est permis de penser que, même après leur premier succès de Wissembourg, les Allemands n'auraient pas été assez téméraires pour se jeter à la débandade à travers les défilés des Vosges.

Sous la réserve de cette éventualité bien problématique, nous étions donc fatalement condamnés à un échec.

Voyons comment, dans cette cruelle occurrence, se sont comportées les braves troupes qui avaient réellement à subir le premier choc sérieux de l'ennemi.

C'est un officier d'origine française, le général de Montbary, commandant la 20e brigade d'infanterie, 10e division, 5e corps prussien, qui nous a attaqués le 6 août.

A 4 heures du matin, il exécutait lui-même une reconnaissance sur les hauteurs de la rive gauche de la Sauer, quand il croit apercevoir dans notre camp des mouvements qui ressemblaient à des préparatifs de départ.

On sait que nous n'y songions nullement.

Le maréchal de Mac-Mahon en était même si éloigné qu'au moment où l'on entendit le premier coup de canon tiré par l'artillerie ennemie, il venait de rédiger la lettre, dont j'ai reproduit précédemment quelques extraits, et où il recommandait au général de Failly de lui envoyer, le plus tôt possible, une de ses divisions par Philippsbourg. Le chef de bataillon Moll, commandant la réserve du génie du corps d'armée, qui connaissait parfaitement la contrée, était à peine parti, lui troisième, porteur de cette lettre qu'il remit au général de Failly, à Bitche, à 2 heures de l'après-midi, que le combat prenait tout de suite de l'intensité.

A vrai dire, on n'avait cessé de se tirer des coups de fusil pendant toute la nuit aux avant-postes.

Des soldats du 3e régiment de tirailleurs algériens, division Lartigue, brigade Lacretelle, qui allaient chercher de l'eau à la Sauer, venaient même d'être salués par une vive fusillade partie du Bruchmuhle, moulin situé sur ce cours d'eau entre le village de Gunstett et la ferme d'Albrechtshauserhof.

Ceux-ci s'étaient aussitôt mis à l'abri, et le combat avait sans retard pris une assez grande extension entre les lignes avancées des deux partis.

Cependant, le général prussien de Montbary finit par se persuader, après avoir bien observé, que nous avons réellement l'intention de remonter vers les crêtes des Vosges, et il ordonne, aux troupes d'avant-garde qu'il commandait, d'exécuter une reconnaissance offensive dans la direction de Wœrth.

Cette opération s'exécute vers 7 heures du matin.

Une batterie allemande, après avoir pris position sur la crête du mamelon au nord du chemin de Dieffenbach à Wœrth, canonne cette dernière localité, contre laquelle marche un bataillon de fusiliers westphaliens. Nous n'occupions pas Wœrth, mais il s'y trouvait de nombreux détachements d'infanterie qui allaient en corvée, tandis que ceux d'artillerie conduisaient leurs chevaux à l'abreuvoir.

Chacun se hâte de retourner au camp sous la protection des avant-gardes de la division Raoult dont les deux batteries prennent position à leur tour, mais sont presque tout de suite obligées de suspendre un combat inégal.

Les fusiliers westphaliens, du 37ᵉ régiment, entrant dans Wœrth, trouvent le bourg inoccupé, et les tirailleurs du bataillon d'avant-garde se répandent à travers les rues que leur ligne côtoie au nord et au sud. Les ponts de la Sauer ayant été coupés, ils traversent la rivière à gué. La fusillade s'ouvre aussitôt et se poursuit avec une intensité toujours croissante, puis elle paraît se ralentir vers 8 heures 1/2.

C'est alors que, sur l'ordre du maréchal de Mac-Mahon, les divisions prennent les armes, quittent leur camp et se portent vers les emplacements que j'ai indiqués plus haut.

Sur notre droite, la mousqueterie n'a cessé de se faire entendre depuis le moment où les tirailleurs algériens du 3ᵉ régiment, division de Lartigue, qui se rendaient à la Sauer pour y chercher de l'eau, ont été accueillis à coups de fusil par les éclaireurs de la grand'garde de fantassins silésiens du 50ᵉ régiment qui occupait le moulin de Bruchmuhle, flanquée par le 14ᵉ de dragons dont la mission était de relier le 5ᵉ corps prussien au 11ᵉ. Le pont de pierre sur la Sauer, par où passe, à proximité de ce moulin, le chemin de Gunstett à Eberbach, n'avait pu être détruit, faute de poudre. Quant au pont de bois, que nous avions démoli, il avait été reconstruit par l'ennemi de manière à permettre le passage des piétons.

A 7 heures, le général de Lartigue fait exécuter une démonstration vers Gunstett. Notre artillerie met le feu au moulin. Cette canonnade est entendue par l'avant-garde de 11ᵉ corps prussien, qui s'était mise en marche à 6 heures pour exécuter le mouvement qu'on lui avait prescrit, mouvement à la suite duquel ce corps devait précisément avoir ses avant-postes à Gunstett.

L'action est donc engagée sur notre front et sur notre aile droite, mais elle se poursuit lentement, quand, vers 8 heures 1/2, notre aile gauche est à son tour attaquée.

La 4ᵉ division bavaroise, commandée par le général de Bothmer, suivant les instructions qu'il avait reçues la veille au soir, se portait dans la direction de Matstall à Langensoultzbach.

En arrivant à Langensoultzbach, l'avant-garde de cette division entend le canon sur sa gauche et aperçoit notre camp sur les hauteurs de Frœschwiller. Le général de Hartmann, commandant le 2e corps bavarois, en est aussitôt informé. Il rejoint sans tarder son avant-garde, reconnaît la position, envoie, à la partie de ses troupes qui se trouvait encore échelonnée jusqu'à Lembach, l'ordre de hâter leur mouvement, et prescrit à la tête de colonne de marcher sur Frœschwiller.

La 7e brigade bavaroise débouche alors de Langensoultzbach, sous la protection de 2 batteries, et se dirige vers la partie boisée qui monte à Neehwiller.

C'est le 1er régiment de zouaves qui est chargé de recevoir les Bavarois. Ce régiment, commandé par le colonel Carteret-Trécourt, place 2 de ses bataillons en première ligne : le 1er bataillon, commandant Marion, devant la lisière sud du bois de Langensoultzbach, à droite; le 2e bataillon, commandant Desandré, devant la lisière occidentale, à gauche. Quant au 3e bataillon, commandant Bertrand, il se tient en réserve. La ligne de bataille du 1er de zouaves est prolongée vers le nord-ouest par une partie du 45e d'infanterie, vers le sud-est par le 96e d'infanterie. Les batteries divisionnaires d'artillerie s'établissent au-dessus de la naissance du vallon découvert qui descend de Frœschwiller vers Langensoultzbach, entre les deux bois qui portent les noms de ces villages.

Nos batteries ouvrent le feu contre les chasseurs bavarois qui débouchent de Langensoultzbach; les batteries bavaroises ripostent. Mais ce combat d'artillerie n'a qu'une importance secondaire en raison de la distance qui est trop considérable. Le bataillon Marion, du 1er de zouaves, est, d'ailleurs, abrité par les arbres du bois de Frœschwiller; quant au bataillon Desandré, il échappe aux vues des pièces ennemies, devant lesquelles s'étend le bois de Langensoultzbach.

Cependant les tirailleurs bavarois sont péniblement parvenus à gravir le coteau à travers ce bois. Ils se présentent vers la lisière sud pour se précipiter à l'attaque de nos positions, mais ils sont reçus par nos balles et nos obus, et se hâtent de regagner le fourré du bois de Langensoultzbach.

A 9 heures, la bataille était engagée sur tout le front de notre position.

Mais le combat était traînant à Wœrth et à Gunstett, et ne paraissait être sérieux qu'entre Neehwiller, Frœschwiller et Langensoultzbach.

A ce moment, un officier de l'état-major du prince royal de Prusse, qui avait été envoyé de Soultz à Wœrth pour se rendre compte de la canonnade que l'on entendait au quartier général depuis 7 heures du matin dans cette direction, revenait informer son commandant en chef que le 2e corps bavarois et le 5e corps prussien se trouvaient engagés dans un combat qui paraissait être sérieux.

Le prince Frédéric, qui n'avait sans doute pas le sentiment, ni de notre infériorité numérique ni du peu de force de notre position, ou qui obéissait peut-être à des instructions de son père prescrivant de ne prendre l'offensive que le 7, fait aussitôt envoyer, au général de Kirchbach, commandant le 5e corps prussien, l'ordre formel de ne pas accepter le combat et d'éviter tout ce qui pourrait en amener la reprise.

Une erreur ayant été commise par l'officier qui était porteur de cet ordre, le général de Hartmann, qui le reçoit, l'exécute, tandis que le général de Kirchbach, à qui il était destiné, n'en a nullement connaissance et continue la lutte.

C'est cette erreur qui a activé la bataille de Frœschwiller, et qui a été cause de notre défaite. Peut-être aurions-nous été battus, d'ailleurs, si le général de Kirchbach avait refusé la bataille comme on le lui prescrivait.

Bien qu'il n'y eût encore d'engagement qu'entre nos avant-postes et nos lignes de tirailleurs les plus avancées et les avant-gardes ennemies, il est évident que la cessation de combat ne pouvait plus alors se produire que par un mouvement rétrograde de l'un ou l'autre des deux partis en présence.

Si le maréchal de Mac-Mahon s'était décidé, après les premiers coups de fusil, à retirer ses troupes sur les crêtes des Vosges, il est certain qu'elles auraient été harcelées par l'ennemi, puisque le général prussien de Montbary n'avait pris l'initiative de l'attaque de Wœrth que guidé par ce sentiment que nous paraissions lever notre camp. Son hypothèse ne s'étant pas réalisée, il n'avait pas jugé nécessaire de pousser son attaque à fond. Mais, si, réellement, nous avions voulu céder le terrain sans combattre, il aurait montré plus d'énergie et d'audace. Toute l'armée allemande se serait élancée à notre poursuite avec l'ardeur que donne la fuite d'un ennemi qui n'a pas même combattu.

Il était donc trop tard pour que nous puissions éviter le combat. Peut-être était-il temps encore de ne pas le rendre aussi meurtrier et aussi désastreux.

Quant au général de Kirchbach, s'il eût exécuté l'ordre du prince royal de Prusse, ou du moins, s'il l'eût reçu et s'y fût conformé, il aurait également dû s'éloigner des hauteurs de Goersdorf, Wœrth et Gunstett. Fatalement, nous aurions suivi son mouvement et nous serions venus donner en plein contre le centre de l'armée ennemie dont les deux ailes n'auraient eu qu'à se rabattre pour nous enserrer comme dans les branches d'un étau, car elles étaient en marche, elles allaient à un combat probable, si ce n'est immédiat, et elles se trouvaient dans de meilleures conditions que si nous les eussions attaquées, alors qu'elles étaient au repos et indécises. Que l'officier chargé de transmettre l'ordre du prince royal au général de Kirchbach le lui ait remis ou non, la situation n'était pas plus brillante pour nous.

Cependant, comme je l'ai dit plus haut, nous devions, quant à nous, restreindre le combat et prendre tout de suite nos dispositions en vue d'une retraite que commandaient impérieusement toutes les considérations tactiques et stratégiques.

Des reconnaissances qu'avaient faites les divers détachements à leur rentrée de Seltz vers Reichshoffen, des escarmouches que nos troupes avaient eu à soutenir, des mouvements opérés par l'ennemi sur les hauteurs de la rive gauche de la Sauer, il ressortait avec évidence que la 3e armée allemande tout entière poursuivait son déploiement stratégique en Alsace, et que le 1er corps français allait avoir à subir, seul, le formidable choc de cette masse.

Mais, malgré tous ces indices, le maréchal de Mac-Mahon ne croyait pas à une bataille dans la journée du 6. On prétend même qu'en constatant, un peu après 9 heures, le ralentissement de la canonnade du côté des Allemands, il aurait dit aux officiers de son état-major :

« Vous voyez, messieurs, que cela se passera comme je vous le disais ; la grande attaque n'aura pas lieu aujourd'hui. »

Je ne sais si ce propos a été réellement tenu, mais les événements lui donnent un caractère indéniable de vraisemblance.

Ainsi donc, Allemands et Français allaient se livrer une bataille acharnée, bien que le chef des premiers eût donné l'ordre contraire et que le chef des seconds ne le soupçonnât point.

Suivons les péripéties de cette bataille, en faisant remarquer toutefois qu'il est très difficile de les reconstituer, car si les récits authentiques de détail manquent de notre côté, par suite de la mort de la plupart de nos officiers supérieurs et de la perte de presque tous les documents officiels, les Allemands ont apporté de leur côté tant de décousu dans leur action que leur compte rendu est fort peu clair.

Nous avons vu que la première tentative des Bavarois, au sud et à l'ouest du bois de Langensoultzbach, n'avait pas été heureuse.

Peu à peu, l'aile gauche de notre centre avait renforcé sa première ligne qui s'était étendue par le bois de Frœschwiller jusqu'aux pentes de la rive droite dominant le Soultzbach.

La division Ducrot avait encore conservé en réserve le 13e bataillon de chasseurs et le 18e régiment d'infanterie.

Quant au 96e d'infanterie, qui formait l'aile droite de cette division, il restait également près de Frœschwiller.

La 2e brigade de la division Raoult, commandée par le général Lefebvre, était l'aile gauche de la 3e division.

Le 2e régiment de tirailleurs algériens, qui en faisait partie, entre rapidement en ligne sous la direction du colonel Suzzoni, soutenu sur son flanc droit par le 48e d'infanterie, appartenant à la même brigade, et qui se couvre par un épaulement, que l'on avait élevé sur la croupe située entre le bois de Frœschwiller et le chemin de Wœrth à Frœschwiller afin d'obtenir un bon flanquement de la vallée de la Sauer.

Les Bavarois reçoivent de leur côté de nouveaux renforts à tout instant.

Leur aile gauche est menacée par le 2e régiment de tirailleurs algériens qui, par la pointe nord du bois de Frœschwiller, peut déboucher dans la vallée du Soultzbach.

Il est 9 heures 1/2.

Le général de Bothmer, commandant de la 4e division bavaroise, fait entrer tous ses bataillons en ligne, sachant que les 1re, 2e et 3e divisions de la même nationalité s'approchent pour le soutenir.

Comme son flanc gauche surtout est menacé, il y engage successivement les bataillons qui lui arrivent et qui prolongent la ligne de bataille des Bavarois depuis la scierie du Soultzbach jusqu'au vieux moulin du Sauerbach, en garnissant l'éperon boisé qui sépare ces deux cours d'eau.

Cette ligne de 12 bataillons est soutenue par 4 batteries d'artillerie et 4 escadrons de cavalerie.

Le combat prend aussitôt plus d'extension.

La gauche des Bavarois cherche à pousser de l'avant afin de dégager la droite.

La fusillade est très nourrie.

Quant à l'artillerie, elle ne joue qu'un rôle secondaire. Nos batteries, d'ailleurs menacées et accablées d'autre part, comme nous le verrons tout à l'heure, sont obligées de se retirer momentanément. Celles des Bavarois tirent jusque sur Frœschwiller, ne pouvant atteindre nos tirailleurs, qui sont masqués par les bois, sans courir le risque de frapper en même temps leurs propres tirailleurs.

L'infanterie presque seule se trouve donc engagée de part et d'autre dans la proportion de 2 fusils bavarois contre 1 fusil français.

Le 2ᵉ zouaves reprend Wœrth. (Page 334.)

Mais nous sommes complètement condamnés à la défensive, car de grands mouvements de troupe sont aperçus en ce moment, sur la rive gauche, dans la direction de Dieffenbach.

Les Bavarois essayent plusieurs mouvements offensifs, tantôt vers Neehwiller, tantôt vers le vallon découvert qui sépare le bois de Langensoultzbach du bois de Frœschwiller, tantôt vers la lisière nord-est de ce dernier bois.

Sur cette lisière, la situation devient assez critique pour nos troupes, qui, se trouvant en pointe, sont assaillies sur leur flanc gauche, sur leur front et sur leur flanc droit.

Le 2e régiment de tirailleurs algériens s'y maintient avec énergie sous les ordres du colonel Suzzoni, du lieutenant-colonel Colonieu, des commandants Mathieu, Jodosius et Canale, qui dirigent respectivement les 1er, 2e et 3e bataillons de ce régiment.

Le 36e régiment d'infanterie, commandé par le colonel Klien, et qui appartient à la 1re brigade de la 3e division, envoie 2 de ses bataillons, le 1er et le 2e, respectivement placés sous les ordres des commandants Prouvost et Croix, vers le bois de Frœschwiller, où ils renforcent la ligne du 2e régiment de tirailleurs algériens.

Les Bavarois, s'apercevant qu'ils ont peu de monde devant eux, et se sentant soutenus par la formidable artillerie prussienne qui vient de se mettre en batterie entre Dieffenbach et Goersdorf, essayent d'enlever la pointe nord-est du bois de Frœschwiller en même temps que de déboucher de la lisière sud du bois de Langensoultzbach.

Mais nos tirailleurs dirigent contre eux un feu violent, ainsi que la batterie de mitrailleuses de la division Ducrot : zouaves, à gauche, et turcos, à droite, se lancent ensuite à la baïonnette et repoussent les Bavarois sur leurs compagnies de soutien.

Dans ce combat, que les officiers montés dirigent en restant à cheval même sur la ligne de tirailleurs, nous subissons des pertes sensibles. Le commandant Marion, du 1er de zouaves, est tué. Le lieutenant-colonel Colonieu, du 2e de turcos, est blessé une première fois. Le commandant Jodosius, du même régiment, est frappé mortellement. Le commandant Prouvost, du 36e d'infanterie, qui vient d'accourir près du 2e de turcos, est blessé.

Tout à coup, vers 10 heures 1/2, le combat diminue d'intensité du côté des Bavarois.

Presque aussitôt même, l'ennemi commence un mouvement de retraite très marqué en face de notre aile gauche.

Pourtant, l'artillerie prussienne vient à l'instant même de mettre en batterie toutes les pièces dont elle dispose et canonne avec violence nos positions.

Que s'est-il donc passé?

J'ai dit plus haut que le prince royal de Prusse, toujours à Soultz, malgré l'engagement de ses troupes, avait envoyé, vers 9 heure 1/2, au général de Kirchbach, commandant le 5e corps prussien, l'injonction de cesser le combat et de ne pas le reprendre.

L'officier, chargé de cette missive, s'étant trompé, avait transmis l'ordre du général en chef de la 3e armée allemande, non pas au général de Kirchbach, comme on le lui avait prescrit, mais au général de Hartmann, commandant le 2e corps bavarois.

Ce dernier s'y conforme aussitôt, bien que l'opération ne soit pas des plus commodes. Ses troupes sont, en effet, fortement engagées, et dans les conditions les moins favorables, car elles se sont portées en ligne au fur et à mesure de leur arrivée et se trouvent mêlées les unes aux autres. Les retirer, c'est peut-être les exposer à un désastre si nous nous lançons à leur poursuite avec ce sentiment qu'ayant échoué elles cherchent à nous échapper.

Cependant, le général de Hartmann fait reculer la 4e division bavaroise sous la protection de son artillerie.

A 11 heures 1/2, cette division était hors de portée de nos coups.

Nous ne l'avions pas inquiétée, et nous ne songions nullement à la harceler, car la bataille s'engageait alors avec une extrême violence sur notre front, et nous pouvions croire, nous devions même supposer que l'attaque exécutée par les Bavarois n'était qu'une diversion tendant à nous faire dégarnir une partie de notre ligne de bataille pour rendre plus facile l'attaque centrale et principale.

C'est, en réalité, ce qui se serait produit, par l'effet du hasard et non par suite des combinaisons tactiques, si la division Ducrot avait poursuivi la 4e division bavaroise.

Les Allemands ne nous avaient point tendu de piège. Ayant à leur profit la supériorité du nombre, ils continuaient la lutte en accumulant bataillons sur bataillons et en rejetant presque machinalement leur trop-plein sur les ailes jusqu'à arriver au débordement et à l'enveloppement.

Nous verrons si, dans la suite de leurs opérations, ils ont fait preuve de quelque conception stratégique et de quelque manœuvre tactique qui dénote le coup d'œil et le génie chez ceux qui les ordonnent et les exécutent.

Mais, au début de la campagne, ils n'ont eu recours qu'à l'emploi de la masse, de la masse toujours, sans autre idée que l'espoir de nous écraser le plus vite possible et de terminer rapidement la campagne contre la France, comme ils avaient fait contre l'Autriche en 1866.

Vers 8 heures 1/2, la reconnaissance, que le général prussien de Montbary avait dirigée contre Wœrth, retournait derrière la ligne des avant-postes ennemis, quand le combat commençait entre la division Ducrot et la division bavaroise de Bothmer.

Ce retrait d'une partie des forces ennemies, au moment où l'autre partie entre en ligne, montre péremptoirement combien il y avait de désordre dans l'action des troupes allemandes.

L'état-major du 5ᵉ corps prussien craint alors que la cessation de la lutte aux environs de Wœrth nous laisse la liberté de jeter notre aile gauche contre l'aile droite ennemie, et l'on décide de reprendre l'engagement sur notre front.

Les dispositions sont prises en conséquence.

A 9 heures 1/2, l'ordre est donné à l'artillerie du 5ᵉ corps prussien de venir former une énorme batterie de 84 pièces qui servira de centre à la ligne allemande.

Cette batterie se met en position à une distance moyenne de 2,000 à 3,000 mètres de nos pièces. Elle est en ligne sur la crête des saillants qui descendent vers la Sauer, la gauche près de la pointe nord-ouest du bois de Dieffenbach, la droite à côté du chemin de Gœrsdorf à Wœrth.

A 10 heures 1/2, les 84 pièces ouvrent le feu contre nos malheureuses batteries de 4 et de mitrailleuses, qui essayent de soutenir vaillamment ce duel, mais qui sont presque aussitôt réduites au silence.

On peut dire qu'à partir de ce moment, notre infanterie se trouve de plus en plus seule pour lutter contre l'infanterie et l'artillerie de l'ennemi : à l'infériorité du nombre venait donc s'ajouter l'infériorité des moyens de défense.

Mais les Allemands avaient en face d'eux des troupes accoutumées à résister jusqu'à ce que la mort les eût abattues ou jusqu'à ce qu'elles n'eussent plus de munitions.

Je vais dire comment ces héros ont fait leur devoir.

Notre artillerie ayant été presque tout entière obligée de se taire et de se retirer, l'artillerie allemande en profite pour fouiller avec ses projectiles les bois et les dépressions du sol, ainsi que les divers groupes d'habitations qui peuvent servir d'abri à nos soutiens.

Les pièces prussiennes concentrent notamment leurs obus sur le village d'Elsasshausen, où plusieurs incendies se déclarent tout de suite, et sur les environs de ce village, où se trouvent nos faibles réserves d'infanterie, de cavalerie et d'artillerie.

L'attaque ayant été ainsi préparée, les 25 bataillons du 5ᵉ corps prussien, qui tiennent tout le terrain entre Gœrsdorf et Gunstett, reçoivent l'ordre de s'avancer contre notre front, en prenant Wœrth pour premier objectif au centre, et en donnant la main, à droite, au 2ᵉ corps bavarois, à gauche, au 11ᵉ corps prussien, qui entrait en ligne à peu près en même temps que le général de Hartmann retirait ses troupes.

Le moment est solennel.

Les fusiliers wetsphaliens du 37ᵉ régiment se dirigent vers Wœrth, tandis que les Silésiens du 50ᵉ régiment marchent sur Spachbach, suivis en seconde ligne par les autres régiments de la 10ᵉ division que commande le général de Schmidt.

L'artillerie allemande redouble son feu.

Les tirailleurs du 37ᵉ prussien d'infanterie trouvent encore Wœrth inoccupé ; mais le pont est détruit. Une passerelle, aussitôt construite avec des madriers et des perches à houblon, donne passage à quelques compagnies tandis que d'autres franchissent la rivière à gué. Le 50ᵉ prussien descend d'Oberhof et débouche à mi-chemin entre Spachbach et Wœrth.

Ces troupes prennent pied dans la vallée de la Sauer, en s'abritant comme elles peuvent contre les coups de fusil de nos tirailleurs que l'artillerie ennemie canonne toujours, tandis que nos batteries, ainsi que le reconnaît le récit du grand état-major allemand « gardaient un silence presque complet ».

Enfin, les fusiliers westphaliens, après avoir d'abord solidement occupé le périmètre du bourg de Wœrth et bien garni les maisons qui font face à l'ouest, se lancent à l'assaut de nos positions.

Notre centre se trouve alors constitué de la façon suivante, de la gauche à la droite :

A gauche, le 48ᵉ régiment de la brigade Lefevre, division Raoult, depuis la pointe sud-est du bois de Frœschwiller où se trouvent le 2ᵉ tirailleurs algériens et 2 bataillons du 36ᵉ, qui concourent, à la défense de ce bois ;

A droite du 48ᵉ, près du chemin de Wœrth à Frœschwiller, le 3ᵉ bataillon du 36ᵉ d'infanterie, sous les ordres du commandant Lamau ;

Au centre, le 2ᵉ de zouaves, entre le chemin de Wœrth à Frœschwiller et le chemin de Wœrth à Elsasshaussen, sous les ordres du colonel Détrie ;

A droite du 2ᵉ de zouaves, le 3ᵉ d'infanterie, commandé par le colonel Champion, que le général Conseil-Dumesnil fait porter en première ligne pour relier la droite du 2ᵉ de zouaves et la gauche de 1ᵉʳ bataillon du 21ᵉ d'infanterie, de la même division, avec lequel le commandant de Labeaume occupe le mamelon du Calvaire ;

A droite du 1ᵉʳ bataillon du 21ᵉ d'infanterie, le 2ᵉ bataillon du 56ᵉ, commandant Billot, de la brigade Fraboulet de Kerléadec, division de Lartigue, entre le mamelon du Calvaire et le bois de Niederwald que tient le 3ᵉ régiment de zouaves, commandé par le colonel Bocher ;

A droite et en avant du 3ᵉ de zouaves, à la pointe sud-est du bois de

Niederwald, se tient le 1ᵉʳ bataillon de chasseurs, commandant Bureau, avec 2 bataillons du 56ᵉ d'infanterie.

A l'extrême aile droite, mais face au sud-est, le 3ᵉ régiment de tirailleurs algériens, de la brigade Lacretelle, également de la division de Lartigue, est placé à l'ouest de la ferme d'Albrechttshhauserhof avec un détachement à Morsbronn.

Le 78ᵉ d'infanterie se trouve derrière le 48ᵉ; le 8ᵉ bataillon de chasseurs, tout près du 2ᵉ régiment de zouaves; le 17ᵉ bataillon de chasseurs, presque à hauteur et à droite du 1ᵉʳ bataillon du 21ᵉ, en partie du moins.

Quant à l'artillerie, elle s'efforce de mettre en action 4 de ses batteries dont 1 de mitrailleuses, et nos pièces tirent alors à toute volée contre l'infanterie ennemie, mais elles sont rapidement obligées de disparaître pour ne revenir prendre part au combat que par instants très courts.

Les fusiliers westphaliens du 37ᵉ régiment se lancent hors de Wœrth pour marcher à l'attaque des pentes couvertes de vignes que nous couronnons de nos feux. Soutenus par leur formidable artillerie, ils font quelque progrès, tandis que les Silésiens du 50ᵉ régiment appuient leur flanc gauche.

Nos tirailleurs dirigent contre eux un feu si meurtrier qu'ils les obligent à battre en retraite.

A ce moment, un immense cri de « En avant! » part du 2ᵉ régiment de zouaves et se répercute sur toute la ligne.

Les 2ᵉ et 3ᵉ bataillons de ce régiment, commandés respectivement par les commandants Soye et Coiffé, prennent le pas de course, la baïonnette au canon, et se ruent sur l'ennemi, entraînant avec eux le 3ᵉ bataillon du 36ᵉ d'infanterie et le 1ᵉʳ bataillon du 21ᵉ.

Devant cet impétueux retour offensif, les Allemands se retirent précipitamment, et les zouaves du 2ᵉ régiment, lancés à leur poursuite, pénètrent dans Wœrth d'où l'ennemi est obligé de se sauver à la hâte pour se replier sur les soutiens et sur les batteries qui garnissent les crêtes à l'est du bourg.

Les Silésiens du 50ᵉ régiment, ayant échoué de leur côté dans l'attaque du mamelon du Calvaire et du mamelon d'Elsasshausen, reculent en même temps que les Westphaliens du 37ᵉ.

Pourtant, la gauche du centre ennemi vient justement de recevoir le renfort du 11ᵉ corps d'armée prussien.

L'avant-garde de ce corps d'armée avait d'abord marché dans la direction du canon vers 7 heures du matin, comme je l'ai dit précédemment. Mais le bruit du combat ayant complètement cessé quelques minutes plus tard, c'est-à-dire alors que l'avant-garde du 5ᵉ corps prussien avait terminé la reconnaissance sur Wœrth et que l'avant-garde du 2ᵉ corps bavarois n'avait pu encore déboucher de Langensoultzbach, la 21ᵉ division commençait à s'installer dans les bivouacs qui lui avaient été assignés autour d'Hœlschloch, quand le général de Schachtmeyer, qui la commande, est informé que son avant-garde, en s'approchant de Gunstett, par où elle doit se relier avec la gauche des avant-postes du 5ᵉ corps prussien, voit un camp français du côté d'Elsasshausen.

La canonnade, d'ailleurs, vient de recommencer.

La 21ᵉ division quitte aussitôt les emplacements qu'elle devait occuper toute la journée en repos, et se dirige sur Gunstett où elle suppose qu'elle pourra soutenir l'extrême aile gauche du 5ᵉ corps prussien.

La 41ᵉ brigade d'infanterie arrive sur la partie de la rive gauche de la Sauer, au moment où la 10ᵉ division, sur sa droite, essaye de déboucher de Wœrth ; soutenus par 4 batteries qui sont venues se placer sur le mamelon entre Gunstett et Spachbach, les chasseurs hessois du 11ᵉ bataillon et les fantassins nassauviens du 87ᵉ régiment se présentent au feu.

Le combat s'étend alors entre Gunstett et Spachbach, le bois de Niederwald et la ferme d'Albrechttshauserhof.

L'ennemi se lance à l'attaque des positions que nous occupons.

Il a devant lui le 1ᵉʳ bataillon de chasseurs, le 3ᵉ régiment de zouaves, et 2 bataillons du 56ᵉ d'infanterie qu'essayent de soutenir les batteries de la division de Lartigue, mais celles-ci sont rapidement réduites au silence, tandis que les 4 batteries de la 21ᵉ division prussienne continuent à seconder puissamment les efforts des bataillons de cette division.

Vers 11 heures, le combat devient aussi acharné devant notre aile droite que devant notre centre.

Les Prussiens prennent l'offensive, mais ils sont bientôt obligés de s'arrêter ; ayant reçu des renforts, ils se lancent de nouveau vers la lisière du bois de Niederwald et vers le mamelon d'Albrechttshauserhof.

Nos tirailleurs tiennent bon : bientôt l'assaillant hésite, puis, quand le 37ᵉ et le 50ᵉ, sur sa droite, se retirent en désordre, il recule à son tour.

Les chasseurs du 1ᵉʳ bataillon, les zouaves du 3ᵉ régiment, les fantassins du 56ᵉ régiment et les tirailleurs du 3ᵉ régiment qui participe aussi à cet engagement, se jettent en avant, bousculent l'ennemi, le poursuivent et l'obligent à repasser la Sauer dans la direction du moulin de Bruchmuhle.

Nous faisons, sur cette partie du champ de bataille, des pertes considérables : le lieutenant-colonel Deshorties de Beaulieu et le commandant Pariset, du 3ᵉ de zouaves, sont tués, ainsi que le commandant Bureau du 1ᵉʳ bataillon de chasseurs.

Vers 11 heures 1/2, les troupes allemandes ont échoué dans toutes leurs tentatives.

« Le combat a confondu toutes les compagnies »... qui se trouvent « en quelque sorte, sans direction » et qui ont dû refluer « pêle-mêle » jusqu'à Spachbach, où il devient seulement possible de « remettre un peu d'ordre » dans les rangs de « l'infanterie ébranlée ». Ainsi s'exprime le compte rendu officiel du grand état-major prussien sur l'insuccès des 5e et 11e corps prussiens, joint à celui du 2e corps bavarois.

« En résumé, y est-il dit, les trois corps de première ligne de la 3e armée s'étaient trouvés entraînés, pour des fractions plus ou moins considérables de leurs effectifs, dans une action qui, en se prolongeant, les avait contraints à renoncer sur certains points aux avantages déjà obtenus, tandis que, sur d'autres, on ne se maintenait plus qu'avec peine contre les énergiques attaques des Français. »

L'ennemi avoue donc qu'à midi nous nous trouvions dans une situation satisfaisante.

Il reconnaissait même, en ce qui le concerne, que « l'épuisement de la plupart des hommes et la grande consommation des munitions exigeaient un moment de répit » chez les Allemands, et que l'on ne pouvait disposer de leur côté que des troupes qui avaient le moins donné pour reprendre le combat.

Ce moment aurait dû être choisi par le maréchal de Mac-Mahon pour retirer son corps d'armée. Son artillerie avait été si complètement maîtrisée par la supériorité des batteries allemandes, en nombre, en portée et en justesse, que, malgré tout le dévouement de ses officiers et de ses soldats, elle pouvait être considérée dès lors comme presque inutile ; d'autre part, on voyait de toutes parts accourir de nouvelles troupes ennemies vers le centre, comme vers les deux ailes.

Nous pouvions nous replier fort honorablement.

Nous le devions même.

Je suis le premier à reconnaître que la détermination était cruelle pour un chef vaillant et pour des troupes braves qui, depuis de longues années, ne connaissaient pas d'autre fin de bataille que la victoire ou la mort. Je comprends parfaitement que l'on hésite à paraître céder par appréhension du danger, et que l'amour-propre s'oppose à cette reculade, tant il semble que le sentiment qui la dicte soit inspiré par un intérêt personnel. Mais les généraux qui commandent devant l'ennemi doivent toujours être assez maîtres d'eux-mêmes pour ne pas se laisser influencer par les considérations qui ne concernent que leur individualité. Il faut que celle-ci s'efface. Leur premier devoir est, en toute circonstance, de se

L'artillerie allemande traverse Wœrth. (Page 343.)

rappeler que le sort du pays leur a été confié, que leur responsabilité leur ordonne de ne jamais le compromettre, qu'ils sont tenus de faire abstraction de tout ce qui ne tend pas à l'accomplissement entier et direct de la mission dont ils sont investis.

Nous avions tenu l'ennemi en respect.

Mais, au moment où nous venions de lui infliger un échec, nous savions que ses masses innombrables s'avançaient pour nous assaillir.

Nous devions nous porter hors de leur atteinte.

Elles avaient, du reste, été si malmenées, dans la matinée, jusque vers midi, qu'elles se seraient probablement montrées fort circonspectes et nous auraient peut-être laissés effectuer notre mouvement sans se montrer trop entreprenantes.

Le maréchal de Mac-Mahon ne sut pas ou ne voulut pas profiter de ce moment psychologique.

Et pourtant, le commandant du 5e corps prussien sentait si bien son impuissance que, vers 11 heures 1/2, à la suite des attaques infructueuses de ses troupes, il demandait au commandant du 2e corps bavarois de reprendre le combat et au commandant du 11e corps prussien de venir rapidement à son aide.

Le général de Bose lui fit répondre qu'il pouvait compter sur le concours du 11e corps prussien.

Quant au général de Hartmann, qui avait reçu une heure auparavant l'ordre de se retirer et qui terminait l'exécution de cet ordre, il supposa que le général de Kirchbach avait des instructions nouvelles et il l'informa qu'il allait se reporter en avant.

Ainsi donc, c'est un simple commandant de corps d'armée qui, de sa propre initiative, engageait une bataille, sans même demander l'avis de son général en chef.

L'événement a justifié sa détermination, puisqu'en agissant ainsi il a eu le bonheur de préparer une victoire.

Mais je signale le fait, parce qu'il peut servir d'enseignement aux généraux de notre armée qui ont trop coutume d'attendre des ordres et qui hésitent toujours, quand ils n'y renoncent pas, à tirer parti des circonstances favorables que le hasard leur offre.

Jusqu'alors, d'ailleurs, le prince royal de Prusse ne paraissait avoir attaché qu'une importance secondaire à l'engagement de ses troupes. C'est « contrairement à son attente », paraît-il, qu'il entendait encore le grondement du canon, et c'est, vers midi, seulement qu'il se décide à quitter son quartier général de Soultz pour venir se rendre compte de la situation.

Il se dirigeait vers le champ de bataille, quand un officier du 5e corps prussien vint lui déclarer que le général de Kirchbach, se trouvant dans l'impossibilité de rompre le combat, venait de faire appel à ses collègues du 2e corps bavarois et du 11e corps prussien.

A 1 heure, le prince royal de Prusse arrivait à hauteur des troupes de seconde ligne et trouvait deux de ses corps d'armée, le 5ᵉ et le 11ᵉ, fortement engagés avec le 1ᵉʳ corps français sur les rives de la Sauer depuis le vieux moulin de Gœrsdorf jusqu'au moulin de Bruchmuhle, le gros des forces entre Wœrth et Spachbach.

Après avoir examiné le champ de bataille, pris connaissance des forces dont il pouvait disposer et évalué les nôtres, le prince royal donnait les ordres suivants :

Au 5ᵉ corps prussien, d'attendre qu'il fût bien encadré pour attaquer Frœschwiller par Wœrth ;

Au 2ᵉ corps bavarois, d'agir contre notre flanc gauche de manière à aller s'établir au delà, dans la direction de Reichshoffen ;

Au 1ᵉʳ corps bavarois, de venir se placer entre le 2ᵉ corps bavarois à droite et le 5ᵉ corps prussien à gauche ;

Au 11ᵉ corps prussien, de se porter de Gunstett et de Spachbach vers Frœschwiller par Elsasshausen et le Niederwald ;

A la division wurtembergeoise, de suivre le mouvement du 11ᵉ corps prussien par Gunstett ;

A la division badoise, de gagner Surbourg ;

A la division de cavalerie, de ne pas quitter ses bivouacs.

Le prince royal, après avoir encore recommandé au général de Kirchbach, d'attendre l'entrée en ligne de toutes les troupes des ailes pour renouveler son attaque, allait ensuite prendre position sur le mamelon situé à l'ouest de Dieffenbach d'où il suivit la fin de la bataille.

Il faisait donc marcher contre nous tous les corps d'armée qu'il avait sous la main.

Il fallait, ou qu'il ignorât le faible effectif des troupes commandées par le maréchal de Mac-Mahon, ou qu'il estimât bien haut leur valeur, pour recourir à un si grand déploiement de forces.

Il est vrai que, malgré la supériorité écrasante de leur artillerie, les Prussiens du 5ᵉ corps ne faisaient aucun progrès. D'après les termes mêmes de leur rapport officiel, ils « n'avançaient que lentement et pas à pas, tous leurs bataillons se trouvant confondus, les officiers étant, en majeure partie, tués ou blessés. »

Mais le général de Kirchbach avait constaté notre réelle infériorité numérique, en comparaison du nombre de canons et de fusils que le prince royal de Prusse pouvait nous opposer, si les corps allemands non engagés arrivaient assez à temps sur le champ de bataille pour nous assaillir par un vigoureux effort d'ensemble.

Son but devait donc être de nous retenir sur les bords de la Sauer, d'y continuer la lutte contre notre centre jusqu'à ce que les deux ailes de l'ordre de bataille ennemies fussent à même de se rabattre sur nos deux flancs.

C'est le parti qu'il adopte.

En conséquence, il engage tout son corps d'armée et le fait soutenir par sa formidable artillerie.

La disposition générale de nos troupes est, à ce moment, la suivante de la gauche à la droite :

Dans la 1re division du 1er corps, général Ducrot :

3e brigade, général du Houlbec : 1er régiment de zouaves et 45e d'infanterie, en position devant la lisière sud et la lisière ouest du bois de Langensoultzbach, le 1er de zouaves à droite et le 45e d'infanterie à gauche, sur les mêmes emplacements que le matin ;

1re brigade, général Wolff : 13e bataillon de chasseurs, 18e et 96e régiments d'infanterie, en réserve à l'ouest et au nord de Frœschwiller.

Dans la 3e division du 1er corps, général Raoult :

2e brigade, général Lefebvre : 48e régiment d'infanterie et 2e de tirailleurs algériens, sur la lisière nord, nord-est et sud du bois de Frœschwiller ;

1re brigade, général l'Hériller : 8e bataillon de chasseurs, sur la lisière est de ce bois; 36e régiment d'infanterie, sur la lisière nord, moins 1 bataillon établi sur la gauche du 2e de zouaves qui tient les deux chemins de Wœrth à Frœschwiller et à Elsasshausen.

Dans la 1re division du 7e corps, général Conseil-Dumesnil :

1re brigade, sans commandant, le général Nicolaï étant tombé gravement malade : 17e bataillon de chasseurs, au sud-ouest du mamelon du Calvaire; 3e régiment d'infanterie, entre ce mamelon et le bois de Niederwald ; 1er bataillon du 21e régiment, au mamelon du Calvaire, sur la droite du 2e de zouaves, les 2 autres bataillons du 21e à Haguenau ;

2e brigade, général Maire : 47e et 99e régiments d'infanterie en réserve à l'ouest d'Elsasshausen, moins le 1er bataillon du 47e qui tient la droite de celui du 21e et le 1er bataillon du 99e qui s'est avancé à mi-chemin entre le village d'Elsasshausen et le bois de Niederwald :

Dans la 4e division du 1er corps, général de Lartigue :

1re brigade, général de Kerlèadec : 1er bataillon de chasseurs, à Albrechtshauserhof et en face du moulin de Bruchmuhle sur la route de Haguenau à Wœrth; 3e régiment de zouaves, sur la lisière est du bois de Niederwald, moins le 3e bataillon qui se tient en réserve à l'autre extrémité du bois, près du 99e ; 56e régiment, à droite du 1er bataillon de chasseurs, à l'extrême aile droite de la ligne de bataille, moins le 2e bataillon qui flanque la gauche du 3e régiment de zouaves ;

2e brigade, général Lacretelle : 3e régiment de turcos échelonné entre le village de Morsbronn et la ferme d'Albrechthauserhof, le 87ᵉ d'infanterie ayant été laissé à Strasbourg comme on le sait.

Dans la 2ᵉ division du 1ᵉʳ corps d'armée, sans commandement depuis la mort du général Abel Douay :

1ʳᵉ brigade, général de Montmarie : 16ᵉ bataillon de chasseurs, en réserve derrière l'extrême aile gauche de la ligne de bataille, en dehors du terrain de combat; 50ᵉ et 74ᵉ régiments d'infanterie, en réserve au sud-ouest de Frœschwiller ;

2ᵉ brigade, général Pellé : 78ᵉ régiment d'infanterie, sur la lisière nord et est du bois de Frœschwiller: 1ᵉʳ de tirailleurs algériens, en réserve à l'ouest d'Elsasshausen.

Ainsi donc, nous avions :

A notre aile gauche, 6 bataillons du 1ᵉʳ régiment de zouaves et du 45ᵉ d'infanterie :

Sur notre front, 28 bataillons, savoir :

1° Dans le bois de Frœschwiller, 12 bataillons, dont : le 8ᵉ de chasseurs, 2 bataillons du 36ᵉ régiment d'infanterie, 3 du 48ᵉ, 3 du 78ᵉ et 3 du 2ᵉ de tirailleurs algériens ;

2° Au centre, entre le bois de Frœschwiller et celui de Niederwald, 9 bataillons, dont : le 17ᵉ de chasseurs, 3 bataillons du 3ᵉ régiment d'infanterie, 1 du 21ᵉ, 1 du 36ᵉ, 3 du 2ᵉ de zouaves ;

3° Dans le bois de Niederwald, 7 bataillons, dont : le 1ᵉʳ de chasseurs, 3 bataillons du 3ᵉ régiment de zouaves et 3 du 56ᵉ d'infanterie.

A notre aile droite, 3 bataillons du 3ᵉ régiment de tirailleurs algériens ;

En réserve, 20 bataillons, savoir :

1° Derrière la gauche du centre, 7 bataillons, dont : le 13ᵉ de chasseurs et 3 bataillons du 18ᵉ régiment d'infanterie et 3 du 96ᵉ ;

2° Derrière la droite du centre, 13 bataillons dont 4 bataillons très faibles des 50ᵉ et 74ᵉ régiments d'infanterie, 6 bataillons des 47ᵉ et 99ᵉ régiments d'infanterie en partie déjà engagés; et 3 bataillons du 1ᵉʳ régiment de tirailleurs algériens ;

4° Hors de portée, le 16ᵉ bataillon de chasseurs ;

La cavalerie formait également trois groupes distincts :

1° Derrière l'aile gauche, la 2ᵉ division de réserve, général de Bonnemains à l'ouest de Frœschwiller ;

2° Derrière le centre, la brigade de Septeuil, au sud de Frœschwiller ;

3° Derrière la droite, la brigade Michel, près d'Eberbach.

Les escadrons de la brigade de cavalerie de Nansouty étaient pour moitié répartis entre les divisions d'infanterie.

Les batteries divisionnaires d'artillerie se tenaient à hauteur de leurs troupes, prêtes à participer au combat, dès que l'occasion s'offrirait à elles de tirer sur l'infanterie ennemie sans être aussitôt écrasées par l'artillerie allemande.

Quant à la réserve d'artillerie du corps d'armée, elle attendait, au sud-ouest de Frœschwiller, le moment d'entrer en action.

Il y avait eu, entre 12 heures 1/2 et 1 heure, un temps d'arrêt dans l'attaque; ce ralentissement du feu correspondait avec l'arrivée du prince royal de Prusse qui avait alors donné à ses troupes l'ordre d'accourir à droite et à gauche et prescrit au centre de ne rien précipiter par crainte d'un échec.

Le commandant du 5e corps prussien, ayant pris la détermination de maintenir le combat sans l'activer jusqu'à ce qu'il fût appuyé sur les deux flancs, estime en tout cas qu'il lui faut porter tous ses bataillons en ligne et faire avancer son artillerie.

En conséquence, il ordonne à la 9e division de déboucher par Spachbach et de prendre pour objectif Elsasshausen, en même temps qu'un mouvement offensif sera dirigé par le 11e corps prussien, du moulin de Bruchmuhle sur la ferme d'Albrechtshauserhof.

Le 10e division, de son côté, sortira de Wœrth et s'avancera; à droite, vers la lisière sud-est du bois de Frœschwiller; à gauche, vers le mamelon du Calvaire.

Il fallait ménager d'abord un passage à l'artillerie qui viendrait seconder immédiatement l'infanterie dans ce mouvement offensif.

Mais les troupes allemandes ne peuvent que difficilement s'avancer à travers le bourg de Wœrth, dont les rues sont remplies de soldats qui se traînent péniblement, d'habitants affolés qui cherchent partout un abri. Puis les ponts ont été de nouveau détruits.

Enfin nos batteries reprennent le feu avec énergie pour arrêter la marche de l'ennemi; les obus sèment le désordre et l'épouvante au milieu de cet encombrement. La fusillade redevient furieuse.

Le 2e régiment de zouaves profite habilement de cet instant propice et se précipite sur le bourg.

Un combat sanglant s'engage dans les rues de Wœrth.

Mais de nouveaux renforts arrivent au secours des Prussiens. Toutes les fractions disponibles des 9e et 10e divisions d'infanterie se jettent contre nous. Aux fusiliers wesphaliens du 37e régiment se joignent les fantassins silésiens des 46e et 50e régiments, ainsi que les grenadiers prussiens du 6e régiment; les Silésiens du 4e régiment de dragons se tiennent près de la sortie est du bourg en cas de retraite et de poursuite; de leur côté, les fantassins posnaniens des 58ᵉ et 59ᵉ régiments, les grenadiers prussiens du 7ᵉ régiment, régiment du roi, les fantassins silésiens du 47ᵉ régiment prononcent, sur le flanc droit du 2ᵉ régiment de zouaves, un énergique retour offensif par Spachbach, dans la direction du mamelon du Calvaire, ainsi que vers la pointe nord-est du bois de Niederwald.

L'artillerie allemande continue à nous canonner du haut des coteaux de la rive gauche de la Sauer.

Le 3ᵉ bataillon du 36ᵉ régiment d'infanterie et le 1ᵉʳ bataillon du 21ᵉ régiment secondent vaillamment l'attaque impétueuse des zouaves, celui-là au nord du chemin de Frœschviller, celui-ci vers le mamelon du Calvaire.

Mais notre artillerie est réduite au silence.

Les munitions de notre infanterie diminuent.

Les forces de tous ces braves s'épuisent.

Le colonel Détrie et le lieutenant-colonel le Toullec, du 3ᵉ régiment de zouaves, sont blessés ainsi que le commandant Coiffé, du 3ᵉ bataillon; les commandants Figarol et Soye, du 1ᵉʳ et du 2ᵉ bataillon, tombent mortellement frappés, de même que le commandant de Labeaume, du 1ᵉʳ bataillon du 21ᵉ régiment.

Il faut se retirer.

Nos vaillantes troupes s'y décident, mais en tenant tête à l'ennemi qui, malgré son écrasante supériorité numérique, ne s'avance pourtant qu'avec prudence.

Il est 2 heures.

Les Allemands sont enfin maîtres de Wœrth.

Ils y font passer la moitié des batteries du 5ᵉ corps prussien qui parvient à se frayer un chemin à travers les blessés, les mourants et les morts, en même temps que l'autre moitié se porte sur le chemin de Wœrth à Gœrsdorf.

L'assaut est alors donné à nos positions.

Mais le tir de notre infanterie est si meurtrier que l'ennemi engage toutes ses troupes jusqu'à la compagnie de pontonniers du corps d'armée.

Enfin les Silésiens du 46ᵉ régiment parviennent à prendre pied sur une croupe à mi-chemin entre le bois de Frœschwiller et le chemin de Wœrth à Frœschwiller, croupe mal flanquée par suite de la configuration du terrain, en même temps que les Silésiens du 47ᵉ régiment débordent le 1ᵉʳ bataillon du 21ᵉ et s'établissent sur le mamelon du Calvaire où une batterie à cheval du 11ᵉ corps prussien vient prendre position.

Ce 11ᵉ corps ennemi entre alors en ligne tout entier et se dirige vers la droite de notre centre ainsi que vers l'aile droite de notre front de bataille.

Presque au même moment, le 1er corps bavarois arrive au combat et la division wurtembergeoise débouche vers le sud.

Notre défaite est certaine.

Nous n'avons plus qu'un but à atteindre, c'est que notre échec n'aboutisse pas à un désastre.

Pendant que le combat prenait au centre une tournure défavorable pour nous, le 11e corps prussien tout entier se porte en masse contre notre aile droite.

Nous n'avons su profiter d'aucun moment favorable, soit pour pousser de l'avant, soit pour nous éloigner.

La bataille est livrée par nos soldats presque sans direction.

Les généraux donnent à tous l'exemple de la bravoure, mais ils ne reçoivent pas d'ordre du commandement, et ils en sont réduits à remplacer, sur la ligne des tirailleurs, les officiers supérieurs qui ont presque tous été mis hors de combat.

Dès lors, la supériorité de l'artillerie ennemie et la supériorité du nombre des adversaires vont avoir l'avantage sur les quelques poignées d'héroïques soldats qui luttent jusqu'à ce qu'ils n'aient plus de munitions, jusqu'à ce qu'ils soient mis hors de combat, jusqu'à ce qu'ils soient cernés et pris.

Pas plus que le 2e corps bavarois ni que le 5e corps prussien, le 11e corps n'avait été heureux au début de l'action dans ses tentatives sur la rive droite de la Sauer. Son avant-garde avait été repoussée vers Bruchmuhle par le 1er bataillon de chasseurs, par les 1er et 3e bataillons du 56e régiment d'infanterie.

Le général de Bose, tout en promettant au général de Kirchbach d'appuyer la gauche du 5e corps d'armée, avait compris qu'il ne parviendrait à briser notre énergique résistance qu'en dirigeant contre notre aile droite tout le 11e corps prussien. Connaissant fort bien l'impuissance de notre artillerie et son insuffisance numérique, il met d'abord en action toute son artillerie de corps d'armée à proximité de Gunstett. Bientôt 12 batteries ouvrent contre notre aile droite le feu de leurs 72 pièces. Cette masse considérable, jointe aux 84 pièces du 5e corps d'armée dont elle prolonge la ligne au sud, est si peu en proportion avec l'espace restreint du champ de bataille que, selon le compte rendu officiel de l'état-major allemand, 2 batteries du 11e corps ne purent être mises en ligne, « la place faisant défaut pour les y introduire ».

Charge des 8ᵉ et 9ᵉ cuirassiers à Morsbronn. (Page 350.)

Que pouvait tout le dévouement de nos officiers et de nos soldats d'artillerie? Rien, ou si peu qu'il leur était impossible de soutenir le duel.

On fait appel cependant à une partie de notre artillerie de réserve qui vient renforcer les batteries de la division de Lartigue, et que l'on envoie à l'aide de la division Dumesnil arrivée sans un canon sur le champ de bataille, j'ai dit à la suite de quelles circonstances.

Mais bientôt notre artillerie est réduite au silence pour la seconde fois.

Nos batteries de réserve se retirent, à l'exception des 12 pièces mises à la disposition du général Dumesnil.

Ces 12 pièces, ainsi que nos mitrailleuses, s'efforcent de s'abriter contre le tir de l'artillerie ennemie et de concentrer leur feu contre l'infanterie.

Il en est de même pour les deux batteries de la division de Lartigue.

Sous la protection de sa formidable artillerie, le 11ᵉ corps prussien se dispose alors à franchir la Sauer, sa droite vers le moulin de Bruchmuhle, son centre à Gunstett, sa gauche par le village de Durrenbach dont le pont n'a pas été détruit.

La droite du 11ᵉ corps prussien marche sur la lisière du bois de Niederwald occupé par le 3ᵉ régiment de zouaves, le centre vers la ferme d'Albrechtshauserhof que défend une compagnie du 1ᵉʳ bataillon de chasseurs, la gauche vers le village de Morsbronn en arrière duquel se tient le 3ᵉ régiment de tirailleurs algériens. Par la direction concentrique de ce mouvement, le 1ᵉʳ bataillon de chasseurs, les 1ᵉʳ et 3ᵉ bataillons du 56ᵉ régiment d'infanterie, qui combattent toujours entre la ferme d'Albrechtshauserhof et le village de Gunstett, courent donc le risque d'être enveloppés et complètement séparés des autres bataillons de la division de Lartigue.

D'autre part, l'aile gauche du 5ᵉ corps prussien se porte vers le mamelon du Calvaire, que défendent le 1ᵉʳ bataillon du 21ᵉ et le 1ᵉʳ bataillon du 47ᵉ, soutenus par une partie du 17ᵉ bataillon de chasseurs.

Le centre du 5ᵉ corps prussien s'établit entre Wœrth et Frœschwiller mais tend vers la gauche du 1ᵉʳ corps bavarois qui cherche à envelopper le bois de Frœschwiller.

A ce moment, le 1ᵉʳ corps bavarois, conduit par le général de Tann, exécute l'ordre qui lui a été envoyé de passer la Sauer au Vieux-Moulin de Gœrsdorf et de soutenir à la fois l'aile gauche du 2ᵉ corps bavarois, qui rentre en ligne par le bois de Langensoultzbach, et l'aile droite du 5ᵉ corps prussien, qui a le bois de Frœschwiller pour objectif.

Pendant qu'à l'extrême aile droite le 2ᵉ corps bavarois tente du côté de Neehwiller une nouvelle attaque aussi malheureuse que la précédente, la division wurtembergeoise, qui marche en tête du corps Werder, a été invitée à hâter sa marche et à venir former l'extrême aile gauche de la ligne ennemie.

Entre 12 heures et 1 heure de l'après-midi, ce grand mouvement enveloppant se dessine au nord, à l'est et au sud.

Au centre de la ligne ennemie, le 1er corps bavarois et le 5e corps prussien, se sentant appuyés à bonne portée, dirigent une attaque générale contre la position de Frœschwiller, contre le mamelon du Calvaire et contre la lisière est et sud du bois de Frœschwiller.

Nos troupes, accablées par la supériorité de l'artillerie et de l'infanterie ennemies, sont obligées de céder.

De son côté, le 11e corps prussien, qui a préparé son attaque par le feu de ses 72 pièces, s'élance contre la lisière est et sud du bois de Niederwald, ainsi que contre la ferme d'Albrechtshauserhof.

Là encore nous sommes obligés de reculer.

Ce premier effort a fait tomber aux mains des Allemands une partie du bois de Frœschwiller et du bois de Niederwald, ainsi que le mamelon du Calvaire et la ferme d'Albrechtshauserhof.

Mais nos tirailleurs se sont retirés à courte distance et continuent leur feu contre les Prussiens.

Le général Lacretelle, qui surveille, du haut du clocher de Morsbronn, le mouvement de l'extrême aile gauche de l'ennemi, s'aperçoit alors que nous allons être tournés de ce côté.

Il fait évacuer le village par le faible détachement du 3e régiment de tirailleurs algériens qui l'occupait et qui ne recule que pas à pas, en tenant tête à l'ennemi. Ce régiment s'établit au sud d'Eberbach, où il flanque la droite du 3e régiment de zouaves qui tient vaillamment dans le bois de Niederwald.

En même temps, le 3e régiment d'infanterie se porte entre le mamelon du Calvaire et la lisière nord du bois de Niederwald pour soutenir le 1er bataillon du 21e, dont le commandant de Labeaume vient d'être tué ainsi que le lieutenant-colonel Doineau, du même régiment, et pour seconder le 1er bataillon du 47e qui a également perdu son commandant.

Le colonel Champion, du 3e régiment d'infanterie, enlève brillamment sa troupe à travers un espace découvert et la précipite sur les Hessois, les Thuringiens et les Nassauviens qui reculent. Il est blessé à son tour, et le colonel Morand, du 21e d'infanterie, prend la direction du combat sur tout le terrain compris entre le chemin de Wœrth à Elsasshausen et la lisière nord du bois de Niederwald, autour du mamelon du Calvaire : il a sous ses ordres, mais pêle-mêle, des hommes du 1er bataillon du 21e régiment d'infanterie, du 1er bataillon du 47e régiment, du 17e bataillon de chasseurs, et tout le 3e régiment d'infanterie.

Les Allemands ne font que peu de progrès.

Le prince royal de Prusse envoie de nouveaux ordres au général de Tann et au général de Werder, pour qu'ils se hâtent de faire respectivement entrer en ligne le 1er corps bavarois et la division wurtembergeoise.

Mais, si notre résistance oblige les Prussiens du 5e corps d'armée à attendre devant Wœrth l'arrivée de nouveaux renforts, le 11e corps prussien parvient peu à peu à déborder notre extrême aile droite.

Le général de Lartigue, qui commande de ce côté, fait savoir au maréchal de Mac-Mahon que les trois régiments de sa division sont tous en ligne sans une réserve, ainsi que son bataillon de chasseurs, et que les munitions commencent à s'épuiser.

Le maréchal lui envoie un de ses aides de camp, le colonel Broye, qui vient demander à la division de combattre jusqu'à la dernière extrémité, la division de Lespart devant arriver d'un instant à l'autre et changer la marche de l'engagement.

Le 3e régiment de zouaves tient ferme dans le bois de Niederwald.

Quant aux 2 bataillons du 56e, qui ont été tournés à droite et à gauche dans leur position avancée par les troupes du 11e corps prussien, ils se trouvent gravement compromis, car l'aile gauche de ce corps d'armée déborde Morsbronn et se dirige déjà vers Eberbach.

Le maréchal de Mac-Mahon avait ordonné, à toutes les troupes que nous avions en réserve, de prêter leur concours immédiat à celles de première ligne, si elles en étaient sollicitées par les généraux.

Le général de Lartigue, voyant que son aile droite allait être tournée, envoie demander au général Duhesme, commandant la division de cavalerie du 1er corps d'armée, de dégager cette aile en faisant charger un de ses régiments contre l'aile gauche de l'infanterie prussienne qui débouchait de Morsbronn.

Le général Duhesme, alors souffrant et qui devait succomber quelques jours plus tard à la grave maladie dont il était atteint, choisit la brigade Michel pour cette diversion.

Cette brigade comprenait 2 régiments de cuirassiers, le 8e et le 9e.

La brigade de cavalerie légère du général de Septeuil était toujours en réserve.

Quant à la brigade de cavalerie de ligne du général de Nansouty, elle ne comprenait plus qu'un régiment, le 2e de lanciers : le 6e régiment de la même subdivision d'armes avait été fractionné pour donner 1 escadron de cavalerie à chaque division d'infanterie du 1er corps ; le 10e régiment de dragons, je le rappelle, n'avait pas encore rejoint.

La brigade Michel se dispose donc pour la charge.

Le concours du 8e régiment de cuirassiers avait seul été demandé.

Il se forme aussitôt en colonne, par pelotons.

Mais le 9e de cuirassiers qui, ayant laissé un escadron à la garde des bagages, n'en comptait plus que 3, se déploie en arrière du 8e.

Enfin, 2 escadrons du 6e régiment de lanciers qui, formant la cavalerie divisionnaire des divisions d'infanterie Raoult et de Lartigue, se trouvaient à proximité, suivent en colonne par pelotons le mouvement de la brigade derrière le 9e de cuirassiers.

Ces 9 escadrons, comptant environ 1,000 cavaliers, étaient abrités dans un ravin à l'est d'Eberbach, quand ils reçoivent l'ordre de se porter en avant.

Le 8e de cuirassiers commence le mouvement.

Il traverse un chemin creux et arrive à découvert.

Le terrain qu'il avait devant lui était des moins favorables à son action ; on ne l'avait d'ailleurs pas reconnu, ce qui aurait été facile, puisque la cavalerie était restée presque complètement inactive depuis le matin. Les rangées d'arbres et les fossés profonds qui bordaient les chemins, les souches coupées à fleur du sol, devaient rendre impossible toute manœuvre d'ensemble, tandis que les houblonnières et les pommiers des vergers étaient autant d'abris pour les tirailleurs ennemis jusqu'au village de Morsbronn, alors occupé par les Thuringiens de la 43e et de la 44e brigade d'infanterie allemande, 32e et 94e régiments. Ceux-ci avaient devant eux un excellent champ de tir en raison de la déclivité du sol descendant vers le sud à partir du village d'Eberbach, et ils étaient appuyés sur leur gauche par les hussards hessois du 13e régiment.

« Allez-y comme à Waterloo, » avait dit le général de Lartigue au colonel Guiot de la Rochère, qui commandait le 8e régiment de cuirassiers, et au général Michel qui marchait en tête du 1er escadron de sa brigade.

A peine le 8e cuirassiers a-t-il paru que les bataillons allemands qui sont à proximité et les tirailleurs répandus dans les houblonnières, couchés à terre, cachés derrière les arbres, embusqués dans les fossés, l'accablent de leurs projectiles. Bientôt l'artillerie ennemie intervient à son tour et concentre son feu sur le plateau que nos cavaliers doivent parcourir.

C'est au milieu de cet épouvantable ouragan que le 8e régiment de cuirassiers se lance à la charge.

Nos cavaliers n'aperçoivent pas l'ennemi, mais ils subissent des pertes cruelles, car les tirailleurs prussiens font feu sur eux presque à bout portant.

Désuni par les accidents du sol, par les pertes qu'il éprouve, le 8ᵉ régiment de cuirassiers se jette à corps perdu sur l'ennemi, bousculant quelques parties de la ligne des tirailleurs, mais salué par les feux de salve des fantassins thuringiens du 32ᵉ régiment.

Il passe ainsi à toute allure et vient se heurter aux maisons du village de Morsbronn qu'occupent les fusiliers hessois du 80ᵉ régiment.

La lutte se poursuit dans les rues et sur le pourtour du village.

Les hommes et les chevaux, dans ce combat où l'infanterie seule joue un rôle, tombent par files les uns sur les autres.

Enfin quelques hommes parviennent à traverser le village ou à le contourner et gagnent la campagne.

Le 9ᵉ de cuirassiers, conduit par le colonel Waternau, se présente à son tour et passe sur la droite du 8ᵉ ; les 2 escadrons du 6ᵉ de lanciers le suivent immédiatement.

Ces 5 escadrons, reçus par les coups de fusil des Hessois du 80ᵉ régiment, que seconde la compagnie des pionniers de la 21ᵉ division d'infanterie, cherchent à pénétrer dans le village de Morsbronn par l'ouest. Mais les rues sont barricadées sur le périmètre du village, et les fantassins ennemis, occupant les maisons qui ont des vues sur le dehors, accablent de leurs coups les cuirassiers et les lanciers qui se trouvent dans la situation la plus critique. Enfin, les obstacles ayant été en partie écartés par quelques hommes démontés, nos cavaliers pénètrent dans Morsbronn, chargent dans toutes les directions, se font abattre sur place et livrent un combat acharné, jusqu'à ce qu'ils aient été tous tués, blessés ou pris. Le lieutenant-colonel de Beaume est frappé mortellement, le colonel Waternau, en conduisant pour la dixième fois à la charge les quelques officiers et soldats qui restent autour de lui, a son second cheval tué sous lui et tombe entre les mains de l'ennemi.

Les 2 escadrons du 6ᵉ régiment de lanciers qui suivaient le 9ᵉ régiment de cuirassiers ne sont pas plus heureux. Ils essayent vainement de forcer le passage à travers le village de Morsbronn.

L'infanterie ennemie, parfaitement abritée sur le plateau comme dans le village, fait subir des pertes énormes à notre cavalerie.

Quelques débris du 8ᵉ de cuirassiers, conduits par le colonel de la Rochère, échappent seuls à ce massacre, mais, en débouchant de Morsbronn vers le sud, ils sont de nouveau assaillis par la fusillade meurtrière des bataillons de seconde ligne du 11ᵉ corps qui se dirigent vers Morsbronn, et se voient obligés, en outre, de lutter contre les hussards hessois du 13ᵉ régiment.

Enfin, ils parviennent à gagner la pointe nord-ouest de la forêt de Haguenau, traversent la voie ferrée et la remontent vers Gundershoffen; mais, avant d'atteindre ce village, ils se trouvent déjà en présence de nouveaux fantassins ennemis.

La bataille étant perdue, les survivants du 8e de cuirassiers se dirigent vers Saverne.

Quant aux quelques rares cuirassiers du 9e régiment et lanciers du 6e régiment qui sont sortis vivants de Morsbronn, ils errent un peu de tous les côtés par petits groupes ou isolément. En fait, il ne reste presque plus d'officiers, d'hommes et de chevaux appartenant aux 5 escadrons de ces 2 régiments qui, de leur propre initiative, ont suivi et renouvelé la charge du 8e de cuirassiers.

Cette chevauchée de la mort a été un acte de dévouement au-dessus de tout éloge.

La légende en a fait la charge des cuirassiers de Reichshoffen.

Le récit que je viens de donner montre qu'elle a eu lieu loin de ce bourg.

Il serait plus juste de lui donner le nom de charge des cuirassiers de Morsbronn, d'autant plus que nous allons encore en voir exécuter une autre sur le même champ de bataille.

« La brigade Michel, lit-on dans le rapport officiel du grand état-major de Berlin, pouvait être regardée comme anéantie, ainsi que le 6e régiment de lanciers; bien peu de leurs cavaliers durent rejoindre l'armée sains et saufs. »

Il était alors près de 2 heures.

Le sacrifice de ces 9 escadrons de cavalerie qui ne reparurent plus sur le champ de bataille, fut-il de quelque utilité?

Oui.

On peut critiquer l'exécution d'une charge sur un terrain qui était absolument contraire à l'action de la grosse cavalerie, puisque celle-ci ne peut produire d'effet qu'autant qu'elle agit en ordre compact.

Il n'en est pas moins incontestable que l'intervention de la brigade Michel ralentit momentanément les progrès de l'aile gauche ennemie.

Sans doute, elle n'aurait eu qu'un résultat secondaire, si cette action avait été isolée.

Mais, à ce moment, notre infanterie prononçait de son côté un vigoureux mouvement offensif au centre et à l'aile droite.

La première ligne du 5e corps prussien venait d'enlever, vers 1 heure 1/2, la crête des coteaux qui montent de la Sauer vers Frœschwiller, ainsi que la lisière nord-est du bois de Frœschwiller, le mamelon du Calvaire, la lisière nord-est du bois de Niederwald et la ferme d'Albrechshauserhof.

Ceux de nos bataillons qui étaient en première ligne et qui avaient dû reculer, se reforment peu à peu.

A ce moment, les deux lignes de tirailleurs opposées sont à si courte distance l'une de l'autre que l'artillerie allemande ne peut continuer sa violente canonnade par crainte d'atteindre ses propres troupes.

L'instant est donc propice.

Notre infanterie en profite.

Le 13e bataillon de chasseurs et le 18e régiment d'infanterie, de la 1re brigade de la 1re division du 1er corps, général Wolff, qui n'ont point encore été engagés jusqu'ici, sont portés vers le bois de Frœschwiller contre lequel les 1er et 2e corps bavarois concentrent leurs coups, de concert avec la droite du 5e corps prussien.

Le général Maire, commandant la 2e brigade de la 1re division du 7e corps, qui était jusqu'alors resté en réserve avec la majeure partie de ses deux régiments, le 47e et le 99e, est dirigé du côté du mamelon du Calvaire.

A peu près en même temps que la brigade Michel arrête par ses charges impétueuses l'extrême aile gauche de l'ennemi, notre infanterie, appuyée par les bataillons de réserve qui viennent participer au combat, se reporte énergiquement en avant.

Au centre, le 2e régiment de zouaves se précipite à la baïonnette contre les bataillons du 5e corps prussien. Sur sa gauche, le 48e et le 78e régiments d'infanterie l'appuient vigoureusement. Sur sa droite, la brigade Maire entre vivement en ligne.

Les Allemands ne résistent pas à cette impétueuse attaque.

Ils descendent en fuyant les pentes de la rive droite de la Sauer, depuis la pointe sud-est du bois de Frœschwiller jusqu'au mamelon du Calvaire, et nous abandonnent en un clin d'œil les positions qu'ils ont si chèrement conquises.

Les zouaves du 2e régiment ne s'arrêtent à aucun obstacle. La baïonnette au canon, ils poussent droit devant eux et pénètrent jusque dans les rues de Wœrth.

Les 47e et 99e régiments d'infanterie, qui étaient restés jusqu'alors près d'Elsasshausen, se portent vers le mamelon du Calvaire.

L'artillerie ennemie profite de ce que les 4 bataillons de première ligne de ces deux régiments traversent un terrain découvert pour les accabler de ses obus.

L'INVASION ALLEMANDE

La charge des 47⁰ et 99⁰ régiments d'infanterie. (Page 355.)

Mais les deux régiments s'avancent rapidement et intrépidement malgré les pertes cruelles qu'ils éprouvent.

La baïonnette au bout du canon, ils se précipitent sur le mamelon, l'enlèvent et rejettent sur Wœrth les bataillons du 11e corps prussien qui s'étaient avancés jusqu'à portée de fusil d'Elsasshausen.

A la même heure, les bataillons du 2e régiment de tirailleurs algériens, des 36e, 48e, et 78e régiments d'infanterie, qui occupent le bois de Frœschwiller, repoussent vers la scierie du Soultzbach une attaque générale du 1er et du 2e corps bavarois, qu'appuient 72 pièces en batterie sur la rive gauche de la Sauer et sur la crête de l'éperon qui sépare la Sauer du Soultzbach.

Sur notre droite, le 3e régiment de zouaves, se sentant bien appuyé à sa droite par le 3e de tirailleurs algériens, à sa gauche par les 1er et 17e bataillons de chasseurs, par les 47e et 99e régiments d'infanterie exécute de son côté, sous le bois de Niederwald, une vigoureuse charge qui repousse les tirailleurs des régiments du 11e corps prussien déjà engagés sous le couvert et qui nous rend maîtres de la ferme d'Albrechtshauserhof.

Ainsi donc, au moment où la brigade de cuirassiers Michel vient d'arrêter pour quelque temps les progrès de l'extrême aile gauche ennemie, toute notre première ligne d'infanterie refoule la première ligne allemande.

Le 56e régiment d'infanterie, qui courait un grand danger par sa position au milieu des bataillons ennemis maîtres de Morsbronn et de la pointe sud-est du bois de Niederwald, est vivement dégagé. Le colonel Mena, atteint de six blessures, le lieutenant-colonel Souville, également blessé, ramènent le 1er bataillon dont le commandant Niel a été tué, et le 3e bataillon, tandis que le 2e bataillon du même régiment suit le combat du 3e régiment de zouaves sur la gauche de ce dernier.

Mais à peine l'infanterie ennemie, en cédant devant nous, s'est-elle rapprochée de son artillerie, que cette dernière, qui avait été obligée de suspendre son feu pendant que nous chargions partout les bataillons allemands, reprend son tir avec une extrême violence.

Frœschwiller et Elsasshausen sont en feu.

Nos pertes s'aggravent.

Le général Maire, commandant la 2e brigade de la 1re division du 7e corps, est tué à la tête de ses troupes.

Cette brigade, bien qu'entrée à peu près la dernière en ligne, a tous ses officiers supérieurs hors de combat.

Au 47e régiment d'infanterie, le colonel de Grammont a le bras emporté par un obus, le lieutenant-colonel Rollet est blessé ainsi que les commandants Lesur et Galland, des 1ᵉʳ et 2ᵉ bataillons; le commandant de Ravel, du 3ᵉ bataillon, est tué.

Au 99ᵉ régiment, le colonel de Saint-Hilaire, les commandants Petit et Prieur des 2ᵉ et 3ᵉ bataillons, sont blessés.

Les Allemands, de nouveau secondés par leur artillerie, reviennent à la charge.

Nos batteries de réserve, commandées par le colonel de Vassart, qui devait trouver bientôt la mort sur le champ de bataille, prennent à leur tour une position qui leur permet de soutenir notre infanterie.

Mais le 11ᵉ corps prussien déborde complètement notre aile gauche.

Déjà les fantassins hessois du 32ᵉ régiment, en se dirigeant de Morsbronn sur Eberbach, ont pris une colonne de voitures de bagages parmi lesquels se trouvent ceux du maréchal de Mac-Mahon.

A 2 heures 1/2, les bataillons de droite du 11ᵉ corps prussien ont atteint la lisière nord du bois de Niederwald, que le 3ᵉ régiment de zouaves a dû abandonner. Le colonel Bocher ramène, sur le 3ᵉ bataillon de son régiment, le 1ᵉʳ et le 2ᵉ bataillon dont les commandants Pariset et Charmes ont été tués ainsi que le lieutenant-colonel Deshorties de Beaulieu.

Quant au 3ᵉ régiment de tirailleurs algériens, il se tient toujours à l'extrême aile droite de notre ligne de bataille, au sud et à l'est d'Eberbach, ainsi que dans ce village et à la lisière sud-ouest du bois de Niederwald, face à l'ennemi.

Il couvre la retraite du 56ᵉ régiment d'infanterie en se déployant de manière à faire face à l'extrême aile gauche de l'ennemi qui gagne du terrain.

Les 25 bataillons et les 14 batteries du 11ᵉ corps prussien sont maintenant en action depuis Gunstett jusqu'à la lisière est du Grosswald. Les hussards hessois du 13ᵉ régiment commencent même à pénétrer dans ce bois.

Le 3ᵉ régiment de tirailleurs algériens essaye de défendre Eberbach et d'y rallier les débris de la division de Lartigue. Mais le lieutenant-colonel Barrué de ce régiment est blessé; les commandants Clemmer, du 1ᵉʳ bataillon, Thienot, du 3ᵉ bataillon, sont tués; notre faible artillerie est obligée de se taire après un nouvel effort infructueux.

Nous sommes contraints de laisser Eberbach aux mains de l'ennemi.

Le 3ᵉ régiment de zouaves se retire de son côté vers son 3ᵉ bataillon qui, sous les ordres du commandant Morlan, occupait le petit bois entre la lisière nord du bois de Niederwald et le village d'Elsasshausen, à proximité du 1ᵉʳ bataillon du 99ᵉ, maintenu en réserve sous les ordres du commandant Warné-Janville et du lieutenant-colonel de Joinville, du même régiment.

Les Prussiens du 11ᵉ corps s'élancent à l'attaque de ce bouquet d'arbres. Les deux officiers supérieurs du 99ᵉ régiment sont tués. Quant au 3ᵉ bataillon du 3ᵉ régiment de zouaves, il résiste jusqu'à l'épuisement complet de ses munitions et tombe entre les mains de l'ennemi ainsi que le commandant Morlan qui n'avait plus autour de lui que 150 hommes debout, mais sans cartouches !

Le reste du 3ᵉ régiment de zouaves échappe à une destruction complète en gagnant le bois de Grosswald sous la protection du 56ᵉ régiment d'infanterie et du 3ᵉ régiment de tirailleurs algériens.

S'il y avait eu à ce moment quelque réserve intacte de ce côté et des munitions en quantité suffisante, le 11ᵉ corps prussien aurait payé cher son imprudence. Pris de flanc et à revers, il aurait été bousculé jusque sur la la Sauer où il n'aurait trouvé pour le recueillir, d'après le rapport officiel allemand, que « des fractions de troupe qui, repliées en désordre par l'attaque des Français sur l'Albrechtshauserhof et privées d'une notable partie de leurs officiers, n'avaient pu encore parvenir à se rétablir ».

Mais nous en étions toujours à la coutume des réserves centrales d'infanterie comme de cavalerie.

On a déjà pu remarquer, et l'on verra encore par la suite, que tous les bataillons et escadrons qui ont été envoyés en renfort des premières lignes pendant la bataille sont partis des environs de Frœschviller ou d'Elsasshausen.

Sauf le 16ᵉ bataillon de chasseurs et le bataillon du 45ᵉ régiment d'infanterie qui se trouvaient hors de portée, nous n'avions pas un seul bataillon ni un seul escadron en arrière de notre flanc gauche ou de notre flanc droit.

C'est surtout ce dernier flanc qu'il aurait fallu couvrir, car il est bien évident que les Allemands devaient s'efforcer de nous couper de notre ligne de communication avec Strasbourg ou avec Saverne par Haguenau, pour nous rejeter en dehors de notre frontière.

La brigade de cavalerie légère de Septeuil n'aurait-elle pas été beaucoup mieux à sa place vers Schirlenhof que derrière Elsasshausen ?

Croit-on que l'une des brigades de la division Conseil-Dumesnil n'aurait pas dû être conservée dans le bois de Grosswald, quand cette division arriva le matin sur le champ de bataille par le chemin de fer ?

Que la leçon ne soit pas perdue !

Si nos généraux veulent bien suivre toutes les opérations tactiques des Allemands dans la guerre de 1870, ils y verront que l'ennemi n'a jamais exécuté sérieusement une attaque centrale ; sauf dans de très rares circonstances il n'y a eu recours que s'il ne pouvait faire autrement, ou s'il se trouvait en présence de troupes qu'il savait ne pas être solides et sur lesquelles il se sentait une incontestable supériorité numérique. Les attaques latérales ont été la règle pour notre adversaire dans cette campagne. Je ne prétends pas qu'elles auraient toutes échoué, si nous avions adopté le système des flanquantes, car les Allemands étaient toujours assurés de nous écraser par leur artillerie, outre qu'ils n'ont jamais manqué de munitions tandis qu'elles nous ont souvent fait défaut, comme à Frœschwiller, et qu'ils pouvaient faire entrer des troupes fraîches en ligne, quand tout notre monde, par suite de notre infériorité numérique, se trouvait engagé et fatigué depuis longtemps.

Mais, dans le cas présent, l'intervention subite de quelques bataillons et escadrons masqués dans le bois de Grosswald eût peut-être arrêté et refoulé par une attaque de flanc la ligne du 11ᵉ corps prussien qui s'avançait dans un désordre complet face au nord, la droite à Gunstett, la gauche à Eberbach.

Un peu avant 3 heures, cette ligne avait atteint la lisière nord du bois de Niederwald, se rejoignait par la droite à la gauche du 5ᵉ corps prussien à hauteur du mamelon du Calvaire, et occupait par sa gauche le petit bois au sud d'Elsasshausen.

Du côté du bois de Langensoultzbach, la situation respective de la 4ᵉ division du 2ᵉ corps bavarois restait à peu près la même. L'ennemi renouvelait vainement ses efforts pour déboucher vers Neehwiller.

Vers le bois de Frœschwiller, la lutte avait atteint une grande intensité. Le 1ᵉʳ corps bavarois et la droite du 5ᵉ corps prussien essayaient d'envelopper ce bois, mais surtout par l'est et par le sud, de manière à isoler le village de Frœschwiller qui avait été assigné comme objectif à ces deux corps d'armée, ainsi qu'au 11ᵉ corps prussien, et qui était fatalement devenu le réduit de notre position.

Les bataillons du 5ᵉ corps prussien, qui combattaient contre le 2ᵉ régiment de zouaves entre Wœrth et Frœschwiller, avaient évidemment pour mission de nous retenir le plus longtemps possible sur le front de la position, de manière que les deux ailes de la ligne de bataille ennemie vinssent progressivement se rabattre sur nos deux flancs et sur nos derrières.

Vers 3 heures, notre aile droite était la plus directement menacée.

Le maréchal de Mac-Mahon envoie par son chef d'état-major, le général Colson, l'ordre au 96ᵉ régiment d'infanterie de reprendre le petit bois au sud d'Elsasshausen, afin de dégager ce village que l'aile gauche allait attaquer immédiatement.

Le 96ᵉ régiment, commandé par le colonel de Franchessin, appartenait à la 1re brigade, général Wolff, de la 1re division du 1er corps. Le régiment avait été maintenu en réserve derrière Frœschwiller.

Il quitte sa position et se dirige vers l'objectif qui lui a été assigné, appuyé sur sa gauche par le 18e régiment, de la même brigade, qui avait été envoyé précédemment à la division Raoult.

Le 96e pénètre dans le petit bois, y rallie les quelques troupes de divers régiments qui y combattaient isolées et se lance à l'attaque du bois de Niederwald. Les Allemands sont surpris de trouver encore autant d'énergie chez l'ennemi. Ils abandonnent la lisière du bois et se replient sur leurs réserves. Mais, à ce moment, l'artillerie du 11e corps prussien s'est avancée; elle crible de projectiles le 96e régiment d'infanterie dont le colonel de Franchessin, trois fois blessé, est une quatrième fois mortellement frappé, et dont le commandant Piétri, du 1er bataillon, est également tué. Le 18e régiment recule également; le lieutenant-colonel Gouzil, de ce régiment, est blessé ainsi que le commandant Bontet du 3e bataillon; le commandant Gaduel, du 1er bataillon, est tué.

L'aile gauche ennemie est alors prolongée par la division wurtembergeoise qui vient d'entrer en ligne et qui se dirige vers l'ouest d'Elsasshausen. Le 11e corps prussien menace le village avec la masse principale de ses bataillons, tandis que l'aile droite de ce corps, reliée par le mamelon du Calvaire à l'aile gauche du 5e corps prussien, se maintient en position malgré les retours offensifs des 3e, 47e et 99e régiments d'infanterie.

Les batteries du 11e corps prussien se sont rapprochées pour soutenir plus efficacement leur infanterie : 7 de ces batteries viennent prendre position entre le petit bois d'Elsasshausen et le mamelon du Calvaire.

Il est un peu plus de 3 heures.

A ce moment, il devient évident que nous allons être enveloppés de toutes parts.

Le maréchal de Mac-Mahon voit tomber à côté de lui son chef d'état-major, le général Colson, atteint par une balle au moment où il dirigeait le retour offensif du 96e régiment d'infanterie.

Mais le commandant du 1er corps d'armée ne songe nullement à la retraite.

Il veut, au contraire, prolonger la lutte.

Il donne, en conséquence, au général Forgeot, qui commande l'artillerie du corps d'armée, l'ordre de défendre le village d'Elsasshausen avec ses batteries de réserve.

Il commande au général de Bonnemains de charger avec les 4 régiments de cuirassiers de sa division.

Il fait aussi avancer les débris de la division Abel Douay, la dernière réserve d'infanterie qui lui reste, mais dont l'effectif a été réduit de plus des deux tiers, tant par les pertes subies à Wissembourg le 4, que par l'envoi antérieur du 78e régiment, le seul régiment intact de cette division, au secours des défenseurs du bois de Frœschwiller.

Je ne puis qu'admirer la ténacité du maréchal de Mac-Mahon, quand la situation était déjà assez compromise pour que l'on fût en droit de la considérer comme perdue.

Mais je ne conseillerai jamais à un général en chef de l'imiter.

Le commandant d'une troupe au feu a une responsabilité d'autant plus grande que son commandement est plus important, du moins, dans les conditions normales, car il arrive maintes fois que la responsabilité se trouve augmentée ou diminuée par les circonstances.

Mais cette responsabilité repose sur deux principes fondamentaux que nul n'a le droit de dédaigner, que chacun, au contraire, quelque haute que soit sa situation, a le devoir de respecter. Le premier principe est de ménager la vie des soldats, tant que le sacrifice n'est pas justifié. Le second principe est de n'engager, de n'accepter, de ne soutenir une bataille, que si elle répond à un objectif stratégique bien défini, si elle présente quelque chance de succès.

Ces deux principes avaient été laissés de côté. C'était une première faute.

Une seconde faute fut commise par la prolongation d'une lutte meurtrière qui ne pouvait aboutir qu'à un insuccès.

Si la première qualité d'un vrai général est de poursuivre avec la plus grande énergie les conséquences d'une victoire, la seconde qualité est de savoir se retirer à temps pour atténuer les résultats désastreux d'un grave échec.

Il y a toujours un instant où il doit se décider.

Du choix de cet instant dépend quelquefois le sort du pays.

Je n'ai nullement l'intention de prétendre ici que la ténacité du maréchal de Mac-Mahon a été la cause déterminante de notre échec à Frœschwiller et a eu une importance décisive sur la marche ultérieure des opérations.

Je ne saurais, d'ailleurs, en faire la preuve, tant ont été nombreuses les origines de nos défaites.

Mais j'estime que les dernières dispositions prises par le maréchal de Mac-Mahon, et que je viens d'indiquer, devaient avoir pour but de préparer la retraite et non de continuer le combat.

Nous n'avions presque plus de munitions. Nous étions écrasés par la

Le 1ᵉʳ régiment de turcos rentre en ligne. (Page 362.)

supériorité du nombre et de l'artillerie. Nous n'attendions aucun renfort avant la nuit. Nous devions donc nous retirer.

La prudence de la poursuite qu'ont entreprise les Allemands, même après notre anéantissement presque complet, m'autorise à croire et à dire qu'ils se seraient encore montrés plus circonspects, si nous avions battu en retraite après un dernier et vigoureux retour offensif.

Après avoir fait canonner le village d'Elsasshausen et développé l'incendie de ce village par le feu de ses 42 pièces, le général de Bose ordonne de l'enlever. Ses bataillons se précipitent, les uns sur le village, les autres sur notre artillerie ; les premiers pénètrent au milieu des maisons en flammes, où quelques groupes débandés opposent encore une dernière et héroïque résistance ; les seconds se jettent sur nos batteries de réserve qui viennent de prendre position et qui ont eu à peine le temps de tirer quelques coups de canon. Servants et chevaux ont été pour la plupart tués ou blessés. Nous sommes obligés de nous retirer en laissant 6 pièces aux mains de l'ennemi qui enveloppe de toutes parts le village d'Elsasshausen et s'y établit aussitôt.

Si le désordre est grand dans nos lignes, il ne l'est pas moins dans les lignes allemandes, puisque des compagnies du 5e corps d'armée entrent dans Elsasshausen « pêle-mêle avec des compagnies du 11e corps d'armée ».

Le rapport officiel du grand état-major de Berlin reconnaît, d'ailleurs, la débandade de ses propres troupes dans des termes qu'il est bon de reproduire et de retenir, car, s'ils donnent une idée de la vigueur de notre résistance, ils permettent de supposer qu'en cas d'échec la défaite aurait été épouvantable dans l'armée allemande.

« La 44e brigade, y est-il dit, avait seule conservé une formation à peu près régulière. Des fractions de tous les autres régiments étaient groupés sur ses flancs et sur ses derrières, mais dans un état tel que, pour le moment, elles ne pouvaient compter comme une réserve sérieuse. Durant quelques instants, c'est à peine si, de leur côté, les bataillons de première ligne pouvaient être considérés comme formant encore des unités tactiques. »

C'est dans ces conditions que le 1er régiment de tirailleurs algériens intervient à son tour.

Ce régiment avait cruellement souffert l'avant-veille à Wissembourg. On l'avait conservé en réserve, ainsi que les 50e et 74e régiments d'infanterie.

Il se trouvait à l'ouest d'Elsasshausen, quand les Prussiens du 11e corps y pénétrèrent après avoir enlevé 2 pièces d'artillerie et 5 mitrailleuses à nos batteries de réserve.

Les trois bataillons du 1er régiment de turcos, respectivement dirigés par les commandants Sermensan, de Lammerz et de Coulanges, sont lancés par le colonel Maurandy et le lieutenant-colonel Barrachin contre les troupes ennemies.

Les tirailleurs algériens se précipitent en avant sans tirer un coup de fusil.

Cette attaque, aussi vive qu'imprévue, étonne les Prussiens. Ils s'imaginent avoir devant eux une nouvelle masse qui va les prendre à revers et les culbuter dans la vallée de la Sauer. Ils évacuent à la hâte les approches d'Elsasshausen, se retirent sur le petit bois, ne s'y trouvent pas encore en sécurité et gagnent dans leur fuite la lisière nord du bois de Niederwald où ils sont enfin recueillis par leurs réserves.

Fantassins hessois des 82ᵉ et 83ᵉ régiments se sauvent éperdus, tandis que les turcos du 1ᵉʳ régiment reprennent les canons et les mitrailleuses que le 11ᵉ corps a conquis, quelques minutes auparavant et n'a pu encore enlever.

« Sans soutiens compacts, presque sans chefs, dit le rapport officiel allemand en parlant des 82ᵉ et 83ᵉ régiments prussiens, ces troupes déjà désunies et épuisées par des engagements opiniâtres et prolongés, ne peuvent tenir contre la charge des Français; elles vont chercher un abri dans le Niederwald, entraînant dans leur retraite les bataillons qui les suivaient immédiatement. »

Mais ce vigoureux retour offensif, exécuté par une troupe qui a été assurément bien plus éprouvée déjà que n'importe quel régiment prussien dans le combat de Wissembourg, est le dernier de la journée.

Au moment où le 1ᵉʳ régiment de turcos vient de refouler les bataillons qu'il a chargés et qui se sont réfugiés sous le couvert du bois de Niederwald, d'autres bataillons et d'autres batteries accourent prolonger l'extrême aile gauche ennemie, se présentent à l'ouest d'Elsasshausen et prennent les tirailleurs algériens d'écharpe, tandis que les groupes embusqués dans le bois rouvrent de nouveau le feu en voyant ce secours précieux et inopiné. Ce n'est pas tout. Quelques bataillons et batteries du 5ᵉ corps prussien, qui se dirigent vers l'est du village, accablent de leurs balles et de leurs obus le 1ᵉʳ régiment de turcos. Attaqués de trois côtés à la fois, près d'être tournés par les bataillons qui sont à Elsasshausen, ces braves résistent jusqu'à ce que l'ennemi les aborde en masse. Désespérés d'abandonner les pièces qu'ils avaient reprises aux Prussiens, ils se retirent enfin, mais en faisant bonne contenance, malgré les pertes énormes qu'ils ont encore subies et qui réduisent l'effectif de leur régiment à celui d'un faible bataillon.

Notre réserve d'artillerie a été réduite presque tout entière au silence.
Notre dernière réserve d'infanterie vient d'être en grande partie détruite.

La division de Bonnemains est à son tour lancée à la charge sur le terrain situé entre Frœschwiller, Elsasshausen et les crêtes des pentes au-dessus de la rive droite de la Sauer.

Cette division, forte de 16 escadrons de cuirassiers, se compose de deux brigades : la première brigade, général Girard, comprend les 1er et 4e régiments; la deuxième brigade, général de Brauer, les 2e et 3e régiments.

Le terrain où vont charger les quatre régiments de cuirassiers est analogue à celui de Morsbronn, peut-être même encore plus défavorable, car, non seulement il est couvert par parties, ce qui donne de bons abris aux tirailleurs, mais il est coupé par des fossés qui interdisent toute charge en ligne étendue. De plus, 12 bataillons d'infanterie et 8 batteries d'artillerie forment au sud et à l'est, et en partie à l'ouest et au nord, une immense ceinture de feu qui couvre de ses projectiles le terrain de la charge.

Cependant, le 1er régiment de cuirassiers part en tête, sous le commandement du colonel de Vandœuvre. Ses escadrons s'élancent séparément au sud du chemin qui va de Frœschwiller à Wœrth. Le feu de l'ennemi les accable bientôt. Un fossé rompt leur élan et les désunit. Ils sont obligés de se retirer après avoir subi des pertes assez sensibles, mais sans qu'ils aient abordé l'ennemi ni même qu'ils l'aient aperçu.

Le 4e régiment, commandé par le colonel Billet, entre à son tour en action. Ses escadrons s'engagent successivement dans la même direction et à peu près sur le même terrain que ceux du 1er régiment. Ils parcourent un espace de 1,000 mètres environ, sans se désunir, vers les crêtes des pentes par où se présentent de nouvelles troupes prussiennes. Mais ils sont accablés par les balles et les obus. Le colonel Billet est grièvement blessé; le commandant Broutta, également. Le commandant de Négroni parvient difficilement à rallier les débris du régiment qui se voit contraint de disparaître à son tour sans avoir même pu charger sur l'ennemi.

Le 2e régiment, conduit par le colonel Rosetti, succède au 4e, et charge par front de demi-régiment. Le premier échelon se dirige sur la droite du terrain parcouru par les escadrons de la 1re brigade. Mais une partie de cet échelon vient culbuter dans un fossé. Il en est de même pour le second demi-régiment. Cependant quelques cavaliers de celui-ci parviennent jusqu'à une pièce d'artillerie prussienne dont les servants se cachent derrière les arbres. A ce moment, les batteries et les bataillons ennemis criblent ce régiment de leurs projectiles. Le colonel Rosetti, jeté à bas de son cheval, tombe au pouvoir de l'ennemi, et le lieutenant-colonel Boré-Verrier ramène les survivants du régiment qu'il réunit péniblement autour de lui.

Le 3e régiment de cuirassiers se dispose à charger, quand son colonel, de Lacarre, a la tête emportée par un obus. Néanmoins, un demi-régiment se lance en avant sur cet espace que balayent l'infanterie et l'artillerie de l'ennemi, et qui est jonché des cadavres des hommes et des chevaux des trois autres régiments. Mais le moment est venu de songer à la retraite. Le lieutenant-colonel de la Salle prend le commandement du régiment, et avec le demi-régiment qui n'a pas combattu, il couvre le mouvement rétrograde de la division de Bonnemains qui gagne le bois de Grosswald et se retire dans la direction de Reichshoffen.

Ici encore la cavalerie française s'est sacrifiée pour arrêter momentanément les progrès de l'ennemi.

Les débris des divisions de Lartigue et Conseil-Dumesnil, qui se sont repliés par Elsasshausen, peuvent ainsi gagner Frœschwiller et le chemin de Reichshoffen, tandis que d'autres groupes de ces deux divisions s'engagent sous le couvert du bois de Grosswald.

Il est 4 heures.
La bataille est définitivement perdue.
Il ne reste plus à l'ennemi qu'à enlever le village de Frœschwiller que le 11ᵉ corps prussien menace par le sud et le 5ᵉ corps prussien par l'est.

« Mais, lit-on dans le récit officiel du grand état-major de Berlin, ces corps s'épuisaient peu à peu dans la lutte qu'ils soutenaient seuls contre un ennemi aussi brave qu'opiniâtre. »

Que l'appréciation ne soit pas élogieuse pour les deux corps bavarois qui formaient l'aile droite de la ligne de bataille ennemie, peu importe.

Ce que j'en retiens, c'est que, de l'aveu même de nos adversaires, une masse de 50,000 fusils, soutenue par 168 pièces d'artillerie, n'était pas jugée suffisante pour vaincre la résistance d'une infanterie qui ne comptait pas plus de 25,000 fusils sur l'étroit espace où elle était acculée, qui n'avait presque plus de munitions et dont l'artillerie, notoirement inférieure à tous les points de vue, comme portée, comme justesse, comme rapidité et comme nombre, ne pouvait participer au combat qu'à de rares moments, malgré l'ardeur et la témérité des officiers qui la commandaient et le dévouement des soldats qui la manœuvraient.

Il fallait donc, au sentiment de notre adversaire même, de nouveaux renforts pour achever notre défaite.

Ces renforts arrivèrent à point, et les charges de la division de Bonnemains venaient à peine de se terminer que les Allemands dirigeaient contre Frœschwiller une attaque presque concentrique partant de la lisière sud du bois de Langensoultzbach et s'étendant jusqu'à Elsasshausen, en passant par la lisière est du bois de Frœschwiller et par le mamelon du Calvaire.

Le 5ᵉ corps prussien prononce alors son attaque centrale par le chemin de Wœrth à Frœschwiller. Ne pouvant enlever de front les pentes que défend le 2ᵉ régiment de zouaves, l'ennemi se jette en masse sur le mamelon situé au nord de ce chemin et au sud du bois de Frœschwiller, en même temps que 6 batteries, en position sur le chemin de Wœrth à Gœrsdorf, accablent ce mamelon mal flanqué que défend le 48ᵉ régiment d'infanterie qui en avait été déjà repoussé mais qui y était revenu. C'est inutilement que le lieutenant-colonel Thomassin, qui relève d'une grave maladie, cherche à maintenir son régiment. Il tombe lui-même exténué, et les soldats, voyant leur chef à terre, se retirent à la hâte. Les Prussiens s'élancent aussitôt, s'emparent de lui et des quelques braves qui l'entourent, et s'établissent sur le mamelon par où ils rompent notre première ligne. Désormais, il n'y a plus de lien entre les défenseurs du bois de Frœschwiller à gauche et ceux qui, à droite, résistent toujours sur les approches du village de Frœschwiller face à Wœrth. Vainement le 78ᵉ régiment, commandé par le colonel de Bellemare, s'efforce, ainsi que le 36ᵉ régiment sous les ordres du colonel Krien, de se relier avec le 2ᵉ régiment de zouaves. La trouée est faite. L'ennemi s'y établit solidement.

Le 2ᵉ régiment de zouaves, déjà débordé sur son flanc droit, l'est maintenant sur son flanc gauche. Tous ses officiers supérieurs sont hors de combat. Le général l'Hériller, commandant la brigade dont ils font partie, est lui-même blessé. Les cartouches manquent peu à peu. Les hommes, qui combattent depuis 7 heures du matin et qui n'ont rien mangé, s'épuisent. L'effectif du régiment a été réduit dans d'effrayantes proportions par les pertes subies durant ce long et meurtrier combat. Il faut battre en retraite.

Le 2ᵉ régiment de zouaves recule jusqu'à Frœschwiller.

Le village est en flammes.

Les rues sont remplies de blessés, de morts, de chariots démontés.

Déjà 14 batteries prussiennes, en position au nord d'Elsasshausen, lancent à pleine volée les obus de leurs 84 pièces contre Frœschwiller.

Notre artillerie a encore essayé de tenir tête entre Elsasshausen et Frœschwiller, mais la division wurtembourgeoise, conduite par le général d'Obernitz, vient d'entrer en ligne : son avant-garde, flanquant l'extrême aile gauche du 11ᵉ corps prussien, s'est portée d'Eberbach par Elsasshausen vers l'ouest de Frœschwiller ; chemin faisant, elle a enlevé 6 pièces que nos artilleurs, assaillis de tous côtés, n'ont pas pu atteler à temps. Elle atteint les approches de Frœschwiller au sud-ouest, au moment où le 2ᵉ régiment de zouaves, se retirant de l'est, s'engage dans les rues du village sous la protection de la 7ᵉ compagnie du 1ᵉʳ régiment du génie, la seule troupe organisée que possède encore la division Raoult.

De ce côté, la retraite sur Reichshoffen est sur le point de nous être fermée.

L'aile droite de notre ligne de bataille a disparu presque tout entière, ainsi que nos réserves d'infanterie, de cavalerie et d'artillerie. Tout ce qui n'a pas été blessé, tué ou pris, se retire par le bois de Grosswald.

La droite de notre centre se trouve maintenant acculée à Frœschwiller.

Voyons ce que sont devenues l'aile gauche de notre ligne de bataille et la gauche de notre centre.

Malgré la promesse faite au général de Kirchbach de soutenir le mouvement offensif du 5ᵉ corps prussien, en appuyant sa droite, le général de Hartmann, qui tenait l'extrême aile droite de la ligne de bataille ennemie avec le 2ᵉ corps bavarois, n'avait pu que ramener péniblement au feu ses troupes, que leur insuccès complet avait démoralisées, et qui étaient, d'ailleurs, exténuées par les marches et les contremarches qu'on leur faisait exécuter à travers un terrain montueux et couvert.

En fait, les troupes du 2ᵉ corps bavarois ne se remirent en ligne que tardivement, et ne contribuèrent que très faiblement à la victoire.

Le 5ᵉ corps prussien se serait trouvé sans doute dans une situation difficile, et peut-être même dangereuse, s'il n'avait compté que sur le secours du 2ᵉ corps bavarois pour appuyer son flanc droit pendant qu'avec son centre il prononçait un mouvement offensif de Wœnth dans la direction de Frœschwiller.

Mais ce vide dans l'ordre de bataille de la 3ᵉ armée allemande fut comblé par le 1ᵉʳ corps bavarois qui débouchait par Gœrsdorf et qui venait seconder efficacement les efforts du 5ᵉ corps prussien.

Pendant que le 2ᵉ corps bavarois s'avançait lentement à travers le bois de Langensoultzbach pour menacer de nouveau notre aile gauche, le 1ᵉʳ corps bavarois entrait rapidement en ligne et se lançait à l'attaque de la lisière nord du bois de Frœschwiller, vaillamment défendu par le 2ᵉ régiment de tirailleurs algériens, par les 8ᵉ et 13ᵉ bataillons de chasseurs, par les 36ᵉ et 78ᵉ régiments d'infanterie.

Après une série ininterrompue d'assauts et de retours offensifs, le bois était toujours en notre pouvoir.

Mais, comme la situation devenait extrêmement critique à notre aile droite, le général Ducrot avait d'abord fait porter de ce côté la brigade Wolff, 1ʳᵉ de sa division, formée des 18ᵉ et 96ᵉ régiments d'infanterie, dans la conviction qu'il n'aurait plus besoin de ces deux régiments pour lutter contre un retour offensif du 2ᵉ corps bavarois vers Neehwiller.

Si nous parvenions, en effet, à repousser les efforts combinés des 5ᵉ et 11ᵉ corps prussiens entre Elsasshausen et Frœschwiller, nous ne devions plus avoir à redouter évidemment une attaque du 2ᵉ corps bavarois, car ce corps ne manquerait pas, dans ce cas, soit de s'arrêter, soit de suivre le mouvement rétrograde de la ligne de bataille ennemie.

Si, au contraire, nous ne pouvions nous maintenir sur nos positions, la 1ʳᵉ brigade de la 1ʳᵉ division du 1ᵉʳ corps se trouverait toute placée pour protéger notre retraite.

Mais, depuis l'entrée en action de cette brigade, la situation générale s'était profondément modifiée à notre désavantage, tant vers notre aile droite que vers notre centre.

Au contraire, notre aile gauche n'avait à soutenir qu'un combat traînant, qui n'était pas sans occasionner quelques pertes au 45ᵉ régiment d'infanterie et au 1ᵉʳ régiment de zouaves, mais qui ne faisait prévoir aucune brusque irruption de ce côté. Au surplus, si nous devions nous replier, ce n'est pas dans cette direction que nous aurions eu à le faire.

Le général Ducrot, tant pour renforcer le centre dans notre dernière et suprême résistance, que pour recueillir nos troupes les plus avancées et protéger leur retraite, prenait donc le parti de retirer sa 2ᵉ brigade, général du Houlbec, de la lisière du bois de Langensoultzbach et du village de Neehwiller, pour l'établir à l'ouest de Frœschwiller, sur le chemin de Reichshoffen, près de la lisière du bois de Grosswald.

C'est peut-être à cette mesure de précaution que nous dûmes de ne pas laisser entre les mains de l'ennemi toutes les troupes qui combattaient au centre.

Le mouvement ordonné par le général Ducrot s'exécutait en même temps que la droite du 5ᵉ corps prussien, appuyée par la gauche du 1ᵉʳ corps bavarois, s'emparait du mamelon situé au sud du bois de Frœschwiller et au nord du chemin de Wœrth à Frœschwiller.

Les défenseurs du bois de Frœschwiller se trouvaient donc complètement séparés de l'ordre de bataille, dès l'instant que le centre du 5ᵉ corps prussien repoussait la gauche de la division Raoult contre le village de Frœschwiller.

Leur isolement ne devait avoir que des suites fâcheuses, à coup sûr.

Mais cet isolement ne peut être imputé au général Ducrot qui avait, dans cette occurrence, fait preuve de beaucoup d'initiative et de perspicacité, et qui, en venant prendre position à l'ouest de Frœschwiller avec son artillerie et son infanterie, avait agi, au contraire, de manière à diminuer

Les débris des défenseurs du bois de Frœschwiller tentent de pénétrer dans le village. (Page 370.)

autant que possible, les conséquences désastreuses de la bataille que nous venions de perdre.

A peine la 1re division du 1er corps avait-elle pris position pour défendre Frœschwiller, que les Wurtembergeois attaquaient le village par le sud-ouest, les Prussiens des 5e et 11e corps d'armée par le sud et l'est, le 1er corps bavarois par le nord-est.

Le général Raoult, qui dirigeait la défense du village de Frœschwiller à l'est, est si grièvement atteint dès le début de ce dernier engagement, que les soldats de la 3ᵉ division dont il est le chef ne peuvent l'emporter et sont obligés de le laisser tomber au pouvoir de l'ennemi. Sa blessure était d'ailleurs mortelle et il y succomba peu de temps après.

La confusion était extrême dans Frœschwiller où il n'y avait plus que des débris des régiments rabattus de toutes les parties du champ de bataille, privés de tous leurs officiers supérieurs. La résistance ne pouvait donc être que désordonnée. Mais elle est en même temps d'une rare vigueur. Aussi l'ennemi amène-t-il du canon pour chasser les tirailleurs des abords du village, pour balayer les rues principales et pour battre l'issue par où s'échappent les hommes qui préfèrent la fuite à la captivité. Presque toutes les maisons sont en feu. La défense n'en continue pas moins avec toute l'énergie du désespoir. Le général de Bose, commandant le 11ᵉ corps prussien, qui fait avancer tous ses bataillons et toutes ses batteries, est blessé une seconde fois. Cependant les Bavarois du général de Tann et les Prussiens du 5ᵉ corps, qui ont pu tourner le bois de Frœschwiller par le sud, finissent par pénétrer dans le village par le nord-est, tandis que les Wurtembergeois y entrent par le sud-ouest. La lutte se poursuit de rue en rue, de maison en maison. Ce n'est qu'après avoir épuisé toutes leurs munitions que la plupart des défenseurs cherchent à gagner par le chemin de Reichshoffen.

Les quelques pièces que nous avons encore en batterie à l'ouest du village redoublent leur feu pour arrêter les assaillants. Mais ceux-ci se précipitent sur elles et s'en emparent.

Le 2ᵉ régiment de lanciers, de la brigade de Nansouty, se lance à son tour contre les batteries ennemies qui se sont avancées d'Elsasshausen vers Frœschwiller et qui couvrent de leurs projectiles le chemin de Reichshoffen. Mais le colonel Poissonnier, qui conduit la charge, est tué et son régiment se retire à son tour.

Enfin les Allemands sont maîtres de Frœschwiller, quand un dernier effort est tenté contre eux vers le nord du village.

Ce sont les bataillons qui défendaient le bois de Frœschwiller, et qui, entendant la canonnade derrière eux, voyant qu'ils ne sont plus soutenus ni à droite ni à gauche, se sont mis en retraite après avoir laissé dans le bois presque tous leurs officiers supérieurs et la majeure partie de leurs soldats. Ce qui reste du 2ᵉ régiment de tirailleurs algériens, sous les ordres du commandant Mathieu, du 78ᵉ régiment d'infanterie, sous les ordres du lieutenant-colonel Girgois, se présente tout à coup devant Frœschwiller, ainsi que quelques groupes des 36ᵉ et 48ᵉ régiments d'infanterie, des 8ᵉ et 13ᵉ bataillons de chasseurs. Mais ils sont reçus par un feu d'une extrême violence qui les rejette sur le bois de Frœschwiller où ils continuent à lutter jusqu'à ce qu'ayant épuisé toutes leurs munitions, ils se trouvent dans la cruelle nécessité de mettre bas les armes.

Il est 5 heures.

L'ennemi est maître de Frœschwiller.

Les Bavarois ont l'ordre de nous poursuivre vers Niederbronn, les Wurtembergeois vers Gundershoffen.

Les Prussiens se dirigent vers Reichshoffen.

C'est la cavalerie divisionnaire, soutenue par quelques bataillons et batteries, qui est chargée de la poursuite. Toutes les troupes qui y prennent part n'ont pas été engagées dans la journée. Elles pourraient donc se montrer hardies et entreprenantes contre un adversaire qui se sauve de tous côtés; non point que nos soldats se laissent aller à l'indiscipline ou à la terreur, mais on a oublié de leur indiquer une ligne de retraite, et comme, d'autre part, ils n'ont plus d'officiers supérieurs pour les guider, ils se retirent par petits groupes dans toutes les directions.

Si je prends pour exemple le 3ᵉ régiment de zouaves qui avait si vaillamment défendu le bois de Niederwald, sa dispersion donne immédiatement une idée des conditions au milieu desquelles s'effectue la retraite. Ce régiment avait un front de défense beaucoup trop étendu pour son effectif, d'autant plus qu'il n'avait pas de réserve et qu'il eut à supporter le principal effort du 11ᵉ corps prussien. Par suite de cette dispersion, le 3ᵉ régiment de zouaves est coupé en plusieurs groupes. Le premier se retire par Haguenau sur Strasbourg, le deuxième gagne Saverne, le troisième se dirige sur Bitche; enfin, il y eut des hommes qui, complètement égarés, ne rejoignirent le régiment qu'au camp de Châlons.

Les Allemands n'auraient donc eu qu'à cueillir des prisonniers en nous poursuivant s'ils avaient été habilement conduits, mais leurs escadrons divisionnaires n'étaient peut-être pas en nombre suffisant pour bien fouiller le terrain boisé par où nous nous éloignions, et la 4ᵉ division de cavalerie n'y fut pas plus employée qu'à la bataille. Elle resta toute la journée dans ses bivouacs, absolument comme si aucun événement ne s'était passé à proximité. Ce n'est qu'à 6 heures du soir, en effet, qu'elle reçut l'ordre de se porter à Gunstett, où elle n'arriva qu'à 9 heures 1/2, trop tard, par conséquent, pour participer à la poursuite.

Le gros de nos troupes vient à peine d'atteindre Reichshoffen, que déjà les escadrons et les bataillons du 1ᵉʳ corps bavarois et des 5ᵉ et 11ᵉ corps prussiens, qui ont été lancés dans cette direction, sont sur le point d'y arriver, tandis que ceux du 2ᵉ corps bavarois s'approchent de Niederbronn, en même temps que ceux de la division wurtembergeoise remontent de Gundershoffen.

Ces derniers, n'ayant éprouvé aucune résistance dans la direction qu'ils ont prise d'abord, se portent vers la ligne de retraite que doit prendre inévitablement le gros de nos forces. Chemin faisant, ils rencontrent un convoi qui s'était égaré, et s'en emparent.

Est-ce à l'ardeur de la lutte que l'on doit imputer le peu de ménagements dont ils font preuve à l'égard des médecins et fonctionnaires sans armes qui marchaient avec ce convoi? Je veux l'admettre, de même que je fais remonter à la même cause les violences que les Allemands ont commises déjà dans la journée à Gunstett, à Wœrth, à Elsasshausen et à Frœschwiller.

Enfin, les Prussiens, les Bavarois et les Wurtembergeois se précipitent pêle-mêle dans Reichshoffen, que le général Ducrot a vainement essayé de défendre en faisant appuyer sa division par le 16ᵉ bataillon de chasseurs qui, pendant toute la bataille, avait été maintenu près de cette localité pour surveiller le croisement des routes de Bitche et de Saverne.

Sous la protection de leur dernière ligne de défense, les soldats de notre armée, les voitures, les canons, les cavaliers, affluent de toutes parts

C'est un sauve-qui-peut général.

La division Ducrot est entraînée.

Son artillerie essaye de se frayer un chemin à travers les rues encombrées. Elle n'y parvient qu'en partie, et 6 pièces qui n'ont pu se dégager tombent entre les mains de l'ennemi qui, se répandant de tous côtés, fait, sur ce point, 1,300 prisonniers et s'empare encore, à la gare du chemin de fer, de 2 pièces, 2 locomotives et 100 wagons.

Bientôt, les Allemands pénètrent dans le parc du château du comte de Leusse, qui a été transformé en ambulance. Ils y trouvent le général Nicolaï, commandant la 1ʳᵉ brigade de la 1ʳᵉ division du 7ᵉ corps d'armée, qui n'a pu assister à la bataille par suite d'une grave indisposition, comme je l'ai dit précédemment.

Cependant, la 3ᵉ division du 5ᵉ corps d'armée, commandée par le général de Lespart, arrive à Niederbronn, juste au moment où l'extrême aile droite du 2ᵉ corps bavarois s'y présentait de son côté, venant de Jaegerthal.

La division de Lespart avait été envoyée le matin, par le général de Failly, au secours du 1ᵉʳ corps d'armée.

Quant à la 5ᵉ brigade bavaroise, elle avait reçu l'ordre, du prince royal de Prusse, à 2 heures 1/2, de se porter de Langensoultzbach à

Jaegerthal et de descendre la vallée du Schwartzbach pour couper la ligne de retraite de l'ennemi.

Sans l'arrivée subite de la division de Lespart, il est à supposer que la plus grande partie du 1er corps d'armée aurait été prise par les Allemands.

Cette division prend aussitôt position pour recueillir les débris de nos troupes et pour faire face à l'attaque de la 3e division bavaroise.

Le général Abbatucci, qui commande la 1re brigade, dispose le 19e bataillon de chasseurs, les 27e et 30e régiments d'infanterie, sur les hauteurs à gauche de la route.

Le général de Fontanges place les 17e et 68e régiments d'infanterie, qui forment la 2e brigade, sur les hauteurs à gauche.

Un combat s'engage aussitôt, mais il est de courte durée.

En fait, le général de Lespart ne peut avoir d'autre préoccupation que d'arrêter un moment la poursuite et de former l'arrière-garde de l'armée.

A 7 heures, ce dernier engagement est terminé.

Nos troupes disparaissent définitivement, tandis que le prince royal de Prusse parcourt le champ de bataille où il recueille les chaleureuses acclamations de ses soldats victorieux.

Les Bavarois, les Prussiens et les Wurtembergeois s'avancent encore jusqu'à Niederbronn et recueillent 3 pièces qui ont été abandonnées. Ils nous lancent même quelques obus quand nous passons à Oberbronn. Mais la nuit est venue et ils s'arrêtent.

Quant à nos malheureux soldats qui ont marché depuis deux jours, qui n'ont que peu dormi ou même pas du tout reposé dans la nuit précédente, qui n'ont rien ou presque rien mangé depuis la veille au soir ou depuis le matin, qui ont perdu leurs sacs, leurs vivres, leurs munitions, leurs armes, même leur coiffure, il leur faut encore se dérober à l'ennemi.

Machinalement deux colonnes principales se forment.

L'une se dirige sur Bitche, protégée par la brigade Abbatucci.

L'autre, plus nombreuse, se retire sur Saverne : c'est dans celle-ci que se trouvent le maréchal et son état-major, l'artillerie, la cavalerie, les quelques rares équipages qui ont échappé au désastre ; la brigade de Fontanges en forme l'arrière-garde. C'est à peine si quelques bataillons s'y trouvent encore constitués. Les fantassins de toutes sortes marchent à côté les uns des autres. Quant à la cavalerie, elle est un peu moins désunie ; elle cherche à gagner de vitesse et arrive à Saverne vers 2 heures du matin. Le reste de la colonne marche dans le désordre le plus complet, abandonnant presqu'à chaque pas des caissons, des fourgons, des chariots, tandis que les blessés et les hommes épuisés, ne pouvant plus marcher, se laissent tomber sur les bords du chemin. Cependant la brigade de Fontanges s'acquitte de sa mission d'arrière-garde avec autant de conscience que de sang-froid ; elle recueille les traînards autant qu'il lui est possible et cherche à remettre sur pied les voitures qui ont été abandonnées.

Le 7, vers 7 heures du matin, la plus grosse partie de la colonne arrive à Saverne.

Le reste du 1er corps s'était dirigé vers Bitche, se portant presque instinctivement au-devant du 5e corps dont deux divisions intactes se trouvaient sous les murs de cette petite place.

Toutefois, une fraction de la colonne en retraite sur Saverne avait pris la direction de Lichtenberg et de la Petite-Pierre.

Nous verrons plus loin ce qui est advenu des éléments épars.

Ces lignes de retraite divergentes avaient eu le grand avantage de tromper l'ennemi, au point qu'il resta pendant toute une journée sans savoir par où nous nous étions retirés.

Mais il est incontestable que le mouvement sur Saverne répondait seul aux véritables exigences tactiques et stratégiques.

L'importance de cette ville était capitale dans les circonstances présentes.

Malheureusement nous ne devions pas nous y arrêter.

Le maréchal de Mac-Mahon avait envoyé à l'avant-garde de la colonne un de ses officiers d'état-major, qui, en arrivant à Saverne, avait adressé, à 3 heures 30 du matin, la dépêche suivante au maréchal Canrobert, alors au camp de Châlons :

« Hier, j'ai été attaqué par des forces considérables, disait le maréchal de Mac-Mahon ; j'ai éprouvé de grandes pertes et perdu la bataille. Je me suis retiré sur Saverne où je vous demande d'urgence de m'envoyer du pain et des munitions. »

Le maréchal Canrobert vivait « au jour le jour », suivant son expression : il prit ce qu'il avait, quelques centaines de mille cartouches, du pain et un peu de biscuit qui lui restait, et fit expédier tout de suite ces approvisionnements.

Mais cet envoi ne devait arriver que plus tard.

Il fallait donner à manger aux hommes et aux chevaux.

On y parvint, grâce à la générosité et au dévouement des habitants de Saverne qui firent preuve, dans cette circonstance, d'un patriotisme auquel je tiens à rendre hommage.

Le maréchal de Mac-Mahon avait également prévenu aussitôt

l'empereur du grave échec qui venait de lui être infligé à Frœschwiller, et l'ordre avait été envoyé au commandant du 1er corps d'armée de se retirer sur le camp de Châlons.

Même ordre avait été donné au général de Failly pour le 5e corps.

Quant au général Douay, qui avait été prévenu par le maréchal de Mac-Mahon dès le 7 au matin, il recevait du grand quartier général le télégramme suivant :

« Jetez, si vous pouvez, une division dans Strasbourg, et, avec les deux autres, couvrez Belfort. »

On ignorait donc à l'état-major général de Metz que le commandant du 7e corps d'armée avait dû envoyer au maréchal de Mac-Mahon une de ses trois divisions, que la troisième était encore à Lyon où elle avait été maintenue par suite de considérations politiques, en sorte que le général Félix Douay n'avait auprès de lui qu'une seule division ! Comment aurait-il pu exécuter l'ordre qu'on lui donnait? Cette ignorance ne dénote-t-elle pas le trouble profond qui régnait au grand quartier général?

Pendant que nos troupes se retiraient, la 3e armée allemande s'installait ainsi qu'il suit, de la droite à la gauche :

La 12e division d'infanterie, du 6e corps d'armée, à Dahn, sur la haute Lauter ;

Le 2e corps bavarois, à Niederbronn et Reichshoffen ;

Le 1er corps bavarois, à Reichshoffen et à Frœschwiller ;

Le 5e corps prussien, à Frœschwiller ;

Le 11e corps prussien à Eberbach, Elsasshausen et Wœrth ;

Le corps badois-wurtembergeois, à Reichshoffen, Gundershoffen et Gunstett.

La 4e division de cavalerie avait commencé la poursuite, le 7 au matin, dès que le jour parut, conjointement avec quelques escadrons qui n'avaient point participé à la bataille.

Cette division, forte de 30 escadrons avec 3 batteries à cheval, était absolument désorientée.

Ainsi, à 10 heures, le prince Albert envoyait, d'Ingwiller, le télégramme suivant au prince royal de Prusse :

« Le gros des forces françaises s'est retiré par Niederbronn sur Bitche, mais une notable partie est passée par ici. »

Or, à Ingwiller, la 4e division de cavalerie se trouvait au croisement des deux routes qui partent de Niederbronn et qui se dirigent, l'une à l'ouest, vers la Petite-Pierre, l'autre au sud, vers Saverne.

Si cette division était restée inactive le 6, il faut reconnaître qu'elle faisait bien mal son service le 7.

Enfin, après avoir vainement cherché trace de notre passage, elle arrivait à 5 heures du soir à Steinbourg, village à quelques kilomètres à l'est de Saverne, sur la grande route, le chemin de fer et le canal de la Marne au Rhin, qui vont côte à côte de Saverne à Strasbourg.

Quelques groupes de fantassins ayant résisté à Steinbourg, les batteries de la 4ᵉ division de cavalerie bombardent le village que ces groupes évacuent, les uns en se retirant sur Saverne, les autres en continuant leur mouvement vers Strasbourg.

La voie ferrée est d'ailleurs encore libre à 5 heures du soir, car des voyageurs arrivent à ce moment de Strasbourg à Saverne, et annoncent qu'ils ont vu quelques patrouilles ennemies à proximité du chemin de fer, vers Steinbourg seulement.

A 7 heures, les coureurs allemands coupent la ligne à Brumath.

A 8 heures, la 4ᵉ division de cavalerie s'installe à Steinbourg.

Il se produit alors un singulier événement.

Quelques groupes d'infanterie qui achèvent leur mouvement de retraite vers Saverne ayant été vus par les éclaireurs de la 4ᵉ division de cavalerie, celle-ci juge sa position trop en l'air et se retire de Steinbourg vers Bouxwiller où elle passe la nuit.

De son côté, le maréchal de Mac-Mahon ayant appris la présence des éclaireurs allemands à Steinbourg, estime que sa position n'est pas sûre à Saverne et il donne l'ordre de marcher sur Sarrebourg.

Ce nouveau mouvement de retraite s'exécute sur deux colonnes.

La cavalerie et l'artillerie se dirigent de Saverne sur Sarrebourg, remontent les Vosges pour les redescendre en suivant la fameuse chaussée de Vauban, c'est-à-dire la grande route qui passe par Phalsbourg.

L'infanterie s'engage sous les souterrains par où la grande ligne du chemin de fer de Paris à Strasbourg et le canal de la Marne au Rhin traversent les Vosges.

La marche a lieu dans la nuit du 7 au 8.

Le 8 au lever du jour, les têtes de colonne de l'infanterie débouchent du dernier tunnel vers Sarrebourg, en même temps qu'un train qui emmène des blessés vers Paris.

Nous avons mis ainsi une distance de 50 kilomètres et tout le massif des Vosges entre nous et la 4ᵉ division de cavalerie qui perd de nouveau tout contact avec nos troupes.

A Sarrebourg, le 1ᵉʳ corps d'armée prend un peu de repos et cherche à se réorganiser.

Nous comptons alors nos pertes.

L'armée de Mac-Mahon en retraite débouche du dernier tunnel de Saverne. (Page 376.)

Les Allemands évaluent à 200 officiers et à 9,000 hommes le nombre des prisonniers blessés ou non qu'ils ont faits dans la journée du 6 à Frœschwiller. Ils disent qu'ils se sont emparés, en outre, de 1 aigle, 4 fanions, 28 canons, 5 mitrailleuses, 91 caissons, 23 fourgons, 158 chariots et 1,193 chevaux. Ils reconnaissent avoir perdu 489 officiers et 10,153 hommes.

Les pertes des Allemands se répartissent ainsi qu'il suit :
106 officiers tués, 383 officiers blessés : 489 officiers hors de combat ;
1,483 hommes tués, 7,277 hommes blessés, 1,373 hommes disparus : 10,133 hommes hors de combat.

Le 5° corps prussien a subi à lui seul à peu près la moitié des pertes : on y relève 220 officiers et 5,436 hommes hors de combat.

Vient ensuite le 11° corps prussien avec 179 officiers et 2,945 hommes hors de combat.

Le reste se répartit entre le 1er et le 2° corps bavarois et la division wurtembergeoise.

Il est assez difficile, de notre côté, de savoir combien d'hommes nous avons perdus.

Nos pertes n'ont pu être comptées que dans certains régiments.

Voici quelques indications qui prouvent avec quelle valeur nos troupes avaient combattu :

Dans la division Ducrot, 1re du 1er corps d'armée, on signalait :
Au 13e bataillon de chasseurs, 5 officiers tués, 5 officiers blessés et environ 800 hommes tués, blessés ou disparus, en sorte qu'il restait au bataillon 14 officiers et 100 hommes ;

Au 18e régiment d'infanterie, 4 officiers tués, 12 officiers blessés et 360 hommes hors de combat ;

Au 96e régiment d'infanterie, 11 officiers tués, 12 officiers blessés et 630 hommes hors de combat ;

Au 45e régiment d'infanterie, 4 officiers tués, 13 officiers blessés et 380 hommes hors de combat ;

Au 1er régiment de zouaves, 4 officiers tués, 12 officiers blessés et 380 hommes hors de combat ;

A l'artillerie divisionnaire, 2 officiers et 50 hommes hors de combat.

Dans la division Abel Douay, 2e du 1er corps d'armée :
Au 78e régiment d'infanterie, 10 officiers tués, 30 officiers blessés ou pris, 1,200 hommes hors de combat ;

Au 1er régiment de tirailleurs algériens, déjà si cruellement éprouvé à Wissembourg, 800 officiers et hommes hors de combat ;

Dans le reste de la division, environ 200 hommes hors de combat.

Dans la division Raoult, 3e du 1er corps d'armée :
Au 8e bataillon de chasseurs, 15 officiers et 440 hommes hors de combat, en sorte qu'il restait 4 officiers et 60 hommes ;

Au 36ᵉ régiment d'infanterie, 45 officiers et 960 hommes hors de combat ;

Au 48ᵉ régiment d'infanterie, 11 officiers tués, 32 officiers blessés ou pris et 1,160 hommes hors de combat ;

Au 2ᵉ régiment de zouaves, 18 officiers tués, 29 officiers blessés ou pris et 1,150 hommes hors de combat.

Au 2ᵉ régiment de tirailleurs algériens, 72 officiers et 1,000 hommes tués, blessés ou disparus, en sorte que le régiment rejoignit avec 8 officiers et 400 hommes ;

A l'artillerie divisionnaire, 4 officiers et 150 hommes hors de combat.

Dans la division de Lartigue, 4ᵉ du 1ᵉʳ corps d'armée :

Au 1ᵉʳ bataillon de chasseurs, 3 officiers tués, 6 officiers blessés ou pris et 530 hommes hors de combat, ce qui réduisit le bataillon à 11 officiers et 120 hommes ;

Au 3ᵉ régiment de zouaves, 42 officiers et 1,540 hommes hors de combat ;

Au 3ᵉ régiment de tirailleurs algériens, 12 officiers tués, 16 officiers blessés et 850 hommes hors de combat ;

A l'artillerie divisionnaire, 6 officiers et 100 hommes hors de combat.

Dans la 3ᵉ division du 5ᵉ corps d'armée, amenée par le général de Lespart à la fin de la bataille, environ 200 hommes hors de combat ;

Dans la division Conseil-Dumesnil, 1ᵉʳ du 7ᵉ corps d'armée :

Au 17ᵉ bataillon de chasseurs, 500 officiers et hommes hors de combat ;

Au 3ᵉ régiment d'infanterie, 12 officiers tués, 19 officiers blessés ou pris et 1,000 hommes hors de combat ;

Au 21ᵉ régiment d'infanterie, pour le seul bataillon engagé, 200 officiers et hommes hors de combat ;

Au 47ᵉ régiment d'infanterie, 13 officiers tués, 19 officiers blessés ou pris et 1,250 hommes hors de combat ;

Au 99ᵉ régiment d'infanterie, 5 officiers tués, 23 officiers blessés ou pris et 600 hommes hors de combat.

Dans la division de cavalerie Duhesme, du 1ᵉʳ corps d'armée :

Au 2ᵉ régiment de lanciers, 11 officiers et 230 hommes hors de combat ;

Au 6⁰ régiment de lanciers, 3 officiers tués, 8 officiers blessés ou pris et 200 hommes hors de combat ;

Au 8⁰ régiment de cuirassiers, 5 officiers tués, 7 officiers blessés ou pris et 200 hommes hors de combat ;

Au 9⁰ régiment de cuirassiers, 3 officiers tués, 6 officiers blessés ou pris et 320 hommes hors de combat ;

Dans le reste de la division, 100 hommes hors de combat.

Dans la division de cavalerie de réserve de Bonnemains :

Au 1ᵉʳ régiment de cuirassiers, 5 officiers et 60 hommes hors de combat ;

Au 2⁰ régiment de cuirassiers, 6 officiers tués, 2 officiers blessés et 150 hommes hors de combat ;

Au 3⁰ régiment de cuirassiers, 2 officiers tués, 5 officiers blessés ou pris et 140 hommes hors de combat ;

Au 4⁰ régiment de cuirassiers, 3 officiers tués, 8 officiers blessés ou pris et 170 hommes hors de combat ;

A l'artillerie divisionnaire, 2 officiers et 50 hommes hors de combat.

Dans la réserve d'artillerie, dans la réserve du génie et dans les services administratifs, environ 600 officiers, fonctionnaires et hommes hors de combat.

Au résumé, à l'appel qui fut fait le 8, à Sarrebourg, il manquait plus de 15,000 hommes et environ 700 officiers.

Les Allemands ayant déclaré qu'ils avaient pris 200 officiers et 9,000 hommes blessés ou non, il faudrait admettre que nous aurions dû subir des pertes énormes si beaucoup de détachements n'avaient rejoint plus tard.

Malheureusement le nombre des blessés que nous avons dû abandonner sur le champ de bataille était hors de proportion avec le personnel médical appelé à les soigner, personnel qui ne possédait, d'ailleurs, qu'un matériel tout à fait insuffisant.

Les ambulances de la Société de secours firent le nécessaire, mais les Allemands furent naturellement les premiers soignés.

Beaucoup d'hommes, qui auraient pu être arrachés à la mort, si leurs blessures avaient été pansées rapidement, succombèrent dès le lendemain.

Le commandement était absolument désorganisé.

Le général Colson, chef d'état-major du 1ᵉʳ corps d'armée, avait été tué.

Le général Raoult, blessé mortellement, devait bientôt succomber, en sorte que la 3e division se trouvait privée de son chef, comme la 2e depuis la mort du général Abel Douay.

Les deux brigades de la 1re division du 7e corps d'armée avaient perdu, la 1re, le général Nicolaï, malade et pris à Reichshoffen ; la 2e, le général Maire, tué sur le champ de bataille.

Le général Duhesme, commandant la division de cavalerie du 1er corps d'armée, était dans un tel état de santé qu'il pouvait à peine se tenir à cheval.

Presque tous les officiers supérieurs de l'infanterie et de la cavalerie étaient tués, blessés ou pris.

Enfin les sacs et les voitures avaient disparu, de sorte qu'il était impossible de faire vivre les hommes, de leur distribuer des cartouches et de leur donner des effets d'habillement.

Dans ces conditions, la retraite s'imposait, puisque, ni le 5e corps ni le 7e corps ne pouvaient venir renforcer et ravitailler le 1er corps dans la partie des Vosges traversée par les principales voies de communication de la plaine d'Alsace avec le reste de la France.

Le maréchal de Mac-Mahon aurait peut-être dû se retirer sur Strasbourg ou y envoyer la plus grande partie de ce qui lui restait de fantassins.

Je crois qu'en tout cas il aurait mieux fait de se replier sur Belfort, conformément au principe des retraites divergentes et latérales.

Il est certain que la 3e armée allemande se serait trouvée dans un réel embarras si elle avait eu à poursuivre, d'une part, le 1er corps d'armée, soit vers Strasbourg, soit vers la Haute-Alsace, et d'autre part, le 5e corps d'armée, soit vers Metz, soit vers Châlons.

Il est non moins évident qu'en venant se réfugier sous la protection de la place de Belfort et du 7e corps d'armée qui se réunissait autour de cette place, le maréchal de Mac-Mahon empêchait la 3e armée allemande de pénétrer immédiatement et tout entière en Lorraine.

Après avoir compromis la défense des Vosges par l'opiniâtreté de la résistance à Frœschwiller, on abandonnait tout à coup cette défense sans même essayer de tenir un seul jour dans les défilés.

C'était commettre, après une grosse faute tactique, une regrettable erreur stratégique, erreur qui fut encore aggravée par la décision que prit le maréchal de Mac-Mahon de ne pas détruire les tunnels du chemin de fer à travers les Vosges.

Le 18 juillet, la Compagnie des chemins de l'Est avait demandé au ministre de la guerre s'il ne jugerait pas opportun de préparer des fourneaux de mines dans les principaux ouvrages du réseau, notamment dans les passages souterrains et dans les grandes tranchées de la traversée des Vosges.

Le ministre avait aussitôt répondu affirmativement et demandé à la compagnie de faire exécuter elle-même les travaux, après entente avec les chefs locaux du service du génie pour le choix des emplacements.

Ces travaux étaient terminés quand les troupes d'Alsace livraient la bataille de Frœschwiller.

On ne supposait pas, à Paris, que la défaite qui nous avait été infligée entraînât l'abandon complet de la ligne des Vosges.

On croyait que l'armée placée sous les ordres du maréchal de Mac-Mahon se replierait sur les montagnes, s'y concentrerait et s'y défendrait.

On ne lui donna donc pas l'ordre de détruire les passages souterrains de la ligne de Strasbourg, à Paris, dans la partie de son parcours comprise entre Saverne et Sarrebourg, car on pensait qu'il aurait à s'en servir pour ses propres ravitaillements pendant la lutte sur les Vosges.

Lorsque le maréchal de Mac-Mahon eut pris le parti de se retirer en Lorraine, le général le Brettevillois, qui commandait le génie du 1ᵉʳ corps d'armée, lui proposa de détruire les tunnels.

Le commandant du 1ᵉʳ corps d'armée s'y refusa en alléguant qu'il pourrait en avoir besoin pour reprendre l'offensive.

Reprendre l'offensive, il ne l'a jamais pu, pas plus, d'ailleurs, qu'il n'avait pu la prendre.

La raison de refus n'avait aucune valeur.

Néanmoins, la décision du maréchal de Mac-Mahon fut respectée, et voilà comment il advint que les Allemands trouvèrent la voie ferrée intacte quand ils se présentèrent au pied des Vosges pour franchir cet obstacle que nous leur abandonnions définitivement.

Avant de quitter Saverne, le maréchal adressa à l'empereur un rapport sur la bataille qu'il venait de perdre. A ce rapport officiel, je préfère son récit devant la commission d'enquête sur les actes du gouvernement de la Défense nationale :

« Les troupes, a dit le maréchal de Mac-Mahon, montrèrent à Frœschwiller la même énergie qu'à Wissembourg. La bataille commença vers 7 heures du matin, par la droite des Prussiens, qui fut repoussée. L'ennemi attaqua ensuite notre centre du côté de Wœrth, mais il ne fit d'abord aucun progrès. Il établit alors en batterie, sur les hauteurs de

Gunstett, un nombre de pièces si considérable qu'il nous fit éprouver des pertes sensibles, ce qui nous obligea à rester sur la défensive.

« La lutte se soutint avec des chances diverses jusque vers 3 heures de l'après-midi, mais l'ennemi ne faisait aucun progrès. C'est alors qu'un corps d'armée considérable parvint à tourner notre droite, malgré les efforts de la division Lartigue et de la brigade de cuirassiers de la division Duhesme. Cette brigade chargea, mais en vain, avec la plus grande vigueur, les lignes ennemies.

« Vers 5 heures, je fus obligé de donner l'ordre de battre en retraite, dans la crainte d'être coupé de mes communications avec le reste de l'armée.

« Dans cette journée, les 35,000 hommes que j'avais sous mes ordres eurent à combattre 140,000 Allemands, et l'on doit dire que, jusqu'à la fin, ils ont soutenu la réputation de leurs devanciers.

« L'armée se dirigea sur Saverne. Les premières troupes y arrivèrent le lendemain matin, 7 août, sur les 8 heures; les autres vers midi.

« Par suite de la longueur de la marche, — deux étapes, — faite après une bataille qui avait duré toute la journée, et sans que les hommes eussent pu manger la soupe, il me resta un certain nombre de soldats en arrière.

« Presque tous, cependant, furent ralliés par l'arrière-garde. »

C'est à Sarrebourg que le maréchal de Mac-Mahon fit sa jonction avec le 5ᵉ corps d'armée.

J'ai déjà fait connaître la situation où se trouvait le général de Failly.

Celui-ci était à Bitche attendant, soit une attaque sur son front, soit un appel sur l'un ou l'autre de ses flancs, quand il reçoit coup sur coup, vers 7 heures du soir, deux dépêches qui viennent tristement l'éclairer sur notre échec en Alsace.

D'une part, le général Abbatucci lui télégraphie ce qui suit :

« La division est coupée. La brigade de Fontanges se retire sur Bitche. »

D'autre part, le chef de gare de Baustein lui adresse le télégramme suivant :

« L'ennemi est à Niederbronn ; tout est en déroute. »

Le général de Failly réunit aussitôt un conseil de guerre, où il est décidé que les trois brigades d'infanterie et la division de cavalerie, qui se trouvent encore à Bitche sous ses ordres, ne peuvent accepter le combat sous les murs de ce fort, la plaine étant dominée de tous les côtés, et que la retraite s'effectuera sur la Petite-Pierre et Phalsbourg, de manière à rencontrer les troupes du maréchal de Mac-Mahon, tout en se tenant sur les sommets des Vosges.

Afin de rendre le mouvement plus rapide, on prend le parti de laisser les équipages sous la protection du fort, auquel on donne comme garnison un bataillon d'infanterie, quelques artilleurs et quelques douaniers.

Le même jour, 6 août, à 9 heures du soir, le général de Failly met en marche son corps d'armée dans la direction de la Petite-Pierre, après en avoir averti le grand quartier général et le commandant du 1er corps.

Le 7, dans la matinée, il arrive à la Petite-Pierre où il rencontre le général Ducrot qui s'était retiré de ce côté avec environ 3,000 hommes, appartenant à sa division.

Le général de Failly reçoit alors de Metz le télégramme suivant :

« Magenta arrive ce matin à Phalsbourg.

« Emmenez les 3,000 hommes qui se sont ralliés à la Petite-Pierre. L'empereur réunit l'armée sous le même maréchal en arrière de la Marne.

« Un officier, parti de Metz hier soir, doit vous rejoindre pour vous porter des instructions. Paris est très dévoué, les Chambres seront réunies le 11. »

Une autre dépêche, arrivée dans la soirée, était ainsi conçue :

« L'empereur maintient les ordres qu'il vous a envoyés, et d'après lesquels vous devez vous retirer avec vos troupes sur le camp de Châlons. »

Cette dépêche faisait allusion à des instructions antérieures de l'empereur qui avait fait télégraphier au général de Failly : « Retirez-vous avec votre corps d'armée sur le camp de Châlons. » Instructions qui n'étaient pas parvenues à destination.

Le général de Failly, en abandonnant Bitche, n'avait donc fait que devancer les ordres de l'empereur.

Mais son intention première était de se porter à Phalsbourg, afin de défendre, dans la direction de Saverne, les passages des Vosges.

Devant les nouveaux ordres qui lui sont donnés, il renonce à son mouvement en avant.

Le 8, il se dirige sur Sarrebourg où il rallie définitivement le maréchal de Mac-Mahon.

La ligne des Vosges est complètement abandonnée.

Les fortifications de Bitche, de la Petite-Pierre, de Lichtenberg et de Phalsbourg restent seules préposées à la défense de la chaîne des montagnes.

Nous verrons plus tard comment elles ont rempli cette mission.

L'INVASION ALLEMANDE

Panorama du champ de bataille de Spickeren.

SPICKEREN

J'ai déjà dit que la 1re armée allemande se concentrait autour de Trèves et la 2e autour de Mayence, tandis que la 3e se réunissait autour de Spire et prenait l'offensive à Wissembourg, puis à Frœschwiller.

L'aile droite et le centre des forces ennemies marchaient à la rencontre de notre armée de Lorraine, en même temps que notre armée d'Alsace était attaquée par l'aile gauche des armées allemandes.

Nous savons que, le 2 août, le général Frossard, commandant notre 2e corps d'armée, avait pénétré à Sarrebruck après un court engagement avec les avant-postes ennemis qui n'avaient point jugé à propos de se retirer sans défendre cette ville, mais qui, en réalité, n'avaient opposé qu'une faible résistance dans ce combat où nous possédions une supériorité numérique considérable.

On avait supposé qu'à la suite de l'occupation de Sarrebruck, les 2e, 3e et 4e corps d'armée, puis la garde impériale et le 6e corps d'armée, marcheraient en avant, franchiraient la Sarre et iraient s'établir à Neunkirchen. Maîtres de cette ville et de Sarrebruck, nous interceptions toute communication par voie ferrée entre Trèves d'une part, Mayence et Spire d'autre part, nous empêchions la jonction de la 1re et de la 2e armée allemande, et nous pouvions par là même retarder, si ce n'est arrêter, la marche de la 3e armée vers Wissembourg. L'opération aurait été aussi habile au point de vue stratégique qu'excellente au point de vue moral, puisqu'elle nous amenait à prendre hardiment l'offensive et à pénétrer sur le territoire de la Prusse rhénane.

Mais nous étions décidément condamnés à l'inaction la plus complète, à la défense passive, et il était écrit que nous laisserions échapper toutes les occasions de succès que nous offraient les fautes commises par nos adversaires.

Ceux-ci continuaient d'ailleurs leur mobilisation, leur concentration et leur déploiement avec autant de méthode et de régularité que de calme et de tranquillité. On aurait dit qu'ils avaient le sentiment de notre impuissance.

Voyons comment étaient organisées les troupes ennemies qui allaient opérer de concert contre notre armée de Lorraine.

Ces troupes formaient deux armées désignées par les numéros 1 et 2.

La 1re Armée était commandée par le général de Steinmetz.
Le général-major de Sperling était son chef d'état-major.
Le lieutenant général Schwartz en commandait l'artillerie.
Le général major Biehler en commandait le génie.
Le lieutenant général Malotki de Trzebiatowski en dirigeait le service d'étapes.

Je ferai remarquer que l'intendant Sulzer, intendant de la 1re armée, est porté sur l'ordre de bataille avec le grade de lieutenant, ce qui n'indique pas du tout que l'on avait confié ces hautes fonctions à un officier d'un grade subalterne, mais que ce fonctionnaire avait quitté le service actif pour entrer dans le service de l'intendance, et avait successivement franchi les divers échelons hiérarchiques de ce service, tout en conservant son titre de lieutenant. Si j'insiste sur cette situation particulière, c'est qu'elle établit très nettement le principe de la subordination absolue de l'administration militaire au commandement des troupes.

L'amiral prince Adalbert de Prusse était présent au quartier général du général de Steinmetz.

La 1re Armée allemande avait la composition suivante :
1er corps d'armée;
7e corps d'armée;
8e corps d'armée ;
1re division de cavalerie ;
3e division de cavalerie.

1er Corps d'armée. — GÉNÉRAL BARON DE MANTEUFFEL.

1re DIVISION D'INFANTERIE. — GÉNÉRAL-LIEUTENANT DE BENTHEIM.

1re brigade d'infanterie, général-major de Gayl : 1er régiment d'infanterie, régiment de grenadiers n° 1 de la Prusse orientale : 3 bataillons; 41e régiment d'infanterie, n° 5 de la Prusse orientale : 3 bataillons.

2e brigade d'infanterie, général-major de Falkenstein : 3e régiment d'infanterie, régiment de grenadiers n° 2 de la Prusse orientale : 3 bataillons; 43e régiment d'infanterie, n° 6 de la Prusse orientale : 3 bataillons.

Troupes non embrigadées : 1er bataillon de chasseurs, bataillon de la Prusse orientale; 1er régiment de dragons, n° 1 de la Lithuanie : 4 escadrons; 1re et 2e batteries montées lourdes, 1re et 2e batteries montées légères, du 1er régiment d'artillerie de campagne, régiment de la Prusse orientale : 24 pièces.

DÉPLOIEMENT STRATÉGIQUE DES 1re ET 2e ARMÉES ALLEMANDES

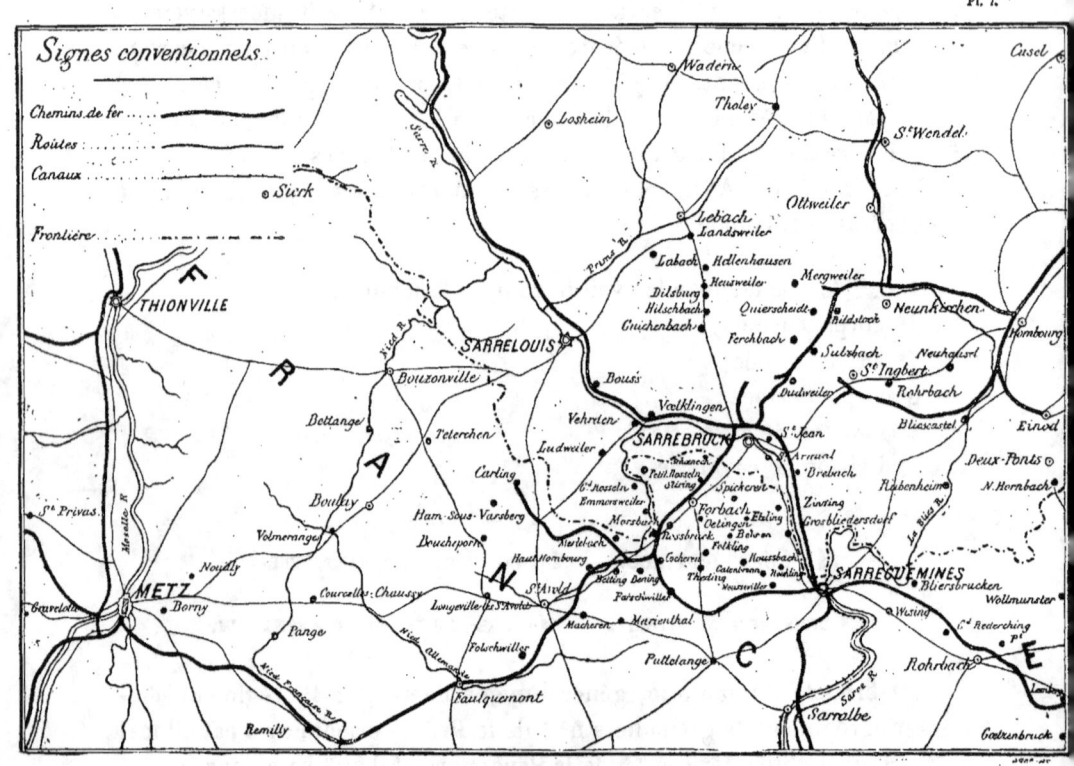

2ᵉ DIVISION D'INFANTERIE. — GÉNÉRAL-MAJOR DE PRITZETWITZ.

3ᵉ brigade d'infanterie, général-major de Memerty : 4ᵉ régiment d'infanterie, n° 3 de grenadiers de la Prusse orientale : 3 bataillons ; 44ᵉ régiment d'infanterie, n° 7 de la Prusse orientale : 3 bataillons.

4ᵉ brigade d'infanterie, général-major de Zglinitzki : 5ᵉ régiment d'infanterie, n° 4 de grenadiers, de la Prusse orientale : 3 bataillons ; 45ᵉ régiment d'infanterie, n° 8 de la Prusse orientale : 3 bataillons.

Troupes non embrigadées : 10ᵉ régiment de dragons, régiment de la Prusse orientale : 4 escadrons ; 5ᵉ et 6ᵉ batteries montées lourdes, 5ᵉ et 6ᵉ batteries montées légères, du 1ᵉʳ régiment d'artillerie de campagne : 24 pièces.

Artillerie de réserve. — 2ᵉ et 3ᵉ batteries à cheval, 3ᵉ et 4ᵉ batteries montées lourdes, 3ᵉ et 4ᵉ batteries montées légères, du 1ᵉʳ régiment d'artillerie de campagne : 36 pièces.

Au total : 25 bataillons d'infanterie, 8 escadrons de cavalerie et 14 batteries d'artillerie.

Comme force combattante, le 1ᵉʳ corps d'armée allemand donnait 25,000 fusils, 1,200 sabres et 84 canons.

Le 1ᵉʳ corps d'armée avait son quartier général à Kœnigsberg. Sa circonscription territoriale englobait toute la province de la Prusse orientale et se trouvait par conséquent limitrophe de la Russie.

Cette situation géographique eut pour résultat de ne pas faire comprendre le 1ᵉʳ corps d'armée dans la première formation des armées de campagne, non point que l'on jugeât nécessaire de le maintenir en observation à proximité de la frontière russe, le czar ayant donné l'assurance formelle d'une neutralité bienveillante, mais parce que les chemins de fer étaient utilisés pour les transports stratégiques des autres corps d'armée jusqu'au vingt et unième jour après le premier ordre de mobilisation, c'est-à-dire jusqu'au 4 août. Ce retard n'offrait aucun inconvénient, puisque les Allemands avaient, en dehors du 1ᵉʳ corps d'armée, une supériorité numérique considérable, et que ce corps d'armée pouvait, concurremment avec d'autres troupes laissées momentanément en Allemagne, être employé à la défense du littoral de la Baltique si nous tentions quelque opération de débarquement sur les côtes.

Cependant, à la date du 27 juillet, le 1ᵉʳ corps d'armée commençait à effectuer son mouvement dans la direction de l'ouest par Berlin et le continuait rapidement.

Le 3 août, il arrivait à Birkenfeld, formant réserve de la 1re armée.

7e Corps d'armée. — GÉNÉRAL DE ZASTROW.

13e DIVISION D'INFANTERIE. — GÉNÉRAL-LIEUTENANT DE GLUMER.

25e brigade d'infanterie, général-major baron de Osten-Sacken : 13e régiment d'infanterie, n° 1 de la Westphalie : 3 bataillons ; 73e régiment d'infanterie, fusiliers du Hanovre : 3 bataillons.

26e brigade d'infanterie, général-major baron de Goltz : 15e régiment d'infanterie, n° 2 de la Westphalie : 3 bataillons ; 55e régiment d'infanterie, n° 6 de la Westphalie : 3 bataillons.

Troupes non embrigadées : 7e bataillon de chasseurs, bataillon de la Westphalie ; 8e régiment de hussards, n° 1 de la Westphalie : 4 escadrons ; 5e et 6e batteries montées lourdes, 5e et 6e batteries montées légères, du 7e régiment d'artillerie de campagne, régiment de la Westphalie : 24 pièces.

14e DIVISION D'INFANTERIE. — GÉNÉRAL-LIEUTENANT DE KAMEKE.

27e brigade d'infanterie, général-major de François : 39e régiment d'infanterie, fusiliers du Bas-Rhin : 3 bataillons ; 74e régiment d'infanterie, n° 1 du Hanovre : 3 bataillons.

28e brigade d'infanterie, général-major de Woyna : 53e régiment d'infanterie, n° 5 de la Westphalie : 3 bataillons ; 77e régiment d'infanterie, n° 2 du Hanovre : 3 bataillons.

Troupes non embrigadées : 15e régiment de hussards, régiment du Hanovre : 4 escadrons ; 1re et 2e batteries montées lourdes, 1re et 2e batteries montées légères, du 7e régiment d'artillerie de campagne.

Artillerie de réserve. — 2e et 3e batteries à cheval, 3e et 4e batteries montées lourdes, 3e et 4e batteries montées légères, du 7e régiment d'artillerie de campagne.

AU TOTAL : 25 bataillons d'infanterie, 8 escadrons de cavalerie et 14 batteries d'artillerie.

Comme force combattante, le 7e corps d'armée allemand donnait 25,000 fusils, 1,200 sabres et 84 canons.

Le prince héritier de Schaumbourg-Lippe était présent au quartier général du général de Zastrow.

La région du 7ᵉ corps d'armée allemand, dont le quartier général était à Munster, embrassait une partie de la province de Westphalie et de la province prussienne du Rhin. Les troupes qu'il comprenait tenaient garnison à Munster, Wesel, Bonn, Dusseldorf, Minden, Detmold, Aix-la-Chapelle, Clèves, Cologne, Deutz, etc. Un assez grand nombre de bataillons compris dans ce corps d'armée étaient originaires du royaume de Hanovre et avaient été remplacés au 10ᵉ corps d'armée par des bataillons westphaliens, mais cette irrégularité accidentelle et provisoire devait disparaître dès que les Hanovriens sembleraient définitivement soumis au joug de la Prusse.

Par sa position, le 7ᵉ corps d'armée était voisin de la Hollande et de la Belgique. Il se trouvait, en outre, l'un des plus rapprochés de notre frontière. On l'attribua à la 1ʳᵉ armée, avec le 8ᵉ corps d'armée, derrière lequel il se forma et se mit en mouvement.

Les opérations préparatoires du 7ᵉ et du 8ᵉ corps d'armée allemands ayant été solidaires, nous les verrons après la composition du second de ces deux corps d'armée.

8ᵉ Corps d'armée. — GÉNÉRAL DE GOEBEN.

15ᵉ DIVISION D'INFANTERIE. — GÉNÉRAL-LIEUTENANT DE WELTZIEN.

29ᵉ brigade d'infanterie, général-major de Wedell : 33ᵉ régiment, fusiliers de la Prusse orientale : 3 bataillons ; 60ᵉ régiment d'infanterie, n° 7 du Brandebourg : 3 bataillons.

30ᵉ brigade d'infanterie, général-major de Strubberg : 28ᵉ régiment d'infanterie, n° 2 de la province du Rhin : 3 bataillons ; 67ᵉ régiment d'infanterie, n° 4 de la province de Magdebourg : 3 bataillons.

Troupes non embrigadées : 8ᵉ bataillon de chasseurs, bataillon de la province du Rhin ; 7ᵉ régiment de hussards, n° 1 de la province du Rhin : 4 escadrons ; 1ʳᵉ et 2ᵉ batteries montées lourdes, 1ʳᵉ et 2ᵉ batteries montées légères, du 8ᵉ régiment d'artillerie de campagne, régiment de la province du Rhin : 24 pièces.

16ᵉ DIVISION D'INFANTERIE. — GÉNÉRAL-LIEUTENANT DE BARNEKOW.

31ᵉ brigade d'infanterie, général-major comte Neidhard de Gneisenau : 29ᵉ régiment d'infanterie, n° 3 de la province du Rhin : 3 bataillons ; 69ᵉ régiment d'infanterie, n° 7 de la province du Rhin : 3 bataillons.

Un hussard prussien en vedette sur les bords de la Sarre.

32e brigade d'infanterie, colonel de Rex : 40e régiment d'infanterie, fusiliers de Hohenzollern : 3 bataillons ; 72e régiment d'infanterie, n° 4 de la Thuringe : 3 bataillons.

Troupes non embrigadées : 9e régiment de hussards, n° 2 de la province du Rhin : 4 escadrons; 5e et 6e batteries montées lourdes, 5e et 6e batteries montées légères, du 8e régiment d'artillerie de campagne.

Artillerie de réserve. — 1^(re), 2e et 3e batteries à cheval, 3e et 4e batteries montées lourdes, 3e et 4e batteries montées légères, du 8e régiment d'artillerie de campagne : 42 pièces.

Au total : 25 bataillons d'infanterie, 8 escadrons de cavalerie, 15 batteries de campagne.

Comme force combattante, le 8e corps d'armée allemand pouvait donner 25,000 fusils, 1,500 sabres, 90 canons.

Le prince de Schœnbong-Waldenbourg était présent au quartier général du 8e corps d'armée.

Les troupes de ce corps d'armée occupaient la province prussienne du Rhin; elles tenaient garnison à Cologne, Coblentz, Trèves, Sarrelouis et Sarrebruck; elles se trouvaient donc en première ligne sur la partie de la frontière, comprise entre Sarreguemines et Sierck, par où la France et la Prusse étaient uniquement limitrophes l'une de l'autre; la neutralité de la Belgique et du grand-duché de Luxembourg couvrait d'ailleurs leur flanc droit.

D'après le plan du grand état-major allemand, il avait été convenu que les garnisons de Sarrelouis et de Sarrebruck se renforceraient sur place par l'appel de leurs réserves et se maintiendraient dans ces deux villes, de manière à observer la voie ferrée, à la couvrir par la rapidité de leurs mouvements, mais à ne la détruire que sur ordre supérieur et successivement.

Pendant ce temps, la concentration des 7e et 8e corps d'armée allemands s'effectuerait entre Trèves et Wittlich.

On comptait que ces deux corps d'armée se trouveraient presque tout entiers réunis sur la zone de rassemblement qui leur avait été assignée, dès le seizième jour après l'ordre de mobilisation, c'est-à-dire le 31 juillet.

Le 17, Sarrelouis était déjà à l'abri d'un assaut et abondamment pourvu de vivres ainsi que de bétail sur pied.

Le 18, cette place recevait les détachements d'artilleurs et de sapeurs destinés à la défendre.

Le 24, la garnison de Sarrelouis avait une petite escarmouche à Schreckling.

Le 26, la mobilisation du 8e corps d'armée était terminée.

Le 27, le 28 et le 30, plusieurs engagements d'avant-postes avaient lieu à Ludweiler, à Sarrebruck, à Saint-Arnnal.

Le 2 août, le 7e corps d'armée, formant l'aile droite de la 1^(re) armée, se trouvait réuni à Trèves, tandis que le 8e corps, à gauche, se tenait échelonné sur la route de Wittlich à Sarrelouis, entre la Sarre et la Nahe.

Ce même jour, la garnison de Sarrebruck et les avant-postes établis sur la rive droite de la Sarre en amont et en aval de cette ville, depuis les environs de Sarreguemines jusqu'aux environs de Sarrelouis, étaient attaqués par nos troupes dans une grande reconnaissance générale qui n'avait d'autre résultat que d'obliger les Allemands à se retirer un peu en arrière sur la rive gauche de cette rivière.

1re DIVISION DE CAVALERIE. — GÉNÉRAL-LIEUTENANT DE HARTMANN.

1re brigade de cavalerie, général-major de Luderitz : 2e régiment de cuirassiers, régiment de Poméranie : 4 escadrons ; 4e régiment de uhlans, n° 1 de la Poméranie : 4 escadrons ; 9e régiment de uhlans, n° 2 de la Poméranie : 4 escadrons.

2e brigade de cavalerie, général-major Baumgarth : 3e régiment de cuirassiers, régiment de la Prusse orientale : 4 escadrons ; 8e régiment de uhlans, régiment de la Prusse orientale : 4 escadrons ; 12e régiment de uhlans, régiment la Lithuanie : 4 escadrons.

Artillerie : 1re batterie à cheval du 1er régiment d'artillerie de campagne : 6 pièces.

3e DIVISION DE CAVALERIE. — GÉNÉRAL-LIEUTENANT COMTE DE GRŒBEN.

6e brigade de cavalerie, général-major de Mirus : 8e régiment de cuirassiers, régiment de la province du Rhin : 4 escadrons ; 7e régiment de uhlans, régiment de la province du Rhin : 4 escadrons.

7e brigade de cavalerie, général-major de Dohna : 5e régiment de uhlans, régiment de la Westphalie : 4 escadrons ; 11e régiment de uhlans, 2e régiment du Hanovre : 4 escadrons ;.

Artillerie : 1re batterie à cheval du 7e régiment d'artillerie de campagne : 6 pièces.

Les deux divisions de cavalerie attachées à la 1re armée allemande contenaient donc ensemble 40 escadrons et 2 batteries.

Comme force combattante, elles disposaient de 6,000 sabres et de 12 pièces.

La 1re division de cavalerie avait été formée avec les régiments de cette arme en excédent dans les régions des 1er et 2e corps d'armée permanents, provinces de la Prusse et de la Poméranie ; la 3e division de cavalerie, avec les régiments en excédent dans les régions des 7ᵉ et 8ᵉ corps d'armée, provinces de la Westphalie et du Rhin.

En raison même de cette formation, la 3ᵉ division de cavalerie se trouvait à proximité du théâtre des opérations, tandis que la 1ʳᵉ division en était très éloignée.

Toutefois, la 3ᵉ division de cavalerie ne fut définitivement constituée qu'à l'ouverture des hostilités ; ses régiments demeurèrent attachés jusqu'à ce moment aux 7ᵉ et 8ᵉ corps d'armée dont ils faisaient partie.

Quant à la 1ʳᵉ division de cavalerie, elle fut formée dans les deux provinces orientales du royaume de Prusse ci-dessus indiquées, et transportée par chemin de fer jusque dans la vallée du Rhin.

Elle arrivait à Kaiserslautern le 4 août, c'est-à-dire le jour même où le 1ᵉʳ corps d'armée atteignait Birkenfeld.

C'est à cette date seulement que le 1ᵉʳ corps d'armée et la 1ʳᵉ division de cavalerie furent attachés à la 1ʳᵉ armée qui ne comprenait au début que les 7ᵉ et 8ᵉ corps d'armée et la 3ᵉ division de cavalerie.

Quand elle pénétra sur notre territoire, la 1ʳᵉ armée, commandée par le général de Steinmetz, comprenait donc :

75 bataillons d'infanterie ;
64 escadrons de cavalerie ;
45 batteries d'artillerie.

Comme force combattante, elle pouvait mettre en ligne :

75,000 fusils ;
9,600 chevaux ;
270 canons.

En présence de notre inaction, le général Steinmetz disposait ses troupes en vue de franchir la Sarre et de marcher à notre rencontre, quand il reçut des instructions nouvelles dans la journée du 3 août, à Losheim, où était son quartier général. On lui annonçait que la 3ᵉ armée attaquerait Wissembourg le lendemain, et que la 1ʳᵉ armée devait se réunir, le 4, autour de Tholey, afin de concourir à bref délai à une bataille générale avec la 2ᵉ armée qui aurait achevé, vers le 6, sa concentration autour de Kaiserslautern.

Conformément aux ordres qui lui avaient été envoyés de Mayence par le grand quartier général, le général Steinmetz se portait, le 4, à Tholey avec le 8ᵉ corps d'armée, le 7ᵉ corps se réunissait à Lebach, la 3ᵉ division de cavalerie se répartissait entre Tholey et Saint-Wendel ; quant aux troupes du 1ᵉʳ corps d'armée et de la 1ʳᵉ division de cavalerie, elles venaient de débarquer à Birkenfeld et dans les environs.

Il était enjoint au commandant de la 1ʳᵉ armée de n'opérer aucun mou-

PLAN DE LA BATAILLE DE SPICKEREN

vement jusqu'à nouvel ordre ; cette interdiction ne le satisfaisait nullement, car ses troupes étaient prêtes depuis longtemps et il lui tardait de prendre l'offensive.

Mais, afin de bien comprendre la situation où il se trouvait, il est indispensable de connaître la composition de la 2ᵉ armée allemande et les emplacements qu'elle occupait.

La **2ᵉ Armée** était sous les ordres du général prince Frédéric-Charles de Prusse.

Le général-major de Stiehle était son chef d'état-major.

Le général lieutenant de Colomier en commandait l'artillerie.

Le colonel Laithaus en commandait le génie.

La 2ᵉ armée comprenait :

Le corps de la garde royale prussienne ;

Le 2ᵉ corps d'armée ;

Le 3ᵉ corps d'armée ;

Le 4ᵉ corps d'armée ;

Le 9ᵉ corps d'armée ;

Le 10ᵉ corps d'armée ;

Le 12ᵉ corps d'armée ;

La 5ᵉ division de cavalerie ;

La 6ᵉ division de cavalerie.

Le duc Paul de Mecklembourg-Schwérin et le landgrave Frédéric de Hesse étaient présents au quartier général du prince Frédéric-Charles.

Corps de la garde royale prussienne. — GÉNÉRAL PRINCE AUGUSTE DE WURTEMBERG.

1ʳᵉ DIVISION D'INFANTERIE DE LA GARDE. — GÉNÉRAL-MAJOR DE PAPE.

1ʳᵉ brigade d'infanterie de la garde, général-major de Kessel : 1ᵉʳ régiment à pied de la garde : 3 bataillons ; 3ᵉ régiment à pied de la garde : 3 bataillons.

2ᵉ brigade d'infanterie de la garde, général-major baron de Medem : 2ᵉ régiment à pied de la garde : 3 bataillons ; 4ᵉ régiment à pied de la garde : 3 bataillons.

Troupes non embrigadées : Bataillon de chasseurs de la garde ; régiment de hussards de la garde : 4 escadrons ; 1ʳᵉ et 2ᵉ batteries montées lourdes, 1ʳᵉ et 2ᵉ batteries montées légères, du régiment d'artillerie de campagne de la garde : 24 pièces.

2ᵉ DIVISION D'INFANTERIE DE LA GARDE. — GÉNÉRAL LIEUTENANT DE BUDRITZKI.

3ᵉ brigade d'infanterie de la garde, colonel de Knappstaedt : 1ᵉʳ régiment de grenadiers de la garde : 3 bataillons ; 3ᵉ régiment de grenadiers de la garde : 3 bataillons.

4ᵉ brigade d'infanterie de la garde, général-major de Berger : 2ᵉ régiment de grenadiers de la garde : 3 bataillons ; 4ᵉ régiment de grenadiers de la garde : 3 bataillons.

Troupes non embrigadées : Bataillon de tirailleurs de la garde ; 2ᵉ régiment de uhlans de la garde : 4 escadrons ; 5ᵉ et 6ᵉ batteries montées lourdes, 5ᵉ et 6ᵉ batteries montées légères, du régiment d'artillerie de campagne de la garde : 24 pièces.

DIVISION DE CAVALERIE DE LA GARDE. — GÉNÉRAL-LIEUTENANT COMTE DE GOLTZ.

1ʳᵉ brigade de cavalerie de la garde, général-major comte de Brandebourg I : Régiment de gardes du corps : 4 escadrons ; régiment de cuirassiers de la garde : 4 escadrons.

2ᵉ brigade de cavalerie de la garde, général-lieutenant prince Albrecht de Prusse : 1ᵉʳ régiment de uhlans de la garde : 4 escadrons ; 3ᵉ régiment de uhlans de la garde : 4 escadrons.

3ᵉ brigade de cavalerie de la garde, général-lieutenant comte de Brandebourg II : 1ᵉʳ régiment de dragons de la garde : 4 escadrons ; 2ᵉ régiment de dragons de la garde : 4 escadrons.

Artillerie de réserve. — 1ʳᵉ, 2ᵉ et 3ᵉ batteries à cheval, 3ᵉ et 4ᵉ batteries montées lourdes, 3ᵉ et 4ᵉ batteries montées légères, du régiment d'artillerie de campagne de la garde : 42 pièces.

Au TOTAL : 29 bataillons d'infanterie, 32 escadrons de cavalerie, 15 batteries d'artillerie.

Comme force combattante, le corps de la garde royale prussienne donnait : 29,000 fusils, 4,800 sabres, 90 canons.

Rien ne peut mieux faire ressortir notre infériorité numérique que la comparaison entre la garde impériale française, dont j'ai donné précédemment la composition, et la garde royale prussienne, au quartier général de laquelle était attaché le prince Nicolas de Nassau.

La garde impériale française, ai-je dit, comptait 24 bataillons d'infanterie, 24 escadrons de cavalerie et 10 batteries, représentant une force combattante de 16,000 fusils, 2,500 sabres et 60 canons.

Si le hasard des combats avait placé ces deux corps l'un en face de l'autre sur le champ de bataille, la garde impériale française aurait opposé à la garde royale prussienne : 16,000 fusils contre 29,000, 2,500 sabres contre 4,800, 60 canons contre 90, c'est-à-dire à peu près la moitié moins d'infanterie et de cavalerie, et le tiers en moins d'artillerie!

Quelle aurait été l'issue de la lutte engagée entre cette petite phalange de vieux soldats et la masse qu'ils auraient eue devant eux, bien que notre garde impériale, il ne faut pas l'oublier, fût une véritable troupe d'élite, suivant l'acception de ce terme avant 1870, car elle ne se composait que d'hommes comptant de nombreuses années de service et ayant fait campagne, tandis que la garde royale prussienne se recrutait comme les autres corps d'armée prussiens?

Le corps de la garde royale prussienne, sauf un régiment stationné à Hanovre, tenait garnison à Berlin, ainsi qu'à Potsdam et à Spandau, villes voisines de la capitale, et s'y trouvait organisé en temps de paix, de manière à passer sur pied de guerre tel qu'il était constitué ; mais comme il se recrutait sur tout le royaume de Prusse, il lui fallait plus de temps qu'aux autres corps d'armée pour se mobiliser, c'est-à-dire pour recevoir ses réservistes, les incorporer, les habiller, les équiper et les armer.

Le corps de la garde royale prussienne fut désigné le 18 juillet pour faire partie de la 2e armée allemande, en même temps que les 3e, 4e et 10e corps d'armée et les 5e et 6e divisions de cavalerie. Les 9e et 12e corps d'armée ne furent attachés à cette armée que quelques jours plus tard.

Ce corps fut amené sur les bords du Rhin par la ligne ferrée de Berlin, Halle, Cassel, Francfort, Manheim.

Le 23, il reçut l'ordre de s'embarquer dès que sa mobilisation serait terminée, de quitter le chemin de fer à Manheim et de prendre ses cantonnements aux environs de cette ville.

A cette date, on estimait que ses têtes de colonnes atteindraient Manheim vers le 30 du mois.

Le mouvement s'effectua comme il avait été ordonné.

Le 4 août, le corps de la garde se trouvait à Kaiserslautern et autour de cette ville.

2e Corps d'armée. — GÉNÉRAL DE FRANSECKY.

3e DIVISION D'INFANTERIE. — GÉNÉRAL-MAJOR DE HARTMANN.

5e brigade d'infanterie, général-major de Koblinsky : 2e régiment d'infanterie, n° 1 de grenadiers de la Poméranie : 3 bataillons; 42e régiment d'infanterie, n° 5 de la Poméranie : 3 bataillons.

Quartier général du prince Frédéric-Charles.

6e brigade d'infanterie, colonel de Decken : 14e régiment d'infanterie, n° 3 de la Poméranie : 3 bataillons ; 54e régiment d'infanterie, n° 7 de la Poméranie : 3 bataillons.

Troupes non embrigadées : 2e bataillon de chasseurs, bataillon de la Poméranie ; 3e régiment de dragons, régiment de la Neumark : 4 escadrons ;

1re et 2e batteries montées lourdes, 1re et 2e batteries montées légères, du 2e régiment d'artillerie de campagne, régiment de la Poméranie : 24 pièces.

4e DIVISION D'INFANTERIE. — GÉNÉRAL-LIEUTENANT HANN DE WEIHERN.

7e brigade d'infanterie, général-major du Trossel : 9e régiment d'infanterie, n° 2 de grenadiers de la Poméranie : 3 bataillons ; 49e régiment d'infanterie, n° 6 de la Poméranie : 3 bataillons.

8e brigade d'infanterie, général-major de Kettler : 21e régiment d'infanterie, n° 4 de la Poméranie : 3 bataillons ; 61e régiment d'infanterie, n° 8 de la Poméranie : 3 bataillons.

Troupes non embrigadées : 11e régiment de dragons, régiment de la Poméranie : 4 escadrons ; 5e et 6e batteries montées lourdes ; 5e et 6e batteries montées légères, du 2e régiment d'artillerie de campagne : 24 pièces.

Artillerie de réserve. — 2e et 3e batteries à cheval, 3e et 4e batteries montées lourdes, 3e et 4e batteries montées légères, du 2e régiment d'artillerie de campagne : 36 pièces.

Au total : 25 bataillons d'infanterie, 8 escadrons de cavalerie, 14 batteries d'artillerie.

Comme force combattante, le 2e corps d'armée pouvait mettre en ligne 25,000 fusils, 12,00 sabres et 84 canons.

Ce corps d'armée, qui se recrutait sur le territoire de la Poméranie et y tenait garnison, avait été mobilisé en même temps que toute l'armée ; mais il avait été primitivement maintenu sur place, tant en vue d'une participation à la défense du littoral, s'il était nécessaire, qu'en raison de l'encombrement des voies ferrées ; il ne se mit donc en mouvement qu'après les autres et n'atteignit le théâtre des opérations que postérieurement aux premiers engagements. C'est le 15 août seulement qu'il fut attaché à la 2e armée.

3e Corps d'armée. — GÉNÉRAL-LIEUTENANT D'ALVENSLEBEN II.

5e DIVISION D'INFANTERIE. — GÉNÉRAL-LIEUTENANT DE STULPNAGEL.

9 brigade d'infanterie, général-major de Dœring : 8e régiment d'infanterie, régiment de grenadiers n° 1 du Brandebourg : 3 bataillons ; 48e régiment d'infanterie, n° 5 du Brandebourg : 3 bataillons.

10e brigade d'infanterie, général-major de Schwerin : 12e régiment d'infanterie, régiment de grenadiers n° 2 du Brandebourg : 3 bataillons ; 52e régiment d'infanterie, n° 6 du Brandebourg : 3 bataillons.

Troupes non embrigadées : 3e bataillon de chasseurs, bataillon du Brandebourg : 12e régiment de dragons, n° 2 du Brandebourg : 4 escadrons ; 1re et 2e batteries montées lourdes, 1re et 2e batteries montées légères du 3e régiment d'artillerie de campagne, régiment du Brandebourg : 24 pièces.

6e DIVISION D'INFANTERIE. — GÉNÉRAL-LIEUTENANT DE BUDDENBROCK.

11e brigade d'infanterie, général-major de Rothmaler : 20e régiment d'infanterie, n° 3 du Brandebourg : 3 bataillons ; 35e régiment d'infanterie, fusiliers du Brandebourg, 3 bataillons.

12e brigade d'infanterie, colonel de Bismarck ; 24e régiment d'infanterie, n° 4 du Brandebourg : 3 bataillons ; 64e régiment d'infanterie, n° 8 du Brandebourg : 3 bataillons.

Troupes non embrigadées : 2e régiment de dragons, n° 1 du Brandebourg, 4 escadrons ; 5e et 6e batteries montées lourdes, 5e et 6e batteries montées légères, du 3e régiment d'artillerie de campagne : 24 pièces.

Artillerie de réserve. — 1re et 3e batteries à cheval, 3e et 4e batteries montées lourdes, 3e et 4e batteries montées légères, du 3e régiment d'artillerie de campagne, 36 pièces.

Au TOTAL : 25 bataillons d'infanterie, 8 escadrons de cavalerie, 14 batteries d'artillerie.

Comme force combattante, le 3e corps d'armée pouvait metre en ligne 25,000 fusils, 1,200 sabres et 84 canons.

Le 3e corps d'armée se recrutait dans la province du Brandebourg. Il avait son quartier général à Berlin, et tenait garnison à Francfort-sur-l'Oder, Custrin, Cottbus, Wittenberg, Brandebourg, Prenzlau, Rathenov, Torgau, etc.

A la date du 18 juillet, ce corps d'armée avait été désigné pour faire partie de la 2e armée allemande.

Le 23 juillet, il recevait l'ordre, aussitôt après avoir achevé sa mobilisation, de s'embarquer en chemin de fer et de venir débarquer à Bingen, pour se cantonner entre Kreuznach et Mayence.

Du 25 au 28, il effectuait ses transports et arrivait à destination.

Le 29, il lui était prescrit de se porter à Alsenz.

Le 3 août, après avoir continué son mouvement en avant, il plaçait son quartier général à Baumholder et s'étendait sur la ligne de Birkenfeld à Cusel.

4ᵉ Corps d'armée. — GÉNÉRAL D'ALVENSLEBEN I.

7ᵉ DIVISION D'INFANTERIE. — GÉNÉRAL-LIEUTENANT DE GROS'DE SCHWARZHOFF.

13ᵉ brigade d'infanterie, général-major de Borries : 26ᵉ régiment d'infanterie, nº 1 de Magdebourg : 3 bataillons ; 66ᵉ régiment d'infanterie, nº 3 de Magdebourg : 3 bataillons.

14ᵉ brigade d'infanterie, général-major de Zychlinski : 27ᵉ régiment d'infanterie, nº 2 de Magdebourg : 3 bataillons ; 93ᵉ régiment d'infanterie, régiment d'Anhalt : 3 bataillons.

Troupes non embrigadées : 4ᵉ bataillon de chasseurs, bataillon de Magdebourg ; 7ᵉ régiment de dragons, régiment de Westphalie ; 4 escadrons ; 1ʳᵉ et 2ᵉ batteries montées lourdes, 1ʳᵉ et 2ᵉ batteries montées légères, du 4ᵉ régiment d'artillerie de campagne, régiment de Magdebourg : 24 pièces.

8ᵉ DIVISION D'INFANTERIE. — GÉNÉRAL-LIEUTENANT DE SCHOELER.

15ᵉ brigade d'infanterie, général-major de Kessler : 31ᵉ régiment d'infanterie, nº 1 de la Thuringe : 3 bataillons ; 71ᵉ régiment d'infanterie, nº 3 de la Thuringe : 3 bataillons.

16ᵉ brigade d'infanterie, colonel de Scheffler : 86ᵉ régiment d'infanterie, fusiliers du Schleswig-Holstein : 3 bataillons ; 96ᵉ régiment d'infanterie, nº 7 de la Thuringe : 3 bataillons.

Troupes non embrigadées : 12ᵉ régiment de hussards, régiment de la Thuringe : 4 escadrons ; 3ᵉ et 4ᵉ batteries montées lourdes, 3ᵉ et 4ᵉ batteries montées légères, du 4ᵉ régiment d'artillerie de campagne : 24 pièces.

Artillerie de réserve. — 2ᵉ et 3ᵉ batteries à cheval, 5ᵉ et 6ᵉ batteries montées lourdes, 5ᵉ et 6ᵉ batteries montées légères, du 4ᵉ régiment d'artillerie de campagne : 36 pièces.

AU TOTAL : 25 bataillons d'infanterie, 8 escadrons de cavalerie, 14 batteries d'artillerie.

Le 4ᵉ corps d'armée pouvait, comme force combattante, mettre en ligne 25,000 fusils, 1,200 sabres et 84 canons.

Le prince héritier d'Anhalt avait été attaché au quartier général de ce corps d'armée qui se recrutait dans la province de Saxe et dans les États de la Thuringe, avait son quartier général à Magdebourg et tenait garnison dans cette ville ainsi qu'à Dessau, Halberstadt, Naumbourg, Zerbst, Erfurt, Halle, Torgau, Altenbourg, Gera, Rudolstadt, Mersebourg, etc.

Les mouvements du 4⁰ corps d'armée furent à peu près les mêmes que ceux du 3⁰, dans la période de concentration des troupes allemandes à proximité de notre frontière.

Le 18 juillet, le 4⁰ corps d'armée était désigné pour faire partie de la 2⁰ armée allemande.

Le 23, il lui était ordonné de s'embarquer aussitôt après sa mobilisation, puis de débarquer à Manheim et de se cantonner aux environs de cette ville.

Son transport ayant été exécuté du 26 au 29, on lui enjoignait de s'avancer jusqu'à Durkheim.

Le 3 août, il avait atteint Kaiserslautern.

9⁰ Corps d'armée. — GÉNÉRAL DE MAUSTEIN.

18⁰ DIVISION D'INFANTERIE. — GÉNÉRAL-LIEUTENANT BARON DE WRANGEL.

35⁰ brigade d'infanterie, général-major de Blumenthal : 36⁰ régiment d'infanterie, fusiliers de Magdebourg : 3 bataillons ; 84⁰ régiment d'infanterie, régiment du Schleswig : 3 bataillons.

36⁰ brigade d'infanterie, général-major de Below : 11⁰ régiment d'infanterie, n⁰ 2 de grenadiers de la Silésie : 3 bataillons ; 85⁰ régiment d'infanterie, régiment du Holstein : 3 bataillons.

Troupes non embrigadées : 9⁰ bataillon de chasseurs, bataillon de Lauenbourg ; 6⁰ régiment de dragons, régiment de Magdebourg : 4 escadrons ; 1ʳᵉ et 2⁰ batteries montées lourdes, 1ʳ et 2⁰ batteries montées légères du 9⁰ régiment d'artillerie de campagne, régiment du Schleswig-Holstein : 24 pièces.

25⁰ DIVISION, CONTINGENT DU GRAND-DUCHÉ DE HESSE. — GÉNÉRAL-LIEUTENANT PRINCE LOUIS DE HESSE.

49⁰ brigade d'infanterie, 1ʳᵉ du grand-duché de Hesse, général-major prussien de Wittich : 1ᵉʳ régiment d'infanterie du grand-duché de Hesse : 2 bataillons ; 2⁰ régiment d'infanterie du grand-duché de Hesse : 2 bataillons ; 1ᵉʳ bataillon de chasseurs du grand-duché de Hesse.

50⁰ brigade d'infanterie, 2⁰ du grand-duché de Hesse, colonel de Lynker : 3⁰ régiment d'infanterie du grand-duché de Hesse : 2 bataillons; 4ᵉ régiment d'infanterie du grand-duché de Hesse : 2 bataillons; 2ᵉ bataillon de chasseurs du grand-duché de Hesse.

25ᵉ brigade de cavalerie, brigade du grand-duché de Hesse, général-major prussien de Schlottheim : 1ᵉʳ régiment de chevau-légers du grand-duché de Hesse : 4 escadrons ; 2ᵉ régiment de chevau-légers du grand-duché de Hesse : 4 escadrons; batterie à cheval du grand-duché de Hesse : 6 pièces.

Artillerie divisionnaire, 1ʳᵉ et 2ᵉ batteries montées lourdes : 1ʳᵉ et 2ᵉ batteries montées légères du régiment du grand-duché de Hesse : 30 pièces.

Artillerie de réserve. — 2ᵉ batterie d'artillerie à cheval, 3ᵉ et 4ᵉ batteries montées lourdes, 3ᵉ et 4ᵉ batteries montées légères, du 9ᵉ régiment d'artillerie de campagne.

Au total : 23 bataillons d'infanterie, 12 escadrons de cavalerie, 15 batteries d'artillerie.

Comme force combattante, le 9ᵉ corps d'armée pouvait mettre en ligne 23,000 fusils, 1,800 sabres et 90 canons.

Jusqu'ici tous les corps d'armée dont nous avons donné la composition étaient constitués sur le pied de paix et conservaient leur formation sur le pied de guerre, d'après le principe régional appliqué au recrutement, à l'organisation, à la répartition et au groupement des troupes. Les quelques rares exceptions que nous avons eu à signaler, au point de vue des garnisons, provenaient de ce que les récentes annexions territoriales, effectuées par la Prusse, avaient obligé le grand état-major de Berlin à mettre quelques troupes prussiennes en résidence dans certaines régions douteuses et à envoyer les contingents de ces régions dans des villes prussiennes.

Seul, le 9ᵉ corps d'armée reçut, au moment d'entrer en campagne, une composition qui n'était pas celle du temps de paix.

Ce corps d'armée se recrutait sur les provinces du Schleswig-Holstein et du Mecklembourg, ainsi que sur les territoires des villes hanséatiques, Brême, Hambourg et Lubeck.

Composé de deux divisions, la 17ᵉ et la 18ᵉ, il avait son quartier général à Altona et tenait garnison à Schwerin, Brême, Hambourg, Lubeck, Rostock, Wismar, Parchim, Rendsbourg, Flensbourg, Sonderbourg, Schleswig, etc...

La 17ᵉ division fut enlevée au 9ᵉ corps d'armée au moment de la mobilisation et reçut une destination spéciale que j'indiquerai plus tard.

Elle fut remplacée par la 25° division, formée du contingent du grand-duché de Hesse, qui n'appartenait à aucun corps d'armée, mais que l'on avait rattachée pour ordre au 11° corps d'armée en temps de paix. Cette division avait son quartier général à Darmstadt et tenait garnison dans cette ville ainsi qu'à Giessen, Mayence, Worms, Offenbach, Babenhausen, Bessingen, etc...

Le 9° corps d'armée, ainsi composé, avait été primitivement désigné pour former, avec le 12° corps d'armée, une réserve centrale en arrière de la 2° armée allemande, réserve qui couvrirait la place de Mayence.

Toutefois, il était placé sous les ordres du prince Frédéric-Charles, commandant en chef de la 2° armée, qui prescrivit à la 25° division de se porter vers Wurms, le 26, tandis que la 18° division devait s'embarquer aussitôt après sa mobilisation et débarquer à Mayence du 28 au 31.

Le 30, le 9° corps d'armée, concentré autour d'Oppenheim, était définitivement attaché à la 2° armée.

Ce même jour, il lui était enjoint de se porter à hauteur des 3° et 4° corps d'armée sur la ligne de Birkenfeld à Kaiserslautern, derrière la 2° armée allemande.

10° Corps d'armée. — GÉNÉRAL DE VOIGTS-RHETZ.

19° DIVISION D'INFANTERIE. — GÉNÉRAL-LIEUTENANT DE SCHWARZKOPPEN.

37° brigade d'infanterie, colonel Lehmann : 78° régiment d'infanterie, régiment de la Frise Orientale : 3 bataillons ; 91° régiment d'infanterie, régiment de l'Odembourg : 3 bataillons.

38° brigade d'infanterie, général-major de Wedell : 16° régiment d'infanterie, n° 3 de la Westphalie : 3 bataillons ; 57 régiment d'infanterie, n° 8 de la Westphalie : 3 bataillons.

Troupes non embrigadées : 9° régiment de dragons, n° 1 du Hanovre : 4 escadrons ; 1°° et 2° batteries montées lourdes, 1°° et 2° batteries montées légères, du 1°° régiment d'artillerie de campagne, régiment du Hanovre : 24 pièces.

20° DIVISION D'INFANTERIE. — GÉNÉRAL-MAJOR DE KRAATZ-KOSCHLAU.

39° brigade d'infanterie, général-major de Woyna : 56° régiment d'infanterie, n° 7 de la Westphalie : 3 bataillons ; 79 régiment d'infanterie, n° 3 du Hanovre : 3 bataillons.

40 brigade d'infanterie, général-major de Diringshofen : 17° régiment

d'infanterie, n° 4 de la Westphalie ; 3 bataillons ; 72ᵉ régiment d'infanterie, régiment du Brunswick ; 3 bataillons.

Troupes non embrigadées : 10ᵉ bataillon de chasseurs, bataillon du Hanovre ; 16ᵉ régiment de dragons, n° 2 du Hanovre : 4 escadrons ; 3ᵉ et 4ᵉ batteries montées lourdes, 3ᵉ et 4 batteries montées légères, du 10ᵉ régiment d'artillerie de campagne : 24 pièces.

Artillerie de réserve. — 1ʳᵉ et 3ᵉ batteries à cheval, 5ᵉ et 6ᵉ batteries montées lourdes, 3ᵉ et 4ᵉ batteries montées légères, du 10ᵉ régiment d'artillerie de campagne : 36 pièces.

Au total : 25 bataillons d'infanterie, 8 escadrons de cavalerie, 14 batteries d'artillerie.

Comme force combattante, le 10ᵉ corps d'armée pouvait mettre en ligne 25,000 fusils, 1,200 sabres, 84 canons.

Le 10ᵉ corps d'armée, constitué après la campagne de 1866, avait son quartier général à Hanovre, et englobait les territoires du Hanovre, ainsi que du duché de Brunswick et du grand-duché d'Oldenbourg.

Le 18 juillet, ce corps d'armée était attaché à la 2ᵉ armée.

Le 23, il recevait l'ordre, aussitôt après avoir achevé sa mobilisation, de s'embarquer en chemin de fer par la ligne Hanovre-Cologne-Coblentz, de débarquer à Bingen, puis de se cantonner entre Mayence et Kreuznach.

Ce mouvement s'effectuait dès le 29.

Le 2 août, le 10ᵉ corps d'armée était réuni au sud de Bingen.

12ᵉ Corps d'armée, contingent de la Saxe. — LE GÉNÉRAL PRINCE ROYAL DE SAXE.

23ᵉ DIVISION D'INFANTERIE, N° 1 DU ROYAUME DE SAXE — GÉNÉRAL-LIEUTENANT PRINCE GEORGES DE SAXE.

45ᵉ brigade d'infanterie, n° 1 du royaume de Saxe, général-major de Craushaar : 100ᵉ régiment d'infanterie, n° 1 de grenadiers de la Saxe royale : 3 bataillons ; 101ᵉ régiment d'infanterie, n° 2 de grenadiers de la Saxe royale : 3 bataillons ; 108ᵉ régiment d'infanterie, fusiliers de la Saxe royale : 3 bataillons.

46ᵉ brigade d'infanterie, n° 2 du royaume de Saxe, colonel de Montbé :

Reconnaissance de uhlans, faite pendant la nuit.

102ᵉ régiment d'infanterie, nº 3 de la Saxe royale : 3 bataillons ; 103ᵉ régiment d'infanterie, nº 4 de la Saxe royale : 3 bataillons.

Troupes non embrigadées : 1ᵉʳ régiment de cavalerie de la Saxe royale : 4 escadrons ; 1ʳᵉ et 2ᵉ batteries montées lourdes, 1ʳᵉ et 2ᵉ batteries légères, du 12ᵉ régiment d'artillerie de campagne, régiment de la Saxe royale : 24 pièces.

24e DIVISION D'INFANTERIE, N° 2 DU ROYAUME DE SAXE. — GÉNÉRAL-MAJOR DE HOLDERBERG.

47e brigade d'infanterie, n° 3 du royaume de Saxe, général-major de Léonhardi : 104e régiment d'infanterie, n° 5 de la Saxe royale : 3 bataillons; 105e régiment d'infanterie, n° 6 de la Saxe royale : 3 bataillons; 12e bataillon de chasseurs, n° 1 de la Saxe royale.

48e brigade d'infanterie, n° 4 du royaume de Saxe, colonel de Schultz : 106e régiment d'infanterie, n° 7 de la Saxe royale : 3 bataillons; 107e régiment d'infanterie, n° 8 de la Saxe royale : 3 bataillons ; 13e bataillon de chasseurs, n° 2 de la Saxe royale.

Troupes non embrigadées : 2e régiment de cavalerie de la Saxe royale : 4 escadrons; 3e et 4e batteries montées lourdes, 3e et 4e batteries montées légères, du 12e régiment d'artillerie de campagne : 24 pièces.

12e DIVISION DE CAVALERIE, DIVISION DE CAVALERIE DU ROYAUME DE SAXE. — GÉNÉRAL-MAJOR, COMTE DE LIPPE.

23e brigade de cavalerie, n° 1 du royaume de Saxe, général-major Krug de Nidda; régiment de cavalerie de la garde de la Saxe royale : 4 escadrons; 17e régiment de uhlans, n° 1 de la Saxe royale : 4 escadrons.

24e brigade de cavalerie, n° 2 du royaume de Saxe, général-major Senfft de Pilsach ; 3e régiment de cavalerie de la Saxe royale : 4 escadrons; 18e régiment de uhlans, n° 2 de la Saxe royale : 4 escadrons.

Artillerie : 1re batterie à cheval du 12e régiment d'artillerie de campagne : 6 pièces.

Réserve d'artillerie : 2e batterie à cheval, 5e, 6e, 7e et 8e batteries montées lourdes, 5e et 6e batteries montées légères, du 12e régiment d'artillerie de campagne : 42 pièces.

Au total : 29 bataillons d'infanterie, 24 escadrons de cavalerie, 16 batteries d'artillerie.

Comme force combattante, le 12e corps d'armée pouvait mettre en ligne, 29,000 fusils, 3,600 sabres, 96 canons.

Le duc Charles-Théodore de Bavière était présent au quartier général du prince royal de Saxe.

Le 12e corps d'armée comprenait toutes les troupes du royaume de

Saxe. Il avait son quartier général à Dresde. Par exception aux principes de l'organisation militaire de la Confédération de l'Allemagne du Nord, ce royaume avait conservé une certaine autonomie au point de vue de la constitution de son armée. Le ministère de la guerre avait même été maintenu en Saxe, mais ce n'était qu'une annexe de celui de Berlin. En fait, les régiments saxons, de même que les brigades et les divisions, étaient englobés dans l'armée prussienne par leurs numéros d'ordre.

Le 18 juillet, le 12e corps d'armée avait été désigné avec le 9e pour former la réserve centrale des armées allemandes à Mayence.

Le 23, il recevait l'ordre de s'embarquer, dès que sa mobilisation serait terminée.

Le 27, il commençait son transport par la ligne de Dresde ou Leipzig à Fulda et Cassel.

Le 30, il était informé que, dorénavant, il ferait partie de la 2e armée.

Le 31, il franchissait le Rhin et s'avançait dans la direction d'Alzey.

5e DIVISION DE CAVALERIE. — GÉNÉRAL-LIEUTENANT BARON DE RHEINBABEN.

11e brigade de cavalerie, général-major de Barby : 4e régiment de cuirassiers, régiment de Westphalie : 4 escadrons; 13e régiment de uhlans, n° 1 du Hanovre : 4 escadrons ; 19e régiment de dragons, régiment de l'Oldenbourg : 4 escadrons.

12e brigade de cavalerie, général-major de Bredow : 7e régiment de cuirassiers, régiment de Magdebourg : 4 escadrons ; 16e régiment de uhlans, régiment de l'Altmark : 4 escadrons; 13e régiment de dragons, régiment du Schleswig-Holstein : 4 escadrons.

13e brigade de cavalerie, général-major de Redern : 10e régiment de hussards, régiment de Magdebourg : 4 escadrons ; 11e régiment de hussards, n° 2 de la Westphalie : 4 escadrons ; 17e régiment de hussards, régiment de Brunswick : 4 escadrons.

Artillerie : 1re batterie à cheval du 4e régiment d'artillerie de campagne : 6 pièces; 2e batterie à cheval du 10e régiment d'artillerie de campagne : 6 pièces.

AU TOTAL : 36 escadrons de cavalerie, 2 batteries d'artillerie.

Comme force combattante, la 5e division de cavalerie pouvait mettre en ligne 5,400 sabres et 12 canons.

Cette division avait été formée avec des régiments empruntés aux 4e, 7e et 10e corps d'armée.

Le 18 juillet, elle était constituée, et les divers éléments qui la composaient recevaient l'ordre de se diriger sur Mayence, afin de s'y réunir, dès que leur mobilisation serait terminée.

Le 28, elle occupait les cantonnements qui lui avaient été assignés vers Kreuznach.

Le 29, il lui était enjoint de se porter en avant sur deux colonnes, la colonne de droite par Baumholder, Saint-Wendel et Neunkirchen; la colonne de gauche, par Alzey, Durckheim et Kaiserslautern. Ces deux colonnes devaient se rejoindre à proximité de la frontière de France, dans l'espace compris entre Sarrebruck et Pirmasens, y prendre contact avec nos avant-postes et surveiller nos mouvements.

6ᵉ DIVISION DE CAVALERIE. — GÉNÉRAL DUC GUILLAUME DE MECKLEMBOURG-SCHWÉRIN.

14ᵉ brigade de cavalerie, général-major de Diepenbroick-Gruter : 6ᵉ régiment de cuirassiers, régiment du Brandebourg : 4 escadrons; 3ᵉ régiment de uhlans, n° 1 du Brandebourg : 4 escadrons; 15ᵉ régiment de uhlans, n° 1 du Schleswig-Holstein : 4 escadrons.

15ᵉ brigade de cavalerie, général-major de Rauch : 3ᵉ régiment de hussards, régiment du Brandebourg : 4 escadrons; 16ᵉ régiment de hussards, régiment du Schleswig-Holstein : 4 escadrons.

Artillerie : 2ᵉ batterie à cheval du 3ᵉ régiment d'artillerie de campagne.

Au total : 20 escadrons de cavalerie et 1 batterie d'artillerie.

Comme force combattante, la 6ᵉ division de cavalerie pouvait mettre en ligne 3,000 sabres et 6 canons.

Cette division avait été formée avec des régiments de cavalerie des 3ᵉ et 9ᵉ corps d'armée.

Elle fut constituée à la même date que la 5ᵉ division, reçut les mêmes ordres et exécuta le même mouvement à la date du 30. Elle avait été, d'ailleurs, placée momentanément sous le commandement du général de Rheinbaben qui lui avait prescrit de se porter de Kreuznach sur Neunkirchen, flanquée à droite et à gauche par les deux colonnes de la 5ᵉ division.

Dans la marche qu'elles opéraient, les 5ᵉ et 6ᵉ divisions de cavalerie étaient appuyées par une division de chacun des 3ᵉ et 4ᵉ corps prussiens.

Au résumé, la 2ᵉ armée allemande, commandée par le prince Frédéric-Charles, comprenait 181 bataillons d'infanterie, 156 escadrons de cavalerie, 105 batteries d'artillerie.

Comme force combattante, elle pouvait mettre en ligne 181,000 fusils, 23,400 sabres et 630 canons.

L'ensemble de la 1re et de la 2e armée s'élevait donc à 256 bataillons, 220 escadrons et 150 batteries, représentant une force totale de 256,000 fusils, 33,000 sabres et 900 canons, qui se portait tout entière dans la direction de la Sarre.

Cette masse avait à sa disposition tous les services accessoires qui lui étaient nécessaires pour entrer immédiatement en campagne, comme sections de munitions d'infanterie et d'artillerie, compagnies de pionniers et équipages de ponts, détachements sanitaires et ambulances, boulangeries de campagne et vivres de réserve, dépôts de remonte et voitures du train.

J'ai dit, en donnant la composition de la 3e armée allemande, comment ces services étaient constitués dans chaque corps d'armée : il me paraît superflu d'y revenir. Ce qu'il importe de constater, c'est que les Allemands étaient parfaitement outillés, tandis que nos troupes se trouvaient, à ce point de vue, dans une situation extrêmement précaire.

Il semble qu'au début des hostilités, et malgré le plan depuis longtemps élaboré par le grand état-major prussien, il y ait eu quelque hésitation sur le rôle attribué à la 2e armée allemande. C'est du moins ce qui ressort de la lecture même de l'histoire de la guerre de 1870, écrite sous la direction du maréchal de Moltke.

Le général Steinmetz, comme je l'ai rappelé précédemment, voulait nous attaquer immédiatement en franchissant la Sarre entre Sarrelouis et Sarrebruck avec les 7e et 8e corps prussiens et la 3e division de cavalerie prussienne : son projet était d'attirer ainsi à lui le gros de nos forces, ce qui permettrait à la 2e armée allemande d'achever sa concentration et de marcher directement de Kaiserslautern sur Nancy par Sarreguemines, Puttelange, Morhange et Château-Salins. Peut-être aussi n'eût-il pas été mécontent de remporter à lui seul le premier succès de la campagne, ce qui lui aurait été assez facile avec l'appoint du 1er corps prussien et de la 1re division de cavalerie prussienne, étant donnée la dispersion des corps d'armée français qu'il se proposait d'attaquer.

Mais il dut renoncer au plan qu'il avait élaboré.

On lui ordonna, non seulement de ne pas prendre l'offensive, mais même de s'effacer devant la 2e armée allemande. Le roi entendait réserver au prince Frédéric-Charles, qui commandait celle-ci, l'honneur de l'attaque dans la direction de Metz, de même que le prince royal de Prusse avait eu l'honneur de l'attaque dans la direction de Strasbourg.

Dans la journée du 4, le général Steinmetz avait reçu du prince Frédéric-Charles un télégramme ainsi conçu :

« La 2e armée atteindra demain avec sa première ligne le front de

Saint-Wendel à Hombourg, et, le 6, celui de Neunkirchen à Deux-Ponts. Afin d'éviter des collisions, il serait à désirer que, ce jour-là, la 1re armée eût appuyé à droite. »

Mais le général Steinmetz ne l'entendait pas ainsi : il sentait parfaitement que le prince Frédéric-Charles, par ce mouvement, voulait le faire passer en seconde ligne, et cela ne lui convenait pas. En conséquence, il argua de l'ordre antérieur du roi qui lui prescrivait de ne pas quitter les positions qui lui avaient été assignées et il y resta. Cependant, il rendit compte de cette situation au grand quartier général, et son télégramme se croisa avec celui que le commandant de la 2e armée y envoyait de son côté.

On pense bien que celui-ci eut gain de cause.

Le 5, le général Steinmetz recevait de Mayence l'ordre d'évacuer la route de Tholey à Ottweiler par Saint-Wendel, cette route devant être utilisée par le 3e corps prussien qui formait l'aile droite de la 2e armée allemande.

Il dut se soumettre.

Il prescrivit donc à ses troupes un déplacement vers l'ouest, afin de laisser le terrain libre à l'armée du prince Frédéric-Charles, et étendit leurs cantonnements vers le sud pour établir plus facilement ceux du 1er corps prussien et de la 1re division de cavalerie prussienne que l'on venait d'adjoindre à la 1re armée.

Le 7e corps fut prévenu qu'il devrait porter le lendemain sa tête de colonne jusqu'à Guichenbach avec avant-postes vers Vœlklingen et Sarrebruck, pendant que le 8e corps s'échelonnerait de Mergweiler à Fischbach par Quierscheidt.

La 3e division de cavalerie devait se rendre de Lebach à Labach pour couvrir le flanc droit de la 1re armée.

La 2e armée avait ainsi le champ libre et pouvait procéder à son déploiement stratégique à l'ouest du plateau couvert et accidenté de Kaiserslautern, où, malgré sa supériorité numérique, elle se serait trouvée fort compromise, si nous avions eu l'heureuse idée d'aller l'y attaquer avant qu'elle eût concentré toutes les troupes qui devaient la former.

Mais déjà les 5e et 6e divisions de cavalerie, sous les ordres supérieurs du général Rheinbaben, bordaient toute la frontière depuis les environs de Sarrelouis jusqu'à Deux-Ponts et exécutaient de hardies reconnaissances vers Sarrebruck ainsi qu'à l'est et à l'ouest de la position avancée que le général Frossard occupait, avec le 2e corps d'armée, au sud et à proximité de cette ville.

Ces reconnaissances ayant fait savoir que nous restions immobiles, les Allemands en concluaient logiquement que l'affaire de Sarrebruck, qui avait eu lieu le 2 août, était décidément une simple parade et non le prélude d'une action offensive générale. Leur cavalerie se montrait plus entreprenante, franchissait la frontière sur plusieurs points et apprenait ainsi que notre armée formait un mince et long cordon depuis Bouzonville, en face de Sarrelouis, jusqu'à Wissembourg, en face de Landau. Il n'y avait plus qu'à se présenter en force sur un point de cette faible ligne pour la percer.

L'effort pouvait être tenté simultanément par la 1re armée allemande, vers Sarrebruck, et par la 2e, dans la direction de Sarreguemines, cette direction permettant de séparer les troupes françaises de Lorraine de celles d'Alsace, de rejeter les premières sur Metz et de marcher sur Nancy; mais c'est à la 3e armée que l'on donna cette ville pour objectif, et la 2e armée reçut l'ordre de déboucher vers Sarrebruck.

Bientôt quelques pointes d'officiers allemands de cavalerie, dont l'une fut poussée jusqu'à Emmersweiler, grâce à la configuration particulière de la frontière en ce point, vinrent informer le commandement que, non seulement nous étions de plus en plus inactifs, mais que même nous paraissions préparer une marche rétrograde.

Les Allemands s'enhardirent encore et leur mouvement s'en trouva accéléré.

Le prince Frédéric-Charles se hâta de faire sortir la 2e armée allemande des défilés qu'il lui fallait franchir pour descendre dans la vallée de la Sarre.

Il ordonna que cette marche s'effectuerait sous la protection des 5e et 6e divisions de cavalerie allemandes, de manière que, le 7 août, le 3e corps prussien fût à Sulzbach, le 10e à Saint-Ingbert, la garde royale prussienne à Hombourg, le 4e corps prussien à Deux-Ponts; derrière cette première ligne s'avançaient, à une journée de marche, les 9e et 12e corps prussiens.

Dans ce mouvement, le 3e corps prussien, à l'aile droite de la 2e armée allemande, s'enchevêtrait forcément avec le 8e corps, à l'aile gauche de la 1re armée, et le manque d'entente était si absolu entre les chefs de ces deux armées, que chacun, d'après le récit du grand état-major de Berlin, avait ordonné, pour la matinée du 6, l'envoi d'une avant-garde vers Sarrebruck.

L'initiative du général Steinmetz allait avoir pour résultat la bataille de Spickeren.

« Il est presque superflu de faire remarquer, dit le récit officiel du grand état-major prussien, que telles n'étaient pas les intentions du général... L'envoi d'avant-gardes vers la Sarre n'était également motivé que par des considérations de prudence à l'égard d'un adversaire que l'on devait supposer encore en force derrière la rivière. »

Le document précité ajoute qu'abstraction faite de cette considération technique, « on ne pouvait méconnaître une certaine divergence dans les appréciations et dans les vues immédiates du grand quartier général et du commandant en chef de la 1re armée ».

Le plan de ce dernier était extrêmement logique. J'ai dit précédemment qu'il tendait à faciliter le débouché de la 2e armée allemande dans la direction de Kaiserslautern, vers Sarreguemines, tandis que personnellement il s'avancerait vers Sarrebruck avec la 1re armée.

Quant aux projets du grand quartier général, ils n'allaient ni si vite, ni si loin, car, selon le récit du grand état-major prussien, « le roi ne croyait pas pouvoir donner des instructions s'étendant au delà de la période immédiate ».

L'ouvrage écrit sous la surveillance du maréchal de Moltke justifiait cette indécision de la façon suivante :

« Dans ce moment de crise, de même que dans ceux qui pourraient se produire plus tard, on regardait au contraire comme nécessaire et suffisant de régler les mouvements des grandes unités tactiques par des ordres précis, bien que l'action individuelle des commandants d'armée dût s'en trouver momentanément restreinte. Il est donc important de faire particulièrement ressortir ceci, qu'au moment où le général de Steinmetz, dans la soirée du 5 août, prescrivait le mouvement vers la Sarre, les plans ultérieurs de l'autorité supérieure lui étaient inconnus, parce qu'ils étaient encore subordonnés eux-mêmes aux événements. Il n'en eut connaissance qu'au moment où la bataille de Spickeren fut un fait accompli qu'il fallait désormais faire entrer en ligne de compte. »

Cette explication n'est pas satisfaisante; et, à mon tour, je dirai qu'il en ressort que le grand quartier général était hésitant sur le choix de ses combinaisons stratégiques. Quant à la prétendue précision de ses ordres, elle est absolument contredite par l'envoi simultané d'une avant-garde de la 1re armée et d'une autre de la 2e armée vers Sarrebruck.

Au résumé, la bataille de Spickeren s'engagea, du côté des Allemands, dans les conditions suivantes :

La 1re armée, qui a l'ordre de revenir vers l'ouest pour faire de la place à la 2e armée, se met en mouvement le 6 et s'étend, en outre, vers le sud, par suite de l'arrivée du 1er corps prussien et de la 1e division de cavalerie prussienne; elle doit ensuite attendre, dans ses nouvelles positions,

La division Bataille au camp d'Œtingen.

SCEAUX. IMP. CHARAIRE ET FILS.

l'entrée de la 2ᵉ armée en ligne; mais elle pousse jusqu'à Sarrebruck une avant-garde qui nous attaque.

La 2ᵉ armée doit, de son côté, sortir, dans la journée du 6, de la zone boisée de Kaiserslautern, se rapprocher de la frontière le 7, se reposer le 8, et s'avancer à notre rencontre le 9, ayant la 1ʳᵉ armée sur son flanc droit.

En conséquence, non seulement la bataille de Spickeren est due au hasard, mais elle est engagée par les troupes allemandes, malgré les instructions formelles du grand-quartier général qui ne la prévoyait pas du tout pour la journée du 6 août.

Dans quelle situation nous trouvions-nous?

Le 2 août, après l'occupation de Sarrebruck, le 2ᵉ corps d'armée, commandé par le général Frossard, avait établi ses trois divisions d'infanterie en arrière des crêtes qui dominent cette ville au sud : le front et les flancs de la position avaient été immédiatement protégés par quelques tranchées-abris et épaulements de batteries.

Le 2ᵉ corps avait sur sa droite, mais à grande distance et sans aucune liaison, le 5ᵉ corps qui s'étendait de Sarreguemines à Bitche.

Sur le flanc gauche et en arrière du 2ᵉ corps d'armée, se tenait le 3ᵉ corps qui avait exécuté une reconnaissance dans la direction de Wehrden pendant que le général Frossard s'emparait de Sarrebruck. Le maréchal Bazaine, commandant du 3ᵉ corps, avait laissé une de ses divisions, la division Montaudon, à Forbach, où elle se tenait en soutien du 2ᵉ corps d'armée ainsi que la brigade de dragons et l'artillerie de réserve de ce corps d'armée.

A l'extrême gauche, le 4ᵉ corps, placé sous les ordres du général de Ladmirault, s'était avancé vers Sarrelouis le 2 août, pendant le combat de Sarrebruck, de même que le général de Failly avait poussé une pointe vers Bliescastel.

Le 3, nos troupes étaient restées complètement immobiles après cette action générale de la veille qui laissait supposer que nous nous préparions à prendre l'offensive, car la garde impériale avait reçu, de son côté, l'ordre de se porter de Metz à Volmeranges.

Le 4, une information reçue de la Prusse rhénane, annonçait que le 7ᵉ corps prussien venait de quitter Trèves et qu'il semblait se diriger, soit sur Thionville, soit sur Sarrelouis.

De ces deux hypothèses, la première fut admise par notre état-major général, bien qu'absolument invraisemblable. Comment supposer, en effet, qu'un corps ennemi allât s'aventurer tout seul, adossé à la frontière du Luxembourg où il pouvait être acculé par nos forces! On ordonna cependant au général de Ladmirault de redoubler de vigilance vers le nord-ouest, après avoir décommandé une grande reconnaissance offensive qu'il devait exécuter vers Sarrelouis avec son corps d'armée soutenu par une division du 3e corps.

Obligé d'appuyer le 4e corps vers Sarrelouis et le 2e vers Sarrebruck, le 3e corps se trouvait dans une situation assez difficile, d'autant plus qu'il lui fallait couvrir Saint-Avold. La division Montaudon dut, en conséquence, quitter Forbach.

Mais de nouveaux renseignements étaient arrivés dans la même journée au quartier impérial, et l'ordre suivant était aussitôt adressé à tous les commandants de corps d'armée :

« Metz, 4 août 1870.

« Il faut toujours supposer à ses ennemis les projets les plus raisonnables. Or, d'après ce qu'on lit dans les journaux anglais, le général Steinmetz occuperait une position centrale entre Sarrebruck et Deux-Ponts, et serait appuyé par derrière, par un corps du prince Frédéric-Charles, et sa gauche se relierait à l'armée du prince royal qui se trouve dans la Bavière rhénane. Leur but serait de marcher sur Nancy.

« En conséquence, je désire que les troupes prennent les positions suivantes :

« Le général de Ladmirault aura son quartier général à Boulay, une division à Boucheporn, la troisième à Teterchen.

« Le maréchal Bazaine aura son quartier général à Saint-Avold, une division à Marienthal, une troisième à Puttelange; la quatrième sera placée, suivant sa convenance, soit en avant, soit en arrière de ses positions.

« Le général Frossard restera dans la position où il est.

« Le général de Failly ira rejoindre à Bitche la division qui y est déjà. Ces deux divisions seront sous les ordres du maréchal de Mac-Mahon. Celle qui restera à Sarreguemines se mettra en relation avec la division qui est à Puttelange et sera sous le commandement du maréchal Bazaine.

« La division de cavalerie qui est à Pont-à-Mousson se portera à Faulquemont.

« Le maréchal Canrobert sera à Nancy avec trois divisions.

« Signé : NAPOLÉON.

« P. S. — Il est bien entendu que celle de ses divisions que le général de Ladmirault enverra à Boucheporn ne se rendra sur ce point que dans la journée du 6 de ce mois. »

De son côté, le major général recommandait au général Frossard, s'il était attaqué par des forces supérieures, ou s'il jugeait sa position compromise, de se retirer sur Forbach.

Cette recommandation visait évidemment l'hypothèse de la marche du 7ᵉ corps prussien sur Sarrebruck par Sarrelouis, ainsi qu'il ressort des commentaires suivants du major général :

« L'empereur me charge expressément, mandait-il au commandant du 2ᵉ corps, de vous dire que, dans le cas où nous aurions affaire à plus de forces qu'il ne nous en est annoncé, il vous prescrirait de vous replier sur Saint-Avold et d'y attendre ses ordres, son intention étant sans doute de vous rappeler à lui si les circonstances l'indiquaient. Votre affaire de Sarrebruck et les reconnaissances du 4ᵉ corps, qui ont été très près de Sarrelouis, ont sans doute déterminé l'ennemi à faire de son côté un mouvement offensif pour protéger cette dernière place. Ce serait une heureuse chose que l'ennemi vînt nous offrir la bataille avec 40,000 hommes, sur un point où nous pouvons lui en opposer 70,000, sans compter votre corps d'armée. »

Heureuse chose, à coup sûr ! Trop heureuse pour qu'elle se réalisât.

En réalité, l'indécision était non moins grande à Metz qu'à Mayence.

Mais il y avait, entre les hésitations des Allemands et les nôtres, cette différence que l'ennemi marchait quand même au-devant de nous pour nous attaquer, tandis que nous piétinions sur place à l'attendre.

D'autres nouvelles plus graves et plus précises vinrent d'ailleurs bientôt accroître encore la confusion dans cette même journée du 4.

Tandis que les 4ᵉ, 3ᵉ et 2ᵉ corps attendaient en vain l'apparition des Allemands, soit vers Sarrelouis, soit vers Sarrebruck, le commandant du 5ᵉ corps signalait une forte reconnaissance de cavalerie ennemie vers Rohrbach, et l'on apprenait l'échec subi à Wissembourg par la division Abel Douay du 1ᵉʳ corps d'armée.

Les troupes allemandes se montraient donc là où on ne les attendait pas et ne se montraient pas là où on les attendait.

Nous étions pris au dépourvu.

Peut-être aurions-nous pu échapper au danger ou tout au moins l'atténuer en concentrant toutes nos forces.

Mais on les dispersa au contraire.

Le 4, à 9 heures 1/2 du soir, on l'a vu plus haut, l'empereur ordonnait au maréchal Bazaine d'établir son quartier général à Saint-Avold avec la division Decaen et les réserves du 3ᵉ corps, de porter la division Metman à Marienthal, la division de Castagny à Puttelange et la division Montaudon à Sarreguemines.

Il était en même temps ordonné au général de Failly, nous le savons déjà, de gagner Bitche avec tout le 5ᵉ corps, moins la brigade Lapasset qui se trouvait à Grossbliedersdorf, en arrière de l'aile droite du 2ᵉ corps qu'elle avait mission de relier à l'aile gauche du 5ᵉ corps : cette brigade devait attendre l'arrivée de la division Montaudon à Sarreguemines avant de rejoindre son corps d'armée.

Le 5, un ordre de l'empereur dont j'ai précédemment donné la teneur, plaçait « les 2ᵉ, 3ᵉ et 4ᵉ corps d'armée, en ce qui concerne les opérations militaires, sous les ordres directs du maréchal Bazaine », de même que les 1ᵉʳ, 5ᵉ et 7ᵉ corps d'armée, sous le commandement du maréchal de Mac-Mahon.

J'ai déjà fait remarquer combien cette disposition était insuffisante relativement à l'armée d'Alsace : elle ne l'était pas moins pour l'armée de Lorraine. Il est à noter que la garde impériale restait sous la dépendance immédiate de l'empereur, et que Napoléon III n'en continuait pas moins à exercer le commandement suprême de l'armée.

Ce même jour, le 5ᵉ corps continuait son mouvement sur Bitche, tandis que le 3ᵉ prenait les positions que j'ai indiquées plus haut.

Le général de Ladmirault faisait exécuter, de son côté, une reconnaissance de Bouzonville jusqu'en vue de Sarrelouis. Aucun ennemi ne s'était montré aux environs de cette place. Les gens du pays avaient déclaré, en outre, qu'ils n'avaient vu aucun déploiement de forces. Il ramenait sa 1ʳᵉ division de Sierck à Bouzonville et se préparait à porter le lendemain tout le 4ᵉ corps vers l'est, conformément aux instructions que le maréchal Bazaine lui avait envoyées d'après les ordres donnés, le 4, par l'empereur, et qui devaient être exécutés, le 6, par ce corps d'armée.

Quant au 2ᵉ corps d'armée, il ne restait pas immobile. Mais, au lieu d'avancer, il reculait.

Pourquoi l'avait-on lancé en avant? Si l'on ne voulait pas franchir la Sarre, n'eût-il pas été préférable de concentrer toutes les troupes de Lorraine sur la position de Calenbronn?

La situation de ce corps d'armée n'était pas sans causer quelque appréhension à Metz.

Aussi, le 5, à 7 heures du matin, le général Frossard recevait-il du maréchal Le Bœuf un télégramme où on lui demandait de ses nouvelles.

Le commandant du 2ᵉ corps répondait :

« La nuit a été calme. J'ai reporté une brigade en arrière de ma gauche, à Forbach, et une brigade en arrière de ma droite, à Spickeren, avec cinq escadrons ; j'ai envoyé un escadron à Sarreguemines. Je ne fais rien sur ma position avancée. Je suis un peu en flèche. Le 2ᵉ corps serait beaucoup mieux sur les plateaux de Forbach à Sarreguemines, en gardant Forbach. L'empereur juge-t-il que je doive me reporter là suivant les circonstances ? »

C'est la position de Cálenbroun que le général Frossard désignait dans ce télégramme. Il l'avait reconnue en 1867 et en avait décrit les avantages offensifs et défensifs dans un mémoire qui avait été approuvé. Mais il semble que tous les préparatifs antérieurs, si faibles qu'ils fussent, devaient être laissés de côté.

Le major général fit la réponse suivante à la demande du commandant du 2ᵉ corps d'armée :

« Metz, 5 août 1870, 9 heures 10 minutes du matin.

« L'empereur décide que, demain matin, vous reporterez votre quartier général à Forbach, vous laissant libre de disposer vos divisions en les concentrant autour de vous, de manière à mettre votre quartier général à Saint-Avold, dès que l'ordre vous en sera donné par l'empereur. »

La retraite sur Saint-Avold paraissait indiquer l'intention de couvrir Metz par une concentration en arrière sur les positions du 3ᵉ corps d'armée et de la garde impériale. Celle-ci avait été repliée, le 5, de Volmeranges vers Metz, et devait se porter, le 6, vers Courcelles-Chassuy, à 25 kilomètres à l'ouest de Saint-Avold.

Ainsi donc, au moment où la bataille de Spickeren s'engageait, l'armée de Lorraine effectuait les mouvements suivants ou occupait les positions ci-dessous indiquées :

Le 2ᵉ corps s'éloignait de Sarrebruck et se retirait vers Forbach où était son quartier général.

Le 3ᵉ corps s'étendait de Saint-Avold à Sarreguemines : la division Decaen était à Saint-Avold avec le quartier général du maréchal Bazaine; la division Metman, à Marienthal; la division de Castagny, à Puttelange; la division Montaudon, à Sarreguemines avec la brigade Lapasset du 5ᵉ corps.

Le 4ᵉ corps avait son quartier général à Boulay et occupait ou allait occuper cette ville avec la division Grenier, Teterchen avec la division de Cissey, Boucheporn avec la 3ᵉ division que le général Bellecourt commandait par intérim.

La garde impériale s'avançait par la route de Metz à Saint-Avold et s'arrêtait à Courcelles-Chaussy.

La 3ᵉ division de réserve de cavalerie se portait de Pont-à-Mousson à Faulquemont.

L'empereur, par un télégramme envoyé, le 5, à la dernière heure, convoquait enfin les commandants de corps d'armée à une conférence pour le lendemain, 6, à 1 heure 1/2, mais cette réunion n'eut pas lieu.

Le 6, à 4 heures 40 du matin, le major général informait de ce contre-ordre le général Frossard par le télégramme suivant :

« Tenez-vous prêt contre une attaque sérieuse qui pourrait avoir lieu aujourd'hui même. Restez à votre poste et ne venez pas trouver l'empereur. »

Ainsi donc, on s'attendait à un engagement de quelque importance pour la journée du 6 !

Qui l'aurait cru en lisant le bulletin suivant des informations du quartier impérial en date de ce jour :

« Les renseignements fournis par les corps sont très peu nombreux. Les correspondances des émissaires, en date d'hier, signalent une pointe faite par un escadron de uhlans prussiens sur Frauenberg par Sarreguemines.

« On attendait le général Woigts-Rhetz sur la Sarre avec un corps considérable. On signale des troupes nombreuses entre Sarrelouis, Kirn et Sarrebourg.

« Toute l'infanterie du 8ᵉ corps serait dans le Holler-Thal, à gauche de Duttweiler, ainsi qu'à Jägers-Freude. Le 6ᵉ cuirassiers serait en arrière de Sarrebruck.

« Une lettre de ce matin porte que le nombre des troupes prussiennes augmente sur la Sarre. La circulation est très active entre Trèves et Sarrelouis. Des troupes nombreuses avec 38 pièces de gros calibre occuperaient les hauteurs de Felsberg, près Sarrelouis. On signale beaucoup d'hommes appartenant au 7ᵉ corps. Tous les villages, de Conz à Sarrelouis, seraient pleins de troupes.

« Le bruit court chez les Prussiens, depuis plusieurs jours déjà, d'une offensive prochaine de leur part. Les dernières nouvelles annoncent que Trèves et Conz sont complètement dégarnies de troupes ; elles se seraient portées dans la direction de Sarrelouis. »

Il faut avouer que les indications étaient à la fois et très vagues et fort insuffisantes.

Les Allemands étaient mieux renseignés.

Et pourquoi ?

Tout simplement, parce que leurs émissaires étaient, non des espions de métier, des misérables que l'on paie, des traîtres qui servent également les deux partis ennemis, mais des officiers qui n'hésitaient pas à courir les risques d'une mort obscure pour servir leur pays.

Nos vedettes de chasseurs se retirant de la Sarre.

Le 6 août, à Volmeranges, un espion prussien, qui avait pénétré dans les lignes françaises, fut aussitôt découvert et arrêté dans le convoi d'une division d'infanterie, conduisant une voiture chargée d'avoine. Il fut conduit à l'état-major. Bien qu'il fût habillé en charretier, la finesse de son linge et la tenue de sa personne révélaient une condition tout autre; il était aisé d'ailleurs de reconnaître par ses allures que l'on avait devant soi un officier allemand. Pressé de questions, il avoua franchement être entré dans nos camps pour prendre des renseignements sur nos troupes, suivre nos mouvements et constater nos positions. L'officier français, avant de le livrer au prévôt, lui rappela les conséquences terribles auxquelles il s'était exposé. A cette observation, l'étranger, avec une tranquillité et une simplicité parfaites, fit en allemand avec un sourire de fierté dédaigneuse cette simple réponse :

« Il faut savoir aimer sa patrie et son roi et savoir mourir pour eux. »

Noble exemple de patriotisme.

La situation respective des troupes qui vont se rencontrer dans la journée du 6 est donc bien établie.

D'une part, l'armée allemande achevant son déploiement stratégique sous la protection d'avant-gardes qui, par hasard, vont venir heurter nos avant-postes.

D'autre part, le 2ᵉ corps isolé se repliant sur la ligne longue de 56 kilomètres qu'occupent les 3ᵉ et 4ᵉ corps, ligne dont le centre, Saint-Avold, quartier général du maréchal Bazaine, se trouve à 16 kilomètres au sud de Forbach, quartier général du général Frossard, et à 25 kilomètres à l'est de Courcelles-Chaussy où arrive la garde impériale.

J'ai déjà décrit une partie du champ de bataille du 6 août, en relatant le combat de Sarrebruck livré, le 2, par le 2ᵉ corps sous les ordres du général Frossard.

De Forbach à Sarrebruck, la route et le chemin de fer de Metz suivent une dépression du sol dont le point le plus bas correspond à l'étang de Drathzug situé au pied des pentes méridionales des hauteurs qui dominent Sarrebruck par le sud.

Ces hauteurs, que nous occupions depuis le 2, nous allions les abandonner le 5, pour nous retirer sur celles qui commandent le vallon de Stiring à Saint-Arnual.

Après s'être rapprochées à Forbach au point de se toucher presque, la route et la voie ferrée s'écartent pour gagner Sarrebruck.

La voie ferrée suit le pied des versants boisés de la verrerie Sophie, des vieilles Houillères, de la forêt de Sarrebruck et franchit la Sarre à l'ouest de Sarrebruck.

La route passe au pied des hauteurs de la forêt de Spickeren et du Rother-Berg, puis remonte par le Galgen-Berg et le champ de manœuvres pour atteindre Sarrebruck.

A Stiring, l'espace compris entre la voie ferrée et la route est entière ment couvert par les maisons du village sur une étendue de 600 à 700 mètres environ.

Au passage de la frontière, la distance entre les deux voies de communication atteint 1,200 mètres environ. Le chemin de fer arrive ensuite à la pointe sud de l'étang de Drathzug, tandis que la route, après avoir passé entre les bâtiments de la douane et l'hôtel de la Brême d'or, se développe vers le nord sous le commandement du Rother-Berg.

A l'ouest du chemin de fer, le sol est entièrement couvert par d'épaisses forêts, sauf sur le Kaninchen-Berg, qui est à proximité de Forbach. De nombreux chemins les sillonnent. Mais, comme le terrain est fort accidenté, les chemins sous le couvert offrent une succession de pentes très rapides et de profonds encaissements qui les rendent peu praticables pour de grandes masses de troupes ayant avec elles des canons, des caissons et des fourgons. Par cette disposition spéciale, ces forêts pouvaient masquer d'importantes concentrations entre Sarrelouis et Sarrebruck, mais elles ne paraissaient pas de nature à faciliter une grande attaque.

Entre l'étang de Drathzug et le Rother-Berg, on remarque un petit mamelon allongé du sud au nord, que couvre le bois de Stiring et dont l'occupation était un bon point d'appui pour une attaque dirigée du nord vers le sud.

D'autre part, les mamelons entre Sarrebruck au nord, le chemin de fer à l'ouest, le vallon de Saint-Arnual au sud et le cours de la Sarre à l'est, bien que commandés par notre position de Spickeren, sont cependant favorables à l'attaque, car ils permettent à l'assaillant de venir jusqu'à proximité de notre front et d'y prendre ses dispositions de combat sans être exposé à nos feux.

Cependant, bien que notre position fût défectueuse, celle de l'ennemi n'était guère favorable, puisqu'il venait engager le combat ayant à dos une rivière.

S'il y avait eu plus d'entente entre les généraux français qui combattaient ou qui se trouvaient à proximité du théâtre de la lutte dans la journée du 6, les Allemands auraient pu éprouver un grave échec.

Malgré la décision de l'empereur qui autorisait le général Frossard à reporter son quartier-général à Forbach et à disposer ses divisions comme il l'entendrait tout en les concentrant autour de cette ville, mais qui lui prescrivait de n'exécuter ces mouvements que dans la matinée du 6, le commandant du 2ᵉ corps avait pris la résolution de changer tout de suite de position.

Toutefois, peu de temps après qu'il eut reçu le télégramme de Metz, en date du 5, 9 heures 10 minutes du matin, et qui comportait ces diverses instructions, il lui en arrivait un autre qui le plaçait sous les ordres directs du maréchal Bazaine. En conséquence, il communiquait à celui-ci son projet, obtenait son assentiment, et, dans la soirée du 5, le 2ᵉ corps occupait les positions suivantes :

La 1ʳᵉ division, commandée par le général Vergé, se trouvait sur deux lignes à la gauche de l'ordre de bataille du 2ᵉ corps

La 2ᵉ brigade de cette division, sous les ordre du général Jolivet, après s'être retirée des hauteurs au sud de Sarrebruck, s'était arrêtée dans la vallée : le 77ᵉ régiment, à l'extrême gauche, à cheval sur la route et la voie ferrée de Forbach à Sarrebruck, se tenait au nord de Stiring, à 600 mètres environ ; le 76ᵉ régiment s'était établi à droite de la route de Forbach à Sarrebruck. Cette brigade, à laquelle avait été adjoint le 3ᵉ bataillon de chasseurs, chargé de garder le bois de Stiring, comptait 3,000 fusils ; elle couvrait les deux voies de communication ; son front et son flanc gauche étaient protégés par des grand'gardes qui surveillaient le bois et la forêt de Stiring.

La 1ʳᵉ brigade de la 1ʳᵉ division, commandée par le général Letellier-Valazé, se trouvait déjà, depuis le 4, en position sur le Kaninchen-Berg, à l'ouest de Forbach. Composée des 32ᵉ et 55ᵉ régiments d'infanterie, elle comptait 3,000 fusils. Sa mission était de barrer la route qui venait de Sarrelouis par Wehrden et Rossel et qui débouchait de la forêt de l'ouest sur Forbach, car nous avions dans la gare de cette ville des approvisionnements assez considérables et que l'on se trouvait dans l'obligation de préserver contre l'hypothèse d'une attaque partant de Sarrelouis, hypothèse encore admise par notre état-major.

La 3ᵉ division du 2ᵉ corps formait la droite de l'ordre de bataille, sous les ordres du général de Laveaucoupet, sa 2ᵉ brigade en première ligne, sa 1ʳᵉ brigade en seconde ligne ; toutefois le 10ᵉ bataillon de chasseurs était détaché de la 1ʳᵉ brigade pour occuper l'éperon du Rother-Berg, qui bat tout le vallon entre les hauteurs de Sarrebruck et les hauteurs de Spickeren, et qui permet de flanquer une partie du terrain entre le bois de Stiring et la forêt de Spickeren.

Les 24ᵉ et 40ᵉ régiments d'infanterie étaient disposés sur les crêtes à l'est de ce contrefort jusqu'au Stifts-Wald de Saint-Arnual qui couvre un mamelon dominant la vallée de la Sarre et qu'occupait 1 bataillon du 40ᵉ régiment.

La première ligne de la 3ᵉ division, commandée par le général Micheler, disposait de 3,500 fusils.

Le général Doens, commandant la 1re brigade de cette division, était établi au sud du village de Spickeren avec les 2e et 63e régiments d'infanterie et l'artillerie de la 3e division. Ces deux régiments disposaient de 3,000 fusils.

La 2 division du 2e corps d'armée, commandée par la général Bataille, campait à Œtingen. Au point de vue du terrain, la position était avantageuse, car elle avait des vues assez étendues, à l'ouest, sur la vallée de Forbach ; à l'est, sur le ravin qui descend vers Grosbliedersdorf. Mais elle était à 3 kilomètres en arrière de la première ligne, beaucoup trop éloignée par conséquent pour secourir efficacement celle-ci, si l'ennemi la serrait soudain de près et en force. En outre, cette position n'était nullement centrale : en réalité, elle appuyait uniquement l'aile gauche de notre ordre de bataille et on laissait l'aile droite absolument en l'air. Le général Bataille avait 7,500 fusils avec lui à Œtingen.

La division de cavalerie du 2e corps d'armée avait été disloquée pour fournir des escadrons divisionnaires à l'infanterie : 2 escadrons du 7e régiment de dragons étaient attachés à la 1re division ; les 4 escadrons du 5e régiment de chasseurs, à la 2e division ; les autres escadrons du 7e régiment de dragons, à la 3e division. Ces escadrons détachaient des avant-gardes au delà de celles de l'infanterie.

Le reste de la division de cavalerie, sous les ordres du général de Valabrègue, 4e régiment de chasseurs et 12e régiment de dragons, se tenait à Forbach, à proximité du quartier général du commandant du 2e corps d'armée.

Les divisions d'infanterie du 2e corps avaient chacune leurs batteries, soit, par division, 2 batteries de 6 pièces de 4 et 1 batterie de 6 mitrailleuses, ce qui donnait un total de 6 batteries de canons et 3 batteries de mitrailleuses.

L'artillerie de réserve, forte de 6 batteries, avait été fractionnée et maintenue en arrière : les 4 batteries de 6 pièces de 4, soit 24 canons, à Forbach ; les 2 batteries de 6 pièces de 12, soit 12 canons, à Morsbach.

Des travaux défensifs avaient été faits sur les points principaux de notre front.

La ligne de la 2e brigade de la 1re division, en avant de Stiring, était couverte par une tranchée-abri avec épaulement pour 6 pièces.

La 1re brigade de cette division était protégée par un retranchement rapide, long de 1,000 mètres environ, et qui barrait la route débouchant de l'ouest vers Forbach, par le Kaninchen-Berg.

L'occupation de l'éperon du Rother-Berg, où se tenait le 10e bataillon de chasseurs, était assurée par une tranchée-abri de forme demi-elliptique et qui enveloppait ce contrefort.

On avait donc renforcé la position partout où des fortifications passagères étaient reconnues utiles.

Mais on avait oublié de détruire les ponts de la Sarre. Le général Frossard, dans son rapport sur les opérations du 2ᵉ corps d'armée, dit que cette rivière a peu d'eau pendant le mois d'août et que l'on peut la traverser à gué en plusieurs endroits, en amont et en aval de Sarrebruck. C'est possible, mais les Prussiens ne se sont servis que des ponts. S'ils ne les avaient pas eus à leur disposition, on aurait retardé peut-être l'attaque d'un ou deux jours, et nous aurions pu en profiter, soit pour concentrer les 2ᵉ, 3ᵉ et 4ᵉ corps d'armée ainsi que la garde impériale entre Forbach et Sarreguemines, soit pour retirer l'armée de Lorraine derrière la Moselle sans livrer de combat.

Ces deux éventualités auraient-elles été plus avantageuses ?

Dans la première hypothèse, nous aurions eu à opposer 88,000 fusils à 256,000, 12,900 sabres à 33,000, 300 canons à 920. La lutte se serait donc engagée dans la proportion, du côté des Allemands, de 3 fusils contre 1, de 3 sabres contre 1 et de 3 canons contre 1. Le résultat était fatalement une défaite complète comme à Frœschwiller. Aussi, comprenons-nous que l'ennemi ait reproché au général Steinmetz son offensive prématurée du 6, qui n'a pas permis aux Allemands de nous écraser avec des forces trois fois supérieures, à la date du 9, comme ils l'avaient espéré.

Cependant, il est à supposer que, le 7 au matin, si l'armée de Lorraine n'avait pas encore eu à combattre, elle se serait retirée vers Metz à la nouvelle de l'échec du maréchal de Mac-Mahon. Le mouvement en arrière n'eût point eu les désastreuses conséquences matérielles de celui qui a suivi la bataille de Spickeren, puisqu'il se serait effectué avec des troupes intactes, et je suis en droit d'en conclure que l'on a eu tort de ne pas détruire les ponts de la Sarre. Cette mesure de précaution aurait été bien préférable à l'établissement des tranchées-abris qui protégeaient plus ou moins notre position de Spickeren ; mais on aima mieux garder ces ponts en vue de l'offensive ultérieure, de même que les tunnels de Saverne, comme si l'ennemi n'eût pas détruit les uns et les autres dans le cas où, après les avoir utilisés dans la marche en avant, il se serait vu obligé de les évacuer en se retirant !

Au résumé, notre front était formé par les deux côtés d'un angle obtus dont le sommet se trouvait à Stiring : l'un des côtés de cet angle, de Stiring au Kaninchen-Berg, faisait face à l'ouest ; l'autre, de Stiring au Stifts-Wald de Saint-Arnual, face au nord.

On comptait une distance de :

2,200 mètres, entre le Kaninchen-Berg et la verrerie Sophie ;

1,800 mètres, depuis la verrerie Sophie jusqu'aux maisons les plus au nord de Stiring ;

2,500 mètres, de ces maisons à la pointe septentrionale du Rother-Berg.

4,000 mètres, entre cet éperon et le coude de la Sarreau sud de Brebach ;

C'est sur cette longueur de plus de 10 kilomètres à vol d'oiseau, et qui s'étendait bien à 12 kilomètres au moins par suite des rentrants et des saillants, que nous nous disposions à recevoir une bataille défensive avec 20,000 fusils, 72 canons et 18 mitrailleuses.

La proportion était donc à peine de 2 fusils par mètre courant de la ligne de feu et de 6 canons par kilomètre.

On avait, il est vrai, accru la force défensive de la position par des travaux de campagne.

Mais ces travaux étaient notoirement insuffisants : ils ne pouvaient donner aux troupes qu'une sécurité trompeuse et leur enlever toute idée de prendre l'offensive.

Après avoir rappelé dans son rapport sur la bataille de Forbach, la dépêche qui lui était envoyée de Metz, le 6, à 4 heures 40 minutes du matin, et qui lui disait : « Tenez-vous prêt contre une attaque sérieuse qui pourrait avoir lieu aujourd'hui même, restez à votre poste et ne venez pas trouver l'empereur à Saint-Avold », le général Frossard demande pourquoi le major-général n'a pas en même temps donné l'ordre au maréchal Bazaine de faire une concentration immédiate de ses corps d'armée, tout au moins du 3e et du 2e.

Je ne sais si, étant donnée la singulière organisation du commandement en chef, le reproche, parfaitement fondé d'ailleurs, doit être imputé au maréchal Le Bœuf ou au maréchal Bazaine, mais ce qui est incontestable, c'est que le général Frossard n'avait aucune instruction à attendre pour commencer d'abord par concentrer ses divisions autour de Forbach. Je rappelle même qu'on le lui avait prescrit. Malheureusement, il commit lui-même, au point de vue tactique, sur le choix des emplacements de son corps d'armée, la faute qu'avait commise le grand quartier-général, au point de vue stratégique, dans la répartition de nos corps d'armée sur la frontière.

Le général Frossard n'aurait pas dû disperser ses troupes sur un front aussi étendu, ni placer sa réserve à une distance de 6 kilomètres en arrière du Rother-Berg, surtout quand on constate que le terrain, très accidenté au nord-est d'OEtingen, est en même temps très couvert sur certaines étendues assez vastes, notamment par la forêt de Spickeren et, plus loin encore, par les bois qui se trouvent entre le Rother-Berg et la Sarre, et quand on ajoute que nous ne savions pas utiliser les bois, pas plus au point de vue stratégique qu'au point de vue tactique.

En exposant la disposition générale de son corps d'armée, le 6 au matin, le maréchal Bazaine dit, à propos de sa division de cavalerie : « Elle ne pouvait m'être utile pour la défense dans un pays couvert de forêts. »

La division de cavalerie du 3ᵉ corps resta donc inactive, comme celle des 2ᵉ et 4ᵉ corps, bien qu'elles fussent toutes trois en première ligne, et naturellement aussi comme la division de cavalerie de la garde et la 3ᵉ division de cavalerie de réserve qui se trouvaient à plus de 25 kilomètres en arrière de notre front d'opérations.

L'opinion générale était alors que la cavalerie, en dehors de son service d'avant-garde, de grand'garde ou de reconnaissance à courte distance, n'avait d'autre mission que de charger sur le champ de bataille.

C'est ainsi qu'on l'employa.

Je signale tout spécialement cette tendance, car elle a valu à notre cavalerie des accusations qui n'étaient pas justifiées.

Si elle n'a rien fait, c'est parce qu'on ne lui a rien fait faire, et non parce qu'elle ne savait rien faire.

Il y avait, parmi nos cavaliers, autant d'ardeur que parmi nos fantassins et nos artilleurs.

Le découragement n'est venu qu'à la suite de l'insuffisance du commandement.

Ainsi, le matin du 6 août, le maréchal Bazaine et le général Frossard étaient surtout préoccupés d'une attaque venant de Wehrden contre leur flanc gauche.

Pourquoi n'y ont-ils pas lancé leurs escadrons inactifs ?

N'est-ce donc pas concourir à la défense d'une position que d'en éclairer les abords à grande distance ?

Les grands bois à l'ouest de Forbach étaient inquiétants.

Il fallait les faire fouiller, et le plus loin possible.

Au lieu de cette exploration à grande distance, on a eu recours à quelques reconnaissances très rapprochées qui sont rentrées en déclarant qu'elles n'avaient rien vu.

Aussi, tandis qu'une grande partie des troupes prussiennes marchaient à notre rencontre, nous ne nous en doutions pas.

L'ennemi était encore loin, telle était la croyance générale, et, en dehors de l'aveu même des commandants de corps d'armée, j'en trouverai la preuve dans le télégramme suivant, qu'à 3 heures du soir, l'empereur, qui était alors à Metz, adressait à l'impératrice, à Saint-Cloud :

« Je n'ai pas de nouvelles de Mac-Mahon, disait-il ; ce matin, les reconnaissances de la Sarre ne signalaient aucun mouvement de l'ennemi. J'apprends maintenant qu'il y a un engagement du côté du général Frossard.

Les cavaliers prussiens gravissent les hauteurs de Sarrebruck. (Page 434.)

Il est trop loin pour que nous puissions y aller. Dès que j'aurai des nouvelles, je te les enverrai. »

Voilà où nous en étions.

Qui commandait? L'empereur encore, du moins en qualité de généralissime.

Le 6 août, à 3 heures de l'après-midi, il apprenait seulement l'engagement de Forbach, et il n'avait aucune nouvelle de la bataille de Frœschwiller qui avait commencé à devenir sérieuse depuis 10 heures du matin.

Tous les principes fondamentaux de la guerre étaient faussés ou méconnus.

Il n'y avait aucun lien entre les commandants des grandes unités stratégiques, et ceux-ci ne se renseignaient pas plus entre eux qu'ils ne se renseignaient personnellement par l'action de leur cavalerie.

Celle des Allemands fut autrement conduite dans le bassin de la Sarre.

Les reconnaissances effectuées par la 5e division de cavalerie prussienne avaient fait savoir, dans la journée du 5, que nos troupes paraissaient se retirer de Sarrebruck et qu'il y avait un grand mouvement dans la direction de Forbach.

Dans la nuit du 5 au 6, une reconnaissance de la 6e division avait, il est vrai, essuyé le feu de notre infanterie en voulant déboucher par Sarrebruck sur la rive gauche du cours d'eau, ce qui pouvait lui laisser supposer que nous étions encore à proximité.

Mais le 6, de bon matin, la grand'garde du 17e régiment de hussards, hussards brunswickois, 13e brigade, 5e division de cavalerie, ayant été informée de la retraite de nos troupes, traverse la ville, s'avance vers l'étang de Drathzug et se trouve seulement alors en présence de nos avant-postes, tandis que la grand'garde du 6e régiment de cuirassiers, cuirassiers brandebourgeois, 14e brigade, 6e division de cavalerie, se porte vers la forêt de Stiftswald, où elle est également reçue par la fusillade : flanquée sur sa gauche par ce détachement, la grand'garde des hussards brunswickois l'est également sur sa droite par un autre détachement de la 13e brigade, envoyé par le 11e hussards, hussards westphaliens, qui se dirige vers Schœneck d'une part, vers Emmersweiler d'autre part.

A la droite de ces derniers enfin, le 19e régiment de dragons, dragons oldenbourgeois, 11e brigade, 5e division, se porte de Wehrden vers Ludweiller et Ham-sous-Warberg, où il constate la présence de bataillons et d'escadrons français en mouvement.

La cavalerie ennemie cherche donc à se rendre compte de nos forces, en même temps qu'à s'assurer que nous nous préparons réellement à reculer.

En quelques points, elle voit des camps, notamment à Forbach ; mais par suite de la configuration du terrain, elle ne peut apercevoir ceux de Spickeren et d'Œtingen. Entre la route et la Sarre, elle s'est heurtée à nos vedettes et à nos sentinelles.

Dans ces conditions, et surtout après l'évacuation des hauteurs de

Sarrebruck, elle est en droit d'admettre que nous nous disposons à reculer, et que les arrière-postes, qui lui font face, n'ont d'autre but que de masquer ce mouvement, mouvement qui, en tout cas, n'aurait fait que recevoir son commencement d'exécution, puisque beaucoup de troupes étaient encore campées.

C'est ce que le général Rheinbaben, commandant de la 5ᵉ division de cavalerie prussienne, qui vient d'arriver à Sarrebruck, télégraphie, à 11 heures, au prince Frédéric-Charles :

« Les Français, lui mande-t-il, tiennent les hauteurs de Spickeren avec de l'artillerie et de l'infanterie. Ils commencent la retraite. »

Presque au même instant, l'avant-garde des hussards westphaliens, 11ᵉ régiment, 13ᵉ brigade, 5ᵉ division, se présente, en longeant la lisière nord de la forêt de Stiring, à bonne portée d'un demi-bataillon du 77ᵉ régiment d'infanterie, 2ᵉ brigade, 1ʳᵉ division, qui a été placé en avant-garde en ce point, par le général Vergé : elle essuie la fusillade de ces trois compagnies et se retire immédiatement après avoir perdu quelques hommes.

Les deux partis sont donc en contact sur tout le front de leurs avant-gardes et de leurs avant-postes.

Vers 12 heures 1/4, le prince Frédéric-Charles, qui a reçu un peu avant midi, le premier télégramme du général de Rheinbaben, en reçoit de celui-ci un autre ainsi conçu :

« Les lignes ennemies se déploient sur les hauteurs au nord de Forbach. L'avant-garde de la 14ᵉ division vient d'entrer à Sarrebruck pour occuper la ville. »

A ce moment de la journée, on peut considérer que la cavalerie indépendante a accompli sa tâche.

Elle s'est trompée dans ses appréciations, puisqu'elle a émis l'hypothèse que nous effectuions une retraite générale. Mais, sous la réserve de cette hypothèse qui trouvait, bien qu'erronée, sa justification dans les apparences, elle avait hardiment et habilement rempli sa mission.

J'ai déjà dit combien était grande la confusion à l'aile droite de la 2ᵉ armée allemande et à l'aile gauche de la 1ʳᵉ armée. C'est en raison de cette confusion que l'avant-garde de la 14ᵉ division, bien que cette division fît partie de la 1ʳᵉ armée, atteignait, dans la matinée du 6, la ville de Sarrebruck.

Dans la soirée du 5, le grand quartier général avait expédié le télégramme suivant de Mayence au général Steinmetz :

« L'ennemi paraissant se retirer de la Sarre, il vous est désormais loisible de passer la frontière; toutefois, vous ne devrez franchir la rivière qu'en aval de Sarrebruck, la route qui conduit par cette ville à Saint-Avold étant réservée à la 2ᵉ armée. »

Ce télégramme, paraît-il, ne fut reçu par le commandant de la 1ʳᵉ armée que dans la nuit du 6 au 7, ce qui prouve que le service télégraphique ne fonctionnait pas très régulièrement dans l'armée allemande.

Le général Steinmetz avait devancé les ordres de son souverain en franchissant la Sarre et y avait contrevenu en passant par Sarrebruck.

Cette infraction aurait pu avoir les plus funestes conséquences, si l'ennemi avait eu à lutter contre un général habile.

Ce qui n'est pas le moins étrange, c'est que l'avant-garde du 8ᵉ corps prussien avait, comme celle de la 14ᵉ division, Sarrebruck pour objectif, et que, si le général de Gœben, qui commandait ce corps d'armée, renonça à cette direction, c'est uniquement, parce qu'en rentrant d'une reconnaissance sur la Sarre, il rencontra la 14ᵉ division qui allait occuper Sarrebruck.

Ce n'est pas tout.

La 5ᵉ division d'infanterie prussienne, faisant partie du 3ᵉ corps et qui formait l'aile droite de la 2ᵉ armée allemande, devait également atteindre Sarrebruck, comme nous allons le voir.

Que ces enchevêtrements se produisent en pays ennemi, sur un territoire que l'on ne connaît pas bien, après un succès dont on veut profiter en hâtant la poursuite, on ne saurait en être surpris.

Mais on éprouve quelque étonnement à les signaler dans une armée qui n'avait pas encore combattu, qui opérait sur son propre sol, et qui ne faisait que mettre à exécution un plan depuis longtemps étudié et préparé.

On peut se demander ce que serait devenue cette armée si, au lieu d'être victorieuse, elle avait éprouvé l'échec qu'elle nous a infligé.

A 11 heures 1/2, l'infanterie prussienne fait son apparition sur le champ de bataille.

La 27ᵉ brigade prussienne, sous les ordres du général de François, appartenant à la 14ᵉ division commandée par le général de Kameke, débouche par les deux ponts de la route et du chemin de fer.

Cette brigade était composée de fusiliers rhénans, du 39ᵉ régiment d'infanterie, et de fantassins hanovriens, du 74ᵉ, appuyés par une batterie d'artillerie; elle s'établit au Deutsch-Muhle, sur l'Exercir-Platz et sur le Rupperts-Berg.

La batterie qui la protège engage aussitôt le feu avec notre artillerie du Rother-Berg.

L'aile gauche des avant-gardes de la 5ᵉ division de cavalerie prussienne se replie alors et s'embusque dans le vallon qui est au nord du Galgen-Berg.

De même qu'à Frœschwiller, c'est un général d'origine française qui ouvre le feu contre l'armée française.

L'un et l'autre font preuve d'une grande témérité, ce qui prouve qu'ils ont conservé les qualités de leur race.

Mais l'un et l'autre nous attaquent avec autant de furie que si leurs ancêtres n'avaient pas combattu naguère à côté des nôtres et pour les mêmes causes.

Cette communauté, les Français au service de la Prusse l'ont, hélas! depuis longtemps oubliée. S'il en est qui s'en souviennent, ce n'est que pour mieux pratiquer notre langue au profit de leur nouvelle patrie ou pour nous haïr avec cette fureur, qui, dit-on, caractérise les inimitiés dans une même famille. Ils l'invoquent quelquefois cependant quand ils ont recours à notre complaisance. C'est ainsi qu'un officier de mes amis me montrait une lettre qui lui avait été écrite en français par un capitaine allemand, quatre ans après la guerre de 1870, et que celui-ci terminait ainsi qu'il suit, pour mieux faire accueillir sa requête :

« Enfin, monsieur, j'espère que vous daignerez considérer l'intérêt que je porte au travail en question, comme le fruit d'un désir scientifique. J'espère de plus que vous ne trouverez pas le maintien de votre langue par moi, dans cette lettre, trop étranger. J'ai appris la langue française par ma mère. Mon aïeul maternel, général de brigade français, est tombé dans la bataille de Smolensk. »

A ses yeux, c'était un titre de recommandation. Il n'en fut pas de même dans l'esprit de mon ami.

Comme il n'y a pas une seule règle sans exception, je dois reconnaître que l'on rencontrait toutefois, avant la guerre de 1870, certains de nos compatriotes qui, passés de l'autre côté du Rhin par suite des hasards de la vie, n'en restaient pas moins attachés à la France et nous témoignaient leur affection par de sages conseils.

J'en trouve une preuve dans l'extrait suivant d'une lettre écrite de Strasbourg par le général Ducrot, le 28 octobre 1868, et qui était précisément adressée au général Frossard.

Comme toujours, mais aussi vainement que depuis la bataille de Sadowa et que jusqu'au mois de juillet 1870, le général Ducrot sonnait le tocsin :

« Je viens de voir, disait-il, il y a quelques instants, Mme la comtesse de P..., qui arrive de Berlin. Jusqu'à ce jour je l'avais toujours trouvée d'un optimisme qui m'irritait. Prussienne par son mari, elle était en admiration perpétuelle devant tous les actes de M. de Bismarck, du roi Guillaume et de tous ses Prussiens; elle prétendait que rien ne pouvait motiver une guerre entre la France et la Prusse, que nous étions faits pour nous entendre et nous aimer. Bref, son langage était une variante poétique des discours Rouher et des circulaires la Valette. Or, voilà que cette adorable comtesse me déclare qu'elle revient de Berlin la mort dans l'âme, que la guerre est inévitable, qu'elle ne peut manquer d'éclater au premier jour, que les Prussiens sont si bien préparés, si habilement dirigés, qu'ils sont assurés du succès.

« — Eh quoi! lui ai-je dit, vous embouchez la trompette de Bellone juste au moment où de tous côtés l'on ne parle que des intentions pacifiques de nos bons voisins, de la salutaire terreur que nous leur inspirons, du désir de Bismarck d'éviter tout prétexte de conflits, lorsque nous renvoyons tous nos soldats dans leurs foyers, et qu'il est même question d'une réduction des cadres, à tel point que je m'apprête à aller au premier jour planter mes choux en Nivernais.

« — Oh! général, s'est-elle écriée, c'est ce qu'il y a d'affreux. Ces gens-là nous trompent indignement, et comptent bien nous surprendre désormais... Oui, le mot d'ordre est donné : en public, on parle de paix, du désir de vivre en bonnes relations avec nous ; mais lorsque, dans l'intimité, l'on cause avec tous ces gens de l'entourage du roi, ils prennent un air narquois, vous disent : « Est-ce que vous croyez à tout cela ? Ne voyez-vous pas « que les événements marchent à grands pas, que rien désormais ne saurait « conjurer le dénouement? »... Ils se moquent indignement de notre gouvernement, de notre armée, de notre garde mobile, de nos ministres, de l'empereur, de l'impératrice, prétendent qu'avant peu la France sera une seconde Espagne! Enfin, croiriez-vous que le ministre de la maison du roi, M. de Schleinitz, a osé me dire qu'avant dix-huit mois notre Alsace serait à la Prusse? Et si vous saviez quels énormes préparatifs se font de tous côtés, avec quelle ardeur ils travaillent pour transformer et fusionner les armées des États récemment annexés, quelle confiance dans tous les rangs de la société et de l'armée!... Oh! en vérité, général, je reviens navrée, pleine de trouble et de craintes. Oui, j'en suis certaine maintenant, rien, non, rien ne peut conjurer la guerre, et quelle guerre!

« Mme de P... sera probablement à Compiègne dans quelques jours, et par conséquent vous pourrez avoir le plaisir d'entendre ses doléances et ses récits effrayants... »

Pour faire pendant aux propos de M. de Schleinitz sur l'Alsace, le général Ducrot rapportait ensuite une autre conversation de M. de Moltke sur le même sujet, puis il terminait sa lettre au général Frossard ainsi qu'il suit :

« Et vous voulez qu'en présence de pareilles rodomontades, de si insolentes prétentions trop hautement affirmées, je reste calme et patient! En vérité, il ne faudrait pas avoir dans les veines une goutte de vieux sang gaulois !... Je l'avoue donc, je vis dans un état permanent d'exaspération ; j'éprouve la rage que doit ressentir un homme qui, voulant sauver un noyé, rencontre une résistance volontaire et se sait près de sombrer avec celui qu'il veut sauver... Vous voyant vous impatienter en lisant ces lignes, je serais volontiers tenté de m'écrier comme Thémistocle : « Frappe, mais « écoute! »

On pense bien que si j'ai tenu à reproduire incidemment cette lettre du général Ducrot, ce n'est pas seulement pour montrer l'attachement et la perspicacité de notre compatriote, mais c'est encore pour faire ressortir l'analogie de la situation respective de la Prusse et de la France à cette époque et aujourd'hui.

Les sentiments sont restés les mêmes à Berlin, avivés peut-être encore par l'ardeur d'une haine inassouvie et d'une ambition qui n'a plus de bornes. Quant aux anciens Français devenus Prussiens depuis la révocation de l'Édit de Nantes, ils sont tous aujourd'hui plus Prussiens que les Prussiens de naissance !

Mais revenons à la bataille de Spickeren.

Les Allemands prétendent que leur 27e brigade d'infanterie n'est entrée en action qu'à 11 heures 1/2.

Ayant trouvé, le 16 août, dans le camp de Flavigny abandonné par nous, la minute du rapport du général Bataille au général Frossard, ils reconnaissent que le commandant de la 2e division du 2e corps place à 9 heures le début de l'action ; mais, suivant eux, il ne pouvait être question, dans ce rapport, que de la canonnade dirigée par nous contre les avant-gardes de leur cavalerie.

Cependant, le général Frossard déclare que, dès 8 heures, des colonnes d'infanterie prussienne commencent à déboucher des hauteurs de Sarrebruck, précédées de leurs lignes de tirailleurs, qu'en même temps des batteries d'artillerie apparaissent et prennent position sur le plateau de l'Exercir-Platz ainsi que sur les mamelons y attenants.

Le général ajoute que tous ces mouvements s'aperçoivent parfaitement de l'éperon de Spickeren.

Ce qui est certain, c'est que le commandant du 2e corps envoie, de Forbach, à 9 heures 10 minutes, le télégramme suivant au maréchal Bazaine, à Saint-Avold :

« J'entends le canon à mes avant-postes et je vais m'y porter. Ne serait-il pas bien que la division Montaudon envoyât de Sarreguemines une brigade sur Grosbliedersdorf, et que la division Decaen se portât en avant vers Merlebach et Rossbruck ? »

Le maréchal Bazaine a-t-il ou non reçu ce télégramme? Il n'en fait pas mention, en tout cas, dans son livre sur l'*Armée du Rhin* et il dit même très expressément :

« A 10 heures 1/2 seulement, je fus prévenu, par le général Frossard, que l'armée prussienne semblait prononcer un mouvement contre son corps d'armée.. »

Le maréchal fait ainsi allusion à une autre dépêche que le général Frossard lui expédia à 10 heures 20 minutes, et que je reproduis plus loin.

De la dépêche envoyée par le général Frossard, il ressort que le commandant du 2e corps d'armée se préoccupait surtout de ses deux flancs. C'est sous l'empire de ce sentiment qu'il demandait au maréchal Bazaine le concours de deux des divisions du 3e corps d'armée : la division Montaudon, qui flanquerait son aile droite, de Sarreguemines vers Grosbliedersdorf ; la division Decaen, qui flanquerait son aile gauche de Merlebach vers Forbach. Ainsi appuyé, il n'aurait plus qu'à tenir tête de front à l'attaque sans s'inquiéter de ses deux ailes.

La conception était bonne. Elle remédiait, dans la mesure du possible, à la faute que le général Frossard avait commise en ne concentrant pas ses trois divisions autour de Forbach, comme il lui avait été prescrit.

Mais les craintes que le commandant du 2e corps ressentait pour ses deux flancs, le maréchal Bazaine les éprouvait de son côté pour le 3e corps.

On a vu plus haut que, dans l'ordre de mouvement établi, le 4, par l'empereur, il était dit, en post-scriptum, d'envoyer, le 6 seulement, à Boucheporn, la division du 4e corps qui devait s'établir en cet endroit.

Cette division, la 3e du 4e corps, était encore le 5 à Ham-sous-Warsberg.

Le 6, au matin, le général Bellecourt, qui la commandait par intérim, mandait ce qui suit de Boucheporn au maréchal Bazaine :

« Monsieur le maréchal Bazaine, j'ai l'honneur de vous rendre compte qu'en sortant du village de Ham-sous-Warsberg nous avons été avisés qu'un fort parti prussien marchait sur ce point. Nous avons en effet aperçu immédiatement quelques troupes à cheval et à pied qui semblaient chercher à nous envelopper par les bois. Nous n'avions devant nous, en vue, qu'un certain nombre de fantassins, qui se tenaient cachés sur la lisière des bois. J'ai pu assez rapidement prendre position sur un plateau, à la droite du village, avec le bataillon de chasseurs, un régiment et deux batteries d'artillerie. Cette démonstration a suffi. Les Prussiens se sont retirés à distance et ont fini par disparaître complètement. Aucun engagement n'a eu lieu. J'ai pu reprendre ma route, après avoir bien fouillé les bois qui étaient devant moi, et la division est en train de camper. »

Le maréchal Bazaine répondait à cette dépêche par l'envoi d'une brigade

Les tirailleurs prussiens débouchant de l'Exercir-Platz. (Page 451.)

de cavalerie et il en informait aussi le général de Ladmirault, commandant du 4ᵉ corps, alors à Boulay.

Il en prévenait également l'empereur à Metz et lui signalait, en même temps, l'entrée d'éclaireurs ennemis à Merlebach; mais, dans cette dépêche, partie de Saint-Avold à midi, il n'était nullement question de l'engagement du 2ᵉ corps avec l'ennemi entre Spickeren et Sarrebruck.

Il semblait que le maréchal Bazaine ne songeât absolument qu'à se couvrir sur le flanc gauche, toujours en vue d'une attaque considérable venant de la direction de Sarrelouis.

Mais l'attaque contre son flanc gauche n'était pas seule à lui causer de vives appréhensions, paraît-il.

Il en éprouvait de tout aussi fortes pour son flanc droit.

Le 6, à 1 heure 50 minutes du matin, le général Montaudon, qui était arrivé à Sarreguemines la veille avec la 1re division du 3e corps, lui avait télégraphié :

« Des renseignements me font croire que je serai attaqué ce matin par des forces qu'on dit supérieures. Un parti prussien a intercepté le fil entre Bitche et Sarreguemines. Les dépêches ne passent plus d'une manière intelligible. »

Aussitôt après avoir reçu ce télégramme, le maréchal Bazaine en donnait, par télégraphe, communication au général Frossard, dans une dépêche expédiée à 3 heures du matin, et il ajoutait :

« D'un autre côté, le sous-préfet de Sarreguemines me dit : « Le fil télé-
« graphique et la ligne de fer viennent d'être rompus à Bliesbrücken sur la
« ligne de Bitche. » Je fais demander de plus amples renseignements. Si l'ennemi faisait effectivement un mouvement offensif sérieux sur Sarreguemines, il faudrait porter la division qui est à Spickeren sur Grosbliedersdorf. »

Cette dernière combinaison était bien singulière, car elle aurait disloqué le 2e corps et découvert les approches de Forbach par la route de Sarrebruck, mais elle donne une idée exacte de l'état d'esprit du maréchal Bazaine.

Il semble qu'avec le peu de troupes dont il disposait, le commandant de l'armée de Lorraine se soit proposé de faire face à toutes les attaques, d'où qu'elles vinssent, mais en veillant surtout à sa sécurité personnelle.

C'était s'exposer à ne se trouver en force sur aucun point, ce qui advint d'ailleurs.

Mais on comprend que, dans cette indécision, le maréchal Bazaine était fort loin de songer à effectuer la concentration oblique en avant, que le général Frossard lui proposait.

Je ferai remarquer que je n'ai nullement l'intention de le justifier. Je cherche à connaître les motifs de l'attitude qu'il prit dans cette journée.

Cependant, la bataille s'est engagée.

Le 10e bataillon de chasseurs était occupé à la tranchée-abri qui devrait couvrir l'éperon du Rother-Berg, ainsi que la compagnie du génie de la division de Laveaucoupet, sous la protection de grand'gardes.

Celles-ci commencent le feu dès que l'avant-garde ennemie débouche des hauteurs au sud de Sarrebruck.

Bientôt le combat acquiert plus l'intensité.

Chasseurs et sapeurs quittent l'outil pour le fusil et entrent à leur tour en action, pendant que le général de Laveaucoupet les seconde par la mise en batterie de 6 pièces qui luttent contre celles de l'artillerie allemande établies sur le plateau de l'Exercir-Platz.

Le général Frossard se rendit-il alors aux avant-postes, comme il l'avait annoncé dans sa dépêche au maréchal Bazaine ? Il ne le dit pas dans son rapport. Peut-être attendait-il une réponse à cette dépêche. N'en recevant pas, à 10 heures 6 minutes, il adresse au maréchal Bazaine, à Saint-Avold, le nouveau télégramme suivant qui arrive à destination à 10 heures 1/2 :

« L'ennemi a fait descendre des hauteurs de Sarrebruck, vers nous, de fortes reconnaissances, infanterie et cavalerie ; mais il ne prononce pas encore son mouvement d'attaque. Nous avons pris nos mesures sur les plateaux et sur la route. Je n'irai pas à Saint-Avold. »

J'ai dit qu'une conférence des commandants des corps d'armée sous la présidence de l'empereur devait avoir lieu à la gare de Saint-Avold à 1 heure 1/2, et que, par suite des événements, cette conférence ne fut pas tenue.

Cette dépêche aurait été assez vague et insuffisante, si elle n'était venue compléter la précédente. Aux yeux du général Frossard, il ne s'agissait que de fortes reconnaissances offensives, mais non pas encore d'une attaque sérieuse.

En fait, d'après la version de l'état-major prussien, l'infanterie ennemie n'était même pas encore entrée en ligne.

Le général Frossard dit que, dès 10 heures du matin, il avait prévenu le maréchal Bazaine que c'était une bataille qui s'engageait, qu'il n'y avait pas à en douter.

Cela ne ressort pas de la dépêche que je viens de reproduire.

A 11 heures 10 minutes, le maréchal Bazaine, toujours à Saint-Avold, reçoit une nouvelle dépêche expédiée de Forbach par le général Frossard, à 10 heures 50 minutes.

« On me prévient, lui mande le commandant du 2ᵉ corps, que l'ennemi se présente à Rossbruck et à Merlebach, c'est-à-dire derrière moi. Vous devez avoir des forces de ce côté. »

Rien encore dans ce télégramme n'indique que le commandant du 2ᵉ corps d'armée crût à une bataille.

Je n'y vois qu'un nouvel indice de cette obsession d'une attaque sur son flanc gauche, qui assiégeait l'esprit du général Frossard, et qui était assez puissante pour détourner en quelque sorte son attention des événements qui pouvaient se produire sur le front ou sur le flanc droit de sa ligne de bataille, bien que cette dernière direction eût été précédemment aussi l'objet de ses préoccupations.

Mais, en tout cas, si le commandant du 2ᵉ corps manque de perspicacité, le maréchal Bazaine, qui est son commandant en chef, paraît se soucier fort peu de l'éclairer, de le renseigner, de lui donner le moindre conseil ou le moindre ordre dans les premières heures de la journée.

Enfin, le commandant en chef de l'armée de Lorraine se décide à rompre le silence, et, à 11 heures 15 minutes, il répond dans les termes suivants au général Frossard :

« D'après les ordres de l'empereur, j'ai porté les divisions Castagny et Metman sur Puttelange et Marienthal. Je n'ai plus personne à Rossbruck ni à Merlebach. J'envoie en ce moment une brigade de dragons dans cette direction. »

Cette brigade était la 3ᵉ de la division de cavalerie du 3ᵉ corps d'armée ; commandée par le général de Juniac, elle se composait des 5ᵉ et 8ᵉ régiments de dragons.

Elle se met immédiatement en marche.

Au même moment, le maréchal Bazaine envoie un nouvel ordre de mouvement aux généraux Metman et Castagny qui commandent respectivement la 3ᵉ division du 3ᵉ corps d'armée à Marienthal et la 2ᵉ à Puttelange.

Les employés des télégraphes ayant reçu l'ordre de quitter les postes intermédiaires entre Saint-Avold et Sarreguemines, ces deux divisions se trouvaient sans communications rapides avec le quartier général du 3ᵉ corps d'armée et force était de recourir à l'envoi d'un officier pour leur porter des ordres, nouvelle cause de retard à ajouter à tant d'autres.

Conformément aux ordres qu'elle avait reçus la veille, la division Metman, 3ᵉ du 3ᵉ corps, avait pris les armes en entendant le canon et se tenait prête à marcher, dès qu'elle en recevrait l'ordre.

Cet ordre lui est apporté à 12 heures 1/4 par l'officier de l'état-major du maréchal Bazaine qui avait quitté Saint-Avold à 11 heures 1/2.

Il lui était enjoint de gagner Betting et de laisser un des régiments avec une section d'artillerie à Macheren, sur la position de Mittenberg.

Elle devait faire face à l'attaque contre Merlebach, que le général Frossard avait signalée au maréchal Bazaine, ou se porter à l'aide du 2ᵉ corps d'armée, si son secours immédiat était réclamé par le commandant de ce corps d'armée.

Il n'y a qu'à consulter la carte pour reconnaître que les dispositions prescrites par le maréchal Bazaine au général Metman avaient pour but de couvrir, non le général Frossard à Forbach, mais bien le maréchal lui-même à Saint-Avold.

C'est, d'ailleurs, ce qui est spécifié formellement dans le rapport sur la mise en accusation du maréchal Bazaine devant le conseil de guerre de Trianon.

Deux autres lettres adressées ensuite par le maréchal Bazaine au général Metman lui enjoignaient de s'appuyer solidement sur sa nouvelle position et de défendre le terrain compris entre la voie ferrée et la frontière.

A 3 heures, le général Metman arrive à Bening : s'il avait continué sa marche sur Forbach, il y serait arrivé à 4 heures 1/2.

L'officier de l'état-major du maréchal Bazaine, qui avait transmis, à la 3e division du 3e corps, l'ordre de se porter de Marienthal vers Bening, était chargé d'une mission analogue pour la 2e division du même corps, établie à Puttelange.

Il aurait été préférable, à coup sûr, afin de ne pas perdre de temps, de confier ces deux missions à deux officiers.

Enfin, à 1 heure de l'après-midi, l'aide de camp du commandant en chef arrive à Puttelange et remet au général de Castagny l'ordre d'envoyer une brigade de la 2e division à Farschwiller et de se porter avec l'autre brigade à Theding, d'où il se reliera, par sa gauche, avec le général Metman à Bening et entrera en communication, par sa droite, avec le général Frossard à Forbach, sans qu'il lui soit prescrit toutefois de se mettre à la disposition de celui-ci, du moins à ce moment.

Mais le général de Castagny avait déjà mis sa division en marche dans la direction d'où il lui semblait que venait le bruit du canon, c'est-à-dire vers Calenbronn, et il continue ce mouvement. Nous verrons plus tard où le conduisit cette marche, tandis que, s'il avait exécuté les instructions que le maréchal lui avait données, il aurait pu faire entrer en ligne l'une de ses brigades entre 4 et 5 heures.

Quant au général Montaudon, avec qui le maréchal Bazaine était en relation directe par le télégraphe, il ne reçoit aucune instruction de son chef.

Il semble que le maréchal Bazaine n'ait pas lu cette partie du télégramme que le général Frossard lui envoyait de Forbach à 9 heures 10 minutes du matin, et où celui-ci lui disait : « Ne serait-il pas bien que la division Montaudon envoyât de Sarreguemines une brigade vers Grosbliedersdorf?... » C'était d'autant plus facile que, par hasard, la brigade Lapasset avait été coupée du 5e corps d'armée et se trouvait alors avec la 4e division du 3e corps à Sarreguemines. Il n'y a que 14 kilomètres entre cette ville et Spickeren : Grosbliedersdorf se trouve à mi-chemin. Un ordre donné à temps aurait donc amené une brigade de renfort en arrière de l'aile droite de la division de Laveaucoupet. Mais cet ordre ne vint que plus tard, c'est-à-dire trop tard.

A midi, le maréchal Bazaine rend compte à l'empereur des événements qu'il a appris depuis 10 heures 1/2.

A 12 heures 1/2, il lui télégraphie de Saint-Avold à Metz :

« Pour faire suite à ma dépêche de midi, j'ai pris les dispositions suivantes : une brigade de dragons à Haut-Hombourg ; le général Metman, avec une brigade, se porte à Betting-lez-Saint-Avold; une autre brigade, sur Macheren et Mittenberg. Le général de Castagny va faire marcher une brigade sur la position de Theding, à gauche de Calenbronn, et il l'appuiera, en se portant de sa personne, avec son autre brigade, à Farschwiller.

« Les reconnaissances de ce matin n'avaient rien signalé. Cependant, ce matin vers 8 heures 1/2, quand je suis allé sur la route de Carling visiter les avant-postes du 85°, nous avons reçu quelques coups de fusil de vedettes de cavalerie.

« Je tiendrai Votre Majesté au courant. »

Les reconnaissances du matin n'avaient rien appris, en effet, au quartier général de Saint-Avold, parce qu'elles avaient été insuffisantes, comme de coutume.

Pourtant tous les renseignements recueillis d'autre part et les incidents précédemment relatés faisaient prévoir une offensive générale des Allemands.

Cette éventualité n'eût-elle pas été prévue, au surplus, que l'on aurait cependant dû se tenir sur ses gardes. Mais on avait une confiance aveugle et on se laissa devancer.

A 1 heure de l'après-midi, le maréchal Bazaine adresse de Saint-Avold la dépêche télégraphique suivante au général Frossard, à Forbach :

« Quoique j'aie très peu de monde sous la main pour garder la position de Saint-Avold, je fais marcher la division Metman sur Macheren et Betting-lez-Saint-Avold, la division de Castagny sur Farschwiller et Theding.

« Je ne puis faire plus.

« Mais comme vous avez vos trois divisions réunies, il me semble que celle qui est à Œtingen peut très bien envoyer une brigade et même plus à Morsbach afin de surveiller Rossbruck, c'est-à-dire la route d'Emmersweiler par Gross-Rossell vers Sarrelouis.

« Notre ligne est malheureusement très mince, par suite des dernières dispositions prises, et si le mouvement est aussi sérieux, nous ferons bien de nous concentrer sur la position de Calenbronn.

« Tenez-moi au courant. »

Les télégrammes du général Frossard, reçus par le maréchal Bazaine, sont cependant assez pressants.

Il y a vingt minutes de trajet en chemin de fer de Saint-Avold à Forbach.

Mais le maréchal Bazaine ne songe nullement à se rendre auprès du commandant du 2e corps qui, il importe de le rappeler, est placé sous ses ordres.

Il lui semble probablement que le combat soutenu par ce corps d'armée n'intéresse pas les autres troupes et ne le concerne pas, lui, le commandant de l'armée de Lorraine.

Il ne se soucie pas d'engager ses divisions à la suite de celles du général Frossard : tel est le propos qu'un témoin attribue au maréchal et que celui-ci a nié, d'ailleurs, mais qui répond bien à son attitude.

Un autre témoin affirme encore que le commandant en chef aurait dit aussi : « Il y a trois ans que le général Frossard étudie la position de Forbach et qu'il la trouve superbe pour y livrer bataille. Eh bien ! il l'a maintenant, cette bataille ! »

Cette allusion déplaisante, il reconnaît qu'il a pu l'exprimer.

L'aveu n'en est-il pas, au surplus, dans l'invitation ironique que contient la dernière dépêche au sujet de la concentration sur Calenbronn ?

Est-ce que le général Frossard n'est pas sous ses ordres ? Est-ce à celui-ci de prescrire le mouvement ?

Cette concentration, le maréchal Bazaine la prépare-t-il seulement ? Au contraire, puisqu'il maintient la division Montaudon à Sarreguemines et qu'il rapproche de Saint-Avold les divisions Metman et de Castagny.

Par ces mesures, qui modifient les dispositions générales, d'ailleurs défectueuses, qui ont précédé sa nomination au commandement en chef, on dirait qu'il se prépare surtout à avoir, du côté de Saint-Avold, un engagement qui lui soit bien personnel. C'est du moins mon opinion. D'autres ont cru qu'en vue d'événements ultérieurs il se préparait déjà à ménager les troupes placées sous ses ordres. Je ne le pense pas, car, le 6 août, à midi, rien ne prouvait que le combat soutenu par le général Frossard n'aurait pas une heureuse issue et l'on n'avait à Saint-Avold aucune nouvelle de la bataille que le maréchal de Mac-Mahon perdait en même temps à Frœschwiller.

Pendant que, parmi les divisions françaises, voisines de Forbach ou de Spickeren, les unes restaient immobiles et les autres exécutaient des mouvements sans liaison avec l'opération elle-même, les troupes prussiennes se hâtaient vers le théâtre du combat.

Si décousue que fût l'entrée en ligne de ces troupes elle présentait du moins ce caractère particulier de solidarité que tous les généraux qui entendaient la canonnade marchaient à l'ennemi.

Bientôt quatre divisions d'infanterie avec leurs escadrons et leurs batteries divisionnaires, les 13e, 14e, 16e et 5e, ainsi que les 5e et 6e divisions de cavalerie, vont se trouver à même d'entrer en action.

Cette force combattante s'élevait à la fin de la journée à 52,000 fusils, 6,000 sabres et 108 canons.

La 28e brigade prussienne suit à courte distance le mouvement de la 27e, car le général de Kameke, qui commande la 14e division, formée de ces deux brigades, a obtenu de son supérieur hiérarchique, le général de Zastrow, commandant du 7e corps d'armée, l'autorisation de s'établir au sud de Sarrebruck.

Le général de Kameke ayant la permission d'agir d'après ses propres inspirations, s'imagine qu'il n'a devant lui que de faibles arrière-gardes, et, voulant nous prendre en flagrant délit de retraite, il les fait énergiquement attaquer.

Mais bientôt il s'aperçoit que les forces qui lui sont opposées ne se laissent pas déloger facilement. Il en fait prévenir son commandant de corps d'armée, qui sollicite à son tour l'entrée de la 13e division en ligne.

Un peu avant 1 heure, le général de Zastrow reçoit du général Steinmetz l'autorisation qu'il demandait :

« L'ennemi doit être puni de sa négligence, lui mandait le commandant de la 1re armée. Afin de l'empêcher de revenir sur les positions qu'il a évacuées sur la rive gauche de la Sarre, le commandant en chef déclare en approuver l'occupation dans l'intérêt de la 2e armée. On cherchera aussi à gêner les embarquements de troupes françaises qui ont lieu à Forbach, et qui ne paraissent couverts que par peu de troupes. »

Comment le général Steinmetz, qui n'a appris que dans la nuit du 6 au 7 l'affectation de la route de Sarrebruck à la 2e armée, a-t-il pu, lui, le chef de la 1re armée, prévoir que l'occupation des hauteurs au sud de cette ville, serait avantageuse, non pas à sa propre armée, qu'il avait engagée de son initiative dans la direction sus-indiquée, mais bien à la 2e armée? Je ne chercherai pas à l'expliquer. Je signale seulement la contradiction, en m'appuyant, d'ailleurs, sur les documents authentiques de l'état-major allemand. Mais je suis en droit de supposer que, si au lieu d'un succès, le général Steinmetz avait attiré un échec aux armes prussiennes, on lui en aurait fait tout de suite supporter la responsabilité. Et, si j'y insiste, c'est qu'il en ressort clairement que les généraux allemands n'ont point fait preuve d'une science devant laquelle nous soyons tenus de nous incliner. Les hasards heureux ont puissamment contribué à leurs victoires bien plus que leurs savantes combinaisons.

L'INVASION ALLEMANDE

Attaque et défense du Rother-Berg. (Page 464.)

LIV. 57. — GÉNÉRAL BOULANGER. — L'INVASION ALLEMANDE. — J. ROUFF ET Cⁱᵉ, ÉDIT. — LIV. 57.

A 1 heure, le général de Zastrow expédie au général de Glumer, commandant la 13ᵉ division, l'ordre de continuer son mouvement vers le sud, dans la direction de Wehrden, de franchir la Sarre, et de poursuivre sa marche par Rosseln vers Forbach.

Après avoir ainsi préparé le mouvement tournant qui lui a été prescrit par le commandant de la 1ʳᵉ armée, le général de Zastrow se dirige sur Sarrebruck.

Les premiers efforts de l'ennemi n'avaient pas eu grand succès.

Peu à peu, la 27ᵉ brigade d'infanterie, composée des fusiliers rhénans du 39ᵉ régiment et des fantassins hanovriens du 74ᵉ régiment, s'était développée sur une seule ligne en descendant de l'Exercir-Platz et du Repperts-Berg dans la direction du Rother-Berg et du Stifts-Wald, sous la protection des 24 pièces de la 14ᵉ division d'infanterie prussienne, qui, vers midi, parviennent à occuper une position d'où elles prennent d'écharpe l'artillerie du Rother-Berg qu'elles forcent à reculer.

Le général de Laveaucoupet, commandant la 3ᵉ division, dirige le combat de ce côté, avec l'aide du général Micheler, le chef de sa 2ᵉ brigade. Sous leurs ordres, sont les 24ᵉ et 40ᵉ régiments d'infanterie, respectivement commandés par les colonels d'Arguesse et Vittot, qui tiennent les crêtes et les lisières à l'est du Rother-Berg.

Au point de vue tactique, la position défensive de l'éperon du Rother-Berg était fort mal choisie, puisqu'elle formait saillie au centre. Sans doute, elle flanquait les deux ailes de notre front de bataille, mais elle n'était nullement flanquée elle-même ni à droite ni à gauche. Par sa situation centrale, elle devait être le principal objectif de l'ennemi, qui, après s'y être établi, pouvait couper notre ligne en deux tronçons, car, non seulement l'éperon n'avait pas de protection latérale, mais encore sa configuration réservait à sa pointe extrême un angle mort, où les assaillants se trouvaient à l'abri de tous les coups, même des coups directs des défenseurs du saillant.

Sur cette position tout à fait en pointe, se trouvait le 10ᵉ bataillon de chasseurs, commandant Schenck, ainsi que la compagnie du génie divisionnaire sous les ordres du commandant Peaucellier et 2 sections échelonnées de la 7ᵉ batterie du 15ᵉ régiment d'artillerie.

Ces troupes résistent avec une bravoure admirable.

Encore occupées à se fortifier quand elles sont attaquées, elles quittent l'outil de pionniers, se mettent sous les armes et se disposent vaillamment au combat.

Sur leur droite, la lutte vient de prendre d'ailleurs une grande intensité. Les fusiliers rhénans du 39ᵉ régiment ont profité de ce que notre ligne de bataille ne peut s'étendre jusqu'à la Sarre, par suite de notre faiblesse numérique : ils se sont dirigés vers le Stifts-Wald, dans le dessein de menacer notre aile droite et avec l'espoir d'exécuter de ce côté un mouvement tournant. L'assaillant parvient jusqu'à la clairière qui sépare la forêt de Gifert du Pfaffen-Wald, mais il est alors vivement chargé par les premières lignes des 24e et 40e régiments qui l'obligent à se retirer dans le plus complet désordre.

La droite de notre front se trouve alors disposée ainsi qu'il suit :

A l'extrême aile droite, 2 escadrons du 7e régiment de dragons surveillant la vallée de la Sarre ;

A la droite, le 24e et 1 bataillon du 40e, dans la forêt de Gifert;

Au centre, les 2 autres bataillons du 40e à proximité du Rother-Berg;

A la gauche, le 10e bataillon de chasseurs, sur le Rother-Berg.

Sur les 2 batteries de 4 de la 3e division du 2e corps, une est au-dessus du Rother-Berg, l'autre au nord de Spickeren, avec la batterie de mitrailleuses. Ces deux dernières protègent les défenseurs de la forêt de Gifert.

Jusqu'à 2 heures 1/2, nos troupes tiennent l'ennemi complètement en respect sur leur front entre le Rother-Berg et le Stifts-Wald. A la vérité, les tirailleurs prussiens se sont rapprochés et établis à proximité des nôtres sur les positions avancées que nous ne pouvons songer ni à occuper, ni à défendre, mais ils ne parviennent pas à entamer notre ligne.

Pendant que les situations respectives restent ainsi longtemps sans se modifier sur notre aile droite, et, par conséquent, à l'est du Rother-Berg, cet éperon est menacé directement du nord et du sud par le 74e régiment prussien qui s'est avancé à peu près sans coup férir jusqu'à hauteur de l'étang de Drahtzug. Ce n'est qu'en débouchant depuis le milieu environ du bois de Stiring avec une ligne de tirailleurs qui s'étend jusqu'à la route de Sarrebruck à Forbach, que cette troupe s'est trouvée sous le feu de notre infanterie et de notre artillerie.

Par la disposition même du terrain, elle va avoir en face d'elle le 10e bataillon de chasseurs sur le Rother-Berg et la partie de la brigade Jolivet, 2e brigade de la 1re division du 2e corps, qui couvre le flanc droit du village de Stiring, de concert avec le 3e bataillon de chasseurs, détaché de la 1re brigade de cette division.

La disposition de la brigade Jolivet est la suivante :

A droite, et en grand'garde, 1 bataillon du 76e régiment occupant les bâtiments de la Douane et de la Brème d'Or sur la route de Forbach à Sarrebruck;

Au centre, et en grand'garde, le 3e bataillon de chasseurs, établi à la pointe sud du bois de Stiring et tenant le chemin de fer

A gauche, et en grand'garde, 1 bataillon du 77ᵉ régiment à Vieux-Stiring avec postes avancés dans la forêt de Stiring jusqu'à la clairière de Schœneck.

Les deux autres bataillons du 76ᵉ régiment occupent Stiring ainsi que les deux autres bataillons du 77ᵉ régiment.

Un épaulement pour 6 pièces a été construit entre le village et la route, la droite appuyée à la route même.

La division de cavalerie a, de ce côté, 2 escadrons du 4ᵉ régiment de chasseurs et 2 du 7ᵉ régiment de dragons, que rejoignent bientôt 4 escadrons du 5ᵉ régiment de chasseurs. Ces derniers reviennent d'une reconnaissance qu'ils ont exécutée dans la direction de la Sarre, vers le sud-est, en arrière et à droite de notre position générale, et qui n'a pas été poussée assez loin; en sorte qu'ils rapportent des renseignements peu précis, que l'on ne cherche pas à compléter.

Le général Valabrègue et le général Bachelier, à la tête de leurs escadrons, se tiennent à la disposition du général Vergé, commandant la 1ʳᵉ division du 2ᵉ corps, qui dirige le combat à la gauche.

Au début de l'action, nous avons donc en ligne : 2 bataillons de chasseurs, 12 bataillons d'infanterie, 10 escadrons de cavalerie, 4 batteries de 4 et 12 mitrailleuses, soit à peu près 8,000 fusils avec 1,500 sabres et 24 pièces.

Les forces qui nous sont opposées ont une légère infériorité d'infanterie, mais elles nous sont supérieures en artillerie et en cavalerie.

Cette infériorité du nombre des fusils allemands disparaît même, si l'on observe que nos bataillons de l'aile gauche ne peuvent participer au combat, car la lutte s'est engagée entre le chemin de fer et la route, sur la plaine au nord de Stiring.

Avons-nous la supériorité de la position ?

Non, car le véritable point fort de notre ligne est à droite et nous ne nous y sommes pas établis.

D'autre part, nous observons une attitude absolument passive, sans bien nous rendre compte de l'objectif de la bataille que nous livrons, objectif qui, pour moi, est encore aujourd'hui une énigme, car je n'en ai trouvé nulle part la justification et je la cherche vainement.

Les Allemands, au contraire, marchent contre nous avec leur faible avant-garde, dans la conviction qu'ils n'ont devant eux qu'une arrière-garde plus faible encore, qu'il leur sera facile de déloger et de bousculer.

La droite ennemie, pleine de confiance, s'avance donc jusqu'au centre du bois de Stiring. Jusque-là, elle n'a eu à subir qu'une fusillade lointaine et une canonnade peu vive qui ne lui ont infligé que des pertes insensibles.

Tout à coup les Prussiens se trouvent en présence de nos lignes de tirailleurs : le 77ᵉ régiment, en avant de Vieux-Stiring, le 3ᵉ bataillon de chasseurs, dans le bois de Stiring, et le 76ᵉ régiment, dans les bâtiments de la Douane, de la Brême d'Or et de Baraque-Mouton, les arrêtent net par le feu de leurs compagnies les plus avancées et les obligent à reculer.

Il est environ 1 heure 1/2.

L'engagement est donc général à ce moment sur tout notre front, depuis Vieux-Stiring, à gauche, jusqu'à la forêt de Gifert, à droite.

Mais la situation de la droite allemande est si critique, comme le reconnaît la relation officielle du grand état-major de Berlin, que, pendant près de deux heures, elle garde elle-même une position expectante.

L'adversaire s'aperçoit alors que l'arrière-garde qu'il a attaquée est plus redoutable qu'il ne supposait.

Il lui faut du renfort. Il l'attend et ce renfort va lui arriver.

Quant à nous, notre attitude continue à être aussi peu conforme aux règles de la guerre.

Nous restons sur place.

Nous pouvions, soit avancer et jeter dans la rivière cette avant-garde imprudente qui nous avait attaqués, soit profiter de la leçon que nous venions de lui infliger et nous concentrer en arrière en vue d'un choc plus décisif pour le lendemain et le surlendemain.

Mais, les généraux qui commandent en première ligne, Laveaucoupet à droite, Vergé à gauche, n'ont aucun ordre qui leur prescrive de se porter en avant ou en arrière, et ils restent bravement cramponnés au sol.

L'artillerie ennemie redouble son feu contre la batterie du Rother Berg et contre celle de la Brême d'Or.

Nos pièces du Rother-Berg résistent d'abord vaillamment, mais sont obligées de se retirer à une distance telle qu'il leur est impossible de soutenir la lutte contre les pièces ennemies.

Nos pièces de la Brême d'Or se retirent à leur tour jusqu'à la face nord du village de Stiring ; bientôt un de leurs caissons saute et elles disparaissent momentanément après avoir subi des pertes cruelles : cinq de ces pièces sont même abandonnées, tous les chevaux des attelages ayant été abattus.

L'artillerie ennemie, alors établie sur le Galgen-Berg et sur le Folster-Hœhe, concentre son feu sur le Rother-Berg.

Il est 3 heures.

Le renfort attendu par l'avant-garde prussienne arrive.

C'est la 28ᵉ brigade, commandée par le général de Voyna, composée des Westphaliens du 53ᵉ régiment et des Hanovriens du 77ᵉ, avec 3 escadrons hanovriens du 15ᵉ régiment de hussards, l'autre escadron de ce régiment ayant été détaché à l'avant-garde de la 27ᵉ brigade.

La 28ᵉ brigade, qui appartenait, comme la 27ᵉ, à la division commandée par le général de Kameke, avait reçu l'ordre de marcher au feu dès l'entrée en ligne de l'avant-garde de cette division.

Après avoir franchi la Sarre au pont du chemin de fer, elle avait suivi d'abord la voie ferrée, puis elle s'était déployée en éventail, envoyant ses bataillons, même ses compagnies, renforcer la ligne étendue de la 27ᵉ brigade, depuis les approches des Vieilles-Houillères jusqu'à la forêt de Gifert, en passant par la forêt de Stiring, la voie ferrée, le bois de Stiring, le Folster-Hœhe, la route et la lisière du Pfaffen-Wald.

A 3 heures, elle entrait partout en action.

Quelle est en ce moment notre situation ?

Devant la recrudescence des feux de l'ennemi, le général de Laveaucoupet donne l'ordre à sa 1ʳᵉ brigade de venir renforcer la 2ᵉ dont les munitions s'épuisaient.

Quant au général Vergé, il fait demander au général Frossard, alors à Forbach, le secours de sa 1ʳᵉ brigade.

Cette brigade, composée des 32ᵉ et 55ᵉ régiments d'infanterie, sous les ordres du général Letellier-Valazé, occupait, comme je l'ai déjà dit, le retranchement du Kaninchen-Berg, en vue d'un mouvement tournant de l'ennemi par la route de Sarrelouis.

Le commandant du 2ᵉ corps envoie au général Vergé le 32ᵉ régiment d'infanterie.

Ce régiment se met immédiatement en marche, arrive bientôt à Stiring et occupe les bâtiments des usines et de leurs dépendances dans la partie septentrionale du village.

Le général Valabrègue, avec 2 escadrons du 4ᵉ régiment de chasseurs et 2 escadrons du 7ᵉ régiment de dragons, appuyés par 6 pièces d'artillerie à cheval de la réserve qui ouvrent immédiatement le feu, se porte vers le centre de notre ligne de bataille, prêt à charger si l'occasion lui en est offerte.

En même temps arrivent à hauteur de la 2ᵉ brigade de la 3ᵉ division les 2ᵉ et 63ᵉ régiments d'infanterie, commandés par les colonels de Saint-Hillier et Zentz, sous les ordres du général Doëns.

D'autre part, le général de Laveaucoupet demande au commandant du 2ᵉ corps d'envoyer une brigade de la 2ᵉ division, division Bataille, sur son flanc droit et sur ses derrières par où il redoute un mouvement tournant.

A ce moment, en effet, on commençait à apercevoir de grands mouvements d'infanterie, de cavalerie et d'artillerie du côté du Galgen-Berg.

La 5e division d'infanterie prussienne, commandée par le général de Stulpnagel, et appartenant au 3e corps qui faisait partie de la 1re armée, à la droite de laquelle elle était placée, arrivait en toute hâte sur le champ de bataille en même temps et par le même chemin que la 16e division d'infanterie prussienne, commandée par le général de Barnekow, et appartenant au 8e corps d'armée qui faisait partie de la 1re armée.

Comment ces deux divisions, beaucoup plus éloignées du champ de bataille que celles de notre 3e corps, y arrivèrent-elles cependant à temps, alors que les nôtres ne se présentaient nulle part?

Voici ce qui s'était passé.

Pendant que les commandants des avant-gardes des 7e et 3e corps prussiens effectuaient la reconnaissance de Sarrebruck qui leur avait été assignée comme objectif, le général de Gœben, commandant du 8e corps, s'y était rendu de son côté. Ayant appris que la 14e division allait venir occuper la ville, il avait renoncé à son projet primitif qui était d'y amener la 16e division, commandée par le général Barnekow et placée sous ses ordres. Il retournait au milieu des cantonnements de son corps d'armée, quand l'intensité croissante de la canonnade le détermine à revenir à son programme. Mais, au bruit du canon, le général de Barnekow avait pris l'initiative de la marche en avant, et, en rentrant, le général de Gœben rencontre la 16e division qui se dirigeait vers Sarrebruck.

A 1 heure 1/2, le colonel de Rex se trouvait à proximité de cette ville avec la 32e brigade placée sous ses ordres et il faisait aussitôt prévenir le général de Kameke que la 16e division était prête à soutenir la 14e.

Peu d'instants auparavant, la 28e brigade était arrivée, je l'ai dit plus haut, au secours de la 27e dont elle avait renforcé et prolongé la ligne, en sorte que les troupes ennemies voyaient accroître le nombre de leurs combattants au fur et à mesure que le combat prenait plus de développement.

Pendant que l'aile gauche de la 1re armée allemande se disposait à nous attaquer en masse, l'aile droite de la 2e armée, où se trouvait le 3e corps prussien, ne restait pas inactive.

Dès 8 heures du matin, le duc Guillaume de Mecklembourg-Schwerin, commandant la 6e division de cavalerie, faisait connaître au prince Frédéric-Charles que nous avions évacué Saint-Arnual. Le commandant de la 2e armée ordonnait alors au général d'Alvensleben II, commandant du 3e corps prussien, de lancer vers Sarrebruck la 5e division commandée par le général de Stulpnagel; tandis que le général d'Alvensleben I, commandant du 4e corps prussien, ferait une démonstration vers la frontière dans la

Explosion d'un caisson d'artillerie française. (Page 434.)

direction de Bitche, et que les 5e et 6e divisions de cavalerie nous poursuivraient avec énergie.

Vers midi, le prince Frédéric-Charles était informé par le général Rheinbaben, qui le lui avait télégraphié une heure auparavant, que nous occupions les hauteurs de Spickeren, mais que nous commencions notre retraite et que le général Kameke occupait Sarrebruck.

Aussitôt, il envoyait au général Stulpnagel l'ordre de faire évacuer cette ville par la 14ᵉ division ainsi que la route, et d'engager dans cette direction la 5ᵉ division pour la lancer contre l'ennemi.

Il est bien permis de se demander s'il était nécessaire de déplacer une division déjà engagée pour laisser le terrain libre à une autre division, et s'il n'était pas plus sage d'assigner à celle-ci un autre chemin.

Mais déjà les généraux qui étaient à l'avant-garde du 3ᵉ corps prussien avaient pris le parti d'accourir au canon et les mauvaises dispositions prescrites par le prince Frédéric-Charles arrivaient trop tard pour qu'elles eussent de fâcheuses conséquences.

Au moment donc où les 5ᵉ et 16ᵉ divisions prussiennes allaient entrer en ligne, le général de Laveaucoupet, qui tenait l'aile droite de notre ligne de bataille avec 7 bataillons, se voyait dans l'obligation d'y amener les 6 autres bataillons de sa division et de demander au général Frossard l'appui d'une brigade de la 2ᵉ division.

Le commandant du 2ᵉ corps se rendait compte enfin de l'importance de la lutte que ses troupes allaient soutenir dans les dernières heures de la journée.

Le matin, il ne paraissait pas encore en soupçonner la gravité ; si je m'en rapporte du moins à l'assertion d'un de mes amis, alors capitaine d'état-major, et qui était allé le trouver au château de Forbach, de la part de son général de division, un peu après 11 heures.

Voici le récit de cet officier :

« Je trouvai, dit-il, à table les officiers de l'état-major du général Frossard. Quant à lui, il était dans une pièce voisine, causant avec une personne étrangère à l'armée.

« Dès que je pus lui adresser la parole, je lui fis part de la mauvaise position de nos troupes, de l'intensité croissante de l'attaque et de l'urgent besoin des renforts.

« Le général me répondit : « A tout instant, je reçois des renseignements
« du même genre. Mais il n'y a pas à s'inquiéter !... De nombreux mouve-
« ments ont eu lieu parmi nous ces jours-ci... L'ennemi n'en connaît pas la
« signification... Il nous tâte de tous les côtés par de fortes reconnaissances
« offensives... Allez, dites cela à votre général, et dites-lui aussi de con-
« server le calme qui lui est habituel ! »

« Que l'on tire de cette réponse, ajoute mon ami, telle conclusion que l'on voudra. Je crois inutile de rien ajouter. Il en ressort tout au moins que l'attaque du 6 août fut une cruelle surprise pour le commandement. »

En réalité, tout le monde a été surpris, à Spickeren, le 6 août, aussi bien dans l'armée allemande que dans la nôtre.

La preuve en est que les Allemands ne s'attendaient pas eux-mêmes à combattre avant le 7 au plus tôt.

Mais il y a eu, d'une part, des généraux qui ont marché à l'ennemi avec autant de vigueur que d'unité, et, d'autre part, des généraux qui sont restés sur la défensive la plus passive.

Si l'on ajoute que les premiers se soutenaient à l'envi, tandis que les seconds ne se soutenaient pas du tout; que les premiers recevaient et provoquaient des ordres, tandis que les seconds n'en sollicitaient point ou n'en obtenaient pas, on comprendra que le succès devait se décider en faveur de ceux-là contre ceux-ci.

Mais si, un peu avant midi, le général Frossard ne soupçonnait pas la force de l'adversaire qui se ruait sur ses faibles divisions dispersées, le sentiment lui en vint deux heures après, quand les premières troupes engagées lui demandèrent du renfort, des munitions et le concours de l'artillerie de réserve.

Aussi, lançait-il un appel pressant au maréchal Bazaine dans le télégramme suivant que le commandant en chef recevait à Saint-Avold, à 2 heures 1/2 :

« Je suis fortement engagé tant sur la route et dans les bois, que sur les hauteurs de Spickeren, prière de faire marcher votre division Montaudon sur Grosbliedersdorf, et votre brigade de dragons sur Forbach. »

La rédaction seule de cette dépêche indique que le général Frossard avait des craintes sérieuses pour ses deux ailes et qu'il attendait à très bref délai le concours des divisions Metman et de Castagny.

En tout cas, il ne pouvait plus y avoir de doute, pour le maréchal Bazaine, sur la gravité de la situation de son lieutenant.

Tout autre fût allé immédiatement de Saint-Avold à Forbach pour se rendre compte; cette visite aurait été d'autant plus utile que, du même coup, le général Frossard aurait vu qu'il ne pouvait compter sur l'aide immédiate des divisions Metman et de Castagny.

Mais le maréchal Bazaine reste à Saint-Avold.

A 2 heures 1/2, peu d'instants après avoir reçu la dépêche du général Frossard, il en adresse une, lui-même, à l'empereur, à Metz :

« Le général Frossard, lui mande-t-il, me dit à l'instant : « Je suis
« fortement engagé tant sur la route et dans les bois que sur les hauteurs
« de Spickeren, c'est une bataille. »

« Sur sa demande, le général Montaudon, laissant la garde de Sarreguemines aux troupes du général Lapasset, qui y était encore, marche sur

Grosbliedersdorf, dirigeant une colonne sur Rouhling afin d'avoir un appui.

« La brigade de dragons, que j'avais envoyée à Merlebach, continue sa route sur Forbach. Je donne l'ordre à la division de réserve de cavalerie de venir s'établir de Faulquemont à Folschwiller.

« Les nouvelles qui nous parviennent de notre gauche sont moins sérieuses que ce matin, ce ne seraient que des reconnaissances. »

C'est ainsi qu'à 3 heures seulement, comme je l'ai dit plus haut, en reproduisant le télégramme de Napoléon III à l'impératrice, le grand quartier général était informé du combat soutenu par le général Frossard. Que l'empereur ne l'a-t-il appris plus tôt! Il serait probablement venu au milieu de ses troupes et les généraux auraient marché à l'envi sous ses yeux! Il aurait appris, en effet, que le général Frossard ne demandait pas que le concours de la division Montaudon, comme il semblait résulter de la dépêche du maréchal Bazaine, mais qu'il attendait l'arrivée prochaine, presque immédiate, des divisions Metman et Castagny dont l'envoi lui avait été annoncé par le télégramme du maréchal Bazaine expédié de Forbach à 1 heure. Il aurait, sans doute, amené celui-ci à concentrer en avant, non seulement le 3e corps, mais encore le 4e, en faisant obliquer ce dernier à droite, puisqu'on avait la certitude que de simples reconnaissances et non des masses de troupes ennemies s'étaient montrées le matin vers Ham-sous-Varsberg, Emmersweiler et Merlebach. Ce dernier renseignement de la dépêche précitée condamne surtout l'attitude du commandant de l'armée de Lorraine, car, dès l'instant qu'il n'avait plus rien à redouter sur son flanc gauche, son devoir était de soutenir énergiquement son avant-garde qui se trouvait en même temps être son aile droite.

A 2 heures 40 minutes, il envoie le télégramme ci-dessous au général Montaudon qui le reçoit à Sarreguemines vers 3 heures 1/2 :

« Laissez la garde de Sarreguemines aux troupes du général Lapasset, dirigez-vous, sans les impédimenta, vers Grosbliedersdorf, et tenez-vous à la disposition du général Frossard qui est fortement engagé du côté de Spickeren; suivez, bien entendu, la rive gauche de la Sarre, et voyez s'il ne serait pas bon, pour vous servir de point d'appui, de diriger une colonne sur Rouhling. »

A 3 heures, il télégraphie enfin au général Frossard ce qui suit :

« Je fais partir le général Montaudon pour Grosbliedersdorf; la brigade de dragons marche sur Forbach. »

On allait manger la soupe dans la division Montaudon, quand arrive l'ordre du maréchal; aussitôt les avant-postes sont repliés et les marmites jetées à terre. Il fallait se hâter. Les hommes mangeraient quand on en aurait le temps. Pourtant, ce n'est qu'à 5 heures que les têtes de colonne de la 4ᵉ division du 3ᵉ corps traversent Sarreguemines, laissant l'arrière-garde faire le coup de feu avec les uhlans de la 6ᵉ division de cavalerie prussienne. Outre cette tardive mise en route, le général Montaudon oublie d'envoyer au général Frossard un officier d'état-major qui le préviendra de sa prochaine arrivée, en sorte que c'est celui-ci qui se trouve obligé de lancer un de ses aides de camp vers la direction probable que suivra la 4ᵉ division du 3ᵉ corps.

Le général Metman se tenait toujours sur les positions que le maréchal Bazaine lui avait donné l'ordre d'occuper dans la matinée.

Quant au général Castagny, j'ai dit, d'après le rapport fait au conseil de guerre de Trianon, qu'il s'était mis en marche vers le canon, quand lui arrive à 1 heure l'ordre du maréchal de se porter avec une brigade de sa division à Farschwiller et d'envoyer l'autre à Théding, mais, au lieu de s'y conformer, le général poursuit sa marche.

Voici comment il raconte lui-même cet incident qui prouve combien la stricte exécution des ordres d'ensemble est nécessaire sur le champ de bataille ou à proximité, quelque excellentes raisons que l'on puisse invoquer pour ne pas s'y conformer :

« Lorsque j'arrivai, vers 2 heures, dit le général de Castagny, sur les hauteurs à cinq kilomètres environ au nord de Puttelange, où j'établis ma division en bataille sur de fortes positions, le canon diminuait sensiblement.

« J'envoyai une reconnaissance d'un escadron de cavalerie dans la direction de Sarrebruck, vers les hauteurs de Calenbronn que j'apercevais à l'horizon, et mon aide de camp, M. le capitaine d'état-major B..., qui marchait avec cette troupe, avait l'ordre d'arriver au point culminant et de me rapporter des nouvelles. Il monta jusqu'à Calenbronn, à la petite chapelle qui a servi de signal géodésique, d'où on aperçoit bien le pays. Il y trouva réunis plus de 150 paysans des hameaux environnants, qui, au bruit du canon, étaient venus à cet observatoire. Ces habitants du pays lui dirent que, déjà depuis plus d'une demi-heure, le canon ne se faisait plus entendre, et que la fumée, qu'ils avaient aperçue de midi à deux heures, par une coupure des hauteurs, dans la direction de Sarrebruck, avait tout à fait disparu. A la rentrée de cette reconnaissance, et après une heure d'attente, comme le canon avait totalement cessé, que le général Frossard ne m'avait envoyé aucun avis, aucun ordre, je me décidai, à 4 heures, à regagner mon camp où j'arrivai à 5. »

Nous verrons plus tard ce qui advint de cette division.

Pour l'instant, ce que je constate, c'est que les trois divisions du général Frossard soutenaient seules la lutte contre un ennemi dont l'audace et le nombre allaient sans cesse en augmentant, alors que nos munitions d'infanterie s'épuisaient, que notre artillerie était écrasée et nos bataillons de réserve obligés de se porter presque tous en première ligne pour faire face à l'adversaire.

A 3 heures, au moment où les 5ᵉ et 16ᵉ divisions d'infanterie prussiennes venaient efficacement appuyer la 14ᵉ, les positions et les mouvements étaient les suivants de notre côté sur le champ de bataille :

La division Laveaucoupet était entrée tout-entière en ligne sur l'aile droite.

Notre ligne n'avait plus de centre proprement dit.

La division Vergé tout entière en formait l'aile gauche, à l'exception du 55ᵉ régiment d'infanterie qui se tenait encore au Kaninchen-Berg.

La division Bataille débouchait sur le plateau de Spickeren pour renforcer les deux précédentes partout où il serait nécessaire.

Des deux régiments de la brigade Doëns qui venaient à l'appui de la brigade Micheler, le 2ᵉ régiment se portait vers l'aile droite, tandis que le 63ᵉ se dirigeait vers le Rother-Berg.

Le 32ᵉ régiment, de la brigade Letellier-Valazé, envoyé au secours de la brigade Jolivet, s'était établi à l'usine de Stiring. Quant au 55ᵉ, de la même brigade, il allait bientôt quitter sa position du Kaninchen-Berg pour marcher aussi sur Stiring et y combattre.

Le général Bataille dirigeait sa 2ᵉ brigade, commandée par le général Fauvart-Bastoul, et composée des 66ᵉ et 67ᵉ régiments, sur Spickeren, avec 1 bataillon du 23ᵉ et 1 batterie, tandis que lui-même descendait sur Stiring avec le 8ᵉ régiment d'infanterie, 2 bataillons du 23ᵉ et 2 batteries dont 1 de mitrailleuses, ne laissant en arrière que le 12ᵉ bataillon de chasseurs pour garder la position et le camp d'OEtingen.

L'arrivée des 7 premiers bataillons de la division Bataille et des 3 bataillons du 32ᵉ régiment, ainsi que de 4 batteries, dont 2 de cette division et 2 de la réserve, permet au général Vergé de chasser les Allemands de la 28ᵉ brigade qui avaient progressé du côté de Stiring et des bois environnants. Pour prononcer plus énergiquement encore ce succès, le 67ᵉ régiment, qui s'était porté vers la droite, est rappelé vers la gauche. Ce régiment, vaillamment conduit par le colonel Mangin et le lieutenant-colonel Thibaudin, est lancé par le général Bataille lui-même contre le bois de Stiring : 1 bataillon du 8ᵉ régiment le soutient.

Grâce à ce vigoureux effort, l'ennemi est obligé de reculer. En se retirant, il démasque les 5 pièces de la 7ᵉ batterie du 17ᵉ régiment d'artillerie que nous avions dû abandonner précédemment, tous les chevaux d'attelage ayant été tués. Des avant-trains sont tout prêts. Les pièces sont à découvert entre les deux lignes. Une petite troupe débouche de notre côté, fantassins et artilleurs se précipitent pêle-mêle avec leurs officiers ; une grêle de balles s'abat sur eux, mais, en un clin d'œil, ils ont repris, attelé et enlevé les 5 canons que l'on se hâte de conduire en lieu sûr.

Vers 5 heures du soir, l'ennemi est donc tenu partout en respect devant notre aile gauche.

Depuis 3 heures, à notre aile droite, le combat a pris une extrême intensité par suite de l'entrée en ligne des renforts qu'expédient sans cesse les 5e et 16e divisions d'infanterie.

Dans la marche en avant de la 27e brigade prussienne, un bataillon avait pu parvenir en se défilant jusqu'au pied du Rother-Berg. Les fantassins allemands s'étaient alors groupés dans l'angle mort du saillant à l'abri des escarpements rocheux. Ils ne pouvaient y être atteints, mais ils se trouvaient également dans l'impossibilité d'en déboucher sans se trouver sous le feu plongeant de notre 10e bataillon de chasseurs à pied.

Il fallait donc que l'ennemi nous menaçât sur notre flanc droit par une diversion qui pourrait amener nos troupes à se replier en arrière du Rother-Berg, tandis que les bataillons chargés de cette diversion se rabattraient sur cette hauteur et opéreraient, de concert avec le bataillon embusqué au pied des pentes, une attaque enveloppante qui les rendrait maîtres de la position.

C'est ce que l'aile gauche de la 27e brigade avait plusieurs fois tenté mais toujours sans succès.

L'arrivée successive de nouveaux renforts sur cette aile et l'épuisement de nos munitions avaient, d'autre part, amené le général de Laveaucoupet à appeler à lui, comme je l'ai déjà dit, les 2e et 63e régiments d'infanterie qui composaient la 1re brigade de sa division, et à solliciter le concours d'une des brigades de la division Bataille.

Le 2e régiment s'était posté droit vers le Pfaffen-Wald pour faire face à l'attaque de l'aile gauche ennemie, tandis que le 63e se dirigeait vers le Rother-Berg.

Le 2e bataillon du 2e régiment marche au centre du régiment, aborde vaillamment la forêt et bouscule les tirailleurs prussiens jusqu'à la lisière opposée d'où l'on peut voir les lignes ennemies se retirant hâtivement dans la direction de Sarrebruck.

Mais, bientôt ces lignes rejoignent leurs soutiens que renforcent de nouvelles troupes et l'ennemi revient à l'attaque.

Toutefois, avant que ce retour offensif de la 27e brigade prussienne se produise, de nouvelles dispositions sont prises par l'ennemi.

Au début, la direction du combat avait été exercée par le général de Kameke, commandant la 14e division d'infanterie.

Lorsque la 16e division d'infanterie, conduite par son chef, le général de Barnekow, entre en ligne, le général de Gœben, commandant du 8e corps d'armée est investi du commandement des troupes prussiennes réunies sur le champ de bataille.

On a prétendu que la transmission du commandement au cours d'un combat est toujours pleine de dangers. Je ne le crois pas, quand ces mutations se font avec suite dans la direction de l'engagement. Ce qui s'est passé à Spickeren le prouve. D'ailleurs, je ferai remarquer que ces changements se produisent d'eux-mêmes en plus ou moins grand nombre et avec plus ou moins d'importance, suivant les pertes que l'on subit dans les engagements.

Toujours est-il que le général de Gœben, estimant sans doute qu'il n'avait pas assez de monde sous la main, ou que les distances à parcourir étaient trop grandes pour effectuer un mouvement tournant sur l'un ou l'autre de nos deux flancs avant la fin du jour, prit le parti de brusquer l'action en portant tous ses efforts sur un point de notre front.

Ce point était tout indiqué.

En s'établissant sur le saillant du Rother-Berg, l'ennemi pouvait prendre de flanc les défenseurs de la vallée du côté de Stiring et maintenir ceux de la forêt de Gifert.

Déjà le général prussien de François avait un de ses bataillons au pied de l'éperon, sans pouvoir, il est vrai, en déboucher.

Il n'y avait qu'à accabler le 10e bataillon de chasseurs et les troupes qui se trouvaient à proximité sous les projectiles d'une forte batterie, tandis qu'un second bataillon de la 27e brigade prussienne serait envoyé au premier pour lui faciliter l'assaut des pentes du saillant, que d'autres attaqueraient les bâtiments de la Douane, de la Brème d'Or et de Baraque-Mouton, sur le flanc gauche de la position et la forêt de Gifert sur le flanc droit.

C'est ce qui est ordonné.

Les fusiliers hohenzolleniens du 40e régiment sont lancés en avant, sous les ordres du colonel de Rex, commandant de la 32e brigade : ils sont suivis par les hussards rhénans du 9e régiment, appartenant à la 16e division, tandis que 6 batteries, comptant ensemble 36 pièces, prennent, entre l'étang de Drahttzug et l'extrémité est du Galgen-Berg, une position qu'elles vont garder jusqu'à 6 heures du soir.

Sous cette protection, 2 bataillons prussiens du 39e et du 74e se lancent à l'assaut du Rother-Berg, conduits par le général de François.

Reprise de cinq canons. (Page 462.)

Les chasseurs du 10ᵉ bataillon, déjà décimés par l'artillerie, n'ayant presque plus de munitions, sont obligés de se retirer.

Mais ils ne cèdent le terrain que pas à pas, tout en tiraillant.

Le général prussien de François, frappé de cinq coups de feu, s'affaisse; ses soldats s'arrêtent un instant autour de leur chef qui expire bientôt en murmurant ces dernières et nobles paroles : « C'est pourtant un beau trépas, que celui du champ de bataille. »

Sa mort a cependant ralenti l'élan des Allemands.

Le général de Laveaucoupet, l'épée à la main, s'élance alors.

Un retour offensif général se produit. Le 10e bataillon de chasseurs en prend la tête, appuyé par une partie des 24e, 40e et 63e régiments d'infanterie que conduisent respectivement les colonels d'Arguesse, Vittot et Zentz.

A ce moment, arrivent 2 bataillons du 8e régiment que le général Bataille a donné l'ordre au colonel Haca de ramener vers la droite, estimant que le déplacement du 67e vers la gauche a peut-être trop affaibli la ligne de défense de la 3e division.

Presque en même temps, l'aile droite de cette division est violemment attaquée par l'aile gauche ennemie qui vient d'être renforcée.

Le 2e régiment fait tête à cet assaut.

Mais il s'affaiblit de plus en plus, tandis que l'ennemi se renforce de minute en minute. Le 2e bataillon de ce régiment, qui soutient le principal effort, lutte avec une intrépide énergie, sous les ordres du commandant Gayraud. Il ne cède que pied à pied, le couvert de la forêt de Gifert.

Les hommes voient successivement tomber leur colonel de Saint-Hillier, mortellement atteint, leur lieutenant-colonel de Bouchenau, grièvement blessé. Le général Doëns, commandant la 1re brigade de la 3e division, a l'épaule brisée. Presque tous les officiers sont par terre.

Cependant le 2e bataillon du 2e régiment ne se démoralise pas.

Après avoir évacué le bois, il prend position sur la crête du ravin au nord de Spickeren.

Il est alors 4 heures 1/2.

Il s'y maintient en position jusqu'à la nuit, tandis que les 2 autres bataillons du même régiment continuent la résistance avec autant de ténacité sur le flanc gauche du 2e, dans la direction du Rother-Berg.

Le général de Zastrow, commandant le 7e corps prussien, qui venait d'atteindre les hauteurs au sud de Sarrebrück, prend alors la direction du combat, après s'être concerté avec le général de Gœben, commandant du 8e corps prussien, qui avait conduit l'engagement jusque-là, et avec le général d'Alvensleben II, commandant du 3e corps prussien, qui, au même moment, débarquait du chemin de fer à Sarrebrück.

Les troupes prussiennes étaient déjà fort mélangées, et, comme le reconnaît le rapport du grand état-major prussien, « ce mélange rendait très difficile l'indication précise des divers moments du combat ».

On avait poussé les bataillons, les batteries et les escadrons en avant sans se préoccuper de l'ordre de bataille, allant au plus pressé, fermant les brèches de la ligne de feu, renforçant les points faibles.

On décide de continuer ainsi.

L'essentiel pour les généraux ennemis est de bien terminer cette action si légèrement et si maladroitement entreprise.

Et nous, où en sommes-nous à cette heure de la journée ?

Le maréchal Bazaine est toujours à Saint-Avold ; le général Frossard n'a pas encore quitté Forbach : on dirait qu'ils tiennent les deux extrémités de la ligne télégraphique qui lie ces deux points, comme celles des fils d'une bobine Ruhmkorff et qu'ils ne peuvent plus les lâcher.

Entre 4 et 5 heures, le général Montaudon quitte Sarreguemines avec la 1re division du 3e corps et se dirige vers le champ de bataille.

Le général de Castagny, qui s'est rapproché du champ de bataille avec la 2e division du 3e corps, n'entendant plus le canon dans la position d'attente qu'il a fait prendre à sa division, la ramène vers Puttelange.

Le général Metman, commandant la 3e division du 3e corps, reçoit à 4 heures 1/2 une dépêche du général Frossard, qui est ainsi conçue :

« Si le général Metman est encore à Béning, qu'il parte tout de suite pour Forbach. »

Mais cette dépêche, bien que mentionnée au *Journal des marches* de la division que commande le général Metman, n'est pas reçue par son destinataire qui continue, en conséquence, l'inspection des avant-postes et des bivouacs de sa troupe.

Le général Decaen est maintenu à Saint-Avold avec la 4e division du 3e corps par le maréchal Bazaine.

Pourtant, celui-ci n'ignore pas que le général Frossard est engagé dans un combat très sérieux ; il sait, d'autre part, que l'attaque que l'on redoutait dans la matinée, par la route de Sarrelouis vers Saint-Avold, n'aura aucune importance, si même elle se produit. Il peut donc sans danger se porter au nord de cette ville avec les dernières troupes qu'il a gardées par un excès de prudence.

Ce qui le lui permettait encore, c'est que la 3e division de cavalerie de réserve se porte de Faulquemont à Folschwiller, conformément à l'ordre qu'il a envoyé.

D'autre part, à 5 heures, le maréchal Bazaine sait encore que la garde impériale elle-même se dirige vers Saint-Avold.

Comme je l'ai déjà dit, la garde impériale ayant été laissée à la disposition de Napoléon III, le maréchal Bazaine ne pouvait lui donner d'ordre.

A 2 heures 1/2, le major général envoyait un officier au général Bourbaki, alors à Courcelles-Chaussy, pour lui prescrire de se rendre d'urgence à Saint-Avold, après la réception du télégramme du maréchal Bazaine annonçant le combat soutenu par le général Frossard.

A 4 heures 1/2, le maréchal Bazaine était informé de ce mouvement et télégraphiait au commandant de la garde impériale pour le renseigner.

Le général Bourbaki lui adressait de Courcelles-Chaussy, à 11 heures 45 minutes du soir, la réponse télégraphique suivante :

« J'ai l'honneur de vous accuser réception de la dépêche que vous m'avez adressée au sujet du mouvement de la garde impériale. La division de cavalerie, partie ce soir, sera demain matin à Zunming, en relation avec les troupes qui occupent Boucheporn. A 9 ou 10 heures du matin, la tête de colonne des voltigeurs débouchera à Longueville-lez-Saint-Avold, les grenadiers suivront. Je serai, de ma personne, près de vous, à 4 ou 5 heures du matin. »

Ainsi donc, au moment où nous sommes, c'est-à-dire vers 5 heures, le maréchal Bazaine était informé que la garde impériale se rapprochait de lui. Sans doute, il ne devait attendre son concours pour le jour même ; mais, il devait prévoir qu'elle serait à sa portée le lendemain matin, prête à recueillir les troupes qu'il aurait engagées vers Spickeren si elles y étaient battues. Il pouvait donc les envoyer toutes à l'ennemi. Au contraire, il paraissait de plus en plus décidé à les garder sous la main et à ne pas les compromettre dans le combat soutenu par le général Frossard.

Quant au commandement du 2ᵉ corps, il avait fait entrer en ligne toutes ses réserves, moins un bataillon de chasseurs à pied, comptant que les divisions du 3ᵉ corps, dont on lui avait annoncé le mouvement en avant, viendraient à son aide.

Or, les trois faibles divisions du 2ᵉ corps restaient de plus en plus isolées en présence des troupes allemandes qui se renforçaient constamment par l'arrivée de nouveaux bataillons et de nouvelles batteries.

Cependant le maréchal Bazaine n'était pas sans inquiétude sur l'issue de la lutte.

Aussi, à 4 heures 45 minutes, télégraphiait-il de Saint-Avold au général Frossard :

« Donnez-moi de vos nouvelles pour me tranquilliser, et n'oubliez pas que la division Montaudon est nécessaire à Sarreguemines. »

Le maréchal Bazaine aurait beaucoup mieux fait de se rendre à Forbach et de parcourir une partie du champ de bataille pour juger, par lui-même, de la situation.

Que voulait-il dire, d'ailleurs, par la recommandation qu'il adressait au général Frossard relativement à la nécessité de la présence de la division Montaudon à Sarreguemines? Est-ce que la présence de cette division n'était pas momentanément plus utile à Spickeren, où l'on se battait, qu'à Sarreguemines, où l'on ne se battait pas? Était-ce, oui ou non, un ordre de la renvoyer dans cette dernière ville? Quand on a le commandement en chef, on tient un autre langage. Il ne doit pas y avoir d'équivoque entre un supérieur et ses subordonnés. Il faut que ceux-ci n'aient jamais aucun doute sur ce qu'ils doivent faire.

L'hésitation du général Frossard, devant le caractère vague des instructions du maréchal Bazaine, était telle qu'il avait, du reste, adressé, à 4 heures, la dépêche télégraphique suivante au général Montaudon :

« Avez-vous reçu ordre de diriger des troupes sur ma droite vers Grosbliedersdoff? Si oui, activez leur marche. »

En résumé, le général Frossard ne vit venir à son aide que la brigade de dragons commandée par le général de Juniac. La configuration du champ de bataille n'était pas très favorable à l'action de la cavalerie. D'ailleurs, le 2ᵉ corps avait assez d'escadrons pour son service. Comme cette brigade était inutile à Forbach et qu'elle encombrait la route qu'il importait de laisser libre pour la circulation des pièces d'artillerie et des voitures d'ambulance, le général Frossard donna l'ordre au général de Juniac d'aller prendre position à Betting, Merlebach et Morsbach.

Tandis que le 2ᵉ corps restait presque complètement isolé, les troupes allemandes voisines du champ de bataille accouraient au bruit du canon.

Peu à peu, les lignes ennemies s'étendaient depuis la lisière du Pfaffen-Wald jusqu'à la verrerie Sophie en passant par la crête du Rother-Berg, par les bâtiments de la Douane, de la Brême d'or et de Baraque-Mouton, par la pointe sud du bois de Stiring, par les forges situées au nord du village, par Vieux-Stiring et par les Vieilles-Houillères.

Sur tout ce front se produisait une succession ininterrompue de combats partiels, de mouvements rétrogrades, de retours offensifs, suivant que les Allemands profitaient de l'arrivée de nouveaux renforts pour nous attaquer ou que nous parvenions à les refouler malgré leur supériorité en nombre et en artillerie.

A notre aile droite, le général de Laveaucoupet tenait vaillamment sur les lisières des bois, sur les crêtes des ravins, empêchant en même temps l'ennemi de déboucher du Rother-Berg et de mettre à exécution le grand mouvement qu'il dessinait pour nous envelopper de ce côté et nous séparer des troupes qu'il pouvait supposer en marche de Sarreguemines vers le champ de bataille. Le commandant de la 3ᵉ division, soutenu par une partie de la 2ᵉ division, résistait avec la plus grande énergie aux attaques reitérées des Allemands, tant sous le couvert de la forêt de Gifert et à proximité, sur la lisière du Pfaffen-Wald et sur le ravin opposé, que sur les flancs du Rother-Wald. Bien que les troupes fussent épuisées, bien que les munitions diminuassent au point d'obliger notre infanterie et notre artillerie à ménager leur feu, bien qu'aucun renfort ne vint à son secours, le général de Laveau-coupet ne perdait pas de terrain et l'ennemi ne faisait réellement aucun progrès de ce côté jusqu'à la chute du jour. Seulement, les lignes de tirailleurs allemands s'étendaient de plus en plus vers leur aile gauche.

La lutte autour et en avant de Stiring ne nous était pas aussi favorable, non pas que nous y éprouvions un échec sérieux, mais nous ne parvenions à nous maintenir sur ce point qu'avec les plus grands efforts, tant l'adversaire y accumulait de bataillons et de batteries.

Nous avions perdu, vers 4 heures, les bâtiments de la Douane, de la Brême d'or et de Baraque-Mouton. Cette perte n'avait point grande importance, à la vérité, puisque nous n'avions là qu'un poste avancé qui devait forcément se replier. Mais, en s'y établissant, le centre de la ligne ennemie avait pu assurer sa liaison avec l'aile droite et avec l'aile gauche et donner ainsi à l'action générale un ensemble qui lui avait fait complètement défaut dans les premières heures du combat.

Malgré cet avantage relatif, l'aile droite des Allemands ne faisait que peu de progrès du côté de Stiring même.

A 5 heures, le général Frossard, quittant enfin Forbach, s'était dirigé vers l'aile gauche de sa ligne de bataille. Il arrivait à Stiring au moment où l'ennemi qui venait d'être « repoussé avec perte », suivant sa propre expression, retournait à l'attaque, avec de nouvelles troupes. Bientôt 8 batteries allemandes prenaient position contre le village et secouraient puissamment par leur feu, malgré le dévouement de notre artillerie de réserve, l'action de l'infanterie qui, grâce au couvert du bois et de la forêt de Stiring, avait pu envelopper Stiring à l'ouest.

Nos fantassins avaient crénelé les murs des maisons et des usines ayant vue dans la direction de l'ennemi. Ils combattaient avec acharnement derrière les obstacles. Wagons, amas de rails, piles de bois, tas de scories, murailles et clôtures de toutes sortes étaient autant d'abris qu'ils utilisaient avec une très grande habileté. La marche du combat indiquait que, de ce côté aussi, les généraux Vergé et Bataille se maintiendraient sur leurs positions s'ils étaient secourus.

Le général Frossard en avait le sentiment, et à 5 heures 45 minutes il télégraphiait au maréchal Bazaine :

« Envoyez-moi des troupes très vite et par tous les moyens. »

A ce moment, en effet, le commandant du 2e corps d'armée n'a encore reçu aucun renfort que la brigade de dragons de Juniac qu'il n'a pu utiliser.

Il comprend très bien que les Allemands ont produit leur effort maximum contre son front.

L'intervention d'une seule division fraîche sur le champ de bataille peut nous amener la victoire.

Mais le maréchal Bazaine, au lieu d'accourir, communique simplement au général Frossard, par un télégramme expédié à 6 heures 15 minutes, les dispositions qu'il prend pour lui venir en aide.

« Je vous envoie un régiment par le chemin de fer, lui dit-il. Le général de Castagny est en marche vers vous, il reçoit l'ordre de vous répondre. Le général Montaudon a quitté Sarreguemines, à 5 heures, marchant sur Grosbliedersdorf. Le général Metman est à Betting. Vous avez dû recevoir la brigade de dragons du général de Juniac. »

Puis, presque aussitôt, il lui télégraphie de nouveau :

« Je vous envoie par le chemin de fer le 60e de ligne. Renvoyez-le-moi par la même voie, sitôt qu'il ne vous sera plus nécessaire. »

N'est-ce pas tout à fait étrange ?

Le général Frossard demande des renforts.

Le maréchal Bazaine lui en envoie.

Mais cet envoi est tardif en même temps que conditionnel.

D'ailleurs, si la division Montaudon, mise avec réticence à la disposition du général Frossard pour soutenir l'aile droite du 2e corps d'armée, n'arrive pas à destination, le 60e régiment d'infanterie ne peut de son côté atteindre la ville de Forbach.

Ce régiment effectue son transport par chemin de fer en deux trains. Le premier train n'arrive même pas complètement à destination. Quant au second train, il est arrêté à Betting par les agents de la voie qui, en raison de la présence de l'ennemi à proximité, refusent de le laisser aller plus loin.

Les Allemands viennent, en effet, d'attaquer Forbach, et une de leurs colonnes débouche même d'Emmersweiler dans la direction du chemin de fer qu'elle salue de ses obus.

C'est la 13e division d'infanterie allemande qui entre en action sous les ordres du général de Glumer.

Cette division était arrivée vers midi à Wœlklingen.

Son avant-garde, après avoir franchi la Sarre, avait continué sa marche au bruit du canon dans la direction de Gros-Rossel.

Bientôt la 13ᵉ division prussienne entendait elle-même la canonnade du côté de Stiring et de Forbach et recevait l'ordre de poursuivre son mouvement de manière à intervenir sur notre flanc gauche. Elle se comportait ainsi comme la division de Castagny dans sa marche spontanée de Puttelange sur Forbach, mais elle allait agir autrement.

La 13ᵉ division prussienne se dirigeait donc de Wehrden par Rossel vers Forbach, lorsque le bruit du canon, étouffé par la vaste étendue de bois qui la sépare du champ de bataille, cesse de se faire entendre.

Les hommes de cette division avaient déjà parcouru 38 kilomètres.

Le général de Glumer avait, en outre, d'après le récit officiel du grand état-major de Berlin, « reçu, du quartier-général de la 1ʳᵉ armée, une communication portant que le grand quartier-général paraissait ne pas avoir encore l'intention d'engager, pour ce jour-là, une affaire sérieuse sur la rive gauche de la Sarre ».

Il arrête donc sa 13ᵉ division et lui ordonne de bivouaquer, tandis que l'avant-garde continue à explorer les approches du terrain où la troupe allait se reposer.

Loin de ramener sa division en arrière, il reste en position et il envoie des patrouilles à la découverte.

Cette conduite, conforme aux vrais principes de la guerre, devait avoir sa juste récompense.

Bientôt, le général de Glumer est informé, par les commandants de plusieurs de ses patrouilles, que le combat continue au sud de Sarrebrück ; puis, le bruit de la canonnade retentit de nouveau ; enfin, un aide de camp du commandant du 7ᵉ corps prussien apporte au commandant de la 13ᵉ division l'ordre d'entrer rapidement en ligne. Cet officier, qu'on le remarque bien, rencontra le général de Glumer beaucoup plus tôt qu'on ne pouvait l'espérer, en raison du mouvement exécuté par ce dernier vers le canon, en sorte que l'intervention de la 13ᵉ division fut bien plus prompte qu'on ne le supposait du côté de l'ennemi, et cette intervention devait avoir une influence capitale, qu'on ne l'oublie pas.

Par sa propre initiative, et sans avoir compromis en aucune façon la troupe dont il était le chef, le général de Glumer décida du succès des Allemands, comme nous allons le voir.

Si, après avoir marché au canon, il avait reculé en ne l'entendant plus, comme avait fait le général de Castagny, l'aide de camp du général Zastrow ne l'aurait rejoint que plus tard, lui-même aurait eu plus de chemin à parcourir pour exécuter l'ordre qui lui était apporté, la 13ᵉ division

Défense de Stiring. (Page 470.)

prussienne n'aurait pu prendre part au combat par l'attaque latérale qu'elle effectua, et nous n'aurions peut-être pas été contraints à la retraite, même avec l'isolement aussi complet du 2ᵉ corps d'armée.

Conformément à l'ordre qu'elle avait reçu, la 13ᵉ division prussienne reprend sa marche, et, peu de temps après, elle débouche du côté du Kaninchen-Berg.

Ainsi que je l'ai dit précédemment, le général Frossard s'était trouvé dans l'obligation de dégarnir complètement Forbach pour soutenir la lutte à Stiring.

La brigade Letellier-Valazé, qui était restée en réserve sur le Kaninchen-Berg pendant les premières heures du combat, avait abandonné cette position quand l'avant-garde de la 13e division prussienne s'y présenta.

N'est-ce pas une étrange fatalité que ce mouvement tournant se soit produit juste au moment où la brigade, qui avait été maintenue sur ce point en vue d'une attaque générale, venait de s'éloigner? Combien la brigade Letellier-Valazé aurait été plus utile, soit à Stiring pendant les premières heures du combat, soit au Kaninchen-Berg vers la fin de la bataille! Mais c'est tout le contraire qui advint.

L'avant-garde de la 13e division prussienne ne trouve donc devant elle que le 12e régiment de dragons.

Le lieutenant-colonel Dulac pousse une reconnaissance avec ses escadrons. Mais il est presque aussitôt obligé de se retirer sur le Kaninchen-Berg.

Cet officier supérieur revient au retranchement qui a été élevé en cet endroit. Il fait mettre pied à terre à ses dragons, prend en même temps le commandement de la compagnie du génie de la réserve du corps d'armée et recueille au passage un détachement de 200 réservistes destinés au 2e régiment d'infanterie et qui venait de débarquer à la gare du chemin de fer sous le commandement d'un sous-lieutenant.

Cette poignée de braves reçoit par une vive fusillade l'avant-garde de la 13e division prussienne qui s'arrête toute surprise. L'ennemi hésite. Mais bientôt l'infanterie et l'artillerie de l'avant-garde soutiennent et renforcent la cavalerie qui les précédait. Les bataillons et les escadrons allemands étendent les ailes de leur ligne pour envelopper la petite troupe qui leur dispute la possession du Kaninchen-Berg. Le colonel Dulac reconnaît qu'il est impossible de soutenir plus longtemps la lutte. Il fait remonter ses dragons à cheval et les lance à la charge. Grâce à cette « attaque de cavalerie audacieusement conduite dans l'obscurité du soir », ainsi que le constate le rapport officiel du grand état-major de Berlin, le détachement de réservistes et la compagnie du génie peuvent gagner la chaussée du chemin de fer et la gare, où fantassins et sapeurs continuent la fusillade avec un tel sang-froid que l'avant-garde de la 13e division prussienne ne pousse pas plus loin son attaque.

A ce moment, du reste, l'obscurité est complète. Mais la vaillante contenance des défenseurs improvisés du Kaninchen-Berg a obtenu ce résultat considérable d'arrêter le mouvement latéral qui avait pour but de porter la 13ᵉ division prussienne en arrière de notre flanc gauche. S'ils n'avaient pas aussi bravement fait leur devoir, tout le 2ᵉ corps d'armée était tourné par sa gauche, et, comme il battait en retraite par une nuit noire, il est à présumer que la rencontre de troupes ennemies dans ce mouvement aurait eu les plus désastreuses conséquences.

Pendant que cet incident tout particulier se produit à Forbach même, la lutte se poursuit avec acharnement sur tout le front de bataille.

Plus est complet l'isolement des divisions du 2ᵉ corps d'armée, plus s'augmente, au contraire, le nombre des assaillants.

A Stiring, comme au Rother-Berg et au bois de Gifert, nos troupes, qui sont alors toutes entrées en ligne, tiennent valeureusement, malgré la fatigue des soldats, l'épuisement de leurs munitions, l'infériorité de leur artillerie et la supériorité numérique de l'ennemi.

La division Vergé se bat devant Stiring ou autour de ce village avec le concours de la plus grande partie de la division Bataille.

Quant au général Laveaucoupet, il résiste avec une admirable valeur sur les hauteurs et sur les lisières des bois par où l'ennemi cherche à prononcer une attaque latérale sur notre flanc droit. Mais il se trouve dans l'obligation de reculer progressivement, car il ne reçoit aucun secours, les cartouches vont manquer, la nuit vient et il court le risque d'être enveloppé sans possibilité de se dégager. Cependant, il se replie plutôt qu'il ne se retire, toujours en combattant et sans que les Allemands osent s'avancer avec hardiesse.

A 6 heures, le général Frossard venait d'atteindre Stiring.

Il était bien tard, on en conviendra, pour que le commandant du 2ᵉ corps d'armée fît son apparition sur le champ de bataille.

Le commandant du 2ᵉ corps d'armée a justifié ainsi qu'il suit sa conduite personnelle :

« Pendant une grande partie de la journée, dit-il dans son rapport officiel, le général Frossard s'est tenu en arrière de sa gauche, à proximité de sa division de réserve, du télégraphe, de l'arrivée possible des secours. D'incessantes relations avec ses deux ailes, qui ne communiquaient l'une avec l'autre que par le point où il se trouvait, l'avaient mis en mesure de réparer, suivant les besoins, son insuffisante réserve. »

Les motifs ci-dessus invoqués ne sont pas suffisants. Un officier d'état-major pouvait fort bien s'acquitter de ce service de transmission.

J'estime, quant à moi, que la place du commandant d'une troupe qui se bat est au milieu de cette troupe. Il faut que le soldat voie son chef près de lui, qu'il se sente commandé et qu'il ait la preuve que les dangers auxquels il est exposé sont partagés par tous ses supérieurs hiérarchiques, quel que soit leur grade. Je ne prétends pas toutefois aller jusqu'à dire que tous les généraux doivent être sans cesse au premier rang, car le commandement serait aussitôt désorganisé et la situation compromise.

Mais on ne dirige pas une bataille en restant hors de portée du combat.

La bravoure personnelle du général Frossard ayant été prouvée dans maintes campagnes antérieures, je suis amené à admettre, pour expliquer cette abstention, que le commandant du 2ᵉ corps d'armée a commis une double erreur, d'abord en ne se rendant pas compte de l'importance de l'attaque qui pouvait être dirigée contre son corps d'armée, ensuite en ne demandant pas plus tôt des renforts directs et immédiats. Il a cru qu'il pourrait remporter une victoire avec les seules divisions placées sous son commandement, et, quand il eut constaté, par sa présence trop tardive à Stiring, qu'il courait le risque d'un grave échec, il s'est décidé à solliciter énergiquement des secours qui ne pouvaient plus arriver qu'à la nuit.

En un mot, il a péché par inexpérience et il a manqué de coup d'œil.

C'est, d'ailleurs, le grief qui ressort de la citation que j'ai reproduite plus haut, en l'empruntant à la réponse du général Castagny contre un blâme du général Frossard qui le visait personnellement.

Et, ce qu'il y a de plus curieux, c'est qu'il semble que le commandant du 2ᵉ corps d'armée en ait eu lui-même le sentiment s'il n'en a pas fait l'aveu.

Le général Frossard, on le sait déjà, s'exerçait précisément au maniement des troupes au camp de Châlons, dont le commandement lui avait été confié pour l'été 1870, quand, le 14 juillet, il reçut de l'empereur le télégramme suivant :

« S'il y a guerre, je voudrais que vous eussiez le commandement en chef du génie. Cependant, si vous teniez à conserver le commandement de votre corps d'armée, dites-le-moi. »

A cette dépêche, le général Frossard avait aussitôt répondu ainsi qu'il suit :

« Sire, Votre Majesté disposera de moi comme elle veut. Je lui suis tout dévoué et prêt à faire ce qu'elle jugera le plus utile à son service, quelles que puissent être mes préférences. »

Il est donc inexact de dire, et je saisis cette occasion de rétablir la vérité, que le général Frossard ait sollicité le commandement d'un corps d'armée. Il l'a accepté par obéissance. Sans doute, il aurait été préférable qu'il choisît, comme on le lui offrait, le commandement en chef du génie, s'il ne se croyait pas assez d'expérience pour conduire au feu un corps d'armée. Mais on trouverait bien peu d'hommes qui aient assez le sentiment de leur propre valeur pour refuser un poste qu'on leur confie, et, en réalité, il ne s'est point montré inférieur à ses pairs, car ils sont bien rares les généraux qui aient prouvé, à cette époque, qu'ils étaient réellement à la hauteur de leur lourde responsabilité.

En tout cas, on reconnaîtra que, si le général Frossard avait sagement agi, comme il paraît le croire, en restant pendant presque toute la journée à Forbach pour se tenir, suivant sa propre expression, à proximité de l'arrivée possible des secours, il aurait dû s'y trouver au moment où ces secours allaient enfin arriver.

Or, tout au contraire, il s'en éloigne.

Et pourquoi? Mais justement parce qu'il comprend que sa place est au milieu de ses soldats.

Malheureusement il était trop tard!

En effet, au moment où le général Frossard arrive près des troupes qui sont à l'aile gauche du 2ᵉ corps d'armée, celles-ci viennent de tenter un vigoureux retour offensif pour se dégager. Le bois de Stiring est repris par le commandant Millot, du 55ᵉ régiment d'infanterie, qui s'y maintient énergiquement avec son bataillon, tandis que le 3ᵉ bataillon de chasseurs, les 3 bataillons du 32ᵉ régiment d'infanterie, les 2 autres bataillons du 55ᵉ régiment et 1 bataillon du 77ᵉ régiment, soutenus par 2 batteries de l'artillerie de réserve, redoublent d'efforts au nord du village jusqu'à la route de Sarrebrück et sur les pentes que recouvre la forêt de Spickeren.

Bientôt l'usine de Stiring est en flammes et l'incendie éclaire les derniers incidents de cette lutte qui se poursuit avec une extrême ardeur malgré l'approche de la nuit.

Mais le général Frossard est alors informé de la tentative des Allemands par la route de Sarrelouis, tentative qui, après la perte de la position et des retranchements du Kaninchen-Berg, menace directement Forbach et prend à revers notre aile gauche.

Bien que les Prussiens n'aient fait aucun progrès dans leurs attaques incessamment renouvelées contre Stiring, il comprend que les bataillons et les batteries qui défendent ce village courent le danger d'être enveloppés et pris, car il sait, d'autre part, qu'un mouvement latéral est également exécuté par la 5ᵉ division prussienne contre la division Laveaucoupet, à notre droite, et que cette division se replie, tant pour ne pas être tournée qu'en raison de l'imposibilité où elle se trouve de poursuivre la lutte, les munitions faisant défaut et les hommes étant épuisés de fatigue.

Le commandant du 2ᵉ corps d'armée donne alors l'ordre aux généraux Vergé et Bataille de suspendre le combat.

La 1ʳᵉ et la 2ᵉ division sont ensuite dirigées sur Œtingen.

Il faisait déjà nuit.

Dans ce mouvement fait à la hâte et au milieu de l'obscurité, les troupes de la division Vergé ne purent repasser par leurs campements et durent, par conséquent, y laisser tous leurs effets et ustensiles.

Il en fut de même pour la division Laveaucoupet qui ne se retira qu'à 9 heures du soir sur Spickeren.

La division Bataille fut plus heureuse.

Cette division reçut l'ordre de former l'arrière-garde des 1ʳᵉ et 3ᵉ divisions qui avaient le plus souffert dans la journée et qui se replièrent sur Sarreguemines.

La direction la plus naturelle de la retraite du 2ᵉ corps était la route de Forbach.

Mais la 13ᵉ division prussienne occupait déjà cette localité par son avant-garde et le général Frossard aurait exposé ses troupes à un désastre si, dans l'état moral et physique où elles se trouvaient après cette bataille, il les avait encore obligées à se faire un passage, les armes à la main, à travers l'ennemi au milieu de l'obscurité.

Le général Frossard ne pouvait, d'autre part, diriger ses colonnes vers Marienthal ou Puttelange, les chemins devant être occupés, il était du moins en droit de le croire, par les divisions Metman et Castagny du 3ᵉ corps.

La direction de Sarreguemines était donc judicieusement choisie, car elle démasquait tout le 3ᵉ corps qui pouvait ainsi entrer en ligne le lendemain avec des troupes fraîches contre les troupes allemandes fatiguées par le combat de la veille.

L'ennemi était, de son côté, si harassé qu'il ne poursuivit pas du tout nos divisions en retraite.

Il ne s'empara ni d'un drapeau ni d'un canon.

Ses seuls trophées furent les effets de campement des bataillons qui, en se retirant au milieu de la nuit, n'avaient pu les emporter, et un équipage de pont.

J'ai cité précédemment une dépêche du major général qui annonçait au maréchal Bazaine l'envoi de cet équipage.

Malheureusement, le service de l'artillerie n'avait oublié que de le faire suivre des chevaux d'attelage, en sorte que, comme le chemin de fer était coupé par la présence de l'avant-garde de la 13e division prussienne en arrière de notre aile gauche, il fallut l'abandonner à l'ennemi qui trouva ce matériel à la gare de Forbach, le 7 au matin.

Nos pertes dans cette journée avaient été considérables.
D'après l'évaluation du général Frossard, elles se sont élevées à 4,078 hommes, savoir :
249 officiers, parmi lesquels : 37 tués, 168 blessés et 44 disparus ;
3,829 hommes de troupe, dont : 283 tués, 1,494 blessés et 2,052 disparus.

Au nombre des disparus figurent, bien entendu, les hommes tués dont on n'a pu constater le décès, les blessés restés aux mains de l'ennemi et les prisonniers non blessés. Les Allemands portent à 1,200 le chiffre de ces derniers.

La 3e division avait perdu à elle seule 1,912 tués, blessés ou disparus, dont : 130 officiers et 1,782 hommes de troupe; soit presque autant que les deux autres divisions.

Les troupes le plus cruellement éprouvées étaient les suivantes :
Le 3e bataillons de chasseurs : 6 officiers et 225 hommes ;
Le 10e bataillon : 10 officiers et 215 hommes ;
Le 2e régiment d'infanterie : 25 officiers et 357 hommes ;
Le 8e régiment : 15 officiers et 305 hommes ;
Le 24e régiment : 25 officiers et 462 hommes ;
Le 32e régiment : 20 officiers et 310 hommes ;
Le 40e régiment : 33 officiers et 531 hommes.

De leur côté, les Allemands avouent une perte de 4,871 hommes savoir :
223 officiers, parmi lesquels : 49 tués et 174 blessés ;
4,648 hommes, parmi lesquels : 794 tués, 3,482 blessés et 372 disparus.

Leur perte totale était donc numériquement supérieure à la nôtre, mais relativement inférieure, puisque nos combattants étaient de moitié moins nombreux.

Comme c'est surtout la proportion des vides par rapport aux survivants qu'il faut examiner en pareil cas, la bataille de Spickeren avait donc plus atteint notre armée que l'armée allemande, puisque nous perdions 1 homme sur 6 et l'ennemi seulement 1 homme sur 12.

Mais l'échec subi par le 2e corps d'armée à Spickeren devait avoir des conséquences morales bien plus désastreuses, comme je vais le montrer.

Le 8 août, à Gros-Tenquin, le général Frossard adressait au major général de l'armée un premier rapport écrit sur le combat qu'il avait soutenu l'avant-veille.

Il y disait que ce combat « était tout à notre avantage jusqu'à 4 heures du soir, après 7 heures de lutte. » Il ajoutait :

« Si, à ce moment où j'avais engagé toutes mes réserves, les renforts demandés par moi, dès le matin, à M. le maréchal Bazaine, étaient arrivés, comme ils auraient pu le faire, je l'affirme, nous aurions remporté un avantage magnifique par ses résultats, au lieu d'avoir l'échec que nous avons subi. »

Le général Frossard critiquait ensuite l'attitude de ceux dont il avait vainement attendu l'arrivée; on peut le supposer du moins, car, dans le livre où il a publié ce document, il a supprimé ses réflexions à ce sujet et les a remplacées par un pointillé significatif qui se termine par cette phrase non moins significative : « Mais le moment n'est pas aux récriminations. »

Il se montre toutefois plus explicite sur la situation qui est faite à ses troupes.

« Plusieurs régiments, dit-il, n'ont plus ni sacs, ni campement, ni ustensiles. Les vivres, hier, nous ont manqué. Aujourd'hui, nous avons trouvé ici quelque chose; mais demain je ne sais quelle distribution nous pourrons faire...

« Mes hommes sont extrêmement fatigués; ils ne sont pas nourris, je ne pourrais plus longtemps les garder dans cet état.

« Je vous envoie un officier qui vous dira ce dont j'ai besoin. Il me faudrait des vivres assurés pour demain par un fort convoi à la gare de Remilly, sur le chemin de fer de Forbach.

« Veuillez me faire envoyer aussi des marmites et des gamelles, ainsi que de petites tentes-abris; mes pauvres hommes ne peuvent faire la soupe, ni se préserver de la pluie la nuit. Je ne voudrais pas les ramener exténués sur Metz. »

Enfin, le général Frossard exprimait, dans les dernières lignes de cette lettre, son opinion sur la direction du mouvement général de retraite :

« Quant à la concentration sur Metz, dans son grand camp retranché, c'est, déclarait-il, une nécessité et un moyen assuré de salut.

« Il en est de même pour Langres; c'est là que les trois corps d'armée de l'Alsace doivent se concentrer et pas ailleurs. Sur ces deux points, on se tirera d'affaire, je l'espère. Autrement, l'Empire serait perdu. »

L'INVASION ALLEMANDE

Défense du Kaninchen-Berg. (Page 474.)

J'ai déjà dit qu'à mon avis la direction de la retraite des 1er, 5e et 7e corps, sous le commandement du maréchal de Mac-Mahon, aurait dû être latérale, c'est-à-dire perpendiculaire à la ligne d'opérations de la 3e armée allemande, et non parallèle à cette ligne : le général Frossard émet la même opinion.

Quant aux avantages que présentait la réunion des corps d'armée de Lorraine sous la protection de Metz, les événements ultérieurs ne devaient pas nous permettre de les constater.

Si, le 8 août, le général Frossard estimait que « le moment n'est pas aux récriminations », il ne pensait plus de même à la fin de l'année suivante.

Au mois de décembre 1871, il fit donc paraître un rapport très complet où il n'observait plus la même réserve.

Partant de cette considération que les instructions du maréchal Bazaine aux commandants des divisions Montaudon, Castagny et Metman, « paraissent avoir été précises », que « le maréchal, en effet, devait avoir à cœur de ne pas laisser compromettre le 2e corps placé sous son commandement supérieur », qu' « il avait donné l'ordre à trois divisionnaires du 3e corps de se porter à l'appui de ce corps d'avant-garde », s'appuyant d'une part sur une dépêche de notre état-major général, où il était dit : que le « général Frossard avait eu le concours de deux divisions du 3e corps »; tenant enfin à réfuter l'allégation qu' « il avait préféré ne pas accepter les secours qui lui étaient offerts par ce corps d'armée », assertion d'ailleurs en contradiction avec la précédente, le général Frossard s'était trouvé, disait-il, dans l'obligation de rétablir la vérité.

Suivons-le dans les accusations qu'il porta, sous l'empire de ce sentiment, contre les généraux Montaudon, de Castagny et Metman, accusations en regard desquelles je mettrai les réponses de ceux-ci.

Leur polémique est, en effet, de celles qui méritent la plus sérieuse attention, car elle porte en entier sur la constitution du commandement et sur les devoirs de ceux qui en sont investis.

En ce qui concerne le général Montaudon, le commandant du 2e corps dit ce qui suit :

« A 9 heures 10 minutes du matin, le général Frossard demande qu'une brigade de la division Montaudon soit envoyée de Sarreguemines sur Grossbliedersdorf. Il y avait 7 kilomètres à faire pour atteindre ce point, et la même distance pour se porter de là à Spickeren, où combattait la division Laveaucoupet. Le maréchal fait savoir, par deux télégrammes, de 2 heures et 2 heures 25 minutes, que la division Montaudon part pour

Grossbliedersdorf. Il ne disait rien de plus, il est vrai; mais le commandant du 2ᵉ corps comptait que cette division, une fois arrivée là, ne s'arrêterait pas et viendrait prendre part au combat. Une dépêche ultérieure du maréchal annonce qu'elle n'a quitté Sarreguemines que plus tard. »

Le général Frossard cite, en outre, un autre télégramme du sous-préfet de Sarreguemines qui lui mandait à 5 heures 20 minutes :

« La division Montaudon vient de se mettre en marche sur Grossbliedersdorf. »

Enfin, pour justifier la critique qu'il fait de la conduite du général Montaudon, il reproduit l'extrait suivant du *Journal de marches* de la division commandée par celui-ci :

« Sarreguemines, à midi, y lit-on, on entend une vive canonnade du côté de Sarrebrück.

« A 3 heures, la division reçoit du maréchal Bazaine l'ordre de se porter sur Grossbliedersdorf pour appuyer la droite du 2ᵉ corps engagé en avant de Forbach.

« La division part de Sarreguemines à 4 heures.

« A 7 heures, elle se forme sur le plateau de Rouhling et va prendre position un peu plus loin, à gauche, sur le plateau de Calenbronn. Le général reçoit là un officier d'état-major du 2ᵉ corps qui le cherchait; mais, comme il était trop tard pour se porter efficacement sur le champ de bataille, la division reste en position sans bivouaquer. Le général envoie un capitaine d'état-major avec celui du 2ᵉ corps pour prévenir à Forbach le général Frossard qu'il se mettait à sa disposition pour le lendemain.

« A minuit, ces deux officiers, qui n'ont pu arriver jusqu'à Forbach, reviennent et rendent compte que le 2ᵉ corps est en retraite sur Sarreguemines. La division prend les armes et se porte, par une marche de nuit, sur Puttelange, où elle établit, de 9 à 10 heures du matin, son campement, le 7. »

Après avoir inséré dans son rapport ce document authentique, le général Frossard ajoute la conclusion qui suit :

« Ainsi, la division Montaudon, qui a reçu tard l'ordre qu'elle a cru devoir attendre pour marcher au canon, n'est pas venue en aide au 2ᵉ corps. »

Le général Frossard ayant publié son rapport en décembre 1871, et cette accusation étant devenue publique, le général Montaudon demanda et obtint le droit d'y répondre.

« Certes, dit-il tout d'abord, il est pénible, quand on aurait plus que jamais besoin d'inspirer à tous le respect de l'autorité, les principes de la discipline, de voir surgir des attaques personnelles si funestes à l'armée ».

Le général Montaudon rappelle ensuite les mouvements effectués le 5 et le 6 par sa division ; il signale la situation très critique qui lui était faite par les nouvelles qui lui annonçaient la présence des éclaireurs ennemis tout autour et à proximité de Sarreguemines.

Il insiste sur la signification très précise du télégramme qui lui était envoyé de Metz, le 6, à 2 heures 18 minutes du soir, par le major général, télégramme ainsi conçu :

« Vous avez bien fait de retenir la brigade Lapasset. Le général Frossard est attaqué ainsi que le maréchal Bazaine. Attendez-vous à l'être. »

Il reproduit encore la teneur des télégrammes adressés le même jour, à 9 heures 10 minutes, par le général Frossard au maréchal Bazaine, à 11 heures 15 minutes, par le maréchal Bazaine au général Frossard, et enfin du télégramme de 2 heures 40 minutes qui contenait pour lui l'ordre du maréchal Bazaine de laisser la garde de Sarreguemines au général Lapasset et de se diriger sur Grossbliedersdorf.

Mais il oublie que, dans cette dernière dépêche, le commandant de l'armée de Lorraine lui disait expressément : « Tenez-vous à la disposition du général Frossard », et qu'il a complètement oublié de se mettre tout de suite en relation avec celui-ci, comme il pouvait le faire par l'envoi, soit d'un officier de son état-major, soit d'un télégramme, puisque ce dernier mode de correspondance était à sa disposition.

Il est vrai que, de son côté, le général Frossard, qui pouvait envoyer aussi des télégrammes au général Montaudon, ne lui en a expédié qu'un seul.

Dans ce télégramme, reçu par le général Montaudon à 4 heures, le général Frossard lui disait :

« Avez-vous reçu ordre de diriger des troupes sur ma droite, vers Grossbliersdorf ? Si oui, activez leur marche. »

Il était tard à coup sûr, et l'on voit bien ici la confirmation de mon hypothèse antérieure sur les sentiments du général Frossard dans cette journée, sentiments qui l'avaient amené à se considérer comme ayant assez de troupes pour résister à une attaque, à ne demander d'appui en arrière de ses deux ailes que par mesure de précaution, et à ne solliciter enfin expressément l'arrivée de renforts réels qu'alors qu'il était difficile que ces renforts, vu les distances à parcourir, lui apportassent un concours efficace avant l'arrivée de la nuit.

Toutefois le plaidoyer du général Montaudon ne paraît pas de nature à justifier ses hésitations et sa lenteur, d'autant plus qu'il avait eu la bonne fortune de ne pas se trouver isolé à Sarreguemines, comme il pouvait le supposer, et qu'il s'y était rencontré avec la brigade Lapasset dont la présence lui permettait à son tour de disposer d'une de ses brigades.

Il est, en outre, regrettable que le général Montaudon, qui se plaignait des « insinuations malveillantes » du général Frossard, ait cru bon de faire allusion à « la longue station du commandant du 2e corps d'armée au télégraphe de Forbach ».

Un de mes amis m'a donné un récit complet des marches et contremarches de la division Montaudon dans les journées des 5, 6 et 7 août.

Je l'ajoute à ce qui précède, car il est très instructif à tous les points de vue.

« Le 5 août, dit-il, la division Montaudon quittait Forbach pour se rendre à Sarreguemines en faisant un détour énorme. La chaleur était accablante. Les hommes marchaient admirablement.

« A Sarreguemines se trouvait la brigade Lapasset avec un régiment de lanciers et une brigade d'artillerie. Elle formait l'arrière-garde du 5e corps d'armée, qu'elle devait rejoindre avec le convoi dès que la division Montaudon l'aurait relevée sur les emplacements qu'elle occupait.

« Le général Lapasset s'attendait à une attaque imminente des Prussiens, car, dès que le gros du 5e corps s'était mis en marche pour se rendre de Sarreguemines à Bitche, conformément aux ordres qui avaient été donnés au général de Failly, les reconnaissances ennemies avaient franchi la Blies à Frauenberg et des patrouilles de cavalerie allemandes avaient dépassé Folsperswiller.

« Là encore, le manque d'initiative et l'inaptitude à se servir de la cavalerie se firent vivement sentir.

« Au lieu de lancer hardiment en avant le régiment de lanciers de la brigade Lapasset et l'escadron de chasseurs que la division Montaudon avait conservé, afin de reconnaître l'ennemi et de l'obliger à démasquer ses positions, toutes les troupes restèrent immobiles et sous les armes, tandis qu'un bataillon d'infanterie poussait sur Folsperswiller sans rencontrer personne, bien entendu.

« La nuit venant, ce bataillon fut placé en grand'garde au delà de ce village, de manière à surveiller Frauenberg et le cours de la Blies.

« En arrière de ce bataillon, et également sur la rive droite de la Sarre, la 1re brigade de la division s'établit à Neunkirchen. Le 84e régiment, appartenant à la 2e brigade, l'artillerie et les 5 escadrons de cavalerie se placèrent sur une hauteur en arrière de la 1re brigade.

« Sur la rive gauche de la Sarre, on laissa le 95e régiment, de la 2e brigade, afin d'occuper le plateau qui domine Sarreguemines.

« La communication entre les deux rives était assurée par les ponts de la ville et par un pont flottant que le 5ᵉ corps d'armée avait précédemment construit avec des bateaux de commerce.

« Les troupes étaient harnachées. Elles bivouaquèrent dans leur ordre de bataille sans modifier en rien cette disposition.

« Le 6, au point du jour, tous les équipages qui étaient sur la rive droite furent renvoyés, sur la rive gauche, au camp du 95ᵉ. Le général Montaudon voulait, en vue d'une attaque, tout disposer pour manœuvrer facilement. Il fit opérer, en outre, une grande reconnaissance de la frontière et plaça un bataillon à la ferme de Wissing, point important à occuper pour assurer les relations avec Bitche.

« Les troupes, qui avaient pris les armes à 4 heures du matin, furent autorisées, à 9 heures, à se reposer et à faire la soupe.

« Vers 11 heures, on entendit soudain la canonnade du côté de Forbach, et le général Montaudon donnait déjà des ordres pour envoyer une forte reconnaissance dans cette direction, quand il reçut du major-général, alors à Metz, la dépêche télégraphique suivante :

« Frossard est attaqué à Forbach ; Bazaine est menacé à Saint-
« Avold. Vous allez être attaqué à Sarreguemines. »

« Il ne fallait donc plus penser à marcher au canon, mais se préparer à recevoir l'ennemi.

« En conséquence, la division reprend la position qu'elle occupait dans la matinée, fort impatiente de combattre enfin et très irritée d'attendre les Allemands alors que le bruit du canon grandit sans cesse du côté de Forbach.

« A 3 heures 1/2 arrive un nouveau télégramme.

« C'est le maréchal Bazaine qui expédie au général Montaudon l'ordre que voici :

« Partez tout de suite avec votre division en colonnes légères,
« occupez la position de Grossbliedersdorf entre Rouhling et Lixing pour
« empêcher un mouvement tournant sur la droite du 2ᵉ corps. »

« Aussitôt les instructions de détail sont données en vue de l'exécution de cet ordre. Le bataillon détaché à Wissing est rappelé. Les équipages sont massés au camp du 95ᵉ régiment d'infanterie où ce régiment est remplacé par la brigade Lapasset. Les marmites sont renversées.

« A 5 heures, la division quitte Sarreguemines.

« De ce qui précède, il résulte que la 1ʳᵉ division du 3ᵉ corps était restée toute la journée sur le qui-vive, que le major-général, d'une part, et le commandant de ce corps d'armée, d'autre part, croyaient qu'elle serait attaquée à Sarreguemines et qu'elle n'a pu se porter plus tôt au secours du 2ᵉ corps.

« Mais ce qu'il n'y eut pas de moins extraordinaire dans ces graves circonstances, c'est que le général Montaudon, au moment où il sortait de Sarreguemines, reçut un télégramme du maréchal de Mac-Mahon lui demandant de lui envoyer immédiatement la brigade Lapasset.

« En raison de cette dépêche, expédiée du champ de bataille de Frœschwiller, et qui autorisait de sérieuses appréhensions pour les derrières de sa division, le général Montaudon prit le parti d'emmener avec lui son convoi. Sa 1re brigade était déjà en marche avec l'ordre de s'avancer le plus possible de Forbach pendant qu'il ferait encore jour. Il la fit suivre des équipages qui s'avançaient ainsi entre les deux brigades.

« Comme la route qui longe la Sarre est dominée par les hauteurs de la rive droite de la Sarre, la division prit un chemin latéral et abrupt, conduisant à Rouhling.

« A 7 heures, la 1re brigade était massée entre Rouhling et Lixing. Des paysans venaient nous prévenir alors que des éclaireurs ennemis, des uhlans, avaient déjà passé dans les villages voisins et qu'il s'en trouvait encore à Grossbliedersdorf. Le peloton de cavalerie d'avant-garde fut aussitôt envoyé en reconnaissance dans cette direction, mais les vedettes ennemies ne l'attendirent pas et disparurent tout de suite.

« A 7 heures 1/2, le capitaine A..., de l'état-major du 2e corps, se présentait au général Montaudon. Cet officier avait quitté Forbach à 5 heures, avec mission d'inviter le général à hâter l'arrivée de sa division sur le champ de bataille. Mais, il avait fait un grand détour, car il était allé jusqu'à Sarreguemines.

« En entendant le récit ému du capitaine A... sur la situation critique du 2e corps, le général Montaudon ordonna de continuer la marche en suivant les crêtes des hauteurs.

« A vol d'oiseau, on n'était pas à plus de 5 à 6 kilomètres de la division Laveaucoupet dont on entendait l'artillerie et la mousqueterie.

« Si, à ce moment, la 1re brigade de la division Montaudon avait débouché sur la droite de la division Laveaucoupet, entre les hauteurs de Spickeren et le cours de la Sarre, elle prenait l'aile gauche des Prussiens en flanc, la refoulait sur Sarrebrück et menaçait même la ligne de retraite de l'ennemi.

« Malheureusement, au lieu d'aller à droite, on alla à gauche !

« Cette brigade vint s'établir sur le plateau situé entre Grossbliedersdorf et Roussbach.

« La nuit était venue.

« Fusillade et canonnade avaient cessé.

« Le 2e corps était-il vainqueur ou vaincu ?

Les marmites sont renversées. (Page 487.)

« Avant de s'engager dans une marche de nuit vers l'inconnu, il fallait absolument se renseigner, puis se procurer des guides, et attendre enfin la 2ᵉ brigade. Celle-ci avait été retardée par la colonne d'équipages qui la précédait et qui ne pouvait se mouvoir que fort lentement sur les chemins étroits et difficiles par où elle s'avançait.

« Les hommes étaient très fatigués. Partis de Morsbach la veille, ils n'avaient presque point cessé de marcher ou de piétiner depuis trente-six heures. Comme ils avaient, en outre, peu et mal mangé, ils se trouvaient dans de mauvaises conditions pour tenter un effort vigoureux et suivi.

« Le capitaine A..., sa mission accomplie près le général Montaudon, était retourné près du général Frossard.

« Le capitaine L..., de l'état-major du général Montaudon, l'avait accompagné avec ordre de reconnaître le terrain et de rapporter les instructions du général Frossard.

« Ces deux officiers arrivèrent à Forbach vers 9 heures 1/2. Ils y apprirent la défaite de nos troupes. Quelques petits détachements français occupaient cependant encore la ville et les balles sifflaient autour des incendies qui avaient éclaté en divers endroits. Mais il fut impossible aux deux capitaines de trouver le commandant du 2ᵉ corps d'armée qui s'était retiré vers 6 heures, leur dit-on, quand l'ennemi, débordant l'aile gauche, prononçait une attaque par la route de Sarrelouis.

« Le général Montaudon, informé, par le capitaine L..., de l'échec du 2ᵉ corps d'armée, prit l'avis de ses généraux de brigade. Sa division était en l'air, sans rien savoir de la position des troupes prussiennes, sans avoir pu même reconnaître une ligne de retraite en cas de mouvement précipité.

« Il prit le parti de se replier sur Puttelange.

« Pendant ce temps, ainsi que nous l'apprîmes le lendemain, la division Laveaucoupet se retirait sur Sarreguemines en passant par Zinzing.

« La division Montaudon recula, de son côté, jusqu'à Nouswiller, gros village à mi-chemin entre Puttelange et Sarreguemines, et s'y arrêta.

« Le 7, à la première heure du jour, le général Montaudon, ayant appris que le 2ᵉ corps battait en retraite sur Puttelange, ordonnait à sa division de continuer sa marche sur cette ville.

« A peine avions-nous atteint Puttelange que nous vîmes déboucher des colonnes de troupes du 2ᵉ corps.

« C'était un bien triste spectacle que ce défilé d'hommes sans sacs, même sans armes, accablés de fatigue, n'ayant pas mangé depuis la veille au matin, privés de vivres, d'ustensiles de cuisine et de campement, cruellement éprouvés par l'échec qu'ils avaient subi.

« Puis on vit apparaître ceux qui avaient été blessés légèrement, et qui, pour échapper à la captivité, se traînaient le long de la route en se soutenant les uns les autres.

« Ces malheureux, en arrivant à Puttelange, pénétraient dans toutes les maisons avec l'espoir d'y trouver un peu de nourriture et de repos.

« Quelle tristesse s'empara de nous devant ce lugubre tableau!

« De quels sinistres pressentiments nous fûmes alors saisis! »

Dès son arrivée à Puttelange, le général Montaudon adressait au maréchal Bazaine le rapport suivant :

« Je suis parti hier, à 5 heures, de Sarreguemines. Arrêté près de Grossbliedersdorf, j'ai su, par des renseignements ainsi que par la direction des feux, que je ne pourrais, en passant par ce point, entrer en communication avec le général Frossard. J'ai pris ma direction sur Etzling ; mais, la nuit étant venue, je me suis trouvé en arrière de la position de Spickeren, vers Roussbach, où je me suis arrêté jusqu'à 1 heure 1/2 du matin. Ayant appris que le général Frossard battait en retraite sur Sarreguemines, je me suis dirigé sur Nouswiller pour appuyer sa gauche. Mais le général de Castagny me fit savoir qu'il avait ordre de vous rallier. Je me suis replié sur Puttelange qu'il venait d'occuper. »

Il y a de précieuses indications dans cette première partie d'un débat qui eut alors un grand retentissement.

Il en ressort, me semble-t-il, que le général Frossard et le général Montaudon ont commis une faute capitale en ne se renseignant pas mutuellement par le télégraphe.

Dans son rapport, le général Frossard dit, à propos du maréchal Bazaine, qu'un chef n'a point à faire d'offre de concours, pas plus qu'il n'appartient à un inférieur d'accepter ou de refuser. Il explique ainsi son abstention à l'égard de la division Montaudon qu'il ne pouvait appeler à lui puisqu'elle n'était pas sous ses ordres.

S'appuyant sur cette déclaration, le général Montaudon fait remarquer, de son côté, qu'il ne pouvait marcher sans un ordre du maréchal Bazaine qui était son chef.

Je trouve, moi, que ces deux arguments portent sur une interprétation regrettable des règlements sur la subordination. Parler ainsi, c'est ne voir que la lettre et non l'esprit des principes du commandement. A mon avis, nos généraux ne posséderont l'initiative conforme à leurs devoirs qu'à la condition de se renseigner mutuellement sans interruption et de ne pas hésiter à solliciter, à provoquer des ordres.

J'ai déjà dit comment le général de Castagny, qui commandait la 2ᵉ division du 3ᵉ corps d'armée, s'était mis en marche de Puttelange vers Forbach au bruit du canon, puis, comment, n'entendant plus le canon quand il fut arrivé à mi-chemin entre ces deux localités, il retourna vers son camp sans chercher à se mettre en relation avec les troupes qu'il savait être devant lui.

J'ai même reproduit une partie de la réponse qu'il publia aux reproches qui lui étaient adressés par le général Frossard, ainsi que son allusion à l'inaptitude de ce dernier au maniement des masses.

Je vais y revenir tout à l'heure.

Le 7, à 7 heures 30 minutes du matin, le général de Castagny faisait connaître au maréchal Bazaine ses mouvements de la soirée précédente, dans les termes suivants :

« J'ai l'honneur de rendre compte à Votre Excellence que M. le capitaine T..., qui conduisait les bagages de M. le général Frossard, m'a informé, lorsque je suis arrêté à Folkling, que je ne pourrais pas rejoindre Forbach, qui était évacué. J'ai alors arrêté ma colonne, j'ai pris les dispositions que j'ai expliquées au commandant C..., de votre état-major général, puis je me suis décidé à envoyer deux officiers dans la direction de Forbach pour tenter de prendre les ordres du général Frossard, sous le commandement duquel vous m'aviez mis par votre ordre du 6 août, 6 heures 1/2. Ces officiers n'ont trouvé que le général Metman qui leur a dit : qu'il était à Forbach depuis 6 heures, que le général Frossard était parti depuis deux heures de temps dans la direction de Sarreguemines ; que la division Bataille, la moins maltraitée de la journée, se dirigeait sur Sarreguemines ; que, lui-même, allait prendre la même route déjà encombrée ; qu'au jour, j'allais me trouver tout seul dans la position que j'occupais entre Folkling et Théding ; que l'ennemi était très en forces ; et que, ce que j'avais de mieux à faire, c'était de me replier sur Puttelange pour me diriger de là sur Sarreguemines. »

En même temps, le général de Castagny, qui avait été placé, la veille, sous le commandement du général Frossard, adressait à celui-ci le compte rendu que voici :

« Mon général, S. Ex. le maréchal Bazaine m'avait mis sous votre commandement. Je n'ai pu me mettre en communication avec vous. Le général Metman m'a dit qu'il se dirigeait sur Sarreguemines, que tout le corps d'armée que vous commandez s'y dirigeait. Je suis revenu prendre mes sacs à Puttelange, et maintenant je marcherai sur Sarreguemines, me mettant en route vers 9 heures, à moins que le maréchal, à qui j'écris, me donne l'ordre de me porter sur un autre point. »

Le général de Castagny reçut, en effet, du maréchal Bazaine, l'ordre de se porter sur Saint-Avold.

Après avoir reproduit la précédente lettre et résumé les divers mouvements de la division Castagny dans la journée du 6, le général Frossard dit ce qui suit dans le rapport qu'il a publié :

« Donc, pour cette division aussi, il y avait eu un retard bien regrettable dans la réception des ordres. Mais, si le général commandant la division avait persisté dans la résolution qui l'avait porté vers nous, le matin, dès qu'il avait entendu notre canon, s'il n'y avait pas eu ce retour au camp qui a pris une demi-journée, nul doute qu'il ne fût arrivé en temps opportun sur le champ de bataille en devançant ainsi l'ordre formel qu'il reçut le soir de joindre le 2ᵉ corps.

« Le général de Castagny dit qu'il n'a pu se mettre en communication avec le général Frossard. Rien n'était plus facile : il n'avait qu'à lui envoyer un officier, tout en continuant de marcher à son canon. »

Après avoir rappelé sa première marche vers le canon, puis son retour au camp quand le bruit eut cessé, le général de Castagny répond au général Frossard qu'à peine rentré à Puttelange, depuis une demi-heure, il entendit de nouveau la canonnade, fit reprendre aussitôt les armes, et se dirigea avec rapidité droit sur Forbach.

« Parti à 5 heures 1/2, dit-il dans la réponse qu'il a fait publier, j'avais déjà dépassé à 7 heures le village de Théding, situé à 11 kilomètres de Puttelange, lorsque je vis venir du côté de Forbach des voitures à vide lancées sur la route à fond de train. Je me rappelle bien avoir fort maltraité le capitaine du train des équipages qui suivait ce mouvement précipité sans chercher à l'arrêter. Je fis mettre sur les bas côtés de la route, et dans les champs, ces voitures qui encombraient la voie, ce qui dut retarder ma marche de plus d'une demi-heure. Un peu plus loin, je rencontrai, escortant un convoi et à des allures moins vives, le capitaine T...., de l'état-major du 2ᵉ corps, qui me suppliait, au nom de son général, de laisser passer les bagages du général Frossard, cinq ou six voitures qui contenaient des papiers importants, et parmi lesquelles étaient deux voitures aux armes de l'empereur. Je fis mettre ces voitures comme les autres sur les côtés de la route, et je continuai ma marche en avant, bien que le capitaine T... m'eût dit, devant les officiers de mon état-major, que tout était perdu.

« Arrivé à environ une lieue et demie de Forbach, — la nuit venant, il était 8 heures, — je gagnai les hauteurs de droite qui dominent la route, où je plaçai mon artillerie en batterie, et je poussai le général Duplessis en avant sur Forbach avec un régiment de sa brigade.

« Je fis également partir à 8 heures des officiers pour communiquer avec le général Frossard, lui dire que j'étais tout près de lui avec ma division en position près Folkling, barrant la route de Forbach à Puttelange. Malgré toutes recherches, le général fut introuvable. Du reste, le général Metman répondit à l'un de ces officiers que le corps du général Frossard était en retraite sur Sarreguemines depuis déjà plus d'une heure de temps. Il était 9 heures environ. Le général Metman me fit dire également qu'il comptait bientôt quitter sa position, et que, si je ne me repliais pas moi-même, j'aurais sur les bras, le jour venu, toute l'armée prussienne. Malgré cet avis, je gardai ma position jusqu'à 1 heure 1/2 du matin, et c'est seulement après m'être assuré qu'il ne restait en arrière, ni une voiture, ni un traînard du corps d'armée du général Frossard, que je la quittai pour rentrer à Puttelange où j'arrivai au jour, à 4 heures du matin, le 7. »

Le général Castagny déclare ensuite que la retraite du 2ᵉ corps d'armée s'est faite à la débandade. C'est au ministre de la guerre qu'il adresse sa réfutation.

« Après le combat, lui dit-il encore, le désordre était si grand parmi les troupes du général Frossard qui passèrent par la route de Forbach à Puttelange, qu'un général de ce corps d'armée, dont je pourrai citer le nom à Votre Excellence, à qui je demandais :

« — Combien vous faudra-t-il de temps pour passer avec votre troupe?

« Me répondit naïvement :

« — Mais je suis seul, j'ai perdu ma brigade ! »

En résumé, le général de Castagny n'accepte pas le blâme du général Frossard.

Il est cependant incontestable que le général de Castagny, qui avait eu l'heureuse inspiration de se diriger de sa propre initiative au bruit du canon vers le milieu de la journée, a eu tort de ne pas suivre la direction qui lui fut indiquée, une heure après, quand il reçut du maréchal Bazaine un ordre qui comportait l'approbation de son mouvement, et qu'il a eu tort également de ne pas envoyer au général Frossard un ou plusieurs officiers qui auraient forcément trouvé celui-ci et auraient rapporté ses instructions.

Il est non moins certain que le général Frossard a eu tort aussi de ne pas chercher à se mettre en communication avec le général de Castagny par l'envoi d'un ou plusieurs officiers porteurs d'ordres et de renseignements.

Quant au général Metman, commandant la 3ᵉ division du 3ᵉ corps d'armée, le général Frossard appréciait son inaction comme il suit, dans le rapport qu'il a publié sur la bataille de Spickeren :

« Cet officier général, pendant la journée, ne s'est pas mis en relation avec le commandant du 2ᵉ corps d'armée et ne lui a aucunement manifesté sa présence à quelque distance de lui. »

Le général Frossard appuie son jugement sur ce que le général Metman était arrivé de Marienthal à Cacheron vers 3 heures ; qu'il se trouvait ainsi à une distance de 6 kilomètres de Forbach, mais que, tout en entendant très distinctement le canon depuis longtemps déjà, il s'arrête et attend ; qu'à 4 heures 1/2, comme le témoigne le *Journal des marches* de la division, il a reçu du général Frossard un télégramme ainsi conçu : « Si le général Metman est encore à Bening, qu'il parte tout de suite pour Forbach »; qu'il ne s'est remis en marche qu'à 6 heures et qu'il n'est arrivé que vers 9 heures à Forbach d'où les troupes du 2ᵉ corps d'armée venaient de se retirer, mais où les Prussiens n'avaient encore osé pénétrer.

Le général Metman avait, de son côté, adressé le télégramme suivant, le 7, au maréchal Bazaine sur ses opérations de la veille :

« Parti de Bening, hier, à 7 heures 30 minutes du soir. Dépêche télégraphique du général Frossard. Cherché toute la nuit général. Reparti ce matin de Forbach par Puttelange. Les hommes sans vivres. »

Quand il eut connaissance, en décembre 1871, de l'accusation portée contre lui par le général Frossard dans le rapport publié par celui-ci, il adressa au ministre de la guerre une demande d'enquête. Le ministre ayant fait paraître au *Moniteur officiel* une note qui enlevait au rapport du général Frossard tout caractère officiel, le général Metman écrivit, au commandant du 2ᵉ corps d'armée, une lettre qui se terminait ainsi qu'il suit :

« Je viens, monsieur le général, faire appel à votre loyauté.... à la voix de votre conscience qui vous dictera ou vous indiquera, j'en ai l'espoir, ou les termes... ou les moyens d'une réparation telle que vous sauriez l'exiger ou l'obtenir pour vous-même, pour le soin de votre propre honneur. »

Il accompagnait cette lettre d'une réponse où il disait qu'à 4 heures, il avait reçu l'ordre du maréchal Bazaine de prendre position sur les points défensifs qui entourent la gare de Bening et d'y bivouaquer la nuit; qu'à 7 heures 1/2, en rentrant de l'inspection des avant-postes et des emplacement de ses bivouacs, il avait été appelé à la gare où venait d'arriver le télégramme qui l'appelait à Forbach; qu'il avait répondu par la teneur des instructions du maréchal; mais, qu'ayant reçu un second télégramme l'invitant à se diriger sur Forbach, il avait prescrit à la 2ᵉ brigade, alors encore à Macheren, de le rallier, et était aussitôt parti avec sa 1ʳᵉ brigade pour Forbach où il entrait vers 9 heures par une nuit obscure.

Le général Frossard répondit au général Metman, en faisant remarquer qu'il croyait n'avoir porté aucune accusation dans son rapport et n'avoir atteint la considération d'aucun des généraux mis en cause dans ce grave incident.

« C'était moi, dit-il, qui avais à me défendre.

« On a dit, en effet, vous ne l'ignorez pas, on a répété, imprimé, que le secours du 3ᵉ corps m'avait été offert le 6 août, et que je l'avais refusé, préférant agir seul. D'autres, au contraire, ont prétendu que j'avais eu l'aide de deux divisions, allégation aussi erronée que la première. Dans votre division, en particulier, beaucoup d'officiers ont cru, ou croyaient encore tout récemment que j'avais répondu par un refus à votre offre de concours. Si les généraux du 3e corps avaient de leur propre mouvement rectifié ces erreurs, comme ils le devaient peut-être, je n'aurais pas eu besoin de le faire moi-même.

« Quand j'ai dû exposer que j'avais été privé d'appui, malgré mes démarches instantes, j'ai employé, je crois, une grande modération de langage. Si j'avais cédé aux impressions des généraux qui étaient sous mes ordres, ou écouté les dires d'un assez grand nombre d'officiers qui m'ont écrit, j'aurais mis de l'amertume et de la vivacité dans mes plaintes, car jamais une troupe combattant tout le jour ne fut abandonnée comme l'a été ce pauvre 2e corps, bien qu'il ait eu un autre corps d'armée en arrière de lui. Mais, mon but étant de faire connaître la vérité, et non d'accuser autrui, j'ai voulu m'en tenir à constater les faits, sans les commenter, ni les juger; c'est pourquoi je me suis borné à copier, à peu près textuellement, les journaux de marche des divisions, que je dois croire exacts jusqu'à preuve du contraire. »

Le général Frossard informait enfin le général Metman que, s'il lui plaisait de publier la réponse faite par celui-ci à son rapport, il s'abstiendrait de toute nouvelle contradiction, le ministre de la guerre ayant manifesté le désir que l'on ne continuât pas la polémique à ce sujet.

Le ministre, à mon avis, a eu tort en réclamant le silence, car il n'a pas permis à la vérité de se faire jour, et, pourtant le conflit avait une importance capitale, puisqu'il portait sur l'organisation et le mécanisme du commandement dans notre armée.

Mais il en est malheureusement trop souvent ainsi dans notre pays : les considérations personnelles y prennent presque toujours tant de place qu'elles étouffent les questions de principes.

En fait, s'il y a eu erreur au sujet de la dépêche de 4 heures 1/2, que mentionne le *Journal des marches* de la 3e division du 3e corps, et dont le général Metman affirme n'avoir pas eu connaissance, il n'en est pas moins évident que celui-ci n'a pas fait savoir au général Frossard, dont il ne nie pas avoir entendu pendant longtemps la canonnade, qu'il se trouvait avec une de ses brigades à proximité de lui.

Mais il convient d'ajouter que, de son côté, le général Frossard ne devait pas l'ignorer, car le maréchal Bazaine lui avait télégraphié de Saint-Avold, à 1 heure de l'après-midi, que la division Metman marchait de Marienthal sur Macheren et Betting.

L'abstention réciproque du général Frossard et du général Metman, jusqu'à 4 heures 1/2 d'après le premier, et jusqu'à 7 heures 1/2 d'après le

Paysans fuyant devant l'invasion. (Page 503.)

second, n'est pas l'un des incidents les moins curieux de cette journée, quand on songe qu'ils étaient en communications télégraphiques directes. Il est toutefois impossible de dire à qui incombe la plus grande part de responsabilité dans cet isolement qui paraît systématique chez l'un comme chez l'autre, puisqu'ils se savaient tous deux à courte distance respective l'un de l'autre.

Le maréchal Bazaine avait envoyé, on se le rappelle, comme secours au 2⁰ corps, la brigade de dragons de Juniac de sa division de cavalerie.

Le général Frossard ne pensa pas que ce fût un renfort efficace.

« Comme ce n'est pas de cavalerie que l'on manquait, dit-il dans son rapport, comme cette brigade encombrait la route qu'il importait de tenir libre pour l'artillerie de réserve et le service des ambulances, elle dut rétrograder sur Bening. »

Le lendemain, le général de Juniac adressait de Puttelange, à 5 heures du matin, le télégramme suivant au maréchal Bazaine :

« Après votre dépêche reçue, à 3 heures, à Hombourg, j'ai mis la plus grande célérité à me rendre à Forbach. A mon arrivée, à 4 heures, j'ai eu l'honneur de voir le général Frossard qui, après m'avoir félicité de ma prompte arrivée, m'a envoyé occuper les trois points de Morsbach, Bening et Merlebach. A la fin du combat, qui s'était passé en partie en face de moi, j'ai conservé mes positions ; mais, dans la nuit, ayant envoyé une reconnaissance sur Forbach, j'ai appris que le général Frossard l'avait complètement évacué pour se diriger sur Sarreguemines, m'ayant oublié. Toutes les troupes étant parties et me trouvant seul, observé par l'ennemi qui m'aurait enlevé à la pointe du jour, ma position n'était plus tenable. J'ai fait monter à cheval, à 1 heure du matin, dans le plus grand silence, pour dérober mon mouvement. J'ai en même temps envoyé un adjudant prévenir les détachements de Bening et Merlebach pour les rallier à moi. La brigade Arnaudeau se trouvait dans la même position que moi. Nous fîmes ensemble la route de Puttelange, où je viens d'arriver à 5 heures du matin, me ralliant sur une division de votre corps d'armée. J'attends les ordres de Votre Excellence. Les détachements que j'avais rappelés ne vont pas, je pense, tarder à me rejoindre. Mes hommes et mes chevaux sont épuisés de fatigue et de besoin. »

Comme le régiment d'infanterie pris dans la division Decaen, 4⁰ du 3⁰ corps, et envoyé par le maréchal Bazaine au général Frossard vers la fin de la journée, ne put aller jusqu'à Forbach par suite de la position de l'avant-garde de la 13⁰ division prussienne près la gare de cette ville, la brigade de dragons de Juniac fut donc le seul renfort effectif mais inutile que le 2⁰ corps d'armée reçut pendant la bataille de Spickeren.

Quant à la brigade Arnaudeau que le général de Juniac signale dans le rapport ci-dessus reproduit, c'était la 2⁰ brigade de la division Metman, qui était restée à Macheren jusqu'à 9 heures du soir, et qui avait alors reçu l'ordre de suivre le mouvement de la 1ʳᵉ brigade de cette division de Bening sur Forbach.

J'ai tenu à réunir ici toutes les pièces de ce procès qui n'eut pas de sanction.

On a bien, il est vrai, fait comparaître devant un conseil d'enquête les commandants des places fortes qui ont capitulé lors de l'invasion allemande, soit pour les complimenter, soit pour les blâmer.

Mais on n'a point agi de même à l'égard des chefs qui avaient plus ou moins bien fait leur devoir pendant la guerre, sauf envers un seul qui a été condamné.

Les autres n'ont pas été poursuivis.

Et pourquoi ?

Est-ce que la vie des hommes ne serait pas aussi précieuse que la possession d'une forteresse ?

Croit-on que le général qui engage un combat dans des conditions mauvaises n'est pas responsable du sang qu'il fait verser sans gloire et sans profit ?

Celui qui se tient tranquille à côté d'un champ de bataille dont il entend le bruit, et qui ne se renseigne même pas ou ne renseigne pas le chef de la troupe engagée, n'est-il pas coupable ?

L'éducation de nos officiers et l'organisation du commandement dans notre armée sont insuffisantes, puisqu'elles ne répondent pas à ces éventualités de la guerre, éventualités presque quotidiennes.

Il importe de combler cette lacune.

Quelques membres de la Chambre l'ont essayé en présentant un projet de loi qui comportait une procédure et une sanction. Mais ce projet est resté enfoui dans les cartons-oubliettes du parlement.

Comment ne pas être convaincu qu'il est indispensable de remédier au mal quand on lit les rapports dont j'ai donné intentionnellement les principaux extraits, et quand on voit les généraux se blâmer, se critiquer, s'accuser réciproquement dans des documents publics, après avoir laissé courir, peut-être même encouragé, en tout cas couvert de leur silence, les insinuations les plus malveillantes contre certains de leurs collègues ?

Il faut, à tout prix, éviter que de si graves incidents se reproduisent, car ils ont été l'origine première de défaillances et de suspicions qui, succédant à nos échecs, n'ont pas peu contribué à jeter le discrédit sur nos généraux, à affaiblir le commandement, à lui enlever toute autorité non seulement sur le corps des officiers, mais encore sur la troupe.

La justification de la thèse que je soutiens ici se trouve en entier dans les réponses des généraux Montaudon, de Castagny et Metman, aux critiques publiques du général Frossard, et surtout dans la lettre de ce dernier écrivant à l'un d'eux : « Si j'avais cédé aux impulsions des généraux qui étaient sous mes ordres, ou écouté les dires d'un assez grand nombre d'officiers qui m'ont écrit, j'aurais mis de l'amertume et de la vivacité dans mes plaintes ! »

Au lendemain de la bataille de Spickeren, il y avait donc, d'une part, des généraux qui s'attaquaient et qui se rejetaient les fautes commises dans cette fatale journée, et, d'autre part, des officiers qui formulaient leurs blâmes contre le commandement, par lettres adressées à l'un de leurs supérieurs, sans même que celui-ci protestât contre cette grave atteinte aux règles de la subordination. Au contraire, il se sert plus tard de cette manifestation indisciplinée pour justifier ses arguments.

Au lieu de cette sorte d'enquête menée à huis clos, en dehors de ceux qu'elle visait, n'est-il donc pas beaucoup plus digne de recourir à une enquête publique suivie d'une sentence également publique?

C'est ce que je propose.

D'abord, parce que cette procédure conduit, quels que soient les événements, à la sanction des actes du commandement.

Ensuite, parce qu'elle évitera le retour de ces incidents scandaleux qui ont permis au grand état-major prussien de Berlin, dans son récit officiel, de faire suivre l'éloge de l'activité, de la direction et de l'accord des généraux allemands, de la remarque suivante :

« Cette tendance, toujours prédominante chez les Allemands, à joindre l'adversaire, cet esprit de camaraderie, de solidarité des chefs, et leur coutume de prendre l'initiative en temps opportun, sont toutes choses qui paraissent ne pas avoir existé au même degré dans l'armée française. »

C'est par ce jugement d'un ennemi, trop enclin, cependant, à diminuer nos fautes et nos erreurs pour rehausser ses qualités et ses vertus, que je termine le récit de la bataille de Spickeren.

Un mot encore, cependant, sur un incident qui, bien que secondaire en apparence, aurait dû, s'il s'est réellement produit, ouvrir les yeux sur la nature du concours que les Allemands savaient se procurer ou devoir trouver en France dès qu'ils auraient franchi la frontière.

Le récit officiel du grand état-major de Berlin sur la bataille de Spickeren, contient la note suivante :

« Une mention spéciale est due à la courageuse conduite des habitants de Saint-Jean et de Sarrebrück, qui n'ont pas craint de s'avancer jusque sous le feu de l'artillerie ennemie pour apporter des rafraîchissements aux troupes et s'occuper des blessés. »

En regard de cet éloge, je placerai le fait suivant qui est relaté dans des notes particulières

« Un commandant d'état-major, qui avait été envoyé au quartier-général du général Frossard, dans la soirée, n'y trouva que le propriétaire de la maison, maire de Forbach, et apprit de lui le départ précipité de tout le quartier-général du chef du 2ᵉ corps d'armée. Il remarqua en même temps avec stupeur que ce maire avait déjà ceint l'écharpe aux couleurs prussiennes; le pardessus entr'ouvert la lui avait fait apercevoir. »

Il est bon de rappeler ces petites anecdotes, car elles donnent une physionomie très exacte de ce qu'est en réalité la guerre.

J'ai déjà dit que les divisions du 2ᵉ corps se retiraient, le 6 au soir, sur Sarreguemines, tandis que celles du 3ᵉ corps se groupaient autour de Puttelange.

Cette retraite se fit sans ordre, et les Prussiens auraient pu en profiter. Mais ils étaient à la fois si étonnés de leurs succès et si peu entreprenants, que des convois de voitures purent quitter Forbach le lendemain matin, sans être inquiétés.

Nos généraux, de leur côté, savaient si peu où ils se trouvaient, où ils allaient, où était l'ennemi, où se tenaient les autres troupes françaises, qu'un témoin oculaire m'a raconté l'étrange fait suivant :

« Nous nous retirions, dit-il, quand un prêtre, habillé en bourgeois, arrêta notre général de division qui marchait en tête de la colonne, et lui conseilla de rétrograder, assurant que Sarreguemines était déjà au pouvoir des Allemands dont on pouvait apercevoir les cavaliers. Comme il parlait avec conviction, le général, sans ordonner de reconnaissance, sans penser que, s'il y avait un détachement ennemi à Sarreguemines, on pouvait l'arrêter, fit prendre aussitôt un autre chemin qui passait par les crêtes des hauteurs et qui allongeait ainsi de plusieurs kilomètres la distance à parcourir. Nous avions bien vu, en effet, dans le lointain, vers Sarreguemines, des cavaliers qui parcouraient la campagne, mais ces cavaliers appartenaient à la brigade Lapasset, qui, nous l'avons su plus tard, gardait la ville et protégeait notre marche. Nous avions fui devant nos propres troupes ! »

Et la retraite se poursuit ainsi, avec des soldats épuisés par ces marches et contremarches, n'ayant rien à manger, se demandant quand ils pourraient s'arrêter un instant et prendre un peu de nourriture.

Pendant ce temps, les Allemands, n'avançant que prudemment, entraient à Forbach et à Sarreguemines, et y trouvaient les rations que nous y avions abandonnées sans même les détruire, rations qui, pour la seconde de ces deux villes, s'élevaient au chiffre de 50,000, d'après l'évaluation d'un fonctionnaire de l'intendance ! Les approvisionnements à Forbach ne devaient certes pas être moindres.

L'administration, ne sachant comment nourrir les troupes à Puttelange, n'eut-elle pas alors l'ingénieuse idée de remplacer les distributions par une allocation de 75 centimes par homme et par jour ! Comment les soldats auraient-ils pu, avec une indemnité qu'ils ne perçurent d'ailleurs qu'à Metz, se procurer le moindre aliment dans une localité dont les ressources avaient été épuisées en un clin d'œil ?

Heureusement pour eux, des champs de pommes de terre se trouvaient à proximité, et nos troupiers en usèrent.

C'était le commencement du maraudage, le point de départ de l'indiscipline, du gaspillage, des violences et des rapines.

Qu'y faire ?

N'est-ce pas là que conduit directement l'insuffisance des chefs dans toute armée qui n'est ni conduite, ni commandée ?

Chacun intervenait dans la direction, en sorte que l'on ne savait plus à qui obéir.

Ainsi, à minuit, le maréchal Bazaine envoie de Saint-Avold la dépêche suivante, au général de Ladmirault :

« D'après les instructions de l'empereur, mettez en marche sur Saint-Avold, où elles recevront des ordres, les trois divisions de votre corps d'armée, la première arrivant demain à Saint-Avold, et les deux autres, ainsi que tous les services, se dirigeant sur Boucheporn. Mais, comme il il n'y a pas d'eau en quantité suffisante sur ce dernier point, je ferai prévenir, avant leur arrivée, les corps qui devront être dirigés sur la droite ou en avant. De votre personne, vous établirez votre quartier-général à Saint-Avold. »

Or, le général de Ladmirault a déjà reçu d'autres injonctions, et voici ce qu'il répond de Boulay, le 7 août, à 6 heures 58 minutes du matin, au maréchal Bazaine :

« Votre Excellence m'avait adressé pendant la nuit, et à la date du 6 août, une dépêche me prescrivant de mettre les trois divisions de mon corps d'armée en marche sur Saint-Avold. Cette dépêche m'est parvenue à 3 heures du matin ; elle avait sans doute été expédiée avant minuit. Aujourd'hui, 7 avril, j'ai reçu, à 4 heures 1/4 du matin, une dépêche télégraphique expédiée de Metz, à 4 heures, ainsi conçue : « Retirez-vous « sur Metz, après avoir rallié toutes vos divisions. — NAPOLÉON. » Cet ordre est donc le dernier qui m'ait été expédié, et auquel je dois me conformer. J'ai donné tous mes ordres à cet effet, et, aujourd'hui, 7 août, mes trois divisions occuperont les positions près de Boulay. »

Telles sont les lamentables conditions morales et matérielles où s'effectue la retraite d'une armée qui n'avait même pas été battue !

LE MINISTÈRE DU 10 AOUT

Pendant que les populations de l'Alsace et de la Lorraine s'enfuyaient éperdues devant le flot de l'invasion allemande, le reste de la France se trouvait dans la plus complète ignorance des mouvements de nos troupes et de ceux des armées ennemies.

La dépêche relative au combat de Wissembourg n'avait fait de ce combat qu'une sorte d'affaire d'avant-garde. Pour les hommes du métier seuls, il y avait un indice alarmant dans l'abandon d'une de nos pièces d'artillerie, que signalait cette dépêche. Pour la masse, ce n'était qu'un insuccès sans importance, de même que le combat de Sarrebrück n'avait abouti qu'à un succès secondaire.

A Paris, on attendait d'heure en heure la nouvelle d'une victoire.

Aussi n'y éprouva-t-on aucun étonnement quand un télégramme, immédiatement affiché au palais de la Bourse, vint apprendre à la population parisienne, dans la matinée du 6, que le maréchal de Mac-Mahon avait battu la 3e armée allemande, et s'était emparé du prince royal de Prusse ainsi que de 25,000 hommes et de la ville de Landau.

Les maisons de la capitale se pavoisèrent immédiatement.

Tous les habitants de Paris descendirent dans les rues, se réunirent sur les boulevards et sur les places. L'enthousiasme tournait au délire. Le chant de la *Marseillaise* retentissait partout.

Quel était le but de cette manœuvre? Était-ce simplement un coup de Bourse, comme en sont coutumiers certains spéculateurs? S'y trouvait-il un calcul politique, escomptant, en quelque sorte, l'effet désastreux de nos prochains et irrémédiables revers? On ne l'a jamais su, les coupables n'ayant point été découverts.

Toujours est-il que la joie fut de courte durée.

Bientôt, en effet, on entendit répéter partout : « Il n'y a pas de victoire! enlevez les drapeaux! »

Toutes informations prises, le gouvernement n'avait reçu aucune dépêche autre que celles que j'ai mentionnées comme ayant été envoyées par l'empereur à l'impératrice pendant que l'on se battait à Frœschwiller et à Spickeren.

Ces dépêches n'étaient point rassurantes, et le conseil des ministres estima qu'en vue des mauvaises nouvelles qu'il redoutait sans doute, il était de son devoir de démentir sans retard les bruits qui avaient si fortement ému la population parisienne.

A 6 heures du soir, il fit donc afficher la déclaration suivante :

« Habitants de Paris,

« Vous avez été justement émus par une odieuse manœuvre.

« Le coupable a été saisi. La justice informe.

« Le gouvernement prend les mesures les plus énergiques pour qu'une telle infamie ne puisse plus se renouveler.

« Au nom de la Patrie, au nom de notre armée héroïque, nous vous demandons d'être calmes, patients, et de maintenir l'ordre.

« Le désordre à Paris, ce serait une victoire pour les Prussiens.

« Aussitôt qu'une nouvelle certaine arrivera, de quelque nature qu'elle soit, elle vous sera immédiatement communiquée.

« Soyons unis, et n'ayons en ce moment qu'une pensée, qu'un vœu, qu'un sentiment, le triomphe de nos armes ! »

Hélas ! au moment où cette proclamation était placardée sur les murs de la capitale, nos troupes, malgré leur vaillante résistance à Frœschwiller et à Spickeren, battaient en retraite !

La foule en avait-elle le pressentiment ?

Toujours est-il que, la défiance ayant été éveillée par le retard du gouvernement à communiquer la nouvelle de notre échec à Wissembourg, elle se dirigea avec anxiété vers les abords des ministères, tant vers la place Vendôme que vers la place Beauvau, espérant qu'elle trouverait des renseignements plus précis, soit à la présidence du conseil, soit au ministère de l'intérieur.

A 9 heures, on lui communiqua une dépêche expédiée de Metz à 6 heures 30 minutes, et qui était ainsi conçue :

« On n'a pas encore de nouvelles du maréchal de Mac-Mahon.

« Sur la Sarre, le corps d'armée du général Frossard a seul été engagé, et le résultat du combat est même incertain.

« On a bon espoir. »

Cela ne suffisait pas à l'impatience fébrile qui s'était emparée du peuple. On voulait des détails plus complets et plus formels. On attendit.

A 1 heure du matin, dans cette même nuit du 6 au 7, le ministre de l'intérieur venait enfin donner lecture d'un télégramme qui confirmait toutes les appréhensions du peuple :

« Le corps du général Frossard est en retraite, y était-il dit. Pas d'autres indications pour le moment. »

L'émotion dans Paris à la réception des nouvelles du 6 août. (Page 503.)

C'était la déroute.

Paris, en s'éveillant le 7, éprouva un cruel sentiment de stupeur à la lecture des journaux qui lui faisaient connaître la triste et navrante vérité.

Cependant, beaucoup doutèrent encore que nos braves troupes eussent été vaincues, elles qui, depuis si longtemps, étaient accoutumées à la victoire.

N'y avait-il pas eu une fausse nouvelle la veille ?

Ne pouvait-il pas en être de même encore ?

Mais les télégrammes se succédaient maintenant et ne nous permettaient plus la moindre illusion sur l'étendue de notre défaite.

Dans la matinée du 7, arrivait une autre dépêche, expédiée de Metz à minuit et demi, et dont la teneur était la suivante :

« Le maréchal de Mac-Mahon a perdu une bataille.

« Sur la Sarre, le général Frossard a été obligé de se retirer. La retraite s'opère en bon ordre.

« Tout peut encore se rétablir. »

C'était le moment de dévoiler la vérité, ou, tout au moins, de ne pas laisser à la nation un espoir dont la réalisation devenait absolument invraisemblable.

Dire que la retraite s'opérait en bon ordre, n'était-ce pas laisser supposer qu'il ne s'agissait que d'un échec peu grave, quand, au contraire, l'issue de la campagne se trouvait presqu'irrémédiablement compromise ?

Ajouter que la situation pouvait encore se modifier à notre avantage, c'était sciemment en imposer à la nation.

N'aurait-il pas été beaucoup plus simple et aussi plus digne d'avouer la double défaite de Frœschwiller et de Spickeren ?

Au surplus, le peuple ne s'y trompa pas. Avec son intuition naturelle, il devina qu'on lui cachait la vérité, et, à partir de ce moment, il n'eut plus aucune confiance dans les documents officiels.

A l'affliction profonde qu'il ressentit des défaites éprouvées par nos troupes, se joignit dès lors une aversion non moins vive contre les hommes qui, après avoir engagé si maladroitement cette guerre, s'efforçaient encore d'en dissimuler les épouvantables conséquences.

L'impératrice se trouvait encore à Saint-Cloud, au moment où lui arrivèrent les télégrammes annonçant les défaites que nous avions éprouvées le 6 à Frœschwiller et à Spickeren. Elle prit le parti de quitter immédiatement cette résidence.

« J'ai de mauvaises nouvelles de l'empereur, télégraphie-t-elle le 7 août à midi et demi, à la princesse Mathilde, alors à Saint-Gratien. L'armée est en retraite. Je rentre à Paris, où je convoque le conseil des ministres. »

A son arrivée aux Tuileries, elle y trouvait de nouveaux télégrammes contenant de plus complètes indications sur les événements de la veille.

« Le maréchal de Mac-Mahon, lui mandait l'empereur, par une dépêche de Metz en date du 7, à midi et demi, a éprouvé un sérieux échec à Reichshoffen. Il se replie et couvre Nancy.

« Les troupes qui sont autour de Metz sont dans d'excellentes dispositions.

« Ce matin, trois corps d'armée tout entiers n'ont pas encore donné.

« Les pertes de l'ennemi sont très considérables et ralentissent sa marche.

« L'épreuve est sérieuse, mais elle n'est pas au-dessus des efforts du patriotisme de la nation. Il n'est pas possible de préciser le chiffre de nos pertes.

« Le mouvement de retraite et de concentration s'accomplit.

« Le général Coffinières organise la défense de Metz. »

Cette dépêche n'était rien moins que rassurante.

Au point de vue militaire, elle est particulièrement instructive, car elle fait ressortir la faute capitale qui avait été commise par la dispersion de nos forces sur la frontière, faute qui avait arrêté toute offensive et qui rendait maintenant la défensive extrêmement dangereuse.

Le 7 août était un dimanche.

Toute la population de Paris se répandit à travers la ville et s'amassa autour des exemplaires d'une proclamation que le gouvernement venait de faire afficher. Cette proclamation reproduisait la dépêche adressée par l'empereur dans la nuit, et dont j'ai donné le texte plus haut. Il y était dit, notamment, que les Chambres étaient convoquées pour le 11.

Voici ce que disait, en outre, l'impératrice-régente dans sa proclamation :

« Français !

« Le début de la guerre ne nous est pas favorable ; nos armes ont subi un échec.

« Soyons fermes dans ce revers et hâtons-nous de le réparer.

« Qu'il n'y ait parmi nous qu'un seul parti, celui de la France ; qu'un seul drapeau, celui de l'honneur national.

« Je viens au milieu de vous, fidèle à ma mission et à mon devoir. Vous me verrez la première au danger pour défendre le drapeau de la France.

« J'adjure tous les bons citoyens de maintenir l'ordre ; le troubler serait conspirer avec nos ennemis. »

Le langage de l'impératrice était à coup sûr beaucoup plus viril que les demi-aveux de ses ministres et plus précis que les dépêches de l'empereur.

Elle avouait franchement notre défaite.

Malheureusement, l'appel à l'union ne pouvait plus être entendu, surtout venant de l'impératrice, à qui l'on reprochait la plus grande part de responsabilité dans cette guerre malheureuse.

A partir de ce moment, en effet, il y avait une tendance marquée dans les esprits à séparer les intérêts de la dynastie impériale et ceux de la nation française, à sacrifier l'empereur, sa famille et son gouvernement, pour sauver la nationalité française.

Le ministère s'en rendit-il compte ou comprit-il qu'il était de son devoir d'intervenir? Les deux hypothèses peuvent être admises.

En tout cas, le 8 août, il fit paraître à son tour deux proclamations.

La première proclamation, adressée aux habitants de Paris, était conçue dans les termes suivants :

« Parisiens !

« Notre armée se concentre et se prépare à un nouvel effort. Elle est pleine d'énergie et de confiance.

« S'agiter à Paris, ce serait combattre contre elle et affaiblir, au moment décisif, la force morale qui lui est nécessaire pour vaincre. Nos ennemis y comptent.

« Voici ce qu'on a saisi sur un espion prussien amené au quartier-général : « Courage ! Paris se soulève. L'armée française sera prise « entre deux feux. »

« Nous préparons l'armement de la nation et la défense de Paris.

« Demain, le Corps législatif joindra son action à la nôtre.

« Que tous les bons citoyens s'unissent pour empêcher les rassemblements et les manifestations !

« Ceux qui sont pressés d'avoir des armes n'ont qu'à se présenter aux bureaux d'engagement. On les enverra tout de suite à la frontière. »

Quant à la seconde proclamation, elle était destinée aux habitants de la province. En voici la teneur :

« Français !

« Nous avons dit toute la vérité.

« Maintenant à vous de remplir votre devoir.

« Qu'un même cri sorte de toutes les poitrines, d'un bout de la France à l'autre.

« Que le peuple entier se lève, frémissant, dévoué, pour soutenir le grand combat!

« Quelques-uns de nos régiments ont succombé sous le nombre; notre armée n'a pas été vaincue. Soutenons-la!

« A l'audace momentanément heureuse, opposons la ténacité qui dompte le destin! Replions-nous sur nous-mêmes, et que nos envahisseurs se heurtent contre un rempart de poitrines humaines!

« Comme en 1792 et comme à Sébastopol, que nos revers ne soient que l'école de nos victoires!

« Ce serait un crime de douter un instant du salut de la Patrie, et surtout de n'y pas contribuer.

« Debout donc! debout!

« Et vous, habitants du Centre, du Nord, de l'Ouest et du Midi, sur qui ne pèse pas le fardeau de la guerre, accourez d'un élan unanime au secours de vos frères de l'Est.

« Que la France, une dans les succès, se retrouve encore plus une dans les épreuves!

« Que Dieu bénisse nos armes! »

Mais, de même que le cabinet avait perdu la confiance de la Chambre, comme nous allons en voir immédiatement la preuve, de même le gouvernement impérial avait perdu la confiance de la nation, et celle-ci lui pardonnait d'autant moins nos échecs militaires qu'elle lui avait renouvelé sa confiance en immense majorité trois mois auparavant par le plébiscite du mois de mai.

Le cabinet, d'ailleurs, au moment où il affirmait qu'il avait fait connaître toute la vérité, ne trompait-il pas encore le pays, en lui communiquant une dépêche de Metz en date du même jour, où il était dit :

« L'armée se concentre pour marcher sur les Vosges et en défendre les passages. »

C'était une assertion mensongère qui, du reste, ne devait plus pouvoir être reproduite.

Le gouvernement venait de s'apercevoir, en effet, qu'il était extrêmement dangereux d'attendre jusqu'au 11 pour réunir les Chambres.

La date de la convocation fut donc avancée.

Sénateurs et députés furent avertis que la séance de réouverture aurait lieu le 9

Mais, déjà, le 8, à 10 heures du soir, après entente d'une centaine de députés réunis dans la salle des conférences du Corps législatif, des délégués de la droite, du centre droit et du centre gauche se rendaient près de l'impératrice avec mission de lui demander :

1° Le renvoi du ministère Ollivier ;

2° La nomination du général Trochu au ministère de la guerre dans le nouveau cabinet ;

3° La désignation du général Montauban comme commandant au chef de l'armée chargée de couvrir Paris.

L'impératrice, qui présidait à ce moment une séance du conseil des ministres, reçut néanmoins les délégués que lui envoyaient diverses fractions du Parlement.

Elle leur répondit que le général Trochu, déjà sollicité, avait mis comme condition à son acceptation, le droit de faire connaître, la première fois qu'il monterait à la tribune, toutes les fautes commises depuis 1866, condition qui lui paraissait inadmissible ; qu'elle se proposait d'offrir le ministère de la guerre au général Montauban, mais en conservant le cabinet qui était au pouvoir depuis le mois de janvier, car il lui semblait dangereux de faire naître en ce moment une crise ministérielle qui ferait croire à un désaccord entre le gouvernement et le Corps législatif, alors que l'union seule pouvait triompher des dangers.

C'est dans ces conditions que s'ouvre la séance du 9 août.

M. Émile Ollivier pose la question de confiance en présentant le projet de loi qui appelait sous les drapeaux tous les hommes valides jusqu'à l'âge de trente ans.

Cette attitude du premier ministre provoque aussitôt une véritable tempête.

Mais, déjà, quelques membres du Parlement estiment qu'un changement de ministère n'est pas suffisant. Ce qu'ils veulent, c'est un changement de régime.

Jules Favre porte tout d'abord à la tribune la proposition suivante :

« Considérant que l'ennemi a envahi le sol de la France, que si notre armée est toujours debout et prête à le repousser, le devoir de chaque citoyen est d'unir ses efforts à ceux de nos soldats, et que son droit est d'avoir des armes ;

« Considérant que, de l'avis du ministre de la guerre, l'étranger marche sur Paris,

« Et que, dans une telle situation, ce serait un crime de refuser à chaque habitant de Paris le fusil qu'il réclame pour défendre ses foyers ;

« Considérant que la population entière doit être armée, qu'il faut organiser la garde nationale en lui donnant le droit de nommer ses officiers ;

« La Chambre arrête que des fusils seront immédiatement distribués dans les mairies à tous les citoyens valides, et que la garde nationale sera organisée dans toute la France d'après la loi de 1831. »

Le sentiment qui avait inspiré cette proposition ne pouvait être que le patriotisme.

En elle-même, elle était excellente.

D'ailleurs, elle répondait à l'esprit de la proclamation lancée la veille par le gouvernement lui-même, et qui, rappelant aux Français le souvenir de 1792, leur criait : « Debout donc ! debout ! » Elle justifiait pleinement, en outre, les plaintes nombreuses des autorités administratives sur le désarmement absolu des habitants des départements voisins de la frontière et déjà menacés.

Le gouvernement aurait dû y souscrire sans hésiter, en faisant remarquer, toutefois, que l'insuffisance des approvisionnements en fusils se chargeant par la culasse l'obligerait à ne distribuer que des armes à chargement par la bouche, du modèle primitif ou du modèle transformé.

Mais il ne sut point saisir cette occasion de réparer l'une de ses plus graves erreurs ; et bientôt le peuple devait avoir la conviction que, d'une part, il n'avait obtenu ses armes que malgré le gouvernement ; que, d'autre part, on s'était vengé de cette distribution forcée en lui donnant des fusils de mauvaise qualité.

Jules Favre, de son côté, ne s'en tint point à la seule proposition dont je viens de reproduire l'exposé des motifs et le texte.

« Tous, jusqu'au dernier, ajouta-t-il, les Français sont disposés à mourir pour repousser l'invasion étrangère, mais ce n'est pas assez. On vous a dit que l'heure des discours est passée. Oui, mais elle est passée aussi l'heure des ménagements qui perdent les assemblées et les empires

« La vérité est que le sort de la Patrie est compromis ; et que c'est là le résultat des fautes de ceux qui dirigent les opérations militaires, et de l'insuffisance absolue du commandant en chef.

« Nous sommes en face d'événements qui exigent non seulement tous nos efforts, mais aussi toute notre sagesse. Il faut donc que toutes nos forces militaires soient concentrées dans les mains d'un seul homme, mais que cet homme ne soit pas l'empereur. L'empereur a été malheureux. Il doit revenir.

« Ce n'est pas tout : si la Chambre veut sauver le pays, elle doit prendre en mains le pouvoir.

« J'ai donc l'honneur de déposer une proposition aux termes de laquelle une commission de quinze membres, choisis dans le sein de la Chambre, sera organisée pour repousser l'invasion étrangère.

« Si vous persistez une minute de plus dans le déplorable système qui a compromis le salut de la France, la France est perdue. »

C'était la déchéance de l'Empire au profit du Parlement, toute organisation gouvernementale étant réservée jusqu'au jour où la guerre serait terminée.

Cette solution qui aurait peut-être prévenu la révolution qui eut lieu trois semaines plus tard, le 4 septembre, et aurait eu ce résultat que la France n'eût pas été privée d'un gouvernement régulier pendant plus de cinq mois, ne fut point adoptée.

Mais elle provoqua une discussion passionnée.

Cependant, les députés revinrent bientôt à la question de confiance posée par le cabinet.

Jérôme David, dont l'intimité avec Napoléon III était connue de tous, monte à la tribune. Il rentre de Forbach. Après avoir signalé l'infériorité numérique de nos troupes, il s'écrie :

« La Prusse était prête et nous ne l'étions pas ! »

Cet aveu d'un confident de l'empereur fut la condamnation du ministère que la majorité de la Chambre renversa, pour sauver le régime impérial, en votant l'ordre du jour proposé par Clément Duvernois, un autre ami de Napoléon III :

« La Chambre, décidée à soutenir un cabinet capable d'organiser la défense du pays, passe à l'ordre du jour. »

Cet ordre du jour comportait, à l'adresse du cabinet, l'invitation de se retirer, bien que le Corps législatif eût rejeté, quelques instants auparavant, un autre ordre du jour déclarant nettement que le cabinet n'avait plus sa confiance.

Après une courte suspension de séance, M. Émile Ollivier vint informer la Chambre que le ministère, après le vote de l'ordre du jour présenté par Clément Duvernois, avait offert sa démission à l'impératrice, qui l'avait acceptée, et que celle-ci, avec l'assentiment de l'empereur, avait chargé le général Montauban de former un nouveau cabinet.

Le général Cousin de Montauban, comte de Palikao, avait été maintenu à la tête du 4º corps d'armée, à Lyon, bien qu'il eût sollicité un commandement actif dans l'armée d'opérations.

Le 9 août, à 10 heures du soir, il recevait à son quartier-général le télégramme suivant, que lui adressait M. Émile Ollivier :

L'INVASION ALLEMANDE

Préparatifs de l'armée de mer à Cherbourg. (Page 523.)

SCEAUX, IMP. CHARAIRE ET FILS

« Sa Majesté l'Impératrice vous appelle tout de suite à Paris ; un train express est mis à Lyon à votre disposition. »

Le 10, à 9 heures du matin, le général Montauban arrivait aux Tuileries et se présentait à l'impératrice, qui le reçut au milieu du conseil des ministres, alors réuni sous sa présidence.

Après quelques paroles de bienvenue, le général fut sollicité d'accepter le portefeuille de ministre de la guerre, le poste n'étant occupé que provisoirement depuis que le maréchal Le Bœuf l'avait quitté pour les fonctions de major-général de l'armée.

Le général hésita tout d'abord, objecta qu'il n'était point orateur, répondit qu'un commandement actif lui serait infiniment plus agréable.

L'impératrice et les ministres le décidèrent enfin par leur insistance à accepter la lourde mission que son patriotisme lui ordonnait de ne pas refuser.

Aussitôt après l'acceptation du général Montauban, M. Émile Ollivier déclara que le ministère dont il était le président avait perdu la confiance du pays ; il demanda à l'impératrice d'accepter sa démission et celle de ses collègues, proposition qu'elle agréa immédiatement.

Le général Montauban se trouva donc ainsi, non seulement ministre de la guerre, mais encore président du conseil, car c'est à lui que l'impératrice, sur l'avis du cabinet démissionnaire, confia le soin de constituer un cabinet nouveau.

Ce fut une faute.

Je ne prétends pas qu'un autre homme serait peut-être parvenu à réparer les conséquences des erreurs commises depuis le début des hostilités, car ces erreurs avaient une origine bien plus éloignée et il était impossible, à mon avis du moins, d'y remédier dès l'instant que l'ennemi envahissait notre territoire après avoir battu et repoussé nos premières troupes.

Mais je crois que le général Montauban aurait rendu beaucoup plus de services au pays s'il avait été appelé au commandement d'un corps d'armée.

C'était, d'ailleurs, l'opinion de Thiers.

« Il y avait dans les rangs de l'armée, a-t-il dit, un homme d'une très grande capacité militaire, mais dépourvu d'expérience politique, et beaucoup plus fait pour être chef d'armée que chef de cabinet.

« Je veux parler de M. le comte de Palikao.

« Son expédition de Chine est une belle chose à laquelle on n'a pas rendu assez de justice. On lui avait refusé le bâton de maréchal pour le donner au général Le Bœuf, et c'était une faute qui eut de graves conséquences.

« Laissé dans une sorte de disgrâce, méconnu, privé de tout commandement, il eut bientôt la position d'une victime, et, comme toujours, on alla avec lui d'un extrême à l'autre.

« Pour ne pas l'avoir fait commandant d'une grande armée, rôle qu'il aurait si bien rempli, il fallut le faire premier ministre, et nous eûmes sous les yeux le triste spectacle d'un homme éminent, mais déplacé, faisant au milieu de la plus affreuse crise ce qu'il n'avait jamais fait, se débattant au milieu de l'anxiété publique contre les agitations, les soubresauts d'une Assemblée désolée, stupéfiée, ne sachant plus à qui croire, à qui songer pour se tirer, et pour tirer le pays avec elle, de l'abîme où elle l'avait laissé tomber. »

Le sentiment de cette inaptitude, le général Montauban l'avait lui-même, car, dans cette séance du conseil tenu aux Tuileries le matin du 10 août, alors que l'impératrice le priait d'accepter jusqu'au bout le sacrifice de sa personne et de constituer un cabinet sous sa présidence, il lui répondait judicieusement :

« J'ai passé vingt-sept ans de ma vie en Algérie, six à Lyon, quelque temps en Chine; je n'ai jamais été un homme politique, je n'ai connu à Paris ni les hommes, ni les choses; vous me mettez dans un cas très embarrassant pour vous et pour moi, car je ne sais qui je vais prendre pour former un ministère. »

Cependant, c'est à ce soldat que l'on remit la direction de toutes les affaires du pays, le retenant ainsi à Paris quand sa place était à l'armée.

Il n'éprouva, du reste, aucune difficulté à constituer un cabinet, car, depuis la veille, des pourparlers étaient déjà engagés avec les hommes politiques qui paraissaient être dans les conditions voulues pour en faire partie.

Le 9 août même, pendant la séance de la Chambre, on vint en faire l'offre à quelques députés, ainsi que l'un d'eux l'a raconté.

Enfin, un ministère nouveau était constitué.

La population éprouva un tel contentement, quand elle apprit la chute de ceux qu'elle considérait comme les premiers instigateurs de la guerre et comme les auteurs responsables de nos désastres, qu'il ne lui vint même pas à l'idée de chercher à savoir ce que seraient et feraient leurs successeurs.

Le ministère du 10 août arrivait au pouvoir dans les plus tristes circonstances.

La situation militaire, à la date du 10 août, ne s'était nullement améliorée, au contraire, puisqu'à des préparatifs insuffisants ou nuls étaient venus s'ajouter des échecs cruels.

A Paris, notamment, on ne s'était que fort peu, pour ne pas dire nullement, occupé des approvisionnements et de la mise en état de défense.

« Lorsque je suis venu aux affaires, a déclaré Clément Duvernois, le ministre du commerce du nouveau cabinet, rien n'était prêt. Le ministre qui me précédait avait donné des ordres pour les approvisionnements, la veille seulement, et, par conséquent, il n'avait pas eu le temps de les faire exécuter. »

Le baron Jérôme David, qui était ministre des travaux publics dans le même cabinet, a déclaré de son côté ce qui suit :

« Lors de notre nomination au ministère, la défense de Paris n'était pas commencée : on était tellement confiant dans le succès que l'on n'avait pas cru nécessaire de mettre Paris en état de défense contre l'invasion. Depuis la déclaration de guerre jusqu'au 7 août, les procès-verbaux du Comité des fortifications constatent qu'on n'avait rien fait dans ce sens, et qu'on n'avait pris dans les forts aucune disposition d'armement ; les premiers officiers du génie et les premiers ingénieurs n'ont été envoyés dans les forts qu'à partir du 7 août.

« Par conséquent, depuis le jour de la déclaration de guerre, c'est-à-dire depuis le 19 juillet jusqu'au 7 août, les forts de Paris n'avaient pas appelé l'attention du pouvoir exécutif. »

Voici, d'ailleurs, le tableau qu'a fait un autre membre de ce cabinet, de l'état où se trouvaient l'enceinte et les forts de Paris :

« Dès mon entrée au ministère, dit M. Jules Brame, qui avait accepté le portefeuille de l'instruction publique, ma première pensée fut de me rendre un compte exact de l'état où se trouvaient les fortifications de Paris. J'allai visiter, le lendemain, les remparts et les différents forts qui entourent la capitale.

« Les forts contenaient, tout simplement, un vieux commandant et un portier-consigne ; dans les forts et sur les fortifications, pas une pièce de canon n'était en place ; ni munitions, ni gargousses, ni vivres, ni défenseurs ; partout c'était le silence, le désert, et l'ennemi était à huit journées de marche de Paris ! »

Il n'y avait qu'un cri général, cri dont M. Dréolle s'est fait l'écho en disant :

« Nous avons été trompés! »

Ces assertions d'hommes politiques pourraient être suspectes, je le reconnais, si elles n'étaient corroborées par les hommes du métier, car les membres du cabinet du 10 août avaient intérêt à montrer qu'il leur avait été impossible de rétablir notre situation militaire, tant elle avait été compromise par leurs prédécesseurs.

Mais les militaires eux-mêmes constatent l'incurie du ministère qui venait de succomber.

Le général de Chabaud-Latour, notamment, fait connaître de son côté comment fut déclaré l'état de siège à Paris, en des termes qui ne laissent aucun doute à ce sujet.

« C'est, dit-il, dans la nuit du 6 au 7 août, — nuit fatale, — que l'on reçut à Paris la nouvelle des batailles de Reichshoffen et de Forbach.

« Nous fûmes appelés à délibérer devant l'impératrice. Le général Trochu était avec nous et tous les chefs de l'armée.

« L'impératrice tint le langage le plus noble et le plus digne. Je regarde comme un devoir sacré de lui rendre ce témoignage. « Il ne s'agit plus, » dit-elle, — car ses paroles sont restées présentes à mon souvenir, et je suis heureux de les répéter, — « il ne s'agit plus de sauver l'Empire, « il faut sauver la France. » — L'état de siège fut décidé, et je pus alors m'emparer des terrains où devaient être établies les redoutes, ce que, sans l'état de siège, nous ne pouvions faire qu'en suivant les formalités de la loi de 1831.

« Dès lors, nous nous mîmes au travail avec une ardeur extrême. Je demandai en même temps, et j'obtins, de pouvoir faire fermer les portes de Paris et d'en organiser la défense, ce à quoi je n'avais pu arriver avant ce jour-là. »

C'est dans d'aussi graves conditions que le général Palikao et les nouveaux ministres prirent en main les destinées de la France.

OPÉRATIONS MARITIMES

Que faisait notre armée de mer pendant que notre armée de terre perdait les premières batailles?

Hélas! De même que nos braves soldats avaient été battus, de même nos braves marins s'étaient trouvés dans l'impossibilité de prendre l'offensive.

Cette situation, M. Eugène Farcy, officier de marine et membre de l'Assemblée nationale, la résumait devant la commission d'enquête du gouvernement du Quatre-Septembre, par cette déclaration brève, mais formelle :

« On avait répété sur tous les tons, a-t-il dit, que nous étions prêts, archiprêts, et nous n'étions même pas armés. »

Et Daru, député de Cherbourg, qui présidait alors la commission, ne put faire autrement que d'appuyer l'assertion de son collègue :

« Rien de ce que vous dites n'est contesté, lui répondit-il. On n'était pas prêt, cela est certain. La guerre a surpris tout le monde. »

Ainsi donc notre flotte était aussi peu préparée que nos troupes!

C'est d'ailleurs ce que reconnaissent eux-mêmes les Allemands, car, dans le rapport du grand état-major de Berlin, on lit ce qui suit :

« Pendant que nous prenions toutes nos dispositions sur mer et sur le littoral, en France, on voyait se reproduire, pour la flotte, les fâcheuses conditions dans lesquelles la précipitation de la déclaration de guerre avait placé l'armée de terre. »

Le rôle de la marine pouvait être considérable, mais il fallait qu'elle opérât avec promptitude. Or, elle ne le pouvait, car le personnel naviguant avait été réduit dans de telles conditions que l'on avait dû diminuer les stations navales sur presque tous les points du globe, même en France.

Notre armée de mer se trouvait, en outre, dans l'obligation d'exécuter le transport de l'armée d'Afrique, soit sur les bâtiments spéciaux dont elle disposait, soit sur les bâtiments de commerce qu'elle affrétait.

Elle avait à pourvoir à la défense des côtes, mais toutes les batteries de côtes étaient désarmées et aucun plan n'avait été préparé pour la disposition des torpilles, outre que les câbles et les fils destinés à relier ces engins faisaient complètement défaut.

Elle devait rappeler les inscrits maritimes destinés à compléter les effectifs au pied de guerre.

Sa mission lui ordonnait ensuite de prendre la mer, de rechercher l'escadre de la Confédération de l'Allemagne du Nord, de protéger notre marine marchande, de donner la chasse aux bâtiments de commerce portant le pavillon ennemi, de bombarder quelques ports sur le littoral de la Prusse, de jeter enfin un corps de débarquement sur les côtes de la mer Baltique, et, par là, de déterminer le Danemark à marcher avec nous.

De tous ces objectifs, elle ne put en atteindre qu'un seul, l'embarquement des troupes de l'Algérie et des États du Pape et leur débarquement en France. Les autres lui échappèrent, parce que nulle disposition préparatoire n'avait été prise, et les vaillants marins se virent contraints de renoncer à toute expédition maritime. On sait combien ils montrèrent de bravoure et de dévouement à côté de nos soldats, soit dans la défense de Paris, soit dans les armées de province.

Notre flotte avait alors la composition suivante :

49 bâtiments cuirassés, dont : 18 frégates, chacune de 800 à 900 chevaux-vapeur avec une artillerie de 12 à 16 canons; 9 corvettes, chacune de 450 chevaux-vapeur avec 12 canons; 7 navires cuirassés pour la défense des côtes, chacun de 250 à 530 chevaux-vapeur avec 1 ou 2 canons; 15 batteries cuirassées, chacune de 150 chevaux-vapeur avec 18 canons.

110 bâtiments non cuirassés, dont : 34 frégates, parmi lesquelles 24 à hélice et 10 à aubes; 25 corvettes, parmi lesquelles 19 à hélice et 6 à aubes; 51 avisos à hélice.

94 transports, dont 74 à hélice et 20 à aubes.

22 chaloupes à vapeur.

Il semblait, à première vue, que cette flotte dût être formidable, mais plusieurs de ces bâtiments étaient indisponibles, soit qu'ils fussent affectés à un service de surveillance et de protection indispensable pour la sécurité de nos possessions extérieures, de nos navires marchands et de nos nationaux, soit qu'il fût impossible de les armer et de leur faire prendre la mer.

C'est tout au plus si l'on pouvait réellement mettre en ligne une trentaine de navires cuirassés et une cinquantaine de navires non cuirassés de grandes dimensions. Ces bâtiments étaient d'ailleurs commandés par des officiers de haute valeur, montés par des équipages éprouvés, pourvus d'une artillerie excellente, mais ils ne pouvaient être mobilisés que lentement et progressivement, et l'absence de tout plan élaboré en temps de paix rendait leur concours presque insuffisant en temps de guerre.

La flotte française détache deux de ses navires en vue de Copenhague. (Page 526.)

Outre sa flotte, l'armée navale comportait encore 4 régiments d'infanterie de marine et 1 régiment d'artillerie de marine.

L'infanterie de marine était forte de 136 compagnies, dont 64 aux colonies ; il n'en restait donc que 72 en France, soit la force de 12 bataillons à 6 compagnies, ou d'une division de 9,000 à 10,000 fus's.

Quant à l'artillerie de marine, elle comprenait 28 batteries à pied, dont 8 aux colonies et 20 en France A raison de 6 pièces par batterie, ce régiment pouvait donc fournir, s'il avait eu les attelages nécessaires, l'artillerie de deux de nos corps d'armée. Mais, là encore, le matériel faisait défaut.

La marine militaire de la Confédération de l'Allemagne du Nord était alors en voie d'organisation.

Elle se composait de 34 bâtiments dont :

4 frégates cuirassées ;
24 bâtiments à vapeur ou à voile ;
22 canonnières.

Mais quelques-uns de ces navires étaient indisponibles, et l'armée navale ennemie pouvait tout au plus mettre en ligne 33 bâtiments à vapeur, dont 4 cuirassés, 8 non cuirassés et 21 canonnières.

Les 4 bâtiments cuirassés formaient une escadre cuirassée que commandait le prince Adalbert de Prusse : les bâtiments, le *Roi-Guillaume*, le *Frédéric-Charles*, le *Prince-Royal* et le *Prince-Adalbert*, étaient en voyage dans l'océan Atlantique, mais se trouvaient à proximité des côtes d'Angleterre au moment où éclata l'incident de la candidature du prince de Hohenzollern à la couronne d'Espagne. On pouvait les considérer comme constituant seuls la force maritime de l'ennemi, au moment où la guerre fut déclarée, car l'armée navale prussienne ne possédait alors que des moyens d'action secondaires, ses réserves étaient insuffisantes, et, comme leur mobilisation s'effectuait avec une extrême lenteur, notre flotte se trouvait absolument maîtresse de la mer.

L'ennemi avait si bien le sentiment de son infériorité qu'il n'avait pris, en vue d'une guerre maritime, que des dispositions défensives.

Si la flotte était insuffisante, les deux grands ports militaires nouveaux de Wilhelmshafen, dans la mer du Nord, et de Kiel, dans la mer Baltique, n'étaient point en état de rendre le moindre service.

On se hâta donc de protéger par des estacades, des batteries, des bateaux-torpilles et des torpilles fixes, les embouchures des fleuves, les entrées des divers ports et les parties du littoral, parties peu étendues d'ailleurs, qui étaient abordables aux navires de guerre français.

D'un autre côté, parmi les 5 gouvernements généraux institués sur le territoire de la Confédération de l'Allemagne du Nord après le départ des troupes de campagne, le 1er, commandé par le général Vogel de Falkenstein, avait son quartier-général à Hanovre, et englobait les régions des 1er, 2e, 9e et 10e corps d'armée, régions du littoral.

Le grand-duc de Mecklembourg-Schwérin avait, en outre, sous ses ordres, et spécialement pour la défense des côtes, un corps spécial qui comprenait :

La 17e division d'infanterie, détachée du 9e corps d'armée, où elle avait été remplacée par la 25e division ;

La division de landwehr de la garde royale ;

Les 1re, 2e et 3e divisions de landwehr provinciale.

Ce corps de défense des côtes, dont le quartier-général était à Hambourg, occupait cette ville, ainsi que Brème, Lubeck, Oldenbourg, Neumunster et autres localités à proximité de la mer.

Sa force était de 49 bataillons, 24 escadrons et 18 batteries, soit 49,000 fusils, 3,000 sabres et 108 pièces attelées.

Le général Vogel de Falkenstein disposait, en outre, de 77 bataillons, 33 escadrons, 17 batteries attelées, 48 compagnies d'artillerie de place et 11 compagnies de pionniers, soit environ 90,000 combattants.

Telle était la situation respective des adversaires.

Les premières dépêches relatives à l'évacuation de l'Algérie sont du 9 juillet.

Le vice-amiral Rigault de Genouilly, alors ministre de la marine, ordonnait aux préfets maritimes de Cherbourg et de Toulon, d'armer immédiatement les transports de l'État qui se trouvaient dans ces deux ports et de les diriger sans retard sur Alger et sur Oran. Les transports devaient être plus spécialement affectés aux animaux de selle, de trait et de bât, nécessaires à la cavalerie, à l'artillerie, et aux convois administratifs, aux ambulances et au train des équipages. Quant à l'infanterie d'Afrique, elle serait ramenée, soit sur ces transports, soit sur les paquebots de la Compagnie des Transatlantiques ou de la Compagnie des Messageries.

C'était une mesure de précaution, puisqu'à cette date la paix n'était pas encore compromise.

Tout en reconnaissant qu'elle était excellente, je suis obligé de constater qu'elle ne fut pas assez promptement exécutée puisqu'une partie de la cavalerie d'Algérie ne se trouvait pas sur le théâtre des opérations au début des hostilités, tandis que les mulets faisaient défaut dans les divers services accessoires des troupes qui eurent à subir le choc des Allemands.

L'évacuation de l'Algérie s'effectua sans difficulté et sans combat.

Il paraît pourtant que le gouvernement impérial craignait qu'elle fût entravée par l'escadre allemande.

Voilà une hypothèse que je ne puis admettre.

Cette escadre, forte de quatre vaisseaux cuirassés, se trouvait à Plymouth depuis quelques jours quand furent prises les premières dispositions que je viens d'indiquer.

Le 12, elle quittait les côtes de l'Angleterre, en annonçant qu'elle allait à Lisbonne, et ce qu'il y a de plus curieux, c'est que l'on admit parfaitement au ministère de la marine l'éventualité d'une marche aussi imprudente presque en vue de nos côtes et à proximité de nos navires de guerre. La preuve en est fournie par les télégrammes qui furent aussitôt expédiés à notre ambassadeur à Madrid et à notre représentant à Lisbonne, avec ordre de faire surveiller la mer par nos agents consulaires et de signaler les navires allemands dès qu'ils seraient arrivés. On alla même plus loin, et l'on prescrivit au vice-amiral Fourichon, qui avait été rappelé de Malte à Alger avec son escadre, de se rendre à Oran, de s'y mettre en vedette, de surveiller le détroit de Gibraltar et d'empêcher l'escadre prussienne de passer dans la Méditerranée. De cet ensemble de dispositions, il est permis de conclure que notre gouvernement avait peu de confiance dans les forces de notre armée navale, ou que rien n'était prêt, car enfin, une simple escadre de quatre vaisseaux cuirassés ne paraissait pas de nature à intimider une puissance qui était considérée alors comme la seconde puissance maritime du continent.

Pendant ce temps, l'escadre ennemie rétrogradait tout simplement à Wilhelmshafen, y jetait l'ancre le 16, et se résignait au seul rôle qui lui convînt, celui de la défensive. Aussitôt après son arrivée dans la Jahde, l'un des quatre vaisseaux qui la composaient se dirigeait toutefois vers l'embouchure de l'Elbe.

Rien n'est plus instructif que cet épisode de la retraite de l'escadre allemande à l'abri de son grand port de guerre de la mer du Nord, alors que notre gouvernement redoutait sa présence au détroit de Gibraltar. Il montre bien que le désarroi était aussi complet dans le commandement de notre armée de mer que dans celui de notre armée de terre. Et ce qu'il n'y a pas de moins curieux dans cet incident, c'est que, d'après l'aveu de l'amiral Rigault de Genouilly lui-même, « nous avons été très longtemps à rechercher l'escadre prussienne avant de connaître l'endroit où elle s'était réfugiée ».

Ce refuge étant connu, toute inquiétude disparaissait relativement à nos transports, à nos côtes, à nos ports et à nos navires de commerce.

Il était donc naturel de réunir immédiatement tous les navires disponibles à proximité du littoral de la France, d'en consacrer quelques-uns au blocus de l'escadre allemande, de faire passer les autres dans la mer Baltique, d'y opérer un bombardement, de préparer un débarquement, et de prescrire aux navires de nos stations navales éloignées de harceler la marine marchande ennemie.

Mais, encore une fois, il fallait faire vite.

Or, on procéda avec une nonchalance vraiment inexplicable à l'exécution de ce programme pourtant si naturel.

On a prétendu, et je trouve cette opinion dans la déposition de M. le comte de Kératry devant la commission d'enquête sur les actes du gouvernement de la Défense nationale, que « les lenteurs dans l'expédition de la flotte vers le nord ont été accusées de considérations personnelles » de la part du ministre de la marine, sur lequel M. le duc de Grammont aurait même « rejeté la faute de la défection danoise ».

Je ne veux pas retenir comme formelle cette accusation, car je me refuserai toujours à croire que, dans un intérêt personnel, un homme qui a une participation directe et importante à la conduite des affaires, puisse se départir de ses devoirs au point de compromettre l'intérêt de la patrie. Je suppose qu'il s'agit ici d'une présomption, présomption déjà grave, mais dont on peut d'ailleurs, dans ce cas particulier, faire remonter l'origine au différend qui s'éleva précisément sur la constitution du commandement de l'expédition maritime que l'on préparait alors contre le littoral de la Confédération de l'Allemagne du Nord.

Le vice-amiral Bouët-Willaumez avait été nommé, le 15 juillet, au commandement de l'escadre qui devait partir tout de suite dans la direction de la mer Baltique.

Le prince Jérôme Napoléon, qui était revenu à Paris peu de jours après, demanda à l'empereur le commandement en chef des troupes de terre et de mer qui seraient envoyées sur les côtes de la Prusse.

Le vice-amiral Bouët-Willaumez serait resté le chef de la flotte.

Le général Trochu devait être mis à la tête du corps de débarquement.

On comptait que ce corps s'élèverait à l'effectif de 70,000 hommes, dont 30,000 provenant des troupes d'occupation des États du Pape, de régiments d'infanterie encore disponibles tels que celui qui était en Corse et de bataillons d'infanterie de marine. Le Danemark fournirait de son côté 40,000 hommes.

Quant à la flotte, elle se renforcerait progressivement au fur et à mesure de l'armement des navires de guerre encore disponibles dans nos ports.

Le vice-amiral Rigault de Genouilly fit une opposition absolue à la demande du prince Napoléon et ne consentit qu'à lui laisser le commandement du corps franco-danois.

Mais, dès cette époque, il était démontré que nous n'avions pas trop de nos régiments actifs pour faire face aux armées allemandes, et, au lieu du 12e corps d'armée, dont on préparait l'organisation comme je viens de le dire, on projetait d'envoyer dans la mer Baltique un autre corps d'armée, le 13e, qui devait être formé avec des quatrièmes bataillons.

Sur ces entrefaites, des agents partis de la Hollande avaient fini par retrouver les traces de l'escadre prussienne. On savait qu'elle était remisée dans le port de Jahde.

Le vice-amiral Bouët-Willaumez partit enfin.

C'est le 24 juillet qu'il prit la mer avec son escadre, sans que le prince Napoléon ait obtenu gain de cause et sans qu'il fût question de le faire suivre aussitôt d'une flotte escortant les transports qui devaient porter les troupes de débarquement.

Notre escadre devait d'abord aller bloquer l'escadre ennemie dans le port de la Jahde. Ultérieurement elle serait relevée de ce poste et se dirigerait vers la Baltique, où elle serait rejointe par le convoi des transports, les batteries flottantes et les navires d'escorte, qui passeraient derrière le rideau du blocus sans être inquiétés par l'ennemi.

Cette conception n'était pas mauvaise, mais il aurait fallu que notre marine militaire et notre armée de terre pussent disposer sans retard de tous les éléments nécessaires pour la réaliser.

Or, le blocus de la Jahde ne fut même pas effectué.

Au moment où l'escadre en prenait la direction, le gouvernement impérial estima qu'il serait bon de la montrer à l'entrée de la Baltique.

Le vice-amiral Bouët-Willaumez reçut l'ordre de modifier en conséquence son itinéraire.

Bientôt, on lui prescrivit d'envoyer une corvette cuirassée et un aviso à Copenhague pour montrer le pavillon français devant la capitale du Danemark dont la population paraissait disposée à contracter alliance avec nous contre la Prusse.

Enfin, on lui enjoignit d'entrer dans la mer Baltique, et, le 2 août, il exécuta cet ordre.

Qu'allait-il faire?

Il ne pouvait rien contre le port de Kiel.

Il résolut, pour ne pas rester inactif, de canonner les deux ports de Colberg et de Dantzick, qu'il lui était possible de bombarder respectivement à une distance de 2,200 et de 4,000 mètres.

Mais les Prussiens avaient pris de nombreuses dispositions défensives sur le littoral, tant en vue d'un bombardement que d'un débarquement.

Le vice-amiral Bouët-Willaumez n'avait avec lui que 8 bâtiments, les frégates cuirassées la *Surveillante*, la *Gauloise*, la *Guyenne*, la *Flandre*, l'*Océan*, la *Thétis*, la corvette cuirassée la *Jeanne d'Arc* et l'aviso le *Cassard*. A coup sûr, cette force était plus que suffisante pour attaquer l'escadre ennemie. Toutefois elle ne pouvait faire qu'une sorte de diversion sans résultat réel dans la mer Baltique.

Et cela est si vrai que le ministre de la marine envoyait au vice-amiral Bouët-Willaumez, peu de temps après son départ, un télégramme où il lui disait :

« La Jahde étant libre, restez compact. »

En effet, l'escadre prussienne n'était point bloquée, par suite de la nouvelle destination qui avait été donnée à notre première division navale. Elle pouvait donc quitter le port où elle s'était réfugiée et reprendre la pleine mer.

Elle ne l'a point fait et s'est tenue prudemment à l'abri.

Son inaction provient-elle de ce qu'elle se supposait surveillée à courte distance par nos navires de guerre ou de ce qu'elle n'a point osé se mesurer avec eux?

La seconde hypothèse est parfaitement vraisemblable

En tout cas, ce qu'il y a de certain, c'est que l'escadre ennemie ne s'est nullement opposée à la marche de la nôtre.

Cependant, il devenait indispensable de procéder sans retard au blocus de la Jahde, surtout si l'on voulait envoyer un corps de débarquement sur les côtes de la Baltique.

C'est au vice-amiral Fourichon que fut confiée cette mission. Depuis que sa présence était inutile sur le littoral de l'Algérie, on l'avait rappelé à Brest.

Malheureusement, la fausse manœuvre exécutée du côté de la Méditerranée avait fait perdre un temps précieux, et il ne reçut que le 7 août l'ordre de se diriger vers la Jahde.

« Au reçu de cette dépêche, lui mandait le ministre de la marine, appareillez de Brest avec la *Magnanime*, la *Couronne*, la *Provence*, l'*Héroïne* et le *Cosmao*. Laissez à Brest les deux corvettes *Armide* et *Reine-Blanche*. Passez devant Cherbourg, où vous serez rejoint par *Revanche*, *Valeureuse*, *Invincible*, *Atalante*, *Decrès* et *Château-Renaud*. Le *Château-Renaud* vous remettra vos instructions. Vous irez avec ces forces bloquer la Jahde. »

A peine le vice-amiral Fourichon avait-il reçu cet ordre que la nouvelle de nos échecs à Frœschwiller et à Spickeren arrivait à Paris.

Dans cette même journée du 7 août, le télégramme précédent était presque aussitôt suivi d'une autre dépêche que le ministre de la marine adressait aux préfets maritimes de Cherbourg, Brest, Lorient, Rochefort et Toulon, dépêche dont voici le texte :

« Déchiffrez vous-même, était-il dit à ces cinq officiers généraux de l'armée de mer; bataille perdue; tous les efforts à faire pour défendre la capitale; suspendez armement des transports et aussitôt organisez les équipages en bataillons et tenez-les prêts à venir à Paris dans le plus bref délai. »

Tout projet de débarquement se trouvait donc abandonné.

Le même jour, les préfets maritimes recevaient, en effet, de nouveaux ordres, leur prescrivant d'envoyer à Paris toute l'infanterie de marine, outre les équipages de la flotte, et toute l'artillerie de marine avec les batteries de mitrailleuses qui lui avaient été attribuées.

On remarquera que quatre semaines s'étaient écoulées depuis que le ministre de la marine avait envoyé son premier télégramme relatif à la préparation des transports de l'État.

En l'espace d'un mois, et faute d'une préparation suffisante, l'administration de la marine s'était donc trouvée incapable de réunir les éléments nécessaires, soit avec ses navires, soit avec les paquebots des compagnies subventionnées, pour opérer simultanément l'évacuation de l'Algérie et l'expédition sur le littoral de la mer Baltique.

Rien ne peut mieux faire ressortir l'absence de toute préparation que les extraits de certaines dépêches envoyées par le ministre de la marine durant la période de la mobilisation.

En voici quelques exemples :

— A Toulon, 10 juillet :

« Pouvez-vous, avec des stalles volantes, faire prendre à l'*Iphigénie* plus de 200 chevaux ? »

Est-ce que ce détail n'aurait pas dû être connu au ministère de la marine ?

— A Brest, 11 juillet :

« Si vous avez du disponible en armements et en marins, dirigez-le sur Cherbourg. »

On ne connaissait donc pas plus les ressources en personnel et en matériel que la capacité des transports !

— A Cherbourg, 12 juillet :

Les Allemands franchissent les Vosges. (Page 532.)

« Étudiez le placement des torpilles dans les deux passes. »

Cette étude n'aurait-elle pas dû être faite depuis longtemps? Il ne s'agissait plus d'étudier à ce moment, mais d'appliquer.

— A Brest, 14 juillet :

« Hâtez, par tous les moyens possibles, le départ de l'*Océan* pour Cherbourg. Vous lui enverrez les plaques par le *Souffleur*. »

— A Cherbourg, 17 juillet :

« Pressez le chargement des plaques de l'*Océan*. »

Ce bâtiment étant un de ceux qui formaient l'escadre du vice-amiral Bouët-Willaumez, on s'explique, en lisant les deux télégrammes précédents, comment il se fit que l'escadre n'appareilla que le 27 juillet.

— Cherbourg, 29 juillet :

« Je vous ai prescrit de mettre en première catégorie vos transports *Calvados, Nièvre, Garonne, Durance, Marne*. Avez-vous l'artillerie, en canons de 14, nécessaire pour les armer? »

Ainsi donc, on ignorait même au ministère de la marine les approvisionnements des divers arsenaux maritimes en matériel d'artillerie.

Il en était de même, au surplus, pour le matériel spécial aux troupes, comme le prouve encore le télégramme suivant :

— A Toulon, 5 août :

« Ravitaillez l'*Intrépide*, et faites-le partir pour Brest. Si vous avez des sacs de marins en excédent de vos besoins, mettez sur ce transport des effets d'habillement pour Brest. »

Je ne pousserai pas plus loin ces citations, car les précédentes suffisent pour démontrer que le désarroi était aussi grand au ministère de la marine qu'au ministère de la guerre.

Toutefois, je dois faire remarquer qu'une enquête approfondie n'a point été faite sur la situation de notre armée de mer comme sur notre armée de terre, en sorte que, si nous possédons quelques textes officiels des dépêches adressées par le ministre de la marine aux préfets maritimes, nous ne savons rien des plaintes sans doute nombreuses et énergiques formulées par ceux-ci, soit avant la guerre, soit au moment où ils durent procéder à la mobilisation des vaisseaux de combat et des vaisseaux de transport avec des moyens aussi précaires.

Au résumé, notre armée navale n'ayant pu, par le manque de préparation, remplir son rôle avant les échecs infligés à notre armée de terre, vit la même impossibilité se reproduire après nos premières défaites, puisqu'à la date du 7 août, elle recevait l'ordre de venir participer à la défense de la capitale.

Quand on songe aux faibles résultats qu'aurait peut-être obtenus notre marine dans la mer Baltique, et quand on se rappelle le concours précieux qu'elle apporta tant à l'armée de Paris qu'aux armées de province et même déjà à la bataille de Sedan, on n'est toutefois tenté de regretter qu'à moitié la destination qu'elle reçut par l'effet des circonstances.

Cependant, il est incontestable que sa présence à proximité du littoral prussien aurait pu obliger l'ennemi à maintenir sur son territoire les troupes qu'il y avait réunies pour la défense des côtes au lieu d'en disposer, comme il le fit, pour augmenter son armée d'invasion.

Comme je ne reviendrai plus sur ce qui concerne les opérations maritimes, dont les conséquences ont été nulles, je tiens à exposer ici que, si notre marine de guerre fut impuissante contre la flotte et le littoral de l'ennemi, par suite des considérations précédentes, elle protégea du moins notre marine marchande, qui ne fut inquiétée nulle part et put naviguer comme en temps ordinaire, malgré la présence de quelques navires ennemis aux Antilles, en Chine et en Australie.

Une croisière avait été établie dans la mer du Nord; une autre, au détroit de Gibraltar, après que l'escadre du vice-amiral Fourichon eût quitté Oran. On avait envoyé une division dans le Levant et une autre au Gabon, tandis que les navires de la station de l'Afrique occidentale parcouraient les routes suivies par les navires de commerce rentrant en Europe.

Les détroits des mers de Chine étaient gardés par une croisière spéciale. Une division avait été dirigée vers les côtes de l'Algérie, de la Tunisie et du Maroc.

Enfin, des croiseurs isolés partaient de Brest et de Cherbourg pour parcourir la Manche et surveiller les atterrissages.

RETRAITE SUR METZ

Pendant que l'armée française se retirait derrière la Moselle et derrière la Marne, les troupes allemandes franchissaient les Vosges et la Sarre.

J'ai déjà dit que nos troupes d'Alsace auraient dû se porter, soit vers Belfort, soit vers Langres, de manière à menacer le flanc gauche de l'invasion.

Je pense que nos troupes de Lorraine, dès l'instant qu'elles se repliaient sans livrer de nouveaux combats et sans avoir réellement subi un échec, auraient mieux fait de gagner les places du Nord, plutôt que de se réfugier sous les murs de Metz, afin de prendre, sur le flanc droit des lignes d'opérations de l'ennemi, une position analogue à celle que je viens d'indiquer pour les troupes d'Alsace.

Je ne parle ici, bien entendu, qu'au point de vue stratégique.

Nul ne pourra nier que cette double retraite latérale aurait obligé l'adversaire à se montrer très circonspect, à diviser ses forces, à les éparpiller.

La capitale de la France, qui, par son importance, par sa situation géographique, par la concentration administrative du pays, se trouve être le principal objectif de toute invasion, aurait été moins directement menacée.

Dans un autre ordre d'idées, la retraite des troupes d'Alsace sur le camp de Châlons et des troupes de Lorraine sur Metz aurait pu, je le reconnais, trouver sa justification dans les exigences du ravitaillement et du renforcement. Mais cette raison ne saurait même être invoquée, puisque les approvisionnements étaient insuffisants ici comme là.

Il est à remarquer, en effet, que l'on battait en retraite sans avoir rien préparé, de même que l'on avait eu un instant l'idée de prendre l'offensive sans rien disposer.

Par suite de l'incurie qui avait présidé à cette guerre, on n'avait pu marcher en avant, on avait été incapable de se maintenir en position, on ne savait pas où se retirer.

Tout ce que l'on voulait à ce moment, c'était couvrir la capitale, et, bien entendu, les considérations dynastiques seules avaient inspiré cette détermination, encore que l'intérêt de la famille impériale, d'accord avec l'intérêt de la France, ordonnât de couvrir Paris, non pas en dirigeant sur la capitale des troupes que l'ennemi y suivrait, mais en exécutant une double retraite latérale, comme je viens de l'indiquer.

Les Allemands, sachant qu'ils poussaient devant eux les troupes françaises en pleine déroute, pouvaient se montrer très hardis. Il n'y manquèrent pas, surtout quand ils eurent appris qu'ils pouvaient traverser les Vosges sans coup férir et que nous leur avions abandonné la libre disposition des tunnels de Saverne à Sarrebourg.

Les quelques places fortifiées qui se trouvaient sur leur passage n'étaient pas assez redoutables pour arrêter leur mouvement. Ou ils s'en emparèrent sans même avoir à en faire le siège; ou ils les masquèrent et les firent attaquer sans en éprouver d'autre ennui que d'imposer un circuit à l'itinéraire de leurs colonnes.

Le 7 août, la 4e division de cavalerie prussienne faisait opérer une reconnaissance de Bitche par un de ses régiments. Mais cette troupe, rendue fort entreprenante après les deux succès remportés la veille par les Allemands, s'était rapprochée à si petite distance de la place qu'elle fut toute surprise d'être saluée par quelques coups de fusil qui mirent plusieurs de ses hommes hors de combat.

Le 8, le 2e corps bavarois se présentait à son tour devant cette petite place qui accueillait de nouveau les têtes des colonnes ennemies par un feu intense. Une batterie bavaroise, commandée encore par un capitaine d'origine française, répondit en lançant quelques obus dans la ville; mais son tir ne produisant aucun résultat appréciable, elle dut presque aussitôt suspendre le feu, après avoir perdu quelques hommes, et l'un de ses affûts étant brisé.

Le 9, le 2e corps bavarois renonçait à son attaque, laissait devant Bitche un bataillon et un escadron, et continuait sa marche vers la Sarre qu'il atteignait, le 12, à hauteur de Fenestrange.

Quant à la petite place de Bitche, que sa situation rendait presque inattaquable, elle s'apprêtait à résister vaillamment, mais sans grand profit pour la défense nationale puisqu'elle ne devait plus être bientôt qu'un point perdu et complètement isolé au milieu des immenses parties de notre territoire sur lesquelles l'invasion se répandait alors.

Le commandant Teyssier devait tenir bon cependant à Bitche, et même jusqu'après la cessation des hostilités, comme nous le verrons plus tard, toutefois sa vigoureuse attitude n'eut d'autre effet que d'obliger les Allemands à y maintenir un tout petit corps d'observation et à faire un léger détour pour éviter ses coups de canon.

Le 9, un détachement du 5ᵉ corps prussien venait à son tour reconnaître la place de la Petite-Pierre.

Le général de Failly, qui avait bivouaqué près de la place dans la nuit du 7 au 8, en était parti dans la journée du 8; emmenant avec lui les troupes du 5ᵉ corps d'armée qu'il avait pu conserver sous sa direction et les débris du 1ᵉʳ corps d'armée conduits par le général Ducrot, et ne laissant qu'un petit détachement du 96ᵉ régiment d'infanterie commandé par un sergent-major qui fit enterrer les cartouches, noyer les poudres, enclouer les six canons formant tout l'armement, et s'éloigna.

Quand les Allemands pénétrèrent dans la Petite-Pierre, ils n'y trouvèrent plus qu'une vingtaine d'éclopés, qui s'y étaient réfugiés après la bataille de Frœschwiller et qui n'avaient pu partir en même temps que la garnison.

Le 9 également, la place de Lichtenberg était attaquée par la division wurtembergeoise, dont une reconnaissance avait été accueillie, la veille, par le feu de cette place.

Le 10, la place était bombardée. Bientôt, un incendie se déclarait dans les bâtiments principaux et prenait une grande extension, sans que les défenseurs en ressentissent le moindre découragement. Au contraire, ils repoussèrent tout pourparler avec l'ennemi. Mais, quand la nuit fut venue, les flammes avaient fait tant de ravages dans cette petite place, d'ailleurs indéfendable, que le sous-lieutenant qui la commandait capitula.

La garnison fut faite prisonnière de guerre. Elle se composait de 3 officiers et 213 hommes, dont 34 blessés ; son matériel comprenait 7 vieux canons comme ceux de la Petite-Pierre, 260 fusils et un minime approvisionnement de munitions.

Sa résistance avait coûté aux Wurtembergeois une perte de 36 hommes mis hors de combat.

On sait que, conformément au décret du 13 octobre 1863, sur le service dans les places de guerre, les capitulations que nous avons subies en 1870 et en 1871 ont été soumises à un conseil d'enquête spécial dont les avis ont été ensuite publiés au *Journal officiel de la République française*.

Voici comment ce conseil a jugé la capitulation de Lichtenberg dans sa séance du 14 octobre 1871 :

« Ouï le rapport,

« Vu les pièces à l'appui,

« Après en avoir délibéré,

« Le conseil, lit-on dans le procès-verbal de cette séance, est d'avis :

« Que l'article 255 du décret du 13 octobre 1863 n'était pas applicable au fort de Lichtenberg, car, par sa situation sur un rocher, l'ennemi n'aurait jamais pu y faire brèche;

« Que le commandant du fort, M. Archer, sous-lieutenant au 96ᵉ régiment d'infanterie, a fait tout ce qu'il était possible de faire dans la défense de la place;

« Qu'avant la reddition, il a détruit l'artillerie, les munitions de guerre, enfin tout ce dont l'ennemi aurait pu profiter, soit pour se ravitailler, soit contre d'autres places;

« Que par l'incendie de tous les bâtiments de la place, par le grand nombre de blessés qu'il ne pouvait soigner, faute d'officiers de santé et d'abris, par l'impossibilité de garantir les défenseurs du feu de l'ennemi, les parapets étant détruits, la résistance devenait impossible;

« Que, par suite, le sous-lieutenant Archer a fait ce que le devoir exigeait. »

Hélas! ce témoignage de satisfaction délivré à un tout jeune officier qui s'était tiré à son honneur d'une situation peu en rapport avec son grade et ses fonctions, devait être refusé à d'autres qui, dans des circonstances analogues, ne surent pas être à hauteur de la mission qui leur incombait.

Le 10, pendant que les Wurtembergeois s'emparaient de cette pauvre bicoque, les Prussiens du 11ᵉ corps se portaient dans la direction de Sarrebourg, avec l'ordre, chemin faisant, de bloquer la place de Phalsbourg.

La garnison de la place était forte de 1,200 hommes environ, dont le 4ᵉ bataillon du 63ᵉ régiment d'infanterie, un bataillon de garde nationale mobile du Bas-Rhin, 200 hommes provenant des troupes battues à Frœschwiller, enfin 50 artilleurs

Elle était commandée par le commandant Taillant, qui, sommé de se rendre, s'y refusa énergiquement.

Les Allemands mirent immédiatement 60 pièces en batterie et lancèrent en moins d'une heure plus de 1,000 obus sur la place qui riposta comme elle put avec les 10 pièces dont elle disposait contre cette violente et subite attaque.

Le coup de main n'ayant pas réussi, le 11ᵉ corps prussien continua son mouvement vers Sarrebourg dans la matinée du 11.

Le 12, le 6ᵉ corps prussien arrivait à son tour devant Phalsbourg et en effectuait l'investissement.

Le 14, le commandant du corps d'observation renouvelait la tentative d'intimidation par le bombardement. En peu de temps, 60 pièces jetaient 1,800 obus sur la place et y allumaient plusieurs incendies. Sommé une seconde fois de rendre la place, le commandant Taillant répondait encore par un nouveau refus, malgré l'infériorité désormais évidente de son artillerie même contre les pièces de campagne avec lesquelles l'ennemi avait exécuté ces deux bombardements.

Il devint, dès lors, certain pour les Allemands qu'ils ne s'empareraient de la place que par un siège en règle ou par un bombardement opéré avec des pièces de gros calibre.

Sans se laisser arrêter par ces obstacles d'importance secondaire, les armées allemandes continuèrent leur marche à la suite de nos troupes battues.

Mais l'ennemi supposait qu'il lui faudrait agir avec plus de promptitude et d'énergie contre Strasbourg.

Ainsi que le fait remarquer le récit officiel du grand état-major de Berlin, « Strasbourg, depuis la journée de Wœrth, avait cessé de constituer pour les Français cette porte ouverte sur le Rhin, que, depuis plusieurs siècles, les populations allemandes de la rive droite surveillaient avec une méfiance bien justifiée, mais elle offrait toujours un point d'appui pour la concentration des forces ennemies sur le flanc gauche de l'armée allemande ».

Rien n'était moins exact malheureusement que cette appréciation.

Dès la retraite du 1er corps d'armée, nous ne possédions plus une seule troupe en Alsace ; et il était permis de prévoir que nous ne pourrions plus y paraître.

La vérité, en ce qui concerne Strasbourg, c'est que l'Allemagne avait un grand intérêt moral à posséder le plus vite possible cette place.

C'est, d'ailleurs, ce qui ressort de la citation suivante empruntée au document précité :

« L'importance de Strasbourg comme capitale de l'Alsace, y est-il dit, l'abondance de ses ressources, sa situation sur la grande ligne de communication de l'Allemagne du Sud avec la France et surtout le souvenir traditionnel, dans le peuple allemand, de la spoliation consommée au temps de Louis XIV, formaient autant de puissants motifs pour ne pas se contenter d'un simple blocus. Aussitôt après avoir obtenu les premiers succès en rase campagne, on mûrissait le projet de rentrer en possession de cette place, soit par une vigoureuse attaque de vive force, si cela était possible, soit, dans le cas contraire, par un siège en règle. »

Ce n'est donc pas un objectif militaire que l'on visait par cette opération, mais bien un objectif politique.

Le véritable caractère de la guerre préparée et amenée par la diplomatie

Uhlan en vedette.

de M. de Bismarck ressort du passage précédent du récit officiel fait par le grand état-major prussien.

C'était une lutte de race contre race.

On voulait avoir Strasbourg le plus tôt que l'on pourrait afin de rendre à l'Allemagne cette ville et la province d'Alsace dont elle est le chef-lieu.

À qui confia-t-on le soin de s'en emparer ?

Aux troupes du grand-duché de Bade, de cette principauté qui était redevable à la France de tant de bienfaits, et dont les habitants possédaient l'affection des Alsaciens !

Le 8 août, la division badoise recevait l'ordre de s'établir en corps d'observation à Brumath et de faire reconnaître les approches de Strasbourg par quelques partis. Un coup de main avait même été tenté par un détachement de cette division, fort de 6 compagnies d'infanterie transportées en voitures, de 12 escadrons de cavalerie et de 54 pièces d'artillerie. Mais cette entreprise avait échoué et la garnison avait rejeté péremptoirement toute proposition relative à une capitulation.

Le 10, il était prescrit à la division badoise d'investir Strasbourg, surtout dans la direction du sud, et de s'opposer à tout ravitaillement de la population en attendant que l'arrivée des renforts permît de procéder à un blocus complet de la place.

Le 13, le roi de Prusse constituait, sous les ordres du général de Werder, un corps de siège spécialement destiné à Strasbourg et les premières opérations contre cette place commencèrent aussitôt.

Il restait encore une petite place sur le parcours des troupes ennemies dans le mouvement en éventail qu'elles faisaient, depuis Strasbourg, à leur aile gauche, jusqu'à Metz, à leur aile droite.

C'était la place de Marsal, sur la Seille.

Le 12 août, la 4ᵉ division de cavalerie, qui avait pour mission d'éclairer la 3ᵉ armée allemande dans son mouvement depuis la Sarre jusque vers Nancy et Lunéville, avait sommé cette petite place de se rendre. Mais le parlementaire avait été reçu à coups de fusil.

Le 13, le commandant de la place ayant reçu une nouvelle sommation, avait répondu qu'il était prêt à se retirer, toutefois à la condition que la garnison ne serait pas prisonnière de guerre. Cette condition ayant paru inacceptable, quelques douzaines d'obus avaient été immédiatement lancées sur Marsal qui, n'ayant pas un seul artilleur à sa disposition, n'avait pu riposter que par un unique coup de canon. L'ennemi s'était enhardi devant cette attitude et quelques tirailleurs se portaient sur les glacis avec la conviction qu'ils pouvaient braver impunément les défenseurs, mais ils étaient reçus par une violente mousqueterie de la garnison, qui répondait à une nouvelle sommation par un nouveau refus de capituler.

Le 14, la 4ᵉ division de cavalerie prussienne avait fait place au 2ᵉ corps bavarois qui procédait immédiatement à l'attaque de vive force de Marsal avec 6 bataillons d'infanterie, 8 escadrons de cavalerie et 42 pièces d'artillerie.

Au moment où le bombardement allait commencer, le commandant de la place se décidait à conclure une capitulation.

En vertu de cette convention, la garnison devint prisonnière de guerre ; l'ennemi trouvait à Marsal 60 bouches à feu, 3,000 fusils, des approvisionnements assez considérables en munitions et en matériel.

Le conseil d'enquête jugea sévèrement la conduite de l'officier qui commandait à Marsal.

Voici ce que dit à ce sujet le procès-verbal de la séance du 18 octobre 1871 :

« Le Conseil,

« Vu le dossier relatif à la capitulation de la place de Marsal ;

« Vu le texte de la capitulation ;

« Ouï M. le capitaine L..., de l'état-major des places, ex-commandant de la place de Marsal ;

« Ouï le rapporteur ;

« Après en avoir délibéré :

« Considérant que la garnison de Marsal était insuffisante ;

« Qu'il n'y avait pas un seul artilleur dans la place ;

« Que le gouvernement n'avait fourni aucun moyen pour la défense ;

« Que, toutefois, le commandant de la dite place s'est rendu avant qu'il ait été fait brèche au rempart ou que l'assaut ait été donné ;

« Qu'il n'a pas mis hors de service ses nombreuses bouches à feu, ni détruit ses munitions de guerre et de bouche, qui, après la capitulation, ont servi à l'ennemi pour faire le siège de plusieurs places françaises ;

« Est d'avis, à l'unanimité, que le capitaine L... a fait preuve d'une grande faiblesse, d'incapacité et mérite le blâme. »

Je me garderai bien de formuler la moindre protestation contre ce jugement, si sévère qu'il soit ; s'il atteint un officier qui n'a pas su faire preuve d'énergie au poste qu'il avait sollicité, il est encore plus sévère contre l'autorité militaire qui avait été assez coupable pour ne pas même mettre un petit détachement d'artillerie dans une place armée de 60 canons, et cette sévérité est d'autant plus significative qu'elle émane de vieux serviteurs du pays délibérant sous la présidence du vénérable maréchal Baraguey-d'Hilliers, qui était alors le doyen de l'armée française.

Mais je tiens à présenter deux observations sur la capitulation de Marsal, si peu importante qu'elle eût été par elle-même, car, en écrivant ce récit de l'invasion allemande, j'ai surtout pour but de ne laisser passer aucun fait sans en tirer une conclusion, quand il comporte un enseignement.

Parmi les membres du conseil de défense qui ont adhéré par écrit à la capitulation de Marsal, j'ai relevé la signature d'un officier qui était d'un grade plus élevé que celui du commandant de cette place. Ce supérieur hiérarchique n'était point là par hasard. Il y exerçait lui-même un commandement de troupe. Ne lui appartenait-il pas de prendre la direction de la défense, puisqu'il était le chef de la plus forte partie de la garnison ? A cette question, il ne peut y avoir qu'une réponse affirmative. Actuellement cette fausse situation ne pourrait se reproduire, car notre nouveau règlement sur le service dans les places de guerre y a pourvu. Mais, en 1870, le décret alors en vigueur n'avait même pas prévu le cas. L'interprétation rationnelle des devoirs militaires ne permettant, dans aucune circonstance, à un supérieur de servir sous les ordres d'un inférieur, de délibérer sous la présidence de celui-ci, de lui donner des conseils, il semble que la responsabilité de la capitulation de Marsal n'est moralement pas imputable à l'officier qui en a subi le blâme, surtout dans les conditions spéciales où se trouvait cette place.

Ma seconde observation à propos de ce fait de guerre portera sur la formule de la sommation écrite adressée par le commandant des troupes ennemies.

Voici le texte de ce document :

« Devant Marsal, le 14 août 1870.

« Je viens annoncer que l'armée française a abandonné la ligne de la Moselle et est en retraite sur Paris. Toute résistance de Marsal est donc maintenant sans but. Je suis devant la forteresse avec 40,000 hommes et 60 pièces en position, et vous somme de vous rendre prisonnier de guerre, les officiers gardant armes et bagages, les soldats leurs bagages.

« Je viens déclarer en même temps que, si, par une résistance frivole, vous me forcez à bombarder la ville et à la prendre d'assaut, je ferai passer toute la garnison au fil de l'épée.

« *Le général commandant le 2ᵉ corps bavarois,*

« HARTMANN. »

Cette menace de massacre est abominable. Généralement, au contraire, entre armées appartenant à des nations civilisées, on montre d'autant plus de générosité devant un ennemi vaincu qu'il a été plus brave et plus tenace. Ici, c'est tout le contraire.

Ce que je reproche surtout au commandant de la place de Marsal, c'est de ne pas avoir résisté jusqu'à l'assaut. C'est la seule réponse qu'il aurait dû faire à ce général bavarois. Quant à moi, je n'aurais pas hésité, et, le cas échéant, je n'hésiterais pas à me comporter comme je viens de le dire.

Au résumé, nulle des places fortes sur le concours desquelles on se croyait en droit de compter comme point d'appui, pivot d'opérations, place de dépôt, ne se trouvait à même d'arrêter ou même de ralentir la marche de l'ennemi.

Comme le fait remarquer le grand état-major prussien dans son récit historique sur la guerre franco-allemande, « la ceinture de forteresses, élevées jadis sous la direction de Vauban, avait été impuissante cette fois encore à protéger efficacement la frontière et à mettre obstacle à la marche des armées allemandes ».

On pense bien que, si j'ai mentionné par le menu les divers incidents, même minimes, relatifs à la défense des forteresses qui furent les premières attaquées, investies, bloquées et bombardées par l'ennemi, c'est qu'il me semble qu'il y avait là une haute leçon dont nous aurions pu faire notre profit.

Je suis le premier à déclarer que toutes ces places étaient dans un état presque complet de dénûment, et que, par conséquent, elles ne pouvaient opposer une longue résistance.

Mais j'ajoute que, même si elles avaient été pourvues de tout ce qui leur était indispensable pour jouer le rôle qui leur était assigné, elles n'auraient pu y parvenir.

Que les places fortes aient eu une importance capitale, même décisive, à une époque où les guerres étaient faites avec de petites armées qui ne se déplaçaient que difficilement, qui se ravitaillaient avec peine, qui ne disposaient que de voies de communication rares et en mauvais état, cela est incontestable.

Mais que ces obstacles inertes aient encore une aussi grande importance, aujourd'hui que les armées sont innombrables, que leurs mouvements sont rapides, qu'elles s'approvisionnent sans embarras, qu'elles sont à même d'éviter les routes ou les chemins barrés par des forteresses en suivant d'autres directions, qu'elles peuvent en un mot se répandre en masse aux alentours des places fortes, les investir, les masquer, les annihiler avec leurs réserves de seconde ligne, je ne le crois pas, et la guerre de 1870 vient à l'appui de mon opinion.

Cette guerre, qui nous a été funeste par suite de l'insuffisance numérique de nos bataillons, de nos escadrons et de nos batteries de campagne, a pourtant eu ce résultat assez étrange que les premiers efforts de réorganisation de nos forces nationales se sont portés sur les ouvrages de défense et sur le matériel d'artillerie appelé à en former l'armement.

D'où est venue cette contradiction entre les faits et leurs conséquences ?

Je ne sais si je me trompe, mais je crois qu'il faut l'attribuer aux effets moraux et matériels du bombardement sur les populations des grandes villes qui ont eu à le subir.

De ce que les habitants de ces villes n'ont pu être protégés par les fortifications et par l'artillerie contre les ravages causés par les canons ennemis, ils en ont conclu que leur sécurité réclamait comme première garantie la construction de nouveaux forts, de nouveaux camps retranchés, et la fabrication de pièces plus puissantes.

On n'a pas vu que, si les places de guerre avaient été bloquées, ruinées par les obus, décimées par la famine et par les maladies, c'est uniquement parce que l'armée active n'avait pu tenir en rase campagne, et qu'en conséquence la reconstitution de cette armée devait passer avant toute autre considération.

Sous l'empire d'un sentiment qu'il appartenait aux principaux chefs de notre armée de réduire à sa juste valeur, aussitôt après la libération de notre territoire, on a donc donné un développement excessif à la fortification permanente : il s'en est fallu de peu que l'on fermât les brèches faites à notre nouvelle frontière de l'Est par une nouvelle muraille de Chine, et, pourtant, malgré les dépenses considérables consacrées à ces défenses passives, notre ceinture de forteresses, pour me servir de la même expression que l'état-major de Berlin, aurait été complètement impuissante contre le nouvel engin explosif que l'on venait d'adopter pour les projectiles des batteries de siège allemandes, si la guerre avait éclaté à la fin de l'année 1885. Nous aurions encore éprouvé une nouvelle déception et peut-être un nouveau démembrement, puisque nous nous croyions à l'abri derrière les lignes des forts nouvellement construits et que nous y avions consacré des sommes qui auraient été beaucoup mieux employées à nous donner le plus grand nombre possible de défenseurs instruits, exercés, bien armés, bien encadrés et bien résolus à arrêter l'ennemi sur la frontière.

Je n'ai pas la prétention de poser ici les principes de la guerre future, car elle se fera avec des éléments si nouveaux que nul peut-être ne sait aujourd'hui comment elle devra être conduite.

Mais je crois que, sauf sur un très petit nombre de points ayant une importance stratégique de premier ordre, les ouvrages de fortifications permanentes ne joueront pas le rôle que leur attribue l'opinion publique.

Partout ailleurs, le succès définitif sera assuré à celle des deux armées en présence qui sera la plus nombreuse, la mieux outillée, la mieux disciplinée et la mieux conduite. Que si la marche des événements amène sur quelque zone de l'échiquier stratégique un genre d'opérations se rapprochant de la guerre de position, les places du moment, qui ont le grand avantage de ne pas être dispendieuses, y suffiront largement.

Cette doctrine, qui compte d'ailleurs de nombreux adhérents en France et à l'étranger, se trouve corroborée par l'étude du passé. On peut observer, en effet, que tous les peuples conquérants et tous les grands généraux ont eu recours exclusivement aux opérations en rase campagne. On peut aussi remarquer que le nombre des châteaux forts et des places fortes a constamment diminué au fur et à mesure que se multipliaient et se perfectionnaient les voies et les moyens de communication. Il convient enfin de ne pas oublier que la France, qui depuis deux siècles possède le plus grand nombre de forteresses de toutes les puissances européennes, a cependant subi plusieurs invasions. Qui peut affirmer qu'elle ne les aurait pas évitées si l'on avait fait pour son armée, à ces diverses époques, les sacrifices pécuniaires qui lui ont été imposés par l'adoption de ce système défensif?

En fait, les places fortes ne servent de rien quand un pays possède une armée solide.

Elles sont dangereuses lorsque l'armée est faible, car elles exercent sur elle une attraction irrésistible, et l'on peut presque toujours prédire qu'une armée qui n'aura pas su résister à cette attraction sera perdue dès l'instant qu'elle aura remis à des ouvrages de fortification le soin de la défendre contre l'ennemi.

Les événements dont Metz a été le théâtre vont montrer combien est vraie cette assertion, bien que d'autres circonstances, en dehors de toutes les prévisions, soient venues donner à ces événements un caractère particulier.

Pendant que les troupes allemandes se répandaient à travers l'Alsace et la Lorraine, les troupes françaises, formant deux groupes distincts, se retiraient, à gauche, sur Metz, à droite, sur le camp de Châlons.

Je vais suivre pas à pas et jour par jour les mouvements de nos troupes et ceux de l'ennemi, ainsi que les événements politiques qui se déroulent en même temps à Paris, événements dont j'ai déjà fait le récit.

Pour mener ainsi de front tous les faits intéressants à signaler du 7 au 14, c'est-à-dire depuis le lendemain de nos échecs à Frœschwiller et à Spickeren, jusqu'à la première des batailles livrées sous les murs de Metz, il importe de se rappeler que toutes nos troupes se retirent devant l'ennemi et que les représentants du pays, dans cette semaine, renversent le ministère qui a déclaré la guerre sans avoir su préparer la victoire. Il me paraît nécessaire, en outre, de dépeindre l'état d'esprit du commanment et des troupes. Il va de soi que j'entends, comme toujours, ne recourir qu'à des documents publics ou aux notes qui m'ont été données par des témoins absolument dignes de foi.

Les deux combats livrés par nos troupes le 6 avaient abouti à des insuccès, et même celui de Frœschwiller à l'anéantissement presque complet de notre corps d'armée d'avant-garde.

Mais enfin ce n'était là que des échecs comme il s'en produit souvent au cours d'une guerre, même heureuse.

Je tiens à montrer comment l'imprévoyance du gouvernement impérial et les indécisions du commandement firent que notre mouvement rétrograde se transforma partiellement en déroute.

Il y a là un utile enseignement que nous ne devons pas perdre.

Je commencerai par indiquer les hésitations de notre état-major général et je ferai ressortir les conséquences de ses tâtonnements et de ses fautes sur l'état moral des troupes; je donnerai ensuite un aperçu d'ensemble des mouvements effectués par notre armée et par les armées allemandes, puis je suivrai les événements dans leur ordre chronologique, de manière à bien en établir la solidarité; on verra enfin par quel enchaînement les erreurs des chefs amenèrent de vaillants soldats à subir les deux plus épouvantables catastrophes de notre histoire nationale.

Le carnet de l'un des officiers attachés aux bureaux du major-général va nous faire connaître ce qui se passait au quartier-impérial. En voici quelques extraits :

« 6 *août. 11 heures du soir.* — Ordre au général commandant la garde impériale de rallier les 3ᵉ et 4ᵉ corps. L'empereur sera le lendemain, à 4 heures du matin, à la tête des troupes. Les instructions données à l'officier porteur de cet ordre lui prescrivent de suivre la route de Sarrebrück et de rejoindre le plus tôt possible la garde impériale qui est en marche de Courcelles-Chaussy sur Saint-Avold. Cet officier trouve la garde impériale au bivouac. Le général qui la commande prend connaissance de la dépêche et dit que, d'après les mesures concertées avec le maréchal commandant le 3ᵉ corps, la garde ne doit pas exécuter une marche de nuit, mais seulement partir de bon matin. En tout cas, elle ne peut être avant midi en réserve derrière le 3ᵉ corps. Une dépêche, à peu près conçue dans les mêmes termes, vient annoncer que le 4ᵉ corps ne peut le lendemain arriver assez à temps en ligne avec le 3ᵉ. L'empereur, qui a le projet d'attaquer l'aile droite prussienne, doit, au reçu de ces

Vue de Strasbourg.

réponses, renoncer à ce projet. Les corps d'armée sont trop éloignés les uns des autres.

« 7 *août. Matin.* — Quelques officiers sont réunis dans le cabinet qui précède l'appartement de l'empereur, à la préfecture. Le lieutenant-colonel de K...., envoyé le 5, auprès du maréchal de Mac-Mahon, et qui a pu apprécier l'étendue de la déroute de Frœschwiller, rend compte au général Lebrun. Son avis est qu'il faut rallier toute l'armée derrière la Meuse. Ses raisons fortement exprimées font impression sur le général.

8 *août.* — Reçu du général Lebrun des indications pour établir un itinéraire de Metz à Châlons par trois directions. Le travail doit lui être remis sans retard.

« 9 *août.* — Il a été question du mouvement vers la Meuse. On y renonce.

« 10 *août.* — Commandé pour recevoir à la gare de Montigny et pour conduire à leurs emplacements les troupes du 6ᵉ corps.

« 14 *août.* — Le mouvement de retraite discuté le 7, puis rejeté, est décidément mis à exécution. »

Ainsi donc, en l'espace de sept jours, le grand état-major général modifie trois fois ses projets, en sorte que les commandants de corps d'armée, qui devraient être cependant les mieux informés, ne savent ce qu'ils ont à faire.

C'est ce qu'atteste la déclaration suivante du général de Ladmirault :

« L'empereur, le 12 du mois d'août, s'est démis, dit-il, du commandement en chef de l'armée, et a donné le commandement au maréchal Bazaine, qui a réuni sous ses ordres les cinq corps d'armée, y compris la garde. Je ne sais pas s'il y eut des conseils de guerre, si un plan a été arrêté ; quant à moi, qui commandais le 1ᵉʳ corps, je n'ai eu communication de rien. Je ne sais pas quel était le plan général ; je sais seulement que, le 14, nous avons reçu l'ordre de repasser la Moselle pour prendre la direction de Verdun, ou, pour mieux dire, du camp de Châlons, car, pour y arriver, il fallait prendre la direction de Verdun. »

Si quelques commandants de corps d'armée eurent le rare bonheur d'être sérieusement avisés de ce qu'ils avaient à faire, ils le furent dans des conditions telles que, bien souvent, ils ne savaient même plus comment exécuter les instructions contradictoires qu'on leur envoyait.

J'ai déjà cité, à la fin du récit de la bataille Spickeren, le cas du général de Ladmirault recevant, du maréchal Bazaine, l'ordre de marcher sur Saint-Avold, et, du major-général, l'ordre de se retirer sur Metz, ordres qui lui arrivent presque simultanément.

Le général de Failly ne dut pas être moins embarrassé. Le 9, on lui prescrit de marcher de Richicourt sur Nancy ; le 10, arrivé à Lunéville, il reçoit une lettre du major-général qui le laisse libre cependant de se diriger vers Langres s'il sait que la direction indiquée le rapproche de forces ennemies supérieures, mais on lui fait savoir que bientôt on lui indiquera s'il doit se porter sur Metz, sur Châlons ou sur Paris ; le 12, étant à Charmes, il est invité par une dépêche qui lui a été expédiée le matin, de marcher aussi vite que possible sur Toul, et on le prévient que, suivant les circonstances, il sera plus tard appelé à Metz ou dirigé sur Châlons ; ce même jour, à 5 heures 55 minutes du soir, une autre dépêche lui est remise : par cette dépêche, l'ordre de marcher sur Toul, qui a été donné le matin, est annulé et remplacé par celui de se diriger sur Paris par la route qui paraîtra le plus convenable.

N'est-ce pas absolument curieux !

Mais, au point de vue de l'étude des étranges procédés du commandement de nos troupes à cette époque, rien ne vaut assurément la déposition faite, devant la commission d'enquête sur les actes du gouvernement de la Défense nationale, par le maréchal Canrobert, car rien ne peut donner une idée plus juste du désarroi qui régnait partout.

J'ai déjà dit que, le 7 au matin, le commandant du 6e corps, alors encore à Châlons, avait reçu du maréchal de Mac-Mahon, qui arrivait à Saverne, une dépêche lui demandant d'urgence du pain et des munitions.

Après avoir exposé comment il fit pour répondre à cet appel pressant, le maréchal poursuit en ces termes :

« Antérieurement, le 5, j'avais reçu l'ordre de faire partir mon corps d'armée pour Nancy : il était parti ; puis, à peine arrivé à Nancy, ordre était donné de le faire revenir ; enfin, à moi-même il était prescrit, le 8, de me rendre à Paris. Aller à Paris ? mais pourquoi ?

« Je voyais qu'il y avait un peu de décousu dans les ordres donnés, et j'allai à Metz. Je me rendis auprès du souverain et du major-général. C'est alors que j'appris en détail les événements de Wœrth et de Spickeren. Je me permis de dire : « Il n'y a que deux corps d'armée sur sept, qui soient
« battus ; nous sommes cinq encore ; en nous faisant réunir ici, peut-être
« avons-nous le temps d'écraser le corps de Steinmetz qui s'avance seul par
« Forbach, et qui n'est pas encore assez appuyé par le prince Frédéric-
« Charles. » On me fit retourner au camp de Châlons. A peine y étais-je arrivé que je reçus, par une dépêche télégraphique, l'ordre d'aller à Paris de ma personne me mettre à la disposition de l'impératrice. Je partis avec mes aides-de-camp, et j'arrivai à Paris le 10 au soir ; mais au préalable,

j'eus le soin de dire à mon chef d'état-major général : « Si vous recevez « l'ordre d'un mouvement quelconque, prévenez-moi. » Je m'attendais à chaque instant qu'on prendrait à Châlons mon corps d'armée pour l'envoyer à Metz. »

Le maréchal Canrobert arrive à Paris à 9 heures. Il se rend aussitôt chez l'impératrice. Mais le nouveau conseil des ministres était en séance. Il doit attendre avant d'être introduit, et, pendant qu'il attend, on lui remet une dépêche de son chef d'état-major-général qui lui apprend que tout son corps d'armée est appelé à Metz, que deux divisions sont déjà parties et que l'on prévoit une grande bataille sous les murs de cette ville.

Aussi, quand l'impératrice le reçoit et lui propose le gouvernement militaire de Paris en remplacement du général Baraguay-d'Hilliers qui vient de se démettre de cette fonction, le maréchal Canrobert lui répondit-il :

« Madame, je ne puis pas accepter; mon corps d'armée, à l'heure où je vous parle, va à Metz; la bataille est peut-être pour demain. Si je restais au moment où mes soldats vont se battre, vous auriez un bâton de maréchal de France vermoulu sur lequel vous ne pourriez vous appuyer; laissez-moi faire mon métier de soldat. »

L'impératrice n'insistant plus devant cet argument péremptoire, le maréchal Canrobert se remit aussitôt en route pour retourner au milieu de ses troupes.

« Je partis immédiatement, ajoute-t-il. Seulement, au lieu d'aller à Châlons, je me dirigeai droit sur Frouard et sur Metz.

« Malheureusement, on m'avait appelé trop tard avec mon corps d'armée. Ce corps d'armée, qui avait 20 batteries, n'avait pu en amener à Metz que 9; sur 4 divisions, 3 seulement étaient présentes; sur 6 régiments de cavalerie, un seul escadron avait pu venir par la voie ferrée... C'est avec ce squelette de corps d'armée que j'étais arrivé à Metz; tout ce qui n'avait pas pu me suivre, à cause des rails enlevés, a été pris plus tard à Sedan ! »

Une autre déception attendait le maréchal Canrobert. Mais celle-ci atteignait l'homme, et il la supporta avec une hauteur de sentiment qu'il me paraît indispensable de mettre en relief.

« Arrivé à Metz, le 12 au matin, déclare-t-il, j'appris que le maréchal Bazaine avait le commandement en chef... J'étais maréchal de France depuis quatorze ans, et il pouvait paraître un peu étrange qu'on me plaçât dans une armée commandée par un de mes cadets, si cadet que cela. Comme l'opinion publique, à Paris, dans la Chambre, et un peu dans l'armée même, désignait le maréchal Bazaine pour le commandement, je dis :

« Quant à moi, ne faites pas attention ; dans les circonstances où est la
« patrie, les individualités ne sont rien ; mettez-moi sous les ordres de
« Bazaine ; je ferai là ce que j'ai fait toute ma vie, mon métier d'honnête
« soldat, et je serai le plus obéissant de ses subordonnés, tout en conservant
« ma dignité. » Cela se fit ainsi. L'empereur ne voulait pas me froisser ; le
maréchal Le Bœuf n'avait pas de raison pour chercher à m'humilier ;
l'opinion les poussait ; ils ont choisi Bazaine, et, à cette époque, j'ai été le
premier à dire qu'ils avaient bien fait. »

Que l'on remarque bien, tout en admirant ce noble langage, la réticence
du maréchal Canrobert. C'est le 12 décembre 1872, qu'il parlait ainsi,
avant le procès de Trianon par conséquent, et son opinion sur le choix de
Bazaine n'était plus celle qu'il avait eue le 12 août 1870.

Alors qu'il aurait fallu la plus grande unité dans l'établissement des
ordres généraux, la rédaction et la copie des dépêches envoyées, l'enregistrement des dépêches reçues, les accusés de réception, la concentration
et la transmission des renseignements recueillis et des instructions
données, il y avait quatre états-majors qui fonctionnaient séparément et ne
se communiquaient ni les ordres expédiés ni les informations obtenues :
d'une part, l'état-major particulier de l'empereur et celui du maréchal Le
Bœuf ; d'autre part, l'état-major général de l'armée, qui venait de perdre
son chef et l'état-major général du maréchal Bazaine ; si l'on y ajoute l'intervention du ministre de la guerre, puis l'état-major du maréchal de Mac-
Mahon, on reconnaîtra que la confusion devait être extrême.

Un officier d'état-major résumait ses impressions dans la lettre suivante qu'il adressait à un de ses amis, le 10 août, du bivouac de Mercy-le-
Haut :

« Nous sommes moins tristes, disait-il, par la fatigue physique que par
la souffrance morale. Nous n'avons pas idée de ce qui se passe autour de
nous. Être vaincu est un fait malheureux qu'il faut savoir supporter avec
courage. Mais, avoir des chefs inconscients ne sachant rien du rôle à
jouer et ne cherchant pas à savoir est une chose affreuse. Nous avons beau
questionner nos généraux, solliciter des ordres, demander à agir. Rien.
Le mystère est partout. Campés sous la tente à quelques pas du château
de Mercy, nous ne savons pas ce qui se passe à 400 mètres au loin. On ne
fait pas de reconnaissances. On n'ose pas lancer en avant nos cavaliers.
On dirait qu'on a peur. Les bois qui nous entourent nous rappellent ceux
de Forbach.

« Quel triste rôle que celui d'officier d'état-major, dans de pareilles
conditions ! Pas un de nous n'est employé à un travail utile.

« On dit que les corps d'armée se concentrent. On dit que le maréchal Bazaine va prendre le commandement général. On dit que nous allons combattre. Que de choses ne dit-on pas!

« Mais, si vous demandez mon opinion, je vous dirai que je ne crois à rien, que tout me paraît étrange, et qu'au lieu de combattre nous ne nous arrêterons dans notre retraite qu'à Metz! »

Cette incapacité du commandement devait avoir les plus désastreuses conséquences.

Un de mes amis m'a exposé l'état d'esprit de la garde impériale, au lendemain de nos échecs de Spickeren et de Frœschwiller, dans une note que je reproduis ci-dessous :

« Un affaissement moral chargé de sombres pressentiments, dit-il, a commencé, le 7 août, à faire sentir dans l'armée ses effets dissolvants. Il a cependant été paralysé pendant la période des grandes batailles des 14, 16 et 18, où la vieille valeur française s'est un moment réveillée ; mais, à partir du jour où une muraille de fer s'est élevée entre l'armée et la France, la désorganisation du moral des troupes a suivi une marche aussi rapide qu'irrésistible.

« Le 7 août, au matin, le corps de la garde, que je prends comme type de vieilles troupes difficiles à émouvoir, arrivait à Longeville-lès-Saint-Avold. On y était sans nouvelles des derniers événements. On savait bien que, non loin de là, un engagement avait eu lieu la veille, car on avait fait des marches de concentration, et, par deux fois, on avait reçu l'ordre de prendre les armes au bivouac de Courcelles-Chaussy pour marcher au combat. On ne connaissait pas le résultat de l'engagement, mais on ne songeait, en allant ainsi de l'avant, qu'à une victoire gagnée, à un succès à appuyer. Depuis cinquante ans on ne connaissait plus d'autre éventualité !

« L'officier d'état-major, arrivé avec l'avant-garde à Longeville, le 7, y apprend, d'un officier du grand état-major qui lui portait des ordres, les désastres de Frœschwiller et la défaite de Spickeren à la suite de laquelle le général Frossard a battu en retraite.

« Profondément ému, l'officier s'efforce de ne rien laisser paraître de la douleur qui l'accable et ne communique qu'à ses chefs, à leur arrivée avec le gros de la colonne, les sinistres nouvelles qu'il a apprises.

« Aucune publicité ne leur fut donnée, et, pourtant, bientôt elles étaient connues de tous les soldats de la garde sur lesquels elles produisirent un effet terrible.

« Le soir, lorsqu'on donna les ordres pour la retraite que l'on devait commencer le lendemain, la confiance des troupes de la garde, troupes bien vigoureuses cependant, fut considérablement ébranlée.

« Pouvait-il en être autrement !

« Beaucoup de ces vaillants soldats avaient pris leur part des triomphes de Crimée et d'Italie! Pourquoi donc, disaient-ils, se retirait-on devant les Prussiens, sans même les avoir vus, quand on avait été vainqueurs des Russes et des Autrichiens qui les valaient certes bien.

« Chez les officiers, l'indignation était à son comble. « Se retirer avant « d'être battus ! s'écriaient-ils, c'est impossible ! C'est de la lâcheté ! »

« Dès ce jour, l'armée, on peut l'affirmer, avait perdu confiance, et cet abandon d'elle-même, elle ne parvint à le dominer que sous les murs de Metz. Elle devint alors plus calme, reçut ses réserves, se refit, se retrempa et reprit espoir. Le canon de Borny la réveilla même tout à fait, mais le réveil devait être bien court, hélas ! »

Si la garde impériale se laissait ainsi abattre, elle qui n'avait subi encore aucun échec, elle qui se composait d'hommes éprouvés et pourvus de tout ce qui leur était nécessaire, comment auraient pu résister à cet affaissement général les soldats des corps d'armée qui avaient été défaits et qui se retiraient dans le plus complet dénûment !

Ces soldats sont exténués, comme le prouvent les deux documents suivants :

Le 8, c'est le général Montaudon qui écrit au maréchal Bazaine :

« La marche d'aujourd'hui a assez fatigué les troupes de la division, déjà épuisées par les marches de nuit et les alertes des jours précédents ; aussi prierai-je Votre Excellence, si c'est possible, de vouloir bien donner un jour de repos à la division. »

Le 9, le général Decaen, qui vient de prendre le commandement du 3e corps d'armée, est encore plus pressant :

« Je vous prie en grâce de ne pas faire de mouvement aujourd'hui, écrit-il au maréchal Bazaine, à 10 heures 1/2 du matin. Les hommes sont rendus de fatigue, la soupe n'est pas mangée, et il faudrait encore y renoncer ce soir. Enfin, j'ai dit à M. D..., chef d'escadron, l'état moral que j'ai constaté. Hier, arrivés à 11 heures 1/2 du soir, avec une pluie battante, manquant de moral (j'ai le regret de vous le dire), il leur faut un peu de repos et de la soupe ce soir. De plus, arrivé hier soir à 11 heures, j'ai dû, ce matin, de bonne heure, aller rectifier les emplacements pris sans y voir. Ils n'ont donc pu se reposer. »

Mais, dira-t-on, ces fatigues, les troupes allemandes avaient à les supporter aussi, et cependant elles marchaient.

Cathédrale de Metz.

L'objection serait juste, si l'on ne savait que la victoire et la poursuite donnent des forces, tandis que la défaite et la retraite coupent bras et jambes.

Cependant, les généraux Decaen et Montaudon commandaient des divisions qui n'avaient même pas combattu et qui n'avaient rien perdu de leurs ustensiles de campement. Les marches et les contremarches, jointes aux effets démoralisants de nos échecs, avaient suffi pour leur faire perdre rapidement leurs forces.

La situation du 2ᵉ corps était bien plus mauvaise encore.

C'est à leur arrivée à Metz que les soldats de ce corps d'armée purent enfin se procurer le matériel de campagne qui leur faisait défaut depuis six jours.

Et dans quelles conditions !

« Du 11 au 13 août, dit à ce sujet le général Frossard, le corps d'armée reste dans ses positions. Le temps était très mauvais, la pluie incessante. Bien que les bivouacs n'aient pu être installés convenablement, les troupes y trouvent le repos dont elles avaient besoin. Il était désirable qu'on profitât de ce séjour pour faire remplacer les effets et ustensiles de campement que plusieurs régiments avaient perdu le 6. Malheureusement, les magasins de Metz ne possédaient presque rien ; on y trouva seulement quelques demi-couvertures. L'intendant militaire du 2ᵉ corps fit aussitôt acheter et distribuer des bissacs en toile, les substituant aux havresacs manquants, et les colonels purent faire confectionner dans la ville un certain nombre de gamelles et de marmites. »

Que l'on fasse entrer en ligne de compte le sentiment très net de l'infériorité du nombre, de l'artillerie, du commandement, et l'on admettra que notre armée perdît peu à peu de sa valeur.

Ce déplorable résultat se manifestait tout aussi bien parmi les troupes qui se retiraient précipitamment de l'Alsace.

« A partir de Saverne, déclare le maréchal de Mac-Mahon devant la commission d'enquête sur les actes du gouvernement de la Défense nationale, nous avons toujours eu du mauvais temps. Beaucoup d'hommes, ayant perdu leurs sacs, n'avaient plus ce qu'il fallait pour faire la soupe. Ils mangeaient mal, et, par suite, un certain nombre restaient en arrière. »

Le commandant du 1ᵉʳ corps d'armée estimait que ce fait n'avait pas de grands inconvénients, les traînards s'embarquant en chemin de fer pour gagner le camp de Châlons.

Mais dans quel état y arrivaient-ils et quel effet produisaient-ils ?

Voici comment le général Schmitz retrace la pénible impression qu'il a ressentie en arrivant de Paris au camp de Châlons, dans la journée du 16, et en y voyant les débris du 1ᵉʳ corps d'armée :

« C'est le moment, déclare-t-il, de dire la vérité sur la situation de ces troupes. J'avais fait la guerre, je n'avais jamais vu de troupes dans un état aussi déplorable ; elles avaient l'aspect d'hommes qui auraient combattu pendant six mois ; la plupart n'avaient ni sacs ni fusils, tous les officiers avaient perdu leurs bagages, leurs chevaux, dans cette malheureuse affaire ; je fus pris d'un sentiment de tristesse très profond et d'appréhension pour l'avenir, en voyant cette foule d'hommes arriver au camp de Châlons, et s'y ruer dans le plus grand désordre. »

Cette impression, ce sentiment, cette appréhension, tout le monde les éprouvait, et, ce qu'il y a de plus triste, c'est que, déjà, tout espoir d'un relèvement avait disparu ; seule, la discipline se maintenait parmi ces hommes dévoués.

Voici, à ces divers points de vue, les appréciations que m'a données un officier de l'armée de Lorraine :

« Le mouvement en arrière continue par des marches successives sans qu'aucun ordre vienne ranimer l'ardeur des soldats, sans que l'on tente un seul de ces retours offensifs si justement recommandés par les hommes de guerre.

« Les pensées de la troupe sont les mêmes que les nôtres. Peu de cohésion dans le rang. Beaucoup de désordre dans les marches. Mais pas d'actes d'indiscipline, de marque d'insubordination.

« Les mobiles qui nous ont rejoints à Forbach sont gros et épais. Ils marchent avec peine et ne s'en cachent pas. Nous espérons toutefois que ces hommes se dégrossiront et s'aguerriront peu à peu.

« Pendant le séjour que nous faisons sous Metz, arrive le dernier courrier que nous devons recevoir. Nous sommes au 13 août. Nous lisons les journaux avec hâte, désireux de savoir ce qui se dit dans le reste de la France. La presse demande à grands cris un successeur au généralissime qui nous a conduits jusqu'ici. Ce successeur, patroné par les Chambres, accepté par tous, c'est le maréchal Bazaine « Je l'ai connu au Mexique, « me dit à ce sujet un colonel d'état-major ; c'est un homme dépourvu « de sens moral, fort intelligent, mais paresseux, ne sachant jamais « prendre une décision. En le désignant et en le proclamant comme un « sauveur, on fait un mauvais choix. »

On remarquera que l'indiscipline ne se manifestait pas.

Pourtant l'insuffisance des distributions et la disparition presque complète d'une grande partie de la population ne pouvaient manquer de faire naître la débandade, la maraude et les abus.

« A Pange, m'a dit un officier de la division Montaudon, presque tous les habitants avaient fui quand y arriva cette division dans la matinée du 10. La pluie tombait toujours. Pour se mettre à l'abri, on fit sauter bien des serrures qui fermaient les portes d'entrée des maisons. Une fois entrés et en l'absence des propriétaires, les hommes se réconfortaient avec le vin et les liqueurs qu'ils trouvaient, sans abuser cependant. « A quoi bon se gêner, disaient-ils, les Prussiens nous suivent et ils « boiront demain ce que nous leur laisserons. » De même pour faire du feu, de nombreuses clôtures furent arrachées et même des appentis démolis. Les exigences de la vie le voulaient ainsi. Personne n'avait songé à pourvoir aux besoins du soldat. Il y pourvoyait lui-même par de graves infractions. Mais la responsabilité ne pouvait lui en être imputée. »

Des citations précédentes, que j'ai empruntées parmi beaucoup d'autres non moins probantes, soit à des documents officiels, soit à des notes recueillies par moi pour me former un jugement motivé, il résulte que notre armée allait à la débandade. Ce n'est pas qu'elle ne possédât ni des soldats pleins d'abnégation, ni des officiers d'un très haut mérite. Mais, d'une part, ceux-ci n'avaient pas un grade assez élevé pour émettre des avis, pour donner des conseils et des ordres, pour imposer leur volonté, et l'on ne pouvait, d'autre part, exiger des troupes des efforts surhumains. Les uns et les autres ne demandaient pas mieux que d'agir. Une autorité supérieure exerçait malheureusement une influence dissolvante.

Maintenant que, d'une manière générale, j'ai décrit l'état moral et physique de nos troupes au lendemain des deux échecs de Frœschwiller et de Spickeren, je vais indiquer comment elles ont effectué leur retraite et comment les armées allemandes ont orienté leur poursuite.

Je rappelle qu'à Frœschwiller, le 6 août, le 1er corps d'armée, avec une division du 7e, avait eu à combattre contre la 3e armée allemande presque tout entière et avait été rejoint, vers la fin de la bataille, par une division du 5e corps.

Le même jour, le 2e corps d'armée avait lutté à Spickeren contre une partie de l'aile gauche de la 1re armée allemande et une partie de l'aile droite de la 2e armée.

Pendant ces deux batailles, nos autres corps d'armée étaient restés inactifs et occupaient les positions suivantes :

Le 3e corps d'armée en arrière du 2e, quartier-général à Saint-Avold ;

Le 4e corps d'armée, à la gauche du 2e, quartier-général à Boulay ;

Le corps de la garde impériale, en arrière du 3e, quartier-général à Faulquemont ;

Le 5e corps d'armée, quartier-général à Bitche, moins une brigade qui avait été coupée à Sarreguemines et qui ralliait la droite des 2e et 3e corps d'armée, et moins la division engagée à la fin de la bataille de Frœschwiller ;

Le 7e corps d'armée, quartier-général à Belfort, ses trois divisions étant ainsi réparties : l'une à Mulhouse, l'autre à Lyon, la troisième ayant été engagée à Frœschwiller ;

Le 6ᵉ corps d'armée, quartier-général au camp de Châlons.

Les armées allemandes étaient de leur côté réparties ainsi qu'il suit :

La 1ʳᵉ armée, entre Sarrelouis, Forbach et Sarrebrück ;

La 2ᵉ armée, entre Forbach, Spickeren, Sarrebrück, Sarreguemines et Bitche ;

La 3ᵉ armée, entre Bitche, Wissembourg, Wœrth, Frœschwiller et Reichshoffen.

L'armée de Lorraine et l'armée d'Alsace se retirent dès le 7 au matin : elles ne savent pas où elles iront, toute leur ambition est pour le moment de se soustraire aux coups de l'ennemi.

Au début, il semble que l'objectif soit Metz pour l'armée de Lorraine et Châlons pour l'armée d'Alsace.

Mais cet objectif va changer d'un jour à l'autre : il sera tantôt Metz ou Verdun ; tantôt Nancy, Toul ou Châlons, et même Paris.

Cette variété dans les destinations ultérieures explique les détours et les retards du mouvement, mais elle n'y contribue pas seule et la marche hardie d'une partie de la cavalerie allemande y participe également.

L'échiquier étant maintenant bien déterminé, je vais montrer comment s'y meuvent les deux partis en présence, mais sans entrer dans tous les détails des opérations afin de ne pas perdre de vue l'ensemble de cette double action particulièrement intéressante à étudier.

7 août. — Dans la nuit du 6 au 7, quand on apprit au quartier impérial, qui était toujours à Metz, les deux échecs de Frœschwiller et de Spickeren, on craignit aussitôt que la ligne des Vosges fût forcée, l'armée d'Alsace dispersée et l'armée de Lorraine débordée.

Les premiers ordres donnés furent, en conséquence, de réunir ces deux armées sur Châlons afin de barrer à l'invasion la route de Paris.

Par ce mouvement général en arrière, nous abandonnions l'Alsace, la Lorraine et la majeure partie de la Champagne.

J'ai déjà jugé, au point de vue militaire, cette opération de retraite parallèle. Je n'y reviendrai pas.

Au point de vue politique, l'opération n'était pas moins mauvaise. Il paraît, toutefois, qu'aussitôt après avoir reçu les dépêches expédiées de Forbach et de Reichshoffen, l'empereur avait l'intention de réunir toute l'armée de Lorraine à Saint-Avold, de se porter au milieu de ses troupes et de reprendre l'offensive.

Des ordres furent même donnés dans ce sens et, le 7 au matin, l'empereur était déjà monté en wagon pour mettre son projet à exécution, quand arriva un télégramme annonçant que la gare de Bening était occupée par l'ennemi.

On ne savait, en outre, dans quelle direction le général Frossard avait effectué sa retraite, ce qui me paraît absolument étrange, mais c'est le maréchal Le Bœuf qui l'affirme et cette assertion n'ayant pas été démentie, je ne puis la considérer que comme parfaitement exacte.

Bref, Napoléon III renonce à l'offensive et descend de wagon. Le major-général, seul, se rend de Metz à Saint-Avold pour donner au maréchal Bazaine les nouvelles instructions qui ont pour but de ramener l'armée de Lorraine sur la Moselle.

Le maréchal de Mac-Mahon arrive à Saverne avec les débris des troupes qui ont été battues la veille à Frœschwiller, savoir : le 1er corps d'armée placé sous ses ordres directs ; la division de Lespart, du 5e corps ; la division Conseil-Dumesnil, du 7e corps ; la 2e division de cavalerie de réserve commandée par le général de Bonnemains. Il informe le maréchal Canrobert de son échec et lui demande des vivres et des cartouches. Il adresse également à l'empereur un télégramme lui annonçant qu'il a perdu la bataille la veille et sollicite des ordres sur les mouvement qu'il doit exécuter ainsi que sur les positions qu'il doit occuper. On lui répond de se diriger sur le camp de Châlons et de s'y établir.

L'état-major général adresse, en même temps, le télégramme suivant à un officier qui était parti de Metz, la veille, pour se rendre à Phalsbourg et diriger sur le camp de Châlons les hommes isolés et démontés qui pouvaient se trouver dans cette place :

« Prenez les mesures nécessaires, lui mandait-on, pour diriger sur Toul tous les éclopés qui sont à Sarrebourg. Pendant qu'ils se reposeront, on les réarmera.

« Que la retraite soit continuée par le maréchal de Mac-Mahon et par le général de Failly dans la direction qui est suivie en ce moment.

« Mais les deux corps Mac-Mahon et Failly ne devront pas dépasser Nancy sans l'ordre de l'empereur. »

Le maréchal Bazaine a déclaré que c'est cet ordre qui l'avait amené à séjourner à Faulquemont le 9. Il voulait, affirme-t-il, couvrir l'aile droite de l'armée, et il a prétendu que, s'il avait su ce qui se passait de ce côté, il aurait au contraire pressé la marche en retraite.

Le général Félix Douay, commandant le 7e corps, est à Belfort où il vient d'être rejoint par la division Liébert, la brigade de cavalerie Cambriel et la réserve d'artillerie du corps d'armée. Ces troupes ont quitté

Mulhouse à la hâte. Fatiguées par les marches et les contremarches, mécontentes de se retirer sans avoir combattu et même sans avoir vu l'ennemi, conduites par là même à s'exagérer le danger qu'elles couraient, mal nourries, elles arrivent débandées. La division Dumont, du 7e corps, et la brigade de cavalerie du Colombier appartenant au même corps se trouvent encore à Lyon.

Le 2e corps arrive à Gros-Tenquin, la brigade Lapasset formant arrière-garde.

De cet endroit, le général Frossard adresse au major-général son rapport sur la bataille de Spickeren.

On y trouve les renseignements suivants qui corroborent ce que j'ai dit plus haut au sujet de la situation de l'armée, ou du moins de certaines parties de l'armée :

« ... Plusieurs régiments n'ont plus ni sacs, ni campement, ni ustensiles. Les vivres, hier, nous ont manqué. Aujourd'hui, nous avons trouvé ici quelque chose ; mais, demain, je ne sais quelle distribution nous pourrons faire...

« Mes hommes sont extrêmement fatigués ; ils ne sont pas nourris ; je ne pourrais longtemps les garder dans cet état.

« Je vous envoie un officier qui vous dira en détail ce dont j'ai besoin. Il me faudrait des vivres assurés pour demain par un fort envoi à la gare de Remilly, sur le chemin de fer de Forbach.

« Veuillez me faire envoyer aussi des marmites et des gamelles, ainsi que des petites tentes-abris ; mes pauvres hommes ne peuvent faire la soupe ni se préserver de la pluie la nuit. Je ne voudrais pas les ramener exténués à Metz. »

Il n'y avait aucun matériel à Metz, comme je l'ai déjà dit en reproduisant la note d'un fonctionnaire de l'intendance employé dans cette place, ou, du moins, il n'y avait qu'un matériel tout à fait insuffisant, et le major-général s'empressait de télégraphier au général Dejean, ministre de la guerre par intérim, afin d'obtenir le nécessaire.

« L'empereur, lui disait-il, vous prie de diriger sur Metz le plus que vous pourrez de biscuits, havresacs, marmites et ustensiles de campement. Sa Majesté compte prendre l'offensive dans peu de jours. »

Le général Frossard déclarait, il est vrai, dans le rapport dont je viens de reproduire quelques extraits, que le 2e corps d'armée n'était pas désorganisé. Mais comment osait-on songer à une attaque contre l'ennemi, quand on savait d'une part, qu'une partie de notre armée manquait à peu près de tout ce qui lui était nécessaire pour aller de l'avant, et que, d'autre part, la place de Metz n'était pas approvisionnée de manière à permettre un si grand effort? Pouvait-on supposer que l'ennemi ne se hâterait pas de la mettre dans l'impossibilité de se ravitailler?

Pendant que le 2ᵉ corps d'armée atteint Gros-Tenquin, le 3ᵉ arrive à Faulquemont; la garde, à Courcelles-Chaussy; et le 4ᵉ corps, à Volmeranges.

Le 6ᵉ corps d'armée reste encore à Metz.

Les troupes d'infanterie et d'artillerie de marine se disposent à quitter le littoral et à venir à Paris.

Le général de Failly se porte de Bitche à la Petite-Pierre avec une division et demie du 5ᵉ corps; la division de Lespart suit le 1ᵉʳ corps à Saverne; la brigade Lapasset, le 2ᵉ corps à Puttelange. Il est prescrit au commandant du 5ᵉ corps de se retirer sur Châlons.

Le général Félix Douay appelle à Belfort la division Liébert qui est à Mulhouse et la division Dumont qui n'a pas encore quitté Lyon; la division Conseil-Dumesnil suit le 1ᵉʳ corps à Saverne.

Le général Frossard bat en retraite de Sarreguemines sur Puttelange avec le 2ᵉ corps, la brigade Lapasset formant arrière-garde.

Le 3ᵉ corps occupe Saint-Avold, où est le quartier-général du maréchal Bazaine, et Puttelange.

Le 4ᵉ corps se replie sur Boulay.

La garde impériale exécute la marche en avant qui lui avait été prescrite la veille, de Courcelles-Chaussy à Longeville-lès-Saint-Avold.

Le 6ᵉ corps d'armée, qui avait été porté à Nancy en partie depuis le 5, et qui devait y venir tout entier, arrête son mouvement et retourne au camp de Châlons où il était auparavant.

La division formée par les gardes mobiles de la Seine reste au camp de Châlons, sous les ordres du général Berthaut.

La 1ʳᵉ division de cavalerie de réserve, commandée par le général du Barail, se forme à Lunéville.

Le général de Fortou, avec la 3ᵉ division de cavalerie de réserve, reste à Faulquemont.

Ordre est donné aux préfets maritimes de suspendre l'organisation d'un corps de débarquement et d'envoyer à Paris les troupes d'infanterie de marine.

Les armées allemandes demeurent presque immobiles et n'osent s'aventurer, car elles ne connaissent pas les directions de retraite que nous avons prises et ne savent si nous n'allons pas tenter quelque action offensive.

C'est seulement le 7 au matin que la 13ᵉ division prussienne entre dans Forbach, après un court engagement soutenu par les isolés de divers corps

Réquisitions de l'armée allemande. (Page 563.)

qui y avaient passé la nuit, car il ne se trouvait plus dans cette ville aucune troupe française.

De son côté, la 14e division, faisant partie du 7e corps, comme la précédente, se réorganise à Stiring.

Le 8e corps se forme à la gauche du précédent, entre Drahtzug et Saint-Arnual.

La 3ᵉ division de cavalerie se porte en avant dans la direction de Bouzonville, où ses patrouilles pénètrent sans coup férir, et vers Boulay, que nous occupions encore.

Le 1ᵉʳ corps prussien et la 2ᵉ division de cavalerie, qui doivent renforcer la 1ʳᵉ armée allemande, arrivent ce jour même à Lebach.

Le général Steinmetz porte son quartier-général de Sarrebrück à Volklingen.

Le soir, il y reçoit l'ordre suivant que le roi, arrivé dans la journée même de Mayence à Hombourg, lui fait adresser par le général de Moltke :

« Sa Majesté ordonne à la 1ʳᵉ armée de laisser demain le 7ᵉ et le 8ᵉ corps dans leurs positions actuelles entre Sarrebrück et Volklingen, d'occuper les hauteurs de Spickeren et de s'y maintenir en cas d'attaque. »

De ce côté donc, les Allemands n'ont point encore la notion très exacte du succès qu'ils ont remporté la veille, et qu'ils ne considèrent pas comme assez important pour avoir décidé, non seulement la retraite des troupes contre lesquelles il ont combattu à Spickeren, mais encore la retraite générale de toute l'armée de Lorraine.

Les hésitations de l'ennemi montrent que le général Frossard aurait pu sans danger coucher à proximité du champ de bataille, au lieu de se retirer sur Sarreguemines. Le commandant du 2ᵉ corps d'armée, en choisissant cette direction de retraite, que d'ailleurs je ne critique point, avait eu cependant le grand tort de supposer que la prudence lui ordonnait de s'éloigner le plus rapidement possible. Ses troupes n'avaient pas été battues au vrai sens du mot, et il aurait pu les maintenir en position. Tactiquement, il avait eu tort. Les généraux en chef doivent bien se persuader, en effet, que le soir d'une bataille indécise, il y a fort peu de différence entre les deux adversaires et que la victoire reste souvent à celui qui est le plus tenace. Mais, stratégiquement, je le répète, le général Frossard avait eu raison de se retirer sur Sarreguemines, car la position Spickeren-Stiring était mauvaise, et, en se portant vers l'est, il laissait les troupes fraîches du 3ᵉ corps en présence des troupes allemandes qui avaient combattu la veille.

Le roi de Prusse lance, de son quartier-général de Hombourg, l'ordre du jour suivant aux armées allemandes :

« Soldats !

« La poursuite de l'ennemi, repoussé après de sanglantes rencontres, a déjà conduit une grande partie de notre armée au delà de la frontière.

« Aujourd'hui et demain, plusieurs corps vont pénétrer sur le sol français.

« Je compte que vous saurez conserver tout particulièrement sur le territoire ennemi cette discipline qui vous a distingués jusqu'ici.

« Nous ne faisons pas la guerre aux habitants paisibles.

« Il est au contraire du devoir de tout bon soldat de protéger les propriétés privées et de ne pas souffrir que des actes d'indiscipline, même isolés, viennent ternir la bonne réputation de nos troupes.

« J'ai confiance dans le bon esprit qui anime l'armée, comme aussi dans la prudence et la sévérité des chefs.

« Guillaume. »

Je constate que cette proclamation est relativement fort modérée.

Le roi de Prusse, de concert avec ses alliés allemands, a obtenu en peu de jours des résultats considérables. En raison des préparatifs faits depuis si longtemps par le grand état-major de Berlin, il était assuré de la victoire. Mais il ne pouvait supposer que nos généraux la lui rendraient si facile. Son triomphe est très réservé. Il n'ignore pas, du reste, que la fortune des armes est changeante; que l'armée française, même mal commandée, n'est pas de celles que l'on terrasse facilement. Il recommande donc à ses soldats de ne se livrer à aucune violence sur notre territoire, et, dans les premiers jours, cette recommandation paraît avoir été observée. Victorieux aujourd'hui, les Allemands peuvent être vaincus le lendemain, et il ne faut pas, si les hasards de la lutte nous amenaient sur leur territoire, que nous soyons autorisés à exercer de justes représailles. Tel est le sentiment qui inspire le manifeste de Guillaume à ses troupes et qui règle les actes des autorités militaires allemandes au moment où elles franchissent la frontière à la suite de notre armée. Quand elles n'auront plus à redouter aucun retour, elles adopteront une tout autre attitude.

Toutefois, dans leur marche sur notre territoire, les Allemands prennent le parti de vivre sur la population française. Ils y procèdent par voie de réquisition.

Mais, au début, ce système ne produit pas partout, paraît-il, le résultat que l'on en attendait.

Le grand état-major de Berlin, dans son récit de la guerre de 1870-1871, donne à cet insuccès un double motif qu'il n'est pas inutile de reproduire.

« Cela tient, dit-il, à ce que, dans cette partie de l'éducation de guerre d'une armée, il faut aussi une pratique prolongée pour acquérir une habileté suffisante, et, d'un autre côté, à ce que, par suite d'un respect inné

RETRAITE SUR METZ

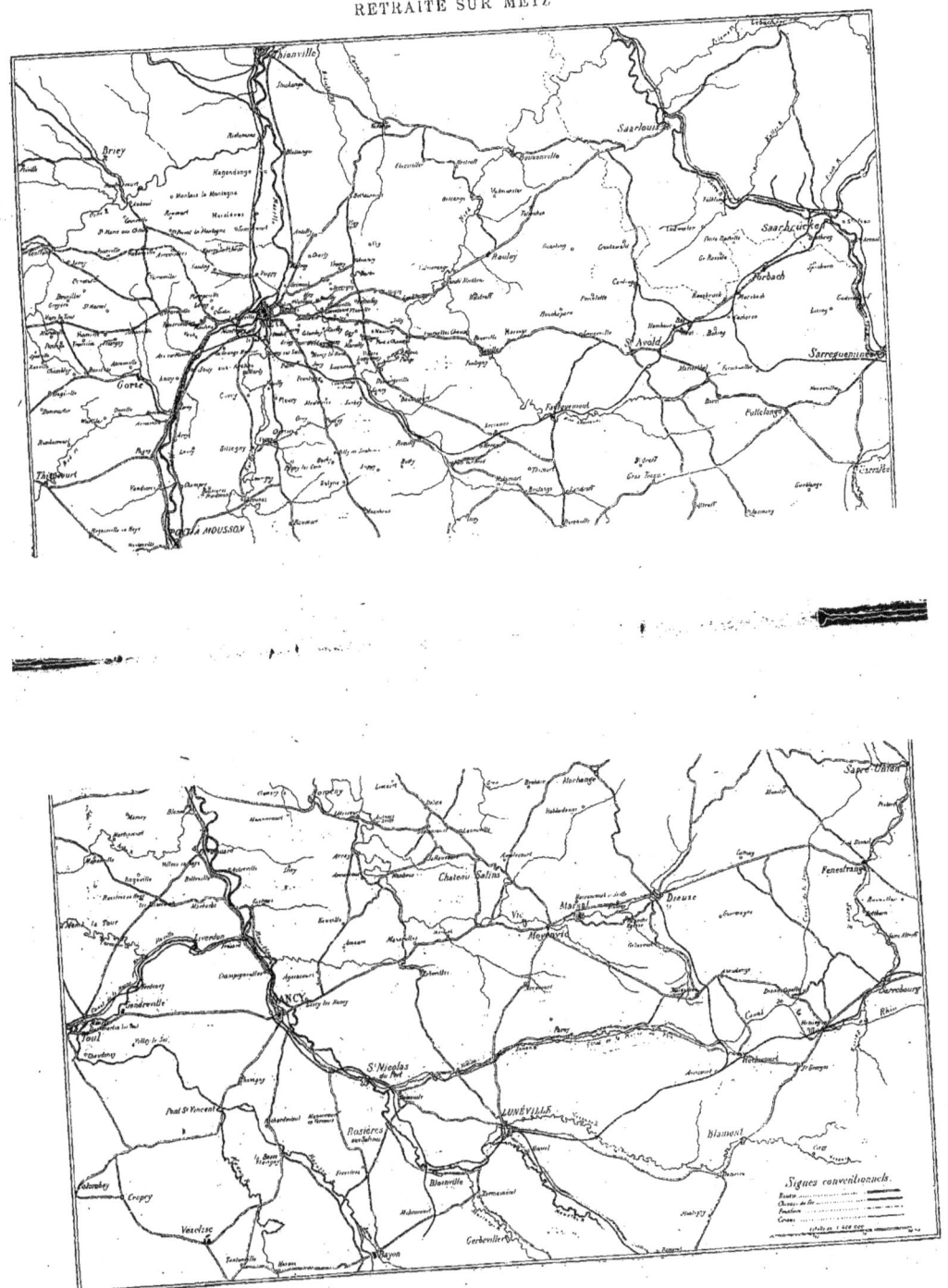

de la propriété d'autrui, il répugne à beaucoup de prendre impitoyablement le nécessaire partout où il se trouve. »

De ces deux allégations, la seconde mérite vraiment d'être signalée, car les Allemands ont appliqué les réquisitions avec une rigueur inexorable. Quant à leur hésitation à prendre le bien des autres, elle répondait uniquement aux appréhensions que je viens d'indiquer plus haut.

Mais on sait qu'ils ne peuvent se reconnaître aucun défaut.

Ainsi ils expliquent, d'autre part, dans les termes suivants, l'erreur que nous aurions commise en leur attribuant les innombrables violences et exactions qui signalent bientôt leur passage :

« Ordre avait été donné, lit-on dans le document précité, de renvoyer sans rémission les voitures en excédent du chiffre réglementaire. On tenait énergiquement la main à l'exécution de ces mesures ; mais la gendarmerie de campagne, chargée de ce soin, n'y suffisait pas toujours, car elle était parfois distraite de ses fonctions spéciales. En maintes circonstances, il fallait donc l'intervention la plus sévère des autorités supérieures pour faire cesser des infractions constatées. Il importait de ne pas leur laisser prendre pied, car le désordre, quand on ne l'étouffe pas en germe, se propage comme une contagion.

« Dans les troupes qui sont en présence de l'ennemi, ces difficultés sont naturellement beaucoup plus faciles à surmonter que sur les derrières d'une armée. Là, une queue, quelquefois interminable, de convoyeurs indisciplinés rend la tâche presque impossible. Des éléments qui n'appartiennent pas à l'armée peuvent y commettre des contraventions qui sont ensuite attribuées par erreur aux troupes. »

On voit où tend cette dernière observation : tout simplement à rejeter sur la meute de recéleurs qui suivit l'invasion allemande, la responsabilité des déprédations qui furent systématiquement exercées par les soldats du roi Guillaume.

Mauvaise excuse, qui n'a trompé personne.

En raison des ordres qu'il a reçus la veille, le général Steinmetz masse la 1re armée allemande dans le quadrilatère Stiring-Sarrebrück-Volkingen-Carling, et fait occuper Spickeren. Là se tiennent les 1er, 7e et 8e corps prussiens, la 1re division de cavalerie qui s'est avancée de Lebach à Sarrebrück, même la 3e division de cavalerie qui s'est portée de Sarrelouis vers Bouzonville et que l'on a rappelée sur la rive droite.

Mais les reconnaissances faites par les patrouilles allemandes, en avant du front de la 1re armée, constatent que nous avons évacué Bouzonville, Boulay et Boucheporn, et que les troupes qui occupaient auparavant ces trois localités se retirent sur Metz.

Dès lors, l'ennemi va reprendre de l'audace et nous serrer de près avec sa cavalerie.

Le prince Frédéric-Charles transporte son quartier-général à Sarreguemines, de manière à se tenir à portée de son aile droite ou de son aile gauche, si la première se trouve engagée vers Forbach, la seconde vers Rohrbach.

Mais bientôt sa cavalerie l'avertit que l'on ne rencontre nulle troupe française dans l'étendue de terrain qu'elle a parcouru.

Le commandant en chef de la 2e armée allemande comprend alors que les troupes, battues à Frœschwiller, ont échappé à la poursuite.

Il dispose son armée de Forbach à Sarralbe : le 3e corps, à droite ; le 4e corps, à gauche ; le 10e corps, à Sarreguemines, au centre de la première ligne, en arrière de laquelle s'échelonnent la garde royale, les 9e et 12e corps.

La cavalerie d'avant-garde occupe Saint-Avold et Longeville que nous venons d'évacuer et s'étend jusqu'à Puttelange avec avant-postes vers Gros-Tenquin.

La 3e armée montre tout aussi peu d'activité que la 1re ; elle hésite encore à marcher hardiment, bien que les troupes qu'elle a battues le 6 aient complètement disparu, ne laissant plus derrière elles que les traces de leur déroute.

Seule, la 2e armée fait preuve d'initiative et même d'audace, surtout quand elle est bien certaine que toute l'armée française est en retraite. Le prince Frédéric-Charles veut à son tour remporter quelques brillants succès comme le général Steinmetz et le prince royal de Prusse.

A Paris, la situation politique est tout aussi peu brillante que la situation militaire sur la frontière.

Les uns considèrent la partie comme perdue. Les autres ne veulent encore la trouver que compromise. Ces derniers donnent donc la prépondérance aux intérêts dynastiques, déconseillent la retraite générale sur Paris ou sur les deux flancs de la capitale, et amènent ces fluctuations déplorables que l'on remarque alors dans la conduite des opérations. Les deux journées du 7 et du 8 sont, en conséquence, employées à des échanges télégraphiques entre l'empereur et l'impératrice, où se révèle l'indécision de notre gouvernement.

9 août. — La pluie, qui tombe depuis deux jours, a complètement traversé les vêtements des hommes. Ceux-ci, mal nourris, d'autre part, manquent de vigueur et d'entrain.

Suivons heure par heure les mouvements de nos troupes dans cette journée aussi importante au point de vue militaire qu'au point de vue politique.

Le 1er corps d'armée quitte Sarrebourg et se dirige sur Blamont; dans cette marche il est flanqué à droite par le 5e corps d'armée qui suit la direction du chemin de fer de l'Est.

Le 1er corps arrive à Blamont; le 5e, à Rèchicourt.

Au campement de Rèchicourt, le 5e corps reçoit de Metz l'ordre de marcher sur Nancy.

Le 7e corps reste toujours fractionné en deux parties : l'une à Belfort, l'autre à Lyon. La division Liebert, qui est à Belfort, procède à la mise en état de défense et à l'armement de cette place.

Le 2e corps marche de Gros-Tenquin sur Brulange. Les troupes du général Frossard sont très fatiguées. La pluie les a empêchées de prendre pendant la nuit le repos nécessaire. Les distributions de vivres continuent à être irrégulières et incomplètes, un convoi de subsistances, destiné au 2e corps d'armée, ayant été dirigé par erreur sur le 3e.

Pendant cette marche, le commandant du 2e corps d'armée reçoit de Metz un télégramme, qui a été expédié la veille et dont voici la teneur :

« L'ordre précédemment donné d'une retraite sur Châlons est révoqué; les 2e, 3e et 4e corps d'armée et la garde impériale, sous le commandement du maréchal Bazaine, resteront concentrés à Metz pour y former une forte armée destinée, soit à arrêter celle du prince Frédéric-Charles, soit à agir sur le flanc de celle qui paraît devoir pénétrer par Saverne. Cette décision est prise par suite des renseignements arrivés sur la marche de l'ennemi.

« En conséquence, avec votre corps d'armée, qui fera partie de l'armée formée à Metz, vous vous porterez sur cette place par la ligne la plus directe, en vous conformant aux instructions que vous recevrez du maréchal Bazaine. Le maréchal doit avoir ses forces réunies sous Metz dans la journée de demain, 9 août. L'empereur espère que votre corps d'armée pourra y être rendu le même jour, ou s'en rapprocher à petite distance. »

Dans cette journée du 9, à 2 heures du matin, le major-général a télégraphié, de Metz, au maréchal Bazaine, qui est à Faulquemont, les instructions suivantes :

« Séjournez à Faulquemont pour rester lié avec le général Frossard. Conservez la garde, en lui indiquant une position qui lui permette de vous appuyer efficacement au besoin. Un nouvel avis, qui m'arrive à l'instant, m'indique que l'ennemi est en marche sur notre gauche. Donnez l'ordre au général Ladmirault de rester en position sur notre gauche pour la

Arrivée du 6ᵉ corps à Metz par le chemin de fer. (Page 576.)

couvrir. J'écris directement aux généraux Bourbaki et Ladmirault pour éviter tout malentendu. Donnez-leur vos instructions sans tarder. Tâchez de concentrer le plus tôt possible sur Metz les 2ᵉ et 4ᵉ corps et la garde, qui se trouvent placés sous vos ordres et doivent s'y conformer strictement. J'écris également au général Frossard, par un de ses officiers, de rester en communication constante avec vous et de suivre vos ordres. Faites-vous éclairer très au loin par votre cavalerie légère. »

En effet, le général Frossard reçoit la lettre suivante que le major-général lui adresse aussitôt :

« J'ai reçu votre rapport et le mettrai sous les yeux de l'empereur. Je donne des ordres pour que l'on expédie du café, du riz, du sel, sur la gare de Remilly où se trouve déjà accumulé du biscuit. Je suis prévenu que des forces considérables peuvent, dès ce soir, arriver vers notre gauche; il est donc essentiel qu'en continuant à opérer votre retraite en bon ordre, vous marchiez aussi vite que possible pour permettre au 3e corps, à la garde et au 4e corps, qui forme l'extrême gauche, de venir le plus tôt possible prendre position sous Metz. Restez lié avec le 3e corps qui séjournera aujourd'hui à Faulquemont. Prenez les ordres du maréchal Bazaine, et tenez-vous en communication constante avec lui. »

En réponse au télégramme de 2 heures du matin, le maréchal Bazaine adresse la dépêche suivante au major-général :

« Faulquemont, 9 août, 6 heures du matin.

« J'ai reçu votre télégramme de cette nuit, et, depuis une heure et demie, j'expédie des ordres partout. Le 3e corps doit défendre les positions qu'il occupe sur la rive gauche de la Nied, le général de Ladmirault couvrant sa gauche, et, devant, une division à Glattigny. La garde reste sur la rive gauche de la Nied française, et le général Bourbaki a l'ordre de faire reconnaître tous les passages afin de se porter au besoin sur le front d'attaque, selon les circonstances. Je ne le fais pas passer immédiatement sur la rive droite, parce qu'il peut être utile également au général de Ladmirault. J'ai prévenu le général Frossard, qui est à Gros-Tenquin, dans le cas d'une attaque sérieuse, de venir sur Guesling afin de pouvoir prendre demain la direction de Metz, tout en concourant à couvrir le peu de voie ferrée qui nous reste dans cette direction et sur laquelle se trouve appuyée notre droite. Il est probable que, dans la journée, j'établirai mon quartier-général à Courcelles-Chaussy. »

Le maréchal Bazaine, à 8 heures 1/2 du matin, prévient le général Frossard, ainsi qu'il le dit dans la précédente dépêche, par un télégramme qu'il lui adresse à Faulquemont.

Après lui avoir rappelé l'ordre qui a été donné par le major-général, au commandant du 2e corps, de séjourner sur ses positions, après l'avoir informé qu'il fait diriger sur Gros-Tenquin le convoi de vivres destiné à ce corps d'armée et qui a été envoyé par erreur au 3e corps, à Faulquement, le maréchal signale une probabilité d'attaque sur notre gauche, et donne au général Frossard les renseignements suivants :

« M. le général de Ladmirault est campé aux Étangs, sur la rive gauche de la Nied française; la garde est dans les environs de Pange, également sur la rive gauche. Les quatre divisions du 3ᵉ corps sont établies sur la rive gauche de la Nied allemande, se reliant à M. le général de Ladmirault.

« Quant à vous, mon cher général, si l'attaque devenait vraiment sérieuse, comme vous devez, ainsi que nous, rallier Metz le plus tôt possible, il serait bon que vous puissiez vous établir à Han-sur-Nied et à Remilly.

« Il est probable que je porterai aujourd'hui mon quartier-général à Courcelles-Chaussy. »

C'est après toute cette transmission d'ordres et d'avis que l'empereur arrive en voiture à Faulquemont pour conférer avec le maréchal Bazaine. Napoléon III, d'après un témoin oculaire, paraît extrêmement fatigué, et chaque cahot de la voiture lui cause de cruelles souffrances.

Après cette conférence, le maréchal Le Bœuf, major-général, qui y a assisté, laisse entre les mains du maréchal Bazaine la nouvelle lettre de service suivante :

« J'ai l'honneur de prévenir Votre Excellence, que, par décret de ce jour, l'empereur vous a conféré le commandement en chef des 2ᵉ, 3ᵉ et 4ᵉ corps de l'armée du Rhin. Le même décret nomme au commandement du 3ᵉ corps M. le général Decaen. Je vous prie de vouloir bien en informer cet officier général. »

Cette détermination est singulière en bien des points.

Le 5 août, on se le rappelle, le maréchal Bazaine avait été informé que les 2ᵉ, 3ᵉ et 4ᵉ corps d'armée se trouvaient désormais placés sous ses ordres directs, mais simplement en ce qui concernait les opérations militaires.

Le 9, on lui donne le commandement en chef de ces trois corps, solution bien peu meilleure que la précédente, car elle est encore incomplète; les diverses réserves d'infanterie, de cavalerie et d'artillerie, qui sont déjà sous Metz ou qui vont y venir, ne relèvent donc pas de lui.

Cependant, cette demi-mesure va permettre au gouvernement de prétendre que c'est le maréchal Bazaine, et non plus Napoléon III, qui commande les troupes réunies sous le titre pompeux d'armée du Rhin.

Armée du Rhin ! Pourquoi ? Aucun de nos corps d'armée ne se trouve même plus à proximité de ce grand fleuve !

Bien plus, en raison du nouveau plan d'opérations qui vient d'être arrêté à Faulquemont, la retraite s'active vers Metz.

Le général Frossard reçoit l'ordre de continuer sa marche sur Remilly où il arrive dans la journée.

Le maréchal Bazaine lui communique, en outre, l'information suivante :

« Les nouvelles que l'on a de l'ennemi font croire à une concentration de ses forces; il aurait l'intention de nous attaquer dans nos positions, et ses efforts se porteraient plutôt vers la droite. »

Quelques heures auparavant, il était dit que l'ennemi se proposait d'attaquer notre gauche.

Les commandants de corps d'armée devaient être bien embarrassés pour donner des ordres et des contre-ordres au milieu de ces indications absolument opposées.

La vérité est que l'ennemi ne songeait à attaquer, en ce moment, ni notre aile droite, ni notre aile gauche.

Conformément à l'ordre qu'il a reçu, le général Frossard, qui est à l'aile droite, continue sa marche et arrive à Remilly, à 5 heures du soir. Il fait savoir au commandant en chef que, le lendemain, il ira occuper la position de Mercy-le-Haut, où il demande qu'on lui envoie des vivres à l'avance.

Le général Decaen, avec le 3e corps d'armée dont il vient de prendre le commandement, atteint dans la même journée les positions de Domangeville à Pont-à-Chaussy, sur la rive droite de la Nied française, au centre de notre ordre de bataille.

Le 4e corps, formant l'aile gauche, campe depuis Les Etangs jusque vers Sainte-Barbe, avec quartier-général à Glattigny.

La garde, qui sert de réserve, se tient en position de Mont à Silly.

Le quartier-général du maréchal Bazaine est à Pont-à-Chaussy.

Les deux masses principales de l'armée sont donc : l'une, à mi-chemin de Sarrebourg à Lunéville; l'autre, sur les deux rives de la Nied française.

Cette dernière a abandonné la ligne de la Nied allemande sans en disputer le passage à l'ennemi.

Le 6e corps d'armée est toujours au camp de Châlons. Mais, le maréchal Canrobert a reçu l'ordre de se rendre personnellement à Paris. Toutefois, au lieu d'exécuter cet ordre, il va à Metz, ainsi que je l'ai relaté précédemment.

Les troupes de l'armée de mer arrivent à Paris.

Le 9, le quartier-général du roi de Prusse s'avance de Hombourg à Sarrebrück.

Le même jour, la 1re armée allemande conserve ses positions sur la Sarre, entre Sarrebrück et Sarrelouis.

Qant à la 2ᵉ armée, elle se concentre entre Sarrebrück et Sarralbe par Sarreguemines.

Le soir, la 1ʳᵉ armée allemande et la 2ᵉ occupent la ligne de la Sarre, depuis Sarrelouis à droite, jusqu'à Sarralbe à gauche.

Les postes avancés de cette masse principale se trouvent à Faulquemont, à Gros-Tenquin et à Sarre-Union.

Pour continuer leur mouvement offensif, les armées allemandes, qui, le 7, occupaient le front Sarrelouis-Sarreguemines-Rohrbach-Reichshoffen-Saverne, devaient exécuter un changement de front dont la 1ʳᵉ armée serait le pivot; la 2ᵉ armée, le centre; et la 3ᵉ armée, l'aile marchante.

C'est ce que le général de Moltke, qui se trouvait à Sarrebrück, le 9 août, indiquait dans un télégramme expédié à 8 heures du soir et que les commandants des trois armées reçurent le jour même ou le lendemain :

« Les renseignement recueillis font supposer, disait-il, que l'ennemi s'est retiré derrière la Moselle ou la Seille.

« Les trois armées pendront cette direction.

« Les routes suivantes leur sont respectivement affectées, savoir :

« 3ᵉ armée, les routes de Sarre-Union à Dieuze et au sud ;

« 2ᵉ armée, les routes de Saint-Avold à Nomény et au sud ;

« 1ʳᵉ armée, les routes de Sarrelouis à Boulay et Les Etangs et au sud.

« Afin de couvrir ce mouvement, la cavalerie devra être lancée au loin et soutenue par des avant-gardes à grande distance, de manière à laisser aux armées le temps de se concentrer en cas de besoin.

« Sa Majesté prescrira les modifications qu'il y aurait lieu d'apporter aux directions indiquées ci-dessus, par suite de la position ou des mouvements de l'ennemi.

« La journée du 10 août peut être mise à profit par la 1ʳᵉ et la 2ᵉ armée pour laisser reposer les troupes ou pour les amener sur les routes qui leur sont affectées.

« L'aile gauche ne pouvant atteindre la Sarre avant le 12, les corps de l'aile droite n'auront à effectuer que des marches relativement courtes. »

En fait, les trois journées du 7, du 8 et du 9 ont été presque complètement perdues par les armées allemandes pour l'exécution de leur poursuite. Seuls, les éclaireurs de leurs divisions de cavalerie se sont lancés après nos troupes, et ils se montrent d'autant plus entreprenants que tout fuit devant eux : armée, autorités administratives, population des villes et des champs.

Ce même jour, le Corps législatif et le Sénat reprennent leurs travaux.

Le ministère présidé par M. Ollivier est renversé.

Le général de Montauban est appelé de Lyon à Paris, l'impératrice se proposant de lui offrir le portefeuille de la guerre et la présidence du Conseil.

Le Parlement remercie l'armée française des preuves de dévouement qu'elle a données depuis l'ouverture de la campagne et déclare qu'elle a bien mérité de la Patrie.

10 *août*. — Le 1er corps d'armée venant de Blamont atteint Lunéville.

La partie du 5e corps d'armée qui flanque la gauche du précédent arrive de Réchicourt à Avricourt. L'autre partie atteint Baccarat le même jour, protégeant le flanc droit et formant l'arrière-garde du 1er corps.

Le général de Failly prévient le maréchal de Mac-Mahon de l'ordre qu'il a reçu de porter le 5e corps d'armée sur Nancy.

Le maréchal apprend que la cavalerie ennemie marche avec rapidité depuis le matin dans la direction de Lunéville et de Nancy, qu'elle a son avant-garde à Dieuze, Marsal et Château-Salins. Il envoie au général Ladret de la Charrière, qui commande à Nancy, l'ordre de faire sauter les ponts.

Cet ordre est rapporté sur la demande du général de Failly qui doit gagner Nancy, d'après les instructions qui lui ont été envoyées, mais il est de nouveau donné dans la soirée, quand le commandant du 5e corps d'armée est avisé de se porter sur Metz par Toul et non plus par Nancy.

Averti des progrès de l'ennemi sur son flanc gauche dans la direction de cette ville, le général de Failly est même autorisé à marcher dans la direction du sud-ouest, sur Langres, par exemple, s'il se sait devancé à Nancy par des forces supérieures contre lesquelles il lui serait impossible de lutter.

La situation des troupes du 7e corps reste toujours la même à Belfort et à Lyon.

Le 2e corps continue sa marche de Remilly, par Courcelles-sur-Nied, vers Mercy-le-Haut, où il doit camper.

Au moment où ce corps d'armée se trouve déjà presque tout entier au delà de Courcelles-sur-Nied, le général Frossard reçoit du maréchal Bazaine le télégramme suivant :

« Je donne l'ordre et recommande de nouveau au général Montaudon de se tenir en relation avec vous, lui mande-t-il, de Pont-à-Chaussy, à 3 heures du matin. Faites tous vos efforts pour rallier Courcelles-sur-Nied et prendre position au-dessus, en passant Villers-Laquenexy, afin de vous relier complètement avec Pange, qui est occupé par le général Montaudon. Je vous envoie l'extrait des instructions de l'empereur, qui m'a été adressé hier soir, ainsi qu'une carte des environs de Metz. Faites-moi prévenir de tout ce qui peut survenir et de votre arrivée sur les positions indiquées. »

Voici les principales instructions de Napoléon III :

« L'armée occupera une première position sur la Nied française, depuis Pange jusqu'au village Les Étangs; la partie de gauche, en retour à peu près d'équerre, s'étendra de ce village jusqu'à Glattigny, faisant face aux bois de Hayes et de Cheuby (développement d'environ 12 kilomètres).

« En cas d'attaque, l'armée devra recevoir la bataille sur cette première position défensive, que l'on recommande de rendre inabordable, autant que possible, sur son front et ses flancs, au moyen de travaux adaptés au terrain.

« S'il arrivait que l'armée fût forcée à quitter cette position, le maréchal commandant en chef devrait lui faire opérer sa retraite sur le camp retranché de Metz, de manière à venir occuper, comme seconde position, la position très belle qui se trouve en avant des forts de Queuleu et de Saint-Julien.

« Dans cette disposition générale, le 2e corps doit former la droite et s'établir à Courcelles-sur-Nied, ayant à sa gauche une division du 3e corps à Pange; la garde impériale sur la hauteur entre le château de Maizery et le village de Silly, à cheval sur la grande route de Saint-Avold.

« Au cas où il y aurait lieu d'occuper la seconde position défensive, le général Frossard appuierait sa gauche à la grande route de Strasbourg et aurait sa droite vers le chemin de fer de Metz à Sarrebrück, en tenant fortement la hauteur du télégraphe de Mercy. »

D'autres instructions émanaient encore du grand quartier-général. En voici une qui mérite d'être citée, tant elle est à la fois tardive, insuffisante et naïve :

« Les Prussiens, y est-il dit, commencent l'action en mettant très peu de forces en avant; mais ils placent de nombreuses batteries de gros calibre sur des positions bien choisies; ensuite, ils forment en avant une ligne épaisse de tirailleurs qui font un feu des plus nourris.

« Les tirailleurs surtout profitent très habilement des bois, d'où ils cherchent à gagner le flanc de l'ennemi ; puis, quand leurs tirailleurs sont fortement engagés, les Prussiens poussent en avant des masses énormes qu'ils cherchent à abriter derrière les accidents de terrain.

« Au combat de Frœschwiller, il y a eu des feux de tirailleurs seulement, pas de feux de ligne.

« Il est donc utile d'agir comme nos adversaires, c'est-à-dire d'employer beaucoup de tirailleurs, une artillerie nombreuse et de fortes réserves. »

Le conseil était excellent ; mais, pour le suivre, il fallait posséder ce qui nous manquait complètement, c'est-à-dire la préparation, le nombre et le matériel, sans compter l'habileté dans la direction et le commandement.

Or, tous ces moyens d'action nous faisaient défaut.

Le 2ᵉ corps d'armée est arrêté dans sa marche vers Mercy-le-Haut, dès que le général Frossard reçoit l'ordre dont j'ai reproduit le texte ci-dessus.

Ce corps d'armée prend les positions suivantes, à proximité du chemin de fer de Sarrebrück à Metz :

La division Vergé, à droite, à Mercy-le-Haut;

La division Bataille, au centre, à Ars-Laquenexy ;

La brigade Lapasset, à gauche de Villers-Laquenexy, vers Pange;

La division de Laveaucoupet, en réserve, derrière la division Bataille.

Le 3ᵉ corps se tient à la gauche du 2ᵉ ; le général Montaudon, à Pange, relie l'aile gauche du 2ᵉ à l'aile droite du 3ᵉ, qui, à cheval sur la route de Sarrebrück à Metz, forme le centre de l'ordre de bataille.

Le 4ᵉ corps, à proximité de la route de Sarrelouis à Metz, occupe l'aile gauche, dans les mêmes positions que la veille.

La garde impériale, à Borny, se trouve être comme auparavant la réserve générale de l'armée.

Au résumé, nous tenons la rive gauche de la Nied française ; au centre, le 3ᵉ corps fait face à l'est, parallèlement au cours de cette rivière ; le 2ᵉ et le 4ᵉ corps sont en équerre, respectivement à l'aile droite et à l'aile gauche ; le 2ᵉ fait face au sud ; le 4ᵉ, face au nord.

Le maréchal Canrobert, revenu de Metz au camp de Châlons, est appelé à Paris où l'impératrice lui offre le gouvernement de Paris vacant par la démission du maréchal Baraguey d'Hilliers. Il refuse et retourne prendre le commandement du 6ᵉ corps d'armée que l'empereur vient d'appeler à Metz, sur la nouvelle qu'il a reçue de la jonction définitive des armées allemandes sur les rives de la Sarre.

D'après les dispositions prises pour le 6ᵉ corps qui arrive en chemin de fer, la 1ʳᵉ division, commandée par le général Lafont de Villiers, dont le débarquement s'effectue, occupe les forts avec 8 bataillons et place le reste de son infanterie à la ferme de la Horgue, sur la rive gauche de la Seille. Des trois autres divisions du corps d'armée, l'une doit camper aussi en amont de Metz, la droite appuyée à la Moselle, de manière à couvrir la gare ; les deux autres ont l'ordre de s'établir en aval et sur la rive gauche de la rivière, leur aile gauche à Woippy, leur aile droite à la Moselle. L'une de ces trois divisions est encore à Paris ; elle commence son embarquement en chemin de fer à 8 heures du matin ; les deux

L'INVASION ALLEMANDE

Premiers travaux de mise en état de défense de Paris.

LIV. 73. — GÉNÉRAL BOULANGER. — L'INVASION ALLEMANDE. — J. ROUFF ET Cⁱᵉ, ÉDIT. — LIV. 73.

autres arrivent de Châlons également par voie ferrée. Le 6° corps va donc être fractionné par moitié, puisque deux de ses divisions camperont au sud de Metz et sur la rive droite de la Moselle, et deux au nord et sur la rive gauche ; mais de ces deux dernières, l'une n'arrivera pas jusqu'à Metz ; ses premiers bataillons ayant été arrêtés, le 13, à Dieulouard, comme je l'expliquerai plus loin, se retireront sur Châlons.

On commence alors à se préoccuper de la mise en état de défense de Metz, de l'achèvement provisoire des ouvrages en construction qui doivent former camp retranché autour de cette place et qui ne sont pas terminés, de l'établissement de ponts de bateaux et de ponts sur chevalets pour assurer les relations entre les deux rives de la Moselle à portée du canon de la forteresse, de la destruction des ponts en amont jusqu'à Frouard, de l'état et de la formation des approvisionnements en munitions et en vivres, enfin de tous ces détails d'une importance capitale, mais que l'on avait complètement négligés et sur lesquels je reviendrai au fur et à mesure que les événements se dérouleront.

La 1re armée allemande quitte enfin ses positions et porte ses avant-postes à Porcelette. Comme cette armée n'est pas couverte par la cavalerie, le contact avec nos troupes n'existe plus et elle ne sait dans quelle direction nous nous sommes retirés. D'autre part, la ligne d'opérations étant commune à plusieurs corps prussiens, il y a confusion et encombrement. Bref, l'opération laisse fort à désirer. La poursuite est molle à l'aile droite de la ligne ennemie.

La 2e armée allemande continue son mouvement.

Le 3e corps prussien se masse autour de Saint-Avold, à l'aile droite, ayant en seconde ligne le 9e corps qui débouche de Sarrebrück.

Au centre, le 10e corps s'avance de Sarreguemines à Puttelange, suivi par le 12e corps qui marche sur Sarreguemines.

A gauche, le 4e corps prussien et la garde royale se concentrent entre Sarralbe et Sarre-Union, la garde formant réserve.

Quant à la cavalerie, elle pousse ses avant-postes à droite jusqu'en face de Pont-à-Chaussy, à gauche jusqu'à Château-Salins. Par ses patrouilles, ses pointes, ses partis et ses reconnaissances, elle ramasse des traînards, prend des courriers et recueille de précieux renseignements.

Dans la soirée, elle peut informer le commandement de l'armée ennemie que nos troupes paraissent garnir la rive gauche de la Nied française, leur centre étant à Pange.

La 3e armée allemande continue la traversée des Vosges, mais elle ne met pas plus de rapidité, de décision et d'ordre dans son mouvement, que la 1re armée. Cette armée occupe la petite place de Lichtenberg qui a capitulé la veille, bombarde Phalsbourg en passant et porte son aile droite dans la direction de Sarrebourg à Dieuze.

À Paris, le nouveau ministère prend la direction des affaires.

Le général Montauban a la présidence du Conseil avec le portefeuille de la guerre. Ses principaux collaborateurs sont le vice-amiral Rigault de Genouilly, qui reste ministre de la marine ; le prince de La Tour d'Auvergne, ambassadeur en Autriche, qui devient ministre des affaires étrangères ; Clément Duvernois, Jérôme David et Magne, qui prennent respectivement les ministères de l'agriculture et du commerce, des travaux publics et des finances.

Le nouveau cabinet arrive au pouvoir dans les conditions les plus déplorables, tiraillé entre l'empereur et l'impératrice, la Chambre et la nation.

L'impopularité des hommes qui viennent de remettre leurs portefeuilles est si profonde que l'opinion publique se prononce partout en faveur de ceux que le gouvernement impérial a tenus ou paraît avoir tenus à l'écart dans ces derniers temps.

Déjà le général Montauban a été pourvu du ministère de la guerre en remplacement du maréchal Le Bœuf.

L'impératrice demande maintenant à celui-ci de se démettre aussi de ses fonctions de major-général.

Bientôt le maréchal Bazaine sera imposé comme généralissime de nos forces, et un rôle capital va, sous l'empire du même sentiment, incomber au général Trochu.

Le nouveau ministère obtient immédiatement la sanction législative pour d'importantes mesures de défense, savoir :

Projet de loi appelant sous les drapeaux, pendant la durée de la guerre, tous les citoyens non mariés ou veufs sans enfants, âgés de vingt-cinq à trente-cinq ans, qui ont satisfait à la loi sur le service militaire et qui ne figurent pas sur les contrôles de la garde nationale mobile ;

Projet de loi portant à 25 millions de francs, pour être employés aux familles des hommes ainsi appelés, le crédit de 4 millions accordé par la loi du 14 juillet aux familles des soldats de l'armée et de la garde nationale mobile ;

Projet de loi autorisant les engagements volontaires et les remplacements dans les conditions de la loi du 1er février 1868 pour les anciens militaires jusqu'à l'âge de 45 ans ;

Projet de loi admettant les hommes valides de tout âge à contracter un engagement dans l'armée active, pour la durée de la guerre ;

Projet de loi formant le contingent de la classe de 1870 de tous les jeunes gens inscrits sur les tableaux de recensement qui ne se trouveraient dans aucun cas légal d'exemption ou de dispense.

Cependant, le gouvernement est extrêmement anxieux, tant aux Tuileries qu'au quartier-général.

« Ne vous inquiétez pas, tout va bien ici, l'ordre ne sera pas troublé... » ou bien : « Les difficultés sont immenses... l'émeute est presque dans la rue... Donnez-moi un homme dévoué... Je vais être trahie par la peur des uns, par l'inertie des autres », telles sont les impressions que l'impératrice transmet successivement à l'empereur.

Celui-ci se trouve ainsi sollicité par les considérations dynastiques et par les exigences militaires. Il ne peut retourner à Paris par crainte d'une révolution et il n'ose se décider, soit à rester à Metz, soit à se retirer sur Châlons ou Nancy.

Un de ses aides-de-camp lui communique une lettre qu'il vient de recevoir du général Trochu :

« Le répit que vous donne l'ennemi, lui mande ce dernier, veut dire qu'il évacue ses blessés, fait prendre leur équilibre à ses têtes de colonnes, et opère sa concentration définitive. Celle-ci comprendra trois armées, dont l'une au moins aura la mission de vous tourner. L'effort lui coûtera cher, mais il sera soutenu par des forces considérables et incessamment renouvelées. Si vous tenez trop longtemps ferme devant Metz, il en sera de cette armée, qui est le dernier espoir de la France, comme il en a été du 1er corps qui a péri... »

Il est impossible d'apprécier la situation avec une plus complète sûreté de coup d'œil, mais rien ne peut nous arrêter sur la pente fatale qui nous conduit à l'abîme. Les fautes vont succéder aux fautes jusqu'à la catastrophe finale.

Des troupes se réunissent à Paris, notamment la division d'infanterie de marine, et l'on procède activement enfin à l'armement des ouvrages défensifs de la capitale.

11 août. — Le 1er corps d'armée vient de Lunéville à Bayon, prenant ainsi la direction du sud-ouest.

Le 5e corps suit le précédent afin de le flanquer et de le protéger.

Cette marche a pour but d'éviter toute rencontre avec les éclaireurs de la cavalerie ennemie qui atteignent Lunéville.

La situation du 7e corps ne s'est pas modifiée à Belfort et à Lyon.

L'empereur ordonne de concentrer autour de Metz toutes les troupes de l'armée de Lorraine.

Cette concentration s'effectue sur la position générale en avant des forts de Queuleu et de Saint-Julien, face à l'est, l'aile droite appuyée à la rive droite de la Seille, au sud de Metz, l'aile gauche touchant la rive droite de la Moselle, au nord de Metz.

A l'aile droite, le 2ᵉ corps campe à Magny, Peltre et Mercy-le-Haut, avec la division de Laveaucoupet, en seconde ligne, entre la Basse-Bévoye et Grigy.

Au centre, le 3ᵉ corps est en position, de Grigy au ravin de Vallières.

A l'aile gauche, le 4ᵉ corps s'étend depuis le ravin de Vallières jusqu'au bois de Grimont.

En réserve, la garde impériale se tient toujours à Borny.

Le 6ᵉ corps continue son transport du camp de Châlons à Metz.

Les soldats, harassés par les marches et contremarches des jours précédents, se reposent dans les campements à l'est de Metz.

L'incertitude reste la même au grand quartier-général sur la ligne de conduite que l'on doit suivre.

Deux systèmes sont en présence : doit-on accepter une grande bataille et même l'engager en s'appuyant sur Metz? N'est-il pas préférable de repasser immédiatement la Moselle et de gagner Verdun? L'arrivée du 6ᵉ corps permet de supposer que le premier de ces deux projets est adopté pour le moment. Ce plan répond, d'ailleurs, aux supplications que l'impératrice adresse à l'empereur.

La 1ʳᵉ armée allemande conserve ses emplacements, mais sa cavalerie s'avance jusqu'à Condé, au confluent des deux Nied.

Le prince Frédéric-Charles porte son quartier-général à Puttelange, tandis que celui du roi de Prusse s'avance de Sarrebrück à Saint-Avold.

La 2ᵉ armée occupe la ligne de Faulquemont à Sarre-Union ; à droite, le 3ᵉ corps, à Faulquemont ; au centre, le 10ᵉ corps et la garde ; à gauche, le 4ᵉ corps, à Sarre-Union.

En arrière de cette première ligne, se trouvent le 9ᵉ corps à Forbach et le 12ᵉ à Sarreguemines.

La cavalerie se tient à grande distance en avant de la première ligne de la 2ᵉ armée et pousse ses éclaireurs jusqu'à Pange, à droite; Mométy, Château-Salins et Marsal, au centre; Dieuze et Fenestrange, à gauche.

Les instructions suivantes sont données aux commandants des 1ʳᵉ et 2ᵉ armées allemandes, pour le lendemain, par le général de Moltke :

« Il paraît assez probable qu'une notable partie de l'armée ennemie se trouve en avant de Metz, sur la rive gauche de la Nied française.

« Il devient donc nécessaire de concentrer davantage la 1ʳᵉ et la 2ᵉ armée, et Sa Majesté a ordonné ce qui suit :

« Cette concentration aura lieu sur le 3ᵉ corps, à Faulquemont :

« La 1re armée portera demain, de bonne heure, deux corps d'armée sur la ligne Boulay-Marange, un corps vers Boucheporn ;

« La 2e armée dirigera le 9e corps sur Longeville, à l'ouest de Saint-Avold ;

« Le 3e corps fera avancer vers ce dernier point toutes les troupes dont il dispose ;

« Le 10e corps viendra derrière le 3e ;

« La garde, les 4e et 12e corps appuieront vers la gauche de la position indiquée ci-dessus, de façon à pouvoir la renforcer ou à continuer sur Nancy, suivant le cas. »

Dans cette journée, la cavalerie allemande constate un mouvement rétrograde de nos troupes avancées, depuis la rive gauche de la Nied française jusque vers les ouvrages extérieurs de la place de Metz.

Elle suit pas à pas notre retraite et arrive ainsi jusqu'au delà des Etangs et de Puche, tandis que le 10e régiment de hussards prussiens atteint Nancy.

Dans la nuit du 11 au 12, une petite troupe de cavalerie de la 5e division, avec quelques pontonniers, se dirige même d'Aulnois-sur-Seille vers Dieulouard, profite du pont que nous avons établi en cet endroit, mais que nous ne gardons pas, franchit la Moselle et se dispose à détruire la gare de la localité à la pointe du jour.

La 3e armée allemande atteint le cours de la Sarre, précédée par sa cavalerie qui reconnaît tout le pays depuis Sarrebourg jusque vers Baccarat, Lunéville et Nancy.

La division badoise, qui appartenait à cette armée, en est détachée pour effectuer l'investissement de Strasbourg.

A Paris, la situation reste la même.

Le Parlement adopte plusieurs lois importantes, savoir :

La loi relative à l'organisation des gardes nationales, avec tous les citoyens valides âgés de moins de cinquante ans, qui ne font partie ni de l'armée, ni de la garde nationale mobile, loi complétée par le vote d'un crédit provisoire de 50 millions de francs permettant aux ministres de la guerre et de l'intérieur de faire face aux dépenses de cette organisation ;

Loi portant à un milliard l'emprunt de 500 millions qui a été autorisé le 11 juillet précédent ;

Loi proclamant le cours forcé des billets de la Banque de France et de la Banque d'Algérie, fixant à 1,800,000,000 et à 18,000,000 le maximum des émissions de ces deux établissements, et créant la coupure de 25 francs ;

Loi prorogeant de trente jours les échéances des effets du commerce.

Tous ces projets sont votés à l'unanimité.

Cependant le ministère paraît suspect à une partie de la Chambre qui voudrait obtenir des ministres que l'empereur et le major-général cessassent d'exercer la moindre autorité parmi nos troupes. Le général Montauban ne parvient à obtenir un peu de confiance qu'en déclarant que le maréchal Le Bœuf a donné sa démission, et que le maréchal Bazaine exerce, depuis le 9, le commandement en chef, ce qui était faux, puisque celui-ci n'avait sous ses ordres que les 2e, 3e et 4e corps d'armée sans aucune réserve générale.

12 *août*. — Le 1er corps arrive à Haroué.

Le 5e corps le suit dans la direction de Bayon.

A 9 heures du matin, le général de Failly reçoit, de Metz, le télégramme suivant :

« Marchez droit sur Toul et aussi vite que possible. Vous n'êtes pas menacé. Le chemin de fer de Nancy n'est pas interrompu. De Toul, et suivant les circonstances, vous serez appelé à Metz ou dirigé sur Châlons. Accusez réception. »

Le commandant du 5e corps prend toutes ses dispositions en conséquence et procède à l'exécution de cet ordre avec la plus grande diligence.

A 2 heures, il télégraphie au maréchal Bazaine :

« Je suis à Mirecourt, demain à Vézelise, après-demain à Toul. Quelles nouvelles de l'ennemi ? »

Le soir, on lui remet une dépêche qui est ainsi conçue et qui a été expédiée, de Metz, à 5 heures 55 :

« Vous avez reçu ce matin l'ordre de vous diriger sur Toul ; l'empereur annule cet ordre et vous prescrit de vous diriger sur Paris en suivant la route qui vous paraît la plus convenable. Accusez réception. »

Le général de Failly change à nouveau son itinéraire. Ces modifications successives n'ont pas peu contribué à confirmer l'opinion de son incapacité à conduire un corps d'armée, qu'avait fait naître son involontaire inaction dans la journée du 6. Si l'on veut bien suivre la série d'ordres et de contre-ordres qui lui ont été donnés du 5 au 12, on reconnaîtra que cette opinion était injustifiée, du moins à ce moment. L'autorité du commandant du 5e corps d'armée était cependant gravement compromise vis-à-vis de tous ses subordonnés qui ne savaient point alors, et auxquels il ne lui appartenait pas de faire connaître, que les tergiversations, dont ils souffraient et se plaignaient, ne pouvaient lui être imputées.

Entrée des cavaliers allemands à Nancy. (Page 591.)

D'autres événements plus importants se produisent le même jour à Metz.

Il est indispensable de les suivre heure par heure, presque minute par minute, pour bien en dégager les responsabilités.

Le maréchal Bazaine se trouvait à son quartier-général de Borny, quand il est appelé à Metz par l'empereur qui lui remet la lettre suivante :

« *L'empereur au maréchal Bazaine, à Borny.*

« Quartier-général, à Metz, 12 août.

« Mon cher maréchal,

« Lorsqu'au commencement de la guerre, je créai plusieurs corps d'armée, dont quelques-uns étaient destinés à opérer loin de moi, je nommai le maréchal Le Bœuf, major-général, afin qu'il y eût de l'unité dans la direction des opérations militaires. Mais, depuis que je vous ai nommé général en chef de l'armée du Rhin, les fonctions de major-général deviennent superflues, et le maréchal Le Bœuf lui-même propose d'y renoncer.

« Je vous prie donc de prendre à votre état-major les officiers qui étaient auprès du maréchal Le Bœuf. Mes relations avec vous se feront par l'intermédiaire de mes aides-de-camp et officiers d'ordonnance.

« Croyez, mon cher maréchal, à mon amitié.

« Napoléon. »

Cette lettre était accompagnée d'une lettre du major-général au maréchal Bazaine, et que voici :

« *Le major-général au maréchal Bazaine.*

« Au grand quartier-général, à Metz, 12 août.

« J'ai l'honneur de vous informer que, par décret en date de ce jour, l'empereur vous a nommé au commandement en chef de l'armée du Rhin.

« Votre Excellence prendra immédiatement possession de son commandement.

« Par décision, également de ce jour, l'empereur a nommé, aux fonctions de chef d'état-major général de l'armée du Rhin, M. le général de division Jarras, aide-major-général de ladite armée.

« *Le major-général,*
« Le Bœuf. »

Le maréchal Bazaine fait quelques difficultés pour accepter le commandement. Il objecte que le maréchal Canrobert est plus ancien. L'empereur n'a pas à insister beaucoup pour le déterminer à ne pas refuser, malgré cette considération, le commandement qui lui est offert, et que, d'ailleurs, il convoitait ardemment.

La nomination étant définitive, il devait y avoir évidemment une transmission d'avis, de renseignements, de programme.

Mais il n'y en a point.

L'empereur ne paraît pas s'en être préoccupé.

Quant au maréchal Bazaine, il s'abstient de demander aucun conseil, aucune information, aucun plan.

Cette situation, déjà étrange, le devient encore plus quand on remarque que le major-général cesse ses fonctions, que le général Lebrun, le premier aide-major-général se retire également, celui-là pour rester sans emploi, le second pour reprendre son poste d'aide-de-camp de l'empereur, et que tout le travail du grand état-major retombe sur le second aide-major-général, le général Jarras, qui, plus spécialement préposé à la direction des bureaux de l'état-major général, ne sait rien des projets relatifs aux opérations ultérieures. Ce n'est pas tout. Le nouveau commandant en chef et le nouveau chef d'état-major général ne se connaissant que fort peu, n'éprouvent aucune sympathie l'un pour l'autre et paraissent peu désireux de collaborer, surtout dans les conditions où se trouve notre armée. On verra plus tard ce qui résulta de ce défaut d'entente. Pour l'instant, je signale simplement ce fait que le commandement en chef est coupé par un interrègne, alors que le voisinage de l'ennemi, l'imminence d'une attaque, la dispersion de nos forces, les entreprises hardies de la cavalerie allemande, exigent impérieusement de la suite dans les idées, de la promptitude dans la conception et l'action.

C'était un nouvel élément de faiblesse, une nouvelle cause d'infériorité, une nouvelle source de déceptions à ajouter à toutes les infortunes qui nous accablaient depuis une semaine !

Les conséquences de cette antipathie entre le maréchal Bazaine et son chef d'état-major général se font immédiatement sentir.

Aussitôt après avoir accepté contre son gré les fonctions que l'empereur lui a assignées, le général Jarras demande au maréchal Bazaine, dans l'après-midi du 12, s'il doit rester à Metz ou le rejoindre à Borny. Le commandant en chef fait répondre à son chef d'état-major général qu'il n'a pas besoin de lui à Borny, qu'il le verra le lendemain, 13, vers midi, en allant prendre les instructions de l'empereur.

Quant à l'empereur, il fait connaître la décision qu'il vient de prendre par le télégramme suivant qu'il adresse à l'impératrice à 1 heure 5 minutes du soir :

« J'ai accepté la démission du maréchal Le Bœuf de major-général. »

En fait, toute la tête de colonne de l'armée se trouve renouvelée alors que le danger devient plus pressant.

Cependant, l'armée accueille avec satisfaction le maréchal Bazaine; il lui semble qu'un changement dans le commandement ne peut qu'avoir d'heureux résultats. Les opérations ont été si mal conduites jusqu'alors qu'il ne vient à l'esprit de personne qu'elles pourront l'être encore plus mal.

Quelques officiers s'étonnent, à la vérité, de la prolongation du séjour de l'armée sous Metz.

Mais on voit arriver successivement les troupes du 6ᵉ corps, on apprend que d'autres corps d'armée sont en formation, on suppose que les 5ᵉ et 7ᵉ corps pourront à leur tour rejoindre le gros de l'armée, ou opérer quelque heureuse diversion.

Enfin, on a repris confiance et l'on fortifie les positions sur lesquelles on s'est établi.

Peu d'heures avant que le maréchal Bazaine fût nommé commandant en chef, le général Jarras, alors encore second aide-major-général, a adressé la lettre suivante au général Coffinières, commandant du génie de l'armée, qui, le 7, a été nommé commandant de la place de Metz :

« Mon cher général, lui mande-t-il, l'empereur me charge de vous inviter à faire établir sur la Moselle le plus grand nombre de ponts possible. Il est informé que l'ennemi est entré à Nancy. »

Le même jour, à 5 heures 1/2, le général Lebrun envoie au général Jarras la note suivante :

« Avis au général Jarras, qui le communiquera à M. le maréchal Bazaine.

« Metz, le 12 août, 5 heures 1/2.

« Hier, le général de Failly est arrivé le soir à Mirecourt. L'empereur lui a donné l'ordre de se diriger sur Toul, au lieu de continuer sa marche sur Châlons. Dans les circonstances présentes, Sa Majesté juge qu'il y a lieu d'envoyer au général un officier qui lui portera l'ordre de se diriger sur Paris. En ce moment, le général de Failly est sur la route de Mirecourt à Toul. On peut essayer de faire passer un télégramme au général de Failly par le commandant de la place de Toul.

« L'aide-de-camp de l'empereur,

« LEBRUN. »

Le télégraphe venait d'être coupé, à 4 heures, entre Metz et Nancy, ce qui explique les recommandations contenues dans cet avis.

Qu'on le remarque bien, le général Lebrun ne signe cette pièce qu'à titre d'aide-de-camp de l'empereur, et non plus comme premier aide-major-général, fonctions que, dans cette même journée du 12, à 5 heures 1/2 du soir, il estime ne plus exercer.

Et pourtant, quelques minutes après, à 5 heures 55 minutes, le major général, c'est-à-dire le maréchal Le Bœuf, envoie au général de Failly, qui est alors à Mirecourt, le télégramme que j'ai déjà reproduit, télégramme par où l'empereur annule l'ordre donné le matin de diriger le 5e corps sur Toul et prescrit de l'envoyer à Paris par la route qui paraîtra la plus convenable.

Il est vrai que, ce même jour, à 3 heures 45 minutes, l'empereur envoyait de Metz, au maréchal Bazaine, qui se trouve à Borny, un autre télégramme dont voici le texte :

« On dit que, le 14, 50,000 Bavarois font leur jonction avec les Prussiens.

« De Failly sera après-demain à Toul. Il vous demande des ordres. Je crois que ce n'est qu'après-demain qu'on pourra lui dire s'il peut venir nous rejoindre à Metz. »

Comme on le voit, la confusion est extrême.

Les ordres et les avis se croisent, sans que l'on sache au juste qui commande.

Tandis que notre armée d'Alsace se retire en suivant des directions qui varient chaque jour, selon qu'on lui dit de gagner Nancy ou Châlons, Toul ou Paris, l'armée de Lorraine reste immobile sur la rive droite de la Moselle.

Et pourtant, l'ennemi gagne du terrain de tous côtés, comme l'indiquent les renseignements qui arrivent.

La situation est si grave que Napoléon III fait part de ses craintes au maréchal Bazaine.

Dans la soirée, il lui envoie le télégramme suivant :

« Plus je pense à la position qu'occupe l'armée, lui dit-il, et plus je la trouve critique, car, si une partie était forcée, et qu'on se retirât en désordre, les forts n'empêcheraient pas la plus épouvantable confusion. Voyez ce qu'il y a à faire, et, si nous ne sommes pas attaqués demain, prenez une résolution. »

Ainsi donc, les forts de Metz ne paraissent pas même de nature à offrir un appui certain.

L'empereur voudrait que l'armée se dérobât en passant la Moselle. Mais il n'exprime pas catégoriquement sa volonté et il ne dit pas de franchir la rivière dès le lendemain.

A Paris, la tranquillité est revenue, du moins en apparence. On a appris officiellement que le maréchal Le Bœuf n'est plus major-général. On commence à savoir que l'empereur lui-même s'est démis du commandement en faveur du maréchal Bazaine. On reprend confiance, bien que les bataillons d'infanterie de marine qui viennent d'arriver dans la capitale reçoivent l'ordre d'en partir à destination du camp de Châlons. On pense qu'à l'aide des mesures prises la veille par le gouvernement et les Chambres, nos forces seront bientôt égales en nombre à celles de l'ennemi ; sans se demander ce que seront ces nouvelles levées, comment on les armera et comment on les encadrera, on ne doute pas qu'elles seront bientôt à même d'arrêter l'invasion, puis de refouler l'envahisseur au delà de la frontière.

Le 7e corps se trouve dans la même situation à Belfort et à Lyon.

Le quartier-général du roi de Prusse reste à Saint-Avold ; celui de la 1re armée se porte à Boucheporn ; celui de la 2e armée, à Gros-Tenquin.

Les corps ennemis prennent les positions indiquées la veille.

Le roi Guillaume dispose alors de deux lignes d'un front de 30 kilomètres environ, très rapprochées l'une de l'autre à leur aile droite, plus écartées à leur aile gauche.

En première ligne se trouvent 5 corps d'armée répartis ainsi qu'il suit de la droite à la gauche : 1er corps, à Boulay ; 7e corps, à Marange ; 3e corps, à Faulquemont ; 10e corps, à Landroff ; garde, à Morhange.

Le 10e corps s'est donc placé à la gauche du 3e et non en arrière.

La seconde ligne est formée de 4 corps d'armée, savoir : à l'aile droite, le 8e corps, à Boucheporn ; au centre, les 9e et 12e corps, à l'ouest et à l'est de Saint-Avold ; à l'aile gauche, le 4e corps, à Munster, afin d'établir la liaison avec la 3e armée.

Ce front est couvert par 5 divisions de cavalerie, la 1re et la 3e division ayant enfin dépassé l'infanterie de la 1re armée pour la couvrir d'un rideau masquant ses positions, ses forces et ses mouvements.

La cavalerie est disposée dans l'ordre suivant, de la droite à la gauche : 3e, 1re, 6e, 5e divisions, et division de la garde.

La 3e division s'étend de Bettange à Gondreville ; la 1re, de Baville à Pont-à-Chaussy ; la 6e, de Pange vers Metz ; la 5e, de Dieuze à Remilly ; quant à la division de cavalerie de la garde, elle a une de ses brigades à Oron.

La 3e division de cavalerie, placée à l'extrême aile droite, lance ses éclaireurs jusqu'à Thionville, Poix et Bellecroix. Ses patrouilles constatent que les portes de Thionville sont encore ouvertes comme en pleine paix, apprennent que la place n'a qu'une garnison très faible, et paraît fort peu en état de se défendre ; à Poix, elles ne rencontrent aucun de nos détachements, en sorte que toute la rive droite de la Moselle semble abandonnée en aval de Metz et jusqu'à Thionville; à Bellecroix, elles se trouvent en présence de nos camps.

La 1re division de cavalerie envoie ses reconnaissances de Pont-à-Chaussy jusque sur Puche et au delà. A Puche, elles recueillent des indices certains de notre retraite; mais, à l'ouest de cet endroit, elles se heurtent à un de nos détachements.

La 6e division de cavalerie étend ses avant-postes au sud du chemin de fer de Sarrebrück à Metz, vers Jury, Peltre et Magny-sur-Seille. A Peltre, quelques coups de feu sont échangés; mais, du côté de Magny, les cavaliers ennemis s'avancent vers Metz sans éprouver aucune résistance.

La 5e division de cavalerie s'étend depuis Pont-à-Mousson jusqu'à Nancy, avec l'intention de détruire la voie ferrée de la rive gauche de la Moselle par où les troupes du 6e corps d'armée arrivent du camp de Châlons à Metz. Elle est d'ailleurs soutenue à courte distance par la 19e division d'infanterie du 10e corps, qui reçoit l'ordre de se rendre de Landorff à Delme.

Tandis que cette division fait occuper Nancy par un de ses escadrons, ses tentatives de destruction échouent à Frouard, à Dieulouard et à Pont-à-Mousson, et les troupes du 6e corps, après avoir débarqué en ces divers endroits, soit pour repousser l'ennemi, soit pour réparer les dégâts qu'il avait commis, continuent leurs transports jusqu'à Metz.

A Pont-à-Mousson, notre cavalerie a un engagement qui lui fait le plus grand honneur, et qui prouve combien nous aurions pu avoir raison de la cavalerie allemande, si la nôtre avait été plus habilement conduite.

Parmi les trois divisions de cavalerie de réserve de notre armée, la 1re se compose des 4 régiments de chasseurs d'Afrique formés en 2 brigades.

Le général du Barail commande cette division : la 1re brigade, comprenant les 1er et 2e régiments, est sous les ordres du général de la Jaille; le général Margueritte est à la tête de la 2e brigade, composée des 3e et 4e régiments.

Cette division devait se réunir à Lunéville.

La 1re brigade s'y trouvait seule, le 6 août. Le 3e régiment de chasseurs d'Afrique venait seulement de débarquer à Marseille. Quant au 4e régiment, il était encore en mer.

Dans la nuit du 6 au 7, la brigade de la Jaille reçoit l'ordre de se replier derrière la Meuse, à Saint-Mihiel.

Le 7, elle est à Nancy; le 8, à Bernécourt.

Le 9, elle arrive à Saint-Mihiel, où elle est rejointe par le 3⁰ régiment de chasseurs d'Afrique.

Ce même jour, la division, forte alors de 3 régiments, prend quelques heures de repos, et à 9 heures du soir, conformément à un ordre qui lui est arrivé à 5 heures, elle se remet en route pour revenir à Metz.

Dans la nuit du 9 au 10, la division traverse le plateau de la Voëvre en passant par Vigneulles.

Le 10, au soleil levant, elle arrive à Gorze, puis elle atteint Ars-sur-Moselle, d'où le général du Barail envoie son aide-de-camp prendre les ordres du commandant en chef.

Cette division, après les marches du 7 et du 8, venait de parcourir 80 kilomètres, de Bernécourt à Saint-Mihiel et de Saint-Mihiel à Ars-sur-Moselle, depuis le 9 au matin jusqu'au 10, à la pointe du jour, sans qu'un seul homme restât en arrière, sans qu'un seul cheval fût blessé.

Que n'aurait-on pas obtenu avec de si remarquables cavaliers, si l'on avait su les employer!

La division des chasseurs d'Afrique comptait combattre en arrivant à Metz, mais on ne lui demande que de participer au service d'exploration, ce dont elle s'acquitte parfaitement, du reste, comme on va le voir.

Elle passe aussitôt sur la rive droite de la Moselle et envoie des patrouilles dans la direction de Boulay, Faulquemont et Château-Salins.

Le 10, elle acquiert la certitude que l'ennemi s'avance en force par tous les chemins dont il peut disposer vers le cours de la rivière en amont de Metz.

Le 11, elle continue son service.

Le 12, le général Margueritte est informé qu'un détachement de cavalerie allemande occupe Pont-à-Mousson : il se décide aussitôt à l'y surprendre avec le 3ᵉ régiment de chasseurs d'Afrique, commandé par le colonel de Galliffet. Ce détachement, aux ordres d'un officier d'origine française, se compose de hussards brunswickois du 17⁰ régiment et de dragons oldenbourgeois du 19⁰ régiment.

Voici comment s'effectue cette opération d'après le récit que m'en a fait un officier qui y a participé :

« On arrive en vue de la ville ; rien ne fait présumer la présence de l'ennemi. S'il est là, il se garde vraiment mal.

« Deux colonnes, l'une à droite, l'autre à gauche, suivent le périmètre extérieur de Pont-à-Mousson.

« La réserve, ayant à sa tête le général Margueritte, s'engage dans la rue principale, précédée d'une avant-garde.

« Le gros du détachement allemand s'était installé dans une grande hôtellerie située sur cette rue.

Les chasseurs d'Afrique à Pont-à-Mousson. (Page 592.)

« A l'approche de l'avant-garde, l'ennemi ferme la grande porte du bâtiment et se tient coi.

« L'avant-garde passe donc sans le voir.

« A peine est-elle à quelques pas au delà, que les Allemands, croyant n'avoir devant eux qu'une patrouille, ouvrent la porte pour sortir et prendre à revers la petite troupe; mais ils se heurtent contre la tête du gros de la réserve qui arrive juste à ce moment et les refoule dans la cour de l'auberge.

« L'officier allemand qui commande le détachement se jette sur le général Margueritte et lui décoche un coup de sabre qui fend le képi du général. L'aide-de-camp de celui-ci riposte par un coup de revolver qui abat l'officier ennemi. Ce dernier, renversé sur le dos, refuse de se rendre, frappe de son sabre et blesse de son revolver tous ceux qui veulent s'approcher de lui pour le désarmer, jusqu'à ce qu'un coup de fusil vienne enfin terminer cette horrible lutte.

« Le détachement tout entier est fait prisonnier.

« Les escadrons des ailes arrêtent les cavaliers ennemis cantonnés dans les autres parties de la ville et qui cherchent à se sauver. »

Cette habile opération nous coûtait fort peu de monde, tandis que la plupart des officiers et cavaliers ennemis tombaient entre les mains des chasseurs d'Afrique ainsi que leurs chevaux. Quelques Allemands avaient péri, soit dans la lutte, soit en voulant traverser la Moselle qui subissait précisément une assez forte crue.

Cependant, les tentatives hardies de la cavalerie allemande avaient fourni de précieuses indications au général de Moltke qui, dans la soirée même, prescrivait les dispositions suivantes :

« Autant que les renseignements recueillis permettent d'en juger, disait le chef du grand état-major, la masse principale des forces ennemies se retire par Metz, au delà de la Moselle.

« Sa Majesté donne en conséquence les ordres ci-dessous :

« La 1re armée se portera, demain 13 août, sur la Nied française, le gros sur la ligne Les Etangs-Pange, et fera occuper la gare de Courcelles ; la cavalerie poussera des reconnaissances sur Metz et franchira la Moselle en aval. La 1re armée couvrira ainsi la droite de la 2e.

« La 2e armée gagnera la ligne Boulay-Château-Salins, placera ses avant-postes sur la Seille et cherchera à s'assurer, si cela est possible, des ponts de la Moselle, à Pont-à-Mousson, Dieulouard, etc. La cavalerie fera des reconnaissances au delà de la Moselle.

« La 3e armée continuera son mouvement vers la ligne Nancy-Lunéville. »

Cet ordre devait avoir pour résultat de faire tourner la position de Metz, en amont, par la 2e armée allemande, et de masquer cette marche latérale par la 1re armée.

Dans cette même journée du 12, la 3e armée allemande prend d'ailleurs position sur la Sarre, la 12e division d'infanterie formant la droite à Sarre-Union, le 11e corps occupant la gauche à Sarrebourg, le gros de ses forces sur un front de 15 kilomètres entre Fenestrange et Sarrebourg. Comme je l'ai dit précédemment, elle a, d'autre part, occupé Litchtenberg et la Petite-Pierre, fait observer Bitche et bombarder Phalsbourg. Enfin la division badoise a été dirigée contre Strasbourg et cesse d'appartenir à cette armée.

La 4e division de cavalerie précède à grande distance les têtes de colonnes de la 3e armée allemande. Retardée par la nécessité de remplacer les ponts qui ont été détruits par nos troupes dans leur retraite, elle prend cependant une avance assez considérable sur l'infanterie.

Le franchissement des Vosges, qui aurait pu être si disputé entre le col du Pigeonnier et les tunnels Saverne-Sarrebourg, venait d'être effectué sans coup férir par la 3e armée allemande, au moment où la 4e division de cavalerie atteint Moyenvic après avoir masqué Marsal.

Ce même jour, le 1er escadron du 2e régiment de hussards prussiens, conduit par un officier d'origine française, entre à Lunéville. Le maire de cette localité lui remet les clefs d'or de la ville et une lettre adressée au prince royal de Prusse, lettre où il s'engage à faire droit à toutes les demandes des troupes ennemies, sollicitant, en échange, la protection du commandant en chef pour la cité et pour les habitants.

Flanquée sur la gauche par le 2e régiment de hussards prussiens, la 4e division de cavalerie l'est également sur sa droite par le 5e régiment de dragons rhénans qui a pris la direction de Sarre-Union à Dieuze, où il arrive le même jour.

Dans la nuit du 12 au 13, le prince royal de Prusse est informé que le grand quartier-général allemand se trouve à Saint-Avold, et que la 1re armée allemande va gaguer la Nied dans la direction de Metz, tandis que la 2e, marchant à hauteur et à gauche de la 1re, portera son aile gauche à Château-Salins.

Quant à lui, il reçoit l'ordre suivant pour le lendemain :

« La 3e armée continuera sa marche sur la ligne de Lunéville à Nancy. Des instructions lui feront prochainement savoir ce qu'elle aura à faire ensuite. Tous les convois peuvent suivre les corps d'armée jusqu'à la Meurthe et jusqu'à la Moselle. »

13 *août*. — En réponse au télégramme de l'empereur qui, la veille au soir, lui recommandait de prendre sans retard une résolution, le maréchal Bazaine envoie, dans la matinée, la dépêche suivante à Napoléon III :

« J'ai reçu de Votre Majesté, lui dit-il, l'ordre de hâter le mouvement de passage sur la rive gauche de la Moselle; mais M. le général Coffinières, qui est en ce moment avec moi, m'affirme que, malgré toute la diligence possible; les ponts seront à peine prêts demain matin. D'un autre côté, l'intendant déclare ne pouvoir faire les distributions immédiatement.

« Je n'en donne pas moins les ordres pour que l'on reconnaisse les abords et les débouchés des ponts, et pour que l'on se tienne prêt à commencer le mouvement demain matin.

« Au moment de terminer ma lettre, je reçois de M. le général Decaen l'avis qu'une forte reconnaissance prussienne se présente à Retonfay ainsi qu'à Ars-Laquenexy. »

Je ferai connaître plus loin cette question des ponts qui a joué un rôle considérable dans les premières opérations autour de Metz. L'allusion qui y est faite dans la précédente dépêche concerne les dégâts qui y avaient été faits dans la nuit du 12 au 13, soit par suite d'une crue subite, soit par le fait de l'ennemi qui, croyait-on, avait levé les vannes de l'étang du Lindre, près Marsal, et fait monter les eaux de la Seille.

Mais l'empereur estime qu'il faut absolument franchir la Moselle.

Il répond donc au maréchal Bazaine :

« Les Prussiens sont à Pont-à-Mousson ; 300 sont à Corny. D'un autre côté, on dit que le prince Frédéric-Charles fait un mouvement tournant vers Thionville. Il n'y a pas un moment à perdre pour faire le mouvement arrêté. »

Les dernières troupes du 6ᵉ corps d'armée viennent, en effet, d'être définitivement arrêtées à Dieulouard par la cavalerie allemande qui a coupé le chemin de fer. Elles ne peuvent le rétablir, et, sachant qu'elles se trouvent au milieu des avant-gardes de l'ennemi, elles se hâtent de retourner vers le camp de Châlons.

Le maréchal Bazaine se rend près de l'empereur qui lui réitère sa recommandation de quitter le plus tôt possible la rive droite de la Moselle.

Profitant de ce que le commandant en chef est venu de Borny à Metz, le général Jarras va au devant de lui et lui demande s'il doit rester à Metz ou aller à Borny.

Le maréchal Bazaine répond à son chef d'état-major-général qu'il n'a pas besoin de lui à Borny, qu'il le prendra le lendemain en passant par Metz.

Nul concours n'est donc demandé aux officiers qui font partie de l'état-major-général pour préparer une opération aussi importante que le passage de la Moselle et la retraite de Metz sur Verdun.

Cette coupable négligence est, sans contredit, l'un des plus graves griefs que l'on puisse reprocher au maréchal Bazaine.

Malgré l'insistance de l'empereur, le commandant en chef semble de moins en moins disposé à quitter sa position.

A 9 heures du soir, il adresse à Napoléon III la dépêche suivante, où il expose les causes de son hésitation :

« L'ennemi, dit-il, paraissant se rapprocher de nous et vouloir surveiller nos mouvements, de telle façon que le passage sur la rive gauche pourrait entraîner un combat défavorable pour nous, il est préférable, soit de l'attendre dans nos lignes, soit d'aller à lui par un mouvement général d'offensive. Je vais tâcher d'avoir des renseignements sur les positions qu'il occupe, et sur l'étendue de son front. J'ordonnerai alors les mouvements que l'on devra exécuter, et j'en rendrai compte à Votre Majesté. »

Cependant le maréchal Bazaine avait envoyé dans la journée, aux généraux Frossard et de Ladmirault, qui commandaient respectivement le 2ᵉ corps à l'aile droite et le 4ᵉ corps à l'aile gauche, les instructions suivantes :

« Faites reconnaître les ponts qui ont été jetés derrière vous, et donnez des ordres pour que l'on soit prêt à exécuter un mouvement ce soir, dès que la lune sera assez haute, si l'installation des ponts le permet, car la crue de la Moselle a couvert d'eau les ponts de chevalets et d'un blanc d'eau les prairies par lesquelles on débouche.

« On signale, à Ars-Laquenexy et à Retonfay, de fortes reconnaissances ennemies, et il y a constamment des coups de fusils tirés entre nos grand'-gardes et elles. »

Le maréchal Bazaine ajoutait toutefois en *post-scriptum* :

« Il est probable que le mouvement ne pourra se faire que demain. »

Et, de fait, le passage de la Moselle ne s'effectua que le lendemain.

Il est vraiment assez difficile de deviner ce que projetait le commandant en chef quand on lit les deux précédentes dépêches :

J'admets parfaitement, qu'en présence des dangers très réels de l'opération, le maréchal Bazaine ait hésité à l'effectuer, bien qu'avec quelques habiles dispositions tactiques on pouvait en diminuer les inconvénients.

Mais ce que je trouve injustifiable, c'est qu'après avoir montré comment l'opération était périlleuse, le commandant en chef ait consenti à l'effectuer et en ait remis l'exécution au lendemain.

Un retard de vingt-quatre heures, en effet, ne pouvait qu'accroître les dangers de ce commencement de retraite.

A 11 heures du soir, l'empereur fait une dernière tentative et adresse au maréchal Bazaine le télégramme suivant :

« La dépêche de l'impératrice que je vous envoie, lui mande-t-il, montre bien l'importance que l'ennemi attache à ce que nous ne passions pas sur la rive gauche. Il faut donc tout faire pour cela, et, si vous croyez devoir faire un mouvement offensif, qu'il ne vous entraîne pas de manière à ne pouvoir opérer votre passage. Quant aux distributions, on pourra les faire sur la rive gauche, en restant lié avec le chemin de fer. »

Voici ce que l'impératrice télégraphiait de Paris à l'empereur, le 13, à 7 heures 45 minutes du soir :

« Ne savez-vous rien d'un mouvement au nord de Thionville, sur le chemin de fer de Sierck, sur la frontière du Luxembourg? On dit que le prince Frédéric-Charles pourrait bien se diriger sur Verdun, et il peut se faire qu'il ait opéré sa jonction avec le général Steinmetz, et qu'alors il marche sur Verdun pour y reprendre le prince royal et passer, l'un par le nord, l'autre par le sud. La personne qui donne ce renseignement croit que le mouvement sur Nancy et le bruit qu'on en fait pourraient n'avoir d'autre but que d'attirer notre attention au sud pour faciliter la marche que le prince Frédéric-Charles fera dans le nord. Il pourrait tenter cela avec les huit corps d'armée dont il dispose. Le prince opérera-t-il ainsi, ou essaye-t-il de reprendre le prince royal en avant de Metz pour franchir ensemble la Moselle? Paris est plus calme et attend avec moins d'impatience. »

Le mouvement tournant auquel l'impératrice fait allusion ne pouvait être certainement qu'une petite démonstration, comme nous allons le voir en étudiant les marches des armées allemandes dans cette journée.

L'hypothèse d'une plus sérieuse opération sur Thionville n'était pas vraisemblable.

Cependant, transmise par l'impératrice, recueillie par l'empereur, elle est admise par le maréchal Bazaine qui prend définitivement le parti de repasser la Moselle dès le lendemain sans autre délai.

Dans cette même soirée, bien qu'il soit commandant en chef depuis plus de trente-six heures et que le temps presse, il se décide enfin à en prévenir le maréchal de Mac-Mahon et le général de Failly par le télégramme suivant :

« L'empereur me charge de vous informer qu'il m'a confié le commandement en chef de l'armée du Rhin. »

Il est impossible d'être plus laconique.

De même que le maréchal Bazaine ne s'est pas renseigné auprès de l'empereur sur la situation, ni de l'armée de Lorraine, ni de Metz, de même il s'abstient de toute question aux commandants des 1er et 5e corps d'armée sur leurs intentions ultérieures.

Ceux-ci continuent d'ailleurs leur retraite vers le sud-ouest dans la direction qu'ils ont prise.

Le 1er corps est à Vicherey; le 5e, à La Marche.

Ces deux corps d'armée prennent respectivement pour objectifs Neufchâteau et Chaumont, afin de gagner, soit le camp de Châlons, soit Paris, selon les ordres qui leur arriveront dans la journée du lendemain.

Au camp de Châlons arrivent de nouvelles troupes et notamment l'infanterie de marine.

La situation ne se modifie pas pour le 7ᵉ corps à Belfort et à Lyon.

A Paris, on est satisfait d'apprendre officiellement que le commandement en chef a été remis au maréchal Bazaine, tandis que l'on ne peut pardonner à l'empereur et au maréchal Le Bœuf d'avoir si complètement abandonné Nancy qu'il a suffi de quelques cavaliers ennemis pour en prendre possession.

Les troupes continuent à affluer dans la capitale, et particulièrement des compagnies de sapeurs-pompiers que l'on appelait de toutes parts.

Le roi de Prusse porte son quartier-général de Saint-Avold à Herny, pour se trouver au milieu de ses troupes si elles doivent combattre.

La 1ʳᵉ et la 2ᵉ armée allemande continuent leurs opérations conformément aux instructions qu'elles ont reçues la veille.

La 3ᵉ division de cavalerie s'est portée à Avancy ; la 1ʳᵉ s'étend de Pange à Mécleuves.

Derrière ces deux divisions, la 1ʳᵉ armée allemande s'est disposée sur deux lignes : en première ligne, à droite, le 1ᵉʳ corps à Retonfay et Ogy ; à gauche, le 7ᵉ corps, à Colligny, Pange et Courcelles ; en seconde ligne, formant réserve, le 8ᵉ corps, à Varize et Bionville, moins une brigade, qui est lancée sur Thionville en vue de tenter un coup de main sur cette place que l'ennemi sait être mal gardée et suppose mal défendue.

La 6ᵉ division de cavalerie forme un rideau depuis Courcelles jusqu'à Corny, par Sorbey et Pouilly.

Derrière ce rideau, la 2ᵉ armée dispose sa première ligne ainsi qu'il suit : le 3ᵉ corps, de Béchy à Buchy ; la garde, à Lemoncourt ; le 4ᵉ corps, à Château-Salins.

Cette première ligne de la 2ᵉ armée est soutenue, en arrière de son aile droite et à proximité de l'aile gauche de la 1ʳᵉ armée, par le 9ᵉ corps à Herny et le 12ᵉ à Thicourt.

Enfin la 2ᵉ armée est précédée par la 5ᵉ division de cavalerie qu'appuie le 10ᵉ corps d'armée, et par la brigade de dragons de la garde.

Un escadron de cette brigade s'établit à Dieulouard et y arrête définitivement les transports des troupes se dirigeant du camp de Châlons sur Metz.

Un détachement de la 5ᵉ division de cavalerie occupe Pont-à-Mousson et pousse jusqu'à Régniéville-en-Haye.

La 19ᵉ division d'infanterie, appartenant au 10ᵉ corps, prend position à Pont-à-Mousson et à Dieulouard ; l'autre division de ce corps d'armée, la 20e, s'avance jusqu'à Aulnois.

Au résumé, la 1re armée nous fait face, soutenue par l'aile droite de la 2e, dont l'aile gauche cherche à nous tourner par le sud.

Les reconnaissances exécutées par la cavalerie allemande ont fait savoir au roi de Prusse que nos troupes sont installées à l'est de la Moselle, sur des positions qui vont depuis Montigny, en amont, jusqu'au bois de Grimont, en aval, positions dont le front est jalonné par les villages de Magny-sur-Seille, Mercy-le-Haut, Borny et Nouilly.

Nous sommes d'ailleurs restés sur la défensive la plus absolue.

Aussi l'état-major allemand se demande « comment il doit interpréter l'attitude toujours singulière de l'adversaire », et son incertitude est d'autant plus naturelle qu'il se propose de faire passer la 2e armée sur la rive gauche de la Moselle, ce qui va laisser la 1re armée presque seule en présence de nos troupes sur la rive droite.

Afin de ne rien compromettre et de poursuivre rapidement les opérations, le général de Moltke donne, le 13, à 9 heures du soir, les instructions suivantes :

« D'après les nouvelles reçues jusqu'à présent, de forts contingents ennemis étaient encore aujourd'hui à Servigny et à Borny ; en deçà de Metz.

« Sa Majesté ordonne ce qui suit :

« La 1re armée demeurera, demain 14 août, dans ses positions sur la Nied ; des avant-gardes seront chargées d'observer si l'ennemi se replie ou s'il se porte offensivement en avant.

« En prévision de cette dernière éventualité, il est essentiel que, demain, les 3e et 9e corps, appartenant à la 2e armée, s'arrêtent respectivement à hauteur de Pagny et à Buchy ; ainsi établis à une distance de 8 kilomètres, ils seront prêts à rompre en temps utile pour s'engager dans une affaire sérieuse qui se produirait devant Metz. D'autre part, la 1re armée est en mesure de s'opposer, par une attaque de flanc, à toute entreprise de l'adversaire vers le sud.

« Les autres corps de la 2e armée continueront leur marche vers la partie de la Moselle comprise entre Pont-à-Mousson et Marbache. Le 10e corps prendra position en avant de Pont-à-Mousson.

« La cavalerie des deux armées s'avancera aussi loin que possible ; elle inquiétera la retraite de l'ennemi, si celui-ci venait à se replier par la route de Metz à Verdun. »

En réalité, il y a un vide entre l'aile gauche de la 1re armée et l'aile droite de la 2e, et cette solution de continuité pourrait être dangereuse

La cavalerie allemande arrive sur la Moselle. (Page 601.)

pour l'ennemi si nous attaquions la 1re armée. Mais cette éventualité semble ne pas avoir préoccupé les Allemands. Ils pensent évidemment n'avoir plus à craindre notre offensive.

Quant à la 3e armée allemande, elle s'avance de la ligne de la Sarre vers la ligne de la Moselle, précédée par la 4e division de cavalerie, dont un escadron entre, à Château-Salins, en communication avec l'aile gauche de la 2ᵉ armée.

La 4ᵉ division de cavalerie masque Marsal et atteint Moncel, ayant son avant-garde à Champenneux, près de Nancy.

La 3ᵉ armée atteint le front Dieuze-Blamont, d'une étendue de 30 kilomètres ; la 12ᵉ division étant restée à Fenestrange pour se rallier à la 11ᵉ et reconstituer le 6ᵉ corps prussien, c'est le 2ᵉ corps bavarois qui tient la droite de la ligne à Dieuze; le 11ᵉ corps prussien forme toujours l'aile gauche de la 3ᵉ armée; il occupe Avricourt et Blamont.

C'est dans ces conditions que va s'engager, dans la journée du lendemain, 14, la bataille de Borny.

BORNY

L'armée réunie autour de Metz, sous le commandement en chef du maréchal Bazaine, est composée ainsi qu'il suit :

2e corps d'armée ;
3e corps d'armée ;
4e corps d'armée ;
6e corps d'armée ;
Garde impériale ;
1re division de cavalerie de réserve ;
2e division de cavalerie de réserve ;
Réserve générale d'artillerie.

J'ai déjà donné l'organisation et la force des 2e, 3e et 4e corps d'armée, ainsi que de la garde impériale et de la 1e division de cavalerie de réserve.

Au début des opérations, les effectifs de combat étaient les suivants :

2e corps, 39 bataillons, 16 escadrons, 12 batteries : 20,000 fusils, 2,500 sabres, 72 canons ;

3e corps, 52 bataillons, 28 escadrons, 16 batteries : 30,000 fusils, 4,000 sabres, 96 canons.

4e corps, 39 bataillons, 16 escadrons, 12 batteries : 22,000 fusils, 2,200 sabres, 72 canons.

Garde impériale, 24 bataillons, 24 escadrons, 10 batteries : 16,000 fusils, 2,500 sabres, 60 canons.

Cette première partie de l'armée de Metz donnait donc une force combattante de 154 bataillons, 84 escadrons et 50 batteries, pouvant mettre en ligne 88,000 fusils, 10,900 sabres et 300 canons.

Mais il faut défalquer du 2e corps d'armée environ 4,000 hommes mis hors de combat dans les deux affaires de Sarrebrück et de Spickeren.

D'autre part, il faut ajouter au 2e corps d'armée la brigade Lapasset forte de 7 bataillons, 4 escadrons et 1 batterie, représentant 5,000 fusils, 500 sabres et 6 canons.

J'ai déjà dit que la 1re division de réserve de cavalerie était forte de 4 régiments de chasseurs d'Afrique et de 2 bataillons d'artillerie, soit 16 escadrons et 12 canons ; mais 3 régiments avaient seuls rejoint l'armée de Metz au 14 août, ce qui ramène cette division à 12 escadrons et 6 batteries, soit 1,500 sabres et 12 canons.

Le 6ᵉ corps d'armée, commandé par le maréchal Canrobert, était constitué comme il suit :

1ʳᵉ DIVISION. — GÉNÉRAL TIXIER.

1ʳᵉ brigade, général Péchot : 9ᵉ bataillon de chasseurs ; 4ᵉ régiment d'infanterie : 3 bataillons ; 10ᵉ régiment d'infanterie : 3 bataillons.

2ᵉ brigade, général Leroy de Dais : 12ᵉ régiment d'infanterie : 3 bataillons ; 100ᵉ régiment d'infanterie : 3 bataillons.

Artillerie : 5ᵉ, 7ᵉ et 8ᵉ batteries montées du 8ᵉ régiment : 18 pièces de 4.

2ᵉ DIVISION. — GÉNÉRAL BISSON.

1ʳᵉ brigade, général Archinard : 9ᵉ régiment d'infanterie : 3 bataillons ; 14ᵉ régiment d'infanterie : 3 bataillons.

2ᵉ brigade, général Maurice : 20ᵉ régiment d'infanterie : 3 bataillons ; 31ᵉ régiment d'infanterie : 3 bataillons.

Artillerie : 10ᵉ et 14ᵉ batteries montées du 8ᵉ régiment : 12 pièces de 4 ; 11ᵉ batterie du même régiment : 6 mitrailleuses.

3ᵉ DIVISION. — GÉNÉRAL LAFONT DE VILLIERS.

1ʳᵉ brigade, général Becquet de Sonnay : 75ᵉ régiment d'infanterie : 3 bataillons ; 91ᵉ régiment d'infanterie : 3 bataillons.

2ᵉ brigade, général Colin : 93ᵉ régiment d'infanterie : 3 bataillons ; 94ᵉ régiment d'infanterie : 3 bataillons.

Artillerie : 5ᵉ, 6ᵉ et 7ᵉ batteries montées du 14ᵉ régiment : 18 pièces de 4.

4ᵉ DIVISION. — GÉNÉRAL LEVASSOR-SORVAL.

1ʳᵉ brigade, général de Marguenat : 25ᵉ régiment d'infanterie : 3 bataillons ; 26ᵉ régiment d'infanterie : 3 bataillons.

2ᵉ brigade, général comte de Chanaleilles : 28ᵉ régiment d'infanterie : 3 bataillons ; 70ᵉ régiment d'infanterie : 3 bataillons.

Artillerie : 7ᵉ, 8ᵉ et 9ᵉ batteries montées du 10ᵉ régiment : 18 pièces de 4.

DIVISION DE CAVALERIE. — GÉNÉRAL DE SALIGNAC-FÉNELON.

1ʳᵉ brigade, général Tilliard : 1ᵉʳ régiment de hussards : 4 escadrons ; 6ᵉ régiment de chasseurs : 4 escadrons.

ENVIRONS DE METZ

Pl. 10.

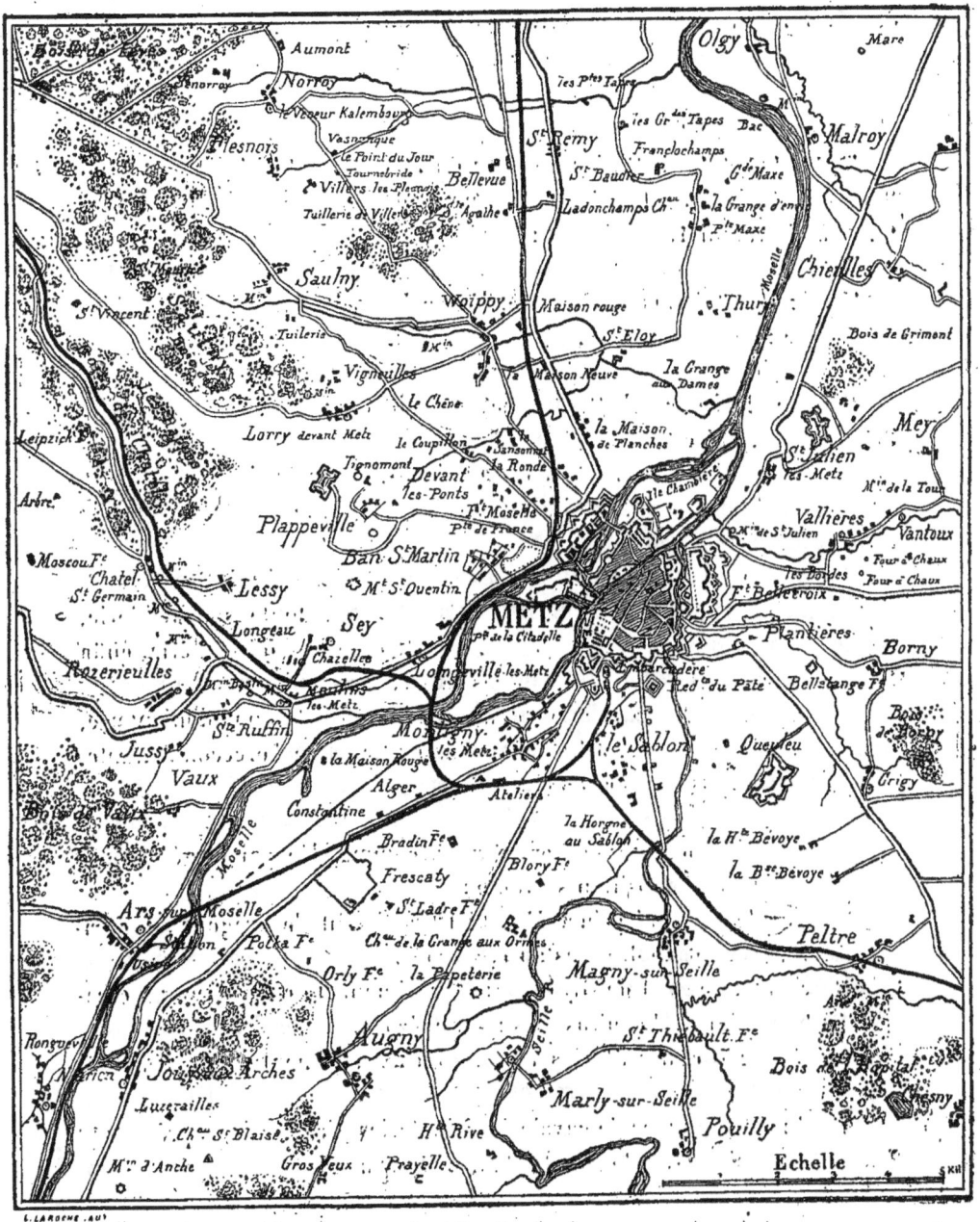

2e brigade, général Savaresse : 1er régiment de lanciers : 4 escadrons ; 7e régiment de lanciers : 4 escadrons.

3e brigade, général de Béville : 5e régiment de cuirassiers : 4 escadrons ; 6e régiment de cuirassiers : 4 escadrons.

RÉSERVE D'ARTILLERIE

5e, 6e, 10e et 12e batteries montées du 10e régiment : 24 pièces de 12 ; 8e et 9e batteries montées du 14e régiment : 12 pièces de 12 ; 1re et 2e batteries à cheval du 19e régiment : 12 pièces de 4.

Total : 49 bataillons d'infanterie, 24 escadrons de cavalerie, 20 batteries d'artillerie : 48,000 hommes, 10,000 chevaux.

Comme force combattante, cet effectif donnait : 30,000 fusils, 3,400 sabres, 114 canons.

Mais, par suite de la rupture de la voie ferrée sur la rive gauche de la Moselle, comme je l'ai déjà dit, le 6e corps d'armée ne put être transporté entièrement à Metz.

Il laissa en arrière toute la 2e division d'infanterie, moins le 9e régiment, toute sa division de cavalerie, moins 1 escadron, toute son artillerie, moins 6 batteries appartenant aux 1re et 3e divisions d'infanterie, enfin toutes ses troupes du génie et tous ses services accessoires.

Ce corps d'armée se trouvait donc réduit à 40 bataillons d'infanterie, 1 escadron de cavalerie, 6 batteries, donnant comme force combattante, 28,000 fusils, 150 sabres et 36 canons.

La 3e DIVISION DE CAVALERIE DE RÉSERVE, commandée par le général de Forton, avait la composition suivante :

1re brigade, général prince Murat : 1er régiment de dragons : 4 escadrons ; 9e régiment de dragons : 4 escadrons.

2e brigade, général de Gramont : 1er régiment de cuirassiers : 4 escadrons ; 10e régiment de cuirassiers : 4 escadrons.

Artillerie : 7e et 8e batteries à cheval du 20e régiment : 12 pièces de 4.

Total : 16 escadrons de cavalerie, 2 batteries d'artillerie, représentant une force combattante de 2,200 sabres et 12 canons.

Quant à la réserve générale d'artillerie, commandée par le général Canu, elle comprenait les batteries ci-dessous indiquées :

5e, 6e, 7e, 8e, 9e, 10e, 11e et 12e batteries montées du 13e régiment : 48 pièces de 12.

1e, 2e, 3e, 4e, 5e, 6e, 7e et 8e batteries à cheval du 18e régiment : 48 pièces de 4.

Total : 16 batteries, 96 canons.

La force combattante de l'armée de Metz, à la date du 14 août, est, en conséquence, de 201 bataillons d'infanterie, 118 escadrons de cavalerie et 77 batteries d'artillerie, donnant une force combattante de 117,000 fusils, 15,000 sabres et 462 canons, défalcation faite des mitrailleuses qui forment 12 batteries et sont au nombre de 72.

D'après la situation arrêtée à la même date, le nombre des rationnaires s'élève à 178,688 hommes et à 39,502 chevaux, savoir :

2e corps	28,470 hommes et	5,680 chevaux.
3e corps	48,361 hommes et	10,331 chevaux.
4e corps	35,063 hommes et	6,902 chevaux.
6e corps	38,089 hommes et	2,469 chevaux.
Garde impériale. . .	21,422 hommes et	7,129 chevaux.
Réserve de cavalerie.	4,574 hommes et	4,266 chevaux.
Réserve d'artillerie. .	2,061 hommes et	2,129 chevaux.
Réserve du génie. . .	648 hommes et	596 chevaux.

Il m'a paru nécessaire d'indiquer ici, non seulement le nombre des combattants d'infanterie, de cavalerie et d'artillerie, comme je l'ai fait jusqu'à présent, mais encore d'y ajouter l'effectif des rationnaires, puisque l'armée va se trouver enfermée dans Metz, et que la question des approvisionnements joue toujours un rôle de premier ordre dans tout siège ou investissement.

Toutes ces troupes sont campées autour de Metz ou dans les environs de Metz, la plus grande partie sur la rive droite de la Moselle.

La ville de Metz est bâtie au confluent de la Moselle et de la Seille.

Cette place forte, appuyée au nord par Thionville, et au sud par Toul, pouvait être considérée comme capable d'interdire, avec ces deux forteresses, l'emploi des principales voies de communications à une armée venant de l'est par cette région pour marcher sur Paris.

Elle était au point de rencontre des lignes de chemins de fer venant de Thionville, de Forbach, de Nancy et de Verdun, cette dernière n'étant toutefois pas terminée, et se trouvait ainsi en relation avec Mayence, Strasbourg et Paris.

Venaient également y converger un grand nombre de routes dont les principales partaient de Thionville, de Sarrelouis, de Sarrebrück, de Strasbourg, de Nancy et de Verdun, ainsi que plusieurs chemins en excellent état.

Stratégiquement, Metz avait donc une importance de premier ordre. Aussi était-elle non seulement une place forte, regardée jusqu'alors comme imprenable, mais encore une ville de garnison considérable. On en avait fait le siège de la 5e division militaire territoriale. Outre les troupes qui l'occupaient, on y trouvait l'École d'application de l'artillerie et du génie avec toutes ses dépendances, ainsi qu'un arsenal et d'autres établissements, tels que poudreries, casernes, magasins.

En aval de Frouard, c'est-à-dire dans la partie qui est la plus particulièrement intéressante au point de vue des opérations qui vont s'effectuer, la vallée de la Moselle a une largeur moyenne de 1,500 mètres qui descend rarement au-dessus de 400 mètres et qui s'étend même jusqu'à 3,000 mètres, comme à Metz, par exemple.

Dans cette section de son cours, les deux rives de la Moselle sont dominées par des hauteurs tantôt plus élevées sur la rive droite que sur la rive gauche et inversement.

A proximité de Metz, c'est la rive gauche qui est plus haute que la rive droite.

Le mont Saint-Quentin se dresse à 200 mètres environ au-dessus de la ville, tandis que le plateau de Borny n'atteint pas plus de 70 mètres.

En outre, les collines de la rive gauche ont leurs pentes et leurs sommets découverts en partie, tandis que les ondulations de la rive droite sont couvertes de vignobles.

La largeur moyenne de la rivière est de 50 à 70 mètres de Frouard à Metz.

Elle n'est guéable que par un temps d'extrême sécheresse.

Les ponts fixes qui permettaient de la franchir en 1870 se trouvaient à Frouard, Marbache, Dieulouard, Pont-à-Mousson, Novéant, Ars-sur-Moselle, Longeville et Metz.

A Frouard, il y avait un pont de route et un pont de chemin de fer. Les ponts de Marbache, Dieulouard, Pont-à-Mousson et Novéant-Corny, étaient des ponts de route. A Ars-sur-Moselle, les deux ponts étaient: le premier, un pont-barrage ; le second, le pont du chemin de fer de Metz à Frouard. Le pont de Longeville servait au chemin de fer de Metz à Thionville ainsi qu'à celui de Metz à Verdun.

L'INVASION ALLEMANDE

Vue à vol d'oiseau de la forteresse de Metz.

En aval de ce pont, la Moselle forme deux bras principaux qui ne se rejoignent qu'en amont de Metz et entre lesquels s'étendent, d'aval en amont, l'île Saint-Symphorien, l'île Saulcy et l'île Chambière.

La ville est bâtie en aval de l'île Saulcy; elle s'étend sur les deux rives des deux bras de la Moselle, mais surtout sur la rive droite, et couvre par conséquent la partie méridionale de l'île Chambière, ainsi que les deux rives de la Seille, près du confluent de celle-ci dans la Moselle.

Les communications de la ville avec la rive gauche de la Moselle se font par deux ponts de pierre.

D'après cette disposition, les fortifications qui défendaient Metz en 1870 formaient trois secteurs distincts : le premier, entre la rive droite de la Moselle et la rive gauche de la Seille, en amont, face au sud; le deuxième, entre la rive droite de la Seille et la rive droite de la Moselle, en aval, face à l'est et au nord-est; le troisième, sur la rive gauche de la Moselle, face au nord-ouest et à l'ouest.

Le premier secteur avait sous son canon la gare du chemin de fer, gare fermée où venaient aboutir les voies ferrées que j'ai précédemment indiquées. Outre l'enceinte, ce secteur comprenait la citadelle qui couvrait la porte Serpenoise, la lunette d'Arçon et la redoute du Pâté. Pour en augmenter la valeur défensive, on avait élevé, au-dessus de la porte Serpenoise, un cavalier ayant vue sur la campagne au delà des ouvrages extérieurs. On avait même essayé de construire un fort qui reculait l'attaque de Metz par le sud, mais on n'avait encore pu l'achever au moment où la guerre fut déclarée, en sorte que l'ennemi pouvait sérieusement menacer la place dans cette direction.

Le deuxième secteur correspond à ce que l'on appelle le plateau de Metz, qui est coupé en son milieu par le ravin de Vallières se dirigeant de l'est vers l'ouest. L'enceinte est renforcée de ce côté par le fort Gisors et par le fort Bellecroix qui commandent la route de Strasbourg et la route de Sarrelouis. Mais ces deux ouvrages n'ayant pas vue assez loin, en raison de l'élévation du plateau qui monte vers l'est, on avait établi, sur la rive droite de la Seille, le fort de Queuleu, et sur la rive droite de la Moselle, le fort de Saint-Julien. Ces deux ouvrages, qui protégeaient la place à bonne distance, n'étaient toutefois point achevés au moment où les hostilités commencèrent.

Quant au troisième secteur, il n'avait d'autre défense que le fort Moselle, sur la rive gauche de la rivière; les autres ouvrages extérieurs sur l'île Saulcy et sur l'île Chambière n'ayant plus aucune valeur. Mais, dans la transformation de la place en camp retranché, on avait choisi la hauteur de Saint-Quentin et celle de Plappeville pour élever deux forts détachés sur ces positions formidables, forts qui n'étaient pas terminés non plus lorsque la guerre éclata.

Au résumé, la situation de Metz, comme boulevard de la France contre une invasion des Allemands en Lorraine, était loin de répondre à l'opinion que l'on avait généralement de sa force.

En général, on regardait les dispositions prises pour l'occupation des hauteurs de Queuleu et de Saint-Julien comme bonnes.

Mais il n'en était point ainsi pour les ouvrages construits sur les hauteurs de la rive gauche. Il résultait d'un rapport établi par un officier supérieur du génie de la plus haute compétence, que l'ennemi, après avoir investi la ville, pourrait porter ses masses principales sur la rive gauche, et qu'il n'éprouverait pas grande difficulté à s'emparer des forts de Saint-Quentin et de Plappeville pour bombarder Metz, en incendier les bâtiments et amener la reddition de la place.

Ainsi donc, à une lenteur déjà regrettable dans l'exécution des travaux, qui devaient achever la transformation de la forteresse de Metz en camp retranché, venait encore s'ajouter le doute sur la valeur des nouveaux ouvrages construits.

Telles étaient les déplorables conséquences de l'inertie des uns et de l'incapacité des autres.

Le 14 au matin, la masse principale de l'armée forme une ligne de bataille dans les positions suivantes :

A droite, le 2ᵉ corps tout entier, face au sud-est, appuyé à la Seille, sur la route de Strasbourg, aux environs de Peltre : les divisions Vergé et Bataille sur les hauteurs, entre Peltre et Magny-sur-Seille, en première ligne, ainsi que la brigade Lapasset qui se trouvait à Mercy-le-Haut; en seconde ligne, la division de Laveaucoupet, à la Basse-Bévoye.

Au centre, le 3ᵉ corps, face à l'est, ayant la division Montaudon à Grigy, la division Metman à Colombey, la division de Castagny à Montoy et la division Aymard, à Nouilly.

A gauche, le 4ᵉ corps, face au nord-est, avec la division Grenier à Mey, les divisions de Cissey et de Lorencez, sur la route de Bouzonville et de Kédange, près du bois de Grimont, ces dernières appuyées à la Moselle.

En réserve, la garde impériale autour de Borny.

A l'extrême aile droite, une division du 6ᵉ corps, entre la Seille et la Moselle, et à l'extrême aile gauche, une division de ce même corps, à Voippy, sur la rive gauche de la Moselle.

La réserve générale d'artillerie est campée à proximité de l'enceinte.

Les 1ʳᵉ et 3ᵉ divisions de cavalerie de réserve effectuent les mouve-

BATAILLE DE BORNY

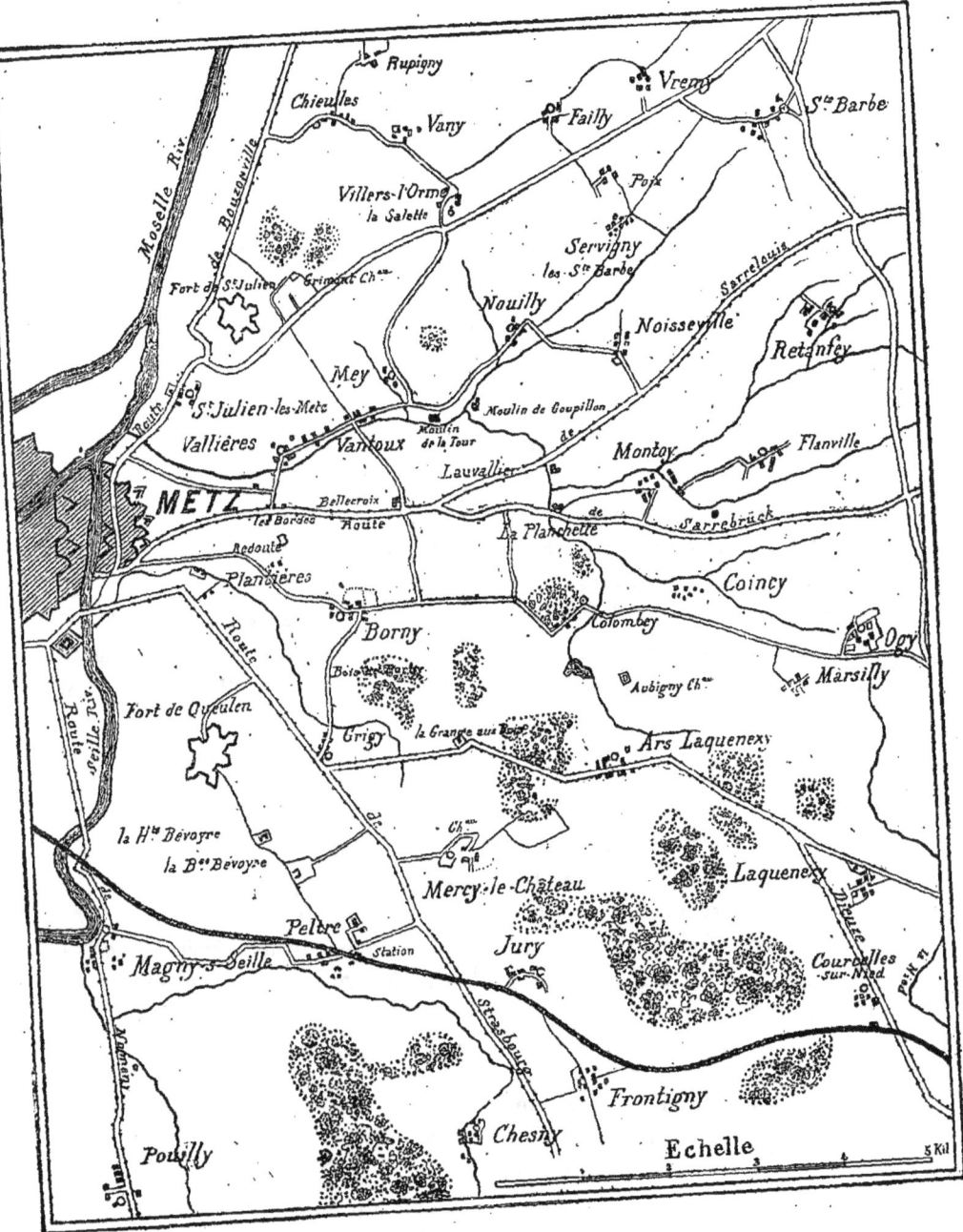

ments qui leur avaient été ordonnés sur la rive gauche de la Moselle en vue de la marche du 15 sur Verdun.

Les masses allemandes qui marchaient vers Metz comprenaient la 1re armée et la 2e, dont la force totale était, je l'ai déjà dit, de 256 bataillons d'infanterie, 230 escadrons de cavalerie, 150 batteries d'artillerie, pouvant mettre en ligne 250,000 fusils, 32,000 sabres, 900 canons, après déduction des pertes subies dans les combats de Sarrebrück et de Spickeren.

Ces masses sont réparties, ainsi qu'il suit, le 14, de la droite à la gauche :

Sur la première ligne :
3e division de cavalerie : Vigy, Vry, Avancy ;
1er corps : Sainte-Barbe, Retonfay, Ogy, Pont-à-Chaussy ;
7e corps : Pange, Domangeville, Courcelles-sur-Nied ;
1re division de cavalerie : Pange, Sorbey, Mécleuves ;
6e division de cavalerie : Frontigny, Pouilly, Corny ;
5e division de cavalerie : Pont-à-Mousson, Vandières, Pagny, Arnaville et Ancy, sur la rive gauche de la Moselle ; Buxières, sur la route de Metz à Saint-Mihiel ; Thiaucourt et Beney, sur la route de Pont-à-Mousson à Verdun.

Sur la deuxième ligne :
8e corps d'armée : Bionville et Varize, le quartier-général du commandant de la 1re armée étant en ce dernier endroit ;
9e corps d'armée : Béchy, Luppy, Buchy ;
3e corps d'armée : Vigny, Louvigny ;
10e corps d'armée : Pont-à-Mousson, où est le quartier-général du commandant de la 2e armée ; Vandières et Regniéville, sur la rive gauche de la Moselle.

Sur la troisième ligne :
2e corps d'armée : Faulquemont ;
12e corps d'armée : Solgue ;
4e corps d'armée : Armancourt ;
Garde royale : Sivry, Dieulouard, sur la Moselle ;
Division de cavalerie de la garde royale : Dieulouard, Villers-en-Haye, Rogéville, Frouard et Toul, sur la rive gauche de la Moselle.

Les troupes qui se trouvent en première ligne sur la rive droite de la Moselle restent en position dans la journée du 14.

Toutes celles qui sont en première ligne sur la rive gauche de la rivière, ou en deuxième et en troisième ligne sur l'une ou l'autre rive, exécutent les marches destinées, soit à les rapprocher de l'ennemi sur la rive droite, soit à prononcer le mouvement tournant sur la rive gauche.

On peut remarquer que l'infanterie de la 1re armée allemande, composée des 1er, 7e et 8e corps d'armée, se trouve en présence de nos positions. Cette armée est flanquée : à droite, par la 3e division de cavalerie, qui l'éclaire jusque dans la direction de Thionville ; à gauche, par la 1re division.

Celle-ci est à l'aile droite d'un grand rideau de cavalerie, au centre duquel se trouve la 6e division et dont l'aile gauche est formée par la 5e division,

Ce rideau masque complètement l'infanterie de la 2e armée qui se dirige, à la suite de la 5e division de cavalerie, vers les ponts de la Moselle en aval de Metz, et qui, en outre, est couverte dans la direction de Toul par la division de cavalerie de la garde royale.

Notre inaction absolue permet ainsi aux deux premières armées allemandes d'envelopper Metz à l'est, au sud et à l'ouest.

Le récit du grand état-major de Berlin le reconnaît d'ailleurs quand il dit :

« En différant leur passage sur la rive gauche de la Moselle, contrairement à ce que l'on avait supposé jusqu'alors, les Français abondaient dans les vues de l'état-major allemand, dont les plans devenaient ainsi d'une exécution plus facile. »

Si notre cavalerie, malgré son infériorité, avait été poussée au loin, dans la journée du 13, vers l'est, elle aurait pu faire connaître les emplacements de la première ligne allemande.

On dira, il est vrai, que nous n'avions que 117,000 fusils contre 250,000, 15,000 sabres contre 32,000, 462 canons contre 900, et que, dans ces conditions, nous ne pouvions songer à prendre l'offensive.

Je répondrai, en ce qui concerne notre cavalerie, que son infériorité se trouvait de beaucoup diminuée, le 13, par l'éloignement de la 5e division de cavalerie allemande et de la division de cavalerie de la garde royale prussienne, ainsi que par l'impossibilité où se trouvait la 3e division de cavalerie ennemie de participer à une opération sérieuse entre la route de Sarrelouis et la route de Strasbourg.

Si notre cavalerie avait eu assez de coup d'œil, dans le cas où le commandant en chef l'eût lancée en avant, pour agir dans cette direction, elle aurait reconnu le grand intervalle dégarni entre le 7e corps prussien et le 9e, de Courcelles-sur-Nied à Buchy, intervalle par où nos troupes, vigoureusement conduites, auraient pu se faire jour pour converser ensuite à droite et remonter le cours de la Moselle vers Frouard, rejetant les uns sur les autres les corps isolés de la 2ᵉ armée allemande qui se portaient vers la rivière.

Mais il aurait fallu agir en masse, avec énergie et promptitude, sans se préoccuper de la place de Metz.

Dans cette entreprise, notre infériorité numérique en fusils, sabres et canons, disparaissait presque complètement. Nous avions, en outre, l'avantage de l'offensive. Enfin, nous attaquions successivement, avec toutes nos forces réunies, des corps ennemis isolés, exécutant la plus imprudente marche de flanc et ne connaissant pas les positions où ils se seraient trouvés dans l'obligation de nous faire face.

Par cette initiative hardie, nous nous rapprochions de Toul, où le grand parc d'artillerie destiné à l'armée du Rhin avait dû s'arrêter, ainsi que des troupes du 6ᵉ corps dont le transport en chemin de fer sur Metz avait été interrompu; des 1ᵉʳ et 5ᵉ corps qui effectuaient leur retraite au sud de Nancy, du 7ᵉ corps que nous pouvions appeler de Belfort.

Avec ces éléments d'action bien concentrés, nous pouvions frapper des coups répétés en profitant de l'énorme dispersion des armées allemandes dont le front s'étendait alors depuis les environs de Thionville, que menaçait un détachement du 8ᵉ corps prussien, jusqu'à Strasbourg.

Pour cela, il aurait fallu un chef plein d'élan, et surtout un chef qui exerçât réellement le commandement, et dont les décisions ne fussent dictées que par des considérations militaires.

Or, il n'en était pas ainsi.

Le grand état-major prussien me paraît avoir jugé très exactement cette situation quand il dit :

« Napoléon ne pouvait rentrer à Paris qu'après avoir remporté une victoire. C'est cette considération qui l'avait fait demeurer jusqu'alors à l'armée, où il avait conservé la garde à sa disposition comme une sorte de troupe palatine. Fort souffrant physiquement, ce souverain, si durement éprouvé, qui avait déjà cessé de gouverner la France, et qui ne commandait plus son armée, voyait son sort dépendre des luttes de la guerre autant que de celles du parlement.

« Le monarque, qui dispose de l'État avec toutes ses ressources, n'a sa place vraiment marquée à la tête d'une armée en campagne que s'il est susceptible d'exercer lui-même le commandement et s'il peut assumer en propre la lourde responsabilité de tout ce qui se produit au cours de la guerre. Quand ces conditions ne sont pas remplies, sa présence à la tête des troupes sera toujours une cause de faiblesse...

L'INVASION ALLEMANDE

Les dernières troupes du 6ᵉ corps ne peuvent arriver à Metz. (Page 620.)

« Une volonté unique doit diriger les opérations. Quand elle est sollicitée en sens divers par des donneurs de conseils, quelque bien intentionnés qu'ils soient, cette volonté perd toujours en clarté comme en précision, et la direction des opérations, qui en dépend, devient incertaine. L'exécution logique d'une idée, lors même que celle-ci ne répond que partiellement aux circonstances, conduit plus sûrement au but que la brusque transition à des plans sans cesse renouvelés, car, dans ce dernier cas, les contre-ordres, qui en sont la conséquence, suffisent à eux seuls pour exercer une influence toujours fâcheuse sur la confiance et l'énergie des troupes. »

Ces considérations sont conformes à tous les enseignements de l'histoire.

A coup sûr, un général en chef qui n'est que simple citoyen éprouve toujours de grandes difficultés dans l'exercice du commandement suprême, mais ces difficultés sont presque insurmontables quand il a, près de lui, un souverain dont il est forcé de prendre et d'accepter les avis.

Le maréchal Bazaine se trouvait dans cette situation le 14.

Si je n'ai pas hésité à relever les fautes qu'il a commises dans la journée du 6, il me paraît de toute justice de signaler les faits qui montrent combien il devait être embarrassé le 14, alors qu'il possédait le titre de commandant en chef.

Le matin même de la bataille de Borny, il recevait de l'empereur l'injonction suivante :

« Donnez des ordres pour laisser la division Laveaucoupet, du 2ᵉ corps, à Metz, où elle relèvera la division Lafont de Villiers, du 6ᵉ corps. Désignez les canonniers, les hommes du génie et une partie des hommes à pied et de la cavalerie, qui doivent rester à Metz. »

Les motifs de ce changement se devinent.

La division Lafont de Villiers appartenait à un corps d'armée, commandé par un maréchal de France, qui n'avait pu amener à Metz que trois de ses quatre divisions, tandis que la division de Laveaucoupet faisait partie d'un corps d'armée, commandé par un général, composé de trois divisions et qui avait été renforcé par une brigade séparée du 5ᵉ corps.

Évidemment, on trouvait inadmissible que, même par le hasard des circonstances, un général commandât un corps d'armée plus important que celui dont le chef était un maréchal de France, et, pour réparer cette irrégularité, on procédait à un nivellement, sans observer qu'en même temps on mettait une garnison toute nouvelle dans une place forte qui, le lendemain, devait être abandonnée à ses simples ressources par suite de l'éloignement de l'armée.

Le fait était en lui-même doublement blâmable, puisqu'il comportait un empiètement de la volonté du souverain, devenu irresponsable, sur les prérogatives du commandant responsable, et qu'il aboutissait à une mutation dans les circonstances les plus critiques, presque au moment où s'engageait un combat dont l'issue pouvait avoir pour résultat, soit un mouvement général de l'armée en avant, soit un mouvement de même nature exécuté par l'ennemi contre la place de Metz.

On a pu voir, par le récit qui précède, que les ponts de la Moselle en amont de Metz n'avaient pu être détruits, et que les Allemands, dans cette journée du 14, avaient déjà employé ou occupaient ceux de Frouard, Marbache, Dieulouard, Pont-à-Mousson, Corny-Novéant et Ars.

Le maréchal Le Bœuf a déclaré que nous ne pouvions détruire ces ponts, tant que nous avions une partie de nos troupes sur la rive droite de la rivière, et surtout tant que l'on se proposait de reprendre l'offensive.

De ces deux arguments, le premier n'aurait de valeur que si quelques-unes de nos troupes avaient utilisé ces passages pour passer sur la rive gauche de la Moselle. Or, il n'en fut rien.

Quant au second argument, j'avoue franchement que je ne conçois pas qu'il ait été invoqué, car il paraît absolument impossible que l'on ait sérieusement songé à reprendre l'offensive sur la rive droite de la Moselle après s'être replié sur la rive gauche. En admettant même que l'on ait eu cette pensée, il fallait tout au moins faire occuper les ponts et en interdire l'accès à l'ennemi. Pouvait-on croire, d'ailleurs, qu'après s'en être servis pour franchir la Moselle, les Allemands, dans le cas où il leur aurait fallu les repasser en retraite, n'auraient pas eu le soin de les détruire?

Le général Coffinières dit à ce sujet :

« L'indécision qui a duré jusqu'au 13, sur la question de savoir si nous ferions, oui ou non, un retour offensif, m'empêchait de détruire les ponts qui auraient pu nous être, à nous-mêmes, très utiles. J'avais fait tout préparer pour cette destruction; mais je devais, avant de l'ordonner, attendre un ordre du commandant en chef; or, il n'a pas cru devoir me le donner. Il avait sans doute d'excellentes raisons pour cela; mais il ne m'appartenait en aucune façon, à moi, commandant du génie, de faire sauter des ponts qui étaient pour ainsi dire sur le champ de bataille. »

C'est le même raisonnement à peu près que celui du maréchal Le Bœuf.

J'ai cependant tenu à le reproduire dans son texte, parce que j'y trouve encore cette doctrine de l'attente des ordres, comme s'il n'est pas du devoir d'un chef de service, tel que le commandant du génie de l'armée, de provoquer les ordres quand l'intérêt de l'armée est en jeu.

Mais, en dehors de cette observation, est-il bien certain que tous les préparatifs de destruction aient été faits?

Je ne le crois pas.

Sans rechercher un témoignage à l'appui de mon opinion, en ce qui concerne les ponts en amont qui étaient les plus éloignés de Metz, comme ceux de Pont-à-Mousson, Dieulouard, Marbache et Frouard, et malgré l'intérêt qui s'attacherait à cette question par suite du rôle important que ces ponts ont joué dans l'ensemble des opérations, je crois qu'il est nécessaire de relater les divers incidents auxquels ont donné lieu les ponts les plus rapprochés, ceux de Novéant-Corny, Ars-sur-Moselle et Longeville.

Il y avait deux ponts à Ars-sur-Moselle, un pont-barrage et le pont du chemin de fer de Metz à Frouard.

Dans la journée du 13, un officier du génie avait reçu l'ordre de préparer la mine du pont-barrage pour le faire sauter. Son travail fait, il demande des instructions à Metz. Il n'en reçoit pas et se rend alors près du commandant du génie de l'armée qui lui répond que, n'ayant pas d'ordre lui-même, il ne peut en donner. L'officier du génie reste donc à Metz et le pont-barrage n'est pas détruit.

Quant au pont du chemin de fer, il avait été interdit même d'en charger la mine, parce que l'on craignait que les trains, qui passaient encore sur ce pont, causassent de graves accidents en mettant le feu aux poudres. N'aurait-il pas été plus logique de suspendre cette circulation qui, d'ailleurs, ne pouvait avoir grande importance, puisque les communications par voie ferrée au sud de Metz ne dépassaient pas Dieulouard ?

Les transports des troupes du 6ᵉ corps ayant été subitement arrêtés à Dieulouard, le 13, on ne devait pas ignorer à Metz que la voie était coupée aux environs de cette ville et que, par conséquent, le pont du chemin de fer, à Ars, nous était devenu inutile.

Le 14, au matin, le maréchal Bazaine était, du reste, informé de la présence des Prussiens à Nancy, ainsi que sur divers points entre Frouard et Metz, sur les deux rives de la Moselle, par la dépêche suivante qu'un capitaine d'état-major adressait, de Toul, au major-général, le 13, à 11 heures 15 minutes du soir :

« Six trains de chemin de fer, portant les 14ᵉ, 20ᵉ et 31ᵉ de ligne, à destination de Metz, ont été arrêtés près de Marbache ; mandait cet officier ; ligne coupée sur grande longueur ; attaqués par des cavaliers et de l'artillerie, ils ont rebroussé sur Toul et ont été dirigés par le général Mitréci sur Bar-le-Duc ; leur donner des ordres ; général Mitréci part demain.

« Général de la Charrière toujours à Commercy.

« Nancy occupé par la cavalerie prussienne ce soir. »

Le maréchal Bazaine prescrivait aussitôt de les diriger sur Verdun et faisait adresser une dépêche dans ce sens au sous-préfet de Commercy.

Il n'ignorait donc point que toute relation lui était interdite dans cette direction par la voie ferrée.

Si le pont du chemin de fer, à Ars, ne fut pas détruit, c'est, je peux donc le dire, par l'effet d'une négligence coupable.

Mais, ce qui n'est pas le moins curieux, c'est que si ce pont est resté intact, il n'en fut pas de même pour celui de Longeville, par où passait le chemin de fer de Metz à Thionville. Celui-ci se trouvait sous les canons de Metz. On pouvait donc en interdire l'accès à l'ennemi et pas n'était besoin de le détruire, puisqu'il pouvait être employé pour assurer les communications entre les troupes réunies sur les deux rives en amont et à proximité de la place. On en rompit cependant deux arches, et même sans en informer le commandant du génie qui n'en fut averti que par le bruit de l'explosion. Cet incident ne s'étant produit que le 15, j'y reviendrai en exposant les détails de la marche de l'armée après la bataille de Borny, mais j'ai tenu à le mentionner dès à présent, afin de mieux faire ressortir le désarroi qui caractérisait tous les actes du commandement à cette date.

On pense bien que les conséquences de ce désordre se faisaient sentir partout.

Les habitants de la campagne étaient sous le coup d'une profonde terreur, et, bien souvent, la crainte qu'ils avaient de l'ennemi devait être la cause de mesures contraires aux intérêts de l'armée et de la défense nationale, comme le prouve ce qui s'est passé à Novéant.

Le 12, les éclaireurs prussiens arrivaient en vue de cette localité:

Le 13, ils s'établissaient sur les hauteurs qui dominent Corny afin d'en surveiller les approches.

Le 14, trois cavaliers ennemis traversent le pont suspendu, coupent le télégraphe à Novéant, sur la rive gauche, puis se retirent sur la rive droite au delà de Corny.

Après leur départ, le chef de gare veut faire mettre le feu au pont. Les habitants l'en empêchent en lui représentant que, si le pont est détruit, le village sera incendié par l'ennemi, comme s'il n'eût pas été possible de laisser croire aux Allemands que cette destruction avait été opérée par un parti de cavaliers français.

Dans cette même journée, vers 11 heures du soir, un demi-escadron de cavalerie prussienne vint occuper le pont.

Le 15 au matin, l'ennemi commencera à l'utiliser et ses colonnes y passeront pendant toute la journée ainsi que pendant toute la nuit du 15 au 16.

Il convient d'ajouter que les braves gens étaient peu encouragés à la résistance, car ils se trouvaient pris entre l'ennemi qui devenait à chaque instant plus nombreux, et l'état-major-général français qui montrait une insouciance de plus en plus étonnante. A toutes les dépêches qu'ils envoyèrent à Metz, le 12, le 13 et même le 14, on leur répondait laconiquement : « Bien. Compris », ou encore : « Tranquillisez-vous. » On finit enfin par leur expédier un télégramme où on leur disait : « N'ayez pas peur des Prussiens », et ce télégramme leur parvenait juste au moment où ils voyaient les avant-gardes ennemies se diriger en force vers le pont qu'ils signalaient avec tant de clairvoyance à l'attention de l'état-major général de l'armée.

Les officiers généraux se sont souvent plaints, pendant la guerre de 1870, de ce que tout le monde, en dehors de l'armée, faisait de la stratégie. Ne pourraient-ils assumer la plus grande part de responsabilité dans cette tendance?

Les deux ponts fixes de Metz étant insuffisants pour le passage de l'armée de la rive droite sur la rive gauche, l'empereur, à la date du 7, avait prescrit au commandant du génie de construire des ponts mobiles en amont et en aval, mais près de Metz.

Voici comment le général Coffinières s'acquitta de la mission qui lui avait été confiée :

« Lorsque j'ai reçu l'ordre de construire les ponts, a-t-il dit devant le conseil de guerre de Trianon, j'ai dû naturellement aller examiner les points les plus favorables en amont de Metz.

« Je trouvai là une série de petits chemins qui conduisaient à la gorge de Queuleu vers la Seille. En face de ces petits chemins, j'ai placé trois ponts.

« Ensuite, sur le terrain qui existe entre la Seille et la Moselle, qui est légèrement ondulé, j'ai choisi un petit passage, et, à l'endroit qui m'a paru le plus favorable, j'ai établi trois autres ponts sur ce qu'on appelle le bras mort de la Moselle.

« Pour traverser plus loin, il aurait fallu passer à travers l'île Saint-Symphorien ; là, il n'y avait rien à faire.

« Sur le bras navigable, j'ai fait placer trois autres ponts.

« Enfin, pour traverser l'île Saulcy, j'ai fait jeter trois derniers ponts, ce qui en faisait douze en tout en face du Ban-Saint-Martin.

« Cette position était la plus avantageuse; c'est celle dont l'accès était le plus facile. Du reste, dans toute cette série d'opérations, on m'a laissé toute l'initiative, personne ne s'en est inquiété.

« Voilà pour les ponts en amont.

« En aval, c'était un peu plus difficile parce que, de ce côté, il n'y a pas de débouchés qui descendent sur la rivière.

« Je plaçai les ponts en face de la route départementale qui borde la rive droite de la Moselle.

« Pour traverser l'île Chambière, de l'autre côté, je fis déboucher trois autres ponts en face de la route nationale. »

Après avoir donné ces détails, le commandant du génie de l'armée ajoutait :

« Du reste, je n'ai reçu aucune observation de qui que ce soit, et, sans l'incident du 12 au 13, les ponts étaient certainement dans des conditions excellentes.

« Il y avait, par conséquent, sept lignes pour la traversée de la Moselle, ce qui est énorme.

« Pour ce qui était du passage dans l'intérieur de la ville, j'ai reçu l'ordre de faire dégager les rues qui établissaient la communication entre les deux portes principales de l'est et les deux portes de l'ouest. C'était assez difficile, parce que les rues étaient encombrées par les convoyeurs ; je dus aller moi-même sur les lieux pour leur faire prendre une autre direction. Enfin, ces deux voies ont été parfaitement dégagées, et l'armée a pu passer sans encombrement et sans difficulté. »

L'incident auquel il est fait allusion dans la citation précédente n'est autre que la rupture de certains de ces ponts par la crue subite de la Moselle. Je l'ai déjà signalé.

Était-ce bien au général Coffinières que revenait cette mission?

Non, puisque, dans notre armée, la construction des ponts mobiles relevait du service de l'artillerie, en partie du moins, le génie ayant dans ses attributions tous ceux de ces ponts qui ne sont pas établis avec les équipages de ponts, dualisme qui existe encore à notre époque.

Il est vrai que, parmi les équipages de ponts dont disposait l'artillerie de l'armée, l'un, comme je l'ai dit, avait été envoyé à Forbach sans attelage juste à point pour tomber entre les mains de l'ennemi le lendemain de la bataille de Spickeren. Quant aux autres, ils se trouvaient, paraît-il, parmi les convois qui allaient si regrettablement encombrer la route par où le gros de l'armée devait passer. Ces derniers, non seulement n'étaient pas utiles, mais ils devenaient même nuisibles.

Tel est le parti que l'on tirait de notre matériel pourtant si insuffisant.

Le général Coffinières avait un kilomètre de ponts environ à établir. Il fit appel aux ingénieurs civils, aux ingénieurs militaires, aux inspecteurs de la navigation qui recoururent, de leur côté, à tous les moyens d'action qu'ils avaient sous la main, bateaux, chevalets et radeaux ; et c'est ainsi que, du 8 au 12, on put construire quinze ponts flottants. Les pontonniers et leurs équipages ne furent mis à contribution que pour réparer les dégâts qui avaient été causés par la crue de la Moselle et de la Seille.

Je n'attache qu'une importance secondaire à cette crue, parce qu'elle n'a pas eu d'influence sur l'ensemble de l'opération, le maréchal Bazaine ne s'étant décidé à passer la Moselle qu'au moment où les ponts étaient rétablis.

Mais il importe de retenir que le quartier-impérial avait été prévenu par l'ingénieur en chef du département de la probabilité de crues subites et très fortes, et que l'état-major général avait omis d'en informer le service du génie.

D'un autre côté, c'est au chef de ce service que l'empereur avait donné l'ordre de construire les ponts, et celui-ci avait accompli sa mission sans que le chef de l'état-major général de l'armée ait reconnu, au préalable, et de concert avec lui, les positions de l'armée sur la rive droite, les directions des colonnes qu'elle formerait pour passer sur la rive gauche, les emplacements des ponts, les débouchés à l'entrée et à la sortie, enfin les itinéraires à suivre sur la rive gauche.

Il semblait, en réalité, que tous les organes du commandement en chef fussent absolument étrangers les uns aux autres, et que, dans aucune circonstance, sous aucun prétexte, il ne leur fût possible de concourir à une action commune en vue de l'intérêt général. Les lieutenants du généralissime ne s'abstenaient donc pas seulement d'appeler son attention et de provoquer ses ordres, mais encore ils ne s'informaient pas, ne se soutenaient pas, ne s'entr'aidaient pas.

Déplorable antagonisme ou coupable insouciance, il y a dans ce fait un enseignement qui mérite les méditations de tous ceux qui auront un jour à exercer un commandement important en présence de l'ennemi. Qu'ils n'oublient pas que leur responsabilité leur ordonne de ne rien négliger de ce qui peut contribuer au succès commun, mais, au contraire, de tout mettre en œuvre pour l'obtenir.

Le passage de la Moselle ne pouvait donc s'effectuer que dans de mauvaises conditions.

Le maréchal Bazaine avait adressé diverses prescriptions générales aux commandants de corps d'armée.

Il leur ordonnait de veiller à ce que les soldats aient constamment deux jours de vivres dans le sac, sans compter le jour courant, et à ce que les voitures du train des équipages militaires portent au moins quatre jours de vivres pour les hommes et les chevaux.

L'armée se retire derrière la Moselle. (Page 632.)

Il leur recommandait de faire immédiatement réduire, aux limites réglementaires, les bagages des officiers de toutes armes et de tous grades, de laisser en arrière tout ce qui excéderait le volume et le poids fixés.

Il leur enjoignait d'organiser, par division et par arme, les petits dépôts régimentaires et de les diriger sur Metz.

Après quelques observations sur le paquetage des fantassins, sur le harnachement des chevaux, sur le chargement des voitures d'artillerie, le maréchal Bazaine donnait encore les instructions suivantes :

« Le maréchal a remarqué que, dans les colonnes en route, les têtes de colonnes de l'infanterie marchent d'un pas trop hâtif, et que, même par bataillon, les derniers pelotons sont obligés de courir. Il recommande expressément que les têtes de colonnes marchent toujours à l'allure du pas de route ; que chaque colonne, formée par demi-section, marche à distance entière, afin de pouvoir toujours être en mesure de se former à gauche ou à droite en bataille. Il sera formé, à la queue de chaque régiment, une arrière-garde de gradés, afin qu'on fasse rejoindre tous les hommes que la paresse fait rester en arrière. Chaque régiment devra avoir à sa suite, à la disposition du docteur qui marche à la queue de la colonne, un certain nombre de cacolets afin de pouvoir ramasser les hommes réellement malades, éclopés ou fatigués de la marche.

« Les bagages des corps ne devront, à moins d'ordres contraires ou de marches très à proximité de l'ennemi, avoir d'autre garde que les hommes chargés de leur conduite, les ordonnances d'officiers et un petit nombre d'hommes mis à la disposition des vaguemestres ; et MM. les prévôts des divisions devront veiller scrupuleusement à ce que, sous aucun prétexte, les hommes ne mettent leurs fusils ou leurs gibernes sur les voitures.

« MM. les commandants des corps d'armée seront juges de l'opportunité qu'il pourrait y avoir à donner aux bagages une escorte plus considérable.

« Quant aux transports auxiliaires de l'administration, ils devront toujours être maintenus au moins à une demi-journée en arrière des corps d'armée.

« Toutes les permissions de suivre l'armée, qui ont été accordées à des cantiniers civils, doivent être immédiatement retirées; MM. les prévôts seront, sous leur responsabilité personnelle, chargés de l'exécution de cet ordre.

« MM. les commandants de corps d'armée ou chefs de service s'assureront que les cantinières régimentaires sont réduites aux chiffres réglementaires et que leurs attelages sont en parfait état pour suivre les colonnes.

« Le maréchal insiste de nouveau sur la nécessité absolue qu'une fois en position de combat ou de campement, toutes les voies de communication en avant, à gauche ou à droite de chaque division, soient constamment dégagées de toutes voitures inutiles au combat; et, au besoin, ils feront jeter dans les fossés celles des récalcitrants.

« Le maréchal recommande expressément que chaque régiment d'infanterie, même en colonne de route, soit suivi de ses caissons de munitions à deux roues. L'artillerie a été prévenue et doit donner des ordres en conséquence.

« Le maréchal commandant en chef a eu l'occasion de constater que le service des avant-postes est généralement mal compris, et ne peut que rappeler à tous les généraux, chefs de corps et officiers de tous grades placés sous ses ordres, qu'ils ne peuvent avoir de meilleur guide, dans cette partie très importante du service, que les prescriptions du règlement du 3 mai 1832. Ce règlement, résultat de l'expérience de nos pères pendant les guerres de la République et de l'Empire, doit être notre évangile; que chacun, du haut en bas de la hiérarchie, s'en inspire, nous ne pouvons avoir de meilleur guide, en y ajoutant les nécessités qui résultent de l'armement nouveau de nous et de nos ennemis.

« Le maréchal a le regret de constater de nouveaux excès de nos troupes qui pillent, maraudent, et volent les habitants du pays qui sont Français. Il appelle sur ce point toute l'attention de MM. les commandants de corps et chefs de service; il regretterait d'avoir à sévir, mais il y est fermement résolu. »

Ce n'est pas sans un vif sentiment de tristesse que j'ai lu et reproduit les extraits précédents de l'ordre général adressé par le commandant en chef à la veille du passage de la Moselle.

Qu'on l'observe, en effet, il y avait un mois déjà que nos troupes étaient en campagne, et l'on dirait, à la lecture de ce document, que nous nous trouvions encore à l'ouverture des hostilités.

Tout y était critiqué : la tactique de combat, le système de surveillance, la discipline de marche, le service de l'administration, tout, absolument tout ce qui constitue les opérations de la guerre, à l'exception des combinaisons stratégiques dont l'insuffisance était pourtant l'origine du mal, des fautes et des erreurs, que le maréchal Bazaine blâmait.

Quant au reproche de déprédation qu'il adressait aux troupes, je ne pense pas qu'il fût justifié au point de mériter une mention aussi violente à l'ordre du jour. Sans doute, des actes isolés et coupables se produisaient dans les cantonnements. Mais il faut remarquer que, d'une part, certaines troupes se trouvaient dans le dénûment le plus complet, et que, d'autre part, elles se voyaient dans l'obligation absolue de se procurer pour vivre ce que ne pouvaient leur donner ni les fonctionnaires de l'administration militaire, par suite du manque de ressources, ni les habitants qui, dans maints endroits, s'étaient enfuis en enlevant et en cachant tous leurs approvisionnements, afin de les soustraire aussi bien aux soldats amis qu'aux soldats ennemis.

L'exemple du désordre partait de haut, et la responsabilité ne pouvait en être imputée aux troupes, mais bien au commandement.

Comme pendant à l'ordre général du commandant en chef dont je viens de signaler les dispositions principales, je citerai la note suivante de l'empereur au maréchal Bazaine. Cette note n'a été remise à son destinataire que le 15, mais, par son caractère, elle complète le précédent document, car il semble en résulter que notre état-major général ne connaissait l'armée allemande que depuis l'ouverture des hostilités.

« Nos récents désastres, disait l'empereur, sont dus à trois causes : la surprise, la dissémination des forces et l'infériorité du nombre.

« *La surprise.* — Il faudrait : 1° moins de laisser aller de la part des chefs ; 2° une surveillance plus rigoureuse aux avant-postes ; 3° un système d'espionnage complet, très payé, contrôlé, incessant. Les Prussiens espionnent partout, constamment ; faisons comme eux et mieux qu'eux.

« *La dissémination des forces.* — Wissembourg, Reichshoffen, Forbach, le démontrent malheureusement. Napoléon Ier opérait par masses, à coups d'hommes. A Sadowa, les Prussiens n'ont pas eu d'autre tactique ; cette tactique, ils viennent de la renouveler contre nous.

« *L'infériorité du nombre.* — Elle n'est que trop réelle ; 800,000 hommes contre 250,000 ! A la prochaine bataille (car si nous nous concentrons, les Allemands se concentrent en ce moment) ils arriveront en ligne avec 300,000 hommes, et même 400,000.

« Notre vaillance n'est pas effrayée de la disproportion ; mais il faut que la stratégie y supplée.

« Il faut :

« 1° Concentrer autant d'hommes que nous pourrons ;

« 2° Opposer au premier choc une partie seulement de nos forces (car les Allemands en feront autant), et garder notre seconde partie pour l'opposer à leur seconde partie.

« Mais que nos deux parties se touchent, pour ainsi dire, et ne forment qu'un tout pour arriver instantanément en ligne.

« S'il était possible de leur laisser fournir leurs deux masses et de les contenir, de les user avec notre première armée, la seconde (touchant l'autre comme je l'ai dit), arriverait sur l'épuisement de la seconde masse prussienne et déciderait de la victoire.

« Songez toujours à la première bataille, les Prussiens voudront donner en masse afin de décider du sort de la bataille en leur faveur. »

Encore une fois, il était trop tard pour que toutes ces recommandations produisissent le moindre effet.

A coup sûr, on pouvait agir de manière à éviter les surprises et la dissémination des forces.

Mais il était impossible de remédier à l'infériorité numérique, autrement que par une extrême habileté dans la conduite des opérations, et, malheureusement, il n'y avait à la tête de nos troupes aucun homme qui fût capable de renouveler l'admirable campagne de Bonaparte dans le quadrilatère lombard-vénitien en 1796 et en 1797.

Ah ! si nous avions possédé un chef de génie, qui se rendît compte des ressources qu'il pouvait tirer de sa position centrale sur Metz pour attaquer tantôt à l'est, tantôt au sud, tantôt à l'ouest, peut-être notre situation n'aurait-elle pas été si gravement compromise sur les bords de la Moselle !

Nous n'avons pas eu cette bonne fortune.

Le maréchal Bazaine a prétendu que son intention, dans la journée du 12, avait été de remonter les deux rives de la Moselle dans la direction de Toul et de Nancy.

Je n'y contredis point.

J'admets même l'exactitude de cette assertion.

Cependant, une opération de cette envergure ne pouvait s'effectuer qu'à condition de la préparer ; or, rien dans les dispositions préalables prises par le maréchal ne prouve qu'il ait eu réellement ce dessein.

Tout donne, au contraire, le droit de penser qu'il n'avait pas l'intention de s'éloigner de Metz, dont pourtant il ne devait pas ignorer l'insuffisance, tant comme camp retranché, que comme centre d'approvisionnements et de ravitaillement de toute nature, car il avait eu cette place dans son commandement pendant quelque temps, peu de mois avant la déclaration de la guerre.

En tout cas, voici les ordres qu'il envoya, le 13, à son chef d'état-major général, et sans que celui-ci ait même été appelé à y collaborer :

« Le général Jarras s'assurera, avec le concours du général Coffinières, que les entrées principales de Metz conduisant aux deux portes de la ville seront libres dans l'après-midi pour le passage des bagages de la garde et du 3ᵉ corps, ainsi que pour la réserve du général Canu.

« Ces bagages et convois devront se garer au Ban-Saint-Martin.

« A cet effet, le général Jarras donnera l'ordre, aux divisions de Forton et du Barail, de quitter leur camp vers une heure de l'après-midi ; leurs bagages resteront au Ban-Saint-Martin pour prendre place dans le convoi, de sorte que les divisions soient aussi légères que possible.

« La division de Forton suivra la route de Verdun par Mars-la-Tour ;

la division du Barail, celle de Verdun par Doncourt-les-Conflans (ou en Jarnisy); elles s'éclaireront en avant et sur leur flanc découvert, se relieront entre elles et s'établiront toutes les deux à Gravelotte, s'il y a assez d'eau; dans le cas contraire, l'une des deux serait à Gravelotte, l'autre à Rezonville. Elles échelonneront deux ou trois escadrons en avant, sur la droite et sur la gauche, de manière à bien couvrir le terrain et à permettre aux troupes de déboucher plus tard.

« Le général Jarras préviendra également les parcs de tous les corps d'armée de se mettre en mouvement, quand on saura que les convois des 2ᵉ et 4ᵉ corps commencent le leur.

« Ces parcs se placeront sur le même emplacement que leur corps d'armée, mais en tête des convois. On devra, à cet effet, faire reconnaître les emplacements à l'avance, pour voir s'ils sont suffisants; dans le cas contraire, les parcs devraient suivre les mouvements des troupes.

« Des ordres ont été expédiés ce matin de très bonne heure aux 2ᵉ et 4ᵉ corps; ils vont être adressés à la garde et au 3ᵉ corps. Le général Jarras devra prévenir le 6ᵉ corps.

« Le 2ᵉ et le 6ᵉ corps placeront leurs convois entre Longeville et Moulins-les-Metz; le 4ᵉ placera le sien à gauche de ses ponts, vers la Maison de Planches.

« Le 3ᵉ corps, la garde et la réserve du général Canu, placeront leurs convois au Ban-Saint-Martin.

« Le 2ᵉ et le 6ᵉ corps suivront la route de Verdun par Mars-la-Tour, Harville, Manheulle; le 4ᵉ et le 3ᵉ s'avanceront par Conflans et Etain; la garde suivra le 3ᵉ corps, ou exécutera les ordres qui lui seront donnés par l'empereur.

« Le mouvement des troupes ne commencera vraisemblablement que dans la soirée, au clair de lune; si cela est possible, il commencera dans l'après-midi.

« Le général Jarras est prié d'envoyer un officier à Borny, pour faire dire à M. le maréchal si le Ban-Saint-Martin sera libre vers 2 heures, et si les artères de la ville seront dégagées pour laisser passer les bagages du 3ᵉ corps et de la garde.

« Dès que M. le maréchal aura reçu les rapports de ses reconnaissances, s'il n'y a rien de nouveau, il ira prendre les ordres de l'empereur à Metz; mais il ne peut savoir à quelle heure cela lui sera possible. »

J'ai déjà dit que le maréchal Bazaine n'avait pas mis à exécution le passage de la Moselle dans la journée du 13, et avait renvoyé l'opération au lendemain.

J'ai également fait remarquer que, d'une part, il semblait décidé à demeurer sous Metz, et que, d'autre part, il avait argué du mauvais état des ponts pour résister au désir manifesté par l'empereur de voir l'armée se retirer tout de suite sur Verdun, et qu'il ne se détermina à obtempérer enfin à ce désir, qui pour lui était un ordre, que sur une nouvelle instance de Napoléon III.

Il est permis de supposer que le commandant en chef, connaissant l'intention du souverain de quitter lui-même Metz le 14, ne se souciait pas de lier son sort à celui de Napoléon III, et se proposait d'attendre l'éloignement de ce dernier pour rester enfin réellement le maître des destinées de l'empire.

Ce n'est donc que contre son gré qu'il se conforma aux intentions de l'empereur.

Méditait-il quelque retour offensif? Il l'a dit, mais il s'est abstenu d'y recourir, et l'on est autorisé à penser, en conséquence, qu'il nourrissait dès lors de secrets desseins. Cependant, certains incidents de la bataille qui va se livrer le jour même me portent à croire que son projet était réellement alors de franchir la Moselle.

En tout cas, c'est bien à lui seul qu'incombe la responsabilité des mouvements exécutés le 14.

Le général Jarras, au cours du procès de Trianon, a déclaré, en effet, ce qui suit :

« M. le maréchal Bazaine a donné lui-même les ordres aux 2e, 3e et 4e corps et à la garde. Il m'a envoyé en même temps ces ordres-là, afin que je les communique au 6e corps et aux chefs de service de l'artillerie, du génie et de l'intendance. »

Cette assertion de son chef d'état-major général n'a pas été démentie par le commandant de l'armée.

On a dit que le général Jarras se perdait dans les détails d'une paperasserie minutieuse et ne possédait aucune des qualités nécessaires pour remplir les hautes fonctions de chef d'état-major général d'une armée, surtout dans des circonstances aussi critiques.

Je ne conteste pas cette opinion.

Toutefois, je constate que nul reproche ne peut être adressé, sur le choix du général Jarras, au maréchal Bazaine, puisque celui-ci ne l'avait pas demandé.

Dans un autre ordre d'idées, j'ajoute que le général Jarras ne devait point être fort encouragé à revendiquer le plein exercice de ses attributions, dès l'instant qu'il n'avait été appelé qu'à servir d'intermédiaire dans la préparation du premier mouvement qui était exécuté depuis que la volonté de l'empereur l'avait attaché au maréchal Bazaine.

Cette situation délicate ne fit que s'aggraver par la suite, et il n'est pas douteux qu'elle ait été l'une des principales causes des funestes événements dont Metz fut le théâtre.

Le commandant en chef et le chef d'état-major général ont commis tous deux une faute irréparable : le premier, en n'exigeant pas le collaborateur qui lui inspirait confiance; le second, en conservant une position effacée qui ne répondait pas à l'importance de ses fonctions, plutôt que de protester ou de se démettre.

Le maréchal Bazaine devenait donc son propre chef d'état-major général. Or, il n'avait aucune des qualités qui sont indispensables pour remplir cet emploi.

L'armée se met en marche, après avoir fait reconnaître l'état des ponts et des prairies qui y accédaient, conformément aux dernières instructions du maréchal Bazaine.

Les hommes emportaient avec eux trois jours de vivres.

Le 2ᵉ corps, qui occupe l'aile droite, fait d'abord partir l'artillerie et les équipages qui passent par les deux ponts en pierre de la ville.

L'infanterie de ce corps d'armée est obligée d'attendre la baisse des eaux, car la route et le pont du chemin de fer sont réservés au 6ᵉ corps.

De 10 heures à 2 heures, le 2ᵉ corps quitte successivement les positions qu'il occupait sur la rive droite de la Moselle.

La division Bataille passe la première ; puis la division Vergé ; enfin la brigade Lapasset.

Quant à la division Laveaucoupet, j'ai dit précédemment qu'elle vient de recevoir l'ordre d'occuper la place et les forts de Metz et d'en former la garnison après le départ de l'armée.

A 4 heures, au moment où une partie du 2ᵉ corps a déjà franchi la rivière, on entend une vive canonnade du côté de Borny, mais l'ordre est donné au général Frossard de continuer son mouvement.

L'encombrement devient si grand, à la traversée des villages de Longeville et de Moulins, que les divisions du 2ᵉ corps, arrêtées par les convois d'équipages, n'arrivent que fort tard et très fatiguées aux environs de Rozérieulles où l'on avait ordonné au général Frossard de camper. La brigade Lapasset, qui marche la dernière, ne peut même établir qu'à 11 heures du soir son camp au-dessus de ce village.

Quant à la division de cavalerie du 2ᵉ corps, il lui est impossible de passer par les ponts extérieurs : elle se voit dans l'obligation de traverser

La route de Gravelotte est complétement encombrée. (Page 635.)

la ville, mais elle emploie la nuit tout entière à en sortir et c'est seulement le lendemain matin qu'elle parviendra à se placer en tête de la colonne formée par le 2º corps d'armée.

Voici, sur cette première partie de l'opération, le récit que m'a fait un officier d'état-major qui y participa.

« Vers 7 heures du matin, le général Frossard me charge de conduire entre Longeville et Moulins, de l'autre côté de la Moselle, tout le convoi d'administration du 2ᵉ corps. Cette colonne devenait l'avant-garde du corps d'armée, puisque l'on battait en retraite. Le général me fixa l'itinéraire et m'indiqua les rues de Metz à suivre. Ce fut une des plus dures journées de la campagne. Il y avait près de 800 voitures à faire marcher, et presque toutes étaient des voitures de réquisition. Tout alla bien jusqu'au moment où nous atteignîmes le Ban-Saint-Martin. Mais, là, plusieurs corps d'armée qui faisaient un mouvement analogue au nôtre vinrent mêler leurs équipages à ceux de mon corps d'armée, et même nous arrêter. Avec beaucoup de patience, la tête de colonne put arriver à Moulins, et nous fîmes écouler, dans les champs ainsi que dans les prairies, toutes les voitures qui encombraient le passage. Sur la route se trouvaient à la fin des files d'infanterie appartenant à plusieurs corps d'armée qui étaient confondus, de la cavalerie au galop, de l'artillerie au trot, du train, des troupeaux appartenant aux troupes et d'autres amenés par les paysans en fuite, des cent-gardes, les voitures de l'empereur. Tous avaient été dirigés par la même voie et voulaient passer en même temps, aucun représentant dûment autorisé du commandant en chef n'ayant reçu la mission de régler les conflits et de donner des ordres. Le général Frossard passa près de moi, à Moulins, vers 6 heures 1/2 du soir. Il était fort préoccupé. Il me prescrivit de rester sur la route afin de faire écouler ces masses d'hommes, de chevaux, de canons, de caissons, de fourgons et de chariots qui arrivaient sans cesse. Après l'affreux désordre de ce défilé qui dura jusqu'à la chute du jour, les troupes passèrent la nuit sur le bord des chemins et dans les champs. Les isolés et les détachements égarés continuaient à se succéder et erraient à l'aventure pour rejoindre les corps auxquels ils appartenaient. »

De son côté, un officier supérieur du génie décrit le mouvement exécuté pour notre armée :

« Le 14, dit-il, le passage des troupes sur les ponts de la Moselle a commencé dans l'après-midi.

« J'étais à travailler chez moi, lorsqu'en sortant pour voir quelle était la cause du grand bruit que j'entendais, j'ai vu un encombrement inouï provenant de la rencontre, aux débouchés de ces différents ponts, de convois, de bagages et de troupes dans la direction de Metz. Bien que je n'eusse aucune mission pour cela, je crus devoir prévenir M. le maréchal Bazaine de ce qui se passait, car je connaissais parfaitement les environs de Metz pour y avoir séjourné longtemps, et je jugeai de mon devoir de le renseigner sur l'impossibilité de faire défiler l'armée uniquement par les routes que l'on prenait.

« M'étant rendu au quartier-général, je le trouvai désert; tout le monde était parti : on me dit qu'il y avait encore des officiers d'état-major dans un bâtiment voisin qui avait servi d'exposition d'horticulture. J'y allai et y rencontrai M. le général Jarras, qui me reçut en quelque sorte comme un chien dans un jeu de quilles, comme un officier d'un haut rang ennuyé d'être dérangé par un officier d'un grade aussi subalterne que le mien. Je ne me rebutai pas de cet accueil; j'exposai mes idées à M. le général Jarras, qui me dit d'aller chercher des cartes ; je lui fis toucher du doigt les difficultés du passage et l'encombrement excessif qui devait en résulter et qui se produisait déjà.

« M. le général Jarras me parut très frappé de mes indications, et me demanda s'il y avait moyen de tourner les difficultés, de franchir le contrefort en passant devant le Saint-Quentin par le chemin de Plappeville. Je lui dis qu'il n'y avait pas de route pour franchir ce double contrefort, et que, si l'on voulait reprendre la route de Gravelotte, il fallait le faire par la grande et belle route de Saulny.

« J'ajoutai qu'il était pénible, pour un officier de cœur, de voir ce qui se passait et que cela ne pouvait qu'aboutir à la ruine du pays et à la destruction de l'armée. Je vis une larme briller dans ses yeux et il me dit : « Croyez bien que vous n'êtes pas le seul à souffrir d'une situation pa- « reille. » Je m'aperçus alors que le général Jarras était encore plus convaincu que moi du résultat fatal au-devant duquel on courait, et qu'il souffrait de son impuissance. »

Le 6ᵉ corps avait sa 1ʳᵉ division à Montigny, sa 4ᵉ à Woippy et sa 3ᵉ dans les forts. Le seul régiment de la 2ᵉ division qui fût arrivé de Châlons à Metz, le 9ᵉ, campait à Saint-Eloy. Au moment où la 1ʳᵉ division et la 4ᵉ commencent leur mouvement de retraite, ordre est donné à la division de Laveaucoupet, du 2ᵉ corps, de relever, comme je l'ai déjà dit, la division Lafont de Villiers, du 6ᵉ corps, qui rallie immédiatement ce corps d'armée pendant sa marche.

Le 6ᵉ corps opère son mouvement sans trop de difficultés, puisqu'il a déjà plus de la moitié de ses troupes sur la rive droite de la Moselle et que l'autre moitié dispose seule du pont du chemin de fer qui est établi à Longeville.

Mais il vient se heurter au formidable encombrement de la rive gauche qui arrête toute la marche.

C'est là qu'éclate l'impéritie du maréchal Bazaine, impéritie que l'on ne saurait trop blâmer.

L'ordre de marche donné à toute l'armée est de se diriger en deux groupes pour atteindre Verdun :

Celui de gauche, 2e et 6e corps, par la route de Gravelotte et Mars-la-Tour, éclairé par la 3e division de cavalerie de réserve ;

Celui de droite, 3e et 4e corps suivis de la garde impériale, par la route de Gravelotte et Conflans-en-Jarnisy, éclairé par la 1re division de cavalerie de réserve.

Mais le commandant en chef et celui de ses officiers d'état-major qui ont rédigé cet ordre n'ont observé ni l'un ni l'autre que la route de Metz à Verdun, avant d'aboutir aux deux embranchements ci-dessus indiqués, ne forme, depuis Metz jusqu'à Gravelotte, qu'un seul tronçon et que, dans cette première partie de son parcours, elle n'est même qu'un long défilé à travers plusieurs villages, entre les hauteurs de la rive gauche de la Moselle et cette rivière.

Il y a pourtant une autre route tout aussi bonne que la précédente : c'est la route qui part de Metz, passe par Voippy, Saulny, Saint-Privat-la-Montagne, Briey et Étain.

Personne ne songe à l'utiliser.

Le maréchal Bazaine a déclaré qu'il y avait renoncé parce qu'il craignait de rencontrer l'ennemi de ce côté, et, pour justifier ses appréhensions, il s'appuie sur la dépêche où l'impératrice annonçait, la veille, à l'empereur, une démonstration de l'ennemi dans la direction de Thionville.

Si, vraiment, le commandant en chef redoutait une attaque de ce côté, pourquoi n'avoir pas ordonné à la 1re division de cavalerie de réserve d'éclairer tout le terrain à l'ouest de la Moselle et au nord de la direction générale du mouvement de retraite de l'armée?

Ce qui est exact, c'est que le maréchal Bazaine et son état-major n'avaient pas reconnu les débouchés dont l'armée devait se servir. Et, ce qui le prouve, c'est que le commandant en chef a déclaré, sans faire attention à la contradiction, qu'il n'avait, lui personnellement, qu'à indiquer la ligne centrale d'opérations, que c'est à son état-major général qu'incombait le devoir de donner les prescriptions de détails pour l'exécution du mouvement.

Ainsi, par suite d'une imprévoyance coupable, une armée de 150,000 hommes, de 30,000 chevaux et de 6,000 voitures, s'entassait dans un long couloir s'étendant depuis Metz jusqu'à Gravelotte.

Or, il est de règle que le maximum de troupes à engager sur une seule route, dans une marche d'un jour, ne peut dépasser l'effectif d'un corps d'armée.

Le maréchal Bazaine, en dehors de tous les principes admis et basés sur l'expérience, imposait donc à son armée battant en retraite un effort cinq fois plus considérable qu'à une armée marchant en avant.

La conception était réellement irréalisable.

Le moindre incident devait la rendre extrêmement périlleuse, et c'est ce qui advint, en effet, par suite de la bataille de Borny.

J'insiste sur la faute capitale que le maréchal Bazaine a commise dans cette circonstance.

Cette faute devait avoir pour conséquence de ralentir outre mesure notre retraite et de permettre à l'ennemi de nous gagner de vitesse sur la route que nous voulions suivre.

Elle fut, en réalité, la source de tous nos malheurs.

De même que le 2ᵉ corps à l'aile droite, le 4ᵉ corps avait commencé à franchir, vers midi, la Moselle, à l'aile gauche.

A midi 50 minutes, le maréchal Bazaine adressa, de Borny, la dépêche suivante à l'empereur :

« MM. les généraux Frossard et de Ladmirault ont commencé leur mouvement de passage de la Moselle. Le 3ᵉ et le 4ᵉ corps suivront la route de Conflans ; le 2ᵉ et le 6ᵉ, la route de Verdun. La garde et la réserve d'artillerie du général Canu suivront également cette route. J'espère que le mouvement sera terminé ce soir. Les corps ont ordre de camper en arrière des abords de ces routes, afin de les prendre demain matin, et chaque état-major doit faire les reconnaissances nécessaires. »

L'empereur part alors de Metz avec le prince impérial et se rend à Longeville-lès-Metz, où il doit passer la nuit du 14 au 15. Le souverain et son fils, si chaleureusement acclamés deux semaines auparavant, lors de leur arrivée au milieu des troupes, s'éloignent au milieu de l'indifférence la plus complète.

Napoléon III laisse la proclamation suivante aux habitants de Metz :

« En vous quittant, pour aller combattre l'invasion, je confie à votre patriotisme la défense de cette grande cité. Vous ne permettrez pas que l'étranger s'empare du boulevard de la France, et vous rivaliserez de dévouement et de courage avec l'armée.

« Je conserverai le souvenir reconnaissant de l'accueil que j'ai trouvé dans vos murs, et j'espère que, dans des temps plus heureux, je pourrai venir vous remercier de votre noble conduite. »

Au moment où l'empereur arrivait à Longeville les premiers coups de canon se faisaient entendre sur la rive droite de la Moselle.

J'ai dit plus haut que l'une des plus grandes fautes de Bazaine dans cette journée a été de faire passer toute une armée par une seule route.

Le premier résultat de cette faute fut que la moitié de l'armée n'avait pas encore effectué le passage de la rivière à 4 heures du soir.

Quand on effectue une opération aussi importante et aussi délicate, il est élémentaire de la masquer à l'ennemi.

On pouvait l'exécuter de nuit ou de jour.

En se retirant pendant la nuit, il suffisait d'entretenir soigneusement les feux des bivouacs pour que l'ennemi n'eût aucun soupçon du mouvement.

Si l'on avait franchi la rivière dans la nuit du 13 au 14, comme on le projetait après qu'on eut renoncé à battre en retraite dans la matinée du 13, les Prussiens n'auraient plus eu personne devant eux à l'est de Metz, le 14 au matin.

Je sais que le passage d'une rivière pendant la nuit et à proximité de l'ennemi est toujours une opération dangereuse. Mais, à la guerre, le péril est constant, et l'on ne fait pas toujours ce que l'on veut. La preuve en est qu'après avoir renoncé à franchir la Moselle dans la nuit du 13 au 14, on dut s'y décider dans la nuit du 14 au 15, pour celles de nos troupes qui combattirent à Borny, et je ferai savoir plus loin dans quelles déplorables conditions.

Puisque l'on avait pris le parti d'opérer le passage de jour, c'était bien le moins que l'on couvrît le mouvement par un épais rideau de cavalerie à défaut d'une diversion faite par un corps d'armée dont le chef eût compris le rôle qui lui incombait.

Or, notre cavalerie était presque tout entière sur la rive gauche de la Moselle ou derrière l'infanterie sur la rive droite. Elle ne fit aucune reconnaissance, aucune démonstration, aucune diversion, qui pût à la fois donner le change à l'adversaire et couvrir le mouvement des colonnes d'infanterie et d'artillerie.

Quant à nos lignes de bataille, elles rompirent en colonne pour se replier, comme si elles ne se trouvaient pas sous les yeux de l'ennemi.

On ne citerait pas, dans l'histoire de nos guerres, beaucoup d'exemples d'une aussi triste incurie.

Le général Frossard estime que « les Prussiens devaient avoir eu connaissance, dans la matinée, de notre mouvement de passage sur la rive gauche ». Le maréchal Bazaine le dit aussi dans son rapport.

C'est bien possible, car la veille même, on avait encore arrêté à Metz un individu qui fut reconnu être un espion, mais la cavalerie allemande sut en tout cas confirmer cette nouvelle.

A 11 heures 45 minutes, un avant-poste prussien annonce, de Marcilly, que nous paraissons nous retirer peu à peu de nos positions d'Ars-Laquenexy, Coincy, Noisseville, Colombey, Lauvallier et Vantoux.

A midi 15 minutes, un autre avant-poste allemand mande, de la hauteur du château de Gras, que notre camp de Borny paraît levé, que nos troupes se retirent, mais que cependant nous occupons encore Vremy, Poix, Servigny, Noisseville et Montoy.

A midi 30 minutes, un avertissement, venu de la hauteur au nord de Mécleuves, fait savoir que nous avons retiré nos troupes des positions voisines de Mercy.

A 1 heure 45 minutes, un avis parti du même point annonce notre départ de Mercy même.

A 3 heures, nouvel avertissement d'une reconnaissance allemande qui fait savoir que le village de Vremy est évacué, et que l'on n'aperçoit plus de troupes françaises au nord-ouest de la ligne de Vremy à Saint-Julien jusqu'à la Moselle.

A 3 heures 1/2, une autre reconnaissance allemande nous voit quitter notre camp de Servigny et rétrograder vers Metz.

A 4 heures, une patrouille allemande signale l'évacuation de Chieulles et du bois de Grimont.

L'alerte est aussitôt donnée aux 1er et 7e corps prussiens.

Deux hypothèses sont en présence.

La première se base sur ce qu' « on pouvait supposer que les mouvements de l'armée française avaient pour but de concentrer toutes les forces en vue de diriger un retour offensif contre le 7e corps, ou de préparer une attaque contre la 2e armée ».

Mais elle est presque aussitôt abandonnée et fait place à la seconde hypothèse, celle d'un reploiement vers Metz.

Et aussitôt le général deGoltz, qui est à Laquenexy avec la 26e brigade dont il est le chef, se décide à prendre l'offensive, sur cette considération que « toute tentative, ayant pour objet d'inquiéter les Français en retraite et de ralentir la manœuvre rétrograde qu'ils commençaient, semblait justifiée par les principes généraux de la guerre et commandée par la situation stratégique du moment ».

Cette appréciation bienveillante du général de Moltke n'est pas exempte de critique.

Je reconnais volontiers qu'un chef de troupe ne doit laisser échapper aucune occasion favorable de nuire à l'ennemi, tant qu'il n'a pas reçu d'ordres qui lui interdisent au préalable une action isolée.

Mais, ce qui me surprend dans cette circonstance spéciale, c'est le choix de la direction de l'attaque.

J'aurais compris un mouvement offensif des Allemands soit vers le nord, soit vers le sud.

En nous attaquant au nord, c'est-à-dire vers le fort de Saint-Julien, les Allemands pouvaient espérer que, tout en nous acculant à la Moselle, ils nous rejetteraient vers ceux de leurs corps d'armée qui s'échelonnaient sur trois lignes au sud de Metz dans leur mouvement général vers les ponts en amont de la ville.

En dirigeant leur attaque par le sud, dans la direction du fort de Queuleu, ils étaient encore en droit de supposer qu'ils nous bousculeraient sur Metz et sur la Moselle, qu'ils nous obligeraient à remonter vers le nord et qu'ils nous éloigneraient par conséquent tant de la forteresse que des armées de secours vers lesquelles nous tendions.

Or ce n'est ni par le nord, ni par le sud, que nous avons été assaillis, mais par l'est.

A cette première faute stratégique s'ajoute une faute tactique.

L'attaque est dirigée contre notre centre. Elle se porte sur le terrain où nous pouvons opposer le plus de résistance.

En présence de cette double erreur, un général en chef habile aurait immédiatement pris l'un des deux partis suivants : il aurait refusé la bataille qui allait retarder le passage de la rivière, ou il aurait arrêté net cette opération et il serait tombé avec toutes ses forces sur l'ennemi assez imprudent pour lui offrir de si grands avantages.

Malheureusement, le maréchal Bazaine adopta une autre solution : il accepta la bataille sans renoncer à la retraite et il perdit ainsi tout le bénéfice qu'il pouvait recueillir de sa supériorité momentanée au point de vue tactique et stratégique.

D'après les prescriptions du maréchal Bazaine, voici comment était disposée l'armée, à 3 heures 1/2, au moment où les Prussiens commencent l'attaque vers Colombey.

La 1re division de cavalerie de réserve et la 3e se trouvent sur la rive gauche de la Moselle, à une trop grande distance pour venir prendre part à l'engagement avant la chute du jour.

Le 2e et le 6e corps d'armée ont également franchi la Moselle et sont encore à proximité de Metz : ils pourraient entrer en ligne s'il était nécessaire, et si l'encombrement n'était pas aussi considérable, mais le maréchal

L'INVASION ALLEMANDE

Le 64ᵉ est lancé au pas de course sur le village de Mey. (Page 648.)

Bazaine juge leur concours inutile, et leur ordonne de continuer la marche : ils n'auraient d'ailleurs pas pu revenir au feu, si le commandant en chef les avait appelés à lui, toutes les voies de communication étant obstruées.

La réserve générale d'artillerie est dans la même situation que les 2e et 6e corps d'armée.

Les trois quarts du 4e corps d'armée ont déjà passé la rivière, c'est-à-dire la division de cavalerie Legrand, les divisions d'infanterie de Lorencez et de Cissey; il ne reste plus sur la rive droite que la division Grenier qui se dirige vers les ponts affectés au corps d'armée pour quitter à son tour la rive droite.

Le 3e corps d'armée commence son mouvement ; la division de cavalerie de Clérambault, les divisions d'infanterie Montaudon, de Castagny, Metman et Aymard prennent leurs dispositions en conséquence, comme je vais l'indiquer.

Enfin, la garde impériale se tient sous les armes entre Borny et Plantières : elle doit passer la dernière et a pour mission, par conséquent, de couvrir la retraite de toute l'armée.

Telle est la disposition générale de nos troupes entre 3 et 4 heures de l'après-midi.

Le maréchal Bazaine surveille le mouvement, surtout par Metz, à l'aile droite et au centre.

L'empereur et le prince impérial viennent d'atteindre Longeville-lès-Metz où ils s'arrêtent.

L'ennemi prononce alors son attaque.

Le champ de bataille de Borny a pour front un arc de cercle dont les deux extrémités s'appuient au fort de Queuleu, à droite, au fort Saint-Julien à gauche, et qui court par Grigy et la Grange-aux-Bois vers le ravin de Colombey, suit ce ravin jusqu'au moulin de la Tour, franchit le ravin de Vallières, passe par Mey et aboutit à Grimont.

Ce terrain se compose d'une série d'ondulations qui s'inclinent en pente légère depuis Sainte-Barbe jusque vers Borny, qui est le centre de notre position.

Parmi les dépressions, les plus importantes sont celles du ruisseau de Colombey et du ruisseau de Sainte-Barbe venant se réunir près du moulin de la Tour pour suivre le ravin de Vallières. Le ravin de Sainte-Barbe, par sa direction perpendiculaire à notre front, favorise l'attaque, de même que les ravins de Montoy, de Coincy et d'Ars-Laquenexy, tandis que le ravin de Colombey, parallèle à notre front, est avantageux pour la défense.

En général, de part et d'autre, la vue s'étend assez loin, le pays étant découvert. Il y a bien quelques bois sur les plateaux, quelques vignobles sur les coteaux, mais les abords des villages sont presque complètement nus.

Des retranchements de campagne avaient été établis par nous sur certains points. Nous les avions abandonnés ou nous les abandonnions en nous retirant.

Au point de vue tactique, la position de Borny était excellente pour accepter une bataille défensive suivie de retours offensifs, et ce qui témoigne de sa force c'est que nous y avons reçu et arrêté l'agression ennemie au moment où nous nous en retirions complètement et où nous nous trouvions par conséquent dans une situation désavantageuse.

Le point faible de cette position se trouvait au nord du ravin de Vallières, entre ce ravin et la rive droite de la Moselle, en aval de Metz, et il était faible au point de vue tactique comme au point de vue stratégique, mais les Allemands ne s'en aperçurent pas et ne surent en profiter.

Le général Decaen avait prescrit au 3° corps d'armée, qui devait passer le dernier, de faire son mouvement en échelons; les divisions Montaudon et Castagny, d'abord; puis, les divisions Metman et Aymard.

La disposition du 3° corps était la suivante:

A l'aile droite, la division Montaudon, entre Grigy et Colombey;

A la droite du centre, la division de Castagny, à Colombey;

A la gauche du centre, la division Metman, à l'est de Bellecroix;

A l'aile gauche, la division Aymard, entre Vantoux et Nouilly.

Au moment où le 3° corps commence son mouvement de retraite, les grand'gardes des divisions Montaudon et Castagny sont attaquées.

Il est 3 heures 1/2.

La 26° brigade d'infanterie prussienne, conduite par le général de Goltz, voyant le mouvement rétrograde des divisions Montaudon et Castagny, se dirige vers Ars-Laquenexy, Aubigny et Coincy, d'où elle refoule nos arrière-postes qui, du reste, n'ont pas l'ordre de résister.

Enhardie par ce premier et facile succès, elle parvient jusqu'à Colombey, et étend sa ligne de tirailleurs vers La Planchette, de manière à menacer le carrefour de Bellecroix où aboutissent les deux routes de Sarrelouis et de Sarrebrück, que l'ennemi pouvait considérer comme formant notre principale ligne de retraite.

Cette avant-garde est faible en comparaison des effectifs qu'elle a devant elle.

On peut dédaigner son agression et poursuivre le reploiement sur Metz, l'accélérer même afin de ne pas laisser le temps à des forces plus considérables d'accourir.

On peut encore marcher à la rencontre de la 26ᵉ brigade allemande, et lui infliger une rude leçon pour la corriger de son imprudence.

Ni l'une ni l'autre de ces deux solutions n'est adoptée.

Le maréchal Bazaine, manquant de coup d'œil, estime que « les grand'-gardes des divisions Montaudon et de Castagny sont assez fortement attaquées pour qu'on puisse y voir le prélude d'un engagement sérieux », et, selon les termes mêmes de son rapport officiel, il prescrit au général Decaen « de prendre les dispositions de combat et de repousser vivement l'attaque ».

C'est la division de Castagny, 2ᵉ du 3ᵉ corps, qui subit le premier choc de l'ennemi, à l'instant où sa 1ʳᵉ brigade se dispose à suivre sa 2ᵉ, en route de Colombey vers Metz par Borny.

Les premiers obus tombent sur la colonne formée par le 41ᵉ régiment d'infanterie. Ce régiment, commandé par le colonel Saussier, s'arrête, fait demi-tour et se déploie, ainsi que le 19ᵉ régiment, appartenant comme le précédent à la 1ʳᵉ brigade de la division de Castagny, brigade commandée par le général Nayral.

Le général Duplessis, commandant la 2ᵉ brigade de la même division, ramène également ses deux régiments, le 69ᵉ et le 90ᵉ, commandés respectivement par les colonels Le Tourneur et de Courcy. Celui-ci prolonge avec le 90ᵉ la ligne de bataille formée par la brigade Nayral au nord-ouest de Colombey.

Le 15ᵉ bataillon de chasseurs reste en réserve.

Nos tirailleurs ouvrent le feu ainsi que les 2 batteries de 4 et la batterie de mitrailleuses de la division de Castagny.

La division Metman, qui se trouve encore sur la position où elle campait, entre immédiatement en action, mais elle ne participe que faiblement au début du combat, car elle n'a encore devant elle que de minces lignes de tirailleurs qui se dirigent vers La Planchette et contre lesquelles luttent le 7ᵉ bataillon de chasseurs et l'une de ses 2 batteries de 4.

A la gauche de la division Metman, la division Aymard se trouve à peu près dans les mêmes conditions. Cette division était sous les armes comme la précédente. Elle n'a pas d'ennemis devant elle pour le moment et se dispose à combattre dès que l'action s'étendra de son côté.

L'attente pour ces deux divisions est d'ailleurs de courte durée, car les Prussiens prononcent très vite leur mouvement offensif sur tout le front depuis Colombey jusqu'à Nouilly.

La division Montaudon était déjà presque tout entière en colonne sur la route de Metz, quand se fait entendre, du côté de Colombey, le bruit du canon et de la fusillade.

Comme on était depuis deux jours en contact avec l'ennemi, on croit d'abord à une forte démonstration de la 2e division du 3e corps pour masquer sa retraite; mais, le bruit du combat augmentant d'intensité, le général Montaudon fait exécuter un demi-tour à sa division et prend quelques dispositions, soit pour se porter au secours de la division de Castagny, soit pour combattre sur le terrain même où il se trouve.

Le général Clinchant porte la 2e brigade au bois de Borny.

La 1re brigade se masse à l'ouest de Grigy entre la route et le ruisseau de la Chenau.

Le maréchal Bazaine, qui parcourt les lignes, vient à ce moment près du bois de Borny, rencontre le général Montaudon et lui dit :

« C'est une fausse attaque, une simple reconnaissance. Continuez le mouvement sur Metz. La garde est massée près du fort de Queuleu, prête à soutenir la retraite, mais cela ne sera pas nécessaire. »

La division Montaudon reste cependant sur les emplacements qu'elle vient de réoccuper, car presque aussitôt l'engagement prend le caractère d'une véritable bataille.

Le général Decaen envoie, d'ailleurs, l'ordre au général Montaudon de s'établir au bois de Borny et au village de Grigy.

Le 95e s'installe dans le bois, face à l'ouest; le 81e se place en seconde ligne, derrière la droite du bois.

Le 62e tient la partie du bois voisine de Grigy, face au sud; le 51e se dispose derrière le village de Grigy, sous les ordres du colonel Delebecque.

Le 18e bataillon de chasseurs forme la réserve générale de la division.

Les tirailleurs du 95e et du 62e occupent les haies en avant du bois de Borny et les tranchées-abris creusées la veille près de la route.

Des 2 batteries de 4 de la division, l'une est derrière l'épaulement élevé à hauteur des tranchées, l'autre se porte en avant de Grigy et ouvre le feu sur Colombey.

La division Grenier, du 4e corps, vient de se mettre en route quand l'attaque commence. Déjà la division de Lorencez et la division de cavalerie Legrand, du même corps d'armée, sont de l'autre côté de la rivière. La division de Cissey, également du 4ᵉ corps, achève son mouvement.

C'est la 1ʳᵉ brigade de la division Grenier, commandée par le général de Bellecourt, qui forme l'arrière-garde du 4ᵉ corps et qui se trouve ainsi la première exposée aux coups de l'artillerie ennemie.

Le général de Bellecourt dispose immédiatement sa brigade de manière à occuper le village et le bois de Mey, et à y résister à l'agression de l'ennemi.

Le 5ᵉ bataillon de chasseurs occupe le bois.

Les 13ᵉ et 43ᵉ régiments d'infanterie, respectivement commandés par les colonels Lion et de Viville, prennent position sur le plateau au nord du village.

Ces deux régiments sont soutenus par la batterie de mitrailleuses de la division Grenier.

La brigade de Bellecourt n'a point d'artillerie pour répondre aux batteries ennemies qui la canonnent de Noisseville et de Servigny.

Décidé à soutenir les efforts du 7ᵉ corps prussien dont il a été préalablement prévenu, le général de Manteuffel, qui commande le 1ᵉʳ corps prussien, a fait prendre les armes aux 1ʳᵉ et 2ᵉ divisions d'infanterie allemandes dès 2 heures de l'après-midi. Il lance contre notre aile gauche la 2ᵉ division, aussitôt qu'il entend le bruit du canon dans la direction de Colombey, et dirige la 1ʳᵉ division vers le centre de nos positions afin de relier l'aile gauche du 1ᵉʳ corps à l'aile droite du 7ᵉ. Il ordonne en même temps à la 3ᵉ division de cavalerie d'appuyer son mouvement.

La division Aymard et la division Metman se trouvent donc engagées à peu près en même temps que la brigade de Bellecourt.

La 1ʳᵉ division d'infanterie prussienne s'avance par la route de Sarrebrück et soutient l'aile droite de la 13ᵉ division vers Montoy, La Planchette et Lauvallier.

La 2ᵉ division, venant par la route de Sarrelouis, flanque la droite de la 1ʳᵉ vers Noisseville, Nouilly et Mey.

Quant à la 3ᵉ division de cavalerie allemande, elle se porte dans la direction de Retonfay, en arrière de l'infanterie, disposition peu conforme aux situations respectives des deux partis, car il est évident que cette division aurait été beaucoup plus utile au 1ᵉʳ corps d'armée prussien si elle en avait protégé le flanc droit qui était tout à fait en l'air.

Cette erreur confirme l'observation que j'ai faite précédemment sur la faute que l'ennemi a commise en ne nous attaquant pas en masse par notre flanc gauche. Il semble que l'état-major prussien n'ait pas eu, dans cette occurrence, une notion exacte des avantages qu'il pouvait recueillir en assaillant par le nord et en bousculant, soit sur Metz, soit vers ceux de ces corps d'armée qui étaient au sud de la ville, les deux corps d'armée que nous avions encore sur la rive droite de la Moselle au moment où il a laissé s'engager la bataille.

Le général de Bellecourt, tout en prenant ses dispositions de combat avec les 7 faibles bataillons et les 6 mitrailleuses qu'il avait sous la main, bien décidé à résister tant qu'il le pourrait à l'attaque, envoie prévenir le général Grenier, qui commande la 2e division du 4e corps, de la marche offensive de l'ennemi.

Le général Grenier est alors déjà près de la Moselle avec la 2e brigade de la division, que commande le général Pradier, et avec les 2 batteries de 4 qui forment son artillerie divisionnaire.

Il ordonne aussitôt au général Pradier de se porter au secours du général de Bellecourt avec les 64e et 98e régiments d'infanterie.

On lit à ce sujet dans l'historique du 64e régiment :

« Le 4e corps reçoit l'ordre de passer sur la rive gauche de la Moselle, au moyen des ponts de bateaux établis à l'île Chambière.

« Le 64e est arrêté dans son mouvement, sur la route, près du château de Grimont, lorsqu'il entend la canonnade commencer vers le village de Noisseville.

« Bientôt le régiment est porté vers Mey, village à hauteur duquel chaque bataillon, en colonne par division, dépose ses sacs ; puis, sur l'ordre du général de division, il est rangé en bataille, en seconde ligne d'abord, et, bientôt après, en première ligne ; la droite du 1er bataillon (commandant Plan) est placée derrière un petit bois ; la gauche du 3e bataillon, près de la route de Bouzonville ; le 2e bataillon ne tarde pas à être engagé dans le bois pour relever le 5e bataillon de chasseurs qui a épuisé ses munitions. Le 3e bataillon se trouvait en arrière du 1er et du 2e, quand le général Grenier vient en personne donner l'ordre à son commandant de se porter au pas de course à Mey, d'y faire des travaux de défense et de ne rien négliger pour s'y maintenir jusqu'à la dernière extrémité. Il ne fut pas possible d'y faire les travaux nécessaires, les habitants ayant abandonné le village en emportant tous les outils. »

Que d'enseignements dans ces quelques lignes !

C'est d'abord un nouvel exemple de la mauvaise habitude de déposer les sacs au moment du combat, en sorte que, si l'on est vaincu, on les perd, et si l'on est vainqueur, on est obligé de venir les rechercher, ce qui arrête ou ralentit la poursuite des troupes battues, poursuite qui ne saurait jamais être menée ni trop vite ni trop loin.

Bientôt son cheval succombe et l'entraîne dans sa chute. (Page 655.)

C'est ensuite le manque de munitions, provenant, il est vrai, de ce que nos soldats tirent souvent trop vite, mais surtout de ce qu'à cette époque personne ne s'était préoccupé d'assurer le ravitaillement en cartouches d'une troupe fortement engagée.

Le général de Castagny a rappelé, dans cet ordre d'idées, qu'il avait entendu le maréchal Bazaine s'écrier à Borny même :

« C'est insensé de brûler tant de cartouches ! Nous allons consommer toutes celles que nous possédons ! »

Déjà, pendant la bataille de Frœschwiller, les munitions nous avaient manqué. On voit qu'il en a été de même pour certains corps à Borny. J'aurai encore à constater le fait dans d'autres circonstances.

Il y a plus d'un siècle que le maréchal de Saxe signalait déjà, sous le nom de *tirerie*, le défaut inhérent à la nature du soldat français de tirer trop de coups de fusils, défaut qui, je le crois cependant, ne nous est pas spécial et se retrouve aussi dans les autres armées.

Et, ce qui me donne lieu de considérer mon opinion comme fondée, c'est que partout, avant la guerre de 1870, on s'était préoccupé d'établir ce que l'on appelle la discipline du feu, et, outre cette précaution, d'organiser encore un système de réapprovisionnement des cartouchières, sous le feu de l'ennemi.

De ces deux procédés si simples, nul n'était pratiqué chez nous, et pourtant ils auraient dû être surtout appliqués à notre infanterie, si l'on admettait comme un fait certain qu'elle consommait ses munitions avec plus de rapidité que les autres infanteries. Le second surtout était indispensable, puisque la plupart de nos réservistes ne connaissaient ni la propriété, ni le mécanisme du nouveau fusil à tir rapide au moment où on les rappela sous les drapeaux pour en faire usage contre l'ennemi. Ils avaient entendu dire que cette arme, en raison de son chargement par la culasse, donnait d'immenses nappes de feu qui arrêtaient l'assaillant, et ils agissaient en conséquence, sans se demander si les parcs de l'armée et les arsenaux contenaient assez de munitions pour permettre une aussi formidable consommation de cartouches. Ce côté de la question devait leur échapper complètement. Mais il appartenait à d'autres d'y veiller et ils ont été coupables de s'être montrés aussi imprévoyants.

La même observation peut être faite sur l'impossibilité, pour le 64ᵉ régiment d'infanterie, de fortifier le village de Mey. On avait mis en honneur les retranchements du champ de bataille, et voici des soldats qui ne peuvent même appliquer ce qu'on leur a enseigné, ce qu'on leur a dit être la tactique parfaite, parce qu'ils n'ont pas les outils nécessaires !

Devant ces constatations, on se demande comment on a pu espérer que des troupes, ainsi dépourvues, seraient jamais victorieuses d'une armée qui possédait un outillage complet de guerre.

En entendant la canonnade du côté de Mey, le général de Ladmirault a pris immédiatement le parti de soutenir la division Grenier qui forme l'arrière-garde du 4ᵉ corps.

Il fait aussitôt revenir les divisions de Cissey et de Lorencez ainsi que sa réserve d'artillerie.

Il envoie la division de Cissey au secours de la division Grenier vers Mey, et lance la division de Lorencez sur la route de Bouzonville. Celle-ci a pour mission de déborder l'aile droite ennemie, ou plutôt de la menacer, car personne ne songe à prendre l'offensive, de notre côté du moins.

Du côté de l'ennemi, à son aile droite, il en est de même, le général de Manteuffel ayant ordonné à ses troupes d'entrer vigoureusement en action et de nous refouler contre Metz, « mais sans se laisser entraîner dans la zone du feu des forts ».

Pendant que le 3ᵉ corps se porte tout entier à la rencontre des Prussiens et que le 4ᵉ corps se reconstitue, la garde impériale reçoit l'ordre de servir de réserve.

Elle quitte aussitôt son camp de Borny : la division de grenadiers se porte à l'est du fort de Bellecroix entre Plantière et les Bordes ; la division de voltigeurs prend position à hauteur du fort de Queuleu.

La division de cavalerie de la garde et la division de cavalerie du 3ᵉ corps, respectivement commandées par les généraux Desvaux et de Clérambault, se tiennent groupées en arrière des corps auxquels elles appartiennent. La division de Clérambault détache cependant quelques escadrons aux divisions d'infanterie du 3ᵉ corps, et l'un de ses régiments, le 4ᵉ de dragons, commandé par le colonel Cornat, s'avance à proximité de l'infanterie du corps d'armée.

La garde impériale va rester dans cette position d'attente sans intervenir, « la journée étant bonne pour nos armes », ainsi que l'a déclaré le général Bourbaki, le commandant de ce corps d'élite. A 11 heures du soir, celui-ci enverra demander au maréchal Bazaine ce qu'il doit faire, et, sur la réponse qui lui sera donnée d'exécuter l'ordre qui lui a été transmis le matin, il ramènera la garde sur la rive gauche où elle n'arrivera d'ailleurs en entier que le lendemain 15, entre 4 et 5 heures du matin.

La 26ᵉ brigade prussienne lutte seule contre les deux divisions de Castagny et Metman depuis une heure bientôt, quand le général de Glumer, qui commande la 13ᵉ division, donne l'ordre au général Osten-Sacken d'entrer en ligne avec la 25ᵉ brigade.

Il est alors 5 heures.

Le commandant du 7ᵉ corps prussien, le général de Zastrow, arrive à son tour sur le champ de bataille, après avoir prescrit à la 14ᵉ division, sous les ordres du général de Kameke, de se porter au secours de la 13ᵉ,

« bien qu'il regardât comme peu conforme à l'esprit des dispositions adoptées par le général Steinmetz, commandant la 1re armée, d'entreprendre une attaque sérieuse dans la direction de Metz », si l'on s'en rapporte du moins au récit du grand état-major de Berlin.

Tandis que les divisions Metman et de Castagny résistent aux efforts répétés de l'aile gauche ennemie qui tâche vainement de prendre pied sur le plateau à l'ouest du ravin de Colombey, la division Aymard, 4e du 3e corps, se trouve soudain assaillie sur son front.

Le 11e bataillon de chasseurs, les 44e et 60e régiments d'infanterie, qui forment la 1re brigade de cette division, se disposent, sous les ordres du général de Brauer, face au ravin de Lauvallier, la gauche vers le moulin de la Tour, de manière à couvrir la route de Sarrelouis.

La 2e brigade de la division, général Sangé-Ferrière, se place en seconde ligne, vers la gauche de la 1re brigade qui se trouve complètement séparée de la division Grenier par le ravin de Vallières.

A 5 heures 1/2, les tirailleurs de la 1re division prussienne atteignent Lauvallier et commencent à gravir les pentes à l'ouest du ravin, entre les deux routes de Sarrelouis et de Sarrebrück, vers l'aile droite de la division Aymard et l'aile gauche de la division Metman; mais de l'aveu même du grand état-major prussien, nous couvrons ces pentes d'un feu si meurtrier que l'ennemi ne peut réussir à gagner du terrain dans la direction de Bellecroix.

L'engagement devient alors général, sans que le maréchal Bazaine indique d'une manière précise le caractère qu'il entend donner au combat. Il résulte de cette indécision que nos troupes demeurent sur la défensive presque complète, tandis que les Allemands montrent de plus en plus d'audace.

A notre extrême aile gauche, le général Grenier ayant engagé sa 2e brigade pour secourir la 1re, bien que celle-ci ne parût pas être dans une situation critique, le général de Ladmirault, qui commande le 4e corps, a pris de lui-même la résolution de ramener tout son corps d'armée vers l'ennemi pour soutenir la 2e division.

La 1re division du 4e corps, commandée par le général de Cissey, se porte directement vers le terrain où combat la division Grenier, tandis que le général de Lorencez conduit la 3e division dans la direction de Villers-l'Orme, en vue d'une démonstration latérale et éloignée.

Le maréchal Bazaine a déclaré que le général de Ladmirault avait agi de sa propre initiative et sans aucune autorisation.

Certainement, le général de Ladmirault a commis une faute en faisant revenir presque tout le 4ᵉ corps d'armée sur la rive droite pour appuyer sa brigade d'arrière-garde. Le passage d'une rivière, lorsque l'on bat en retraite à proximité de l'ennemi, est une opération assez délicate et assez difficile pour qu'on ne se mette pas dans l'obligation de la recommencer, comme l'a fait le général de Ladmirault. Il aurait dû venir tout au moins reconnaître la situation de la division Grenier et demander les instructions du maréchal Bazaine.

Mais, de ce que le commandant du 4ᵉ corps s'est trompé, il n'en résulte pas que le commandant en chef puisse se couvrir de cette erreur pour excuser son attitude. S'il désapprouvait la détermination prise par le général de Ladmirault, il n'avait qu'à lui témoigner son mécontentement et à lui donner l'ordre de continuer son mouvement sur la rive gauche de la Moselle en le faisant couvrir par la division Grenier, comme arrière-garde.

Il y a eu là une double faute.

Cependant l'entrée en ligne du 4ᵉ corps étend sur le nord-ouest la ligne de feu.

C'est vers 6 heures que le mouvement offensif fait par notre aile gauche se dessine. A ce moment, d'après le récit du grand état-major prussien, « une pointe de l'ennemi ayant été signalée dans la direction de Vreny et de Villers-l'Orme, le général de Memerty (commandant la 3ᵉ brigade d'infanterie) tenait le 3ᵉ bataillon du 4ᵉ régiment prêt à renforcer l'aile droite et portait les deux autres vers Bellecroix, en longeant la route de Sarrelouis, le feu de plus en plus intense, que l'adversaire entretenait sur ce point, donnant à craindre qu'il eût l'intention de pénétrer entre la 1ʳᵉ et la 2ᵉ division d'infanterie ».

Ce régiment se porte de Noisseville vers Lauvallier.

Il est accueilli par un violent feu d'obus et de mitraille partant des hauteurs de Bellecroix.

De concert avec les troupes qui occupent déjà Lauvallier, l'assaut est donné à nos positions.

« Mais l'attaque échoue, comme l'avoue le grand état-major de Berlin dans son récit officiel; force est de redescendre la pente déjà gravie et de chercher un abri dans un pli de terrain », où les assaillants, recueillis par la seconde ligne, se reforment.

Même insuccès est réservé à une attaque dirigée vers le moulin de Goupillon.

La division de Cissey vient alors de s'engager dans le bois de Mey, un peu sur la gauche de la division Grenier.

Suivant l'expression du commandant du 4ᵉ corps, « l'affaire devint belle pour nous » à partir de ce moment.

Je le veux bien au point de vue tactique, mais elle était déplorable au point de vue stratégique, comme la suite des événements devait le démontrer le surlendemain.

En réalité, les Allemands obtenaient ce qu'ils désiraient, c'est-à-dire qu'ils retardaient notre retraite générale, et l'on se demande comment le maréchal Bazaine, qui, d'après sa réponse au général Montaudon, avait parfaitement deviné leur dessein, ne prit pas les mesures propres à éviter ce piège.

Au moment où nous avions 7 divisions d'infanterie en ligne, soit un total de plus de 50,000 fusils sur le front avec 84 pièces et 42 mitrailleuses, les Allemands ne disposaient encore que de 30,000 fusils et de 90 canons.

L'instant était propice pour écraser l'ennemi ou pour se retirer.

On ne sut prendre ni l'une ni l'autre décision.

Il était déjà plus de 6 heures, et l'infanterie allemande, qui n'avait avec elle que ses batteries divisionnaires, ne parvenait pas à gagner de terrain.

« L'action restait indécise », d'après le grand état-major de Berlin, quand toutes les pièces des deux corps d'armée engagés viennent successivement soutenir leur infanterie, « qu'il était impossible de pousser plus avant vers Bellecroix, tandis que l'on échouait de même, entre Colombey et la route de Sarrebrück, dans toutes les tentatives pour gagner du terrain sur la rive gauche du ruisseau, les défenseurs résistant toujours dans le petit bois de sapins du chemin de Colombey à Bellecroix. »

C'est alors que la 25ᵉ brigade d'infanterie allemande entre en ligne.

Le combat augmente d'intensité.

La 25ᵉ brigade prussienne, que commande le général Osten-Sacken, soutenue par la 27ᵉ, passe entre le ravin de Coincy et la route de Sarrebrück, refoule nos tirailleurs sur l'avenue des peupliers qui va de Colombey à Bellecroix, pénètre même dans le petit bois de sapins attenant à cette avenue, mais ne peut s'y maintenir.

« Battus de trois côtés par le feu de l'ennemi, dit le récit officiel du grand état-major de Berlin, les compagnies qui occupent le bois sont refoulées avec de grandes pertes et viennent se heurter, dans leur retraite précipitée, au 2ᵉ bataillon du 73ᵉ qui les suivait et dont elles arrêtent du même coup le mouvement. »

Il est alors 6 heures 1/2.

Les deux partis en présence conservent leurs positions.

« Nos troupes, lit-on dans le document précité, essayent vainement de pousser plus avant vers la jonction des deux routes à Bellecroix, tous leurs efforts échouent. »

L'aile gauche ennemie est parvenue, de son côté, à atteindre aussi le chemin qui va de Colombey à Bellecroix, mais, malgré ses efforts réitérés, il lui est impossible d'en déboucher.

Mais l'assaut, que les trois divisions ennemies de première ligne viennent de donner à nos positions avec le concours de plus de 100 bouches à feu, nous a causé de graves pertes.

Leur effet principal s'est dirigé contre la division Castagny, la division Metman et la division Aymard, qui sont toujours en position sur les crêtes à l'ouest du ravin de Colombey.

Certains régiments de ces trois divisions sont cruellement éprouvés, notamment les 19e, 41e, 69e et 90e, ainsi que le 15e bataillon de chasseurs, dans les divisions de Castagny; les 7e, 39e et 74e, ainsi que le 7e bataillon de chasseurs, dans la division Metman; les 44e et 60e, dans la division Aymard; les 13e et 64e, ainsi que le 5e bataillon de chasseurs, dans la division Grenier.

Un grand nombre de nos officiers supérieurs sont hors de combat.

Plusieurs colonels sont grièvement atteints. Le colonel Fournier, du 44e, est tué sur place.

Le général Duplessis, qui commande la 2e brigade de la division de Castagny, est blessé. Le général de Castagny lui-même est contusionné. Le général de Clérambault, commandant la division de cavalerie du 3e corps, également.

Le général Decaen, commandant le 3e corps d'armée depuis le 9, reçoit une balle dans la jambe. Malgré sa blessure, il reste au feu et donne l'exemple du plus ferme courage, mais ses officiers tombent autour de lui. Bientôt son cheval succombe et l'entraîne dans sa chute. Il faut alors l'emporter et le commandement du 3e corps d'armée passe au général Metman, le plus ancien général de division de ce corps d'armée.

Enfin, le maréchal Bazaine, qui, s'il ne sait diriger cette bataille, fait preuve de la plus rare intrépidité, est lui-même contusionné par un éclat d'obus qui vient frapper son épaulette au-dessus du bras droit. Il ne fait, du reste, pas attention à cette blessure légère et reste exposé au feu, au milieu de ses soldats.

Était-ce bien sa place? Je ne le pense pas, car j'estime qu'un commandant en chef doit conduire l'action et non y participer, sauf lorsque ses troupes se retirent en désordre ou sont compromises. Ce n'était pas ici le cas. La lutte était ardente, mais nos soldats tenaient bon, et rien n'autorisait le maréchal Bazaine à donner de sa personne.

Au moment où le général Decaen se trouve, par suite de sa blessure, obligé de quitter le champ de bataille, le général Montaudon est informé, par un peloton de cavalerie envoyé en reconnaissance, de l'approche de l'ennemi dans la direction de La Grange-aux-Bois et de Mercy-le-Haut. Il fait demander au maréchal Bazaine l'autorisation de se porter vers Ars-Laquenexy.

Voici ce que le maréchal répond à l'aide de camp du général Montaudon :

« Faites donc comprendre à votre général, lui dit-il, que je ne veux pas de bataille. Ce serait faire le jeu de l'ennemi dont le seul objectif est de retarder le passage de la Moselle et notre retraite. »

L'appréciation était absolument juste. Mais, encore une fois, on peut se demander ce que nous faisions alors sur la rive droite de la Moselle, où cinq de nos divisions d'infanterie étaient fortement engagées, et où quatre autres divisions se tenaient de leur côté prêtes à entrer en ligne et conservées en réserve, soit pour appuyer le centre, soit pour flanquer les deux ailes de notre ordre de bataille.

Je crois, d'après la réponse du maréchal Bazaine ci-dessus reproduite, qu'il ne savait exactement lui-même ce qu'il voulait ni ce qu'il devait faire dans cette journée avec une armée coupée en deux par la Moselle, et en présence d'un adversaire sur lequel il ne possédait aucun renseignements précis.

C'est à ce point de vue surtout, me semble-t-il, que la bataille de Borny est particulièrement instructive, car elle met bien en relief la difficile situation d'un général en chef qui hésite, et qui, tout en ne voulant pas de bataille, ne fait rien pour empêcher un engagement général.

Assurément, il est à la guerre une foule de circonstances que l'on ne peut prévoir et les combats de rencontre sont du nombre. Mais il est à remarquer que, dans le cas particulier de la bataille de Borny, aucune indication générale n'avait été donnée par le maréchal Bazaine aux commandants de corps d'armée sur l'attitude qu'ils devraient adopter au cas d'une attaque par l'ennemi pendant l'opération du passage de la Moselle.

Ici encore, comme depuis l'ouverture des hostilités, l'absence de toute direction devait avoir pour conséquence immédiate de nous laisser maîtriser par un adversaire qui, même en se trompant, savait du moins se décider et agir logiquement, suivant les éventualités.

A 6 heures 1/2, les troupes qui étaient à la droite de la ligne de bataille allemande, et qui avaient obtenu quelques succès, au début de l'engagement, contre la division Grenier, alors qu'elle était seule, se trouvent à leur tour dans une situation périlleuse.

La nuit mit fin au combat. (Page 661.)

« S'apercevant du danger qui les menace au nord, et voulant s'y soustraire pendant qu'il en est temps encore, elles se replient en bon ordre sur Nouilly », d'après le récit du grand état-major prussien, qui ajoute que « la supériorité de l'adversaire décidait également la retraite des autres fractions de l'aile droite, afin de ne pas les exposer à être battues en détail ».

Tout le 1er corps prussien entre alors en ligne, soutenu par la 3e division de cavalerie, tandis que la division de Lorencez, prononçant un mouvement vers le nord-est, se montre à hauteur de Villers-l'Orme.

Bientôt toute l'aile droite ennemie se retire ; mais, par suite de ce repliement, le 1er corps prussien a bientôt presque toute son infanterie au combat, ainsi que toute son artillerie, forte de 90 pièces, qui forme une grande batterie qui s'étend de Poix à Lauvallier, par Servigny et Noisseville.

A 7 heures, ces 90 pièces dirigent un feu des plus violents contre notre aile gauche et contre la gauche de notre centre.

Au moment où nous dessinons une diversion sur le flanc droit des Prussiens, la 28e brigade allemande en fait autant contre notre aile droite, dans la direction de Grigy et de La Grange-aux-Bois.

Cette brigade est soutenue par la 6e division de cavalerie prussienne qui s'avance le long du chemin de fer de Sarrebrück, vers Juzy.

Bientôt elle est, en outre, appuyée par la 18e division d'infanterie prussienne, appartenant au 9e corps et à la 2e armée, qui, à peine arrivée à Buchy, a reçu, vers 5 heures du soir, l'ordre de remonter vers le nord et de marcher sur Metz, par Peltre et Mercy-le-Haut.

A son extrême aile gauche, l'ennemi met 12 pièces en batterie près de Mercy-le-Haut, puis lance ses tirailleurs vers la Basse-Bévoye et la Grange-aux-Bois. L'attaque est dirigée contre les batteries de la 1re division du 3e corps, qui est derrière l'épaulement de Grigy. Cette batterie perd son capitaine et un de ses officiers. Tout à coup, les Prussiens s'élancent de la Grange-aux-Bois et courent sur les 6 pièces de la batterie : 2 de ces pièces, ayant perdu leurs attelages, vont être prises, quand le 51e et le 68e ouvrent un feu si nourri, que l'ennemi s'enfuit et regagne à la hâte l'abri du bois d'Ars-Laquenexy.

Les Allemands ayant été renforcés presque aussitôt, renouvellent leur attaque, alors que le jour diminue ; de nouveaux renseignements venus d'escadrons qui se sont approchés de la Moselle et de Metz, dans la direction de Montigny, leur donnent lieu de croire que nous avons peu de monde de ce côté, et qu'en conséquence, ils peuvent aller de l'avant.

Dans cette nouvelle et dernière tentative, les Prussiens essayent de tourner la droite de la division Montaudon, en passant entre Grigy et Queuleu. Leur artillerie a allumé plusieurs incendies dans Grigy, et la lueur des flammes leur permet de se diriger, car il est 8 heures du soir et la nuit est venue. L'ennemi croyait le fort de Queuleu inoccupé. Aussi est-il très surpris quand les pièces de gros calibre qui arment le fort se mettent à tonner, au moment même où la batterie de mitrailleuses de la division de

Laveaucoupet ouvre à son tour le feu et couvre de projectiles tout le terrain jusqu'à la Haute-Bévoye. Devant cet accueil, l'ennemi arrête son mouvement en avant, se replie même très rapidement et disparaît tout à fait, sans toutefois que nous nous en rendions compte tout de suite, car l'obscurité est complète.

Les deux ailes de l'armée allemande, fort peu habilement conduites du reste, ont donc été assez malheureuses dans leurs entreprises.

Voyons quelle était, au centre, la situation respective des deux partis peu d'instants avant l'arrivée de la nuit qui allait forcément mettre fin au combat.

Voici, d'après le récit du grand état-major de Berlin, où en étaient les Allemands entre Lauvallier et le moulin de Goupillon :

« A cet endroit, les longs et sanglants efforts dirigés contre les fortes positions comprises entre Bellecroix et Mey avaient épuisé les troupes. En majeure partie désorganisées par les péripéties de la lutte, privées la plupart de leurs officiers, les diverses fractions qui s'y trouvaient engagées à la chute du jour se laissaient glisser dans le ravin de Lauvallier et commençaient à refluer vers la route, sur le revers oriental du ravin. »

Il est dit ensuite, dans le document précité, que le commandant de la 1re division d'infanterie prussienne, mettant l'épée à la main, se jette au-devant des fuyards, les arrête, les groupe, se met à leur tête et les ramène, tambour battant, contre les troupes françaises, qui, l'obscurité étant devenue complète, commencent aussitôt à céder le terrain.

Dans quelle direction s'est produit ce retour offensif ? L'ouvrage officiel prussien ne l'indique pas, et je suis autorisé à penser qu'il n'a pas eu ce caractère ni cette issue.

N'est-il pas dit aussi, dans le même récit, que l'artillerie allemande, à l'extrême aile gauche, « poursuit l'ennemi évacuant Grigy, aussi longtemps que la lueur de ses pièces offre à ses coups un but approximatif ».

Or, c'est la division Montaudon qui occupait Grigy : elle ne se retire qu'à 10 heures, quand l'ordre lui parvient de reprendre un mouvement général de retraite sur la rive gauche de la Moselle, mouvement interrompu, à 4 heures de l'après-midi, par l'attaque du général de Goltz contre la division de Castagny, et la division Montaudon n'a subi de pertes que dans la très courte action qu'elle a soutenue de Grigy au bois de Borny : ces pertes sont d'ailleurs insignifiantes.

Le grand état-major de Berlin a vraiment abusé de ce qu'aucun récit officiel n'ait été publié en France sur la bataille de Borny.

Comment, d'ailleurs, faire concorder son assertion, au sujet de la fin de l'engagement à notre extrême aile droite, avec cette autre affirmation, prise dans son récit, que, « vers 9 heures, le combat ayant cessé à l'aile gauche, les troupes prussiennes, qui s'y trouvaient, regagnaient leurs anciens bivouacs? »

Ce qui est vrai, c'est que nous résistions très vaillamment à l'armée allemande.

En veut-on une preuve indéniable?

J'ai déjà dit que le concours de la division Montaudon avait été jugé inutile par le maréchal Bazaine. Je constate encore qu'il en a été de même pour la garde impériale qui n'a pas été du tout engagée. J'ajoute qu'au contraire, le commandant en chef de la 1re armée allemande, le général Steinmetz, en arrivant à Noisseville, où il se rencontre avec le général de Manteuffel, commandant le 1er corps prussien, donne l'ordre au 8e corps, qui est son unique réserve, de venir au secours de sa première ligne. Je veux bien admettre que ce ne soit là qu'une mesure de précaution. Mais, les mesures de ce genre, on ne les prend généralement que si elles sont nécessaires. Or, si le renfort du 8e corps n'avait pas pour objet de soutenir le 1er et le 7e, il est impossible de supposer qu'il ait été ordonné en vue de tirer parti du succès que les Allemands s'attribuent si complaisamment, puisque le grand état-major de Berlin reconnaît lui-même, dans son récit officiel, que la nuit et la proximité de la place les en auraient empêchés.

Le même document avoue, d'ailleurs, que l'on prescrivit aux troupes qui avaient combattu de se retirer, parce qu'il « n'était pas impossible qu'au point du jour les masses ennemies, que l'on supposait encore entre les forts et en arrière, cherchassent à déboucher de nouveau, avec des troupes fraîches, contre les positions assez en l'air des 1er et 7e corps prussiens ».

Cette considération me paraît plus conforme à la vérité.

Cependant les Allemands ne se retirèrent pas tout de suite.

On fit venir en avant la 3e division de cavalerie prussienne, pour protéger l'enlèvement des blessés sur le terrain où avait combattu le 1er corps prussien; celui-ci n'évacua le terrain que plus tard, afin de « lui laisser le sentiment de sa victoire », et le 7e corps prussien bivouaqua même l'arme au bras, jusqu'au point du jour, également « pour ne laisser aucun blessé aux mains de l'ennemi et pour affirmer l'honneur d'avoir occupé le champ de bataille ».

Toutes ces assertions ne peuvent aller contre la vérité, c'est-à-dire contre ce fait incontestable que, nous aussi, nous étions encore sur le terrain où nous avions combattu, alors que le combat avait cessé depuis plus d'une heure.

A 10 heures, déclare le général de Ladmirault, « l'armée ennemie prononça la retraite », et, ajoute-t-il, « je la suivis assez loin pendant 2 kilomètres ».

Le commandant du 4ᵉ corps d'armée fut alors obligé de s'arrêter, l'ordre lui étant arrivé de repasser sur la rive gauche de la Moselle et d'aller camper à Rozerieulles, ordre qu'il exécute immédiatement. Mais, son mouvement de retraite était la conséquence des décisions prises la veille, et non de la bataille qui venait d'être livrée. Il ne commença, d'ailleurs, à l'effectuer qu'à minuit et il ne le termina que le 15, à 8 heures du matin, sans que l'ennemi eût tenté de l'arrêter, ce qui lui aurait été facile, dès le lever du jour, si réellement il avait été victorieux, car notre aile gauche était alors complètement isolée.

Le maréchal Bazaine avait donc raison de terminer ainsi qu'il suit son rapport officiel sur la journée du 14 :

« La nuit était arrivée, et l'ennemi cessait le feu, se repliant de tous côtés, sans que j'eusse eu besoin de faire donner la garde, qui avait accentué son mouvement en avant.

« Je donnai aussitôt l'ordre aux troupes de reprendre leur marche sur Metz et de franchir la Moselle, en occupant par échelons les dernières crêtes qui protègent les deux routes de Strasbourg et de Sarrelouis. Le mouvement s'effectua, sans que l'ennemi songeât à l'inquiéter, et, dans la nuit, le 3ᵉ corps, le 4ᵉ et la garde, avaient rejoint sur l'autre rive les troupes qui y étaient déjà installées.

« Le combat avait duré cinq heures et avait été brillamment soutenu sur tous les points »...

La situation respective des deux armées était très exactement appréciée dans l'extrait précédent.

En effet, l'armée prussienne se retirait parce qu'elle ne pouvait demeurer sans danger sur les positions qu'elle occupait à la chute du jour, et nous nous en éloignions de notre côté pour reprendre le mouvement que le combat avait suspendu.

Il n'y avait ni vainqueurs, ni vaincus, ce qui n'empêcha pas les deux souverains de s'attribuer respectivement le succès.

Ce combat était annoncé dans les termes suivants, le lendemain, par le roi Guillaume, de son quartier-général de Herny :

« Victoire hier, à Borny, sous Metz : les Français sont refoulés derrière Metz ; je me rends sur le champ de bataille. »

De son côté, Napoléon III télégraphiait ce qui suit, le 14 août au soir, de sa résidence de Longéville-les-Metz :

« L'armée a commencé à passer sur la rive gauche de la Moselle. Le matin, nos reconnaissances n'avaient signalé la présence d'aucun corps ennemi ; mais, lorsque la moitié de l'armée a eu passé, les Prussiens ont attaqué en grande force. Après une bataille de quatre heures, ils ont été repoussés avec de grandes pertes. »

Le récit que je viens de faire de la bataille prouve que les Français n'ont pas été refoulés et que les Prussiens n'ont pas été repoussés.

La bataille de Borny est une bataille indécise : tel est mon sentiment. Je ne parle ici qu'au point de vue tactique, bien entendu, car stratégiquement, elle nous a été fort préjudiciable en nous faisant perdre une journée.

A Paris, elle fut considérée comme un succès, par cette seule raison que nous n'avions pas été battus comme dans les deux affaires du 6 août.

Mais, si, dans quelques milieux, on fut heureux d'apprendre qu'enfin nous avions tenu tête à l'ennemi, on se montra fort alarmé ailleurs, à la lecture du télégramme de l'empereur qui laissait comprendre qu'une fois de plus nos reconnaissances avaient fait incomplètement leur service. La nouvelle était si maladroitement annoncée par le souverain que beaucoup crurent encore à une nouvelle surprise.

Ce qui était déplorable encore, c'est que, dans cette bataille inutile, nous avions eu 200 officiers et 3,408 hommes hors de combat, savoir :

Tués : 42 officiers et 335 hommes ;

Blessés : 157 officiers et 2,484 hommes ;

Disparus : 1 officier et 589 hommes.

Les pertes du 3ᵉ corps d'armée seul étaient de 146 officiers et de 2,702 hommes.

Quant à celles des Allemands, elles s'élevaient à 222 officiers et 4,684 hommes, dont :

70 officiers et 1,119 hommes tués ;

152 officiers et 3,438 hommes blessés ;

127 hommes disparus.

Ces pertes affectaient plus particulièrement les 1ᵉʳ et 7ᵉ corps d'armée. Le 1ᵉʳ corps en supportait plus de la moitié. Le 9ᵉ corps, les 1ʳᵉ et 3ᵉ divisions de cavalerie avaient peu souffert.

Aussitôt après avoir renouvelé l'ordre de passer immédiatement sur la rive gauche de la Moselle, le maréchal Bazaine revint à Metz, traversa la ville et se rendit près de l'empereur, à Longeville.

« Il était 10 heures du soir, m'a dit un officier d'état-major, lorsque je rencontrai le maréchal, au moment où il franchissait le pont-levis du fort Moselle, suivi de ses aides-de-camp. Une foule compacte de soldats et d'habitants de la ville encombrait la ville, et les chasseurs à cheval qui le précédaient parvenaient difficilement à lui ouvrir un passage. J'allais en sens inverse, cherchant à rejoindre ma division qui était de l'autre côté de la Moselle. Comme j'avais autrefois servi près du maréchal, je m'arrêtai pour le féliciter sur le combat qu'il venait de conduire avec tant de bonheur. Le maréchal, dont le visage était éclairé par un brillant clair de lune, paraissait triste et préoccupé. C'est avec une profonde mélancolie qu'il me répondit : « Oui, mon ami, c'est un succès, mais ils « coûtent bien cher les succès sans résultat. Il n'en faudrait pas beaucoup « comme celui-là ! La moitié des généraux engagés sont hors de combat. Et « puis, nous avons perdu bien des officiers et des soldats !... Et tout cela « inutilement !... » Et, serrant ma main, il poursuivit sa marche. Je connaissais le caractère froid, même impassible du maréchal. Je savais que rien ne pouvait l'émouvoir, même dans les circonstances de guerre les plus critiques. Je fus frappé de ses paroles et du sentiment qu'elles révélaient, et, regardant s'éloigner cet homme que j'avais vu si calme dans les situations les plus critiques, si confiant même dans son étoile, je fus saisi d'une poignante appréhension pour l'avenir. L'affaissement moral qui accablait les troupes avait donc gagné déjà leur commandant en chef ! »

Le maréchal Bazaine se rendait alors près de Napoléon III, comme je l'ai indiqué plus haut.

Il a raconté lui-même qu'il avait eu beaucoup de difficultés à traverser Metz dans cette nuit, mais qu'il voulait absolument informer tout de suite l'empereur du combat qui venait d'avoir lieu, et qu'il put enfin arriver fort tard au quartier impérial.

« Quoique Sa Majesté fût souffrante et au lit, dit-il, je fus immédiatement introduit dans sa chambre. L'empereur m'accueillit avec son affabilité habituelle. Je lui racontai ce qui s'était passé, et je lui exprimai mes inquiétudes pour les journées suivantes, les Allemands ayant trouvé libres les routes qu'ils avaient à suivre pour prendre position entre Meuse et Moselle, et, par conséquent, sur notre ligne de retraite. Je fis part à l'empereur de la souffrance que j'éprouvais, et j'ajoutai que, craignant de ne pouvoir supporter les allures du cheval, je le priais de me faire remplacer. Sa Majesté, me touchant l'épaule et la partie brisée de l'épaulette, me répondit avec cette bonté qui charmait ceux qui pouvaient l'approcher : « Ça ne sera rien ; c'est l'affaire de quelques jours, et vous avez rompu « le charme. » Il ne fut pas question, dans cet entretien, du départ de l'empereur qui, bien certainement, à ce moment, voulait suivre les mouvements de l'armée.

« Sa Majesté me recommanda la plus grande prudence dans les opérations, afin de ne rien livrer au hasard, et, par suite, de ne donner aux Puissances qui, lors du début des hostilités, semblaient venir à nous, aucun prétexte de se retirer. Puis elle ajouta : « J'attends une réponse de « l'empereur d'Autriche et du roi d'Italie : ne compromettons rien par « trop de précipitation, et évitons, avant tout, de nouveaux revers. » L'empereur me congédia en disant : « Je compte sur vous. »

« En me retirant pour aller à Moulins-les-Mez, où était le grand quartier-général, je traversai une salle du rez-de-chaussée de l'habitation de l'empereur, remplie d'officiers de sa maison qui s'écrièrent en me voyant : « Vous allez nous tirer du guêpier dans lequel nous sommes, n'est-ce pas, « maréchal ? » Ma réponse fut : « Je ferai tout mon possible, j'y suis aussi « intéressé que vous. »

Hélas ! le maréchal Bazaine n'avait nullement rompu le charme, et il ne devait pas nous tirer du guêpier où nous étions tombés.

Nous allions malheureusement nous en apercevoir bientôt.

Au moment où le maréchal Bazaine quittait l'empereur, il était une heure du matin.

Les troupes qui avaient combattu à Borny passaient ou repassaient la Moselle, conformément aux ordres que le maréchal Bazaine avait donnés en se retirant.

Cette seconde partie de l'opération ne fut pas mieux conduite que la première.

Un de mes amis, qui y a pris part, m'en a donné la description suivante :

« Après avoir cessé de combattre, la 4ᵉ division du 3ᵉ corps reçut, vers 10 heures du soir, l'ordre de battre en retraite, de traverser Metz et de s'établir à Devant-les-Ponts. Le mouvement commença aussitôt et l'état-major de la division quitta l'auberge de Bellecroix, où il était installé depuis le 12. L'opération ne s'effectua pas sans difficulté. Jusqu'à Metz, la route et ses abords étaient encombrés de troupes de la garde qui étaient venues, dans la soirée, se placer en arrière de la division de manière à pouvoir la soutenir en cas de besoin. Mais ce fut bien autre chose lorsqu'il fallut traverser la ville. Bien que les convois de la division, comme de tout le corps d'armée, eussent été expédiés, dans la matinée du 14, sur la rive gauche de la Moselle, les rues de la ville étaient remplies de plusieurs rangs de voitures complètement immobiles, en sorte que la division, partie

Les troupes qui ont combattu à Borny, traversent Metz pendant la nuit (Page 665.)

de Bellecroix vers 10 heures 1/2 du soir, comme je l'ai dit plus haut, n'atteignit Devant-les-Ponts que le 15, vers 5 heures du matin, ayant mis ainsi près de 7 heures pour franchir une distance moyenne de 8 à 10 kilomètres ! »

Il s'agit ici d'une division du 3ᵉ corps, qui était restée debout toute la journée et avait combattu pendant 5 heures.

Elle n'avait donc pris aucun repos le 14.

La nuit du 14 au 15 allait être pour elle une nuit de grande fatigue, et il lui faudrait poursuivre sa marche pendant la journée du 15 encore.

Dans de pareilles conditions, nous allions opposer des troupes harassées aux troupes fraîches de l'ennemi, et encore celles-ci avaient-elles, pour aller de l'avant, le stimulant de l'offensive et de la victoire, tandis que les nôtres étaient sous l'influence de la dépression morale qui pèse toujours si lourdement sur les hommes, même le plus solidement trempés, quand ils battent en retraite, surtout quand ils commencent à percevoir que leur dévouement et leur abnégation sont frappés d'impuissance.

Il ne faudrait pas croire, d'ailleurs, que le mouvement de la garde, bien qu'elle eût précédé le 3ᵉ corps, eût été plus rapide et plus facile. Voici ce que relate, à ce sujet, un officier de ce corps d'élite :

« Vers 11 heures, dit-il, au moment où nous commencions tous à prendre quelque repos, l'ordre est apporté de filer sur Metz.

« On se met en marche ; je dors debout. Nous n'avions que 2 kilomètres à parcourir. Eh bien ! les mouvements étaient si habilement combinés qu'il était 6 heures du matin lorsque nous avons pu parvenir à traverser Metz, aujourd'hui 15 août. Heureusement encore, nous avons fait une halte dans la nuit, à 3 heures. Après avoir butté contre les marmites de campement, je me laissai choir dans un fossé de la route, et j'y goûtai quelques instants d'un sommeil réparateur.

« Si l'on était aussi persuadé, que je le suis en ce moment, de l'inconvénient des marches de nuit, on en userait bien rarement à la guerre ; rien n'est plus énervant.

« Du reste, je dois avouer que, malgré notre succès incontestable d'hier, cette marche dans la nuit ressemblait beaucoup à une déroute.

« Entrés en ville, nous avons trouvé Metz encombré d'équipages, de voitures de réquisition et autres, sillonné dans tous les sens par des soldats de tous les corps et de toutes les armes. La ville présentait à nos yeux l'image du chaos. Il me sembla que telle devait être Babel après la diffusion des langues. « Si nous sommes ainsi à la suite d'une victoire, me « dis-je en moi-même et à moi-même, que serons-nous donc après une « défaite ? » Cela devient effrayant.

« A 10 heures, nous atteignons Longeville-les-Metz, sur la rive gauche de la Moselle, à la sortie de l'île Saint-Symphorien, au sud-ouest de la ville. Le village est sous le canon du mont Saint-Quentin, et s'étend le long de la grande route qui mène à Verdun. Nous établissons notre bivouac un peu au nord. »

Ainsi, même le second jour du passage de la Moselle, il avait fallu près de 11 heures pour que la division de la garde, qui était à Queuleu, arrivât à Longeville.

Ce fait, au simple aspect de la carte, est la plus formidable accusation que l'on puisse formuler contre l'impéritie du commandant en chef et de ceux qui avaient préparé avec lui le mouvement général de l'armée.

La journée du 14 ne fut point approuvée par le général de Moltke, qui la juge comme il suit :

« Par la manière dont elle débuta et dont elle se poursuivit, la bataille de Colombey-Nouilly doit être classée comme une attaque improvisée, amenée par un sentiment logique, qui, cependant, au point de vue d'ensemble, n'est pas sans présenter aussi des inconvénients.

« Les victoires de Wissembourg, de Wœrth et de Spickeren, connues des troupes, dont une partie y avait même concouru, avaient inspiré à toute l'armée allemande une pleine confiance dans le succès. A plusieurs reprises, dans la marche de la Sarre vers la Moselle, nous étions arrivés sur des positions évidemment préparées pour être défendues, et que l'ennemi avait abandonnées sans coup férir. Cette retraite, exécutée sans arrêt ni résistance d'aucune sorte, venait encore donner à l'armée allemande une haute idée de sa supériorité et le désir ardent de contraindre de nouveau l'adversaire à accepter une lutte qu'il semblait redouter. La 1re armée avait comme mobile, en outre, l'intention bien naturelle de faciliter la tâche de la 2e armée, qui, elle le savait, devait franchir la Moselle moyenne pour aller s'opposer à toute nouvelle tentative de retraite de l'ennemi. Or, le 14 août, la majeure partie de la 2e armée se trouvait encore sur la rive droite de la rivière ; pour gagner le temps nécessaire à l'accomplissement de sa mission, il fallait donc arrêter l'adversaire sous Metz et retarder le plus possible le mouvement qu'il projetait vers l'ouest.

« En conséquence, lorsque, dans l'après-midi du 14, la 1re armée s'aperçut que les Français voulaient franchir la Moselle, une certaine impatience s'était emparée des troupes qui avaient dépassé la Nied. Regardant les premiers mouvements du corps voisin comme pouvant être déjà les préliminaires d'un combat, chacun ne songe qu'à se porter le plus vivement possible aux côtés de l'autre, et c'est ainsi qu'une même tendance se retrouve dans les rapports des généraux de Manteuffel et de Goltz ; tous deux veulent pousser en avant, chacun étant persuadé que l'autre va s'engager.

« Le résultat de la bataille de Colombey-Nouilly a montré une fois de plus qu'un sentiment aussi vif de solidarité et qu'une si grande promptitude de décision renferment le germe de résultats féconds. Mais on ne doit pas se dissimuler, malgré cela, que ce mode de batailles improvisées est de nature à entraîner maints dangers. A cet égard, un utile enseignement peut être tiré de la journée du 14 août. »

Fort bien. Mais le récit du grand état-major de Berlin déclare ailleurs ce qui suit :

« La singulière persistance des Français à demeurer sous Metz, alors que déjà deux corps prussiens avaient atteint le cours moyen de la Moselle, et que notre cavalerie couvrait le pays jusqu'à la route de Verdun, ne pouvait guère indiquer d'autre intention que celle d'attaquer la 1re armée, qui par suite du développement donné au mouvement de la 2e armée, devait paraître isolée. »

Le général de Moltke ajoute :

« L'événement n'allait pas tarder à justifier la prévoyance dont le grand quartier-général avait fait preuve en s'attachant particulièrement à conserver encore des forces considérables à portée au sud de Metz. »

Notre persistance à nous attarder sur la rive droite de la Moselle pouvait paraître singulière, en effet, à l'état-major allemand, mais le chef de cet état-major se trompe non moins singulièrement quand il émet l'avis que notre attitude cachait quelque secret dessein, et il abuse vraiment de la crédulité de ses lecteurs en affirmant que ses habiles dispositions ont évité aux troupes allemandes de sérieux dangers.

Il ressort des événements que, d'une part, on ne songeait nullement, de notre côté, à prendre l'offensive contre la 1re armée allemande, et que, d'autre part, si nous avions marché hardiment contre cette armée, nous aurions pu faire payer cher à l'ennemi la dissémination de ses forces par suite de la marche imprudente de flanc que la 2e armée exécutait alors en amont de Metz.

Je n'ai pas la prétention de faire la leçon au grand état-major prussien.

Il a eu pour lui le succès, c'est incontestable.

Mais chacun sait qu'à la guerre la victoire dépend tout autant des fautes commises par l'ennemi que des dispositions que l'on a prises soi-même.

La bataille de Borny le prouve.

Il est certain que les généraux allemands qui ont commencé l'attaque ont agi avec une extrême témérité. Ils ont eu le rare bonheur d'avoir devant eux un adversaire qui n'a pas eu assez de coup d'œil pour les en châtier. Voilà tout. Quant aux savantes conceptions stratégiques du grand état-major de Berlin, elles sont de trop dans cette affaire et le hasard a joué seul son rôle. Il nous a été défavorable par les conséquences ultérieures de la bataille. Il aurait fort bien pu tourner à notre profit, si nous avions eu un autre général en chef, et les combinaisons absolument défectueuses du major-général prussien n'auraient pu que nous aider à punir les imprudents généraux ennemis d'avant-garde en même temps qu'à faire repentir le chef des armées allemandes d'avoir été non moins imprudent en lançant celles-ci à l'aventure.

Pendant que la 1re armée nous livre la bataille de Borny, la 2e armée, presque tout entière, franchit la Moselle en aval de Metz, et la 3e armée continue son mouvement vers Nancy, où arrive la 4e division de cavalerie qui sert d'avant-garde à cette dernière.

La 4e division de cavalerie franchit la Meurthe et lance aussitôt le 5e régiment de dragons vers Pont-Saint-Vincent, sur la Moselle. En cet endroit, de même qu'à Frouard, le pont n'a pas été détruit. Les éclaireurs ennemis constatent toutefois que celui de Flavigny est rompu; mais la précaution était inutile, puisque le pont de Saint-Vincent était resté intact à courte distance.

A Frouard, la 4e division de cavalerie entre en communication avec la 5e division qui précède l'aile gauche de la 2e armée allemande.

Le même jour, la 3e armée a sa tête de colonne sur le front de Moyenvic à Lunéville. Dans cette dernière ville, elle trouve des approvisionnements considérables, surtout en fourrages, approvisionnements qui permettent de pourvoir abondamment les troupes de passage et de constituer un magasin général.

Le prince royal met son quartier-général à Blamont.

Le 5e régiment de dragons rhénans a le bonheur de prendre, à l'ouest de Nancy, tout un fourgon de lettres venant de Metz, en date du 10 au 13; l'état-major général allemand, qui paraît avoir été assez mal renseigné dans les derniers jours, apprend, par la lecture de certaines de ces lettres, que l'on rassemble des troupes au camp de Châlons, et que le maréchal de Mac-Mahon va s'y rendre. Quant au général de Failly, l'ennemi suppose, faute d'indications précises, qu'il s'est dirigé vers le sud pour prendre position dans les défilés des Vosges méridionales.

Le maréchal de Mac-Mahon, le jour même, d'ailleurs, adresse de Neufchâteau, la dépêche suivante au maréchal Bazaine, pour prévenir celui-ci de la situation du 1er corps d'armée :

« Je suis, lui dit-il, avec toutes mes troupes, à Neufchâteau; la cavalerie et l'artillerie de réserve sont en route pour le camp de Châlons, où elles arriveront le 18. Toute l'infanterie et l'artillerie divisionnaire seront transportées à Châlons par le chemin de fer, en partant de Neufchâteau ou de Joinville. »

Le général de Failly, qui se trouvait à La Marche, informe également le maréchal Bazaine des positions occupées par le 5e corps, en lui envoyant le même jour le télégramme suivant :

« Reçu l'avis de votre nomination au commandement de l'armée du Rhin, lui mande-t-il. Mes derniers ordres sont de marcher sur Paris. Je suis aujourd'hui à La Marche. Demain, je serai à Montigny; le 16 seulement, je serai à Chaumont. Troupes fatiguées. Le maréchal Mac-Mahon étant à Neufchâteau et suivant une direction parallèle, je compte, à moins d'ordres contraires, me diriger sur Paris par Bar-sur-Aube et Troyes. Puis-je profiter du chemin de fer? Emplacement de nos troupes aujourd'hui : division Lespart, à La Marche; division Goze, à Domblain avec artillerie de réserve; division L'Abadie, à Domblain, mais composée d'une seule brigade, l'autre étant avec le général Frossard; cavalerie, trois régiments, à une journée de marche en arrière de l'infanterie, le quatrième régiment étant avec le général Frossard. »

En résumé, à la date du 14, toutes nos troupes sont en pleine retraite et les avant-gardes de l'ennemi sont déjà au delà de la ligne Metz-Nancy.

Le maréchal Bazaine n'ignore pas les progrès des armées allemandes, car, dans la soirée, il reçoit encore la dépêche suivante que le ministre de la guerre lui envoie de Paris à 5 heures 50 minutes :

« Le préfet de la Meuse, lui dit le général Montauban, m'annonce à 4 heures que l'ennemi est à Vigneules en grande force, qu'il sera ce soir à Saint-Mihiel et que les troupes de Saint-Mihiel évacuent.

« Le colonel du 4e chasseurs d'Afrique télégraphiait, à 1 heure 22, au général du Barail, à Metz, qu'il serait mardi à Metz avec tout son régiment et les deux batteries d'artillerie qu'il protège.

« Je présume que vous êtes informé. Cependant je vous télégraphie pour plus de sûreté. »

Le 14 au soir, le maréchal Bazaine est donc coupé du maréchal de Mac-Mahon et l'ennemi dessine le mouvement qui a pour but de l'envelopper sous Metz.

C'est sans doute à ces nouvelles alarmantes que le commandant en chef fait allusion dans le récit de son entrevue avec l'empereur, le soir même de la bataille de Borny, récit que j'ai reproduit plus haut.

TABLE DES MATIÈRES

TOME PREMIER

	Pages
Introduction	1
La déclaration de guerre	10
Mobilisation et concentration de l'armée française	53
Combat de Sarrebruck	150
Mobilisation et concentration des armées allemandes	202
Combat de Wissembourg	223
Bataille de Frœschwiller	284
Bataille de Spickeren	387
Le ministère du 10 août	503
Opérations maritimes	519
Retraite sur Metz et sur Châlons	532
Bataille de Borny	603

PLANS

Concentration des armées françaises et allemandes	148-149
Plan du combat de Sarrebruck	189
Plan du combat de Wissembourg	244
Déploiement stratégique du 1er corps français et de la 3e armée allemande	252
Environs de Wissembourg	260
Plan de la bataille de Frœschwiller	285
Déploiement stratégique des 1re et 2e armées allemandes	389
Plan de la bataille de Spickeren	397
Retraite sur Metz	564-565
Environs de Metz	605
Plan de la bataille de Borny	613

Sceaux. — Imprimerie Charaire et fils.

www.ingramcontent.com/pod-product-compliance
Lightning Source LLC
Chambersburg PA
CBHW050317240426
43673CB00042B/1446